李宗侗（一八九五—一九七四）

字文伯，河北省高陽縣人。自幼聰明過人。十七歲時到法國留學，畢業於法國巴黎大學。一九二四年返國，受聘於國立北京大學，兼法文系主任，曾出任故宮博物院秘書長等職。一九四八年，受聘為國立臺灣大學歷史系教授。後歷兼國史館史料審查委員、編譯館編審委員、臺灣省文獻委員會顧問、中華文化復興運動推行委員會委員等職。對中國古代史頗有研究，在學術上時有獨特見解。

夏德儀（一九〇一—一九九八）

號卓如，為臺灣大學歷史系文史淵博精深知名教授。一九〇一年出生於江蘇，北大歷史系畢業，一九四六年來臺任教，先後開授中國通史、中國近代史、中國外交史等課程。教學之餘並擔任中學歷史教科書編委，以及參與臺灣文獻叢刊的史料編纂工作。一九九四年完成《百吉老人自訂年譜》一書。退休後定居美國，一九九八年去世於美國。

國立編譯館中華叢書編審委員會 主編

資治通鑑今註

第八冊

齊紀 梁紀

李宗侗 夏德儀等 註譯

臺灣商務印書館

目次　【第八冊】

卷一百三十九　齊紀五

司馬光編集
林瑞翰註

閼逢閹茂，一年。（甲戌，西元四九五年）

高宗明皇帝㊀上

建武元年㊁（西元四九四年）

㈠春，正月丁未（朔），改元隆昌㊂。大赦。

㈡雍州刺史晉安王子懋以主幼時艱，密為自全之計，令作部造仗㊃。征南大將軍陳顯達屯襄陽㊄，子懋欲脅取以為將。顯達密啓西昌侯鸞，鸞徵顯達為車騎大將軍，徙子懋為江州刺史，仍令留部曲助鎮襄陽，單將白直、俠轂自隨㊅。顯達過襄陽，子懋謂曰：「朝廷令身單身而返，身是天王㊆，豈可過爾輕率？今猶欲將二三千人自隨，公意何如？」顯達曰：「殿下若不留部曲，乃是大違敕旨，其事不輕。且此間人㊇亦難可收用。」子懋默然。顯達因辭出，即發去。子懋計未立，乃之尋陽㊈。

㈢西昌侯鸞將謀廢立，引前鎮西諮議參軍蕭衍㈩與同謀。荊州刺史隨王子隆，性溫和，有文才，鸞欲徵之，恐其不從。衍曰：「隨王雖有美名，其實庸劣，既無智謀之士，爪牙唯仗司馬垣歷生、武陵太守卞白龍耳！二人唯利是從，若啗以顯職，無有不來，隨王止須折簡耳㈡！」鸞從之，徵歷生為太子左衞率，白龍為游擊將軍，二人並至，續召子隆為侍中、撫軍將軍。

豫州刺史崔慧景，高、武舊將，鸞疑之，以蕭衍為寧朔將軍，戍壽陽，慧景懼，白服出迎㈢，衍撫安之。

㈣辛亥（初五日），鬱林王祀南郊，戊午（十二日），拜崇安陵㈢。

㈤癸亥（十七日），魏主南巡，戊辰（二十二日），過比干墓㈣，祭以太牢，魏主自為祝文曰：「烏呼介士，胡不我臣。」

㈥帝寵幸中書舍人綦母珍之、朱隆之、直閤將軍曹道剛、周奉叔、宦者徐龍駒等，珍之所論薦，事無不允，內外要職，皆先論價，旬月之間，家累千金，擅取官物及役作，不俟詔旨，有司至相語云：「寧拒至尊敕，不可違舍人命。」帝以龍駒為後閤舍人〔一五〕，常居含章殿，著黃綸帽，被貂裘，南面向案，代帝畫敕，左右侍直，與帝不異。帝自山陵之後，即與左右微服遊走市里，好於世宗崇安陵隧中擲塗賭跳〔一六〕，作諸鄙戲，極意，賞賜左右動至百數十萬。每見錢，曰：「我昔思汝一枚不得，今日得用汝未〔一七〕？」世祖聚錢上庫五億萬，齋庫亦出三億萬〔一八〕，金銀布帛，不可勝計，鬱林王即位，未朞歲，所用垂盡。入主衣庫，令何后及寵姬以諸寶器相投擊破碎之，用為笑樂。蒸於世祖幸姬霍氏〔一九〕，更其姓曰徐。朝事大小，皆決於西昌侯鸞，鸞數諫爭，帝多不從，心忌鸞，欲除之，以尚書右僕射鄱陽王鏘為世祖所厚〔二〇〕，私謂鏘曰：「公聞鸞於灋身如何〔二一〕？」鏘素和謹，對曰：「臣鸞於宗戚最長，且受寄先帝，臣等皆少年，朝廷所賴，唯鸞一人，願陛下無以為慮。」帝退謂徐龍駒曰：「我欲與公共計取鸞，公既不同，我不能獨辦，且復小聽〔二二〕。」

衞尉蕭諶，世祖之族子也〔二三〕，自世祖在郢州，諶已為腹心〔二四〕，及即位，常典宿衞，機密之事，無不預聞。征南諮議蕭坦之，諶之族人也，嘗為東宮直閤，為世宗所知㉕。帝以二人祖父舊人，甚親信之。諶每請急出宿，帝通夕不寐，諶還，乃安；坦之得出入後宮，帝褻狎宴遊，坦之皆在側，帝醉後，常裸袒，坦之輒扶持諫諭，西昌侯鸞欲有所諫，帝在後宮，不出，唯遣諶坦之徑進，乃得聞達。

何后亦淫泆㉖，私於帝左右楊珉，與同寢處如伉儷，又與帝相愛狎，故帝恣之，迎后親戚入宮，以耀靈殿處之，齋閤通夜洞開，外內淆雜，無復分別。西昌侯鸞遣坦之入奏誅珉，何后流涕覆面，曰：「楊郎好年少，無罪何可枉殺？」坦之附耳語帝曰：「外間並云楊珉與皇后有情，事彰遐邇，不可不誅。」帝不得已，許之，俄敕原之，已行刑矣。鸞又啟誅徐龍駒，帝亦不能違，而心忌鸞益甚。

蕭諶、蕭坦之見帝狂縱日甚，無復悛改，恐禍及己，乃更回意附鸞，勸其廢立，陰為鸞耳目，帝不之覺也。

周奉叔恃勇挾勢[27]，陵轢公卿，常翼單刀二十口自隨[28]，出入禁闥，門衛不敢訶。每語人曰：「周郎刀不識君。」鸞忌之，使蕭諶、蕭坦之說帝出奉叔為外援。己巳（二十三日），以奉叔為青州刺史[29]，曹道剛為中軍司馬。

奉叔就帝求千戶侯，許之，鸞以為不可，封曲江縣男，食三百戶。奉叔大怒，於眾中攘刀厲色，鸞說諭之，乃受。

奉叔辭畢，將之鎮，部伍已出，鸞與蕭諶稱敕召奉叔於省中[30]，毆殺之。啓云：「奉叔慢朝廷。」帝不獲已，可其奏。

溧陽令錢唐杜文謙嘗為南郡王侍讀[31]，前此說綦母珍之曰：「天下事可知，灰盡粉滅，匪朝伊夕[32]，不早為計，吾徒無類矣！」珍之曰：「計將安出？」文謙曰：「先帝舊人多見擯斥，今召而使之，誰不慷慨？近聞王洪範與宿衛將萬靈會等共語，皆攘袂搥牀，君其密報周奉叔，使萬靈會等殺蕭諶，則宮內之兵皆我用也[33]。即勒兵入尚書斬蕭令[34]，兩都伯[35]力耳！今舉大事亦死，不舉事亦死，二死等耳！死社稷可乎[36]？若遲疑不斷，復少日，錄君稱敕賜死㊲，父母為殉㊳，在眼中矣！」珍之不能用。及鸞殺奉叔，幷收珍之、文謙殺之。

㈦乙亥（二十九日），魏主如洛陽西宮，中書侍郎韓顯宗上書陳四事，其一以為：「竊聞輿駕今夏不巡三齊，當幸中山。往冬輿駕停鄴，當農隙之時，猶比屋供奉，不勝勞費，況今蠶麥方急，將何以堪命？且六軍涉暑，恐生癘疫，臣願早還北京㊴，以省諸州供張之苦，成洛都營繕之役。」其二以為：「洛陽宮殿故基，皆魏明帝所造，前世已譏其奢，今茲營繕，宜加裁損。又頃來北都富室，競以第舍相尚，宜因遷徙，為之制度及端廣衢路，通利溝渠。」其三以為：「陛下之還洛陽，輕將從騎。王者於闈闥之內㊵，猶施警蹕，況涉履山河而不加三思乎？」其四以為：「陛下耳聽灋音㊶，目翫墳典㊷，口對百辟㊸，心虞萬機㊹。景昃而食㊺，夜分而寢，加以孝思之至，隨時而深㊻，文章之業，日成篇卷，雖叡明所用，未足為煩，然非所以嗇神㊼養性，保無疆之祚也。伏願陛下垂拱司契㊽，而天下治矣！」帝頗納之。顯宗，麒麟之子也㊾。

顯宗又上言，以為：「州郡貢察，徒有秀、孝之名而無秀、孝之實[五〇]，朝廷但檢其門望，不復彈坐[五一]，如此，則可令別貢門望以敘士人，何假冒秀、孝之名也？夫門望者，乃其父祖之遺烈，亦何益於皇家？益於時者，賢才而已！苟有其才，雖屠釣奴虜，聖王不恥以為臣[五二]；苟非其才，雖三后之胤，墜於皁隸矣[五三]！議者或云：『今世等無奇才，不若取士於門。』此亦失矣，豈可以世無周、邵遂廢宰相邪[五四]？但當校其寸長銖重者先敘之[五五]，則賢才無遺矣！又刑罰之要，在於明當[五六]，不在於重，苟不失有罪[五七]，雖捶撻之薄，人莫敢犯，若容可僥幸，雖參夷[五八]之嚴，不足懲禁。今內外之官，欲邀當時之名，爭以深刻為無私，迭相敦厲[五九]，遂成風俗。陛下居九重之內，視人如赤子，百司分萬務之任，遇下如仇讎，是則堯舜止一人，而桀紂以千百，和氣不至，蓋由於此。謂宜敕示百僚，以惠元元之命。又昔周居洛邑，猶存宗周；漢遷東都，京兆置尹[六〇]。察春秋之義，有宗廟曰都，無曰邑，況代京宗廟、山陵所託，王業所基，其為神鄉福地，實亦遠矣！今便同之郡國，臣竊不安。謂宜建畿置尹，一如故事(六一)，崇本重舊，光示萬葉。又古者四民異居，欲其業專志定也(六二)。太祖道武皇帝創基撥亂，日不暇給，然猶分別士庶，不令雜居，工伎、屠沽，各有攸處(六三)，但不設科禁，久而混殽。今聞洛邑居民之制，專以官位相從，不分族類。夫官位無常，朝榮夕悴(六四)，則是衣冠皁隸，不日同處矣！借使一里之內，或調習歌舞，或講肄詩書，縱羣兒隨其所之，則必不棄歌舞而從詩書矣！然則使工伎之家，習士人風禮，百年難成，士人之子，効工伎容態，一朝而就。是以仲尼稱里仁之美，孟母勤三徙之訓(六五)，此乃風俗之原，不可不察。朝廷每選人士，校其一婚一宦以為升降，何其密也？至於度地居民，則清濁連甍(六六)，何其略也？今因遷徙之初，皆是空地，分別工伎，在於一言，有何可疑而闕盛美(六七)？又南人昔有淮北之地，自比中華，僑置郡縣(六八)，自歸附聖化，仍而不改，名實交錯，文書難辨，宜依地理舊名，一皆釐革，小者幷合，大者分置，及中州郡縣，昔以戶少幷省(六九)，今民口既多，亦可舊復。又君人者以天下為家，不可有所私。倉庫之儲，以供軍國之用，自非有功德者，不可加賜。在朝諸貴，受祿不輕，比來賜賚動以千計，若分以賜鰥寡孤獨之民，所濟實多，今直以與親近之臣，殆非周急不繼富之謂也(七〇)。」帝覽奏，甚善之。

(八)二月乙丑（十四日），魏主如河陰，規方澤(七一)。

(九)辛卯（十六日），帝祀明堂。

(十)司徒參軍劉斅等聘於魏。

(十一)丙申（二十一日），魏徙河南王幹為趙郡王，潁川王雍為高陽王(七二)。

(十二)壬寅（二十七日），魏主北巡，癸卯（二十八日），濟河。三月壬申（二十七日），至平城。【考異】魏帝紀作閏月，按魏閏二月，齊曆之三月也。使羣臣更論遷都利害，各言其志。燕州刺史(七三)穆羆曰：「今四方未定，未宜遷都，且征伐無馬，將何以克？」帝曰：「廐牧在代，何患無馬？今代在恒山之北，九州之外，非帝王之都也。」尚書于果曰：「臣非以代地為勝伊洛之美也，但自先帝以來，久居於此，百姓安之，一旦南遷，眾情不樂。」平陽公丕曰：「遷都大事，當訊之卜筮。」帝曰：「昔周、召聖賢，乃能卜宅(七四)，今無其人，卜之何益？且卜以決疑，不疑何卜(七五)？黃帝卜而龜焦，天老曰：『吉』。黃帝從之(七六)。然則至人之知未然審於龜矣！王者以四海為家，或南或北，何常之有？朕之遠祖，世居北荒，平文皇帝始都東木根山(七七)，昭成皇帝更營盛樂(七八)，道武皇帝遷於平城(七九)，朕幸屬勝殘之運(八〇)，而獨不得遷乎？」羣臣不敢復言。羆，壽之孫(八一)；果，烈之弟也。

癸酉（二十八日），魏主臨朝堂，部分遷留。

㈢夏，四月庚辰（初六日），魏罷西郊祭天。【考異】魏帝紀、禮志、北史紀皆云三月庚辰。按長曆，三月丙午朔，無庚辰，魏閏二月，齊閏四月，魏三月乙亥朔，齊曆之四月也，故置於此。

㈣辛巳（初七日），武陵昭王曄卒。

㈤戊子（十四日），竟陵文宣王子良以憂卒。帝常憂子良為變，聞其卒，甚喜。

臣光曰：「孔子稱鄙夫不可與事君，未得之，患得之，既得之，患失之，苟患失之，無所不至(八二)。王融乘危徼幸，謀易嗣君，子良當時賢王，雖素以忠慎自居，不免憂死。迹其所以然，正由融速求富貴而已。輕躁之士，烏可近哉？」

(十六)己亥（二十五日），魏罷五月五日、七月七日饗祖考(八三)。

(十七)魏錄尚書事廣陵王羽奏：「令文每歲終，州鎮列屬官治狀，及再考，則行黜陟。去十五年(八四)，京官盡經考為三等，今已三載，臣輒準外考以定京官治行(八五)。」魏主曰：「考績事重，應關朕聽，不可輕發，且俟至秋。」

(十八)閏月丁卯（二十三日），鎮軍將軍鸞即本號開府儀同三司(八六)。

(十九)戊辰（二十四日），以新安王昭文為揚州刺史。

(廿)五月，甲戌朔，日有食之。【考異】齊、魏書帝紀皆無此食，今據齊書志、南史紀。

(廿一)六月己巳（初二日），魏遣兼員外散騎常侍盧昶、兼員外散騎侍郎王清石來聘。昶，度世之子也(八七)。清石世仕江南，魏主謂清石曰：「卿勿以南人自嫌。彼有知識，欲見則見，欲言則言，凡使人以和為貴，勿迭相矜夸，見於辭色，失將命(八八)之體也。」

(廿二)秋，七月，乙亥（初三日），魏以宋王劉昶為使持節，都督吳、越、楚諸軍事㈧㈨，大將軍，鎮彭城。魏主親餞之，以王肅為衵府長史。衵至鎮，不能撫接義故㈨〇，卒無成功。

㈦壬午（初十日），魏安定靖王休卒。自卒至殯，魏主三臨其第，葬之如尉元之禮，送之出郊，慟哭而返。

㈣壬辰（二十日），魏主北巡。

㈤西昌侯鸞既誅徐龍駒、周奉叔，而尼媼外入者，頗傳異語㈨㈠，中書令何胤以后之從叔，為帝所親，使直殿省。帝與胤謀誅鸞，令胤受事，胤不敢當，依違諫說，帝意復止，乃謀出鸞於西州，中敕用事，不復關咨於鸞㈨㈡。是時，蕭諶、蕭坦之握兵權，左僕射王晏總尚書事。諶密召諸王典籤約語之㈨㈢，不許諸王外接人物，諶親要日久，眾皆憚而從之。鸞以其謀告王晏，晏聞之響應，又告丹陽尹徐孝嗣，孝嗣亦從之。驃騎錄事南陽樂豫謂孝嗣曰：「外傳籍籍㈨㈣，似有伊、周之事。君蒙武帝殊常之恩，荷託付之重㈨㈤，恐不得同人此舉。人笑褚公，至今齒冷㈨㈥。」孝嗣心然之而不能從。

帝謂蕭坦之曰：「人言鎮軍與王晏、蕭諶欲共廢我㊈㊆，似非虛傳，卿所聞云何？」坦之曰：「天下寧當有此？誰樂無事廢天子邪？朝貴不容造此論，當是諸尼姥言耳，豈可信耶？官若無事除此三人，誰敢自保？」

直閤將軍曹道剛疑外間有異，密有處分，謀未能發㊈㊇。時始興內史蕭季敞、南陽太守蕭穎基皆內遷，諶欲待二人至，藉其勢力以舉事㊈㊈。鸞慮事變，以告坦之，坦之馳謂諶曰：「廢天子，古來大事。比聞曹道剛、朱隆之等轉已猜疑，衞尉明日若不就事，無所復及。弟有百歲母，豈能坐聽禍敗？正應作餘計耳！」諶惶遽從之。

壬辰（二十日）㊀㊀，鸞使蕭諶先入宮，遇曹道剛及中書舍人朱隆之，皆殺之，直後㊀㊀徐僧亮盛怒，大言於眾曰：「吾等荷恩，今日應死報。」又殺之。鸞引兵自尚書入雲龍門，戎服，加朱衣於上。比入門，三失履㊀㊁，王晏、徐孝嗣、蕭坦之、陳顯達、王廣之、沈文季皆隨其後。帝在壽昌殿㊀㊂，聞外有變，猶密為手敕呼蕭諶，又使閉內殿諸房閤，俄而諶引兵入壽昌閤，帝走趨徐姬房，拔劍自刺，不入，以帛纏頸，輿接出延德殿。諶初入殿，宿衛將士皆操弓楯欲拒戰，諶謂之曰：「所取自有人，卿等不須動。」宿衛素隸服於諶，皆信之。及見帝出，各欲自奮，帝竟無一言，行至西弄，弒之[二四]。輿尸出殯徐龍駒宅，葬以王禮，徐姬及諸嬖倖皆伏誅。鸞既執帝，欲作太后令，徐孝嗣於袖中出而進之，鸞大悅。癸巳（二十二日），以太后令追廢帝為鬱林王，又廢何后為王妃，迎立新安王昭文。

吏部尚書謝瀹方與客圍棊，左右聞有變，驚走報瀹。瀹每下子，輒云其當有意，竟局，乃還齋臥，竟不問外事。大匠卿[二五]虞悰竊歎曰：「王、徐遂縛袴廢天子，天下豈有此理邪？」悰，嘯父之孫也[二六]。

朝臣被召入宮，國子祭酒江斆至雲龍門，託藥發，吐車中而去。西昌侯鸞欲引中散大夫孫謙為腹心，使兼衛尉，給甲仗百人。謙不欲與之同，輒散甲士，鸞亦不之罪也。

丁酉（二十五日），新安王即皇帝位，時年十五[二七]。以西昌侯鸞為驃騎大將軍，錄尚書事，揚州刺史，宣城郡公。

大赦，改元延興。

(廿六)辛丑（二十九日），魏主至朔州㉘。

(廿七)八月，甲辰（初二日），以司空王敬則為太尉，鄱陽王鏘為司徒，車騎大將軍陳顯達為司空，尚書左僕射王晏為尚書令。

(廿八)魏主至陰山。

(廿九)以始安王遙光為南郡太守，不之官。遙光，鸞之兄子也㉙。鸞有異志，遙光贊成之，凡大誅賞，無不預謀。戊申（初六日），以中書郎蕭遙欣為兗州刺史。遙欣，遙光之弟也。鸞欲樹置親黨，故用之。

(卅)癸丑（十一日），魏主如懷朔鎮，己未（十七日），如武川鎮，辛酉（十九日），如撫宜鎮，甲子（二十二日），如柔玄鎮㉚。乙丑（二十三日），南還，辛未（二十九日），至平城。

(卅一)九月，壬申朔，魏詔曰：「三載考績，三考黜陟。可黜者不足為遲，可進者大成賒緩㉛。朕今三載一考，即行黜陟，欲令愚滯無妨於賢者，才能不擁於下位。各令當曹，考其優劣為三等，其上、下二等仍分為三㊂，六品已下尚書重問，五品已上朕將親與公卿論其善惡。上上者遷之，下下者黜之，中者守其本任。」

魏主之北巡也，留任城王澄銓簡舊臣，自公侯已下有官者以萬數，澄品其優劣能否為三等，人無怨者。

壬午（十一日），魏主臨朝堂，黜陟百官，謂諸尚書曰：「尚書，樞機之任，非徒總庶務，行文書而已。朕之得失，盡在於此。卿等居官年垂再朞，未嘗獻可替否，進一賢，退一不肖，此最罪之大者。」又謂錄尚書事廣陵王羽曰：「汝為朕弟㊃，居機衡之右，無勤恪之聲，有阿黨之迹，今黜汝錄尚書、廷尉，但為特進、太子太保。」又謂尚書令陸叡曰：「叔翻㊄到省之初，甚有善稱，比來偏頗懈怠，由卿不能相導以義，雖無大責，宜有小罰，今奪卿祿一朞。」又謂左僕射拓跋贊曰：「叔翻受黜，卿應大辟，但以咎歸一人，不復重責。今解卿少師，削祿一朞。」又謂左丞公孫良、右丞乞伏義受曰：「卿罪亦應大辟，可以白衣守本官，冠服祿恤㉕，盡從削奪，若三年有成，還復本任，無成，永歸南畝。」又謂尚書任城王澄曰：「叔神志驕傲㉖，可解少保。」又謂長兼尚書于果曰：「卿不勤職事，數辭以疾，可解長兼，削祿一朞。」其餘守尚書尉羽、盧淵等，並以不職，或解任，或黜官，或奪祿，皆面數其過而行之。淵，昶之兄也。帝又謂陸叡曰：「北人每言北俗質魯，何由知書？朕聞之，深用憮然㉗。今知書者甚眾，豈皆聖人？顧學與不學耳！朕修百官，興禮樂，其志固欲移風易俗。朕為天子，何必居中原？正欲卿等子孫漸染美俗，聞見廣博，若永居北恒，復值不好文之主，不免面墻㉘耳！」對曰：「誠如聖言。金日磾不入仕漢朝，何能七世知名㉙？」帝甚悅。

(卅二)鬱林王之廢也，鄱陽王鏘初不知謀，及宣城公鸞權勢益重，中外皆知其蓄不臣之志。鏘每詣鸞，鸞常屣履至車後迎之㉚，語及家國，言淚俱發，鏘以此信之。宮臺㉛之內，皆屬意於鏘，勸鏘入宮，發兵輔政。制局監㉜謝粲說鏘及隨王子隆曰：「二王但乘油壁車㉝入宮，出天子，置朝堂，夾輔號令，粲等閉城門上仗，誰敢不同？東城人正共縛送蕭令耳〔三四〕！」子隆欲定計，鏘以上臺兵力既悉度東府〔三五〕，且慮事不捷，意甚猶豫。馬隊主劉巨，世祖時舊人，詣鏘請間，叩頭勸鏘立事。鏘命駕將入，復還內，與母陸太妃別，日暮，不成行。典籤知其謀，告之，癸酉（初二日），鸞遣兵二千人圍鏘第，殺鏘，遂殺子隆及謝粲等。於時太祖諸子，子隆最壯大，有才能〔三六〕，故鸞尤忌之。

江州刺史晉安王子懋聞鄱陽、隨王死，欲起兵，謂防閤〔三七〕吳郡陸超之曰：「事成則宗廟獲安，不成猶為義鬼。」防閤丹陽董僧慧曰：「此州雖小，宋孝武常用之〔三八〕。若舉兵向闕，以請鬱林之罪〔三九〕，誰能禦之？」子懋母阮氏在建康，密遣書迎之，阮氏報其同母兄于瑤之為計，瑤之馳告宣城公鸞，乙亥（初四日），假鸞黃鉞，內外纂嚴。【考異】齊帝紀作乙未，按是月壬申朔，上有癸未，而下有乙酉、丁亥，蓋癸未當作癸酉，乙未當作乙亥耳。遣中護軍王玄邈討子懋，又遣軍主裴叔業與于瑤之先襲尋陽，聲云為郢府司馬。子懋知之，遣三百人守湓城。叔業泝流直上，至夜，回襲湓城，城局參軍〔四〇〕樂賁開門納之。子懋聞之，帥府州兵力據城自守。子懋部曲，多雍州人㉛，皆勇躍願奮，叔業畏之，遣于瑤之說子懋曰：「今還都，必無過憂，正當作散官，不失富貴也！」子懋既不出兵攻叔業，衆情稍沮。中兵參軍于琳之，瑤之兄也，說子懋重賂叔業，可以免禍。子懋使琳之往，琳之因說叔業取子懋，叔業遣軍主徐玄慶將四百人隨琳之入州城，僚佐皆奔散，琳之從二百人拔白刃入齋。子懋罵曰：「小人何忍行此？」琳之以袖鄣面，使人殺之。

王玄邈執董僧慧，將殺之，僧慧曰：「晉安舉義兵，僕實預其謀，得為主人，死不恨矣！願至大斂畢，退就鼎鑊。」玄邈義之，具以白鸞，免死配東冶。

子懋子昭基九歲，以方二寸絹為書，參其消息，并遺錢五百，行金得達僧慧，視之曰：「郎君書也。」悲慟而卒。

于琳之勸陸超之逃亡，超之曰：「人皆有死，此不足懼！吾若逃亡，非唯孤晉安之眷，亦恐田橫客笑人㉜。」玄邈等欲囚以還都，超之端坐俟命。超之門生謂殺超之當得賞，密自後斬之，頭墜而身不僵。玄邈厚加殯斂，門生亦助舉棺，棺墜，壓其首，折頸而死。

鸞遣平西將軍王廣之襲南兗州刺史安陸王子敬。廣之至歐陽㉝，遣部將濟陰陳伯之先驅，伯之因城開，獨入，斬子敬。

鸞又遣徐玄慶西上害諸王。臨海王昭秀為荊州刺史，西中郎長史何昌寓行州事。玄慶至江陵，欲以便宜從事，昌寓曰：「僕受朝廷意寄㉞，翼輔外藩，殿下未有愆失，君以一介之使來，何容即以相付邪？若朝廷必須殿下，當自啟聞，更聽後旨。」昭秀由是得還建康。【考異】南史明帝使裴叔業齎旨詔昌寓，令以便宜從事，昌寓拒之，曰：「臨海王未有失，寧得從君單詔邪？即時自有啟聞，須反更議。」叔業曰：「若爾，便是拒詔，拒詔軍法行事。」答曰：「能見殺者君也，能拒詔者僕也。」叔業不敢逼而退，昭秀由此得還都。今從齊書。昌寓，尚之之弟子也。鸞以吳興太守孔琇之行郢州事，欲使之殺晉熙王銶，琇之辭，不許，遂不食而死。琇之，靖之孫也㉟。

裴叔業自尋陽仍進向湘州，欲殺湘州刺史南平王銳。防閤周伯玉大言於眾曰：「此非天子意，今斬叔業，舉兵匡社稷，誰敢不從？」銳典籤叱左右斬之。乙酉（十四日），殺銳，又殺郢州刺史晉熙王銶、南豫州刺史宜都王鏗。

㊸丁亥（十六日），以廬陵王子卿為司徒，桂陽王鑠為中軍將軍，開府儀同三司。

㊹冬，十月丁酉（是月壬寅朔，無丁酉），解嚴㊱。

㊺以宣城公鸞為太傅，領大將軍，揚州牧，都督中外諸軍事，加殊禮，進爵為王。宣城王謀繼大統，多引朝廷名士與參籌策。侍中謝朏心不願，乃求出為吳興太守，至郡，致酒數斛，遺其弟吏部尚書瀹，為書曰：「可力飲此，勿豫人事」。

臣光曰：「臣聞衣人之衣者，懷人之憂，食人之食者，死人之事㊲。二謝兄弟，比肩貴近，安享榮祿，危不預知，為臣如此，可謂忠乎？」

㊻宣城王雖專國政，人情猶未服。王胛上有赤誌㊳，驃騎諮議參軍考城㊴江祏勸王出以示人。王以示晉壽太守王洪範㊵曰：「人言此是日月相，卿幸勿泄。」洪範曰：「公日月在軀，如何可隱？當轉言之。」王母，祏之姑也。

(卅七)戊戌（是月壬寅朔，無戊戌）殺桂陽王鑠、衡陽王鈞、江夏王鋒、建安王子真、巴陵王子倫。

鑠與鄱陽王鏘齊名，鏘好文章，鑠好名理，時人稱為鄱桂。鏘死，鑠不自安，至東府見宣城王，還謂左右曰：「向錄公見接慇勤㊵，流連㊶不能已，而面有慚色，此必欲殺我。」是夕遇害。

宣城王每殺諸王，常夜遣兵圍其第，斬關踰垣，呼譟而入，家貲皆封籍之。江夏王鋒有才行，宣城王嘗與之言遙光才力可委，鋒曰：「遙光之於殿下，猶殿下之於高皇，衛宗廟，安社稷，實有攸寄。」宣城王失色。及殺諸王，鋒遺宣城王書誚責之，宣城王深憚之，不敢於第收鋒，使兼祠官於太廟㊷，夜遣兵廟中收之。鋒出登車，兵人欲上車，鋒有力，手擊數人，皆仆地，然後死。

宣城王遣典籤柯令孫殺建安王子真，子真走入牀下，令孫手牽出之，叩頭乞為奴，不許而死。又遣中書舍人茹法亮殺巴陵王子倫，子倫性英果，時為南蘭陵太守，鎮琅邪城，有守兵㊸。宣城王恐不肯就死，以問典籤華伯茂。伯茂曰：「公若以兵取之，恐不可即辦，若委伯茂，一夫力耳！」乃手自執鴆逼之。子倫正衣冠，出受詔，謂法亮曰：「先朝昔滅劉氏[45]，今日之事，理數固然。君是身家舊人[46]，今銜此使，當由事不獲已，此酒非勸酬之爵。」因仰之而死，時年十六。法亮及左右皆流涕。

初，諸王出鎮，皆置典籤、主帥，一方之事，悉以委之，時入奏事，一歲數返，時主輒與之閒語[47]，訪以州事，刺史美惡，專繫其口，自刺史以下，莫不折節奉之，恒慮弗及，於是威行州部[48]，大為姦利。

武陵王曄為江州，性烈直，不可干。典籤趙渥之謂人曰：「今出都易刺史[49]。」及見世祖，盛毀之，曄遂免還。

南海王子罕戍琅邪，欲暫游東堂，典籤姜秀不許，子罕還，泣謂母曰：「兒欲移五步亦不得，與囚何異？」

邵陵王子貞嘗求熊白[50]，廚人答典籤不在，不敢與。

永明中，巴東王子響殺劉寅等[51]，世祖聞之，謂羣臣曰：「子響遂反。」戴僧靜大言曰：「諸王都自應反，豈唯巴東？」上問其故，對曰：「天王無罪，而一時被囚，取一挺藕，一杯漿，皆諮籤帥，籤帥不在則竟日忍渴，諸州唯聞有籤帥，不聞有刺史，何得不反？」

竟陵王子良嘗問眾曰：「士大夫何意詣籤帥？」參軍范雲曰：「詣長史以下皆無益，詣籤帥立有倍本之價㊂，不詣謂何？」子良有愧色。

及宣城王誅諸王，皆令典籤殺之，竟無一人能抗拒者。孔珪聞之，流涕曰：「齊之衡陽、江夏最有意㊂，而復害之，若不立籤帥，故當不至於此。」

宣城王亦深知典籤之弊，乃詔自今諸州，有急事當密以奏聞，勿復遣典籤入都，自是典籤之任浸輕矣。

蕭子顯論曰：「帝王之子，生長富厚，朝出閨闈，暮司方岳，防驕翦逸，積代常典，故輔以上佐，簡自帝心，勞舊左右，用為主帥，飲食起居，動應聞啟，處地雖重，行己莫由，威不在身，恩未下及，一朝艱難總至，望其釋位扶危㊃，何可得矣？斯宋氏之餘風，至齊室而尤弊也(五五)！」

(三八)癸卯（初二日），以寧朔將軍蕭遙欣為豫州刺史(五六)，黃門郎蕭遙昌為郢州刺史，輔國將軍蕭誕為司州刺史。遙昌，遙欣之弟；誕，諶之兄也。

(三九)甲辰（初三日）魏以太尉東陽王丕為太傅，錄尚書事，留守平城。

(四〇)戊申（初七日），魏主親告太廟，使高陽王雍、于烈奉遷神主於洛陽。

(四一)辛亥（初十日），發平城。海陵王在位，起居飲食，皆諮宣城王而後行。嘗思食蒸魚菜，太官令答無錄公命，竟不與。辛亥（上已有辛亥，此衍文），皇太后令曰：「嗣主沖幼，庶政多昧，且早嬰尫疾(五七)，弗克負荷(五八)。太傅宣城王，胤體宣皇，鍾慈太祖(五九)，宜入承寶命。帝可降封海陵王，吾當歸老別館，且以宣城王為太祖第三子。」

癸亥（二十二日），高宗即皇帝位，大赦，改元(六〇)。以太尉王敬則為大司馬，司空陳顯達為太尉，尚書令王晏加驃騎大將軍，左僕射徐孝嗣加中軍大將軍，中領軍蕭諶為領軍將軍。度支尚書虞悰稱疾不陪位，帝以悰舊人，欲引參佐命，使王晏齎廢立事示悰。悰曰：「主上聖明，公卿戮力，寧假朽老以贊維新乎(六一)？不敢聞命。」因慟哭。朝議欲糾之，徐孝嗣曰：「此亦古之遺直。」乃止。帝與羣臣宴會，詔功臣上酒。王晏等興席(六二)，謝瀹獨不起，曰：「陛下受命，應天順人，王晏妄叨天功，以為己力。」帝大笑，解之。座罷，晏呼瀹共載，還令省(六三)，瀹正色曰：「卿巢窟在何處？」晏甚憚之。

(四二)丁卯（二十六日），詔藩牧守宰或有薦獻，事非任土(六四)，悉加禁斷。

(四三)己巳（二十八日），魏主如信都。庚午（二十九日），詔曰：「比聞緣邊之蠻(六五)，多竊掠南土，使父子乖離，室家分絕。朕方蕩壹區宇，子育萬姓，若苟如此，南人豈知朝德哉(六六)？可詔荊、郢、東荊三州(六七)，禁勒蠻民，勿有侵暴。」

（四四）十一月，癸酉（初三日），以始安王遙光為揚州刺史。

（四五）丁丑（初七日），魏主如鄴。

（四六）庚辰（初十日），立皇子寶義為晉安王，寶玄為江夏王，寶源為廬陵王，寶寅為建安王，寶融為隨郡王，寶攸為南平王。

（四七）甲申（十四日），詔曰：「邑宰祿薄，雖任土恒貢，自今悉斷[六八]。」

（四八）乙酉（十五日），追尊始安貞王為景皇，妃為懿后。

（四九）丙戌（十六日），以聞喜公遙欣為荊州刺史，豐城公遙昌為豫州刺史。時上長子晉安王寶義有廢疾[六九]，諸子皆弱小，故以遙光居中[七〇]，遙欣鎮撫上流。

（五十）戊子（十八日），立皇子寶卷為太子。

（五一）魏主至洛陽，欲澄清流品，以尚書崔亮兼吏部郎。亮，道固之兄孫也[七一]。

（五二）魏主敕後軍將軍宇文福行牧地，福表石濟以西，河內以東，距河凡十里[七二]。魏主自代徙雜畜置其地，使福掌之，畜無耗失，以為司衛監。

初，世祖平統萬及秦、涼(七三)，以河西水草豐美，用為牧地，畜甚蕃息，馬至二百餘萬匹，橐駞半之，牛羊無數。及高祖置牧場於河陽(七四)，常畜戎馬十萬匹，每歲自河西徙牧并州，稍復南徙，欲其漸習水土，不至死傷，而河西之牧愈更蕃滋，及正光以後(七五)，皆為寇盜所掠，無孑遺矣！

(五三)永明中，御史中丞沈淵表百官年七十，皆令致仕，並窮困私門。庚子（三十日），詔依舊銓敘。上輔政所誅諸王，皆復屬籍，封其子為侯。

(五四)上詐稱海陵恭王有疾，數遣御師(七六)瞻視，因而殞之，葬禮並依漢東海恭王故事(七七)。

(五五)魏郢州刺史韋珍(七八)，在州有聲績，魏主賜以駿馬、穀帛。珍集境內孤貧者，悉散與之，謂之曰：「天子以我能綏撫卿等，故賜以穀帛，吾何敢獨有之？」

(五六)魏主以上廢海陵王自立，謀大舉入寇，會邊將言雍州刺史下郅曹虎遣使請降於魏，十一月，辛丑朔，魏遣行征南將軍薛真度督四將向襄陽，大將軍劉昶、平南將軍王肅向義陽，徐州刺史拓跋衍向鍾離，平南將軍廣平劉藻向南鄭。真度，安都從祖弟也[七九]。以尚書僕射盧淵為安南將軍，督襄陽前鋒諸軍，淵辭以不習軍旅，不許。淵曰：「但恐曹虎為周魴耳[八〇]！」

(七七)魏主欲變易舊風，壬寅（初二日），詔禁士民胡服，國人[八一]多不悅。

通直散騎常侍劉芳，纘之族弟也[八二]，與給事黃門侍郎太原郭祚皆以文學為帝所親禮，多引與講論及密議政事，大臣貴戚皆以為疏己，怏怏有不平之色。帝使給事黃門侍郎陸凱私諭之曰：「至尊但欲廣知古事，詢訪前世灋式耳，終不親彼而相疏也！」眾意乃稍解。凱，馛之子也[八三]。

(七八)魏主欲自將入寇，癸卯（初三日），中外戒嚴，戊申（初八日），詔代民遷洛者復租賦三年。相州刺史高閭上表稱洛陽草創，曹虎既不遣質任，必無誠心，無宜輕舉，魏主不從。久之，虎使竟不再來。魏主引公卿問行留之計，公卿或以為宜止，或以為宜行。帝曰：「眾人紛紜，莫知所從，必欲盡行留之勢，宜有客主，共相起發。任城、鎮南為留議，朕為行論，諸公坐聽得失，長者從之(六四)。」眾皆曰諾。鎮軍將軍李沖(六五)曰：「臣等正以遷都草創，人思少安，為內應者，未得審諦(六六)，不宜輕動。」帝曰：「彼降款虛實，誠未可知。若其虛也，朕巡撫淮甸，訪民疾苦，使彼知君德之所在，有北向之心；若其實也，今不以時應接，則失乘時之機，孤歸義之誠，敗朕大略矣！」任城王澄曰：「虎無質任，又使不再來，其詐可知也。今代都新遷之民，皆有戀本之心，扶老攜幼，始就洛邑，居無一椽之室，食無甔石之儲(六七)，又冬月垂盡，東作(六八)將起，乃百堵皆興，俶載南畝之時(六九)，而驅之使擐甲執兵，泣當白刃，殆非歌舞之師也(七〇)！且諸軍已進，非無應接，若降款有實，待既平樊沔，然後鑾輿順動，亦何晚之有？今率然輕舉，上下疲勞，若空行空返，恐挫損天威，更成賊氣，非策之得者也！」司空穆亮以為宜行，公卿皆同之。澄謂亮曰：「公輩在外之時，見張旗授甲，皆有憂色，平居論議，不願南征，何得對上即為此語？面背不同[九〇]，事涉欺佞，豈大臣之義，國士之體乎？萬一傾危，皆公輩所為也！」沖曰：「任城王可謂忠於社稷。」帝曰：「任城以從朕者為佞，不從朕者豈必皆忠？夫小忠者，大忠之賊，無乃似諸？」澄曰：「臣愚闇，雖涉小忠，要是竭誠謀國，不知大忠者竟何所據？」帝不從。

辛亥（十一日），發洛陽。以北海王詳為尚書僕射，統留臺事，李沖兼僕射，同守洛陽，給事黃門侍郎崔休為左丞，趙郡王幹都督中外諸軍事，始平王勰將宗子軍[九二]宿衞左右。休，逞之玄孫也[九三]。

戊辰（二十八日），魏主至懸瓠。己巳（二十九日），詔壽陽、鍾離、馬頭之師所掠男女皆放還南。

曹虎果不降，魏主命盧淵攻南陽。淵以軍中乏糧，請先攻赭陽以取葉倉[九四]，魏主許之，乃與征南大將軍城陽王鸞、安南將軍李佐、荊州刺史韋珍共攻赭陽，【考異】齊書作盧陽烏、韋靈智。按陽烏，淵小字；靈智，珍子也。鸞，長壽之子[九五]；佐，寶之子也[九六]。北襄城太守成公期閉城拒守。

薛真度軍於沙堨(九七)，南陽太守房伯玉、新野太守(九八)劉思忌拒之。(九九)先是魏主遣中書監高閭治古樂，會閭出為相州刺史，是歲，表薦著作郎韓顯宗、太樂祭酒(九九)公孫崇參知鍾律，帝從之。

【今註】㊀高宗明皇帝：帝諱鸞，字景栖，小字玄度，高帝兄始安貞王道生之子也。㊁建武元年：是歲鬱林王改元隆昌，七月，海陵王改元延興，十月，帝即位，始改元建武。㊂改元隆昌：此鬱林王改元也。㊃令作部造仗：諸州有作部，主造器仗。㊄征南大將軍陳顯達屯襄陽：去年秋，魏孝文帝南伐，武帝遣顯達鎮樊城。㊅單將白直、俠轂自隨：諸王有白直，有夾轂隊，皆自衞親兵也。俠與夾通。㊆身是天王：胡三省曰：「子懋自稱天王，蓋謂是天家諸王也。」㊇此間人：謂襄陽人也。㊈子懋計未立，乃之尋陽：受徵為江州刺史也。尋陽，江州刺史治。㊉前鎮西諮議參軍蕭衍：武帝永明八年，隨王子隆為鎮西將軍荊州刺史，引衍為諮議參軍。(十一)隨王正須折簡耳：言但須作書招隨王，則自至也。古者以簡為書，故曰折簡。(十二)慧景懼，白服出迎：胡三省曰：「白服若得罪而白衣領職者。」(十三)崇安陵：鬱林王即位，尊其父文惠太子曰文帝，陵曰崇安，廟號世宗。《南齊書・武十七王傳》云：「初，豫章王嶷葬金牛山，文惠太子葬夾石，子良臨送，望祖硎山，悲感歎曰：『北瞻吾叔，前望吾兄，死而有知，請葬茲地。』既薨，遂葬焉！」夾石山在今安徽省桐城縣北。(十四)比干墓：《水經注》比干冢在河內朝歌縣南，前有石銘，題隸云殷大夫比干之墓，所記惟此，今已中折，不知誰所誌也。㉕帝以龍駒為後閤舍人：《南齊書・鬱林王紀》云：「龍駒尤親幸，為後閤舍人，日夜在六宮房內。」胡三省曰：「後閤，禁中後閤也。」㉖擲塗賭跳：胡三省曰：「擲塗者，以塗泥相擲為樂也；賭跳者，以跳躍高出者為勝也。」㉗我昔思汝一枚不得，今日得用汝未：初，帝養於西州，文惠太子每節其用度，故云然。㉘世祖聚錢上庫五億萬，齋庫亦出三億萬：出三億萬，言所聚錢逾三億萬之數也。胡三省曰：「上庫所儲以備軍國之用，齋庫以供齋內所須，人主之好用。」㉙蒸於世祖幸姬霍氏：據《南齊書・鬱林王紀》，霍氏蓋文惠太子之幸姬也。下淫上曰蒸。㉚以尚書右僕射鄱陽王鏘為世祖所厚：胡三省曰：「世祖恐當作世宗。」余按《南齊書・高十二王傳》，鏘，高帝之第七子也，和悌美令，有寵於世祖，作世祖不誤。㉛公聞鸞於灋身如何：鄱陽王鏘，高帝之子，於帝為叔祖，故帝稱之曰公；法身，帝小字也。帝自謂鸞於己有異心，問鏘有所聞否。㉜且復小聽：小猶蹔也，言且復蹔聽專政也。㉝衛尉蕭諶，世祖之族子也：《南齊書・蕭諶傳》諶於太祖為絕服族子。㉞自世祖在郢州，諶已為腹心：《南齊書・蕭諶傳》宋蒼梧王元徽末，世祖在郢州，欲知京邑消息，太祖遣諶就世祖宣傳謀計，留為腹心。《武帝紀》帝鎮郢州在元徽四年。㉟嘗為東宮直閤，為世宗所知：《南齊書・蕭坦之傳》坦之為東宮直閤，以勤直為世祖所知，蓋東宮亦有直閤將軍也。《通鑑》以坦之為東宮直閤，改世祖為世宗。㊱淫泆：杜預曰：「淫謂嗜欲過度，泆謂放恣無藝。」㊲周奉叔恃勇挾勢：奉叔有勇力，且為帝所親任。㊳常翼單刀二十口自隨：胡三省曰：「翼者，分列左右，若兩翼然也。」余按翼者，有挾藏之義，言藏刀於身也，不必釋為左右。㊴以奉叔為青州刺史：蕭子顯《州郡志》曰：「宋泰始初，淮北沒虜，六年，始徙青州治鬱洲，齊建元四年，移鎮朐山，後復舊。」㉚召奉叔於省中：省中，尚書省中也。㉛溧陽令錢唐杜文謙嘗為南郡王侍讀：溧陽縣自漢以來屬丹陽郡，以其在溧水之陽也，故城在今江蘇省溧陽縣西北。帝初封南郡王，以杜文謙為侍讀。㉜匪朝伊夕：伊與繄同，言鸞之弒帝，朝夕間事耳！㉝使萬靈會等殺蕭諶，則宮內之兵皆我用也：《南齊書・蕭諶傳》諶時以衞軍司馬兼衞尉卿掌宿衞兵。若殺諶以奪其兵權，則宿衞兵轉為文謙等用也。㉞即勒兵入尚書斬蕭令：尚書謂尚書省，蕭令謂尚書令蕭鸞也。㉟都伯：胡三省曰：「都伯，行刑者也，今謂之劊子。」㊱死社稷可乎：誅賊臣不成而死，是死社稷也。㊲復少日，錄君稱敕賜死：胡三省曰：「少日，言無多日也，鸞錄尚書事，故稱為錄君。」余按《南齊書・明帝紀》，時鸞但為尚書令，海陵王立，始錄尚書事，此言錄君者，蓋竟陵王不樂世事，凡事推鸞，鸞實專尚書之權，與錄等耳！稱敕者，矯稱敕旨賜文謙等死也。㊳父母為殉：謂父母皆將從坐而死。㊴北京：謂代都平城。魏既遷洛，以平城為北京，亦曰北都。㊵闈闥之內：謂宮中也。《爾雅》云：「宮中之門謂之闈。」《韓詩》云：「門屏之閒謂之闥。」㊶耳聽灋音：法音謂雅樂也。㊷目翫墳典：翫，熟習也。墳典，泛謂典籍，蓋取義於三墳五典。孔安國《尚書・序》云：「伏羲、神農、黃帝之書，謂之三墳，言大道也；少昊、顓頊、高辛、唐、虞之書，謂之五典，言常道也。」㊸口對百辟：王先謙曰：「釋詁：『辟，君也。』諸侯各君其國，故云百辟。」此百辟謂百司之長。㊹心虞萬機：虞，度也，萬機猶曰政事，政事繁瑣，故曰萬機。《書》云：「兢兢業業，一日二日萬幾。」幾與機同。㊺景昃而食：昃，日過午而西斜也。言事繁不能以時食。㊻加以孝思之至，隨時而深：謂文明太后之殂雖久，孝文帝孝思之情，非惟未減，且與日而加深也。㊼嗇神：嗇，愛也，惜也。㊽垂拱司契：《老子》曰：「有德司契。」司，主也；契，要也。言垂旒拱手，司契以治天下也。㊾顯宗，麒麟之子也：韓麒麟見卷一百三十五武帝永明元年。㊿州郡貢察，徒有秀、孝之名而無秀、孝之實：貢察者，謂察舉秀才、孝廉而貢之於朝。(51)不復彈坐：漢制州郡察舉不實，則有司彈劾其違而坐之以罪。(52)苟其有才，雖屠釣奴虜，聖主不恥以為臣：胡三省曰：「太公屠牛於朝歌，釣於渭濱，又紂時箕子為奴，周文王、武王皆禮而用之。」(53)苟非其才，雖三后之胤，墜於皁隸矣：胤，繼嗣也；三后，謂三代之王也。《左傳》申無宇曰：「人有十等，士臣皁，皁臣輿，輿臣隸。」蓋泛謂民之執賤役者。(54)豈可以世無周、邵遂廢宰相邪：周邵者，周公、召公，周之賢相。周召之才不世出，不以世無周召而廢宰相，亦猶不以世無奇才而廢察舉也。(55)但當校其寸長銖重者先敘之：言其人較之眾人有一寸之長，一銖之重，則先銓敘而任用之，不必俟奇才而後察舉也。(56)刑罰之要，在於明當：明當者，明其律令使罰當其罪。(57)不失有罪：言民若有罪，必致之於法，無令苟且而倖脫。(58)參夷：誅夷其三族。(59)敦厲：勸勉也。(60)昔周居洛邑，猶存宗周；漢遷東都，京兆置尹：周成王營洛邑，以豐鎬為宗周，漢光武都洛陽，仍以長安為京兆，與河南俱置尹，存故都也。(61)謂宜建畿置尹，一如故事：謂今雖遷都洛陽，猶宜畫代都為畿甸，置尹平城，如周、漢故事也。(62)古者四民異居，欲其業專志定也：管子管仲相齊，使士、農、工、商各羣萃而州處。其言曰：

「四民者，勿使雜處，雜處則其言哤，其事易。昔聖王之處士也，使就閑燕，處工就官府，處商就市井，處農就田野，少而習焉，其心安焉，不見異物而遷焉！」(六三)攸處：攸，居也。(六四)夫官位無常，朝榮夕悴：言在位則為衣冠之族，一旦去位，則淪為皁隸矣！(六五)是以仲尼稱里仁之美，孟母勤三徙之訓：《論語》孔子曰：「里仁為美，擇不處仁，焉得知？」邢昺疏云：「里，居也，仁者之所居處，謂之里仁。」言智者必擇里仁而居也。劉向《列女傳》孟子幼時，其舍近墓，常嬉遊為墓閒之事，孟母曰：「此非吾所以處子也。」乃去，舍市旁，其嬉戲乃賈人衒賣之事，又曰：「此非吾所以處子也。」復徙舍學宮之旁，其嬉戲乃設俎豆，揖遜進退，孟母曰：「此真可以居吾子矣！」遂民焉！

(六六)清濁連甍：清謂士族，濁謂庶人，甍，覆屋之瓦也，連甍，言其屋宇相連也。(六七)分別工伎，在於一言，有何可疑而闕盛美：言分別士、庶，原屬盛美之事，其行至易，未知孝文有何疑而不為也。

(六八)南人昔有淮北之地，自比中華，僑置郡縣：胡三省曰：「如豫州界止於洛陽，而僑置譙、梁、陳、潁等郡縣，又於青州界僑置冀州諸郡縣是也。」(六九)中州郡縣，昔以戶少并省：胡三省曰：「魏初得河南，止置四鎮，郡縣多所并省。」(七〇)在朝諸貴，受祿不輕，比來賜賚動以千計，若分以賜鰥寡孤獨之民，所濟實多，今直以與親近之臣，殆非周急不繼富之謂也：《論語》孔子曰：「君子周急不繼富。」周與賙同，賑濟也。發倉儲以廩鰥寡孤獨，是周急也，今但以與親近之臣，其受祿既多，復加賜賚，是繼富也，有違前賢愛民之意，故顯宗有是言。(七一)規方澤：規度其地以立方澤。方澤者，立方丘於澤中以祭地也。(七二)魏徙河南王幹為趙郡王，潁川王雍為高陽王：胡三省曰：「將以河南、潁川為畿甸，故二王徙封也。」㉓燕州刺史：《魏書・地形志》魏孝文營洛，以洛為司州，改平城之司州曰恒州，又分恒州東部置燕州，治平昌，在今河北省昌平縣西。㉔昔周、召聖賢，乃能卜宅：《書》召公卜宅洛邑，周公往營成周，使來告卜曰：「我卜河朔黎水，我乃卜澗水東，瀍水西，惟洛食，我又卜瀍水東，亦惟洛食。」食者，卜時史先定墨，而灼龜之兆，正食其墨也。㉕卜以決疑，不疑何卜：此《左傳》載鬬廉之言。㉖黃帝卜而龜焦，天老曰吉。黃帝從之：《宋書・符瑞志》黃帝時，天霧三日三夜，晝昏，帝問天老、力牧、容成曰：「於公何如？」天老曰：「臣聞之國安其主好文則鳳皇居之，國亂其主好武則鳳皇去之。今鳳皇翔於東郊而樂之，其鳴音中夷則，與天相副。以是觀之，天有嚴教以賜帝，帝勿犯也。」召史卜之，龜焦，史曰：「臣不能占也，其問之聖人。」帝曰：「已問天老、力牧、容成矣！」史北面再拜曰：「龜不違聖智，故焦。」《左傳》定公九年：「卜過之，龜焦。」杜預注曰：「龜焦，兆不成也。」㉗朕之遠祖，世居北荒，平文皇帝始都東木根山：拓跋鬱律諡平文皇帝。按《魏書・帝紀》惠帝賀傉四年，始築城於東木根山，徙都之，時晉明帝大寧二年也。㉘昭成皇帝更營盛樂：拓跋什翼犍諡昭成皇帝。《魏書・帝紀》烈帝翳槐後元年城盛樂，次年，昭成嗣國，昭成帝之四年，復築盛樂新城於故城南而徙都之；時晉成帝之咸康七年也。㉙道武帝遷於平城：晉安帝隆安二年，道武帝遷都平城。㉚朕幸屬勝殘之運：《論語》孔子曰：「善人為邦百年，亦可以勝殘去殺矣！」朱元晦曰：「勝殘，化殘暴之人使不為惡也；去殺，謂民化於善可以不用刑殺也。」㉛羆，壽之孫：穆壽，穆崇之孫也，仕太武帝，為魏之信臣。㉜孔子稱鄙夫不可以事君，未得之，患得之，既得之，患失之，苟患失之，無所不至：見《論語．陽貨》。何注曰：「患得之者，謂患不能得之，楚俗言。」邢疏云：「言初未得事君時，常患己不能得事君，既得之，不能任直守道，常患失其祿位也。」(八三)魏罷五月五日、七月七日饗祖考：胡三省曰：「魏端午、七夕之饗，猶寒食之饗，皆夷禮也。」(八四)去十五年：謂太和十五年時也。去，已過之辭。(八五)臣輒準外考以定京官治行：言欲準考州鎮屬官之法考京官，以核定其治行之優劣也。(八六)鎮軍將軍鸞即本號開府儀同三司：本號，謂鎮軍將軍也。以鎮軍將軍加開府。(八七)昶，度世之子也：崔浩之誅，盧度世避禍於高陽，其後自出，為太武帝所寵任。(八八)將命：奉命也。(八九)魏以宋王劉昶為使持節，都督吳、越、楚諸軍事：南朝所有，古吳、越、楚三國之地也，故魏以命昶，使恢復故業。(九〇)昶至鎮，不能撫接義故：胡三省曰：「宋蒼梧王初，昶鎮彭城，棄鎮奔魏，故義故在焉！」(九一)而尼媼外入者，頗傳異語：謂宮外之人，傳言西昌侯鸞等相與有異謀也。(九二)乃謀出鸞於西州，中敕用事，不復關咨於鸞：言帝但欲奪鸞之權，不復蓄意誅之。(九三)諶密召諸王典籤約語之：約語者，約束諸王典籤而語之，令從己意。(九四)籍籍：喧嘩貌。(九五)君蒙武帝殊常之恩，荷託付之重：徐孝嗣為王儉所薦，武帝擢而用之，及武帝之崩，遺詔託以尚書眾事。(九六)人笑褚公，至今齒冷：褚公謂褚淵也，笑則啟齒，故云齒冷。淵受宋明帝託孤之重而貳於齊，故人至今笑之。(九七)人言鎮軍與王晏、蕭諶欲共廢我：鎮軍謂鎮軍將軍鸞也。(九八)密有處分，謀未能發：言密有圖鸞等之謀而未能發也。(九九)時始興內史蕭季敞、南陽太守蕭穎基皆內遷，諶欲待二人至，藉其勢力以舉事：魏晉以還，豪門世族皆私置部曲，諶以此二人方自外歸，必以部曲自隨為可藉也。⑳壬辰（二十日）：《南齊書・鬱林王紀》二十二日壬辰廢帝，按七月癸酉朔，壬辰二十日，非二十二日也。㉑直後：胡三省曰：「直後亦宿衞之官，侍衞於乘輿之後者也。」㉒比入門，三失履：懼而失常，故三失其履。㉓壽昌殿：《南齊書・武帝紀》帝臨崩，遺詔曰：「內殿鳳華、壽昌、耀靈三處，是吾所治製。夫貴有四海，宴處寢息，不容乃陋，謂此為奢儉之中，慎勿壞去。」蓋武帝所起，為宴寢之處。㉔帝竟無一言，行至西弄，弒之：胡三省曰：「此延德殿之西弄也。丁度集韻曰：『弄，廈也，屏也。』亦作㢅。」《南齊書・鬱林王紀》時年二十一。㉕大匠卿：即將作大匠也，其秩為卿，掌宮廟土木之役。㉖悰，嘯父之孫也：虞嘯父，虞潭之子也，事晉孝武帝。㉗新安王即皇帝位，時年十五：王諱昭文，字季尚，文惠太子第二子也。㉘朔州：《魏書・地形志》雲州本曰朔州，孝武帝永熙中改曰雲州。又〈地形志〉有朔州，本漢五原郡，太武帝延和二年置鎮，即懷朔鎮也，孝明帝孝昌中，改為朔州。則是時懷朔尚為鎮，此朔州蓋即永熙後之雲州也。宋白曰：「孝文遷洛之後，於今朔州北三百八十里定襄故城置朔州，後亂廢。」〈地形志〉雲州寄治并州界，非太和朔州之故治矣！㉙遙光，鸞之兄子也：《南齊書・宗室傳》始安貞王道生生始安靖王鳳，次明帝，次安陸昭王緬，鳳生遙光、遙欣、遙昌，遙光嗣始安王爵。㉚癸丑，魏主如懷朔鎮，己未，如武川鎮，辛酉，如撫宜鎮，甲子，如柔玄鎮：撫宜按《魏書》當作撫冥。魏破柔然，自五原至濡源分為六鎮以鎮北疆，自西徂東曰懷朔、懷荒、武川、撫冥、柔玄、禦夷。《水經注》懷朔鎮在漢光祿城東北，漢五原稒陽塞外也，其地當在今綏遠省五原縣境，《元和郡縣志》武川城今名黑城，後魏六鎮從西之第三鎮，今綏遠省武川縣蓋即其地，又《水經注》于延水出塞外柔玄鎮西長川城南小山，東南流逕漢代郡且如縣故城南，則柔玄鎮當在漢且如故城西北塞外也，其地當在今察哈爾興和縣境。胡三省曰：「撫冥鎮城：未考其地，若以前說六鎮自五原抵濡源分置於三千里中，則撫冥當在武川、柔玄之間，相距各五百里耳！」㊂三載考績，三考黜陟。可黜者不足為遲，可進者大成賒緩：《虞書・舜典》曰：「三載考績，三考黜陟幽明。」三考，九載也，人之賢否，事之得失可見，於是陟其明而黜其幽也，故孝文以為遲緩。胡三省曰：「三載考績，三考黜陟幽明，其黜陟行於九年之後，非賒緩也。俗淳事簡，在位者各思盡其職，不為姦欺，就有不稱者，一考而未黜，冀其能自盡也，其不能盡者，才力有所不逮耳！再考不稱而猶未黜者，謂才有短長，臨事有過誤，前考已稱其職而今考不稱者，必過誤也，前考不稱而今考能稱其職者，能自勉也，三考皆不稱，則其人信不可用矣，於是乎黜之，此唐虞忠厚之至也。周官計羣吏之治，旬終則令正日成，月終則令正月要，歲終則令正歲會，三歲則大計羣吏之治而誅賞之，是蓋無日而不考覈，而誅賞則行之於三年大計之時。蓋俗益薄，人益媮，而行九年之黜陟則為賒緩。觀魏孝文之考績，不過慕古而務名，非能行考績之實也。」㊃考其優劣為三等，其上、下二等仍分為三：分上、中、下三等，上等、下等又各分為三等，則自上上至下下凡七等，以上、下二等為黜陟之科故也。㊄汝為朕弟：廣陵王羽，獻文帝之子，孝文帝之弟也。㊅叔翻：廣陵王羽字。㊆祿恤：胡三省曰：「魏官本祿之外，別有恤親之祿。」按上韓顯宗謂魏在朝諸貴，受祿不輕，比來賜賚動以千計，殆即恤親之祿也。㊇叔神志驕傲：任城王澄，任城康王雲之子，景穆皇帝之孫，於孝文帝為叔。㉗憮然：悵然自失也。㉘面墻：《書》曰：「不學面牆。」言人而不學，猶正牆面而立，無所覩見也。㉙金日磾不入仕漢朝，何能七世知名：胡三省曰：「七世之名，謂七世內侍也。」金日磾事見卷七十一漢武帝後元元年。㉚鸞常屣履至車後迎之：章懷太子註《後漢書》云：「屣履，謂納履曳之而行，言怱遽也。」此言鸞急於出迎，不暇躡履至跟，曳之而行也。㉛臺：胡三省曰：「猶言宮省也。」㉜制局監：《南齊書・倖臣傳・序》云：「武官有制局監，領器仗兵役。」㉝油壁車：胡三省曰：「油壁車者，加青油衣於車壁也。王儉議曰：『衮書車十二乘，古副車之象也。榆轂輪，箽子壁，綠油衣，』」㉞東城人正共縛送蕭令耳：東城，謂東府城也。鬱林王即位，鸞為尚書令，及鸞廢鬱林王而立海陵，則進位錄尚書事矣，此曰蕭令，蓋以舊官稱之。㉟鏘以上臺兵力既悉度東府：鸞時蓋出鎮東府，悉以上臺兵力自隨也。㊱於時太祖諸子，子隆最壯大，有才能：按子隆為武帝子，太祖當作世祖。㊲防閤：胡三省曰：「諸王置防閤，以勇略之士為之，以防衞齋閤。杜佑通典唐制親王府並給防閤、庶僕、白直，下至州縣，亦有白直。」㊳此州雖小，宋孝武常用之：謂宋孝武帝自江州起兵平太子劭之難也。㊴若舉兵向闕，以請鬱林之罪：問鸞以弒鬱林王之罪。㊵城局參軍：胡三省曰：「諸州刺史各有城局參軍，掌修浚備禦。」㊶子懋部曲，多雍州人：懋自雍州徙為江州，故其部曲多雍州人。㊷吾若逃亡，非唯孤晉安之眷，亦恐田橫客笑人：橫自刎，其客五百人在海中聞之皆自殺，事見卷十一漢高帝五年。晉安，謂晉安王子懋也，陸超之守死，故引橫客事以自譬。㊸歐陽：即歐陽戍也。《水經注》吳城邗溝上承歐陽，引江入埭，六十里至廣陵城。故址在今江蘇省儀徵縣東北。㉞意寄：胡三省曰：「謂屬意寄託之。」㉟琇之，靖之孫也：孔靖見卷一百二十三晉安帝元興二年。㊱冬，十月丁酉，解嚴：上月尋陽起兵，內外纂嚴，至是尋陽已平，諸藩王已死，故解嚴。按是月壬寅朔，無丁酉，丁酉誤也。㊲臣聞衣人之衣者，懷人之憂，食人之食者，死人之事：此《史記》淮陰侯答蒯通之言。㊳王胛上有赤誌：章懷太子曰：「胛，背上兩膊間也。」誌今通作痣。㊴考城：前漢之甾縣也，屬梁國，後漢章帝改曰考城，屬陳留郡，晉惠帝分屬濟陽郡，故城在今河南省考城縣東南。胡三省曰：「齊志南徐州南濟陽郡有考城縣，蓋晉氏因郡人南渡而僑置也。」其地今闕，當在江蘇省境。㊵王以示晉壽太守王洪範：王洪範即前杜文謙所謂先帝舊人，攘袂搥牀欲以効忠鬱林者也。㊶向錄公見接慇勤：胡三省曰：「鸞以太傅錄尚書事，太傅上公，故稱錄公。」㊷流連：不忍遽別也。㊸使兼祠官於太廟：祠官，主太廟之祭祀。㊹鎮琅琊城，有守兵：齊琅琊城僑治白下，北臨江滸，置兵戍。㊺先朝昔滅劉氏：事見卷一百三十五高帝建元元年。㊻君是身家舊人：身，巴陵王子倫自稱。前法亮舊事武帝，權寄甚重。㊼閒語：《史記．信陵君傳》：「候生乃屏人閒語。」《索隱》曰：「閒音閑，謂靜語也。」㊽州部：猶曰州中也。漢謂州刺史所刺曰部，故亦曰部刺史。㊾今出都易刺史：趙渥謂今將入都面帝毀鞏，計及己出都時，鞏將免還也。㊿熊白：《埤雅》曰：「熊山居冬蟄，當心有白脂如玉，俗呼熊白。」《本草圖經》曰：「熊形類犬豕，而性輕健，好攀緣上高木，見人則顛倒自投而下，冬多入穴而藏蟄，始春而出，其脂謂之熊白。」(五一)永明中，巴東王子響殺劉寅等：事見卷一百三十七永明八年。〔五三〕詣籤帥立有倍本之價：言若詣籤帥，所得必倍其本，以籤帥權重，得專予奪故也。〔五四〕齊之衡陽、江夏最有意：言衡陽、江夏二王最有翼輔帝室之意也。〔五五〕釋位扶危：《左傳》諸侯釋位以閒王室。杜預曰：「閒猶與也，去其位與治王之政事。」〔五六〕斯宋氏之餘風，至齊室而尤弊也：言典籤之置始於劉宋，至齊而後其權大盛也。〔五七〕癸卯，以寧朔將軍蕭遙欣為豫州刺史：《南齊書・海陵王紀》十月癸卯前有癸巳、丁酉、戊戌，按是月壬寅朔，癸卯初二日，疑癸巳、丁酉、戊戌諸條皆九月時事也，《通鑑》因《齊書》之誤耳！〔五八〕早嬰尫疾：嬰，纏也；尫疾，羸疾也。〔五九〕弗克負荷：言不能承繼先業也。《左傳》子產曰：「其父析薪，其子弗克負荷。」〔六〇〕太傅宣城王，胤禮宣皇，鍾慈太祖：宣皇，高帝之父，鸞之祖蕭承之也，追謚宣皇帝。鸞幼孤，養於高帝，撫育恩過諸子，故云鍾慈於太祖。〔六一〕改元：是時方改元建武。〔六二〕寧假朽老以贊維新乎：維新，謂易統也。《大雅・文王》之詩云：「周雖舊邦，其命維新。」〔六三〕興席：興，起也。自席中起上酒。〔六四〕還令省：胡三省曰：「令省，尚書令所舍也。」〔六五〕事非任土：《書・禹貢》任土作貢。言任土力之所能生以制貢賦也。〔六六〕緣邊之蠻：謂緣沔所居羣蠻。〔六七〕南人豈知朝德哉：謂南朝之人，將不知魏朝愛民之德意。〔六八〕荊、郢、東荊三州：《魏書・地形志》太武帝太延五年，置荊州於上洛，孝文帝太和中，徙治穰城。魏又置郢州於真陽，東荊州於沘陽。真陽，漢汝南郡之慎陽縣也，故城在今河南省正陽縣北。〔六九〕詔曰，邑宰祿薄，雖任土恒貢，自今悉斷：胡三省曰：「觀此則江左之政，縣邑不由郡州，亦得入貢天臺矣！」恒貢，常貢也。〔七〇〕廢疾：殘廢之疾。〔七一〕故以遙光居中：遙光為揚州刺史，揚州，畿甸也，故曰居中。(七一)亮，道固之兄孫也：宋明帝泰始初，崔道固以冀州降魏。(七二)石濟以西，河內以東，距河凡十里：胡三省曰：「牧地縱則石濟以西，河內以東，橫則距河十里。」(七三)初，世祖平統萬及秦、涼：魏太武帝平統萬見卷一百二十宋文帝元嘉四年；平秦地見卷一百二十二元嘉八年；平涼州見卷一百二十三元嘉十六年。(七四)及高祖置牧場於河陽：即石濟以西、河內以東，宇文福所規之牧地，在黃河之陽。(七五)正光以後：正光，魏孝明帝年號，當梁武帝普通元年。(七六)御師：胡三省曰：「御師，醫師也，以其供御，故謂之御師。」(七七)葬禮並依漢東海恭王故事：漢東海恭王彊，光武郭皇后之子也，郭后既廢，王不自安，以太子讓明帝，及薨，葬用殊禮。(七八)魏郢州刺史韋珍：《魏書・韋珍傳》先以樂陵鎮將與東荊州刺史桓誕同鎮沘陽，遷為郢州刺史。(七九)真度，安都從祖弟也：宋明帝泰始初，薛安都以徐州降魏。(八〇)但恐曹虎為周魴耳：魴，吳將也，詐降於魏大司馬曹休，事見卷七十一魏明帝太和二年。(八一)國人：魏以鮮卑舊族，與拓跋氏同起於北荒者為國人。(八二)通直散騎常侍劉芳，纘之族弟也：纘臣於齊而屢使於魏，與芳俱彭城劉氏，同出於楚元王之後。(八三)凱，馛之子也：陸馛見卷一百三十三宋明帝泰始七年。(八四)任城、鎮南為留議，朕為行論，諸公坐聽得失，長者從之：任城，任城王澄；鎮南，鎮南將軍李沖也。留議者，不主南伐，行論者，為南伐之論也，孝文令朝臣聽己與澄、沖等論南征得失，取其長者。(八五)鎮軍將軍李沖：《魏書・李沖傳》沖時為鎮南將軍。(八六)未得審諦：諦亦審也，言未得其實。(八七)食無甔石之儲：極言其困乏也。應劭曰：「齊人名小甖為儋，受石斛。」甔與儋同。(八八)東作：《書・堯典》云：「平秩東作」。孔安國曰：「歲起於東而始就耕，謂之東作。」後習以春耕為東作。(八九)乃百堵皆興，俶載南畝之時：堵，垣也，謂南遷之人，當作室也。陳奐曰：「俶載，始事也」。謂入春當東作也。(九〇)殆非歌舞之師也：武王伐紂，前歌後舞。非歌舞之師，言師出非民之所願。(九一)面背不同：謂面君所議異於平居之論也。(九二)宗子軍：以帝室宗子為宿衞軍。(九三)休，逞之玄孫也：魏道武伐中山，崔逞降之。(九四)請先攻赭陽以取葉倉：葉倉者，葉縣之倉粟也。胡三省曰：「赭陽即漢晉之堵陽，堵亦音者，至宋時，猶屬南陽郡，至蕭子顯齊書，赭陽、葉二縣皆不見於志，下言襄城太守成公期拒魏，則北襄城郡置於赭陽明矣。」古葉縣在今河南省葉縣南，赭陽在其西。(九五)鸞，長壽之子：城陽王長壽見卷一百三十二宋蒼梧王元徽三年。(九六)佐，寶之子也：李寶朝魏見卷一百二十四宋文帝元嘉二十一年。(九七)沙堨：胡三省曰：「堨，壅也，聚沙以壅水，故以為地名。」(九八)新野太守：《晉書・地理志》晉武帝太康中，分南陽立義陽郡，惠帝又分南陽、義陽立新野郡。(九九)太樂祭酒：胡三省曰：「太樂祭酒，蓋太和中，初置是官。」

卷一百四十　齊紀六

司馬光編集
林瑞翰註

起旃蒙大淵獻，盡柔兆困敦，凡二年。（乙亥至丙子，西元四九五年至四九六年）

高宗明皇帝中

建武二年（西元四九五年）

㈠春，正月壬申（初二日），遣鎮南將軍王廣之督司州，右衛將軍蕭坦之督徐州，尚書右僕射沈文季督豫州諸軍以拒魏。癸酉（初三日），魏詔淮北之人不得侵掠㈠，犯者以大辟論。乙未（二十五日），拓拔衍攻鍾離，徐州刺史蕭惠休乘城拒守，間出襲擊魏兵，破之。惠休，惠明之弟也㈡。劉昶、王肅攻義陽，司州刺史蕭誕拒之。肅屢破誕兵，招降萬餘人，魏以肅為豫州刺史。劉昶性褊躁，御軍嚴暴，人莫敢言，法曹行參軍北平陽固苦諫，昶怒，欲斬之，使當攻道㈢，固志意閑雅，臨敵勇決，昶始奇之。

丁酉（二十七日），中外纂嚴。以太尉陳顯達為使持節都督西北征討諸軍事，往來新亭、白下以張聲勢。

己亥（二十九日），魏主濟淮。二月，至壽陽，眾號三十萬，鐵騎彌望㊃。甲辰（初五日），魏主登八公山，賦詩，道遇甚雨，命去蓋，見軍士病者，親撫慰之。

魏主遣使呼城中人，豐城公遙昌使崔慶遠出應之。慶遠問師故㊄，魏主曰：「固當有故，卿欲我斥言㊅之乎？欲我含垢依違㊆乎？」慶遠曰：「未承來命，無所含垢。」魏主曰：「齊主何故廢立？」慶遠曰：「廢昏立明，古今非一，未審何疑？」魏主曰：「武帝子孫今皆安在？」慶遠曰：「七王同惡，已伏管蔡之誅㊇其餘二十餘王，或內列清要，或外典方牧。」魏主曰：「卿主若不忘忠義，何以不立近親，如周公之輔成王而自取之乎？」慶遠曰：「成王有亞聖之德，故周公得而相之，今近親皆非成王之比，故不可立。且霍光亦捨武帝近親而立宣帝，唯其賢也。」魏主曰：「霍光何以不自立？」慶遠曰：「非其類也㊈。主上正可比宣帝，安得比霍光？若爾，武王伐紂不立微子而輔之，亦為苟貪天下乎？」魏主大笑曰：「朕來問罪，如卿之言，便可釋然。」慶遠曰：「見可而進，知難而退⑩，聖人之師也。」魏主曰：「卿欲吾和親，為不欲乎？」慶遠曰：「和親則二國交歡，生民蒙福，否則二國交惡，生民塗炭。和親與否，裁自聖衷。」魏主賜慶遠酒殽、衣服而遣之。

戊申（初九日），魏主循淮而東㊁，民皆安堵，租運屬路㊂。丙辰（十七日），至鍾離。上遣左衞將軍崔慧景、寧朔將軍裴叔業救鍾離。

劉昶、王肅眾號二十萬，塹柵三重，并力攻義陽，城中負楯而立㊂。王廣之引兵救義陽，去城百餘里，畏魏彊，不敢進，城中益急。黃門侍郎蕭衍請先進，廣之分麾下精兵配之。衍間道夜發，與太子右率㊃蕭誄等徑上賢首山㊄，去魏軍數里。魏人出不意，未測多少，不敢逼。黎明，城中望見援軍至，蕭誕遣長史王伯瑜出攻魏柵，因風縱火，衍等眾軍自外擊之，魏不能支，解圍去。己未（二十日），誕等追擊，破之。誄，諶之弟也。

先是上以義陽危急，詔都督青、冀二州諸軍事張沖出軍攻魏，以分其兵勢。沖遣軍主桑係祖攻魏建陵、驛馬、厚丘三城，又遣軍主杜僧護攻魏虎阬、馮時、即丘三城，皆拔之㈥。青、冀二州刺史王洪範遣軍主崔延襲魏紀城㈦，據之。

魏主欲南臨江水，辛酉（二十二日），發鍾離。司徒長樂元懿公馮誕病，不能從，魏主與之泣訣㈧，行五十里，聞誕卒，時崔慧景等軍去魏主營不過百里，魏主輕將數千人夜還鍾離，拊尸而哭，達旦，聲淚不絕。壬戌（二十三日），敕諸軍罷臨江之行，葬誕，依晉齊獻王故事㈨。誕與帝同年，幼同硯席，尚帝妹樂安長公主，雖無學術而資性淳篤，故特有寵。

丁卯（二十八日），魏主遣使臨江，數上罪惡。

魏久攻鍾離不克，士卒多死，三月戊寅（初九日），魏主如邵陽，築城於洲上，柵斷水路，夾築二城㈩。蕭坦之遣軍主裴叔業攻二城，拔之。魏主欲築城置戍於淮南以撫新附之民，賜相州刺史高閭璽書，具論其狀。閭上表以為：「兵法十則圍之，五則攻之㉑。曏者國家止為受降之計㉒，發兵不多，東西遼闊，難以成功，今又欲置戍淮南，招撫新附，昔世祖以回山倒海之威，步騎數十萬，南臨瓜步，諸郡盡降，而盱眙小城，攻之不克㉓，班師之日，兵不戍一城，土不闢一廛㉔，夫豈無人？以為大鎮未平㉕，不可守小故也。夫壅水者先塞其原，伐木者先斷其本，本原尚在，而攻其末流，終無益也。壽陽、盱眙、淮陰，淮南之本原也㉖，三鎮不克其一，而留守孤城，其不能自全明矣！敵之大鎮逼其外，長淮隔其內，少置兵則不足以自固，多置兵則糧運難通，大軍既還，士心孤怯，夏水盛漲，救援甚難，以新擊舊，以勞禦逸㉗，若果如此，必為敵擒，雖忠勇奮發，終何益哉㉘？且安土戀本，人之常情。昔彭城之役，既克大鎮，城戍已定，而不服思叛者猶踰數萬㉙，角城蕞爾，處在淮北，去淮陽十八里，五固之役，攻圍歷時，卒不能克㉚。以今準昔，事兼數倍！天時尚熱，雨水方降，願陛下踵世祖之成規，旋轅返旆，經營洛邑，蓄力觀釁，布德行化，中國既和，遠人自服矣！」尚書令陸叡上表，以為：「長江浩蕩，彼之巨防，又南土昏霧，暑氣鬱蒸，師人經夏，必多疾病，而遷鼎草創㉑，庶事甫爾，臺省無論政之館，府寺靡聽治之所，百僚居止，事等行路，沈雨炎陽㉒，自成癘疫。且兵徭并舉㉓，聖王所難，今介冑之士，外攻寇讎，羸弱之夫，內勤土木，運給之費，日損千金。驅罷弊之兵，討堅城之虜，將何以取勝乎？陛下去冬之舉，正欲曜武江漢耳！今自春幾夏㉔，理宜釋甲。願早還洛邑，使根本深固，聖懷無內顧之憂，兆民休斤板之役㉕，然後命將出師，何憂不服？」魏主納其言。

崔慧景以魏人城邵陽，患之。張欣泰曰：「彼有去志，所以築城者，外自誇大，懼我躡其後耳！今若說之以兩願罷兵，彼無不聽矣！」慧景從之，使欣泰詣城下語魏人，魏主乃還。濟淮，餘五將未濟，齊兵據渚邀斷津路，魏主募能破中渚兵者，以為直閤將軍。軍主代人奚康生㉖應募，縛筏積柴，因風縱火，燒齊船艦，依煙焰進，飛刀亂斫，中渚兵遂潰，魏主假康生直閤將軍。

魏主使前將軍楊播將步卒三千，騎五百為殿，時春水方長，齊兵大至，戰艦塞川，播結陳於南岸以禦之。諸軍盡濟，齊兵四集圍播，播為圓陳以禦之，身自搏戰，所殺甚眾。相拒再宿㊲，軍中食盡，圍兵愈急。魏主在北岸望之，以水盛，不能救，既而水稍減，播引精騎三百歷齊艦大呼曰：「我今欲渡，能戰者來。」遂擁眾而濟。播，椿之兄也㊳。

魏軍既退，邵陽洲上餘兵萬人，求輸馬五百匹，假道以歸。崔慧景欲斷路攻之，張欣泰曰：「歸師勿遏，古人畏之㊴。兵在死地，不可輕也。今勝之不足為武，不勝徒喪前功，不如許之。」慧景從之。蕭坦之還言於上曰：「邵陽洲有死賊萬人，慧景、欣泰縱而不取。」由是皆不加賞。

甲申（十五日），解嚴㊵。

初，上聞魏主欲飲馬於江，懼，敕廣陵太守行南兗州事蕭穎胄移居民入城，民驚恐，欲席卷南渡，穎胄以魏寇尚遠，不即施行，魏兵竟不至。穎胄，太祖之從子也㊶。

上遣尚書左僕射沈文季助豐城公遙昌守壽陽㊷，文季入城，止游兵，不聽出，洞開城門，嚴加守備，魏兵尋退。

魏之入寇也，盧昶等猶在建康㊸，齊人恨之，飼以蒸豆㊹，昶怖懼，食之㊺，淚汗交橫。謁者張思寧辭氣不屈，死於館下。及還，魏主讓昶曰：「人誰不死，何至自同牛馬？屈身辱國，縱不遠慚蘇武㊻，獨不近愧思寧乎？」乃黜為民。

㈡戊子（十九日），魏太師京兆武公馮熙卒於平城。

㈢乙未（二十六日），魏主如下邳。夏，四月庚子（初二日），如彭城。辛丑（初三日），為馮熙舉哀。

太傅錄尚書平陽公丕不樂南遷，與陸叡表請魏主還臨熙葬㊼，帝曰：「開闢以來，安有天子遠奔舅喪者乎？今經始洛邑㊽，豈宜妄相誘引，陷君不義？令僕以下，可付法官貶之㊾。」仍詔迎熙及博陵長公主之柩南葬洛陽，禮如晉安平獻王故事㊿。

㈣魏主之在鍾離，仇池鎮都大將梁州刺史拓跋英請以州兵會劉藻擊漢中(51)，魏主許之，梁州刺史蕭懿遣部將尹紹祖、梁季羣等將兵二萬據險立五柵以拒之(五二)。英曰：「彼帥賤，莫相統壹，我選精卒並攻一營，彼必不相救，若克一營，四營皆走矣！」乃引兵急攻一營，拔之，四營俱潰，生擒梁季羣，斬三千餘級，俘七百餘人，乘勝長驅，進逼南鄭。懿又遣其將姜脩擊英，英掩擊，盡獲之。將還，懿別軍繼至，將士皆已疲，不意其至，大懼，欲走。英故緩轡徐行，神色自若，登高望敵，東西指麾，狀若處分，然後整列而前。懿軍疑有伏兵，遷延引退。英追擊，破之，遂圍南鄭，禁將士毋得侵暴，遠近悅附，爭供租運。

懿嬰城自守，軍主范絜先將三千餘人在外，還救南鄭，英掩擊，盡獲之。圍城數十日，城中恟懼。錄事參軍新野庾域封題空倉數十，指示將士曰：「此中粟皆滿，足支二年，但努力固守。」眾心乃安。會魏主召英還，英使老弱先行，自將精兵為後拒(五三)，遣使與懿告別，懿以為詐。英去一日，猶不開門，二日乃遣將追之，英與士卒下馬交戰，懿兵不敢逼。行四日四夜，懿兵乃返。

英入斜谷，會天大雨，士卒截竹貯米，執炬火於馬上炊之。先是懿遣人誘說仇池諸氐使起兵斷英運道及歸路，英勒兵奮擊，且戰且前，矢中英頰，卒全軍還仇池，討叛氐，平之。英，楨之子（五四）；懿，衍之兄也。

英之攻南鄭也，魏主詔雍、涇、岐三州（五五）發兵六千人戍南鄭，俟克城則遣之。侍中兼左僕射李沖表諫曰：「秦川險阨，地接羌夷，自西師出後，餉援連續，加氐胡叛逆，所在奔命，運糧擐甲，迄茲未已，今復豫差戍卒，懸擬山外（五六），雖加優復，恐猶驚駭，脫終攻不克，徒動民情，連胡結夷，事或難測。輒依旨密下刺史，待軍克鄭城（五七），然後差遣。如臣愚見，猶謂未足，何者？西道險阨，單徑千里（五八），今欲深戍絕界之外，孤據羣賊之中，敵攻不可猝援，食盡不可運糧，古人有言，雖鞭之長，不及馬腹（五九），南鄭於國，實為馬腹也。且魏境所掩，九州過八（六〇），民人所臣，十分而九，所未民者唯漠北之與江外耳（六一）！羈之在近（六二），豈汲汲於今日也？宜待疆宇既廣，糧食既足，然後置邦樹將（六三），為吞并之舉。今壽陽、鍾離，密邇未拔，赭城、新野，跬步弗降（六四），東道既未可以近力守，西藩寧可以遠兵固(六五)？若果欲置者，臣恐終以資敵也(六六)。又建都土中(六七)，地接寇壤，方須大收死士，平蕩江會(六八)，若輕遣單寡，棄令陷沒，恐後舉之日，眾以留守致懼，求其死効，未易可獲，推此而論，不戍為上。」魏主從之。

(五)癸丑（十五日），魏主如小沛，己未（二十一日），如瑕丘，庚申（二十二日），如魯城(六九)，親祠孔子。辛酉（二十三日），拜孔氏四人、顏氏二人官，仍選諸孔宗子(七〇)一人封崇聖侯，奉孔子祀。命兗州脩孔子墓(七一)，更建碑銘。

戊辰（三十日），魏主如碻磝，命謁者僕射成淹具舟楫，欲自泗入河，泝流還洛。淹諫以為河流悍猛，非萬乘所宜乘，帝曰：「我以平城無漕運之路，故京邑民貧，今遷都洛陽，欲通四方之運，而民猶憚河流之險，故朕有此行，所以開百姓之心也。」

(六)魏城陽王鸞等攻赭陽，諸將不相統壹，圍守百餘日，諸將欲案甲不戰以疲之。李佐獨晝夜攻擊，士卒死者甚眾。帝遣太子右衞率垣歷生救之，諸將以眾寡不敵，欲退，佐獨帥騎二千逆戰而敗。盧淵等引去，歷生追擊，大破之。歷生，榮祖之從弟也(七二)。

南陽太守房伯玉等又敗薛真度於沙堨。【考異】齊書魏虜傳真度敗在建武元年，後魏帝紀城陽王鸞以敗軍獲罪在太和十九年五月，今從之。鸞等見魏主於瑕丘，魏主責之，曰：「卿等沮辱威靈，罪當大辟，朕以新遷洛邑，特從寬典。」五月己巳（朔），降封鸞為定襄縣王，削戶五百，盧淵、李佐、韋珍皆削官爵為民，佐仍徙瀛州(七三)，以薛真度與其從兄安都有開徐方之功(七四)，聽存其爵及荊州刺史，餘皆削奪，曰：「進足明功，退足彰罪矣！」

(七)魏廣川剛王諧卒，諧，略之子也(七五)。魏主曰：「古者大臣之喪，有三臨之禮(七六)。魏晉以來，王公之喪，哭於東堂。自今諸王之喪，期親三臨，大功再臨，小功、緦麻一臨(七七)，罷東堂之哭。廣川王於朕，大功也(七八)。」將大斂，素服深衣往哭之。

(八)甲戌（初六日），魏主如滑臺，丙子（初八日），舍于石濟。庚辰（十二日），太子出迎於平桃城(七九)。

趙郡王幹在洛陽，貪淫不灋，御史中尉(八〇)李彪私戒之，且曰：「殿下不悛，不敢不以聞。」幹悠然(八一)不以為意，彪表彈之，魏主詔幹與北海王詳俱從太子詣行在，既至，見詳而不見幹，陰使左右察其意色，知無憂悔(八二)，乃親數其罪，杖之一百，免官還第。癸未（十五日），魏主還洛陽，告於太廟。甲申（十六日），減冗官之祿以助軍國之用。乙酉（十七日），行飲至之禮(八三)，班賞有差(八四)。

㈨甲午（二十六日），魏太子冠於廟(八五)。

㈩魏主欲變北俗，引見羣臣，謂曰：「卿等欲朕遠追商、周，為欲不及漢、晉邪？」咸陽王禧對曰：「羣臣願陛下度越前王耳！」帝曰：「然則當變風易俗，當因循守故邪？」對曰：「願聖政日新。」帝曰：「為止於一身，為欲傳之子孫邪？」對曰：「願傳之百世。」帝曰：「然則必當改作，卿等不得違也。」對曰：「上令下從，其誰敢違？」帝曰：「夫名不正，言不順，則禮樂不可興(八六)。今欲斷諸北語，一從正音(八七)。其年三十已上，習性已久，容不可猝革；三十已下，見在朝廷之人，語音不聽仍舊，若有故為(八八)，當加降黜，各宜深戒，王公卿士以為然不？」對曰：「實如聖旨。」帝曰：「朕嘗與李沖論此，沖曰：『四方之語，竟知誰是(八九)？』帝者言之，即為正矣！沖之此言，其罪當死。」因顧沖曰：「卿負社稷，當令御史牽下。」沖免冠頓首謝。又責留守之官曰：「昨望見婦女，猶服夾領小袖（九〇），卿等何為不遵前詔？」皆謝罪。帝曰：「朕言非是，卿等當庭爭，如何入則順旨，退則不從乎？」

六月己亥（初二日），下詔不得為北俗之語於朝廷，違者免所居官。

㈩癸卯（初六日），魏主使太子如平城赴太師熙之喪。

㈩癸丑（十六日），魏詔求遺書，祕閣（九一）所無，有益時用者，加以優賞。

㈩魏有司奏：「廣川王妃葬於代都，未審以新尊從舊卑？以舊卑就新尊（九二）？」魏主曰：「代人遷洛者，宜悉葬邙山（九三）；其先有夫死於代者，聽妻還葬，夫死於洛者，不得還代就妻，其餘州之人自聽從便。」

丙辰（十九日），詔遷洛之民，死葬河南，不得還北。於是代人遷洛者悉為河南洛陽人。

(十四)戊午（二十一日），魏改用長尺大斗，其灋依漢志為之(九四)。

(十五)上之廢鬱林王也(九五)，許蕭諶以揚州。既而除領軍將軍、南徐州刺史。諶恚曰：「見炊飯，推以與人(九六)。」諶恃功，頗干預朝政，所欲選用，輒命尚書使為申論。上聞而忌之，以蕭誕、蕭誄方將兵拒魏，隱忍不發。壬戌（二十五日），上遊華林園，與諶及尚書令王晏等數人宴，盡歡，坐罷，留諶，晚出至華林閤，仗身(九七)執還省。上遣左右莫智明數諶曰：「隆昌之際(九八)，非卿無有今日。今一門二州，兄弟三封(九九)，朝廷相報，止可極此。卿恒懷怨望，乃云炊飯已熟，合甑與人邪？今賜卿死。」遂殺之，并其弟誄。以黃門郎蕭衍為司州別駕，往執誕，殺之。

諶好術數，吳興沈文猷常語之曰：「君相不減高帝。」諶死，文猷亦伏誅。

諶死之日，上又殺西陽王子明、南海王子罕、邵陵王子貞(一〇〇)。

(十六)乙丑（二十八日），以右衛將軍蕭坦之為領軍將軍(一〇一)。

(十七)魏高閭上言鄴城密皇后廟頹圮，請更葺治(一〇二)，若謂已配饗太廟，即宜罷毀。詔罷之。

(十八)魏拓跋英之寇漢中也，沮水氐㉓楊馥之為齊擊武興氐楊集始，破之。秋，七月辛卯（二十四日），以馥之為北秦州刺史㉔，仇池公。

(十九)八月乙巳（初九日），魏選武勇之士十五萬人為羽林、虎賁，以充宿衛。

(二十)魏金墉宮成，立國子、太學、四門、小學於洛陽㉕。

(廿一)魏高祖遊華林園，觀故景陽山㉖，黃門侍郎郭祚曰：「山水者，仁智之所樂㉗，宜復修之。」帝曰：「魏明帝以奢失之於前，朕豈可襲之於後乎？」帝好讀書，手不釋卷，在輿據鞍，不忘講道。善屬文，多於馬上口占，既成，不更一字，自太和十年以後，詔策皆自為之。好賢樂善，情如飢渴，所與遊接，常寄以布素之意㉘，如李沖、李彪、高閭、王肅、郭祚、宋弁、劉芳、崔光、邢巒之徒，皆以文雅見親，貴顯用事，制禮作樂，鬱然可觀，有太平之風焉！

治書侍御史薛聰，辯之曾孫也(一九)，彈劾不避彊禦，帝或欲寬貸者，聰輒爭之。帝每曰：「朕見薛聰，不能不憚，何況諸人也？」自是貴戚斂手。累遷直閤將軍，兼給事黃門侍郎、散騎常侍。帝外以德器遇之，內以心膂為寄，親衛禁兵，悉聰管領，故終太和之世，恒帶直閤將軍。羣臣罷朝之後，聰恒陪侍帷幄，言兼晝夜，時政得失，動輒匡諫，事多聽允，而重厚沈密，外莫窺其際。帝欲進以名位，輒苦讓不受，帝亦雅相體悉，謂之曰：「卿天爵自高，固非人爵所能榮也(二〇)。」

(廿)九月庚午（初四日），魏六宮、文武(二一)悉遷於洛陽。丙戌（二十日），魏主如鄴，屢至相州刺史高閭之館(二二)，美其治効，賞賜甚厚。閭數請本州(二三)，詔曰：「閭以懸車之年，方求衣錦(二四)，知進忘退，有塵謙德，可降號平北將軍，朝之老成，宜遂情願，徙授幽州刺史，令存勸兩脩(二五)，恩法并舉。」以高陽王雍為相州刺史，戒之曰：「作牧亦易亦難，其身正，不令而行，所以易；其身不正，雖令不從，所以難(二六)。」

(七三)己丑（二十三日），徙南平王寶攸為邵陵王，蜀郡王子文為西陽王，廣漢王子峻為衡陽王，臨海王昭秀為巴陵王，永嘉王昭粲為桂陽王㉗。

(七四)乙未（二十九日），魏主自鄴還㉘。冬，十月，丙辰（二十一日），至洛陽。

(七五)壬戌（二十七日），魏詔諸州，精品屬官，考其得失，為三等以聞。又詔徐、兗、光、南青、荊、洛六州嚴纂戎備，應須赴集㉙。

(七六)十一月，丁卯（初二日），詔罷世宗東田，毀興光樓㉚。

(七七)己卯（十四日），納太子妃褚氏，大赦。妃，澄之女也㉛。

(七八)庚午（初五日），魏主如委粟山，定圜丘。己卯（十四日），魏帝引諸儒議圜丘禮，祕書令李彪建言：「魯人將有事於上帝，必先有事於泮宮㉜，請前一日告廟。」從之。甲申（十九日），魏主祀圜丘，大赦。

(七九)十二月，乙未朔，魏主見羣臣於光極堂，宣下品令，為大選之始㉝。光祿勳于烈子登，引例求遷官，烈上表曰：「方今聖明之朝，理應廉讓，而臣子登引人求進㉞，是臣素無教訓，乞行黜落㉟。」魏主曰：「此乃有識之言，不謂烈能辦此。」乃引見登，謂曰：「朕將流化天下，以卿父有謙遜之美，直士之風，故進卿為太子翊軍校尉。」又加烈散騎常侍，封聊城縣子。魏主謂羣臣曰：「國家從來有一事可歎，臣下莫肯公言得失是也。夫人君患不能納諫，人臣患不能盡忠，自今朕舉一人，如有不可，卿等直言其失，若有才能而朕所不識，卿等亦當舉之。如是，得人者有賞，不言者有罪，卿等當知之。」

㈠丁酉（初三日），詔脩晉帝諸陵㊱，增置守衛。

㈡甲子（三十日），魏主引見羣臣於光極堂，頒賜冠服㊲。

㈢先是魏人未嘗用錢，魏主始命鑄太和五銖。是歲，鼓鑄粗備，詔公私用之。

㈣魏以光城蠻帥田益光為南司州刺史，所統守、宰聽其銓置，後更於新蔡立東豫州，以益光為刺史㊳。

㈤氐王楊炅卒。

【今註】㈠魏詔淮北之人，不得侵掠：淮北之地，自宋泰始以來入魏，為時已久，故詔不得侵掠其民。㈡惠休，惠明之弟也：蕭惠明見卷一百三十三宋蒼梧王元徽二年。㈢使當攻道：攻道，攻城之道，矢石之所集。㈣鐵騎彌望：鐵騎，精騎也，極言其強悍，故以鐵喻之。彌望猶言極望也，極目力之所及，所見皆征騎綿亙不絕，言其多也。㈤問師故：問出師之由也。《左傳》齊桓公以諸侯之師伐楚，楚子使與師言曰：「不虞君之涉吾地也，何故？」㈥斥言：直言其過，無所隱諱。㈦含垢依違：《左傳》曰：「川澤納汙，山藪藏疾，瑾瑜匿瑕，國君含垢。」杜預曰：「含垢，忍垢恥也。」依違，不決之意。謂隱忍其惡，不斥言之也。㈧七王同惡，已伏管蔡之誅：言齊之誅諸宗王，亦猶周公誅管蔡之義。七王謂安陸王子敬、晉安王子懋、隨郡王子隆、建安王子真、巴陵王子明並鬱林、海陵也，皆武帝子。㈨非其類也：言霍光非劉氏。㈩見可而進，知難而退：《左傳》載晉大夫隨武子之言。⑪魏主循淮而東：胡三省曰：「過壽陽不攻，引兵東下。」⑫民皆安堵，租運屬路：謂淮北之民皆安然不為軍興所擾。堵，垣也，安堵猶曰安居；屬路，往來不絕貌。⑬城中負楯而立：攻城急，矢石交集，故負楯而立以自隱蔽。⑭太子右率：太子右衛率也。⑮賢首山：《水經注》溮水源出大潰山，北逕賢首山西，又北出東南屈逕故義陽郡城南，又東逕鍾武縣故城南，又東逕石城山北，又東北注於淮。山在今河南省信陽縣西南七里，峯巒秀麗，山上有梁王壘，相傳為蕭衍所築。⑯沖遣軍主桑係祖攻魏建陵、驛馬、厚丘三城，又遣軍主杜僧護攻魏虎阬、馮時，即丘三城，皆拔之：《魏書・地形志》郯郡有建陵縣，漢古縣也，故城在今江蘇省沭陽縣西北，蓋漢侯國，後漢省，後魏復置縣也。宋白曰：「厚丘故城在海州沭陽縣北四十五里。」蓋與建陵相近，驛馬城無考，然亦當在其側。又《魏書・地形志》東彭城郡龍沮縣有即丘城，即丘亦漢縣也，本屬琅琊郡。章懷太子曰：「即丘即左傳之祝丘。」故城在今山東省臨沂縣東南。餘二城無考，當在即丘附近。⑰紀城：杜預曰：「東海贛榆縣東北有紀城，即春秋之紀鄣也。」《水經注》游水逕其南，故城在今江蘇省贛榆縣東北。⑱司徒長樂元懿公馮誕病，不能從，魏主與之泣訣：誕，文明太后兄馮熙之子也。⑲葬誕，依晉齊獻王故事：晉齊獻王攸之薨也，葬以殊禮，事見卷八十一晉武帝太康四年。⑳魏主如邵陽，築城於洲上，柵斷水路，夾築二城：胡三省曰：「邵陽洲在鍾離城北淮水中，既築城於洲上，又於淮水南北兩岸夾築二城，樹柵水中以斷援兵之路。」㉑兵法十則圍之，五則攻之：《孫子兵法》有是言。㉒曏者國家止為受降之計：謂南征之舉，但欲受曹虎之降耳！㉓昔世祖以回山倒海之威，步騎數十萬，南臨瓜步，諸郡盡降，而盱眙小城，攻之不克：事見卷一百二十五宋文帝元嘉二十七年。㉔土不闢一廛：《說文》廛，一畝半，一家之居也。㉕以為大鎮未平：胡三省曰：「宋時淮上以壽陽、廣陵為大鎮。」余按上云世祖攻盱眙不克而不留戍南土，下云壽陽、盱眙、淮陰，淮南之本原，所謂大鎮蓋指此耳！㉖壽陽、盱眙、淮陰，淮南之本原也：此三地皆淮津之要衝，建康之屏障，南朝以重兵守之，故云本原。㉗以新擊舊，以勞禦逸：胡三省曰：「久於屯戍，魏師已老，齊以生兵攻之，是之謂以新擊舊；魏以孤軍守城，勞於備禦，齊師迭出而攻之，士有餘力，是之謂以勞禦逸。」㉘若果如此，必為敵擒，雖忠勇奮發，終何益哉：言若齊果以新逸之兵以擊魏勞舊之師，則力竭城破，將士被擄，雖能奮其忠勇效死之節，終無益於國事也。㉙昔彭城之役，既克大鎮，城戍已定，而不服思叛者猶踰數萬：彭城，淮北之大鎮也，宋初戍重兵於此。宋明帝泰始二年，魏得彭城，至高帝建元初，淮北之民，猶不樂屬魏，遂有五固之役也。㉚五固之役，攻圍歷時，卒不能克：事見卷一百三十五高帝建元三年。㉛遷鼎草創：言遷都伊始也。夏禹鑄九鼎，成湯遷之於商邱，周武遷之於洛邑，恒隨王都而遷徙，故引以為言。㉜沈雨炎陽：《說文》霃，久陰也。沈與霃同。炎陽，炎日也。㉝兵徭並舉：兵謂南征，徭謂營建洛邑。㉞自春幾夏：胡三省曰：「幾，近也。」言自去冬舉兵，歷今春，且及夏矣！㉟斤板之役：謂營洛而言。斤謂斤斧，板謂板築。㊱軍主代人奚康生：《北史》康生本姓達奚。《魏書・官氏志》獻帝以弟為達奚氏，後改為奚氏。《魏書・奚康生傳》康生初事柔玄鎮都將李兜為前驅軍主，從擊蠕蠕，頻戰陷陣，壯氣有關，孝文南伐，拔為宗子隊主。㊲相拒再宿：再宿，歷二夜也。㊳播，椿之兄也：楊椿見卷一百三十七武帝永明八年。㊴歸師勿遏，古人畏之：《孫子》曰：「歸師勿遏，圍師必闕，窮寇勿追，此用兵之法也。」㊵解嚴：以魏退，故解嚴。㊶穎冑，太祖之從子也：蕭穎冑，太祖從弟赤斧之子。㊷上遣尚書左僕射沈文季助豐城公遙昌守壽陽：按文季時為尚書右僕射，是年春以文季督豫州諸軍以拒魏，豫州治壽陽。㊸魏之入寇也，盧昶等猶在建康：《魏書・盧昶傳》齊海陵王立，魏遣昶聘於齊，昶至建康而明帝已立矣！㊹齊人恨之，飼以蒸豆：蒸豆，馬牛之食也，齊人恨魏之入寇而遷怒於昶也。㊺昶怖懼，食之：懼為齊人所殺，故食蒸豆。㊻縱不遠慙蘇武：蘇武為漢使，匈奴留之十九年，終不屈節。㊼表請魏主還臨熙葬：平陽公丕等恐魏主詔其護喪南葬洛陽，丕既不樂南遷，故表請魏主還平城臨熙葬也。㊽經始洛邑：經始猶曰初營也，言初營洛邑以為新都。《大雅・靈台》之詩云：「經始靈台，經之營之。」鄭箋云：「經，度之也，謂度始靈台之基址。」㊾令僕以下，可付法官貶之：此謂平城留台令、僕也；法官，糾察執法之官，謂御史之屬。以其失事君之義，故貶之。㊿禮如晉安平獻王故事：晉安平獻王孚，晉武帝之叔父，既薨，葬以殊禮，見卷七十九晉武帝泰始八年。(51)仇池鎮都大將梁州刺史拓跋英請以州兵會劉藻擊漢中：魏遣劉藻向漢中見上卷去年十一月。魏梁州刺史治仇池，齊梁州則治南鄭也。(52)梁州刺史蕭懿遣部將尹紹祖、梁季羣等將兵二萬據險立五柵以拒之：《魏書・景穆十二王傳》蕭懿遣尹紹祖、梁季羣等領眾二萬徼山立柵，分為數處，居高視下，隔水為營，立為五柵。《南齊書・魏虜傳》懿遣軍主姜山安、趙超宗等數軍萬餘人分據角弩、白馬、沮水拒戰。(53)後拒：將兵斷後以拒追兵也。(54)英，楨之子：南安王楨見卷一百三十八武帝永明十一年。(55)雍、涇、岐三州：《魏書・地形志》魏雍州治長安，領京兆、馮翊、扶風、咸陽、北地等郡，涇州治臨涇城，在今甘肅省鎮原縣南，領安定、隴東、新平、隨平、平涼、平原等郡，岐州治雍城鎮，在今陝西鳳翔縣南，領平秦、武都、武功等郡。(56)懸擬山外：懸擬者，言孤軍遠征，其勢懸絕也。胡三省曰：「漢中之地，在關中南山之南，故曰山外。」(57)鄭城：謂南鄭也。(58)西道險阸，單徑千里：謂褒斜穀道也。單徑，言其狹而險。《史記》廣武君說韓信曰：「今井徑之道，車不得方軌，騎不得成列。」蓋所謂單徑也。(59)古人有言，雖鞭之長，不及馬腹：此《左傳》晉伯宗之言。(60)且魏境所掩，九州過八：言魏土廣袤，禹貢九州，惟揚州為齊有，魏掩有其八也。〔六一〕所未民者唯漠北與江外耳：漠北謂柔然，江外謂齊，言但此二國之民未臣服於魏耳！〔六二〕羈之在近：胡三省曰：「謂以繩羈係其君而致之，在近，言不遠也。」〔六三〕置邦樹將：分置邦域，建立將帥，以俟大舉。〔六四〕今壽陽、鍾離，密邇未拔，赭城、新野，跬步弗降：胡三省曰：「赭城，即赭陽城也。」跬步，一舉足也，喻其密邇。言壽陽等四城，皆密邇洛陽而尚為齊守。〔六五〕東道既未可以近力守，西藩寧可以遠兵固：李沖蓋指淮甸為東道，漢中為西藩也。言以淮甸之密邇京畿，猶不可以力守，況漢中之遼遠，寧可以兵固乎？〔六六〕若果欲置者，臣恐終以資敵也：言若果欲置戍漢中，勢懸力孤，一旦棄守，適足以資敵也。〔六七〕土中：洛陽為地土之中。〔六八〕江會：謂建康也，建康為長江之都會。〔六九〕魯城：《魏書・地形志》魯郡魯縣有魯城。〔七〇〕宗子：大宗之子曰宗子。〔七一〕孔子墓：在魯縣，今山東省曲阜縣之闕里。〔七二〕歷生，榮祖之從弟也：垣榮祖仕宋，顯於宋明帝泰始之間。〔七三〕瀛州：《魏書・地形志》魏孝文帝太和十一年分定州河間、高陽、冀州章武、浮陽置瀛州，治趙都軍城。〔七四〕以薛真度與其從兄安都有開徐方之功：謂以彭城降魏也。彭城，徐州治。〔七五〕諧，略之子也：魏廣川王略見卷一百三十五高帝建元二年。〔七六〕古者大臣之喪，有三臨之禮：《漢書》賈山有言曰：「古之賢君於其臣也，死則往弔哭之，臨其小斂、大斂，已棺塗而後為之錫衰麻絰而三臨其喪。」〔七七〕自今諸王之喪，期親三臨，大功再臨，小功、緦麻一臨：期親，服齊衰期年之親也，大功九月服，小功五月服，緦麻三月服。臨，喪也，三臨者，由帝三哭其喪也，餘釋同。〔七八〕廣川王於朕，大功也：廣川王略，獻文帝之弟，諧，略之子，於孝文帝為從兄弟，為期喪之親。(七九)平桃城：《魏書・地形志》濟陰郡離狐縣有桃城。《水經注》滎陽縣有虢亭，索水逕其南，俗謂之平咷城。故城在今河南省滎澤縣東南。(八〇)御史中尉：胡三省曰：「魏置御史中尉以糾察百官，猶御史中丞也。」(八一)悠然：自得貌。(八二)察其意色，知無憂悔：言無憂色，亦無悔意也。(八三)行飲至之禮：古時國君出為朝會盟伐之事，既歸，告至於宗廟而飲酒，謂之飲至。《左傳》臧僖伯曰：「三年而治兵，入而振旅，歸而飲至。」又曰：「凡公行告於宗廟，反行飲至，舍爵策勳焉。」(八四)班賞有差：班南伐之賞也，隨其功勳之大小為等差。(八五)魏太子冠於廟：《禮記・冠義》曰：「古者重冠，重冠故行之於廟，所以自卑而尊先祖也。」胡三省曰：「冠於廟，禮也，曹魏以來，不復在廟。」(八六)夫名不正，言不順，則禮樂不可興：此用《論語》孔子之言。(八七)正音：謂華語。(八八)故為：謂故為北語，不肯從華語也。(八九)四方之語，竟知誰是：謂語言隨方域而異，不知當以何者為是，豈能遽以華語為正也。(九〇)昨望見婦女，猶服夾領小袖：夾領小袖，蓋胡服也。(九一)祕閣：胡三省曰：「漢時書府在外則有太常、太史、博士掌之，內則有延閣、廣內、石渠之藏，後漢則藏之東觀，晉有中外三閣祕書，陸機謝表云：『身登三閣。』謂為祕書郎，掌中外三閣祕書也。此祕閣之名所由始。」(九二)廣川王妃葬於代都，未審以新尊從舊卑，以舊卑就新尊：夫尊婦卑，尊謂夫，卑謂婦也，廣川王諧新卒，而其妃前卒，故曰新尊舊卑也。此言未審欲以諧喪從其妃還葬代都，抑遷其妃葬於洛以就諧也。(九三)邙山：即北邙也，在今河南省洛陽縣東北，後漢以來，凡都洛者王侯公卿多葬於此。《水經注》洛陽穀門北對邙阜，連嶺修亙，苞總眾山，始自洛口，西踰平陰，悉邙壟也。(九四)魏改用長尺大斗，其法依漢志為之：《漢書・律歷志》以子穀秬黍之中者一黍為一分，十分為寸，十寸為尺，又以子穀秬黍之中者千有二百實為一龠，二龠為合，十合為升，十升為斗。（九五）上之廢鬱林王也：事見上卷上年。（九六）見炊飯，推以與人：《南齊書・蕭諶傳》作見炊飯熟，推以與人。喻本應得揚州而以授他人也。（九七）仗身：《南齊書・蕭諶傳》明帝廢鬱林王日，諶領兵先入後宮，齋內仗身素服隸諶，莫有動者。則仗身亦天子禁衛之軍也，《通典》唐制鎮戍之官亦給仗身，其稱當係承襲南朝者。仗身者，執仗以任宿衛之士也，因以為稱。（九八）隆昌之際：隆昌，鬱林王年號。（九九）今一門二州，兄弟三封：《南齊書・蕭諶傳》諶為南徐州刺史，封衡陽郡公，諶兄誕為司州刺史，封安德侯，諶弟誄封西昌侯，是一門二州，兄弟三封也。（一〇〇）諶死之日，上又殺西陽王子明、南海王子罕、邵陵王子貞：子明、子罕、子貞皆武帝之子。（一〇一）以右衛將軍蕭坦之為領軍將軍：以代蕭諶。（一〇二）魏高閭上言鄴城密皇后廟頹圮，請更葺治：魏太武帝母杜皇后謚曰密。后，鄴人也，薨葬雲中金陵，太武帝即位，又立后廟於鄴，命刺史四時薦祀。閭時為相州刺史，相州治鄴，故上言之。（一〇三）沮水氐：《漢書・地理志》沮水出武都郡沮縣之東狼谷，沔水之別源也。《水經注》沔水一名沮水，闞駰曰：「以其初出沮洳然，故曰沮水也。」沮水東南逕沮水戍，又東南流注漢，曰沮口，緣沮為氐所居，所謂沮水氐也。（一〇四）以馥之為北秦州刺史：《南齊書・州郡志》曰：「晉武帝泰始五年置秦州，舊土有秦之富，跨帶壠阪，太康省，惠帝元康七年復置，中原亂，沒胡。穆帝永和八年，胡偽秦州刺史王擢降，仍以為刺史，尋為苻健所破。十一年，桓溫以氐王楊國為秦州刺史，未有民土，至太元十四年，雍州刺史朱序始督秦州，則孝武所置也，寄治義陽，未有刺史，是後雍州刺史常督之。隆安二年，郭銓始為梁、南秦州刺史，寄治漢中。四年，桓玄督七州，但云秦州。元興元年，以苻堅子宏為北秦州刺史。自此荊州都督常督秦州，梁州常帶南秦州刺史。義熙三年，以氐王楊國為北秦州刺史。十四年，置東秦州，劉義真為刺史，郭恭為梁州刺史，尹雅為秦州刺史。宋文帝為荊州都督，督秦州，又進督北秦州，州名雜出，省置不見。永明郡國志秦州寄治漢中南鄭，不曰南北，元嘉計偕亦云秦州。而荊州都督常督二秦，梁、南秦一刺史，是則志所載秦州為南秦，氐為北秦也。」《南齊書・州郡志》秦州領武都等十四郡。胡三省曰：「是時秦州所領諸郡，皆僑郡與荒郡也。」蓋南秦本無實土，故以梁州刺史帶南秦刺史之職。㉕立國子、太學、四門、小學於洛陽：胡三省曰：「四門學始此。」㉖魏高祖遊華林園，觀故景陽山：景陽山在華林園中，魏明帝所起。孫盛《魏氏春秋》曰：「景初元年，明帝愈崇宮殿，雕飾觀閣，取白石英及紫石英及五色大石於太行穀城之山，起景陽於芳林園，樹松竹草木，捕禽獸以充其中。於時百役繁興，帝躬自掘土，率羣臣三公以下，莫不展力。」華林即芳林也，齊王芳即位，以芳字犯諱，改曰華林。㉗山水者，仁智之所樂：《論語》孔子曰：「仁者樂山，智者樂水。」故郭祚引以為言。㉘所與遊接，常寄以布素之意：寄以布衣雅素之意者，不以君臣之禮臨之也。㉙治書侍御史薛聰，辯之曾孫也：薛辯見卷一百二十四宋文帝元嘉二十一年。㉚卿天爵自高，固非人爵所能榮也：《孟子》曰：「仁義忠信，樂善不倦，此天爵也；公卿大夫，此人爵也。」孝文引以為言。㉛六宮、文武：六宮謂后妃夫人嬪御也，文武謂朝中文武百官也。㉜屨至相州刺史高閭之館：

此館，謂刺史官舍。㉓閭數請本州：求為幽州刺史也。閭漁陽郡雍奴縣人，漁陽郡，幽州統內也。㉔閭以懸車之年，方求衣錦：謂高閭已屆致仕之年也。漢薛廣漢致仕，懸其安車以示子孫。項王曰：「富貴不歸故鄉，如衣錦夜行。」㉕令存勸兩脩：胡三省曰：「從所請以勸善示恩，降號以存法。」㉖作牧亦易亦難，其身正，不令而行，所以易；其身不正，雖令不從，所以難：胡三省曰：「用孔子之言而發難易之論。」《論語》哀公問孔子：「何為則民服？」對曰：「舉直錯諸枉則民服，舉枉錯諸直則民不服。」舉錯得義，是身正也。㉗徙南平王寶攸為邵陵王，蜀郡王子文為西陽王，廣漢王子峻為衡陽王，臨海王昭秀為巴陵王，永嘉王昭粲為桂陽王：寶攸，明帝之子，子文、子峻，武帝之子，昭秀、昭粲，文惠太子之子也。㉘魏主自鄴還：還洛陽。㉙詔徐、兗、光、南青、荊、洛六州嚴纂戎備，應須赴集：《魏書・地形志》徐州時治彭城，領彭城、南陽平、沛、蘭陵、北濟陰等郡，兗州治瑕丘，領泰山、魯、高平、任城、東平、東陽平等郡，光州治掖城，皇興四年，分青州置，領東萊、長廣等郡，南青州治國城，獻文帝置，本曰東徐州，太和二十二年，孝文帝更名南青州，史因其改稱而書之，領東安、東莞等郡，太武帝太延五年，置荊州於上洛，領上洛、上庸、魏興等郡，太和十一年，改為洛州，別置荊州於穰城，領南陽、順陽、新野、東恆農、漢廣、襄城、北清、恆農等郡。恆農即宏農也，避孝文帝諱改。掖城，春秋萊國地，戰國齊之夜邑，漢為掖縣，今山東省掖縣治。纂戎備應須赴集者，將復南伐也。㉚詔罷世宗東田，毀興光樓：世宗，文惠太子廟號。東田見《武帝紀》永明五年、十一年。《齊紀》文惠太子立樓館於鍾山下，號曰東田。興光樓，蓋亦文惠太子所建。㉑妃，澄之女也：褚澄見卷一百三十三宋蒼梧王元徽二年。澄，淵之弟也。㉒魯人將有事於上帝，必先有事於泮宮：此《禮記・禮器》之言。鄭玄曰：「泮宮，郊學也。」㉓宣下品令，為大選之始：下九品之令以銓次士族也。㉔引人求進：引他人之例求遷官也。㉕黜落：黜官落職。㉖詔脩晉帝諸陵：此指東晉諸陵之在江南者。㉗頒賜冠服：賜冠服以易胡服。冠服，華服也。㉘魏以光城蠻帥田益光為南司州刺史，所統守、宰聽其銓置，後更於新蔡立東豫州，以益光為刺史：按《魏書・蠻傳》當作田益宗，益宗叛降魏見卷一百三十八武帝永明十一年。胡三省曰：「魏以益宗既渡淮北，不可仍為司州，乃於新蔡立東豫州。」《水經注》魏東豫州治汝南郡新息縣，非治新蔡也。《魏書・地形志》東豫州領汝南、東新蔡、弋陽、長陵、陽安等郡。

三年（西元四九六年）

㈠春，正月，丁卯（初三日），以楊炅子崇祖為沙州刺史，封陰平王。【考異】齊本紀作丁酉，按長曆是月乙丑朔，無丁酉，下有己巳，當作丁卯。

㈡魏主下詔，以為北人謂土為拓，后為跋，魏之先出於黃帝，以土德王，故為拓跋氏。夫土者，黃中之色，萬物之元也，宜改姓元氏。諸功臣舊族自代來者，姓或重複，皆改之。於是始改拔拔氏為長孫氏，達奚氏為奚氏，乙旃氏為叔孫氏，丘穆陵氏為穆氏，步六孤氏為陸氏，賀賴氏為賀氏，獨孤氏為劉氏，賀樓氏為樓氏，勿忸于氏為于氏，尉遲氏為尉氏，其餘所改，不可勝紀。【考異】魏初功臣，姓皆複重奇僻，孝文太和中，變胡俗，始改之，魏收作魏書，已盡用新姓，不用舊姓，宋書索虜傳、南齊書魏虜傳所稱者蓋其舊姓名耳，今並從魏書，以就簡易。魏主雅重門族，以范陽盧敏、清河崔宗伯、滎陽鄭羲、太原王瓊四姓，衣冠所推，咸納其女以充後宮。隴西李沖，以才識見任，當朝貴重，所結姻婭㈠莫非清望，帝亦以其女為夫人。

詔黃門郎司徒左長史宋弁定諸州士族，多所升降，又詔以代人先無姓族，雖功賢之胤，無異寒賤，故宦達者位極公卿，其功衰之親，仍居猥任㈡，其穆、陸、賀、劉、樓、于、嵇、尉八姓，自太祖已降，勳著當世，位盡王公，灼然可知者，且下司州吏部，勿充猥官，一同四姓㈢，自此以外，應班士流者，尋續別敕。其舊為部落大人，而皇始已來，三世官在給事已上及品登王公者為姓，若本非大人，而皇始已來，三世官在尚書已上及品登王公者亦為姓，其大人之後而官不顯者為族，若本非大人而官顯者亦為族，皆應審覈，勿容偽冒，令司空穆亮、尚書陸琇等詳定，務令平允。琇，馥之子也㈣。

魏舊制，王國舍人皆應娶八族及清脩之門㈤，咸陽王禧娶隸戶為之㈥，帝深責之，因下詔為六弟聘室，前者所納可為妾媵。咸陽王禧可聘故潁川太守隴西李輔女，河南王幹㈦可聘故中散大夫代郡穆明樂女，廣陵王羽可聘驃騎諮議參軍滎陽鄭平城女，潁川王雍㈧可聘故中書博士范陽盧神寶女，始平王勰可聘廷尉卿隴西李沖女，北海王詳可聘吏部郎中滎陽鄭懿女。懿，義之子也㈨。

時趙郡諸李，人物尤多，各盛家風，故世之言高華者，以五姓為首㈩。

眾議以薛氏為河東茂族，帝曰：「薛氏，蜀也，豈可入郡姓⑾？」直閤薛宗起執戟在殿下，出次對曰：「臣之先人，漢末仕蜀，二世復歸河東，今六世相襲，非蜀人也。伏以陛下黃帝之胤，受封北土，豈可亦謂之胡邪？今不預郡姓，何以生為？」乃碎戟於地。帝徐曰：「然則朕甲卿乙乎？」乃入郡姓。仍曰：「卿非宗起，乃起宗也。」【考異】北史薛聰傳為羽林監，帝曾與朝臣論海內姓地人物，戲謂聰曰：「人謂卿諸薛是蜀人，定是蜀人不？」聰對曰：「臣遠祖廣德，世事漢朝，時人呼為漢臣，九世祖永，隨劉備入蜀，時人呼為蜀臣，今事陛下，是虜，非蜀也。」帝撫掌笑曰：「卿可自明非蜀，何乃遂復苦朕？」聰因投戟而出，帝曰：「薛監醉耳！」其見知如此。今從元行沖後魏國典。

帝與羣臣論選調，曰：「近世高卑出身，各有常分，此果如何？」李沖對曰：「未審上古以來，張官列位為膏粱子弟乎？為致治乎？」帝曰：「欲為治耳！」沖曰：「然則陛下何為專取門品？不拔才能乎？」帝曰：「苟有過人之才，不患不知，然君子之門，借使無當世之用，要自德行純篤，朕故用之。」沖曰：「傅說、呂望，豈可以門地得之㈡？」帝曰：「非常之人，曠世乃有一二耳！」祕書令李彪曰：「陛下若專取門地，不審魯之三卿，孰若四科㈢？」著作佐郎韓顯宗曰：「陛下豈可以貴襲貴，以賤襲賤？」帝曰：「必有高明卓然出類拔萃者，朕亦不拘此制。」頃之，劉昶入朝㈣，帝謂昶曰：「或言唯能是寄，不必拘門，朕以為不爾。何者？清濁同流，混齊一等，君子小人，名器無別，此殊為不可。我今八族以上士人，品第有九，九品之外，小人之官，復有七等㈤。若有其人，可起家為三公，正恐賢才難得，不可止為一人，渾我典制也。」

臣光曰：「選舉之遷，先門地而後賢才，此魏、晉之深弊而歷代相因，莫之能改也。夫君子小人，不在於世祿與側微[6]，以今日視之，愚智所同知也。當是之時，雖魏孝文之賢，猶不免斯蔽，故夫明辨是非而不惑於世俗者，誠鮮矣！」

㈢壬辰（二十八日），魏徙始平王勰為彭城王，復定襄縣王鸞為城陽王[7]。

㈣二月壬寅（初五日），魏詔羣臣自非金革[8]，聽終三年喪。

㈤丙午（十三日），魏詔畿內七十已上，暮春赴京師，行養老之禮。三月丙寅（初三日），宴羣臣及國老、庶老於華林園[9]。詔國老黃、耇[10]已上假中散大夫、郡守，耆年[11]已上假給事中、縣令，庶老直假郡縣，各賜鳩杖衣裳[12]。

㈥丁丑（十四日），魏詔諸州中正各舉其鄉之民望年五十以上，守素衡門[13]者，授以令長。

㈦壬午（十九日），詔乘輿有金銀飾校者，皆剔除之[14]。

⑻上志慕節儉，太官嘗進裹蒸㉕，上曰：「我食此不盡，可四破之，餘充晚食㉖。」又嘗用皁莢㉗，以餘濼授左右，曰：「此可更用。」太官元日上壽，有銀酒鎗，上欲壞之㉘，王晏等咸稱盛德。衞尉蕭穎胄曰：「朝廷盛禮，莫若三元㉙，此一器既是舊物，不足為侈。」上不悅，後預曲宴㉚，銀器滿席，穎胄曰：「陛下前欲壞酒鎗，恐宜移在此器。」上甚慙。

上躬親細務，綱目亦密，於是郡縣及六署九府㉛常行職事，莫不啟聞，取決詔敕，文武勳舊，皆不歸選部，親戚憑藉，互相通進，人君之務過繁密。南康王侍郎潁川鍾嶸上書言：「古者明君，揆才頒政，量能授職，三公坐而論道，九卿作而成務㉜，天子唯恭己南面而已。」書奏，上不懌，謂太中大夫顧暠曰：「鍾嶸何人，欲斷朕機務，卿識之不？」對曰：「嶸雖位末名卑，而所言或有可采。且繁碎職事，各有司存，今人主總而親之，是人主愈勞而人臣愈逸，所謂代庖人宰而為大匠斲也。」上不顧而言他。

夏，四月，甲辰（十一日），魏廣州刺史薛法護來降㉝。

㈨魏寇司州，櫟成戍㊳主魏僧珉拒破之。

㈩五月丙戌（二十四日），魏營方澤於河陰，又詔漢、魏、晉諸帝陵百步內禁樵蘇㊴。丁亥（二十五日），魏主有事於方澤。

㈪秋，七月，魏廢皇后馮氏。初，文明太后欲其家貴重，簡馮熙二女入掖庭，其一早卒，其一得幸於魏主，未幾有疾，還家為尼。及太后殂，帝立熙少女為皇后，既而其姊疾愈，帝思之，復迎入宮，拜左昭儀，后寵浸衰。昭儀自以年長，且先入宮，不率妾禮㊶，后頗愧恨，昭儀因譖而廢之。后素有德操，遂居瑤光寺為練行尼㊷。

㈫魏主以久旱，自癸未（二十一日）不食，至於乙酉（二十四日），羣臣皆詣中書省請見，帝在崇虛樓，遣舍人辭焉，且問來故㊸。豫州刺史王肅對曰：「今四郊雨已霑洽，獨京城微少，細民未乏一餐，而陛下輟膳三日，臣下惶惶，無復情地。」帝使舍人應之曰：「朕不食數日，猶無所感。比來中外貴賤，皆言四郊有雨，朕疑其欲相寬勉，未必有實，方將遣使視之，果如所言，即當進膳，如其不然，朕何以生為？當以身為萬民塞咎耳！」是夕大雨。

(十三)魏太子恂不好學，體素肥大，苦河南地熱，常思北歸，魏主賜之衣冠，恂常私著胡服。中庶子遼東高道悅數切諫，恂惡之。八月戊戌（初七日），帝如嵩高，恂與左右密謀召牧馬輕騎奔平城，手刃道悅於禁中，領軍元儼勒門防遏(三九)，入夜乃定。詰旦，尚書陸琇馳以啟帝，帝大駭，祕其事，仍至汴口(四〇)而還。甲寅（二十三日），入宮引見恂，數其罪，親與咸陽王禧更代仗之百餘下，扶曳出外，囚於城西，月餘乃能起。

(十四)丁巳（二十六日），魏相州刺史南安惠王楨卒。

(十五)九月戊辰（初八日），魏主講武於小平津，癸酉（十三日），還宮。

(十六)冬，十月戊戌（初八日），魏詔軍士自代來者皆以為羽林、虎賁，司州(四一)民十二夫調一，吏以供公私力役。

(十七)魏吐京胡反(四二)，詔朔州刺史元彬行汾州事，帥并、肆之眾以討之㊸。彬，楨之子也。彬遣統軍奚康生擊叛胡，破之，追至車突谷㊹，又破之，俘雜畜以萬數，詔以彬為汾州刺史。

胡去居等六百餘人保險不服，彬請兵二萬以討之，有司奏許之，魏主大怒曰：「小寇何有發兵之理？可隨宜討治，若不能克，必須大兵者，則先斬刺史，然後發兵。」彬大懼，督帥州兵，身先將士，討去居，平之。

(十八)魏主引見羣臣於清徽堂，議廢太子恂。太子太傅穆亮、少保李沖免冠頓首謝，帝曰：「卿所謝者私也，我所議者國也。大義滅親，古人所貴㊺，今恂欲違父逃叛，跨據恒、朔㊻，天下之惡孰大焉？若不去之，乃社稷之憂也。」閏月丙寅（初八日），廢恂為庶人，【考異】齊書魏虜傳云：「大馮有寵，日夜讒恂。」魏書無之。又魏帝紀在十二月丙寅，按長曆魏閏十一月，齊閏十二月，今從齊曆。置於河陽無鼻城㊼，以兵守之，服食所供，粗免飢寒而已。

(十九)戊辰（初十日），魏置常平倉。

(二十)戊寅（二十日），太子寶卷冠。

(二十一)初，魏文明太后欲廢魏主，穆泰切諫而止㊽，由是有寵。及帝南遷洛陽，所親任者多中州儒士，宗室及代人往往不樂。泰自尚書右僕射出為定州刺史[四九]，自陳久病，土溫則甚，乞為恒州，帝為之徙恒州刺史陸叡為定州，以泰代之。泰至，叡未發，遂相與謀作亂，陰結鎮北大將軍樂陵王思譽、安樂侯隆、撫冥鎮將魯郡侯業、驍騎將軍超等，共推朔州刺史陽平王頤為主。思譽，天賜之子[五〇]；業，丕之弟[五一]；隆、超，皆丕之子也。

叡以為洛陽休明[五二]，勸泰緩之，泰由是未發。頤偽許泰等以安其意，而密以狀聞。行吏部尚書[五三]任城王澄有疾，帝召見於凝閑堂，謂之曰：「穆泰謀為不軌，扇誘宗室，脫或必然。今遷都甫爾，北人戀舊，南北紛擾，朕洛陽不立也。此國家大事，非卿不能辦。卿雖疾，強為我北行，審觀其勢。儻其微弱，直往擒之；若已彊盛，可承制發并、肆兵擊之。」對曰：「泰等愚惑，正由戀舊為此計耳，非有深謀遠慮，臣雖駑怯，足以制之，願陛下勿憂，雖有犬馬之疾，何敢辭也！」帝笑曰：「任城肯行，朕復何憂？」遂授澄節、銅虎、竹使符、御仗左右[五四]，仍行恒州事。行至鴈門，鴈門太守夜告：「泰已引兵西就陽平(五五)。」澄遽令進發。右丞孟斌曰：「事未可量(五六)，宜依敕召幷、肆兵，然後徐進。」澄曰：「泰既謀亂，應據堅城，而更迎陽平，度其所為，當似勢弱。泰既不相拒，無故發兵，非宜也，但速往鎮之，民心自定。」遂倍道兼行，先遣治書侍御史李煥單騎入代(五七)，出其不意，曉諭泰黨，示以禍福，皆莫為之用。

泰計無所出，帥麾下數百人攻煥，不克，走出城西，追擒之。澄亦尋至，窮治黨與，收陸叡等百餘人皆繫獄，民間帖然。澄具狀表聞，帝喜，召公卿以表示之曰：「任城可謂社稷臣也，觀其獄辭，正復皐陶何以過之(五八)？」顧謂咸陽王禧等曰：「汝曹當此，不能辦也！」

(廿二)魏主謀入寇，引見公卿於清徽堂，曰：「朕卜宅土中，綱條粗舉(五九)，唯南寇未平，安能效近世天子下帷於深宮之中乎？朕今南征決矣，但未知早晚之期。比來術者皆云：『今往必克。』此國之大事，宜君臣各盡所見，勿以朕先言而依違於前，同異於後也。」

李沖對曰：「凡用兵之法，宜先論人事，後察天道。今卜筮雖吉，而人事未備，遷都尚新，秋穀不稔，未可以興師旅。如臣所見，宜俟來秋。」帝曰：「去十七年，朕擁兵二十萬(六〇)，此人事之盛也，而天時不利；今天時既從，復云人事未備，如僕射之言，是終無征伐之期也！寇戎咫尺，異日將為社稷之憂，朕何敢自安？若秋行不捷，諸君當盡付司寇，不可不盡懷也。」

(廿三)魏主以有罪徙邊者多逋亡，乃制一人逋亡，闔門充役。光州刺史博陵崔挺上書諫曰：「天下善人少，惡人多，若一人有罪，延及闔門，則司馬牛受桓魋之罰，柳下惠嬰盜跖之誅(六一)，豈不哀哉！」帝善之，遂除其制。

【今註】 ㈠姻㜕：胡三省曰：「㜕音連。史記南越傳呂嘉宗室兄弟及蒼梧秦王有連，漢書音義曰：『連，親婚也。』史記索隱曰：『有連者，皆親姻也。』後人因以姻連之連其旁加女，遂為㜕字。」㈡其功衰之親，仍居猥任：猥任，卑職也；功衰，自小功以上至齊衰之親也。以其先無門第，故雖位極公卿，其齊衰以下親，仍居下職。㈢四姓：謂范陽盧氏，清河崔氏，滎陽鄭氏，太原王氏也。㈣琇，馥之子也：陸馥見卷一百三十三宋明帝泰始七年。魏孝文受內禪，陸馛傳以璽綬，故其子皆通顯。㊄魏舊制，王國舍人皆應娶八族及清脩之門：胡三省曰：「王國舍人，舍謂諸王妃嬪之舍，其人即妃嬪也。」八族，謂穆、陸、賀、劉、樓、于、嵇、尉八姓也，清脩之門，謂漢士族之有清望者。㊅咸陽王禧娶隸戶為之：禧，獻文帝之子，孝文帝之元弟也；隸戶，謂沒入為奴隸之戶。禧蓋娶隸戶之女為其妃嬪。㊆河南王幹：按幹於太和十八年徙封趙郡王，史蓋因其舊封書之。㊇潁川王雍：雍亦以太和十八年徙封高陽王，史以舊封書之也。㊈懿，羲之子也：鄭羲見卷一百三十一宋明帝泰始二年。㊉世之言高華者，以五姓為首：五姓，謂范陽盧、清河崔、滎陽鄭、太原王並趙李也。⑪郡姓：北朝姓族，首重郡望，故曰郡姓，如盧必推范陽，崔必推清河是也，非范陽之盧，清河之崔，皆不列五姓之內，此之謂郡望。⑫傅說、呂望，豈可以門地得之：謂傅說起於版築，呂望起於屠釣，若必於門第求之，是令野有遺賢也。⑬陛下若專取門地，不審魯之三卿，孰若四科：三卿，謂三桓也，世為魯卿；四科，謂德行、言語、政事、文學也。《論語》孔子曰：「德行顏淵、閔子騫、冉伯牛、仲弓，言語宰我、子貢，政事冉有、季路，文學子游、子夏。」此言孔門四科諸子皆出身寒門，若必專取門第，則遺賢於野澤矣。⑭劉昶入朝：昶自彭城入朝也。⑮我今八族以上士人，品第有九，九品之外，小人之官，復有七等：小人，謂庶族也，七等銓簡百官之制見上卷建武元年，九品之制，則所以銓衡士流也。下云若有其人，可起家為三公，言庶族賢者，自可由七等之銓起為公卿以廁身於士流也。⑯側微：《書・序》云：「虞舜側微。」孔穎達曰：「不在朝謂之側，其人貧賤謂之微。」⑰復定襄縣王鸞為城陽王：鸞以赭陽之敗降封，今復之。⑱金革：謂戎事。⑲宴羣臣及國老、庶老於華林園：《禮・王制》曰：「有虞氏養國老於上庠，養庶老於下庠。」疏引熊氏曰：「國老謂卿大夫致仕者，庶老謂士也。」⑳黃、耇：顏師古曰：「黃耇，老人之稱也，黃謂白髮落更生黃者也，耇謂老人面色不淨如垢也。」㉑耆年：《禮・曲禮》曰：「六十曰耆。」陸德明曰：「耆，至也，言至老境也。」㉒各賜鳩杖衣裳：《續漢書・禮儀志》曰：「仲秋之月，案戶比民，年始七十者授之以玉杖，八十、九十禮有加，賜玉杖長尺，端以鳩鳥為飾。鳩者，不噎之鳥，欲老人不噎。」孝文好古，取漢儀制而行之。㉓守素衡門：守素，謂修德守身而未仕者。毛萇曰：「衡門，橫木為門，言淺陋也。」㉔詔乘輿有金銀飾校者，皆剔除之：此校，謂輿上欄杆也。除輿欄金銀之飾以示儉樸。㉕裹蒸：糉子也，以糯米和糖或肉裹以竹葉而蒸之。㉖可四破之，餘充晚食：破裹蒸為四，食其一或二，留其餘充晚食，亦以示儉。㉗皁莢：植物名，其莢實可去垢膩。㉘太宮元日上壽，有銀酒鎗，上欲壞之：元日，正旦也。鎗，三足溫酒器也，俗亦作鐺，銀酒鎗，以銀為之，孝文帝惡其奢，故欲壞之。㉙三元：正旦也，義取歲之元，月之元，日之元。㉚曲宴：宮中私宴也。㉛六署九府：胡三省曰：「按蕭子顯齊志，六署者，尚書左右僕射、左右丞所通署除、署功、論封爵、貶黜、八議、疑讞六案也。九府，太常、光祿勳、衞尉、廷尉、大司農、少府、將作大匠、太僕、大鴻臚九卿府也。」㉜三公坐而論道，九卿作而成務：《書・周官》曰：「茲惟三公，論道經邦，燮理陰陽，六卿分職，各率所屬，以倡九牧。」又《考工記》曰：「坐而論道，謂之三公，作而行之，謂之士大夫。」注云：「親受其職，居其官也。」秦漢以來九卿，古六卿之任也。㉝魏廣州刺史薛法護來降：胡三省曰：「以蕭子顯齊書考之，廣州不在太和十年分置三十八州之數，魏收地形志永安中置廣州，治魯陽，意此時廣州亦當置於魯陽也。」㉞櫟城戍：《左傳》昭公四年吳伐楚，取棘櫟麻。杜預曰：「汝陰新蔡縣北有櫟亭。」齊蓋置戍於此，在今河南省新蔡縣北。㉟詔漢、魏、晉諸帝陵百步內禁樵蘇：取薪曰樵，取草曰蘇。此諸陵蓋謂東漢、魏、晉陵之在河南者。㊱不率妾禮：率，循也。馮昭儀自以為馮后之姊，不以妾媵之禮事其妹也。㊲遂居瑤光寺為練行尼：胡三省曰：「練行，謂修練戒行也。」瑤光寺，在洛陽宮側。㊳帝在崇虛樓，遣舍人辭焉，且問來故：舍人，中書舍人也，辭羣臣請見，並問請見之故。胡三省曰：「武帝永明九年，魏移道壇於桑乾之陰，改曰崇虛寺，此蓋遷洛後建崇虛樓於禁中，齋戒則居之也。」㊴勒門防遏：勒門衛以防遏其變。㊵汴口：汴水入河之口。㊶司州：即洛州也，太和遷洛，改為司州，孝靜帝天平初，都鄴，復曰洛州。㊷魏吐京胡反：《魏書．地形志》太武帝太平真君九年置吐京郡，屬汾州。酈道元曰：「吐京故城即漢西河郡土軍縣之故城也，胡漢譯音訛也。」故治即今山西省石樓縣，胡之居吐京者曰吐京胡。㊸詔朔州刺史元彬行汾州事，帥幷、肆之眾以討之：《魏書．地形志》太和十二年置汾州，治蒲子城，今山西省隰縣東北，領西河、吐京、五城、定陽等郡；幷州治晉陽，領太原、上黨、樂平、鄉郡；太武帝太平真君七年，置肆州，治九原，領新興、秀容、鴈門等郡。朔州注見下。㊹車突谷：胡三省曰：「五代志離石郡太和縣後周置烏突郡烏突縣，蓋因車突谷而名之也。」在今山西省臨縣北。㊺大義滅親，古人所貴：春秋衞石碏之子厚與公子州吁弒桓公，碏遂殺厚，左氏以大義滅親美之。杜預曰：

「子從弒君之賊，國之大逆，不可不除，故曰大義滅親。」㊻跨據恒、朔：《魏書・地形志》道武帝天興中置司州，治代都平城，太和遷洛，改為恒州。朔，朔州也。宋白曰：「後魏都平城，置司州及代尹，及遷洛陽，置司州於洛，以平城為恒州，隋雲中郡恒安鎮即其地；後魏懷朔鎮，孝文遷洛，於定襄故城置朔州，在唐朔州北三百八十里。」㊼置於河陽無鼻城：《水經注》湨水出河內軹縣原山，南流注于河，水東有無辟邑，世謂之無鼻城。《南齊書・魏虜傳》云：「無鼻城在河橋北二里。」在今河南省孟縣東。㊽初，魏文明太后欲廢魏主，穆泰切諫而止：事見卷一百三十七武帝永明八年。㊾定州刺史：《魏書・地形志》道武帝皇始二年置安州，天興三年改曰定州，領中山、常山、鉅鹿、博陵等郡，治盧奴，今河北省盧奴縣。㊿思譽，天賜之子：汝陰王天賜，景穆太子之子，於孝文帝為從叔祖。(51)業，丕之弟：新興公丕，烈帝翳槐子武衛將軍謂之曾孫。(52)叡以為洛陽休明：言洛都政治休美清明，未有亂象也。《左傳》楚子觀兵于周疆，問鼎之大小輕重焉，王孫蒲曰：「德之休明，雖小重也，其姦回昏亂，雖大輕也。」(53)行吏部尚書：曰行者，行其職事，未為真也。(54)銅虎、竹使符，御仗左右：《漢書・文帝紀》二年九月初與郡守為銅虎符、竹使符。應劭曰：「銅虎符，國家當發兵，遣使者至郡合符，符合乃聽受之，竹使符，皆以竹箭五枚，長五寸，鐫刻篆書。」胡三省曰：「御仗左右，帶御仗在天子左右者，授澄以為衛也。」(55)泰已引兵西就陽平：陽平，謂陽平王頤也，時鎮朔州，在平城之西。宋白曰：「朔州東北至平城二百六十里。」(56)事未可量：言此去勝負未可知。(57)先遣治書侍御史李煥單騎入代：代謂代都平城也。《晉書・職官志》曰：「漢宣帝幸宣室齋居而決事，令侍御史二人治書侍側，後因別置，謂之治書侍御史。掌詔獄及廷尉不當者皆治之。」㊆觀其獄辭，正復皐陶何以過之：言縱令皐陶決獄，無以過之也。皐陶，舜之臣，造獄立律，故引以為喻。㊇綱條粗舉：《書・盤庚》曰：「若網在綱，有條而不紊。」蓋以網喻為政也。㊈去十七年，朕擁兵二十萬：去，已往之辭。魏孝文帝太和十七年，齊武帝永明十一年也，是歲，孝文欲遷洛，以南伐脅眾，羣臣憚於南伐，遂定遷洛之計而輟南謀之謀也。㊉若一人有罪，延及闔門，則司馬牛受桓魋之罰，柳下惠嬰盜跖之誅：司馬牛之於桓魋，柳下惠之於盜跖，皆兄弟也，而賢與不肖，相去甚遠，而賢者不受連坐之誅，明古法罪不相及也。

卷一百四十一　齊紀七

司馬光編集
林瑞翰　註

起彊圉赤奮若，盡著雍攝提格，凡二年。（丁丑至戊寅，西元四九七至四九八年）

高宗明皇帝下

建武四年（西元四九七年）

㈠春，正月，大赦。【考異】齊帝紀云：「庚午，大赦。」按長曆是月己醜朔，無庚午，故不日。

㈡丙申（初八日），魏立皇子恪為太子。魏主宴於清徽堂，語及太子恂，李沖謝曰：「臣忝師傅，不能輔導。」帝曰：「朕尚不能化其惡，師傅何謝也？」

㈢乙巳（十七日），魏主北巡。

㈣初，尚書令王晏為世祖所寵任㈠，及上謀廢鬱林王，晏即欣然推奉㈡。鬱林王已廢，上與晏宴於東府，語及時事，晏抵掌曰：「公常言晏怯，今定何如？」上即位，晏自謂佐命新朝，常非薄世祖故事。既居朝端㈢，事多專決，內外要職，並用所親。每與上爭用人，上雖以事際須晏㊃，而心惡之。嘗料簡世祖中詔，得與晏手敕三百餘紙，皆論國家事，又得晏啟，諫世祖以上領選事㊄，以此愈猜薄之。始安王遙光勸上誅晏，上曰：「晏於我有功，且未有罪。」遙光曰：「晏常不能為武帝，安能為陛下乎？」上默然。上遣腹心陳世範等出塗巷採聽異言，晏輕淺無防，意望開府，數呼相工㊅自視，云當大貴，與賓客語，好屏人請閑。上聞之，疑晏欲反，遂有誅晏之意。

奉朝請鮮于文粲密探上旨，告晏有異志，世範又啟上，云晏謀因四年南郊，與世祖故主帥於道中竊發。會虎犯郊壇，上愈懼，未郊一日㊆，有敕停行，先報晏及徐孝嗣，孝嗣奉旨而晏陳郊祀事大，必宜自力㊇，上益信世範之言。丙辰（二十八日），召晏於華林省㊈，誅之，【考異】晏傳云：「元會畢，乃召晏誅之。」本紀：「丙辰，晏伏誅。」丙辰，正月二十八日也。按郊禮必在正月，既云未郊一日，敕停，則誅晏必非元會之日，本傳蓋言元會禮後耳！并北中郎司馬蕭毅、臺隊主劉明達㊉及晏子德元、德和。下詔云：「晏與毅、明達，以河東王鉉識用微弱，謀奉以為主，使守虛器⑪。」晏弟詡為廣州刺史，上遣南中郎司馬蕭季敞襲殺之。季敞，上之從祖弟也。蕭毅奢豪，好弓馬，為上所忌，故因事陷之。河東王鉉，先以年少才弱，故未為上所殺，鉉朝見，常鞠躬俯僂㊁，不敢平行直視，至是年稍長，遂坐晏事免官，禁不得與外人交通。

鬱林王之將廢也，晏從弟御史中丞思遠謂晏曰：「兄荷世祖厚恩，今一旦贊人如此事，彼或可以權計相須，未知兄將來何以自立？若及此引決㊂，猶可保全門戶，不失後名。」晏曰：「方啗粥，未暇此事。」㊃及拜驃騎將軍㊄，集會子弟，謂思遠兄思徵曰：「隆昌之末，阿戎㊅勸吾自裁，若從其語，豈有今日？」思遠遽應曰：「如阿戎所見，今猶未晚也。」思遠知上外待晏厚而內已疑異，乘間謂晏曰：「時事稍異，兄亦覺不？凡人多拙於自謀，而巧於謀人。」晏不應。思遠退，晏方歎曰：「世乃有勸人死者。」一旬日而晏敗。上聞思遠言，故不之罪，仍遷侍中。

晏外弟尉氏阮孝緒㊆亦知晏必敗，晏屢至其門，逃匿不見。嘗食醬美，問知得於晏家，吐而覆之㊇。及晏敗，人為之懼，孝緒曰：

「親而不黨，何懼之有？」卒免於罪。

㈤二月壬戌（初五日），魏主至太原。

㈥甲子（初七日），以左僕射徐孝嗣為尚書令(一九)，征虜將軍蕭季敞為廣州刺史(二〇)。

㈦癸酉（十六日），魏主至平城，引見穆泰、陸叡之黨問之，無一人稱枉者，時人皆服任城王澄之明。穆泰及其親黨皆伏誅，賜陸叡死於獄，宥其妻子，徙遼西為民。【考異】齊書魏虜傳云：「偽征北將軍恒州刺史鉅鹿孤賀鹿渾守桑乾，宏從叔平陽王安壽戍懷柵，在桑乾西北，渾非宏任用中國人，與偽定州刺史馮翊公自鄰、安樂公主拓拔阿幹兒謀立安壽，分據河北，期久不遂，安壽懼，告宏，殺渾等數百人，任安壽如故。」與魏書名姓全不同，今從魏書。

初，魏主遷都，變易舊俗，并州刺史新興公丕皆所不樂，帝以其宗室耆舊，亦不之逼，但誘示大理(二一)，令其不生同異而已。及朝臣皆變衣冠，朱衣滿坐，而丕獨胡服於其間，晚乃稍加冠帶，而不能修飾容儀，帝亦不強也。

太子恂自平城將遷洛陽，元隆與穆泰等密謀留恂，因舉兵斷關，規據陘北(二二)。丕在并州，隆等以其謀告之，丕外慮不成，口雖折難，心頗然之。及事覺，丕從帝至平城，帝每推問泰等，常令丕坐觀。有司奏元業、元隆、元超罪當族，丕應從坐，帝以丕嘗受詔許以不死，聽免死為民，留其後妻二子與居於太原，殺隆、超同產[23]乙升，餘子徙敦煌。

初，丕、叡與僕射李沖、領軍于烈俱受不死之詔，叡既誅，帝賜沖、烈詔曰：「叡反逆之志，自負幽冥，違誓在彼，不關朕也。反逆既異餘犯，雖欲矜恕，如何可得？然猶不忘前言，聽自死別府[24]，免其孥戮[25]。元丕二子、一弟首為賊端，連坐應死，特恕為民。朕本期始終，而彼自棄絕，違心乖念，一何可悲？故此別示，想無致怪。謀反之外，皎如白日耳[26]！」沖、烈皆上表謝。

臣光曰：「夫爵祿廢置，殺生予奪，人君所以馭臣之大柄也[27]。是故先王之制，雖有親故賢能，功貴勤賓，苟有其罪，不直赦也，必議於槐棘之下[28]，可赦則赦，可宥則宥，可刑則刑，可殺則殺，輕重視情，寬猛隨時。故君得以施恩而不失其威，臣得以免罪而不敢自恃。及魏則不然，勳貴之臣，往往豫許之以不死，彼驕而觸罪，又從而殺之，是以不信之令，誘之使陷於死地也，刑政之失，無此為大焉！」

㈧是時，代鄉舊族多與泰等連謀，唯于烈無所染涉，帝由是益重之。

帝以北方酋長及侍子畏暑，聽秋朝洛陽，春還部落，時人謂之鴈臣㉙。

㈨三月己酉（二十二日），魏主南至離石㉚，叛胡請降，詔宥之。夏，四月庚申（初四日），至龍門，遣使祀夏禹㉛。癸亥（初七日），至蒲坂，祀虞舜㉜。辛未（十五日），至長安。

㈩魏太子恂既廢，頗自悔過，御史中尉李彪密表恂復與左右謀逆，魏主使中書侍郎邢巒與咸陽王禧奉詔齎椒酒，詣河陽，賜恂死㉝，斂以麤棺常服，瘞於河陽。

(十一)癸未（十七日），魏大將軍宋明王劉昶卒於彭城，葬以殊禮。

(十二)五月己丑（初三日），魏主東還，汎渭入河。壬辰（初六日），遣使祀周文王於豐，武王於鎬㉞。六月庚申（初五日），還洛陽。

(十三)壬戌（初七日），魏發冀、定、瀛、相、濟㉟五州兵二十萬，將入寇。

(十四)魏穆泰之反也，中書監魏郡公穆羆與之通謀，赦後事發，削官爵為民。羆弟司空亮以府事付司馬慕容契，上表自劾，魏主優詔不許，亮固請不已，癸亥（初八日），聽亮遜位。

(十五)丁卯（十二日），魏分六師㊱以定行留。

(十六)秋，七月，魏立昭儀馮氏為皇后。后欲母養太子恪，恪母高氏自代如洛陽，暴卒於共縣㊲。

(十七)戊辰，魏以穆亮為征北大將軍，開府儀同三司，冀州刺史㊳。

(十八)八月丙辰（朔），魏詔中外戒嚴㊴。

(十九)壬戌（初七日），魏立皇子愉為京兆王，懌為清河王，懷為廣平王。

(廿)追尊景皇所生王氏為恭太后㊵。

(廿一)甲戌（十九日），魏講武於華林園。庚辰（二十五日），軍發洛陽。使吏部尚書任城王澄㊶居守；以御史中丞㊷李彪兼度支尚書，與僕射李沖參治留臺事；假彭城王勰中軍大將軍。勰辭，曰：

「親疏並用，古之道也。臣獨何人，頻煩寵授？昔陳思求而不允㊸，愚臣不請而得，何否泰之相遠也㊹？」魏主大笑，執勰手曰：「二曹㊺以才名相忌，吾與汝以道德相親。」上遣軍主直閤將軍胡松助北襄城太守成公期戍赭陽，軍主鮑舉助西汝南、北義陽二郡太守黃瑤起戍舞陰㊻。

(廿二)魏以氐帥楊靈珍為南梁州刺史㊼，靈珍舉州來降，送其母及子於南鄭以為質，遣其弟婆羅阿卜珍將步騎萬餘襲魏武興王楊集始，殺其二弟集同、集眾，集始窘急請降。九月丁酉（十三日），魏主以河南尹李崇為都督隴右諸軍事，將兵數萬討之。

(廿三)初，魏遷洛陽，荊州刺史薛真度勸魏主先取樊、鄧㊽，真度引兵寇南陽，太守房伯玉擊敗之㊾。魏主怒，以南陽小郡，志必滅之，遂引兵向襄陽，彭城王勰等三十六軍前後相繼，眾號百萬，吹脣沸地㊿。辛丑（十七日），魏主留諸將攻赭陽，自引兵南下，癸卯（十九日），至宛，夜襲其郛(五一)，克之。房伯玉嬰內城拒守，魏主遣中書舍人孫延景【考異】齊書作公孫云，今從魏書。謂伯玉曰：「我今蕩壹六合(五二)，非如鄢時冬來春去，不有所克，終不還北。卿此城當我六龍之首(五三)，無容不先攻取，遠期一年，近止一月，封侯梟首，事在俯仰，宜善圖之。且卿有三罪，今令卿知：卿先事武帝，蒙殊常之寵，不能建忠致命，而盡節於其讎(五四)，罪一也；頃年薛真度來，卿傷我偏師，罪二也；今鑾輅親臨，不面縛麾下，罪三也。」伯玉遣軍副樂稚柔對曰：「承欲攻圍，期於必克，卑微常人，得抗大威，真可謂獲其死所。外臣(五五)蒙武帝採拔，豈敢忘恩？但嗣君失德，主上光紹大宗(五六)，非唯副億兆(五七)之深望，抑亦兼武皇之遺敕，是以區區盡節，不敢失墜。往者北師深入(五八)，寇擾邊民，輒厲將士，以脩職業，反己而言，不應垂責。」宛城東南隅溝上有橋，魏主引兵過之，伯玉使勇士數人衣斑衣，戴虎頭帽(五九)，伏於竇下(六〇)，突出擊之，魏主人馬俱驚，召善射者原靈度射之，應弦而斃，乃得免。

(廿四)李崇槎山分道(六一)，出氏不意，表裏襲之，羣氏皆棄楊靈珍散歸，靈珍之眾減太半。崇進據赤土(六二)，靈珍遣從弟建屯龍門，自帥精勇一萬屯鷲峽(六三)，龍門之北數十里中，伐樹塞路，鷲峽之口，聚礧石(六四)，臨崖下之以拒魏兵。崇命統軍慕容拒帥眾五千從它路入，夜襲龍門，破之。崇自攻鷲峽，靈珍連戰，敗走，俘其妻子，遂克武興。梁州刺史陰廣宗、參軍鄭猷等將兵救靈珍，崇進擊，大破之，斬楊婆羅阿卜珍，生擒猷等，靈珍奔還漢中。魏主聞之，喜曰：「使朕無西顧之憂者，李崇也。」以崇為都督梁、秦二州諸軍事，梁州刺史，以安集其地。

(廿五)丁未（二十三日），魏主發南陽，留太尉咸陽王禧等攻之。己酉（二十五日），魏主至新野，新野太守劉思忌拒守。冬，十月丁巳（初三日），魏軍攻之，不克，築長圍守之。遣人謂城中曰：「房伯玉已降，安何為獨取糜碎？」思忌遣人對曰：「城中兵食猶多，未暇從汝小虜語也。」

魏右軍府(六五)長史韓顯宗將別軍屯赭陽，成公期遣胡松引蠻兵攻其營(六六)，顯宗力戰破之，斬其裨將高法援。

顯宗至新野，魏主謂曰：「卿破賊斬將，殊益軍勢，朕方攻堅城，何為不作露布[六七]？」對曰：「頃聞鎮南將軍王肅獲賊二三人，驢馬數匹，皆為露布，臣在東觀，私常哂之[六八]。近雖仰憑威靈，得摧醜虜，兵寡力弱，擒斬不多，脫復高曳長縑，虛張功烈，尤而効之，其罪彌大[六九]，臣所以不敢為之，解上[七〇]而已。」魏主益賢之。

上詔徐州刺史裴叔業引兵救雍州，叔業啟稱：「北人不樂遠行，唯樂鈔掠，若侵虜境，則司、雍之寇自然分矣[七一]！」上從之。叔業引兵攻虹城[七二]，獲男女四千餘人。甲戌（二十日），遣太子中庶子蕭衍、右軍司馬張稷救雍州。

十一月甲午（十一日），前軍將軍韓秀方等十五將降於魏，丁酉（十四日），魏敗齊兵於沔北，將軍王伏保等為魏所獲。

[七六]丙辰（是月甲申朔，無丙辰），以楊靈珍為北秦刺史[七三]，【考異】齊氏傳作北梁州，今從齊書。仇池公，武都王。

[七七]新野人張賭帥萬餘家據柵拒魏，十二月庚申（初七日），魏人攻拔之。

雍州刺史曹虎與房伯玉不協，故緩救之，頓軍樊城[七四]。【考異】魏齊廣傳云均口，今從虎傳。丁（二十四日），詔遣度支尚書崔慧景救雍州，假慧景節，帥眾二萬，騎千匹，向襄陽，雍州眾軍並受節度。

庚午（十七日），魏主南臨沔水，戊寅（二十五日），還新野。

將軍王曇紛以萬餘人攻魏南青州黃郭戍（七五），魏戍主崔僧淵破之，舉軍皆沒。

將軍魯康祚、趙公政將兵萬人侵魏太倉口（七六），魏豫州刺史王肅使長史清河傅永將甲士三千擊之。康祚等軍於淮南，永軍於淮北，相去十餘里。永曰：「南人好夜斫營，必於渡淮之所，置火以記淺（七七）。」乃夜分兵為二部，伏於營外，又以瓠貯火（七八），密使人過淮南岸於深處置之，戒曰：「見火起則亦然之。」是夜，康祚等果引兵斫永營，伏兵夾擊之，康祚等走，趣淮水，火既競起，不知所從，溺死及斬首數千級，生擒公政，獲康祚之尸以歸。

豫州刺史裴叔業侵魏楚王戍（七九），肅復令永擊之。永將心腹一人馳詣楚王戍，令填外塹，夜伏戰士千人於城外，曉而叔業等至城東部分，將置長圍，永伏兵擊其後軍，破之。叔業留將佐守營，自將精兵數千救之，永登門樓，望叔業南行數里，即開門奮擊，大破之，獲叔業傘、扇、鼓、幕、甲仗萬餘。叔業進退失據，遂走。左右欲追之，永曰：「吾弱卒不滿三千，彼精甲猶盛，非力屈而敗，自墮吾計中耳！既不測我之虛實，足使喪膽，俘此足矣，何更追之？」魏主遣謁者就拜永安遠將軍，汝南太守，封貝丘縣男。永有勇力，好學能文，魏主常歎曰：「上馬能擊賊，下馬作露板，唯傅脩期耳㊱！」

㊷曲江公遙欣好武事，上以諸子尚幼，內親則仗遙欣兄弟，外親則倚后弟西中郎長史彭城劉暄、內弟太子詹事江祏㊁，故以始安王遙光為揚州刺史，居中用事，遙欣為都督荊、雍等七州諸軍事㊂，荊州刺史，鎮據西面，而遙欣在江陵，多招材勇，厚自封殖，上甚惡之。遙欣侮南郡太守劉季連，季連密表遙欣有異迹㊃，上乃以季連為益州刺史，使據遙欣上流以制之。季連，思考之子也㊄。

㊸是歲，高昌王馬儒遣司馬王體玄入貢於魏，請兵迎接，求舉

國內徙。魏主遣明威將軍韓安保迎之，割伊吾之地五百里以居儒眾。儒遣左長史顧禮、右長史金城麴嘉將步騎一千五百迎安保而安保不至，禮、嘉還高昌，安保亦還伊吾。安保遣其屬朝興安等使高昌，儒復遣顧禮將世子義舒迎安保，至白棘城，去高昌百六十里，高昌舊人戀土，不願東遷，相與殺儒，立麴嘉為王(八五)，復臣於柔然，安保獨與顧禮、馬義舒還洛陽。

【今註】㈠初，尚書令王晏為世祖所寵任：晏為人篤於親舊，為世祖所親，事見卷一百三十六世祖永明七年。㈡及上謀廢鬱林王，晏即欣然推奉：事見卷一百三十九建武元年。㈢既居朝端：尚書令，國之元輔，位居朝臣之右。㈣事際須晏：謂舉事之際，須倚晏以自輔也。㈤又得晏啟，諫世祖以上領選事：晏啟世祖帝清幹有餘，然不諳百氏，不可以居選職，事見卷一百三十七武帝永明八年。㈥相工：相士也。㈦未郊一日：郊祀前一日。㈧必宜自力：謂宜自勉力以行郊祀之事也。㈨華林省：胡三省曰：「省在華林園，因名。」㈩北中郎司馬蕭毅、臺隊主劉明達：毅，高帝從子新吳侯景先之子也；明達，蓋世祖時舊主帥。⑪以河東王鉉識用微弱，謀奉以為主，使守虛器：鉉，高帝第十八子也，器謂帝位也，使居帝位而自專其權，是使守虛器也。⑫鞠躬俯僂：鞠躬謂曲身也，垂頭曰俯，曲背曰僂。⑬若及此引決：謂死鬱林之難也。⑭方啖粥，未暇此事：言方望富貴，未暇計及死。㊄及拜驃騎將軍：帝初即位，進晏驃騎大將軍，見卷一百三十九建武元年。㊅阿戎：胡三省曰：「晉宋間人多謂從弟為阿戎，至唐猶然，如杜甫於從弟杜位宅守歲詩云：『守歲阿戎家』是也。」㊆晏外弟尉氏阮孝緒：胡三省曰：「外弟，妻弟也。」尉氏縣，漢屬陳留郡，今河南尉氏縣也。晉室南渡，僑置，隋曰六合，今江蘇省六合縣。㊇吐而覆之：胡三省曰：「既吐其所食者，又覆其所餘者。」㊈以左僕射徐孝嗣為尚書令：以代王晏。㊉征虜將軍蕭季敞為廣州刺史：代王晏弟王詡也。㊀但誘示大理：胡三省曰：「示以事理之大歸而已，不反覆告語之。」㊁舉兵斷關，規據陘北：胡三省曰：「陘北，即恒、朔二州之地，關即鴈門之東陘、西陘二關也。」㊂同產：同母兄弟。㊃聽自死別府：胡三省曰：「不就恒州刺史府賜死而死於獄，故曰別府。」㊄免其孥戮：《書・甘誓》曰：「予則孥戮汝。」孔安國曰：「孥，子也。」免其孥戮，謂宥其妻子免死，徙遼西為民也。㊅謀反之外，皎如白日耳：言惟謀反大逆不赦外，必謹守誓言，令無反覆也。㊆夫爵祿廢置，殺生予奪，人君所以馭臣之大柄也：爵以馭其貴，祿以馭其富，予以馭其常，置以馭其行，生以馭其福，奪以馭其貧，廢以馭其罪，誅以馭其過，此《周禮》所謂八柄，人主所以馭臣下者也。㊇是故先王之制，雖有親故賢能，功貴勤賓，苟有其罪，不直赦也，必議於槐棘之下：《周禮》以八辟麗邦法，附刑罰，一曰議親之辟，二曰議故之辟，三曰議賢之辟，四曰議能之辟，五曰議功之辟，六曰議貴之辟，七曰議勤之辟，八曰議賓之辟。辟，法也，此所謂八議。槐棘，公卿之位也，古於外朝植三槐以象三公，樹九棘以象列卿、諸侯，古者斷獄，必訊於三槐九棘之間。㊈帝以北方酋長及侍子畏暑，聽秋朝洛陽，春還部落，時人謂之鴈臣：以鴈秋則避寒而南，春暖則北還也。㉚離石：離石，漢縣，屬西河郡，晉惠帝末，陷於劉淵，為淵所都，北周置石州於此，隋為離石郡，唐復曰石州，即今山西省離石縣。㉛至龍門，遣使祀夏禹：《水經注》曰：「河水自蒲城東南逕北屈縣故城西，其西有孟門山，即龍門之上口也，實為河之巨阸。此石經始禹鑿，河中漱廣，夾岸崇深，傾崖返捍，巨石臨危，若墜復倚，其中水流交衝，素氣雲浮，往來遙觀者，常若霧露沾人，窺深悸魄，其水尚崩浪萬尋，懸流千丈，渾洪贔怒；鼓若山騰，濬波頹疊，方知慎子下龍門流浮竹，非駟馬之追也。」《淮南子》亦曰：「龍門未闢，呂梁未鑿，河出孟門之上，大溢逆流，無有丘陵，高阜滅之，名曰洪水，大禹疏通，謂之孟門。」以龍門為禹所鑿，故於此祠焉！在今山西省河津縣東。㉜至蒲坂，祀虞舜：皇甫謐曰：「舜都蒲坂。」《水經注》蒲坂城中有舜廟，故於此祀焉！㉝魏主使中書侍郎邢巒與咸陽王禧奉詔賫椒酒，詣河陽，賜恂死：椒酒，置椒於酒中也。胡三省曰：「椒味辛，大熱，有毒，其合口者尤甚，漢桓思后之議，李咸擣椒自隨，帝煮椒二斛以殺高武諸子孫，皆是物也。」㉞遣使祀周文王於豐，武王於鎬：周文王都豐，武王都鎬，故於豐、鎬祀之。㉟濟州：《魏書．地形志》魏明元帝泰常八年置濟州於濟北郡之碻磝城，領濟北、平原、東平、南清河等郡。㊱魏分六師：《魏書．孝文帝紀》作部分六師，此脫部字。㊲后欲母養太子恪，恪母高氏自代如洛陽，暴卒於共縣：《魏書．皇后傳》高后暴薨，或云馮后遣人賊之也。共縣，自漢以來屬河內郡，晉及後魏屬汲郡，即今河南省輝縣。㊳戊辰，魏以穆亮為征北大將軍，開府儀同三司，冀州刺史：七月丙戌朔，無戊辰，《魏書・帝紀》誤也。㊴魏詔中外戒嚴：將南伐也。㊵追尊景皇所生王氏為恭太后：王氏，帝之祖母，始安貞王道生之生母也。帝即位，尊始安貞王曰景皇。胡三省曰：「景皇稱皇不稱帝，用漢制也。」㊶吏部尚書任城王澄：澄至是始真除為吏部尚書。㊷御史中丞：按《魏書・李彪傳》中丞當作中尉，魏御史中尉，猶漢、晉御史中丞之職也。㊸昔陳思求而不允：謂曹魏文帝時，陳思王植上表求自効以攻吳、蜀，文帝不許也。㊹何否泰之相遠也：否、泰，《易》二卦名，天地交曰泰，不交曰否，交則通，不交則塞，故亦以喻命運之通塞。陳思王與魏文帝以才相忌，其情不通，故曰否，彭城王勰與魏孝文君臣相得，款洽無間，故曰泰。此謂同為君臣兄弟，一否一泰，相去何遠也。㊺二曹：謂魏文帝與陳思王。㊻軍主鮑舉助西汝南、北義陽二郡太守黃瑤起戍舞陰：《南齊書・州郡志》西汝南郡屬雍州，北義陽郡屬雍州寧蠻府。舞陰縣，自漢以來屬南陽郡，故城在今河南省泌陽縣西北。黃瑤起蓋帶二郡太守，無實土而寄治舞陰也。㊼魏以氐帥楊靈珍為南梁州刺史：魏置梁州於仇池，今甘肅省成縣，置南梁州於武興，今陝西省略陽縣。㊽初，魏遷洛陽，荊州刺史薛真度勸魏主先取樊鄧：《魏書・地形志》荊州時治魯陽。胡三省曰：「樊鄧逼近洛陽，欲先取之以廣封略。」㊾真度引兵寇南陽，太守房伯玉擊敗之：此謂沙堨之敗也，見上卷建武二年。㊿吹脣沸地：吹脣者，以齒齧脣作氣吹之使成聲也；沸地者，吹脣之氣沸土揚塵也。(51)夜襲其郛：郛，城之外郭也。(52)我今蕩壹六合：言志在統一寰宇。天地四方謂之六合。(53)卿此城當我六龍之首：謂宛城首當王師之衝也。《易》曰：「時乘六龍以御天。」六龍，人君之象也，魏主親征宛，故曰六龍之首。(54)不能建忠致命，而盡節於其讎：言不能死鬱林之難而盡節於明帝也。明帝夷戮武帝之子孫，故謂之讎。(55)外臣：疆臣也，為國守疆於外，故曰外臣。(56)主上光紹大宗：言帝自小宗入為高帝第三子以紹大宗。(57)億兆：謂萬民。《文選・劉琨勸進表》：「億兆攸歸，曾無與二。」(58)往者北師深入：謂前年薛真度沙堨之師也。(59)衣斑衣，戴虎頭帽：衣作虎斑文，帽為虎頭形使類虎。(60)竇下：竇，孔也。橋柱間中空以通水流亦曰竇。(61)槎山分道：槎，斫木也，斫山木以開道。(62)赤土：《魏書・地形志》南秦州武階郡有赤土縣。魏武階郡治今甘肅省武都縣。(63)靈珍遣從弟建屯龍門，自帥精勇一萬屯鷲峽：《水經注》仇池東北有龍門戍。胡三省曰：「鷲峽當在龍門西南，仇池之北，亦名塞峽。」晉廢帝太和六年，苻堅遣苻雅伐仇池，與楊纂戰於鷲峽，即此。(64)礌石：礌，磊或字，推石自高而下也。《漢書・李陵傳》：「乘隅下壘石。」顏師古曰：「言放石以投人，因山隅曲而下也。」與礌石同。(65)右軍府：即右軍將軍府。(66)成公期遣胡松引蠻兵攻其營：胡松時助成公期戍赭陽。(67)卿破賊斬將，殊益軍勢，朕方攻堅城，何不作露布：露布，捷書也。言既勝敵，何不上露布於行在所，以長己方軍勢而搖敵方堅守之心也。(68)臣在東觀，私常哂之：哂，微笑也，有譏嘲之意。東觀，漢宮中著述藏書之所。《魏書・韓顯宗傳》顯宗太和初舉秀才，對策甲科，除著作佐郎，故云在東觀。(69)脫復高曳長縑，虛張功烈，尤而效之，其罪彌大：《左傳》曰：「尤而效之，罪又甚焉！」高曳長縑，謂作露布也。《封氏聞見記》曰：「諸軍破賊則以帛書建諸竿，上兵部，謂之露布。」(70)解上：上所斬獲之數。(71)若侵虜境，則司、雍之寇，自然分矣：此孫子攻魏救韓之策也。言若侵入魏境，魏師必反救，則其勢分而力弱矣！㊷虹城：胡三省曰：「此即漢沛郡之虹縣城也，南北兵爭其地，在下邳夏丘縣界，唐復為虹縣，屬泗州。」按夏丘縣界之虹縣，蓋唐移置，即今安徽省泗縣，若漢之虹縣故城則在今安徽省五河縣西。㊸丙辰，以楊靈珍為北秦州刺史：《南齊書·明帝紀》是月丙辰下有丁亥，是月甲申朔，無丙辰，當為丙戌之誤，丙戌初三日。㊹雍州刺史曹虎與房伯玉不協，故緩救之，頓軍樊城：胡三省曰：「余謂曹虎之頓軍樊城，不特因與房伯玉不協而然，亦由畏魏兵之彊而不敢進也。」㊺將軍王曇紛以萬餘人攻魏南青州黃郭戍：《魏書·地形志》孝文帝太和二十二年改東徐州曰南青州，時尚為東徐州，史因其後稱書之也，領東安、東莞二郡。又《魏書·地形志》東魏孝靜帝武定七年，置義塘郡，治黃郭城，屬南青州。時未置義塘郡，蓋於黃郭城置戍，在今江蘇省贛榆縣西北，近山東省莒縣界。㊻太倉口：《魏書·傅永傳》太倉口在魏豫州界。胡三省曰：「是時魏置豫州於汝南新息縣廣陵城，與齊義陽隔淮對壘，則太倉口當在淮北岸，以魏人積倉粟於此，而有是名也。」㊼置火以記淺：置火於水淺處為記，以便涉渡。㊽以瓠貯火：瓠，葫蘆也，以燃料盛其中。㊾豫州刺史裴叔業侵魏楚王戍：《南齊書·明帝紀》是月裴叔業自徐州遷為豫州。《水經注》鮦陽縣有葛陵城，城東北有楚武王冢，民謂之楚王琴城。魏蓋置戍於此，謂之楚王戍。葛陵城以近葛陂而名，在今河南省新蔡縣西北。㊿上馬能擊賊，下馬作露板，唯傅脩期耳：傅永字脩期。言永有武幹，復有文才也。露板即露布。(八一)內弟太子詹事江祏：帝母景皇后，祏之姑也，故祏於帝為內弟。(八二)遙欣為都督荊、雍等七州諸軍事：七州謂荊、雍、益、寧、梁、南秦、北秦。(八三)異迹：胡三省曰：「包藏禍心者謂之異志，形見於事為謂之異迹。」㈣季連，思考之子也：思考，劉遵考之弟也。㈤高昌舊人戀土，不願東遷，相與殺儒，立麴嘉為王：馬儒以太和五年王高昌，至是為國人所殺。麴氏王高昌始此。嘉字靈鳳，金城榆中人。

永泰元年㈠（西元四九八年）

㈠春，正月，癸未朔，大赦。

㈡加中軍大將軍徐孝嗣開府儀同三司，孝嗣固辭。

㈢魏統軍李佐攻新野，丁亥（初五日），拔之，縛劉思忌，問之曰：「今欲降未？」思忌曰：「寧為南鬼，不為北臣。」乃殺之，於是沔北大震。戊子（初六日），湖陽戍㈡主蔡道福，辛卯（初九日），赭陽戍主成公期，壬辰（初十日），舞陰戍主黃瑤起、南鄉太守席謙，相繼南遁。瑤起為魏所獲，魏主以賜王肅，肅臠而食之㈢。

乙巳（二十三日），命太尉陳顯達救雍州。

㈣上有疾，以近親寡弱，忌高武子孫。時高、武子孫猶有十王㈣，每朔望入朝，上還後宮，輒歎息曰：「我及司徒諸子皆不長㊄。」高、武子孫日益長大，上欲盡除高、武之族，以微言問陳顯達，對曰：「此等豈足介慮？」以問揚州刺史始安王遙光，遙光以為當以次施行。遙光有足疾㊅，上常令乘輿自望賢門㊆入，每與上屏人久語，畢，上索香火嗚咽流涕，明日必有所誅。會上疾暴甚，絕而復蘇，遙光遂行其策。丁未（二十五日），殺河東王鉉、臨賀王子岳、西陽王子文、永陽王子峻、南康王子琳、衡陽王子珉、湘東王子建、南郡王子夏、桂陽王昭粲、巴陵王昭秀，於是太祖、世祖及世宗諸子皆盡矣㊇！鉉等已死，乃使公卿奏其罪狀請誅之，下詔不許，再奏，然後許之。南康侍讀濟陽江泌哭子琳，淚盡，繼之以血，親視殯葬畢乃去。

㈤庚戌（二十八日），魏主如南陽。

二月癸丑（朔），詔左衛將軍蕭惠休等救壽陽㊈。

甲子，魏人拔宛北城，房伯玉面縛出降。伯玉從父弟思安為魏中統軍，數為伯玉泣請，魏主乃赦之㊉。

庚午（十八日），魏主如新野，辛巳（二十九日），以彭城王勰為使持節，都督南征諸軍事，中軍大將軍，開府儀同三司。

三月，壬午朔，崔慧景、蕭衍大敗於鄧城㊁。時慧景至襄陽，五郡已陷沒㊂，慧景與衍及軍主劉山陽、傅法憲等帥五千餘人進行鄧城，魏數萬騎奄至，諸軍登城拒守。時將士蓐食輕行㊂，皆有飢懼之色。衍欲出戰，慧景曰：「虜不夜圍人城，待日暮自當去。」既而魏眾轉至，慧景於南門拔軍去，諸軍不相知，相繼皆遁。魏兵自北門入，劉山陽與部曲數百人斷後死戰，且戰且卻行。慧景過鬧溝㊃，軍人相蹈藉，橋皆斷壞，魏兵夾路射之，殺傅法憲，士卒赴溝死者相枕。山陽取襖仗填溝乘之，得免。魏主將大兵追之，晡時，至沔，山陽據城苦戰㊄，至暮，魏兵乃退。諸軍恐懼，是夕，皆下船還襄陽。

庚寅（初九日），魏主將十萬眾，羽儀華蓋以圍樊城，曹虎閉門自守。魏主臨沔水，望襄陽岸，乃去如湖陽。辛亥（三十日），如懸瓠。

魏鎮南將軍王肅攻義陽，裴叔業將兵五萬圍渦陽[一六]以救義陽，魏南兗州刺史[一七]濟北孟表守渦陽，糧盡，食草木皮葉。叔業積所殺魏人高五丈以示城內，別遣軍主蕭璝等攻龍亢[一八]。魏廣陵王羽救之，叔業引兵擊羽，大破之，追獲其節。

魏主使安遠將軍傅永、征虜將軍劉藻、假輔國將軍高聰救渦陽，並受王肅節度，叔業進擊，大破之，聰奔懸瓠，永收散卒徐還，叔業再戰，凡斬首萬級，俘三千餘人，獲器械雜畜財物以千萬計。

魏主命鏁三將詣懸瓠，劉藻、高聰免死徙平州[一九]，傅永奪官爵，黜王肅為平南將軍。肅表請更遣軍救渦陽，魏主報曰：「觀卿意必以藻等新敗，故難於更往，朕今少分兵則不足制敵，多分兵則禁旅有闕。卿審圖之，義陽當止則止，當下則下，若失渦陽，卿之過也。」肅乃解義陽之圍，與統軍楊大眼、奚康生等步騎十餘萬救渦陽。叔業見魏兵盛，夜引軍退，明日，士眾奔潰，魏人追之，殺傷不可勝數，叔業還保渦口[二〇]。

㈥初，魏中尉李彪家世孤微㉑，朝無親援，初遊代都，以清淵文穆公李沖㉒好士，傾心附之，沖亦重其材學，禮遇甚厚，薦於魏主，且為之延譽㉓於朝，公私汲引㉔。及為中尉，彈劾不避貴戚，魏主賢之，以比汲黯。彪自以結知人主，不復藉沖，稍稍疏之，唯公坐斂袂而已，無復宗敬之意，沖浸銜之。及魏主南伐，彪與沖及任城王澄共掌留務㉕。彪性剛豪，意議多所乖異，數與沖爭辯，形於聲色，自以身為灋官，他人莫能糾劾，事多專恣。沖不勝忿，乃積其前後過惡，禁彪於尚書省㉖，上表劾彪違傲高亢，公行僭逸，坐輿禁省㉗，私取官材，輒駕乘黃㉘，無所憚懾，臣輒集尚書已下，令史已上，於尚書都座㉙，以彪所犯罪狀告彪，訊其虛實，彪皆伏罪，請以見事㉚免彪所居職付廷尉治罪。沖又表稱：「臣與彪相識以來，垂二十載，見其才優學博，議論剛正，愚意誠謂拔萃公清之人，後稍察其人酷急，猶謂益多損少。自大駕南行以來，彪兼尚書㉛，日夕共事，始知其專恣無忌，尊身忽物㉜，聽其言如振古㉝忠恕之賢，校其行實天下佞暴之賊。臣與任城卑躬曲己，若順弟之奉暴兄，其所欲者，事雖非理，無不屈從，依事求實，悉有成驗。如臣列得實㉞，宜殛彪於北荒以除亂政之姦㉟，所引無證㊱，宜投臣於四裔以息青蠅之譖㊲。」沖手自作表，家人不知。帝覽表，歎悵久之，曰：「不意留臺乃至於此。」既而曰：「道固可謂溢矣，而僕射亦為滿也㊳！」

黃門侍郎宋弁素怨沖而與彪同州相善㊴，陰左右之㊵。有司處彪大辟，帝宥之，除名㊶而已。

沖雅性溫厚，及收彪之際，親數彪前後過失，瞋目大呼，投折几案，御史皆泥首面縛㊷，沖詈辱肆口，遂發病荒悸，言語錯繆，時扼腕大罵，稱李彪小人，醫藥皆不能療，或以為肝裂㊸，旬餘而卒。帝哭之，悲不自勝，贈司空。

沖勤敏彊力，久處要劇㊹，文案盈積，終日視事，未嘗厭倦，職業修舉，纔四十而髮白。兄弟六人，凡四母，少時每多忿競，及沖貴，祿賜皆與共之，更成敦睦，然多援引族姻，私以官爵，一家歲祿，萬匹有餘，時人以此少之。

(七)魏主以彭城王勰為宗師(四五)，詔使督察宗室有不帥教(四六)者以聞。

(八)夏，四月甲寅（初三日），改元(四七)。

(九)大司馬會稽太守王敬則自以高、武舊將，心不自安(四八)，上雖外禮甚厚，而內相疑備(四九)，數訪問敬則飲食體幹堪宜(五〇)？聞其衰老，且以居內地(五一)，故得少寬。前二歲，上遣領軍將軍蕭坦之將齋仗五百人行武進陵(五二)，敬則諸子在都，憂怖無計，上知之，遣敬則世子仲雄入東安尉之(五三)。仲雄善琴，上以蔡邕焦尾琴借之(五四)，仲雄於御前鼓琴，作懊憹歌(五五)曰：「常歎負情儂(五六)，郎今果行許。」又曰：「君行不淨心，那得惡人題？」上愈猜愧。

上疾屢危，乃以光祿大夫張瓌為平東將軍，吳郡太守，置兵佐，以密防敬則。中外傳言當有異處分(五七)，敬則聞之，竊曰：「東今有誰？只是欲平我耳！東亦何易可平？吾終不受金罌。」金罌，謂鴆也(五八)。

敬則女為徐州行事謝朓妻，敬則子太子洗馬幼隆遣正員將軍(五九)徐岳以情告朓為計，若同者當往報敬則。朓執岳，馳啟以聞。敬則城局參軍徐庶家在京口，其子密以報庶（六〇），庶告敬則五官掾（六一）王公林。公林，敬則族子也，常所委信。公林勸敬則急送啟賜兒死，單舟星夜還都。敬則令司馬張思祖草啟，既而曰：「若爾（六二），諸郎（六三）在都，要應有信，且忍一夕（六四）。」其夜，呼僚佐文武樗蒲（六五），謂眾曰：「卿諸人欲令我作何計？」莫敢先答。防閤丁興懷曰：「官祇應作爾（六六）！」敬則不應。明旦，召山陰令王詢、臺傳御史鍾離祖願（六七），敬則橫刀跂坐（六八），問詢等發丁可得幾人？庫見有幾錢物？詢稱縣丁猝不可集，祖願稱庫物多未輸入。敬則怒，將出（六九）斬之。王公林又諫曰：「凡事皆可悔，唯此事不可悔，官詎不更思？」敬則唾其面曰：「我作事，何關汝小子？」敬則舉兵反，招集配衣（七〇），二三日便發。

前中書令何胤棄官隱居若邪山（七一），敬則欲劫以為尚書令，長史王弄璋等諫曰：「何令高蹈，必不從，不從便應殺之。舉大事先殺名賢，事必不濟。」敬則乃止。胤，尚之之孫也（七二）。

(十)庚午（十九日），魏發州郡兵二十萬人，期八月中旬集懸瓠（七三）。

(十一)魏趙郡靈王幹卒。

(十二)上聞王敬則反，收王幼隆及其兄員外郎世雄(七四)、記室參軍季哲(七五)、其弟太子舍人少安等，皆殺之。長子黃門郎元遷將千人在徐州擊魏，敕徐州刺史徐玄慶殺之。前吳郡太守南康侯子恪，嶷之子也(七六)。敬則起兵，以奉子恪為名，子恪亡走，未知所在。始安王遙光勸上盡誅高、武子孫，於是悉召諸王侯入宮。晉安王寶義、江陵公寶覽等處中書省，高、武諸孫處西省(七七)，敕人各從左右兩人，過此依軍灋，孩幼者與乳母俱入。其夜，令太醫煑椒二斛，都水(七八)辦棺材數十具，須三更，當盡殺之。子恪徒跣自歸，二更達建陽門，刺啟(七九)，時刻已至而上眠不起(八〇)，中書舍人沈徽孚與上所親左右單景雋共謀少留其事，須臾，上覺，景雋啟子恪已至，上驚問曰：「未邪？未邪？」景雋具以事對(八一)，上撫牀曰：「遙光幾誤人事(八二)。」乃賜王侯供饌，明日，悉遣還第，以子恪為太子中庶子。寶覽，緬之子也(八三)。

敬則帥實甲萬人過浙江(八四)，張瓌遣兵三千拒敬則於松江(八五)，聞敬則軍鼓聲，一時散走，壞棄郡逃民間。

敬則以舊將舉事，百姓擔篙荷鍤隨之者十餘萬眾[八六]，至晉陵，南沙人范脩化殺縣令公上延孫以應之[八七]。敬則至武進陵口，慟哭而過[八八]。烏程丘仲孚為曲阿令，敬則前鋒奄至，仲孚謂吏民曰：「賊乘勝雖銳而烏合易離，今若收舡艦，鑿長岡埭[八九]，瀉瀆水以阻其路，得留數日，臺軍必至，如此則大事濟矣！」敬則軍至，值瀆涸，果頓兵不得進。五月，詔前軍司馬左興盛、後軍將軍崔恭祖[九〇]、輔國將軍劉山陽、龍驤將軍馬軍主胡松築壘於曲阿長岡，右僕射沈文季為持節都督，屯湖頭，備京口路[九一]。恭祖，慧景之族也。

敬則急攻興盛、山陽二壘，臺軍不能敵，欲退而圍不開，各死戰，胡松引騎兵突其後，白丁無器仗，皆驚散，敬則軍大敗，索馬，再上不能得，崔恭祖刺之仆地，興盛軍客[九二]袁文曠斬之，乙酉（初五日），傳首建康。

是時，上疾已篤，敬則倉猝東起，朝廷震懼。太子寶卷使人上屋，望見征虜亭[九三]失火，謂敬則至，急裝[九四]欲走，敬則聞之，喜曰：「檀公三十六策，走為上策，計汝父子，唯有走耳！」蓋時人譏檀道濟避魏之語也。

敬則之來，聲勢甚盛，裁少日而敗㊈㊄。臺軍討賊黨，晉陵民以附敬則應死者甚眾，太守王瞻上言愚民易動，不足窮濬㊈㊅，上許之，所全活以萬數。瞻，弘之從孫也㊈㊆。上賞謝朓之功，遷尚書吏部郎㊈㊇，朓上表三讓，上不許。中書疑朓官未及讓㊈㊈，國子祭酒沈約曰：「近世小官不讓，遂成恒俗，謝吏部今授超階，讓別有意㊀〇〇。夫讓出人情，豈關官之大小邪？」朓妻常懷刃欲殺朓，朓不敢相見。

㊂秋，七月，魏彭城王勰表以一歲國秩、職俸、親恤㊀〇一裨軍國之用。魏主詔曰：「割身存國，理為遠矣！職俸便停，親國㊀〇二聽三分受一。」壬午（初三日），又詔損皇后私府之半，六宮嬪御五服男女供恤亦減半，在軍者三分省一以給軍賞。

㊃癸卯（二十四），以太子中庶子蕭衍為雍州刺史。

㊄己酉（三十日），上殂於正福殿㊀〇三。遺詔徐令可重申前命㊀〇四，沈文季可左僕射，江祏可右僕射，江祀可侍中，劉暄可衛尉，軍

政可委陳太尉㉕，內外眾事無大小，委徐孝嗣、遙光、坦之、江祏，其大事與沈文季、江祀、劉暄參懷，心膂之任，可委劉悛、蕭惠休、崔慧景。

上性猜多慮，簡於出入，竟不郊天㉖。又深信巫覡，每出，先占利害，東出云西，南出云北。初有疾，甚祕之，聽覽不輟，久之，敕臺省文簿中求白魚以為藥㉗，外始知之。

太子即位㉘。

(十六)八月辛亥（初二日），魏太子自洛陽朝於懸瓠㉙。

(十七)壬子（初三日），奉朝請鄧學以齊興郡㉚降魏。

(十八)魏主之入寇也，遣使發高車兵，高車憚遠役，奉袁紇樹者為主，相帥北叛㉛，魏主遣征北將軍宇文福討之，大敗而還，福坐黜官，更命平北將軍江陽王繼都督北討諸軍事以討之，自懷朔以東，悉稟節度，仍攝鎮平城。繼，熙之曾孫也㉜。

(十九)八月葬明皇帝於興安陵㉝，廟號高宗。

東昏侯惡靈在太極殿，欲速葬，徐孝嗣固爭，得踰月。帝每當哭，輒云喉痛。太中大夫羊闡入臨，無髮，號慟俯仰，幘遂脫地。帝輟哭大笑，謂左右曰：「秃鶖㉔啼來乎！」

㈩九月己亥（二十一日），魏主聞高宗殂，下詔稱禮不伐喪㉕，引兵還。庚子（二十二日），詔北伐高車。

㈪魏主得疾甚篤，旬日不見侍臣，左右唯彭城王勰等數人而已。勰內侍醫藥，外總軍國之務，遠近肅然，人無異議。右軍將軍丹陽徐謇㉖善醫，時在洛陽，急召之。既至，勰涕泣執手謂曰：「君能已至尊之疾，當獲意外之賞；不然，有不測之誅。非但榮辱，乃繫存亡。」勰又密為壇於汝水之濱，依周公故事，告天地及顯祖，乞以身代魏主㉗。魏主疾有間㉘，丙午（二十八日），發懸瓠，舍於汝濱，集百官，坐徐謇於上席，稱揚其功，除鴻臚卿，封金鄉縣伯，賜錢萬緡，諸王別餉賚，各不減千匹。冬，十一月，辛巳（初四日），魏主如鄴。

㈫戊子（十一日），立妃褚氏為皇后。

㈬魏江陽王繼上言：「高車頑昧，避役遁逃，若悉追戮，恐遂擾亂，請遣使鎮別推檢㉙，斬魁首一人，自餘加以慰撫。若悔悟從役者，即令赴軍㉚。」詔從之，於是叛者往往自歸。繼先遣人慰諭樹者，樹者亡入柔然，尋自悔，相帥出降。魏主善之，曰：「江陽可大任也。」十二月甲寅（初七日），魏主自鄴班師㉛。

(卅四)林邑王諸農入朝㉜，海中值風溺死，以其子文款為林邑王。

【今註】㊀永泰元年：是年四月，始改元永泰。㊁湖陽戍：湖陽縣漢屬南陽郡，晉省，齊於此置戍。湖陽既入魏，復為縣，故城在今河南省泌源縣南。㊂瑤起為魏所獲，魏主以賜王肅，肅臠而食之：黃瑤起殺王肅父奐，見卷一百三十八武帝永明十一年。㊃時高、武子孫猶有十王：十王，下所殺河東王鉉等是也。㊄我及司徒諸子皆不長：胡三省曰：「意呼遙光為司徒也。考之遙光傳，時未拜司徒，詳考齊史，帝弟安陸昭王緬，先帝而卒，建武元年，贈司徒，此蓋指言緬諸子也。」㊅遙光有足疾：《南齊書・宗室傳》遙光生有躄疾。㊆望賢門：華林園門也。《南齊書・宗室傳》望賢門本曰鳳莊門，避遙光父鳳諱改焉！㊇殺河東王鉉、臨賀王子岳、西陽王子文、永陽王子珉、南康王子琳、衡陽王子岷、湘東王子建、南郡王子夏、桂陽王昭粲、巴陵王昭秀，於是太祖、世祖及世宗諸子皆盡矣：鉉，高帝之子；昭粲、昭秀、文惠太子之子，餘皆武帝子。按《南齊書》高帝十九子，長武帝，次豫章王嶷、臨川王映、長沙王晃、武陵王奕、安成王暠、始興王鑑皆早卒，又早殤者四人，餘鄱陽王鏘、桂陽王鑠、江夏王鋒、南平王銳、宜都王鏗、晉熙王銶、河東王鉉、衡陽王鈞皆為明帝所殺，武帝二十三子，長文惠太子，次竟陵王早薨，魚復侯子響武帝時以罪見殺，又早殤者四人，餘廬陵王子卿、安陸王子敬、晉陵王子懋、隨郡王子隆、建安王子真、西陽王子明、南海王子罕、巴陵王子倫、邵陵王子貞、臨賀王子岳、西陽王子文、衡陽王子峻、南康王子琳、湘東王子建、衡陽王子珉、南郡王子夏皆為明帝所殺，文惠太子子鬱林王昭業、海陵王昭文為明帝所弒，而巴陵王昭秀、桂陽王昭粲亦為明帝所殺，高、武、文惠諸子，至是盡矣！㊈詔左衞將軍蕭惠休等救壽陽：胡三省曰：「是時魏不攻壽陽，疑壽字誤。」㊉伯玉從父弟思安為魏中統軍，數為伯玉泣請，魏王乃赦之：宋泰始三年，房法壽降魏，房氏羣從，多仕魏貴顯，伯玉、思安皆法壽之從父弟也。㊀鄧城：春秋鄧國地也，漢置鄧縣，屬南陽郡，晉曰鄧城縣，屬襄陽郡，宋移屬京兆郡，故城在今湖北省襄陽縣北。㊁時慧景至襄陽，五郡已陷沒：五郡謂沔北五郡南陽、新野、襄城、西汝南、北義陽也。㊂蓐食輕行：杜預注《左傳》曰：「蓐食，早食於寢蓐也。」輕行者，輕裝急行也。㊃鬧溝：胡三省曰：「據蕭子顯齊書，鬧溝近沙堨，沙堨在宛縣界，蓋堨水入此溝，南流逕鄧城界而入漢也。」㊄山陽據城苦戰：《南齊書・崔慧景傳》時魏軍圍劉山陽於沔北。胡三省曰：「沔北有樊城，山陽所據，蓋此城也。」余按時樊城為雍州刺史曹虎所屯，山陽遁，虎猶據樊自守，則山陽所據必非樊城，蓋沔北軍屯所戍之城耳。㊅渦陽：渦陽城即今安徽省蒙縣治也，渦水逕其南，故曰渦陽，時為魏南兗州治所。㊆南兗州刺史：魏南兗州領陳留、梁、下蔡、沛、馬頭等郡。㊇龍亢：龍亢縣漢屬沛郡，晉屬譙國，後省，魏孝文帝太和十九年置下蔡郡，以龍亢縣屬焉，故城在今安徽省懷遠縣西北，南臨渦水。⑲平州：《魏書・地形志》平州治肥如城，今河北省盧龍縣北，領遼西、北平二郡。⑳渦口：渦水入淮之口，在今安徽省懷遠縣東北。㉑初，魏中尉李彪家世孤微：中尉，御史中尉也。《魏書・李彪傳》彪家世寒微，少孤貧，有大志，篤學不倦。㉒清淵文穆公李沖：沖封清淵縣開國侯，薨謚文穆。清淵縣，漢屬魏郡，晉以來屬陽平郡，故城在今山東省臨清縣西南。㉓延譽：為人播揚美譽也。㉔公私汲引：胡三省曰：「既公言之於朝而薦之於上，又私語同列引而進之。引水而上曰汲，取此義也。」㉕及魏主南伐，彪與沖及任城王澄共掌留務：見上卷建元四年。㉖禁彪於尚書省：時李沖為僕射而李彪兼度支尚書，故就都座執而禁之。㉗坐輿禁省：言坐輿而入禁省，僭逸不敬也。㉘乘黃：御馬也。杜佑曰：「漢有未央廐令，魏改為乘黃廐。」乘黃，古之神馬，因取以為名。㉙尚書都坐：錄、令、僕射及尚書會坐處。㉚見事：謂李彪見犯之事也。㉛彪兼尚書：李彪以御史中尉兼度支尚書。㉜尊身忽物：高自標置，傲慢而無禮。㉝振古：《詩》曰：「振古如茲。」毛注：「振，自也。」㉞如臣列得實：列，謂所陳列諸事。㉟宜殛彪於北荒以除亂政之姦：《詩》曰：「取彼譖人，投畀有北。」毛注云：「北方寒涼而不毛。」此蓋引《詩》義而言。㊱所引無證：謂若所引彪罪虛妄無徵也。㊲宜投臣於四裔以息青蠅之譖：《詩》曰：「營營青蠅止於棘，讒人罔極，交亂四國。」四裔，四方邊遠之處也。㊳道固可謂溢矣，而僕射亦為滿也：道固，李彪字，僕射謂李沖。彪以沖之薦引而知名，怙寵而忘義，是為溢也；彪與沖共掌留務而沖不須詔命而擅禁彪，是滿也。㊴黃門侍郎宋弁素怨沖而與彪同州相善：宋弁廣平人，而彪頓丘人，二郡皆屬相州。㊵陰左右之：左右讀如佐佑，護也，言陰護其短而脫之於罪也。㊶除名：免其官爵。㊷御史皆泥首面縛：泥首面縛以謝李沖也。李彪為御史中尉，御史皆其屬，彪得罪於沖，故御史懼而謝沖。泥首，頓首至地也。㊸或以為肝裂：胡三省曰：「怒氣傷肝，怒甚發病而醫不能療，故以為肝裂。」㊹久處要劇：李沖久在尚書，再掌留臺，機要繁劇之任也。㊺魏主以彭城王勰為宗師：魏置宗師見卷一百一十三晉安帝元興三年。㊻帥教：猶曰秉教也。㊼改元：改元永泰。㊽大司馬會稽太守王敬則自以高、武舊將，心不自安：以帝誅戮高、武子孫，恐遂見圖，故不自安也。㊾疑備：疑其為變而密為之備。㊿問敬則飲食體幹堪宜：堪，勝也。問敬則飲食增損及體幹強弱尚能勝任兵革否。(五一)內地：會稽屬揚州，畿內之地也。(五二)武進陵：齊自武帝以上，諸陵皆在武進。(五三)遣敬則世子仲雄入東安尉之：尉與慰同。入東，謂自建康東入會稽也。(五四)上以蔡邕焦尾琴借之：《南齊書・王敬則傳》曰：「江左有蔡邕焦尾琴，在主衣庫，上敕五日一給仲雄。」《後漢書・蔡邕傳》邕在吳，吳人有燒桐以爨者，邕聞火烈之聲，知其良木，因請而裁為琴，果有美音，而其尾猶焦，故時人名曰焦尾琴。傅玄《琴賦序》曰：「齊桓公有鳴琴曰號鍾，楚莊有鳴琴曰繞梁，司馬相如有綠綺，蔡邕有焦尾，皆名器也。」(五五)懊憹歌：《晉書・五行志》曰：「安帝隆安中，百姓忽作懊憹歌，其曲曰：『草生可攬結，女兒可攬擷。』桓玄既篡，義旗以三月二日掃定京師，玄之宮女及逆黨之家子女妓妾，悉為軍賞，人皆有所獲焉！時則草可結，事則女可擷也。」《古今樂錄》云：「懊憹歌者，晉石崇綠珠所作，唯『絲布澀難縫』一曲而已，後皆隆安初民間訛謠之曲。」(五六)負情儂：儂猶人也，吳語也。(五七)言當有異處分：異處分者，謂欲誅王敬則。(五八)金罌，謂鴆也：時賜死者以金罌盛鴆酒，故云。(五九)正員將軍：胡三省曰：「官至將軍而未有軍號者為正員將軍，次為員外將軍。」(六〇)其子密以報庶：以謝朓執徐岳事報之也。(六一)五官掾：胡三省曰：「自晉以來，諸郡有五官掾。」(六二)若爾：猶曰果如所言，指謝朓執徐岳事。(六三)諸郎：謂諸子也。(六四)且忍一夕：言且遲一夜而後發也。(六五)呼僚佐文武樗蒲：樗蒲者，作樗蒲賭。(六六)官祇應作爾：言但須造反耳。(六七)山陰令王詢、臺傳御史鍾離祖願：《南齊書・王敬則傳》作臺侍御史，中臺所遣侍御史也，督諸郡錢穀。《南齊書・州郡志》會稽郡治山陰縣，今浙江省紹興縣。(六八)跂坐：胡三省曰：「跂坐，垂足而坐，跟不及地。」(六九)將出：將，引也。(七〇)招集配衣：招集兵士，配以衣甲也。(七一)若邪山：若邪山在今浙江省紹興縣南二十里，其下有若邪溪，北流入鏡湖，相傳為西施浣沙處。(七二)胤，尚之之孫也：何尚之柄用於宋文、武二朝。(七三)魏發州郡兵二十萬人，期八月中旬集懸瓠：復欲南伐也。(七四)收王幼隆及其兄員外郎世雄：胡三省曰：「此即敬則世子仲雄也。仲、世二字必有一誤。」(七五)記室參軍季哲：大司馬記室參軍也。敬則為大司馬，以其子季哲為記室參軍。(七六)前吳郡太守南康侯子恪，嶷之子也：豫章王嶷，武帝之弟。(七七)晉安王寶義、江陵公寶覽等處中書省，高、武諸孫處西省：寶義，帝之子；寶覽，帝之姪也，故與高、武諸孫別處。胡三省曰：「據蕭子恪傳，西省，永福省也。」余按《南齊書・百官志》自二衞、四軍五校已下謂之西省也。(七八)都水：胡三省曰：「前漢都水屬水衡都尉，後漢光武省水衡都尉並少府，都水屬郡國，晉屬大司農，蕭子顯齊志無都水，都官尚書有水曹，以此考之，都水當屬將作大匠，然齊大匠卿不常置，故都水之官不見於志。」水曹當作水部曹，將作大匠自晉以來，有事則置，無事則罷。余按齊都官水部曹所領蓋漢都水之職也。⑲刺啟：書姓名於奏章而啟達於上也。⑳時刻已至而上眠不起：謂時已至三更而帝猶眠未醒也。㉑景雋具以事對：具以子恪自歸及刺啟之事對。㉒遙光幾誤人事：謂幾誤聽始安王遙光之計而殺諸王侯。㉓寶覽，緬之子也：安陸昭王緬，帝之弟也。㉔浙江：即錢唐江。㉕松江：太湖之支流，即今吳淞江也，古稱笠澤，亦稱南江，又名松陵江。㉖百姓擔篙荷鍤隨之者十餘萬眾：擔篙荷鍤者，以篙、鍤為武器以從軍旅也。篙，撐船之長竿，以鐵為鏃者；鍤，鐵鍫也。㉗至晉陵，南沙人范脩化殺縣令公上延孫以應之：胡三省曰：「敬則本晉陵南沙人，故范脩化舉縣應之。」公上，複姓。㉘敬則至武進陵口，慟哭而過：陸游曰：「自常州西北至呂城，過陵口，見大石獸偃仆道旁，已殘缺，蓋南朝陵墓，齊明帝時，王敬則反，至陵口，慟哭而過是也。距丹陽縣三十餘里。」宋白曰：「吳大帝改丹陽為武進縣，吳末并入晉陵縣。」武進，齊之祖陵在焉，高帝之殂，從其先兆，亦葬武進，號泰安陵。敬則懷高帝之恩遇，故過而慟哭焉。㉙長岡埭：胡三省曰：「長岡在曲阿縣界，今謂之上下夾堽埭。」曲阿即雲陽也，今江蘇省丹陽縣。㉚後軍將軍崔恭祖：胡三省曰：「按魏晉以來官制，左右前後將軍是為四軍，恭祖位號未能至此。齊書王敬則傳作後軍將軍直閤將軍崔恭祖，恭祖若為後軍將軍，不應下帶直閤將軍，此必有誤。」㉛右僕射沈文季為持節都督，屯湖頭，備京口路：胡三省曰：「湖頭，玄武湖頭也，其地東接蔣山西巖下，西抵玄武湖隄，地勢坦平，當京口大路。」(九二)軍客：軍客當依《南齊書・王敬則傳》作軍容，又《桓康傳》康隨太祖為軍容，蓋軍官稱號也。胡三省曰：「軍容蓋簡拔魁健有武藝之士，使之前驅以壯軍容，故以為名。」(九三)征虜亭：胡三省曰：「征虜亭在方山南，自玄武湖頭大路北出，至征虜亭。」當在今江蘇省江寧縣東。《晉書・謝萬傳》萬嘗與蔡系送客於征虜亭，蓋晉時已有之。(九四)急裝：猶曰勁裝，戎服也。(九五)敬則之來，聲勢甚盛，裁少日而敗：少日，言歷時未幾也。自敬則起兵，迄其敗，不及二旬。(九六)窮瀘：猶曰窮治，不寬假也。(九七)瞻，弘之從孫也：王弘之仕晉，宋武帝辟召無所就。(九八)尚書吏部郎：《唐六典》曰：「吏部郎職在選舉，魏晉用人妙於時選，其諸曹郎功高者遷吏部郎，歷代品秩，皆高於諸曹郎。魏、晉、宋、齊吏部郎品第五，諸曹郎品第六。」(九九)中書疑朓官未及讓：謂所授官品秩尚卑，不應推讓，而朓三讓，故中書疑之。(一〇〇)謝吏部今授超階，讓別有意：胡三省曰：「朓自兼殿中郎遷吏部郎，故曰超階。朓恥以告妻父得官，故曰讓別有意。」(一〇一)國秩、職俸、親恤：國秩，彭城國秩也；職俸，所居官職俸祿也；親恤，魏朝頒給百官以恤親者。太和十八年孝文帝黜陟百官，謂左丞公孫良等曰：「冠服祿恤，盡從削奪。」恤即親恤之祿也。(一〇二)親國：謂親恤及國秩也。(一〇三)上殂於正福殿：時年四十七。(一〇四)遺詔徐令可重申前命：徐令，謂徐孝嗣也，孝嗣時為尚書令。建武四年，加孝嗣開府儀同三司，辭不受，今復申加開府之命。(一〇五)陳太尉：陳顯達。(一〇六)竟不郊天：古者天子即位，當奉珪幣告上帝於南郊，謂之郊天。帝多慮簡出，故終其世未南郊。(一〇七)敕臺省文簿中求白魚以為藥：胡三省曰：「按此求文簿中白魚，則所謂蠹書衣也，本草謂之衣魚，亦曰白魚，利小便，療偏風口喎。」(一〇八)太子即位：太子，東昏侯寶卷也。⑲魏太子自洛陽朝於懸瓠：是年三月，魏主如懸瓠，須集兵旅，將以南伐也。⑳齊興郡：《南齊書・州郡志》武帝永明三年置齊興郡，屬郢州，胡三省曰：「其地當在西陽、弋陽二郡界。」㉑北叛：叛亡北奔也。㉒繼，熙之曾孫也：熙，道武帝之子。㉓葬明皇帝於興安陵：陵在曲阿，今江蘇省丹陽縣。㉔禿鶖：羊闡無髮，故帝謂之禿鶖。《漢書・五行志》曰：「鵜鶘，或曰禿鶖。」顏師古曰：「鵜鶘一名淘河，腹下胡大如數升囊，好羣入澤中，抒水食魚，因名禿鶖，亦水鳥也。」《埤雅》曰：「鶖性貪惡，今俗呼禿鶖，一名扶老。」《本草綱目》云：「禿鶖狀如鶴而大，青蒼色，張翼廣五六尺，舉頭高六七尺，長頸赤目，頭頂皆無毛，頂皮紅色，如鶴頂，喙深黃色而扁直，長尺餘，嗉下亦有胡袋如鵜鶘狀，足爪如雞，黑色。性極貪惡，好啖魚、蛇及鳥雛。詩云：『有鶖在梁』，即此。」㉕禮不伐喪：《左傳》曰：「晉士匄侵齊，及穀，聞喪而還，禮也。」《公羊傳》曰：「還者何？善辭也！何善爾？大其不伐喪也。」㉖右軍將軍丹陽徐謇：《魏書・徐謇傳》謇本丹陽人，客于青州，慕容白曜平東陽，獲之，遂入魏。按慕容白曜克東陽，宋明帝之世也。㉗依周公故事，告天地及顯祖，乞以身代魏主：武王有疾，周公以王室未安，殷民未服，請命於太王、王季、文王，欲以身代武王之死，而納其筴書於金縢之匱也。㉘魏主疾有間：朱子曰：「間，疾少差也。」㉙請遣使鎮別推檢：言於六鎮各遣一使分別推檢叛逃魁首也。㉚即令赴軍：即令赴南伐之軍。㉛魏主自鄴班師：魏主自懸瓠北征，至鄴而高車已降，遂班師。㉜林邑王諸農入朝：范諸農王林邑見卷一百三十七武帝永明十年。

卷一百四十二　齊紀八

屠維單閼，一年。（己卯，西元四九九年）

司馬光編集
林瑞翰註

東昏侯㈠上

永元元年（西元四九九年）

㈠春，正月，戊寅朔，大赦，改元。

㈡太尉陳顯達督平北將軍崔慧景軍四萬擊魏，欲復雍州諸郡㈡。癸未（初六日），魏遣前將軍元英㈢拒之。

㈢乙酉（初八日），魏主發鄴㈣。

㈣辛卯（十四日），帝祀南郊。

㈤戊戌（二十一日），魏主至洛陽，過李沖冢㈤。時臥疾，望之而泣，見留守官，語及沖，輒流涕㈥。

魏主謂任城王澄曰：「朕離京以來，舊俗少變不？」對曰：「聖化日新。」帝曰：「朕入城，見車上婦人猶戴帽，著小襖㈦，何謂日新？」對曰：「著者少，不著者多。」帝曰：「任城此何言也？必欲使滿城盡著耶？」澄與留守官皆免冠謝。

甲辰（二十七日），魏大赦。

魏主之幸鄴也，李彪迎拜於鄴南，且謝罪㊇。帝曰：「朕欲用卿，思李僕射而止。」慰而遣之。會御史臺令史龍文觀告太子恂被收之日㊈，有手書自理，彪不以聞。尚書表收彪赴洛陽，帝以為彪必不然，以牛車散載詣洛陽㊉，會赦，得免。

㈥魏太保齊郡靈王簡卒。

㈦二月辛亥（初五日），魏以咸陽王禧為太尉。

㈧魏主連年在外⑪，馮后私於宦者高菩薩。及帝在懸瓠病篤⑫，后益肆意無所憚，中常侍雙蒙⑬等為之心腹。彭城公主為宋王劉昶子婦，寡居，后為其母弟北平公馮夙求昏，帝許之，公主不願，后強之，公主密與家僮冒雨詣懸瓠訴於帝，且具道后所為，帝疑而祕之。后聞之，始懼，陰與母常氏使女巫厭禱，曰：「帝疾若不起，一旦得如文明太后輔少主稱制者，當賞報不貲⑭。」帝還洛，收高菩薩、雙蒙等，案問具伏。帝在含溫室，夜引后入，賜坐東楹，去御榻二丈餘，命菩薩等陳狀(一五)，既而召彭城王勰、北海王詳入坐，曰：「昔為汝嫂，今是路人，但入勿避。」又曰：「此嫗欲手刃吾脅，吾以文明太后家女，不能廢(一六)，但虛置宮中，有心庶能自死(一七)，汝等勿謂吾猶有情也。」二王出，賜后辭訣，後再拜稽首涕泣(一八)，入居後宮，諸嬪御奉之猶如后禮，唯命太子不復朝謁而已(一九)。

初，馮熙以文明太后之兄，尚恭宗(二〇)女博陵長公主，熙有三女，二為皇后，一為左昭儀(二一)，由是馮氏貴寵冠羣臣，賞賜累巨萬(二二)。公主生二子，誕、修。熙為太保，誕為司徒，修為侍中、尚書，庶子(二三)聿為黃門郎。黃門侍郎崔光與聿同直(二四)，謂聿曰：「君家富貴太盛，終必衰敗。」聿曰：「我家何所負而君無故詛我？」光曰：「不然，物盛必衰，此天地之常理，若以古事推之，不可不慎。」後歲餘而修敗。

修性浮競，誕屢戒之，不悛，乃白於太后及帝而杖之，修由是恨誕，求藥使誕左右毒之。事覺，帝欲誅之，誕自引咎，懇乞其生，帝亦以其父老，杖修百餘，黜為平城民。及誕、熙繼卒㉕，幽后尋廢㉖，聿亦擯棄，馮氏遂衰。

(九)魏以彭城王勰為司徒。

(十)陳顯達與魏元英戰，屢破之，攻馬圈城㉗四十日，城中食盡，噉死人肉及樹皮。癸酉（二十七日），魏人突圍走，斬獲千計。顯達入城，將士競取城中絹，遂不窮追。顯達又遣軍主莊丘黑進擊南鄉㉘，拔之。

魏主謂任城王澄曰：「顯達侵擾，朕不親行，無以制之。」三月庚辰（初四日），魏主發洛陽，命于烈居守，以右衞將軍宋弁兼祠部尚書，攝七兵事㉙以佐之。弁精勤吏治，恩遇亞於李沖。癸未（初七日），魏主至梁城㉚。

崔慧景攻魏順陽㉛，順陽太守清河張烈固守。甲申（初八日），魏主遣振威將軍慕容平城將騎五千救之。

自魏主有疾，彭城王勰常居中侍醫藥，晝夜不離左右，飲食必先嘗而後進，蓬首垢面，衣不解帶。帝久疾多忿，近侍失指，動欲誅斬，勰承顏伺間，多所匡救。丙戌（初十日），以勰為使持節，都督中外諸軍事。勰辭曰：「臣侍疾無暇，安能治軍？願更請一王，使總軍要㉜，臣得專心醫藥。」帝曰：「侍疾治軍，皆憑於汝。吾病如此，深慮不濟，安六軍，保社稷者，捨汝而誰？何容方更請人以違心寄乎㉝？」

丁酉（二十一日），魏主至馬圈，命荊州刺史廣陽王嘉斷均口㉞，邀齊兵歸路。嘉，建之子也㉟。

陳顯達引兵渡水西㊱，據鷹子山築城，人情沮恐，與魏戰，屢敗。魏武衛將軍元嵩免冑陷陳，將士隨之，齊兵大敗。嵩，澄之弟也。

戊戌（二十二日），軍主崔恭祖、胡松以烏布幔盛顯達，數人擔之，間道自分磧山出均水口南走。己亥（二十三日），魏收顯達軍資億計，班賜將士，追奔至漢水而還，左軍將軍張千戰死，【考異】魏書作張千達，今從齊書。士卒死者三萬餘人。

顯達之北伐，軍入汮均口㊲，廣平㊳馮道根說顯達曰：「汮均水迅急，易進難退，魏若守隘，則首尾俱急㊴，不如悉棄船於酇城㊵，陸道步進，列營相次，鼓行而前，破之必矣！」顯達不從。道根以私屬從軍㊶，及顯達夜走，軍人不知山路，道根每及險要，輒停馬指示，眾賴以全。詔以道根為汋均口戍副㊷。

顯達素有威名，至是大損。御史中丞范岫奏免顯達官，顯達亦自表解職，皆不許，更以顯達為江州刺史。【考異】齊明帝紀，永泰元年七月癸卯，以顯達為江州。本傳，顯達敗於馬圈，求降號，不許，乃除江州。又云：「東昏立，顯達彌不樂京師，得此授甚喜。」按明帝末，顯達方以三公將兵擊魏，不容無故除江州，今從本傳。崔慧景亦棄順陽走還。

(十一)庚子（二十四日），魏主疾甚，北還至穀塘原，謂司徒勰曰：「後宮久乖陰德㊸，吾死之後，可賜自盡，葬以后禮，庶免馮門之醜。」又曰：「吾病益惡，殆必不起，雖摧破顯達，而天下未平。嗣子幼弱，社稷所倚，唯在於汝。霍子孟、諸葛孔明以異姓受顧託㊹，況汝親賢，可不勉之？」勰泣曰：「布衣之士，猶為知己畢命㊺，況臣託靈先帝，依陛下之末光乎㊻？但臣以至親，久參機要，寵靈輝赫，海內莫及，所以敢受而不辭，正恃陛下日月之明，恕臣忘退之過耳！今復任以元宰，總握機政，震主之聲，取罪必矣！昔周公大聖，成王至明，猶不免疑，而況臣乎？如此則陛下愛臣，更為未盡始終之美[47]。」帝默默久之，曰：「詳思汝言，理實難奪。」乃手詔太子曰：「汝叔父勰，清規懋賞[48]，與白雲俱潔；厭榮捨紱，以松竹為心。吾少與綢繆[49]，未忍睽離，百年之後，其聽勰辭蟬捨冕[50]，遂其沖挹之性[51]。」以侍中、護軍將軍、北海王詳為司空，鎮南將軍王肅為尚書令，鎮南大將軍廣陽王嘉為左僕射，尚書宋弁為吏部尚書，與侍中太尉禧，尚書右僕射澄等六人輔政。

夏，四月，丙午朔，殂于穀塘原[52]。

高祖友愛諸弟，終始無間，嘗從容謂咸陽王禧等曰：「我後子孫，邂逅不肖[53]，汝等觀望，可輔則輔之，不可輔則取之，勿為它人有也。」親任賢能，從善如流，精勤庶務，朝夕不倦。常曰：「人主患不能處心公平，推誠於物，能是二者，則胡越之人，皆可使如兄弟矣。」用灋雖嚴，於大臣無所用貸，然人有小過，常多闊略。嘗於食中得蟲，又左右進羹，誤傷帝手，皆笑而赦之。天地五郊、宗廟二分之祭[54]，未嘗不身親其禮。每出巡遊及用兵，有司奏脩道路，帝輒曰：「粗脩橋梁，通車馬而已，勿去草剗令平也。」在淮南行兵，如在境內，禁士卒無得踐傷粟稻，或伐民樹以供軍用，皆留絹償之。宮室非不得已不修，衣弊浣濯而服之，鞌勒用鐵木而已。幼多力善射，能以指彈碎羊骨[55]，射禽獸無不命中[56]。及年十五，遂不復畋獵。常謂史官曰：「時事不可以不直書，人君威福在己，無能制之者，若史策復不書其惡，將何所畏忌邪？」

彭城王勰與任城王澄謀以陳顯達去尚未遠，恐其覆相掩逼[57]，乃祕不發喪，徙御臥輿，唯二王與左右數人知之。勰出入神色無異，奉膳進藥，可決外奏，一如平日。數日，至宛城，夜進臥輿於郡聽事[58]，得加棺斂，還載臥輿，內外莫有知者。遣中書舍人張儒奉詔徵太子，密以凶問告留守于烈，烈處分行留，舉止無變。太子至魯陽[59]，遇梓宮，乃發喪。丁巳（十二日），即位，大赦。彭城王勰跪授遺敕數紙，東宮官屬多疑勰有異志，密防之，而勰推誠盡禮(六〇)，卒無閒隙。咸陽王禧至魯陽，留城外以察其變(六一)，久之乃入，謂勰曰：「汝此行不唯勤勞，亦實危險。」勰曰：「兄年長識高，故知有夷險，彥和握蛇騎虎(六二)，不覺艱難。」禧曰：「汝恨吾後至耳！」

勰等以高祖遺詔賜馮后死，北海王詳使長秋卿(六三)白整入授后藥，后走呼不肯飲，曰：「官豈有此？是諸王輩殺我耳！」整執持彊之，乃飲藥而卒。【考異】元嵩傳曰：「將遣使者賜馮后死，而難其人，顧任城王澄曰：『任城不負我，嵩亦當不負任城，可使嵩也。』乃引高平侯嵩入內，親詔遺之。」高祖紀曰：「詔司徒勰徵太子與喪會魯陽，踐祚。」按馮后傳，梓宮至魯陽，乃行遺詔賜後死，安有高祖遺嵩之事？又勰傳，高祖崩，勰遏祕喪事，遣張儒徵世宗，亦無高祖詔勰徵太子事。喪至洛城南，咸陽王禧等知后審死，相視曰：「設無遺詔，我兄弟亦當決策去之，豈可令失行婦人宰制天下，殺我輩也！」謚曰幽皇后。

(十二)五月癸亥（五月丙子朔，無癸亥），加撫軍大將軍始安王遙光開府儀同三司。

(十三)丙申（二十一日），魏葬孝文帝於長陵(六四)，廟號高祖。

魏世宗欲以彭城王勰為相，勰屢陳遺旨，請遂素懷，帝對之悲慟。勰懇請不已，乃以勰為使持節，侍中，都督冀、定等七州諸軍事(六五)，驃騎大將軍，開府儀同三司，定州刺史。勰猶固辭，帝不許，乃之官。

(十四)魏任城王澄，以王肅羈旅，位加己上(六六)，意頗不平。會齊人降者嚴叔懋告肅謀逃還江南，澄輒禁止肅(六七)，表稱謀叛。案驗無實，咸陽王禧等奏澄擅禁宰輔，免官還第，尋出為雍州刺史(六八)。

(十五)六月戊辰（二十四日），魏追尊皇妣高氏為文昭皇后(六九)，配饗高祖，增脩舊冢，號終寧陵(七〇)。追賜后父颺爵勃海公，謚曰敬，以其嫡孫猛襲爵，封后兄肇為平原公，肇弟顯為澄城公(七一)，三人同日受封。魏主素未識諸舅，始賜衣幘引見，皆惶懼失措，數日之間，富貴赫奕。

(十六)秋，八月戊申（初五日），魏用高祖遺詔，三夫人(七二)以下皆遣還家。

(十七)帝自在東宮，不好學，唯嬉戲無度，性重澀少言，及即位，不與朝士相接，專親宦官及左右御刀、應敕(七三)等。是時，揚州刺史始安王遙光、尚書令徐孝嗣、右僕射江祏、右將軍蕭坦之、侍中江祀、衛尉劉暄更直內省[七四]，分日帖敕[七五]，雍州刺史蕭衍聞之，謂從舅錄事參軍范陽張弘策[七六]曰：「一國三公，猶不堪[七七]，況六貴同朝？勢必相圖，亂將作矣！避禍圖福，無如此州，但諸弟在都，恐罹世患，當更與益州圖之耳[七八]！」乃密與弘策脩武備，它人皆不得預謀，招聚驍勇以萬數，多伐材竹，沈之檀溪[七九]，積茅如岡阜[八〇]，皆不之用。中兵參軍東平呂僧珍覺其意，亦私具櫓數百張。先是僧珍為羽林監[八一]，徐孝嗣欲引置其府，僧珍知孝嗣不能久，固求從衍。

是時，衍兄懿罷益州刺史還，仍行郢州事。衍使弘策說懿曰：「今六貴比肩，人自畫敕，爭權睚眦，理相圖滅[八二]。主上自東宮素無令譽[八三]，媟近左右[八四]，慓輕忍虐，安肯委政諸公，虛坐主諾[八五]？嫌忌積久，必大行誅戮。始安欲為趙王倫，形迹已見[八六]，然性猜量狹，徒為禍階；蕭坦之忌克陵人[八七]，徐孝嗣聽人穿鼻[八八]，江祏無斷，劉暄闇弱，一朝禍發，中外土崩。吾兄弟幸守外藩，宜為身計，及今猜防未生，當悉召諸弟，恐異時拔足無路矣！郢州控帶荊湘(八九)，雍州士馬精彊，世治則竭誠本朝，世亂則足以匡濟，與時進退，此萬全之策也！若不早圖，後悔無及。」弘策又自說懿曰：「以卿兄弟英武，天下無敵，據郢、雍二州，為百姓請命，廢昏立明，易於反掌，此桓文之業也。勿為豎子所欺，取笑身後！雍州揣之已熟，願善圖之。」懿不從。衍乃迎其弟驃騎外兵參軍偉及西中郎外兵參軍憺至襄陽。

初，高宗雖顧命羣公，而多寄腹心在江祏兄弟(九〇)，二江更直殿內，動止關之。帝稍欲行意，徐孝嗣不能奪，蕭坦之時有異同，而祏執制堅確(九一)，帝深忿之。帝左右會稽茹法珍、吳興梅蟲兒等為帝所委任，祏常裁折之，法珍等切齒。徐孝嗣謂祏曰：「主上稍有異同，詎可盡相乖反(九二)？」祏曰：「但以見付，必無所憂(九三)。」帝失德寖彰，祏議廢帝立江夏王寶玄。劉暄嘗為寶玄郢州行事，執事過刻，有人獻馬，寶玄欲觀之，暄曰：「馬何用觀？」妃索煮肫(九四)，帳下諮暄，暄曰：「日已煮鵝，不煩復此。」寶玄恚曰：

「舅殊無渭陽情[九五]。」暄由是忌寶玄，不同祏議，更欲立建安王寶寅。祏密謀於始安王遙光，遙光自以年長，欲自取，以微旨動祏，祏弟祀亦以少主難保[九六]，勸祏立遙光。祏意回惑，以問蕭坦之，坦之時居母喪，起復[九七]為領軍將軍，謂祏曰：「明帝立已非次[九八]，天下至今不服，若復為此，恐四方瓦解，我期不敢言耳！」遂還宅行喪[九九]。祏祀密謂吏部郎謝朓曰：「江夏年少[一〇〇]，脫不堪負荷，豈可復行廢立？始安年長，入纂不乖物望，非以此要富貴，政是求安國家耳！」遙光又遣所親丹陽丞南陽劉渢密致意於朓，欲引以為黨，朓不答。頃之，遙光以朓兼知衞尉事，朓懼[一〇一]，即以祏謀告太子右衞率左興盛，興盛不敢發。朓又說劉暄曰：「始安一旦南面，則劉渢、劉晏居卿今地，但以卿為反覆人耳！」晏者，遙光城局參軍也。暄陽驚，馳告遙光及祏。遙光欲出朓為東陽郡，朓常輕祏[一〇二]，祏固請除之，遙光乃收朓付廷尉，與孝嗣、祏、暄等連名啟朓扇動內外，妄貶乘輿，竊論宮禁，間謗親賢，輕議朝宰，朓遂死獄中。

暄以遙光若立，已失元舅之尊，不肯同祏議，故祏遲疑久不決，遙光大怒，遣左右黃曇慶刺暄於青溪橋。曇慶見暄部伍多，不敢發，暄覺之，遂發祏謀（二三），帝命收祏兄弟。時祀直內殿，疑有異，遣信報祏曰：「劉暄似有異謀，今作何計？」祏曰：「政當靜以鎮之。」俄有詔召祏入見，停中書省。初，袁文曠以斬王敬則（二四），功當封，祏執不與（二五），帝使文曠取祏（二六），文曠以刀環築其心（二七），曰：「復能奪我封不？」幷弟祀皆死。

劉暄聞祏等死，眠中大驚，投出戶外，問左右收至未？良久，意定，還坐，大悲曰：「不念江，行自痛也。」

帝自是無所忌憚，益得自恣，日夜與近習於後堂鼓叫戲馬，常以五更就寢，至晡乃起。

羣臣節朔（二八）朝見，晡後方前，或際闇遣出（二九），臺閣案奏，閱數十日乃報，或不知所在，宦者以裹魚肉還家，並是五省黃案（三〇）。

帝常習騎致適（三一），顧謂左右曰：「江祏常禁吾乘馬，小子若在，吾豈能得此？」因問祏親戚餘誰？對曰：「江祥今在冶（三二）。」帝於馬上作敕，賜祥死。

始安王遙光素有異志，與其弟荊州刺史遙欣密謀舉兵據東府，使遙欣引兵自江陵急下，刻期將發，而遙欣病卒，江祏被誅。帝召遙光入殿，告以祏罪，遙光懼[二三]，還省[二四]，即陽狂號哭，遂稱疾不復入臺[二五]。

先是遙光弟豫州刺史遙昌卒，其部曲皆歸遙光，及遙欣喪還，停東府前渚[二六]，荊州眾力，送者甚盛。帝既誅二江，慮遙光不自安，欲遷為司徒，使還第[二七]，召入諭旨，遙光恐見殺，乙卯（十二日），晡時，收集二州部曲[二八]於東府東門，召劉渢、劉晏等謀舉兵以討劉暄為名，夜遣數百人，破東冶出囚，於尚方取仗[二九]，又召驍騎將軍垣歷生，歷生隨信而至[三〇]。蕭坦之宅在東府城東，遙光遣人掩取之[三一]，坦之露袒踰墻走向臺[三二]，道逢遊邏主顏端，執之[三三]，告以遙光反，不信，自往詗問[三四]，知實，乃以馬與坦之，相隨入臺。遙光又掩取尚書左僕射沈文季於其宅，欲以為都督，會文季已入臺。

垣歷生說遙光帥城內兵夜攻臺，輦荻[三五]燒城門，曰：「公但乘輦隨後，反掌可克。」遙光狐疑不敢出，天稍曉，遙光戎服出聽事，命上仗登城，行賞賜。歷生復勸出軍，遙光不肯，冀臺中自有變。及日出，臺軍稍至。

臺中始聞亂，眾情惶惑，向曉，有詔召徐孝嗣，孝嗣入，人心乃安。

左將軍沈約[36]聞變，馳入西掖門。或勸戎服，約曰：「臺中方擾攘，見我戎服，或者謂同遙光。」乃朱衣而入。

丙辰（十三日），詔曲赦建康，中外戒嚴。徐孝嗣以下，屯衛宮城，蕭坦之帥臺軍討遙光。孝嗣內自疑懼，與沈文季戎服共坐南掖門上，欲與之共論世事，文季輒引以他辭，終不得及。

蕭坦之屯湘宮寺[37]，左興盛屯東籬門[38]，鎮軍司馬曹虎屯青溪大橋[39]，眾軍圍東城三面，燒司徒府[40]，遙光遣垣歷生從西門出戰，臺軍屢敗，殺軍主桑天愛。

遙光之起兵也，問諮議參軍蕭暢，暢正色不從。戊午（十五日），暢與撫軍長史沈昭略潛自南門出，詣臺自歸，眾情大沮[41]。

暢，衍之弟；昭略，文季之兄子也。

己未（十六日），垣歷生從南門出戰，因棄矟降曹虎，虎命斬之。【考異】歷生出戰為曹虎所禽，謂虎曰：「卿以主上為聖明，梅、茹為賢相，我當死。且我今死，卿明日亦死。」遂殺之。按歷生若見獲，遙光不當殺其子，今從齊書。遙光大怒，於牀上自踊，使殺歷生子。其晚，臺軍以火箭燒東北角樓，至夜，城潰，遙光還小齋帳中，著衣帢，坐，秉燭自照，令人反拒齋閤，皆重關，左右並踰屋散出，臺軍主劉國寶等先入，遙光聞外兵至，滅燭扶匐牀下，軍人排閤入，於闇中牽出斬之。臺軍入城，焚燒室屋且盡，劉渢走還家，為人所殺。

荊州將潘紹聞遙光作亂，謀欲應之㉜，西中郎司馬夏侯詳㉝呼紹議事，因斬之，州府以安㉞。

己巳（二十六日），以徐孝嗣為司空㉟，加沈文季鎮軍將軍，侍中、僕射如故㊱，蕭坦之為尚書右僕射、丹陽尹，右將軍如故㊲，劉暄為領軍將軍，曹虎為散騎常侍、右衛將軍，皆賞平始安之功也。

㈥魏南徐州刺史㊳沈陵來降，陵，文季之族子也㊴。時魏徐州刺史京兆王愉年少，府事皆決於長史盧淵，淵知陵將叛，敕諸城潛為之備，屢以聞於魏朝，魏朝不聽，陵遂殺將佐，帥宿豫之眾來奔，濱淮諸戍，以有備得全。陵在邊歷年，陰結邊州豪傑，陵既叛，郡縣多捕送陵黨，淵皆撫而赦之，唯歸罪於陵，眾心乃安。

(十九)閏月丙子（初三日），立江陵公寶覽為始安王，奉靖王後㊵。

(二十)以沈陵為北徐州刺史㊶。

(二十一)江祏等既敗，帝左右捉刀、應敕之徒，皆恣橫用事，時人謂之刀敕。蕭坦之剛狠而專，嬖倖畏而憎之。遙光死二十餘日，帝遣延明主帥㊷黃文濟將兵圍坦之宅，殺之，并其子祕書郎賞。坦之從兄翼宗為海陵太守㊸，未發㊹，坦之謂文濟曰：「從兄海陵宅，故應無它㊺。」文濟曰：「海陵宅在何處？」坦之以告，文濟白帝，帝仍遣收之，檢其家，至貧，唯有質錢帖㊻數百，還以啟帝，原其死，繫尚方。

茹法珍等譖劉暄有異志，帝曰：「暄是我舅，豈應有此？」直閤新蔡徐世標曰：「明帝乃武帝同堂，恩遇如此，猶滅武帝之後㊼，舅焉可信邪？」遂殺之。

曹虎善於誘納㊽，日食荒客㊾常數百人，晚節吝嗇，罷雍州，有錢五千萬，它物稱是。帝疑虎舊將㊿，且利其財，遂殺之。坦之、暄、虎所新除官(51)，皆未及拜而死。

初，高宗殂，以隆昌事戒帝曰：「作事不可在人後(52)。」故帝數與近習謀誅大臣，皆發於倉猝，決意無疑，於是大臣人人莫能自保。

(廿一)九月丁未（初五日），以豫州刺史裴叔業為南兗州刺史，征虜長史張沖為豫州刺史。

(廿二)壬戌（二十日），以頻誅大臣，大赦。

(廿三)丙戌（十月十四日），魏主謁長陵(53)，欲引白衣左右(54)吳人茹皓同車，皓奮衣將登，給事黃門侍郎元匡進諫，帝推之使下，皓失色而退。匡，新城之子也(55)。

(廿四)益州刺史劉季連聞帝失德，遂自驕恣，用刑嚴酷，蜀人怨之。是月，遣兵襲中水(56)，不克，於是蜀人趙續伯等皆起兵作亂，季連不能制。

(廿五)枝江文忠公徐孝嗣以文士不顯同異(57)，故名位雖重，猶得久存(五八)。虎賁中郎將(五九)許準為孝嗣陳說事機，勸行廢立，孝嗣持疑久之，謂必無用干戈之理，須帝出遊，閉城門，召百官集議廢之，雖有此懷，終不能決，諸嬖倖亦稍憎之。西豐忠顯侯沈文季(六〇)自託老疾，不豫朝權，侍中沈昭略謂文季曰：「叔父行年六十，為員外僕射(六一)，欲求自免，豈可得乎？」文季笑而不應。冬，十月，乙未（二十三日），帝召孝嗣、文季、昭略入華林省。文季登車，顧曰：「此行恐往而不反。」帝使外監茹法珍賜以藥酒，昭略怒，罵孝嗣曰：「廢昏立明，古今令典，宰相無才，致有今日。」以甌擲其面(六二)，曰：「使作破面鬼。」孝嗣飲藥酒至斗餘，乃卒。孝嗣子演尚武康公主，況尚山陰公主(六三)，皆坐誅。昭略弟昭光聞收至，家人勸之逃，昭光不忍捨其母，入執母手悲泣，收者殺之。昭光兄子曇亮逃已得免，聞昭光死，歎曰：「家門屠滅，何以生為？」絕吭而死(六四)。

(廿七)初，太尉陳顯達自以高武舊將，當高宗之世，內懷危懼，深自貶損，常乘朽弊車，道從鹵簿，止用羸小者十數人。嘗侍宴，酒酣，啟高宗借枕，高宗令與之，顯達撫枕曰：「臣年衰老，富貴已足，唯欠枕枕死。特就陛下乞之。」高宗失色曰：「公醉矣！」顯達以年禮告退(六五)，高宗不許。及王敬則反，時顯達將兵拒魏(六六)，始安王遙光疑之(六七)，啟高宗，欲追軍還，會敬則平，乃止，及帝即位，顯達彌不樂在建康，得江州，甚喜(六八)。嘗有疾，不令治，既而自愈，意甚不悅(六九)。聞帝屢誅大臣，傳云當遣兵襲江州。十一月丙辰（十五日），顯達舉兵於尋陽，令長史庾弘遠等與朝貴書，數帝罪惡，云欲奉建安王為主，須京塵一靜，西迎大駕(七〇)。

乙丑（二十四日），以護軍將軍崔慧景為平南將軍，督眾軍擊顯達，後軍將軍胡松、驍騎將軍李叔獻帥水軍據梁山(七一)，左衛將軍左興盛督前鋒軍屯杜姥宅(七二)。

(廿八)十二月，癸未（十二日），以前輔國將軍楊集始為秦州刺史(七三)。

(廿九)陳顯達發尋陽，敗胡松於采石(七四)，建康震恐。甲申（十三日），軍於新林(七五)，左興盛帥諸軍拒之。顯達多置屯火於岸側，潛軍夜渡襲宮城。乙酉（十四日），顯達以數千人登落星岡(七六)，新亭諸軍聞之，奔還，宮城大駭，閉門設守。顯達執馬矟，從步兵數百於西州前與臺軍戰，再合(七七)，顯達大勝，手殺數人，矟折，臺軍繼至，顯達不能抗，走至西州後(七八)，騎官趙潭注刺顯達墜馬(七九)，斬之，諸子皆伏誅。長史庾弘遠，炳之之子也(八〇)，斬於朱雀航。將刑，索帽著之，曰：「子路結纓(八一)，吾不可以不冠而死。」謂觀者曰：「吾非賊，乃是義兵，為諸軍請命耳！陳公太輕事，若用吾言，天下將免塗炭。」弘遠子子曜抱父乞代命，并殺之。

帝既誅顯達，益自驕恣，漸出遊走，又不欲人見之，每出，先驅斥所過人家，唯置空宅，尉司(八二)擊鼓蹋圍，鼓聲所聞，便應奔走，不暇衣履，犯禁者應手格殺。一月凡二十餘出，出輒不言定所，東西南北，無處不驅。常以三四更中，鼓聲四出，火光照天，幡戟橫路，士民喧走相隨，老小震驚，啼號塞路，處處禁斷(八三)，不知所過，四民廢業，樵蘇路斷，吉凶失時(八四)，乳母寄產(八五)，或輿病棄尸，不得殯葬。巷陌懸幔為高鄣，置仗人(八六)防守，謂之屏除，亦謂之長圍。嘗至沈公城，有一婦人臨產，不去，因剖腹視其男女；又嘗至定林寺(八七)，有沙門老病，不能去，藏草間，命左右射之，百箭俱發。帝有膂力，牽弓至三斛五斗，又好擔幢，白虎幢高七丈五尺，於齒上擔之，折齒不倦。自制擔幢校具(八八)，伎衣飾以金玉，侍衛滿側，逞諸變態(八九)，曾無愧色。學乘馬於東冶營兵俞靈韻，常著織成袴褶，金薄帽，執七寶矟，急裝縛袴，淩冒雨雪，不避阬穽，馳騁渴乏，輒下馬解取腰邊蠡器(九〇)酌水飲之，又選無賴小人善走者為逐馬(九一)左右五百人，常以自隨，或於市側過親幸家，環回宛轉，周徧城邑，或出郊射雉，置射雉場二百九十六處，奔走往來，略不暇息。

(卅)王肅為魏制官品百司，皆如江南之制。凡九品，品各有二(九二)，侍中郭祚兼吏部傷書。祚清謹，重惜官位，每有銓授，雖得其人，必徘徊久之，然後下筆，曰：「此人便已貴矣！」人以是多怨之，然所用者無不稱職。

【今註】(一)東昏侯：諱寶卷，字智淵，明帝第二子也，本名明賢，明帝輔政後改焉。明帝長子寶義少有廢疾，不堪為嗣，故立帝為太子。其後梁武起兵於荊雍，奉南康王寶融以攻帝，廢帝為東昏侯。

㈡太尉陳顯達督平北將軍崔慧景軍四萬擊魏，欲復雍州諸郡：魏陷沔北五郡見上卷永泰元年。㈢前將軍元英：元英即拓跋英也，魏既改姓氏，史因而書之。㈣魏主發鄴：去年十二月甲寅，魏主自鄴班師，至是車駕始發。㈤魏主至洛陽，過李沖冢：李沖死見上卷永泰元年。《魏書．李沖傳》沖薨，魏主令葬於洛陽覆舟山，近杜預冢，今自鄴還，道過其冢也。胡三省曰：「按魏主詔代人遷洛者葬洛，餘州從便。沖，隴西人也，以其貴寵，亦令葬洛。」㈥見留守官，語及沖，輒流涕：魏主南伐，留沖與任城王澄同守留臺，今還洛而沖已薨，既思念之甚，故語及輒流涕也。㈦見車上婦人猶戴帽，著小襖：戴帽著小襖，代北婦人之服也；婦人而乘車，貴臣之眷也。㈧魏主之幸鄴也，李彪迎拜於鄴南，且謝罪：時相州治鄴，頓丘屬焉，彪頓丘郡人，既免官歸故里，故迎魏主於鄴南。㈨太子恂被收之日：恂被收見卷一百四十明帝建武三年。㈩以牛車散載詣洛陽：胡三省曰：「散載者，不加縶縛。」⑪魏主連年在外：魏孝文十八年，自將南伐，十九年還洛，二十一年北巡，旋復南討，至是還洛，首尾凡三年。⑫及帝在懸瓠病篤：事見上卷永泰元年。⑬雙蒙：雙姓蒙名。⑭不貲：貲之為言量也，不貲者，言無可計量。⑮命菩薩等陳狀：陳與馮后淫泆之狀。⑯吾以文明太后家女，不能廢：文明太后，后之姑也。魏主性至孝，懷文明太后養育之恩不忍復廢后也。⑰有心庶能自死：言后若有人心，當知恥而自盡也。⑱後再拜稽首涕泣：後當作后。⑲唯命太子不復朝謁而已：不使太子以母禮事后也。⑳恭宗：景穆太子廟號恭宗，文成帝之父也。㉑熙有三女，二為皇后，一為左昭儀：二后謂廢后及幽后也，左昭儀早卒，廢后即幽后姊入瑤光寺為練行尼者也。魏主感懷文明太后之恩，既廢廢后，不忍復廢幽后，故后雖有淫泆之行，但幽之而已。《魏書・皇后傳》云：「高祖改定內官，左右昭儀位視大司馬，三夫人視三公，三嬪視三卿，六嬪視六卿，世婦視中大夫，御女視元士。」左右昭儀位次皇后。㉒巨萬：《漢書音義》曰：「巨萬，萬萬也。」㉓庶子：妾御所生。㉔黃門侍郎崔光與聿同直：胡三省曰：「以此觀之，魏以黃門郎與黃門侍郎為兩官。」同直，謂同直禁中。㉕及誕、熙繼卒：太和十九年二月，馮誕卒，是年四月，馮熙繼卒。㉖幽后尋廢：此廢，言寵衰也。㉗馬圈城：《南齊書・陳顯達傳》馬圈城在南鄉界，去襄陽三百里，故城在今河南省鄧縣東北。杜佑曰：「後魏馬圈鎮，漢涅陽縣地也。」㉘莊丘黑進擊南鄉：莊丘，複姓也。《南齊書・陳顯達傳》云：「南鄉縣，故順陽郡治也。」故城在今河南省淅川縣東南。㉙攝七兵事：攝尚書七兵曹事也。《晉書・職官志》曹魏以五尚書、二僕射、一令為八座，五兵尚書其一也，領中兵、外兵、別兵、都兵、騎兵五曹事，晉分中兵、、外兵各為左右曹，合為七兵曹，仍為五兵尚書，後魏遂置為七兵尚書也。㉚梁城：胡三省曰：「魏收志北荊州汝北郡有梁縣、汝源縣，五代志汝州臨汝郡承休縣舊曰汝源，置汝北郡，唐志汝州臨汝郡本襄城郡，治梁縣，又有梁縣故城在西南四十五里。」是唐臨汝郡梁縣故城即魏汝北郡之梁縣也，今河南省臨汝縣即唐臨汝郡治，梁縣故城在其西南。㉛順陽：魏順陽郡屬荊州，治南鄉縣，蓋即齊順陽縣地也。㉜軍要：猶曰軍權也。《左傳》曰：「握兵之要。」杜預曰：「威權在己也。」㉝心寄：胡三省曰：「心寄，謂推心以託之也。」㉞均口：

《水經》曰：「均水出析縣北山，南流過其縣之東，又南當涉都邑北，南入於沔。」注云：「均水自南鄉縣南逕順陽縣西，又南流注于沔水，謂之均口。」均水入沔之口也，在今湖北省均縣東南。㉟嘉，建之子也：楚王建見卷一百二十五宋文帝元嘉二十七年。㊱陳顯達引兵渡水西：水西，均水之西也。㊲汋均口：即均口也，均或作汋。王鳴盛曰：「汋均口，汋當作汋，均字乃後人旁注汋字之音而傳寫者，誤入正文。」按今本《水經注》皆訛汋為均。㊳廣平：《宋書・州郡志》江左僑立廣平郡於襄陽，宋為實土，以漢朝陽縣地立廣平郡及廣平縣，在今湖北省光化縣北。㊴首尾俱急：謂前有險阻，後有急流，進退維谷也。㊵不如悉棄船於酇縣：酇縣，漢屬南陽郡，蕭何所封也，晉屬順陽郡，東晉僑立廣平郡，以酇屬焉。《水經》沔水自均口東南過酇縣之西南。蓋城南臨沔水，故馮道根說顯達棄船於此，從陸道以攻魏。㊶道根以私屬從軍：私屬者，兵家部曲也，非官所調發者。㊷戍副：凡邊戍有戍主，其貳曰戍副。㊸後宮久乖陰德：乖，違也，後宮謂馮后也。《禮記》曰：「天子理陽道，后治陰德。」鄭注曰：「陰德，謂主陰事、陰令也。」㊹霍子孟、諸葛孔明以異姓受託顧：漢武帝託孤於霍光，諸葛亮受寄於昭烈，事並見前。㊺布衣之士，猶為知己畢命：如荊軻、聶政之流皆是也。㊻況臣託靈先帝，依陛下之末光乎：謂忝為先帝之子，而為陛下之弟也。㊼始終之美：保全君臣之義，始終無間也。㊽清規懋賞：《書》曰：「功懋懋賞。」懋，美也。規，規避也。言其性清逸高雅，不受懋賞也。㊾綢繆：鄭康成曰：「綢繆，猶纏綿也。」㊿辭蟬捨冕：蟬謂蟬冠也，漢魏以來，侍中、中常侍之官冠加黃金璫，附蟬為文，貂尾為飾，注並見前，南朝侍中之官尤貴重。(五一)沖挹：沖，虛也；挹，抑也。言其性沖淡謙抑也。(五二)夏，四月，丙午朔，殂于穀塘原：時年三十三，諡孝文皇帝，廟號高祖。(五三)邂逅不肖：邂逅，不期而會也；不肖，不能承繼其先業也。(五四)天地五郊、宗廟二分之祭：胡三省曰：「五郊，謂迎氣五郊也。按鄭康成說，古者天子春分朝日，秋分夕月，故曰二分之祭，魏則朝日以朔，夕月以朏，猶仍古，謂之二分之祭。」(五五)能以指彈碎羊骨：《魏書・孝文帝紀》云：「能以指彈碎羊髆骨。」胡三省曰：「羊骨惟髆骨頗脆，他骨未易彈碎也。」(五六)射禽獸無不命中：命中即中的。隨意之所命處而射之，無不中的也。(五七)恐其覆相掩逼：胡三省曰：「覆，反之，恐凶問外露，陳顯達知之，反兵追掩以相逼。」余按覆有傾軍而出，以強壓弱之義。(五八)夜進臥輿於郡聽事：聽事，中庭也，受事察訟之所。聽今通作廳。《魏書・禮志》曰：「臥輦飾如乾象輦，羽葆圓蓋，丹漆，駕六馬。」(五九)太子至魯陽：太子諱恪，孝文帝第二子之也，即位，是為宣武皇帝。魯陽縣，漢、晉屬南陽郡，魏孝文帝太和十一年置魯陽鎮，十八年改為荊州，二十二年罷州，置魯陽郡，其後孝莊帝永安中置廣州於此，今河南省魯山縣其故治也。(六〇)推誠盡禮：推誠於東宮官屬，盡禮於嗣君也。(六一)咸陽王禧至魯陽，留城外以察其變：胡三省曰：「亦疑勰有異志也。」(六二)彥和握蛇騎虎：彥和，勰字。蛇、虎皆能噬人，握之騎之，罕有能免，以自喻處危險之地。(六三)長秋卿：漢之大長秋，魏曰大長秋卿，皇后卿也，有后則置，無后則省。(六四)魏葬孝文帝於長陵：長陵在瀍西。孝文遷洛，自表瀍西為山陵之所。(六五)都督冀、定等七州諸軍事：《魏書・彭城王傳》，七州謂冀、定、幽、瀛、營、安、平也。(六六)魏任城王澄，以王肅羈旅，位加己上：旅人寄迹於外，故曰羈旅。肅本江南人而奔魏，故澄目為羈旅之臣。肅為尚書令，而澄為右僕射，故澄以為肅位加己上。(六七)澄輒禁止肅：胡三省曰：「禁止不令入宮省。」(六八)咸陽王禧等奏澄擅禁宰輔，免官還第，尋出為雍州刺史：《魏書・王肅傳》肅為孝文所器重，親貴舊臣莫能間也，咸陽王禧兄弟並敬而昵之，獨任城王澄以為憾焉。胡三省曰：「按史官稱任城王澄之才略，魏宗室中之巨擘也。太和之間，朝廷有大議，澄每出，辭氣加萬乘而軼其上，孝文外雖容之，內實憚之，況咸陽王禧等乎！因王肅而斥逐之耳！」(六九)魏追尊皇妣高氏為文昭皇后：昭后卒見上卷明帝建武四年。(七〇)終寧陵：《魏書・孝文昭皇后傳》終寧陵在長陵東南。(七一)肇弟顯為澄城公：魏澄城郡，太武帝太平真君七年置，治澄城縣，屬秦州，孝文帝太和十一年，置華州，分澄城、華山、白水等郡屬焉。澄城蓋春秋晉之徵邑，漢置徵縣，屬左馮翊，後漢廢，今為陝西省澄城縣。(七二)三夫人：《魏書・皇后傳》魏孝文帝始定內官，三夫人位視三公，見註(二)。(七三)左右御刀、應敕：左右御刀，持御刀侍帝左右者，左右應敕，侍帝左右以應敕命者，因以為官稱。(七四)內省：胡三省曰：「內省在禁中，以別華林省及下省。」(七五)帖敕：胡三省曰：「帖敕者，於敕後聯紙書行，所謂畫敕也。」(七六)從舅錄事參軍范陽張弘策：弘策字真簡，范陽方城人，蕭衍母張氏之從父弟也，於衍為從舅。(七七)一國三公猶不堪：《左傳》晉士蔿曰：「狐裘蒙耳，一國三公，吾誰適從？」三公為晉獻公及公子夷吾、重耳，獻公為二公子築城於蒲與屈，士蔿以築堅城二，與國都為三，慮事權不一，故云然。(七八)當更與益州圖之耳：益州謂衍兄懿也，時為益州刺史。(七九)檀溪：《水經注》曰：「檀溪水出襄陽縣西柳子山下，東為鴨湖，溪水自湖兩分，北渠即溪水所導也。溪水傍城北注，西去城里餘，北流注於沔，昔劉備為景升所謀，乘的盧馬西走墜傷處也。」(八〇)岡阜：山脊曰岡，高陵曰阜。(八一)羽林監：羽林監，漢官也，領羽林郎。(八二)爭權睚眦，理相圖滅：睚眦，瞋目怒視也；圖，謀也。謂爭權而相忤，勢將謀相滅也。(八三)主上自東宮素無令譽：《南齊書・東昏侯紀》帝自在東宮，便好嬉弄，不好書學，嘗夜捕鼠達旦以為笑樂。(八四)媟近左右：媟，昵也，昵近左右羣小。(八五)安肯委政諸公，虛坐主諾：諸公謂六貴。言帝必不肯委政於六貴，但擁虛位，坐主畫諾而已。(八六)始安欲為趙王倫，形迹已見：晉趙王倫廢惠帝自立，事見卷八十四晉惠帝永寧元年。此言始安王遙光將效趙王倫行廢立之事也。(八七)忌克陵人：性忌刻而好陵駕人上也。(八八)聽人穿鼻：言如牛之聽人穿鼻而受制於人。(八九)郢州控帶荊湘：郢州鎮夏口，控接湘川，邊帶溳沔，二州之所赴集也。(九〇)初，高宗雖顧命羣公，而多寄腹心在江祏兄弟：顧命事見上卷明帝永泰元年。江祏、江祀兄弟，高宗母景皇后之姪也，故寄以腹心以輔少主。(九一)而祏執制堅確：祏自恃至親，且受明帝心寄也。(九二)乖反：胡三省曰：「立異為乖，不順旨為反。」(九三)但以見付，必無所憂：祏謂但以執制上旨之事見付，必不貽憂於羣公也。(九四)肫：鳥臟也。(九五)舅殊無渭陽情：〈渭陽〉，《詩・秦風》篇名也。《詩・小序》曰：「秦康公之母，晉獻公之女。文公遭驪姬之難，未反而秦姬卒，穆公納文公，康公時為太子，贈送文公於渭之陽，念母之不見也，我見舅氏，如母存焉！」後人每引〈渭陽〉之詩以喻甥舅之情。胡三省曰：「今按詩小序渭陽之事，乃甥用情於舅，後世率以舅不能用情於甥者為無渭陽情，誤矣！」劉暄，明帝劉皇后之弟也，故寶玄呼之為舅。(九六)少主難保：少主權易旁落，故難保。難保猶曰難輔。(九七)起復：胡三省曰：「起復者，起於苫塊之中使復其位也。」苫塊，編藁為塩也，居喪所寢。(九八)明帝立已非次：明帝以庶支入繼大統，故曰非次。(九九)遂還宅行喪：蕭坦之不欲預廢立之禍，故託行喪以避之。(一〇〇)江夏年少：江夏，謂江夏王寶玄。(一〇一)遙光以朓兼知衞尉事，朓懼：遙光有篡逆之迹，朓懼為其引用而將罹其難也。(一〇二)朓常輕祏：謝朓有美才，兼為高門，而劉祏但以後族見用，故輕之。(一〇三)遂發祏謀：發其廢立之謀。(一〇四)初，袁文曠以斬王敬則：斬敬則見上卷明帝永泰元年。(一〇五)功當封，祏執不與：胡三省曰：「時崔恭祖以刺仆敬則，與文曠爭功，祏執不與，當為此也。」(一〇六)帝使文曠取祏：取謂殺之也。(一〇七)文曠以刀環築其心：築，謂撞擊之如築土然。(一〇八)節朔：胡三省曰：「朔謂每月朔旦，朔旦朝參之外，一月之內，又自有朝參日分，因謂之節。」(一〇九)晡後方前，或際闇遣出：帝常臥寢至晡乃起，故羣臣晡後方造朝，帝或復不出，際闇而遣退也。際闇，謂至日暮時也。(一一〇)五省黃案：自漢以來，尚書或五曹或六曹，並令僕謂之八座，江左以吏部、祠部、五兵、左民、度支五尚書各為一省，謂之五省。案，案牘也，藏之以為案據者也，尚書用黃札，故曰黃案。(一一一)致適：胡三省曰：「致，極也；適，歡適也。」(一一二)江祥今在冶：帝既誅江祏兄弟，獨祥免死配東冶也。(一一三)帝召遙光入殿，告以祏罪，遙光懼：祏謀廢帝而立遙光，故懼禍及。(一一四)還省：還中書省也，時遙光為尚書令。(一一五)遂稱疾不復入臺：稱疾不復入臺城，懼見殺也。(一一六)東府前渚：胡三省曰：「前渚，秦淮渚也，東府前臨秦淮。」(一一七)欲遷為司徒，使還第：遷司徒崇其位望以安其心，使還始安王府第以養疾也。(一一八)二州部曲：謂遙昌、遙欣部曲新自豫、荊二州來者。(一一九)於尚方取仗：

仗，兵仗也；尚方屬少府，掌作御刀劍。㉚歷生隨信而至：信，使也，隨所遣使以詣遙光。㉛掩取之：欲劫之以俱反。乘其不備曰掩。㉜露袒踰牆走向臺：胡三省曰：「露者，露髻，袒者，肉袒。向臺而走，欲入言其事。」㉝道逢遊邏主顏端，執之：胡三省曰：「遊邏主，將兵在臺城外巡邏者也，見坦之露袒挺身走，疑其得罪逃竄，故執之。」㉞訶問：服虔曰：「訶，偵候之也。」㉟鞏荻：以鞏載荻也。荻生水邊及原野，其葉與花似芒而大。㊱左將軍沈約：《梁書・沈約傳》時約為左衞將軍，此逸衞字。㊲湘宮寺：湘宮寺，宋明帝所起。㊳左興盛屯東籬門：臺城無郛郭，其外但圍以籬城，設六籬門。東府在臺城之東，故命興盛屯東籬門以討遙光。㊴鎮軍司馬曹虎屯青溪大橋：按《南齊書・曹虎傳》青溪大橋即青溪中橋也。《江南通志》東府城在青溪橋東，南臨淮水。《明一統志》臺城東環平岡以為安，西城石頭以為重，帶玄武湖以為險，擁秦淮、青溪以為阻。是則青溪大橋蓋東城通臺城之要衝也，故命虎屯此以討之。㊵眾軍圍東城三面，燒司徒府：宋文帝元嘉中，彭城王義康為司徒，徙居東府，於東府之側起司徒府。㊶眾情大沮：眾謂東府城之眾也。㊷荊州將潘紹聞遙光作亂，謀欲應之：謀以江陵之兵應之也。㊸西中郎司馬夏侯詳：時南康王寶融以西中郎將鎮荊州，夏侯詳為西中郎將府司馬。㊹州府以安：州謂荊州，府謂西中郎將府。㊺以徐孝嗣為司空：孝嗣自尚書令、開府遷為司空。㊻加沈文季鎮軍將軍，侍中、僕射如故：加鎮軍將軍號，其侍中、僕射本職如故。㊼蕭坦之為尚書右僕射、丹陽尹，右將軍如故：帝即位，坦之為右將軍，今以為右僕射、丹陽尹，而右將軍號如故。㊽魏南徐州刺史：魏孝文帝置南徐州於宿豫，後之東楚州也，故治在今江蘇省宿遷縣東南。㊴陵，文季之族子也：胡三省曰：「沈文秀為宋守東陽，明帝泰始五年沒於魏。文秀、文季，羣從也，陵之入魏當在是時。」余按泰始五年當魏獻文帝皇興三年，而《魏書・沈陵傳》孝文帝太和十八年南伐，陵攜族孫智度歸降，是陵非降於泰始五年甚明，胡註誤也。㊵立江陵公寶覽為始安王，奉靖王後：始安靖王，始安貞王道生長子鳳也。鳳卒於宋世，遙光，鳳之子也，遙光既誅，鳳無後，故以寶覽嗣之。㊶北徐州刺史：《南齊書・州郡志》北徐州鎮鍾離，別於京口之南徐也，領鍾離、馬頭、濟陰、新昌、沛等郡。㊷延明主帥：胡三省曰：「延明殿主帥也。」㊸海陵太守：《宋書・州郡志》晉安帝分廣陵立海陵郡，治海陵縣，今江蘇省泰縣也，宋徙治建陵，在故治東北七十里，梁還故治，隋廢。㊹未發：受海陵太守之命而未之任也。㊺無它：無他變也。㊻質錢帖：猶今之當票。貧而以物質錢，錢主給帖為他日贖物之驗。㊼明帝乃武帝同堂，恩遇如此，猶滅武帝之後：明帝，高帝之兄子，於武帝為同堂兄弟也。武帝崩，顧命於明帝，明帝終滅武帝之後，事見《武帝紀》永明十一年及《明帝紀》。㊽曹虎善於誘納：誘邊民使降已而納之也。㊾荒客：胡三省曰：「荒客，自蠻中及化外來者。」余按荒客謂中州人也，宋杜坦謂文帝曰：「直以南度不早，便以荒傖賜隔。」虎鎮雍州，與魏境為鄰，而善於誘納，故中州人士多歸之者。㊿帝疑虎舊將：虎起於高帝宿衛，為高帝、武帝所親任。(51)坦之、暄、虎所新除官：坦之新除右僕射，暄領軍將軍、虎右衛將軍，並見上。(52)作事不可在人後：言凡有大處分須果斷，不可猶豫後人而自罹禍也。鬱林王嘗欲殺明帝，持疑不決，遂及於禍，故明帝臨終以此戒帝。(53)丙戌，魏主謁長陵：長陵，孝文帝陵也。《魏書・宣武帝紀》在十月，十月癸酉朔，丙戌十四日。(五四)白衣左右：胡三省曰：「雖引在左右，未命以官，故曰白衣左右。」(五五)匡，新城之子也：陽平王新城，魏文成帝之弟也。(五六)中水：胡三省曰：「沈約宋書資江為中水，涪江為內水。今謂之中江，在資州資陽縣西。資州，漢犍為郡之資中縣地。」(五七)枝江文忠公徐孝嗣以文士不顯同異：孝嗣封枝江縣公，卒謚文忠。不顯同異者，言依違取容於朝，無守正方剛之節。(五八)故名位雖重，猶得久存：明帝既崩，孝嗣為尚書令，開府加中書監，受遺輔政，進位司空。時遙光、江祏、江祀、劉暄、蕭坦之皆誅，六貴之中惟孝嗣獨存。(五九)虎賁中郎將：將虎賁士，宿衞之官也。(六〇)西豐忠顯侯沈文季：文季封西豐縣侯，卒謚忠顯。(六一)叔父行年六十，為員外僕射：文季時年五十八，行年六十，猶曰年且六十也。文季雖為僕射而不豫朝權，故昭略戲謂之員外僕射。(六二)以甌擲其面：甌，飲器也，今閩南猶謂杯曰甌。(六三)孝嗣子演尚武康公主，況尚山陰公主：武康公主，武帝之女，山陰公主，明帝之女也。(六四)絕吭而死：吭，咽喉也。(六五)顯達以年禮告退：禮大夫七十而致事，顯達誅於是年，年七十三，則明帝建武世，年已七十矣！(六六)及王敬則反，時顯達將兵拒魏：事見上卷明帝永泰元年。(六七)始安王遙光疑之：疑顯達有反側之心。(六八)及帝即位，顯達彌不樂在建康，得江州，甚喜：懼及禍，故不樂在建康。顯達自馬圈敗還，除江州刺史，事見上三月。(六九)嘗有疾，不令治，既而自愈，意甚不悅：有疾不治，蓋求死以避禍也，求死不得，故意不悅。(七〇)云欲奉建安王為主，須京塵一靜，西迎大駕：建安王寶寅，帝之弟也，時為郢州刺史，郢州治夏口，在尋陽之西也。京塵一靜，謂事平之後也，取戎馬風塵之義。(七一)後軍將軍胡松、驍騎將軍李叔獻帥水軍據梁山：自尋陽順江下建康，必經梁山，故據之以衞建康。(七二)杜姥宅：杜姥宅在建康臺城南掖門外，晉成恭杜皇后之母裴氏故宅也。(七三)以前輔國將軍楊集始為秦州刺史：楊集始請降見上卷明帝建武四年。(七四)采石：今之采石磯也，在安徽省當塗縣西北二十里，西接烏江，北連建康，為濱江要地。(七五)新林：即新林浦也，武帝永明五年起新林苑於此。《建康志》新林浦在建康縣西南三十里，源出牛頭山，西流七里入大江。(七六)落星岡：石頭城西之橫壠也，在今江寧縣東北，北臨大江，登此可俯瞰建康。(七七)再合：凡兩合戰。(七八)顯達不能抗，走至西州後：《南齊書・陳顯達傳》走至西州後烏榜村。(七九)騎官趙潭注刺顯達墜馬：《南齊書・陳顯達傳》：「潭注矟刺顯達落馬。」言注力於矟而刺之也。胡三省曰：「騎官蓋在馬隊主、副之下，猶今傔官也。」傔官，侍從官也。(八〇)子路結纓：《左傳》衞太子蒯聵之亂，孟黶以戈擊子路，斷纓，子路曰：「君子死，冠不免。」結纓而死。纓，系冠之帶也。(八一)長史庾弘遠，炳之之子也：庾炳之之柄用於宋文帝元嘉之季。(八二)尉司：胡三省曰：「晉初，洛陽置六部尉，江左建康亦置六部尉。」(八三)處處禁斷：禁斷，謂斷路以禁行人。(八四)吉凶失時：胡三省曰：「吉謂冠、婚，凶謂喪、葬，皆不得以時而行事。」(八五)乳母寄產：乳，育也。婦人臨產，不能奔走，故寄居他鄉以待產也。(八六)仗人：執仗之人。按《南齊書・東昏侯紀》作伎人。(八七)定林寺：胡三省曰：「定林寺舊基在蔣山應潮井後。」按今江蘇省江寧縣東有定林鎮，距孝陵衞十五里。(八八)校具：胡三省曰：「校具猶言器械也。」(八九)逞諸變態：肆意為淫樂之態。(九〇)蠡器：《漢書・東方朔傳》：「以蠡測海。」顏師古注曰：「蠡，瓠瓢也。」杓水之器也。㊈逐馬：取善走之義，因以為稱。㊉凡九品，品各有二：謂制官秩為九品，每品各有正、從也，自此歷隋、唐以迄前清，正、從九品之制不廢。

卷一百四十三 齊紀九

司馬光編集
林瑞翰註

上章執徐，一年。（庚辰，西元五〇〇年）

東昏侯下

永元二年㈠（西元五〇〇年）

㈠春，正月，元會，帝食後方出，朝賀裁竟，即還殿西序㈡寢。自巳至申，百僚陪位，皆僵仆飢甚，比起就會㈢，忽遽而罷。

㈡乙巳（初五日），魏大赦，改元景明。

㈢豫州刺史裴叔業聞帝數誅大臣，心不自安，登壽陽城，北望肥水，謂部下曰：「卿等欲富貴乎？我能辦之。」及除南兗州㈣，意不樂內徙，會陳顯達反㈤，叔業遣司馬遼東李元護將兵救建康，實持兩端㈥，顯達敗而還。

朝廷疑叔業有異志，叔業亦遣使參察建康消息，眾論益疑之。叔業兄子植、颺、粲皆為直閤，在殿中，懼，棄母奔壽陽，說叔業以朝廷必相掩襲，宜早為計。徐世檦等以叔業在邊，急則引魏自助，力未能制，白帝遣叔業宗人中書舍人長穆宣旨，許停本任㊆，叔業猶憂畏，而植等說之不已。叔業遣親人㊇馬文範至襄陽，問蕭衍以自安之計，曰：「天下大勢可知，恐無復自存之理㊈，不若回面向北，不失作河南公⑩。」衍報曰：「羣小用事，豈能及遠？計慮回惑，自無所成，唯應送家還都以安慰之，若意外相逼，當勒馬步二萬，直出橫江⑪，以斷其後，則天下之事，一舉可定，若欲北向，彼必遣人相代，以河北一州相處，河南公寧可復得邪？如此，則南歸之望絕矣！」叔業沈疑⑫未決，乃遣其子芬之入建康為質，亦遣信詣魏豫州刺史薛真度⑬，問以入魏可不之宜。真度勸其早降，曰：「若事迫而來，則功微賞薄矣！」數遣密信往來相應和，建康人傳叔業叛者不已，芬之懼，復奔壽陽，叔業遂遣芬之及兄女壻杜陵章伯昕奉表降魏。丁未（初七日），魏遣驃騎大將軍彭城王勰、車騎將軍王肅帥步騎十萬赴之⑭，以叔業為使持節、都督豫雍等五州諸軍事⑮，征南將軍，豫州刺史，封蘭陵郡公。

庚午（三十日），下詔討叔業。二月丙戌（十六日），以衞尉蕭懿為豫州刺史。戊戌（二十八日），魏以彭城王勰為司徒，領揚州刺史，鎮壽陽㊅。

魏人遣大將軍李醜、楊大眼將二千騎入壽陽，又遣奚康生將羽林一千騎赴之。大眼，難當之孫也㊆。

魏兵未渡淮，己亥（二十九日），裴叔業病卒。佐僚多欲推司馬李元護監州，一二日，謀不定㊇，前建安戍㊈主安定席法友等以元護非其鄉曲㊉，恐有異志，共推裴植監州，祕叔業喪問，教命處分，皆出於植。奚康生至，植乃開門納魏兵，城庫管籥悉付康生。康生集城內耆舊，宣詔撫賚之。魏以植為兗州刺史，李元護為齊州刺史，席法友為豫州刺史，軍主京兆王世弼為南徐州刺史。

㊃巴西民雍道晞聚眾萬餘逼郡城㊁，巴西太守魯休烈嬰城自守。三月，劉季連㊂遣中兵參軍李奉伯帥眾五千救之，與郡兵合擊道晞，斬之。奉伯欲進討郡東餘賊，涪令李膺止之曰：「卒惰將驕，

乘勝履險，非完策㉓也。不如少緩，更思後計。」奉伯不從，悉眾入山，大敗而還。

㈤乙卯（十五日），遣平西將軍崔慧景將水軍討壽陽，帝屏除出琅邪城送之㉔。帝戎服坐樓上，召慧景單騎進圍內㉕，無一人自隨者，裁交數言，拜辭而去。慧景既得出，甚喜。

豫州刺史蕭懿將步軍三萬屯小峴㉖，交州刺史李叔獻㉗屯合肥，懿遣裨將胡松、李居士帥眾萬餘屯死虎㉘，驃騎司馬陳伯之將水軍泝淮而上以逼壽陽，軍於硤石㉙。壽陽士民多謀應齊者，魏奚康生防禦內外，閉城一月，援軍乃至。

丙申（四月二十七日），彭城王勰、王肅擊松、伯之等，大破之㉚，進攻合肥，生擒叔獻。

統軍宇文福言於勰曰：「建安，淮南重鎮，彼此要衝㉛，得之則義陽可圖，不得則壽陽難保㉜。」勰然之，使福攻建安，建安戍主胡景略面縛出降。

㈥己亥（四月三十日），魏皇弟恌㉝卒。

㈦崔慧景之發建康也，其子覺為直閤將軍，密與之約㉞。慧景至廣陵，覺走從之。慧景過廣陵數十里，召會諸軍主曰：「吾荷三帝厚恩㉟，當顧託之重㊱，幼主昏狂，朝廷壞亂，危而不扶，責在今日，欲與諸君共建大功以安社稷，何如？」眾皆響應，於是還軍向廣陵。司馬崔恭祖㊲守廣陵城，開門納之。帝聞變，壬子（十二日），假右衛將軍左興盛節，都督建康水陸諸軍以討之㊳。慧景停廣陵二日，即收眾濟江。

初，南徐、兗二州刺史江夏王寶玄娶徐孝嗣女為妃，孝嗣誅，詔令離昏㊴，寶玄恨望。慧景遣使奉寶玄為主，寶玄斬其使，因發將吏守城㊵，帝遣馬軍主戚平，外監黃林夫助鎮京口。慧景將渡江，寶玄密與相應，殺司馬孔矜、典籤呂承緒及平、林夫，開門納慧景，使長史沈佚之、諮議柳憕分部軍眾。寶玄乘八棡輿㊶，手執絳麾，隨慧景向建康。臺遣驍騎將軍張佛護、直閤將軍徐元稱等六將㊷據竹里，為數城以拒之。寶玄遣信謂佛護曰：「身自還朝，君何意苦相斷遏？」佛護對曰：「小人荷國重恩，使於此創立小戍，殿下還朝，但自直過，豈敢斷遏？」遂射慧景軍，因合戰。崔覺、崔恭祖將前鋒，皆荒傖善戰，又輕行，不爨食㊸，以數舫緣江載酒食為軍糧，每見臺軍城中煙火起，輒盡力攻之，臺軍不復得食，以此饑困。元稱等議欲降，佛護不可。恭祖等進攻城，拔之，斬佛護，徐元稱降，餘四軍主皆死。乙卯（十五日），遣中領軍王瑩都督眾軍據湖頭築壘，上帶蔣山西巖，實甲數萬。瑩，誕之從曾孫也㊹。慧景至查硎，竹塘人萬副兒㊺說慧景曰：「今平路皆為臺軍所斷，不可議進，唯宜從蔣山龍尾㊻上，出其不意耳！」慧景從之，分遣千餘人魚貫緣山自西巖夜下，鼓叫臨城中㊼，臺軍驚恐，即時奔散。帝又遣右衛將軍左興盛帥臺內三萬人拒慧景於北籬門，【考異】紀云王瑩屯北籬門，傳云左興盛，今從傳。興盛望風退走。甲子（二十四日），慧景入樂游苑㊽，崔恭祖帥輕騎十餘突入北掖門，乃復出，宮門皆閉，慧景引眾圍之。於是東府、石頭、白下、新亭諸城皆潰，左興盛走，不得入宮，逃淮渚荻舫中㊾，慧景擒殺之。宮中遣兵出盪㊿，不克。慧景燒蘭臺府署為戰場[51]，守衛尉蕭暢屯南掖門，處分城內，隨方應拒，眾心稍安。慧景稱宣德太后(52)令，廢帝為吳王。

陳顯達之反也，帝復召諸王入宮。巴陵王昭胄懲永泰之難(53)，與弟永新侯(54)昭穎詐為沙門，逃於江西(55)。昭胄，子良之子也(56)。及慧景舉兵，昭胄兄弟出赴之，慧景意更向昭胄(57)，猶豫未知所立。竹里之捷，崔覺與崔恭祖爭功，慧景不能決。恭祖勸慧景以火箭燒北掖樓，慧景以大事垂定，後若更造，費用功多(58)，不從。慧景性好談義，兼解佛理(59)，頓法輪寺，對客高談，恭祖深懷怨望。時豫州刺史蕭懿將兵在小峴，帝遣密使告之。懿方食，投箸而起，帥軍主胡松、李居士等數千人自採石濟江(60)，頓越城，舉火，城中鼓叫稱慶(61)。

恭祖先勸慧景遣二千人斷西岸兵，令不得度(62)，慧景以城旦夕降，外救自然應散，不從。至是恭祖請擊懿軍，又不許，獨遣崔覺將精手數千人渡南岸(63)。懿軍昧旦(64)進戰，數合，士皆致死，覺大敗，赴淮死者二千餘人。覺單馬退，開桁阻淮(65)。恭祖掠得東宮女伎，覺逼奪之，恭祖積忿恨，其夜，與慧景驍將劉靈運詣城降，眾心離壞。夏，四月癸酉（初四日），慧景將腹心數人潛去，欲北渡江，城北諸軍不知，猶為拒戰(六六)。城中出盪，殺數百人。懿軍渡北岸(六七)，慧景餘眾皆走。慧景圍城凡十二日而敗，從者於道稍散，單騎至蠏浦，為漁人所斬。【考異】齊本紀：「四月丁未，以張沖為南兗州刺史，崔慧景於廣陵起兵襲京師。壬子，左興盛督眾軍，寶玄以京口納慧景。乙卯，王瑩屯北籬門。壬戌，慧景至，瑩等敗。甲子，慧景入京師，蕭懿入援。癸酉，慧景棄眾走死。」慧景傳：「四月，至廣陵，回軍，十二日，攻陷竹裏。」按長曆是歲三月辛醜朔，四月庚午朔，丁未，三月七日，壬子十二日，乙卯十五日，壬戌二十二日，甲子二十四日，四月皆無也。蓋四月當作三月，至癸酉乃四月四日耳。南史云：「時江夏王寶玄鎮京口，聞慧景北行，遣左右余文興說之曰：『江、劉、徐、沈，君之所見，今擁強兵，北取廣陵，收吳楚勁卒，身舉州以相應，取大功，如反掌耳！』慧景常不自安，聞言響應。于時廬陵王長史蕭寅、司馬崔恭祖守廣陵城，慧景以寶玄事告恭祖，恭祖口雖相和，心實不同。俄而慧景至，恭祖閉戶不敢出，慧景密遣軍主劉靈運閒行突入，慧景俄至，遂據其城。子覺至，仍使領兵襲京口。寶玄本謂大軍并來，及見人少，極失所望，拒覺，擊走之。恭祖及覺精兵八千濟江，恭祖心本不同，及至蒜山，欲斬覺以軍降京口，事既不果而止。覺等軍器精嚴，柳憕、沈佚等謂寶玄曰：『崔護軍威名既重，乃誠可見，既已脣齒，忽中道立異，彼以樂歸之眾，亂江而濟，誰能拒之？』於是登北固樓，並千蠟燭為烽火，舉以應覺。慧景停二日，便率大眾一時俱濟，趣京口，寶玄仍以覺為前鋒，恭祖次之，慧景領大都督為眾軍節度。」又云：「時柳憕別推寶玄，崔恭祖為寶玄羽翼，不復承奉慧景，慧景嫌之。巴陵王昭胄先逃人間，出投慧景，意更向之，故猶豫未知所立。此聲頗泄，憕、恭祖始貳於慧景。」又云：「慧景單馬至蠏浦，投漁人太叔榮之，榮之故為慧景門人，時為蠏浦戍，斬慧景送都。」按恭祖始若閉城拒慧景，慧景襲得其城而據之，豈肯更授以兵柄？又慧景若不立寶玄，柳憕豈能別推？又榮之既云漁人，又云為戍，自相違錯，今並從齊書。以頭內鰌籃(六八)，擔送建康。恭祖繫尚方，少時殺之。覺亡命為道人，捕獲伏誅。

寶玄初至建康，軍於東城(六九)，士民多往投集(七〇)。慧景敗，收得朝野投寶玄及慧景人名，帝令燒之，曰：「江夏尚爾(七一)，豈可復罪餘人？」寶玄逃亡數日，乃出，帝召入後堂，以步障裹之，令左右數十人鳴鼓解，馳繞其外，遣人謂寶玄曰：「汝近圍我，亦如此耳！」

初，慧景欲交處士何點，點不顧。及圍建康，逼召點，點往赴其軍㈦，終日談義，不及軍事。慧景敗，帝欲殺點，蕭暢謂茹法珍曰：「點若不誘賊共講，未易可量㈦，以此言之，乃應得封。」帝乃止。點，胤之兄也㈦。

㈧蕭懿既去小峴㈦，王肅亦還洛陽，荒人往來者妄云肅復謀歸國。五月乙巳（初六日），詔以肅為都督豫、徐、司三州諸軍事，豫州刺史，西豐公。

㈨己酉（初十日），江夏王寶玄伏誅。

㈩壬子（十三日），大赦。

㈩六月丙子（初八日），魏彭城王勰進位大司馬，領司徒，王肅加開府儀同三司㈦。

㈩太陽蠻㈦田育丘等二萬八千戶附於魏，魏置四郡十八縣。

㈩乙丑（五月二十六日），曲赦建康、南徐、兗二州㈦。

先是崔慧景既平，詔赦其黨，而嬖倖用事，不依詔書，無罪而家富者皆誣為賊黨，殺而籍其貲，實附賊而貧者皆不問。或謂中書舍人王咺之云：「赦書無信，人情大惡〔七九〕。」咺之曰：「正當復有赦耳！」由是再赦，既而嬖倖誅縱亦如初。

是時帝所寵左右凡三十一人，黃門十人。直閤驍騎將軍徐世檦素為帝所委任，凡有殺戮，皆在其手，及陳顯達事起，加輔國將軍，雖用護軍崔慧景為都督而兵權實在世檦。世檦亦知帝昏縱，密謂其黨茹法珍、梅蟲兒曰：「何世天子無要人？但儂貨主惡耳！」法珍等與之爭權，以白帝，帝稍惡其凶彊，遣禁兵殺之，世檦拒戰而死。自是法珍、蟲兒用事，並為外監，口稱詔敕。王咺之專掌文翰，與相脣齒。帝呼所幸潘貴妃父寶慶及茹法珍為阿丈〔八〇〕，梅蟲兒、俞靈韻為阿兒。帝與法珍等俱詣寶慶家，躬自汲水助廚人作膳。寶慶恃勢作姦，富人悉誣以罪，田宅貲財，莫不啟乞〔八一〕，一家被陷，禍及親鄰，又慮後患，盡殺其男口。帝數往諸刀敕家〔八二〕遊宴，有吉凶，輒往慶弔。奄人〔八三〕王寶孫年十三四，號為倀子(八四)，最有寵，參預朝政，雖王咺之、梅蟲兒之徒亦下之，控制大臣，移易詔勅，乃至騎馬入殿，詆訶天子，公卿見之，莫不懾息(八五)焉。

(十四)吐谷渾王伏連籌事魏盡禮(八六)，而居其國，置百官皆如天子之制，稱制於其鄰國(八七)，魏主遣使責而宥之。

(十五)冠軍將軍驃騎司馬陳伯之再引兵攻壽陽(八八)，魏彭城王勰拒之。援軍未至，汝陰太守傅永將郡兵三千救壽陽。伯之防淮口甚固(八九)，永去淮口二十餘里，牽船上汝水南岸，以水牛(九〇)挽之，直南趣淮，下船即渡，適上南岸，齊兵亦至。會夜，永潛入城，勰喜甚，曰：「吾北望已久，恐洛陽難可復見(九一)，不意卿能至也。」勰令永引兵入城，永曰：「永之此來，欲以卻敵，若如教旨(九二)，乃是與殿下同受攻圍，豈救援之意？」遂軍於城外。

秋八月乙酉（十八日），勰部分將士，與永并勢擊伯之於肥口(九三)，大破之，斬首九千，俘獲一萬，伯之脫身遁還，淮南遂入于魏(九四)。魏遣鎮南將軍元英將兵救淮南，未至，伯之已敗。

魏主召勰還洛陽，勰累表辭大司馬領司徒，乞還中山(九五)，魏主不許。以元英行揚州事〔九六〕，尋以王肅為都督淮南諸軍事，揚州刺史，持節代之。

（十六）甲申（十七日），夜，後宮火。時帝出未還〔九七〕，宮內人不得出，外人不敢輒開〔九八〕，比及開，死者相枕，燒三十餘間。時嬖倖之徒皆號為鬼，有趙鬼者能讀西京賦，言於帝曰：「柏梁既災，建章是營〔九九〕。」帝乃大起芳樂、玉壽等諸殿〔一〇〇〕，以麝香〔一〇一〕塗壁，刻畫裝飾，窮極綺麗。役者自夜達曉，猶不副速〔一〇二〕。後宮服御，極選珍奇，府庫舊物，不復周用〔一〇三〕，貴市民間金寶，價皆數倍，建康酒租，皆折使輸金〔一〇四〕，猶不能足。鑿金為蓮華以帖地，令潘妃行其上，曰：「此步步生蓮華也。」又訂出雉頭、鶴氅、白鷺縗〔一〇五〕，嬖倖因緣為姦利，課一輸十〔一〇六〕。又各就州縣求為人輸，準取見直，不為輸送，守宰皆不敢言，重更科斂，如此相仍，前後不息，百姓困盡，號泣道路。

（十七）軍主吳子陽等出三關〔一〇七〕侵魏，九月，與魏東豫州刺史田益宗戰於長風城〔一〇八〕。子陽等敗還。【考異】此一事齊書紀、傳皆無之。魏帝紀九月乙丑東豫州刺史田益宗破寶卷將吳子陽、鄧元起於長風，梁書鄧元起傳鑾帥田孔明附於魏，自號郢州刺史，寇掠三關，規襲夏口，元起帥銳卒攻之，旬月之間，頻陷六城，斬獲萬計，餘黨皆散走，仍戍三關。二書勝敗不同如此，今從魏紀。

(十八)蕭懿之入援也，蕭衍馳使所親虞安福說懿曰：「誅賊之後，則有不賞之功⑲，當明君賢主，尚或難立，況於亂朝，何以自免？若賊滅之後，乃勒兵入宮，行伊霍故事⑳，此萬世一時。若不欲爾，便放表還歷陽，託以外拒為事，則威振內外，誰敢不從？一朝放兵，受其厚爵，高而無民，必生後悔㉑。」長史徐曜甫苦勸之，懿並不從。崔慧景死，懿為尚書令，有弟九人，敷、衍、暢、融、宏、偉、秀、憺、恢。懿以元勳居朝右㉒，暢為衛尉，掌管籥㉓。時帝出入無度，或勸懿因其出門㉔，舉兵廢之，懿不聽。嬖臣茹法珍、王咺之等憚懿威權，說帝曰：「懿將行隆昌故事㉕，陛下命在晷刻。」帝然之。徐曜甫知之，密具舟江渚，勸懿西奔襄陽。懿曰：「自古皆有死，豈有叛走尚書令邪？」懿弟、姪咸為之備。

冬，十月己卯（十三日），帝賜懿藥於省中。懿且死，曰：「家弟在雍，深為朝廷憂之㉖。」懿弟姪皆亡匿於里巷，無人發之者㉗，唯融捕得，誅之。

(十九)丁亥（二十一日），魏以彭城王勰為司徒，錄尚書事，勰固辭，不免。

勰雅好恬素，不樂勢利，高祖重其事幹㉘，故委以權任，雖有遺詔㉙，復為世宗所留㉚。勰每乖情願，常悽然歎息。為人美風儀，端嚴若神，折旋合度㉛，出入言笑，觀者忘疲，敦尚文史，物務之暇，披覽不輟。小心謹慎，初無過失，雖閑居獨處，亦無惰容。愛敬儒雅，傾心禮待，清正儉素，門無私謁。

(廿)十一月己亥（初三日），魏東荊州刺史桓暉入寇，拔下笮戍㉜，歸之者二千餘戶。暉，誕之子也㉝。

(廿一)初，帝疑雍州刺史蕭衍有異志，直後滎陽鄭植弟紹叔為衍寧蠻長史㉞，帝使植以候紹叔為名，往刺衍。紹叔知之，密以白衍。衍置酒紹叔家，戲植曰：「朝廷遣卿見圖，今日閑宴，是可取良會也。」賓主大笑。又令植歷觀城隍、府庫、士馬、器械、舟艦，植退謂紹叔曰：「雍州實力，未易圖也。」紹叔曰：「兄還具為天子言之，若取雍州，紹叔請以此眾一戰。」送植於南峴㉕，相持慟哭而別㉖。及懿死，衍聞之，夜召張弘策、呂僧珍、長史王茂、別駕柳慶遠、功曹吉士瞻等入宅定議㉗。【考異】南史云：「茂與梁武帝不睦，諸腹心並勸除之，而茂少有驍名，帝又惜其用，令腹心鄭紹叔往候之，告以欲起義，茂因擲枕起，即袴褶隨紹叔入見，武帝大喜，下牀迎，因結兄弟，披推腹心。」按茂若與梁武不睦，梁武何敢豫告以大事，茂亦安能便響應，今不取。茂，天生之子㉘。慶遠，元景之弟子也㉙。

乙巳（初九日），衍集僚佐謂曰：「昏主暴虐，惡踰於紂，當與卿等共除之。」是日，建牙集眾，【考異】齊帝紀十二月，梁王起義兵於襄陽，誤也，今從梁書高祖紀。得甲士萬餘人，馬千餘匹，船三千艘，出檀溪竹木裝艦，葺之以茅，事皆立辦。諸將爭檝，呂僧珍出先所具者，每船付二張㉚，爭者乃息。

是時南康王寶融為荊州刺史，西中郎長史蕭穎胄行府州事㉛，帝遣輔國將軍巴西、梓潼二郡太守劉山陽將兵三千之官，就穎胄兵使襲襄陽㉜，衍知其謀，遣參軍王天虎詣江陵，徧與州府書㉝，聲云山陽西上，并襲荊、雍㉞。衍因謂諸將佐曰：「荊州素畏襄陽人，加以脣亡齒寒㉟，寧不闇同邪？我合荊、雍之兵，鼓行而東，雖韓、白復生，不能為建康計，況以昏主役刀敕之徒哉〔三六〕？」穎胄得書，疑未能決。

山陽至巴陵〔三七〕，衍復令天虎齎書與穎胄及其弟南康王友〔三八〕穎達。天虎既行，衍與張弘策曰：「用兵之道，攻心為上〔三九〕。近遣天虎往荊州，人皆有書，今段〔四〇〕乘驛甚急，止有兩函與行事兄弟，云天虎口具〔四一〕，及問天虎，而口無所說〔四二〕，天虎是行事心膂〔四三〕，彼間〔四四〕必謂行事與天虎共隱其事，則人人生疑。山陽惑於眾口，判相嫌貳〔四五〕，則行事進退無以自明，必入吾謀內，是持兩空函定一州矣！」

山陽至江安，遲回十餘日不上〔四六〕，穎胄大懼〔四七〕，計無所出，夜呼西中郎城局參軍安定席闡文、諮議參軍柳忱閉齋定議〔四八〕。闡文曰：「蕭雍州畜養士馬，非復一日，江陵素畏襄陽人，又眾寡不敵，取之必不可制，就能制之，歲寒復不為朝廷所容〔四九〕，今若殺山陽，與雍州舉事，立天子以令諸侯，則霸業成矣！山陽持疑不進，是不信我，今斬送天虎，則彼疑可釋，至而圖之，罔不濟矣！」忱曰：「朝廷狂悖日滋，京師貴人，莫不重足累息〔五〇〕。今幸在遠〔五一〕，得假日(五二)自安。雍州之事，且藉以相斃耳(五三)！獨不見蕭令君(五四)乎？以精兵數千，破崔氏十萬眾，竟為羣邪所陷，禍酷相尋。前事之不忘，後事之師也(五五)。且雍州士銳糧多，蕭使君雄姿冠世，必非山陽所能敵。若破山陽，荊州復受失律之責(五六)，進退無可(五七)，宜深慮之。」蕭穎達亦勸穎胄從闡文等計。詰旦，穎胄謂天虎曰：「卿與劉輔國相識，今不得不借卿頭。」乃斬天虎送示山陽，發民車牛，聲云起步軍征襄陽，山陽大喜。

甲寅（十八日），山陽至江津，單車白服，從左右數十人詣穎胄。穎胄使前汶陽太守劉孝慶等伏兵城內，山陽入門(五八)，即於車斬之。副軍主李元履收餘眾請降。柳忱，世隆之子也(五九)。

穎胄慮西中郎司馬夏侯詳不同(六〇)，以告忱，忱曰：「易耳！近詳求昏，未之許也。」乃以女嫁詳子夔而告之謀，詳從之。

乙卯（十九日），以南康王寶融教纂嚴(六一)，又教赦囚徒，施惠澤，頒賞格。丙辰（二十日），以蕭衍為使持節，都督前鋒諸軍事。丁巳（二十一日），以蕭穎胄為都督行留諸軍事(六二)。

穎胄有器局，既舉大事，虛心委己，眾情歸之。以別駕南陽宗夬[163]及同郡中兵參軍劉坦、諮議參軍樂藹為州人所推信，軍府經略，每事諮焉。穎胄、夬各獻私錢穀及換借富貲以助軍，長沙寺[164]僧素富，鑄黃金為金龍數千兩，埋土中，穎胄取之以資軍費。

穎胄遣使送劉山陽首於蕭衍，且言年月未利，當須明年二月進兵。衍曰：「舉事之初，所藉者一時驍銳之心，事事相接，猶恐疑怠，若頓兵十旬，必生悔吝[165]。且坐甲十萬，糧用自竭，若童子立異，則大事不成，況處分已定，安可中息哉？昔武王伐紂，行逆太歲，豈復待年月乎？」

戊午（二十二日），衍上表勸南康王寶融稱尊號，不許。

十二月，穎胄與夏侯詳移檄建康百官及州郡牧守，數帝及梅蟲兒、茹法珍罪惡。穎胄遣冠軍將軍天水楊公則向湘州[166]，西中郎參軍南郡鄧元起向夏口[167]，軍主王法度坐不進軍免官。

乙亥（初十日），荊州將佐復勸寶融稱尊號，不許。夏侯詳之子驍騎將軍亶為殿中主帥，詳密召之，亶自建康亡歸，壬辰（二十七日），至江陵，稱奉宣德皇太后令南康王宜纂承皇祚，方俟清宮，未即大號，可封十郡為宣城王（六八），相國，荊州牧，加黃鉞，選百官，西中郎府、南康國如故，須軍次近路，主者備法駕奉迎。竟陵太守新野曹景宗遣親人說蕭衍迎南康王都襄陽，先正尊號，然後進軍，衍不從。

王茂私謂張弘策曰：「今以南康置人手中，彼挾天子以令諸侯，節下（六九）前進，為人所使，此豈他日之長計乎？」弘策以告衍，衍曰：「若前塗大事不捷，故自蘭艾同焚（七〇），若其克捷，則威振四海，豈碌碌受人處分者邪？」

初，陳顯達、崔慧景之亂，人心不安，或問時事於上庸太守杜陵（七一）韋叡，叡曰：「陳雖舊將，非命世才，崔頗更事，懦而不武，其赤族宜矣！定天下者，殆必在吾州將乎（七二）！」乃遣二子自結於蕭衍。及衍起兵，叡帥郡兵二千倍道（七三）赴之。

華山太守藍田康絢（七四）帥郡兵三千赴衍，馮道根時居母喪，帥鄉人子弟勝兵者悉往赴之（七五），梁、南秦二州刺史柳惔亦起兵應衍。惔，忱之兄也。

帝聞劉山陽死，發詔討荊、雍。戊寅（十三日），以冠軍長史劉澮為雍州刺史〔七六〕。遣驍騎將軍薛元嗣、制局監暨榮伯將兵及運糧百四十餘船，送郢州刺史張沖使拒西師〔七七〕。元嗣等懲劉山陽之死，疑沖〔七八〕，不敢進，停夏口浦，聞西師將至，乃相帥入郢城〔七九〕。前竟陵太守房僧寄將還建康，至郢，帝敕僧寄留守魯山〔八〇〕，除驍騎將軍。張沖與之結盟，遣軍主孫樂祖將數千人助僧寄守魯山。

蕭穎胄與武寧太守鄧元起書，招之〔八一〕。張沖待元起素厚，眾皆勸其還郢，元起大言於眾曰：「朝廷暴虐，誅戮宰輔，羣小用事，衣冠道盡，荊、雍二州同舉大事，何患不克？且我老母在西〔八二〕，若事不成，正受戮昏朝，幸免不孝之罪。」即日治嚴上道，至江陵，為西中郎中兵參軍。

湘州行事張寶積發兵自守，未知所附，楊公則克巴陵，進軍白沙〔八三〕，寶積懼請降，公則入長沙撫納之。

（廿）是歲，北秦州刺史楊集始將眾萬餘自漢中北出，規復舊地〔八四〕，魏梁州刺史楊椿將步騎五千出頓下辯，遣集始書，開以利害，集始遂復將其部曲千餘人降魏，魏人還其爵位(85)，使歸守武興。

【今註】㊀永元二年：魏宣武帝景明元年。㊁殿西序：序，東西牆也，見《說文》。段玉裁曰：「堂上以東西牆為介，禮經謂正堂近序之處曰東序、西序。」殿西序，殿西近序小室也。㊂比起就會：比，及也，及帝起，出與羣臣就會。㊃及除南兗州：上卷上年移裴叔業刺南兗州。㊄會陳顯達反：事亦見上卷上年。㊅持兩端：觀望其成敗也。建康敗則附顯達，顯達敗則附建康。㊆白帝遣叔業宗人中書舍人長穆宣旨，許停本任：宗人，同宗之人也。遣裴長穆宣帝旨以喻叔業，許其仍刺豫州。㊇親人：所親信者。㊈天下大勢可知，恐無復自存之理：謂帝昏暴，忍於殺戮，大臣鮮有倖存者。㊉不若回面向北，不失作河南公：言若降魏，不失爵賞。⑪直出橫江：橫江在今安徽省和縣東南，與采石夾江而峙，為江渡要津。自歷陽出橫江以斷建康後援。⑫沈疑：沈吟疑慮也。⑬遣信詣魏豫州刺史薛真度：真度為魏豫州刺史，鎮懸瓠，時領汝南、潁川、汝陽、新蔡、襄城、城陽等郡。⑭魏遣驃騎大將軍彭城王勰、車騎將軍王肅帥步騎十萬赴之：赴裴叔業之援。⑮以叔業為使持節、都督豫雍等五州諸軍事：《晉書・職官志》諸將軍使持節為上，持節次之，假節為下，使持節得殺二千石以下，持節殺無官位人，假節惟軍事得殺犯軍令者。《魏書・裴叔業傳》，五州謂豫、雍、兗、徐、司也。⑯魏以彭城王勰為司徒，領揚州刺史，鎮壽陽：壽陽自東漢以來為揚州治所，宋始以豫州治壽陽，裴叔業以壽陽降魏，魏乃復以為揚州治。⑰大眼，難當之孫也：楊難當，氐王也，宋文帝元嘉中據仇池。⑱一二日，謀不定：言其謀歷一二日而未定也。⑲建安戍：胡三省曰：「北史曰：『魏正光中，羣蠻出山居邊城建安者八九千戶。』邊城郡治期思，則建安戍亦當相近。隋改期思縣為殷城縣，取縣東古殷城為名。宋建隆元年，改殷城為商城，後省為鎮，入光州固始縣。」余按《魏書・地形志》有四邊城郡，霍州邊城郡治麻步山，南朔州邊城郡治石頭城，南郢州邊城郡治茹由縣，治期思者揚州之邊城郡也。⑳以元護非其鄉曲：裴叔業河東郡人，而李元護遼東郡人，故云非其鄉曲。㉑巴西民雍道晞聚眾萬餘逼郡城：巴西郡治閬中縣，今四川省閬中縣。㉒劉季連：時為益州刺史。㉓完策：完，全也，全勝之策。㉔帝屏除出琅琊城送之：帝每出，禁絕行人，懸幔為障，置仗人防守，謂之屏除，見上卷上年。琅琊城，南琅琊郡之郡城也。《齊書・州郡志》南琅琊郡本治金城，永明徙治白下，故城在今江蘇省江寧縣西北。㉕圍內：即屏除圍障之內。㉖小峴：小峴山在今安徽省合肥縣東七十里，為壽陽東向建康之衝要也，其勢險扼。㉗交州刺史李叔獻：胡三省曰：「武帝永明三年李叔獻自交州入朝，至今猶帶交州刺史，蓋以其阻險不庭，逼以兵威而後至，廢棄不用也。」李叔獻刺交州，斷割外國貢獻，武帝以大司農劉楷發南康等三郡兵討之，事見卷一百三十六武帝永明二年、三年。㉘死虎：杜佑曰：「死虎，地名，在壽州壽春縣東四十餘里。」壽春，今安徽省之壽縣，古之壽陽也。死虎即宛唐，宛唐，死虎之誤也，宋晉安王子勛之難，劉勔破劉順於此，注見卷一百三十一宋明帝泰始二年。㉙硤石：《水經注》淮水北經山硤中，謂之硤石。其山兩岸相對，淮水經其中，昔苻堅入寇，攻晉將胡彬於硤石，即此。在今安徽省鳳台縣東南，逼近壽陽。㉚丙申，彭城王勰、王肅擊松、伯之等，大破之：《魏書・宣武帝紀》在四月丙申。四月庚午朔，丙申二十七日。㉛建安，淮南重鎮，彼此要衝：建安，謂建安戍也。胡三省曰：「魏兵南來，齊兵北向，建安皆為要衝之地，故曰彼此。」㉜得之則義陽可圖，不得則壽陽難保：謂魏若得建安，則可進攻齊之義陽，若齊增建安之戍，以斷魏壽陽後援，則壽陽難保也。義陽郡，齊司州治也。蕭子顯曰：「義陽有三關之隘，北接陳汝，控帶許洛，自宋泰始以來，常為邊鎮。」義陽，今河南省信陽縣。三關註見後。㉝魏皇弟恌：恌音挑。㉞慧景之發建康也，其子覺為直閤將軍，密與之約：《南齊書・崔慧景傳》帝既誅戮將相，舊臣皆盡，慧景自以年宿位重，轉不自安，故與其子約期為變也。㉟吾荷三帝厚恩：三帝，高帝、武帝、明帝也。㊱當顧託之重：明帝臨崩，遺詔託孤於羣臣，慧景預焉。㊲司馬崔恭祖：崔恭祖為崔慧景平西司馬。㊳壬子，假右衞將軍左興盛節，都督建康水陸諸軍以討之：《南齊書・東昏侯紀》四月丁未，崔慧景反，壬子，命左興盛假節討慧景，乙卯，遣王瑩禦慧景，甲子，慧景入京師。按四月庚午朔，無丁未、壬子、乙卯、甲子諸日，故《通鑑》系之三月。㊴孝嗣誅，詔令離昏：令寶玄與其徐妃離婚也，昏與婚同。孝嗣誅見上卷上年。㊵因發將吏守城：守京口城。㊶八棡輿：蕭子顯曰：「輿車形如軺車，下施八棡，人舉之，一曰小輿，小行幸乘之，皇太子亦得於宮內乘之。」棡，橫木也，輿施八棡，以八人舉之，按即肩輿也，今謂之轎。㊷臺遣驍騎將軍張佛護、直閤將軍徐元稱等六將：《南齊書・崔慧景傳》六將謂佛護、元稱及屯騎校尉姚景珍、西中郎參軍徐景智、游盪軍主董伯珍、騎官桓靈福也。㊸爨食：爨，炊也。炊而後食謂之爨食。㊹瑩，誕之從曾孫也：王誕寵信於宋武帝之世。㊺竹塘人萬副兒：《南齊書・崔慧景傳》副兒善射獵，能捕虎，來投慧景。㊻蔣山龍尾：胡三省曰：「築道陂陁以上蔣山，若龍尾之垂地，因曰龍尾。」㊼鼓叫臨城中：鼓叫，擂鼓叫譟以作氣也。《宋書》柳元景曰：「鼓繁氣易衰，叫數力易竭。」胡三省曰：「城中，即湖頭所築壘中也。」㊽樂游苑：《宋書・禮志》宋文帝起樂游苑於覆舟山南，晉之北郊也，在今江蘇省江寧縣東北。㊾逃淮渚荻舫中：淮渚，秦淮之渚也。荻似芒而大，盛長水渚之間，荻舫者，採荻小舫也。㊿遣兵出盪：盪，略陣也。(51)慧景燒蘭臺府署為戰場：蘭臺，御史臺也。蘭臺，本漢宮中藏書之所，以御史中丞掌之，御史中丞，御史大夫之丞也，東漢以御史大夫為司空，以御史中丞出外為御史臺主，故御史臺亦稱蘭臺。(52)宣德太后：文惠太子之妃也，鬱林之立，尊為皇太后，明帝立，后出居鄱陽王故第，號宣德宮，稱宣德皇太后。(53)巴陵王昭胄懲永泰之難：明帝永泰元年，王敬則反，帝召諸王入宮，欲盡誅之，而南康侯子恪入見，事遂中止，見卷一百四十一至是陳顯達反，帝復召之，因懼禍及也。(54)永新侯：宋白曰：「永新縣本漢廬陵縣地，吳寶鼎中立永新縣，屬安成郡。」故城在今江西省永新縣西。(55)江西：胡三省曰：「橫江以西之地也。」蓋長江自九江東北流至蕪湖，折而北流，至今六合南界始折而東，故世以江左為江東，彼岸為江西也。王鳴盛曰：「江西即江北，若正言牛渚以西皆得稱之。今案通鑑第九十五卷晉成帝紀咸和七年趙郭敬南略江西，胡三省注：『江西謂邾城以東至歷陽也。』邾城今湖北黃州府黃岡縣，歷陽今安徽和州，此以和州泝江而西至黃岡為江西，對江東而言，是正言西也。若南齊書竟陵王子良之子昭胄傳：『建武以來，高、武王侯朝不保夕，昭胄與弟昭穎逃奔江西，變形為道士，崔慧景舉兵，昭胄出投之。』時慧景在南兗州，即今揚州，此則以江北為江西。又柳世隆傳建元二年，虜寇壽陽，垣崇祖既破虜，上欲罷并二豫，敕世隆曰：『江西蕭索，二豫兩辦為難。』此江西即指壽陽一路，徐沛淮泗之間而言，亦以江北為江西也。南史王融傳：『晚節習騎馬，招集江西傖楚數百人，特為謀主。融志在北伐，以功名自期許，其時南北交兵，壽春為扼要。』所稱江西，正指此一路而言，亦以江北為江西也。古人言北可以西言之，言南可以東言之，二者得通稱。史記殷通在江南會稽郡，欲言沛郡事，正當言江北而言江西，烏江亭長欲從江之北岸渡項羽至南岸，正當言江南而言江東，皆通稱。」余按江南之言江東，江北之言江西，正因江流形勢使然，蓋於歷陽江流而言為東，江自今六合南界東折，則為南也，若謂凡南可以東言之，凡北可以西言之亦非也。和州，今安徽省和縣，橫江浦在其東南。〔五六〕昭胄，子良之子也：竟陵王子良，武帝次子。〔五七〕慧景意更向昭胄：慧景初欲擁立寶玄，寶玄明帝之子也，而昭胄武帝之孫，武帝，高帝之嫡胤也，故慧景意更向之。〔五八〕費用功多：猶言用費而功多也。《南齊書·崔慧景傳》作費用功力，文意較明。〔五九〕慧景性好談義，兼解佛理：好治義理之學也，此即所謂清談。魏晉清談，以老莊為主，佛學為輔，南朝以後，佛學大盛，多談佛理。〔六〇〕自采石濟江：自采石磯而濟。〔六一〕城中鼓叫稱慶：城中，臺城中也；鼓叫稱慶，以蕭懿之援至也。〔六二〕恭祖先勸慧景遣二千人斷西岸兵，令不得度：西岸兵謂蕭懿屯小峴之師也，斷者，阻斷其入援建康之路。〔六三〕獨遣崔覺將精手數千人渡南岸：胡三省曰：「精手，軍中事藝高強者。」南岸，秦淮之南岸也，臺城在秦淮北岸，渡南岸以阻蕭懿之兵。(六四)昧旦：天微明猶未全明時。(六五)覺單馬退，開桁阻淮：崔覺退據北岸，開大桁以斷懿兵，阻秦淮之水以為固也。(六六)城北諸軍不知，猶為拒戰：不知慧景潛去，猶為慧景拒戰也。(六七)懿軍渡北岸：渡秦淮北岸以援臺城。(六八)鰌籃：盛鰌魚之籃。鰌亦作鰍，體圓長，尾部側扁，體面多黏液，背色蒼綠，有黑色小斑，多濟居水田之泥濘中，故一名泥鰌。(六九)東城：東府城也。(七〇)士民多往投集：言士民多往投寶玄而集於東城。(七一)江夏尚爾：江夏謂江夏王寶玄，帝之弟也，言寶玄至親尚欲為亂，況餘人乎。(七二)初，慧景欲交處士何點，點不顧。及圍建康，逼召點，點往赴其軍：《梁書・何點傳》點字子晳，廬江灊人也，祖尚之，宋司空，父鑠，宜都太守，容貌方雅，博通羣書，善談論，家本甲族，親姻多貴仕，而雅志沖淡，不簪不帶，或駕柴車，躡草屩，恣心所適，士大夫多慕從之，時人號為通隱，從弟遁以東籬門園居之，故為慧景逼召往赴其軍。慧景圍建康，頓法輪寺，對客高談，蓋何點也。(七三)點若不誘賊共講，未易可量：謂何點若不與慧景談論佛理，使慧景得致力以攻城，則建康安危未可量也。(七四)點，胤之兄也：胤字子季，隱於會稽若邪山。(七五)蕭懿既去小峴：懿自小峴入援建康。(七六)魏彭城王勰進位大司馬，領司徒，王肅加開府儀同三司：賞取壽陽之功也。(七七)太陽蠻：當作大陽蠻。(七八)乙丑，曲赦建康、南徐、兗二州：《南齊書・東昏侯紀》在五月，五月庚子朔，乙丑二十六日。胡三省曰：「崔慧景自南兗州還兵而南徐州之人從之，進圍建康而建康之人又多從之，既大赦而誅縱失實，故又曲赦三處。」(七九)赦書無信，人情大惡：既赦而復興獄，故人情惡其無信。(八〇)阿丈：《漢書．匈奴傳》曰：「漢天子，我丈人行也。」顏師古注：「丈人，尊老之稱。」阿丈即丈人，魏晉以來，好以阿字為發語辭，如曰阿父、阿兄、阿戎等是。(八一)田宅貲財，莫不啟乞：言於所誣罪人田宅貲財，莫不啟上乞求以為己有。(八二)諸刀敕家：刀敕即前所謂左右御刀、應敕之徒。(八三)奄人：宦人也。《周禮．天官．序官》注：「奄，精氣閉藏者，今謂之宦人。」奄與閹同。(八四)倀子：胡三省曰：「倀，狂也。」余按此取為虎作倀之義，謂寶孫助帝為虐，猶倀之事虎也。(八五)懾息：懾，怖懼也，人怖懼則屏氣而息曰懾息。(八六)吐谷渾王伏連籌事魏盡禮：盡禮者，盡藩臣之禮。(八七)稱制於其鄰國：以鄰國為藩屬，示君臨之以自誇大。《魏書．吐谷渾傳》鄰國謂宕昌也，稱其書曰表，名報曰旨。(八八)冠軍將軍驃騎司馬陳伯之再引兵攻壽陽：伯之為驃騎司馬，帶冠軍將軍號。是年春，伯之攻壽陽而敗，今復攻之也。(八九)伯之防淮口甚固：淮口謂汝水入淮之口也，傳永蓋自汝陰將兵順汝入淮以援壽陽。《水經》汝水自汝南上蔡縣西，東南過平輿縣南，又東至汝陰原鹿縣南入於淮。原鹿故治在今安徽省阜陽縣南，入淮處有汝口戍。(九〇)水牛：水牛體黑，角彎如鈎月，較常牛為大，耐勞役，生江淮以南，《世說》晉滿奮所謂吳牛見月而喘者也。(九一)吾北望已久，恐洛陽難可復見：北望洛陽之援也。援不至而心孤危，惟恐壽陽之陷，故云然。(九二)教旨：胡三省曰：「諸王及任專方州者皆得下教於其屬，故云教旨。」(九三)勰部分將士與永幷勢擊伯之於肥口：《水經注》淮水自壽春縣西東過壽陽縣西北，肥水自黎漿北逕壽春故城東，又西北注於淮，謂之肥口。壽春即壽陽也。時陳伯之蓋軍於肥口以逼壽陽。(九四)淮南遂入於魏：齊豫州鎮壽陽，漢淮南郡之地也。(九五)魏主召勰還洛陽，勰累表辭大司馬領司徒，乞還中山：魏中山郡治盧奴，定州州治也。去年魏孝文帝殂，宣武帝以勰刺定州。及裴叔業以壽陽降魏，魏以勰都督南征諸軍事以赴之，授司徒，進位大司馬，至是乞還本任。(九六)以元英行揚州事：魏置揚州於壽陽，勰既徵還，乃以英代勰。(九七)時帝出未還：出為市里遊也。(九八)外人不敢輒開：謂不敢輒開後宮門。(九九)柏梁既災，建章是營：此張衡〈西京賦〉之辭也，漢武帝元鼎二年，起柏梁臺。柏梁災營建章事見卷二十一漢武帝太初元年。(一〇〇)帝乃大起芳樂、玉壽等諸殿：《南齊書・東昏侯紀》後宮遭火之後，更起仙華、神仙、玉壽諸殿，永元三年夏，於閱武堂起芳樂苑，山石皆塗以五采，跨池水，立紫閣諸樓觀。則芳樂殿當在芳樂苑中，蓋永元三年之所建也。(一〇一)麝香：麝形似鹿而小，無角，耳殼大，雄者犬齒外露，其腹臍有香腺，分泌物香氣甚烈，所謂麝香是也。陸佃曰：「商洛山中多麝，所遺糞常就一處，雖遠逐食，必還走其地，不敢遺迹它所，慮為人所獲，人反以是從迹其所在，必掩羣而取之。麝絕愛其香，每為人所追逐，勢且急，即自投高巖，舉爪剔出其香，就縶且猶自拱四足以抱其臍。」(一〇二)猶不副速：猶不能副其速成之意。(一〇三)不復周用：周，遍也，謂所用者多，所儲不能遍給。(一〇四)皆折使輸金：使以金折錢以輸官。(一〇五)又訂出雉頭、鶴氅、白鷺縗：胡三省曰：「訂，平議也。齊、梁之時，謂賦民為訂，蓋取平議而賦之之義。雉頭上毛細而鮮紅如錦，晉程據緝以為裘。鶴氅、鶴翎毛也，白鷺縗，鷺頭上毦也。鶴氅、鷺縗，皆取其潔白，詩疏曰：『鷺、水鳥，毛白而潔，頂上有毛毿毿然。』此即縗也。」《爾雅・釋鳥》云：「鷺舂鉏。」郭璞注曰：「白鷺也，頭、翅、背上皆長有翰毛，今江東人取以為睫攡，名之曰白鷺縗。」睫攤即接䍦也，《晉書・山簡傳》簡每出遊嬉，多之池上，置酒即醉，有兒童歌曰：「山公出何許，往至高陽池，日夕倒載歸，酩酊無所知，時時能騎馬，倒著白接䍦。」⑯課一輸十：官課其一，吏為姦利，令民輸十倍之賦。⑰軍主吳子陽等出三關：蕭子顯曰：「義陽有三關之隘。」三關謂平靖關、武陽關，黃峴關，俱在今河南省信陽縣南，信陽即古義陽也。《春秋左氏傳》定公四年蔡侯與吳子，唐侯伐楚，還塞大隧、直轅、冥阨。大隧即黃峴關，直轅即武陽關，冥阨即平靖關。⑱與魏東豫州刺史田益宗戰於長風城：田益宗，光城蠻酋也，魏孝文帝太和十七年降魏，十九年，魏置東豫州於廣陵城，以益宗為刺史。廣陵城在今河南省息縣南，時領汝南、東新蔡、新蔡、弋陽、陽安等郡。《宋書・州郡志》文帝元嘉二十五年，以豫部蠻民立建昌、南川、長風等十八縣，屬西陽郡，長風其一也，後省。胡三省曰：「長風城在陰山關南，陰中關在弋陽縣界。」弋陽故縣在今河南省潢川西，則長風城在其南。⑲不賞之功：蒯通曰：「功蓋天下不賞。」⑳行伊霍故事：伊尹廢太甲，霍光廢昌邑，蓋欲使懿廢帝也。㉑高而無民，必生後悔：言位雖高而無兵權，一朝有變，則束手就擒，必生後悔。㉒懿以元勳居朝右：尚書令國之元輔，位居百僚之右。㉓暢為衞尉，掌管籥：衞尉掌宮門衞屯兵。㉔因其出門：因帝出臺城門作治遊也。㉕懿將行隆昌故事：謂蕭懿將依隆昌明帝廢鬱林王故事以廢帝也。㉖家弟在雍州，深為朝廷憂之：時蕭衍在襄陽，襄陽雍州治。言已死後，衍必將舉兵也。㉗懿弟、姪皆亡匿於里巷，無人發之者：蓋人心皆向懿兄弟而為之覆護。㉘事幹：謂臨事有幹略。㉙雖有遺詔：魏孝文帝臨殂，遺詔許勰解職，見上卷上年。㉚復為世宗所留：謂帝復以緦出總南伐之師，入為司徒，錄尚書事也。魏宣武帝廟號世宗。㉑折旋合度：《禮記》曰：「周旋中規，折旋中矩。」鄭注云：「折旋，曲行也。」㉒下笮戍：胡三省曰：「下笮戍在沔北，直襄陽東北。」㉓暉，誕之子也：桓誕，大陽蠻酋也。宋明帝泰豫元年，誕帥沔北羣蠻八萬餘落降魏。㉔直後滎陽鄭植弟紹叔為衍寧蠻長史：衍刺雍州，帶寧蠻府，以紹叔為長史。㉕南峴：即峴山也，山在襄陽城南九里，故曰南峴。《水經注》沔水自襄陽城東南逕峴山東，山上有桓宣所築城，孫堅死於此，又有桓宣碑，羊祜之鎮襄陽也，與鄒潤甫嘗登之，及祜薨，後人立碑於故處，望者悲感，杜元凱謂之墮淚碑。㉖相持慟哭而別：胡三省曰：「各盡力於所事，恐不復相見，故慟哭而別。」㉗入宅定議：宅謂雍州州廨也。㉘茂，天生之子：王天生事齊高帝攻袁粲，見卷一百三十四宋順帝昇明元年。㉙慶遠，元景之弟子也：柳元景寵任於宋孝武帝之世。諸柳，雍州之豪望也。㉚諸將爭槾，呂僧珍出先所具者，每船付二張：槾與櫓同，大楯也，立之於船以禦流矢。呂僧珍私具櫓數百張見上卷上年。胡三省曰：「僧珍所具者數百張櫓耳，安能給三千艘邪？每船付二張，蓋給諸將所乘之船耳！」余按此云諸將爭櫓，則是雍州原有櫓，但不敷給耳，今僧珍出先所具者以足之也。梁武舉兵，蓄謀已久，不能無先備也。㉛是時南康王寶融為荊州刺史，西中郎長史蕭穎胄行府州事：南康王寶融以西中郎將刺荊州，以蕭穎胄為長史行事。㉜帝遣輔國將軍巴西、梓潼二郡太守劉山陽將兵三千之官，就穎胄兵使襲襄陽：巴西太守治閬中。自建康泝江入川，道經江陵，令即就穎胄將荊州之兵以襲襄陽也。㉝遣參軍王天虎詣江陵，偏與州府書：胡三省曰：「州謂荊州官屬，府謂西中郎府官屬。」㉞聲云山陽西上，幷襲荊、雍：聲云者，蕭衍書所宣聲也。㉟荊州素畏襄陽人，加以脣亡齒寒：襄陽被邊，人皆習兵，故荊州人畏之。《左傳》晉假道於虞以伐虢，宮之奇諫曰：「虢，虞之表也，虢亡，虞必從之，諺所謂輔車相依，脣亡齒寒者，其虞、虢之謂也。」喻休戚相關如脣齒之切近也，荊襄之勢亦復如是。㊱雖韓、白復生，不能為建康計，況以昏主役刀敕之徒哉：言雖有將略如韓信、白起者，猶不能為建康禦荊襄之師，況以帝之昏庸，役左右御刀、應敕之徒以應戰者乎。㊲巴陵：《水經注》曰：「巴陵本吳之巴丘邸閣城也，晉太康元年立巴陵縣於此，後置建昌郡。」《御覽》引《十道志》亦曰：「晉分長沙之巴陵置建昌郡。」《宋書・州郡志》文帝元嘉十六年分長沙之巴陵、蒲圻、下雋，江夏之沙陽四縣立巴陵郡，則是晉嘗置建昌郡而後廢也。巴陵郡屬郢州，故治即今湖南省岳陽縣。㊳南康王友：王國之官，有師、友各一人。㊴用兵之道，攻心為上：孫武子《兵法》有是言。㊵今段：胡三省曰：「今段，猶云今來一段事也。」㊶止有兩函與行事兄弟，云天虎口具：行事兄弟謂蕭穎胄、穎達也。函中不言事，但云天虎口具而已。口具者，猶言面陳也。㊷及問天虎，而口無所說：謂穎胄既啟函，必以問天虎，而蕭衍實未嘗以語屬天虎，故天虎雖見問而無所說也，蓋所以疑荊州羣僚。㊸天虎是行事心膂：《南齊書・蕭穎胄傳》王天虎，穎胄親人也，故云然。㊹彼間：謂荊州及西中郎府官屬。㊺判相嫌貳：胡三省曰：「判，決也；嫌，疑也；貳，持兩端也。」㊻山陽至江安，遲回十餘日不上：《南齊書・蕭穎胄傳》曰：「進至巴陵，遲回十餘日不進。」自江安至江陵，泝江北上也。江安縣，晉武帝太康元年立，屬南平郡。《水經注》江安即公安也，杜預克定江南，罷華容，置為江安縣，故城在今湖北省公安縣東北。㊼穎胄大懼：懼劉山陽之疑己與蕭衍通謀也。㊽定議：決其所從。㊾歲寒復不為朝廷所容：胡三省曰：「四時運而成歲，歲至極寒而終矣。歲寒以喻世事終極處。」猶言終不為朝廷所容也。㊿重足累息：疊足而立，累息不敢出氣，謂懼之甚也。(51)今幸在遠：言幸得在荊州，遠離臺城也。(52)假日：假，借也，猶言苟延時日。(53)雍州之事，且藉以相斃耳：藉亦借也。雍州之事，指蕭衍遺書蕭穎胄兄弟事也。言朝廷本有相圖之意，今但借其事以相斃耳。(54)蕭令君：蕭懿為尚書令，故呼為令君。(55)前事之不忘，後事之師也：《史記・鄭世家》太史公之言。(56)若破山陽，荊州復受失律之責：山陽受命就荊州之師以伐雍州，今坐視山陽軍破而不赴援是失律也。(57)進退無可：進既不同於雍州，退復見疑於朝廷。無可猶失據也。(58)入門：入江陵城門。(59)柳忱，世隆之子也：柳世隆為高、武佐命功臣。(60)穎胄慮西中郎司馬夏侯詳不同：司馬掌兵，故穎胄慮其有異同。(61)纂嚴：纂，集也；嚴，裝也，纂嚴猶曰治裝也。(62)都督行留諸軍事：行謂東下之師，留謂留守之軍。(63)宗夬：宗姓，夬名。夬音噲。(64)長沙寺：胡三省曰：「長沙寺在江陵，宋元嘉中臨川王義慶鎮江陵，起寺，為其本生父長沙王道憐資福，因名長沙寺。」(65)若頓兵十旬，必生悔吝：時十一月，若須至明年二月進兵，則是頓兵十旬也。胡三省曰：「兵以氣勢為用者也，是以巧遲，不若速拙。」(66)穎胄遣冠軍將軍天水楊公則向湘州：湘州治長沙，使攻湘州行事張寶積於長沙也。(67)西中郎參軍南郡鄧元起向夏口：夏口，郢州治。使會蕭衍軍攻郢州刺史張沖也。(68)可封十郡為宣城王：《南齊書・和帝紀》時以宣城、南琅琊、南東海、東陽、臨海、新安、尋陽、南郡、竟陵、宜都十郡為宣城王國。胡三省曰：「蓋以明帝自宣城王入纂大統，故假宣德太后令以是肇封。」(六九)節下：蕭衍為使持節都督前鋒諸軍事，故稱之曰節下。(七〇)蘭艾同焚：言無貴賤同歸於盡也。蘭有天香，人貴之，艾野草也，人賤之，故以為喻，書云玉石俱焚，其義亦同。(七一)杜陵：杜陵縣，自漢以來屬京兆，蓋秦杜縣地也。東晉僑立京兆太守及杜陵令於襄陽，宋大明土斷，割襄陽之西界為實土。(七二)定天下者，殆必在吾州將乎：吾州將謂蕭衍也，韋叡杜陵人，杜陵屬雍州。衍刺雍州，當方面，總兵權，故曰州將也。(七三)倍道：兼程也。(七四)華山太守藍田康絢：藍田縣，漢屬京兆，宋置僑縣於襄陽，屬華山郡。《梁書・康絢傳》云：「康絢字長明，華山藍田人也，其先本康居侍子，待詔河西，因留不去，其後即以康為姓。晉時隴右亂，康氏遷於藍田。絢祖穆為姚萇河南尹，宋永初中，穆舉鄉族三千餘家入襄陽，宋為治華山郡藍田縣於襄陽以居焉。」宋白曰：「宋大明元年，立華山郡於大堤村，後魏改華山郡為宜城郡，唐為宜城縣，屬襄州。」今湖北省宜城縣，故華山郡治也。(七五)馮道根時居母喪，帥鄉人子弟勝兵者悉往赴之：《梁書・馮道根傳》道根廣平酇人也。廣平時屬雍州，蓋江左僑治，寄治襄陽。酇故城在今湖北省光化縣北，鄉人子弟，謂酇人也。(七六)以冠軍長史劉澮為雍州刺史：欲以代蕭衍。(七七)西師：謂荊雍之師也，荊雍在西，故曰西師。(七八)疑沖：疑沖與荊雍通謀。(七九)郢城：夏口城也，時為郢州治。(八〇)魯山：《水經注》曰：「江水自沔口東逕歎父山，又東逕魯山南，山左即沔水口矣！」魯山在今湖北省漢陽縣北，一名大別山。

(八一)蕭穎胄與武寧太守鄧元起書，招之：按上已云穎胄遣元起將兵向夏口，自此至以元起為西中郎中兵參軍皆追述之辭。《宋書・州郡志》晉安帝隆安五年，桓玄以沮漳降蠻立武寧郡，屬荊州，故治在今湖北省荊門縣北。㉒且我老母在西：《梁書・鄧元起傳》，元起南郡人也。元起守武寧，其母蓋留鄉里。㉓白沙：《水經注》白沙戍在長沙之南，黃陵之北，湘水所經，黃陵亭有黃陵廟，舜二妃廟也。羅含《湘中記》曰：「湘川清照見底，白紗如霜雪，赤崖若朝霞。」故戍得白沙之名。㉔北秦州刺史楊集始將眾萬餘自漢中北出，規復舊地：明帝建武四年，魏武興王楊集始為氐帥楊靈珍所襲，降齊，齊以為北秦州刺史，至是自漢中將兵北出，謀復舊地也。㉕魏人還其爵位：集始既降齊，魏削其武興王爵，今復其原授爵位也。

卷一百四十四 齊紀十

重光大荒落，一年。（辛巳，西元五〇一年）

司馬光編集
林瑞翰註

和皇帝㊀

中興元年㊁（西元五〇一年）

㈠春，正月丁酉（初二日），東昏侯以晉安王寶義為司徒，建安王寶寅為車騎將軍，開府儀同三司。

㈡乙巳（初十日），南康王寶融始稱相國，大赦。以蕭穎冑為左長史，蕭衍為征東將軍，楊公則為湘州刺史㊂。戊申（十三日），蕭衍發襄陽，【考異】梁高祖紀云：「二月戊申，發襄陽。」按戊申正月十三日，梁紀誤也。留弟偉總府州事，憺守壘城㊃，府司馬莊丘黑守樊城㊄。衍既行，州中兵及儲偫㊅皆虛，魏興太守裴師仁、齊興太守㊆顏僧都並不受衍命，舉兵欲襲襄陽，偉、憺遣兵邀擊於始平㊇，大破之，雍州乃安。

㈢魏咸陽王禧為上相㊈，不親政務，驕奢貪淫，多為不灋，魏主頗惡之。禧遣奴就領軍于烈求舊羽林、虎賁，執仗出入〔一〇〕，烈曰：「天子諒闇，事歸宰輔，領軍但知典掌宿衛，非有詔不敢違理從私。」禧奴惘然〔一一〕而返。禧復遣謂烈曰：「我，天子之叔父，身為元輔，有所求須〔一二〕，與詔何異？」烈厲色曰：「烈非不知王之貴也，奈何使私奴索天子羽林？烈頭可得，羽林不可得。」禧怒，以烈為恒州刺史。

烈不願出外，固辭不許，遂稱疾不出。烈子左中郎將忠領直閤〔一三〕，常在魏主左右，烈使忠言於魏主曰：「諸王專恣，意不可測，宜早罷之，自攬權綱〔一四〕。」北海王詳亦密以禧過惡白帝，且言彭城王勰大得人情，不宜久輔政，帝然之。時將礿祭〔一五〕，王公並齊於廟東坊〔一六〕，帝夜使于忠語烈，明旦入見，當有處分。質明〔一七〕，烈至，帝命烈將直閤六十餘人宣旨召禧、勰、詳，衞送至帝所。禧等入見於光極殿〔一八〕，帝曰：「恪雖寡昧〔一九〕，忝承寶曆〔二〇〕，比纏尪疢〔二一〕，實憑諸父，苟延視息，奄涉三齡。諸父歸遜殷勤，今便親攝百揆，且還府司〔二二〕，當別處分。」又謂勰曰：「頃來南北務殷，不容仰遂沖操㉓，恪是何人，而敢久違先敕㉔？今遂叔父高蹈之意。」勰謝曰：「陛下孝恭，仰遵先詔，上成睿明之美，下遂微臣之志，感今惟往㉕，悲喜交深。」

庚戌（十五日），詔勰以王歸第，禧進位太保㉖，詳為大將軍，錄尚書事。尚書清河張彝、邢巒聞處分非常，亡走出洛陽城，為御史中尉中山甄琛所彈，詔書切責之，復以于烈為領軍，仍加車騎大將軍，自是長直禁中，軍國大事，皆得參焉。

魏主時年十六，不能親決庶務，委之左右，於是倖臣茹皓、趙郡王仲興、上谷寇猛、趙郡趙脩、南陽趙邕及外戚高肇等始用事，魏政浸衰。趙脩尤親幸，旬月間累遷至光祿卿，每遷官，帝親至其宅設宴，王公百官皆從。

㈣辛亥（十六日），東昏侯祀南郊，大赦。

㈤丁巳（二十二日），魏主引見羣臣於太極前殿，告以親政之意。壬戌（二十七日），以咸陽王禧領太尉，廣陵王羽為司徒。魏主引羽入內，面授之，羽固辭，曰：「彥和本自不願而陛下強與之㉗，今新去此官而以臣代之，必招物議。」乃以為司空。

㈥二月乙丑（朔），南康王以冠軍長史王茂為江州刺史，竟陵太守曹景宗為郢州刺史，邵陵王寶攸為荊州刺史。

㈦甲戌（初十日），魏大赦。

㈧壬午（十八日），東昏侯遣羽林兵擊雍州，中外纂嚴。

㈨甲申（二十日），蕭衍至竟陵，命王茂、曹景宗為前軍，以中兵參軍張法安守竟陵城。

茂等至漢口㉘，諸將議欲并兵圍郢，分兵襲西陽㉙、武昌，衍曰：「漢口不闊一里，箭道交至㉚，房僧寄以重兵固守，與郢城為掎角㉛，若悉眾前進，僧寄必絕我軍後，悔無所及。不若遣王、曹諸軍濟江與荊州軍合，以逼郢城，吾自圍魯山，以通沔漢㉜，使鄖城、竟陵之粟，方舟而下㉝，江陵、湘中之兵，相繼而至，兵多食足，何憂兩城之不拔？天下之事，可以臥取㉞之耳！」乃使茂等帥眾濟江，頓九里㉟。張沖遣中兵參軍陳光靜開門迎戰，茂等擊破之，光靜死，沖嬰城自守，景宗遂據石橋浦，連軍相續，下至加湖㊱。荊州遣冠軍將軍鄧元起、軍主王世興、田安之將數千人會雍州兵於夏首。衍築漢口城以守魯山，命水軍主義陽張惠紹等遊遏江中，絕郢、魯二城信使。楊公則舉湘州之眾，會于夏口，蕭穎胄命荊州諸軍皆受公則節度，雖蕭穎達亦隸焉！府朝㊲議欲遣人行湘州事而難其人，西中郎中兵參軍劉坦謂眾曰：「湘土人情，易擾難信，用武士則侵漁百姓，用文士則威略不振，必欲振靜㊳一州，軍民足食，無踰老夫。」乃以坦為輔國長史，長沙太守，行湘州事。坦嘗在湘州，多舊恩，迎者屬路㊴，下車選堪事吏，分詣十郡㊵，發民運租米三十餘萬斛，以助荊雍之軍，由是資糧不乏。

三月，蕭衍使鄧元起進據南堂西渚㊶，田安之頓城北，王世興頓曲水故城㊷。

丁酉（初三日），張沖病卒，驍騎將軍薛元嗣與沖子孜及征虜長史江夏內史程茂㊸共守郢城。

乙巳（十一日），南康王即皇帝位於江陵，【考異】東昏紀云：「丁未，南康王即皇帝位。」蓋是日建康始聞之耳，今從和帝紀及梁武帝紀。改元㊹，大赦。立宗廟、南北郊，州府城門悉依建康宮，置尚書五省㊺，以南郡太守為尹㊻，以蕭穎冑為尚書令，蕭衍為左僕射，晉安王寶義為司空，廬陵王寶源為車騎將軍，開府儀同三司，建安王寶寅為徐州刺史㊼，散騎常侍夏侯詳為中領軍，冠軍將軍蕭偉為雍州刺史。丙午（十二日），詔封庶人寶卷為涪陵王。

乙酉（三月乙未朔，無乙酉，按上有丙午、下有癸丑，此當作己酉），以尚書令蕭穎冑行荊州刺史，加蕭衍征東大將軍，都督征討諸軍事，假黃鉞。時衍次楊口㊽，和帝遣御史中丞宗夬勞軍，寧朔將軍新城庾域諷夬曰：「黃鉞未加，非所以總帥侯伯㊾。」夬返西臺㊿，遂有是命。

薛元嗣遣軍主沈難當帥輕舸數千亂流(51)來戰，張惠紹等擊擒之。癸丑（十九日），東昏侯以豫州刺史陳伯之為江州刺史，假節，都督前鋒諸軍事，西擊荊、雍。夏，四月，蕭衍出沔(52)，命王茂、蕭穎達等進軍逼郢城，薛元嗣不敢出(53)。諸將欲攻之，衍不許(54)。

(十)魏廣陵惠王羽通於員外郎馮俊興妻，夜往，為俊興所擊而匿之，五月壬子（十九日），卒。

(十)魏主既親政事，嬖倖擅權，王公希得進見。齋帥劉小苟屢言於禧云：「聞天子左右人言欲誅禧。」禧益懼，乃與妃兄給事黃門侍郎李伯尚、氐王楊集始、楊靈祐、乞伏馬居等謀反。會帝出獵北邙，禧與其黨會城西小宅，欲發兵襲帝，使長子通竊入河內，舉兵相應。乞伏馬居說禧還入洛城，勒兵閉門，天子必北走桑乾(五五)，殿下可斷河橋(五六)，為河南天子。眾情前卻不壹(五七)，禧心更緩，自旦至晡，猶豫不決，遂約不泄而散。楊集始既出，即馳至北邙告之。直寢苻承祖(五八)、魏孫與禧通謀，是日，帝寢於浮圖之陰，魏孫欲弒帝，承祖曰：「吾聞殺天子者，身當病癩(五九)。」魏孫乃止。俄而帝寤，集始亦至。帝左右皆四出逐禽，直衛無幾，倉猝不知所出。左中郎將于忠曰：「臣父領軍留守京城，計防遏有備，必無所慮。」帝遣忠馳騎覘之，于烈已分兵嚴備，使忠還奏曰：「臣雖老，心力猶可用，此屬猖狂，不足為慮，願陛下清蹕(六〇)徐還，以安物望。」帝甚悅，自華林園(六一)還宮，撫于忠之背曰：「卿差彊人意。」

禧不知事露，與姬妾及左右宿洪池別墅(六二)，遣劉小苟奉啟，云檢行田收(六三)。小苟至北邙，已逢軍人，怪小苟赤衣，欲殺之，小苟困迫，言欲告反，乃緩之。或謂禧曰：「殿下集眾圖事，見意(六四)而停，恐必漏泄，今夕何宜自寬？」禧曰：「吾有此身，應知自惜，豈待人言。」又曰：「殿下長子已濟河，兩不相知，豈不可慮？」禧曰：「吾已遣人追之，計今應還。」時通已入河內，列兵仗，放囚徒矣！于烈遣直閤叔孫侯將虎賁三百人收禧，禧聞之，自洪池東南走，僮僕不過數人，濟洛，至柏谷塢，追兵至，擒之，送華林都亭(六五)，帝面詰其反狀。壬戌（二十九日），賜死於私第，同謀伏誅者十餘人，諸子皆絕屬籍，微給貲產奴婢，自餘家財，悉分賜高肇及趙脩之家(六六)，其餘賜內外百官，逮於流外(六七)，多者百餘匹，下至十匹。禧諸子乏衣食，獨彭城王勰屢賑給之。河內太守陸琇(六八)聞禧敗，斬送禧子通首。魏朝以琇於禧未敗之前，不收捕通，責其通情，徵詣廷尉，死獄中。帝以禧無故而反，由是益疏忌宗室。

(十二)巴西太守魯休烈、巴東太守蕭惠訓不從蕭穎胄之命。惠訓遣子璝將兵擊穎胄，穎胄遣汶陽太守劉孝慶屯峽口(六九)，與巴東太守任漾之等拒之。

(十三)東昏侯遣軍主吳子陽、陳虎牙等十三軍救郢州，進屯巴口(七〇)。虎牙，伯之之子也。

六月，西臺遣衞尉席闡文勞蕭衍軍，齎蕭穎胄等議謂衍曰：「今頓兵兩岸，不并軍圍郢，定西陽、武昌，取江州，此機已失，莫若請救於魏，與北連和，猶為上策。」衍曰：「漢口路通荊、雍，控引秦、梁(七一)，糧運資儲，仰此氣息，所以兵壓漢口，連結數州。今若并軍圍郢，又分兵前進，魯山必阻沔路，搤吾咽喉(七二)，若糧運不通，自然離散，何謂持久？鄧元起近欲以三千兵往取尋陽，彼若懽然知機，一說士足矣，脫距王師(七三)，固非三千兵所能下也，進退無據，未見其可。西陽、武昌，取之即得，然既得之，即應鎮守，欲守兩城，不減萬人，糧儲稱是，卒無所出(七四)，脫東軍有上者㊆五，以萬人攻兩城，兩城勢不得相救，若我分軍應援，則首尾俱弱，如其不遣，孤城必陷，一城既沒，諸城相次土崩，天下大事去矣！若郢州既拔，席捲沿流㊆六，西陽、武昌，自然風靡，何遽分兵散眾自貽憂患乎？且丈夫舉事，欲清天步㊆七，況擁數州之兵以誅羣小，懸河注火，奚有不滅？豈容北面請救戎狄，以示弱於天下？彼未必能信，徒取醜聲，此乃下計，何謂上策？卿為我輩白鎮軍㊆八，前途攻取，但以見付，事在目中，無患不捷，但借鎮軍靖鎮之耳！」吳子陽等進軍武口㊆九，衍命軍主樑天惠等屯漁湖城，唐脩期等屯白陽壘㊇〇，夾岸待之。子陽進軍加湖，【考異】梁韋叡傳作茄湖，今從齊梁帝紀。去郢三十里，傍山帶水，築壘自固。子陽舉烽，城內亦舉火應之，而內外各自保，不能相救。會房僧寄病卒，眾復推助防張樂祖代守魯山㊇一。

(十四)蕭穎胄之初起也，弟穎孚自建康出亡，廬陵民脩靈祐為之聚兵，得二千人，襲廬陵，克之，內史謝篹奔豫章。穎胄遣寧朔將軍范僧簡自湘州赴之，僧簡拔安成㊇二，穎胄以僧簡為安成太守，以穎孚為廬陵內史。

東昏侯遣軍主劉希祖將三千人擊之，南康太守㊇㊂王丹以郡應希祖，穎孚敗奔長沙，尋病卒，謝篹復還郡。希祖攻拔安成，殺范僧簡，東昏侯以希祖為安成內史。脩靈祐復合餘眾攻謝篹，篹敗走。

㊆㊄東昏侯作芳樂苑，山石皆塗以五采，望民家有好樹美竹，則毀牆撤屋而徙之，時方盛暑，隨即枯萎，朝暮相繼㊇㊃。又於苑中立市，使宮人宦者共為裨販㊇㊄，以潘貴妃為市令，東昏侯自為市錄事，小有得失，妃則予杖，乃敕虎賁不得進大荊實中荻㊇㊅。又開渠立埭，身自引船，或坐而屠肉。又好巫覡，左右朱光尚詐云見鬼，東昏入樂遊苑，人馬忽驚，以問光尚，對曰：「聶見先帝大嗔，不許數出。」東昏大怒，拔刀與光尚尋之，既不見，乃縛菰㊇㊆為高宗形，北向斬之，縣首苑門。

崔慧景之敗也，巴陵王昭胄、永新侯昭穎出投臺軍㊇㊇，各以王侯還第，心不自安。竟陵王子良故防閤桑偃為梅蟲兒軍副，與前巴西太守蕭寅謀立昭胄，昭胄許事克，用寅為尚書左僕射、護軍㊇㊈。時軍主胡松將兵屯新亭，寅遣人說之曰：「須昏人㊈〇出，寅等將兵奉昭胄入臺；閉城號令，昏人必還就將軍，但閉壘不應，則三公不足得也。」松許諾，會東昏新作芳樂苑，經月不出遊，偃等議募健兒百餘人從萬春門入突取之，昭胄以為不可。偃同黨王山沙慮事久無成，以事告御刀徐僧重，寅遣人殺山沙於路，吏於麝幐中得其事(九一)，昭胄兄弟與偃等皆伏誅。

雍州刺史張欣泰與弟前始安內史欣時密謀結胡松及前南譙太守(九二)王靈秀、直閤將軍鴻選等誅諸嬖倖，廢東昏。東昏遣中書舍人馮元嗣監軍救郢，秋，七月甲午（初二日），茹法珍、梅蟲兒及太子右率李居士、制局監楊明泰送之中興堂(九三)，欣泰等使人懷刀於座斫元嗣，頭墜果柈(九四)中，又斫明泰，破其腹，蟲兒傷數創，手指皆墮，居士、法珍等散走還臺。靈秀詣石頭迎建康王寶寅(九五)，帥城中將吏見力(九六)，去車輪，載寶寅文武數百，唱警蹕，向臺城，百姓數千人皆空手隨之。欣泰聞事作，馳馬入宮，冀法珍等在外，東昏盡以城中處分見委，表裏相應，既而法珍得返處分，閉門上仗，不配欣泰兵，鴻選在殿內，亦不敢發。寶寅至杜姥宅，日已瞑，城門閉，城上人射外人，外人棄寶寅潰去，寶寅亦逃。三日，乃戎服詣草市尉(九七)，尉馳以啟東昏，東昏召寶寅入宮問之，寶寅涕泣，稱爾日(九八)不知何人逼使上車，仍將去，制不自由。東昏笑，復其爵位。張欣泰等事覺，與胡松皆伏誅。

(十六)蕭衍使征虜將軍王茂、軍主曹仲宗等乘水漲以舟襲加湖，鼓譟攻之。丁酉（初五日），加湖潰，吳子陽等走免，將士殺溺死者萬計(九九)。俘其餘眾而還，於是郢、魯二城相視奪氣。

(十七)乙巳（十二日），柔然犯魏邊。

(十八)魯山乏糧，軍人於磯頭(一〇〇)捕細魚供食，密治輕船，將奔夏口，蕭衍遣偏軍斷其走路，丁巳（二十五日），孫樂祖窘迫，以城降。己未（二十七日），東昏侯以程茂為郢州刺史，薛元嗣為雍州刺史。是日，茂、元嗣以郢城降。

郢城之初圍也，士民男女近十萬口，閉門二百餘日，疾疫流腫(一〇一)，死者什七八，【考異】齊張沖傳云：「死者七八百家。」按死者不可以家數，今從梁高祖紀及韋叡傳。積尸牀下而寢其上，比屋(一〇二)皆滿。茂、元嗣等議出降，使張孜為書與衍，張沖故吏青州治中房長瑜㉔謂孜曰：「前使君忠貫昊天㉔，郎君但當坐守畫一㉕，以荷析薪㉖，若天運不與，當幅巾待命，下從使君。今從諸人之計，非唯郢州士女失高山之望，亦恐彼所不取也㉗。」孜不能用。

蕭衍以韋叡為江夏太守，行郢府事，收瘞死者而撫其生者，郢人遂安。

諸將欲頓軍夏口，衍以為宜乘勝直指建康㉘，車騎諮議參軍張弘策、寧遠將軍庾域亦以為然。衍命眾軍即日上道，緣江至建康，凡磯、浦、村落，軍行宿次，立頓處所，弘策逆為圖畫㉙，如在目中。

㈨辛酉（二十九日），魏大赦。

㈩魏安國宣簡侯王肅㉚卒於壽陽，贈侍中，司空。

初，肅以父死非命㉛，四年不除喪㉜。高祖曰：「三年之喪，賢者不敢過㉝。」命肅以祥禫之禮除喪㉞，然肅猶素服不聽樂終身。

(廿一)汝南民胡文超起兵於灄陽㉟，以應蕭衍，求取義陽、安陸等郡以自效，衍又遣軍主唐脩期攻隨郡㉖，皆克之，司州刺史王僧景遣子為質於衍，司部㉗悉平。崔慧景之死也，其少子偃為始安內史，逃潛得免，及西臺建，以偃為寧朔將軍。偃詣公車門上書㉘曰：「臣竊惟高宗之孝子忠臣，而昏主之亂臣賊子者，江夏王與陛下、先臣與鎮軍是也㉙。雖成敗異術而所由同方。陛下初登至尊，與天合符，天下纖芥之屈，尚望陛下申之，況先帝之子，陛下之兄，所行之道，即陛下所由哉？此尚不恤，其餘何冀？今不可幸小民之無識而罔㉚之，若使曉然知其情節，相帥而逃，陛下將何以應之哉？」事寢不報。

偃又上疏曰：「近冒陳江夏之冤，非敢以父子之親而傷至公之義，誠不曉聖朝所以然之意㉛，若以狂主雖狂，實是天子，江夏雖賢，實是人臣，先臣奉人臣逆人君為不可，未審今之嚴兵勁卒直指象魏㉜者，其故何哉？臣所以不死，苟存視息㉝，非有他故，所以待皇運之開泰，申忠魂之枉屈。今皇運已開泰矣，而死社稷者，返為賊臣，臣何用此生於陛下之世矣！臣謹案鎮軍將軍臣穎胄，中領軍臣詳，皆社稷之臣也，同知先臣股肱江夏，匡濟王室，天命未遂，主亡與亡，而不為陛下瞀然㉔一言，知而不言，不忠；不知而不言，不智也。如以先臣遣使江夏斬之，則征東之驛使，何為見戮㉕？陛下斬征東之使，實詐山陽，江夏違先臣之請，實謀孔矜㉖，天命有歸，故事業不遂耳！臣所言畢矣，乞就湯鑊。然臣雖萬沒，猶願陛下必申先臣，何則？惻愴而申之，則天下伏，不惻愴而申之，則天下叛㉗。先臣之忠，有識所知，南、董之筆，千載可期㉘，亦何待陛下屈申而為褒貶？然小臣惓惓之愚，為陛下計耳！」詔報曰：「具知卿惋切之懷，今當顯加贈諡。」偃尋下獄死。

㉑八月丁卯（初五日），東昏侯以輔國將軍申胄監豫州事，辛未（初九日），以光祿大夫張瓌鎮石頭。

㉒初，東昏侯遣陳伯之鎮江州，以為吳子陽等聲援。子陽等既敗，蕭衍謂諸將曰：「用兵未必須實力，所聽威聲耳！今陳虎牙狼狽奔歸，尋陽人情，理當恟懼，可傳檄而定也。」乃命搜俘囚，得伯之幢主蘇隆之，厚加賜與，使說伯之，許即用為安東將軍，

江州刺史。伯之遣隆之返命，雖許歸附，而云大軍未須遽下。衍曰：「伯之此言，意懷首鼠㊈。及其猶豫，急往逼之，計無所出，勢不得不降。」乃命鄧元起引兵先下，楊公則徑掩柴桑㊉，衍與諸將以次進路。元起將至尋陽，伯之收兵退保湖口㊀，留陳虎牙守湓城㊁。選曹郎吳興沈瑀說伯之迎衍，伯之泣曰：「余子在都，不能不愛。」瑀曰：「不然，人情匈匈㊂，皆思改計，若不早圖，眾散難合。」丙子（十四日），衍至尋陽，伯之束甲請罪。

初，新蔡太守㊃席謙父恭祖為鎮西司馬，為魚復侯子響所殺㊄。謙從伯之鎮尋陽，聞衍東下，曰：「我家世忠貞，有殞不貳。」伯之殺之。

乙卯（八月癸亥朔，無乙卯，己卯之誤也），以伯之為江州刺史，虎牙為徐州刺史。

㈣魯休烈、蕭璝破劉孝慶等於峽口，任漾之戰死㊅。休烈等進至上明，江陵大震。蕭穎胄恐，馳告蕭衍，令遣楊公則還援根本。衍曰：「公則今泝流上江陵，雖至，何能及事？休烈等烏合之眾，尋自退散，正須少時持重耳！良須兵力，兩弟在雍(三七)，指遣往徵(三八)，不為難至。」穎胄乃遣蔡道恭假節屯上明以拒蕭璝。

(七五)辛巳（十九日），東昏侯以太子左率(三九)李居士總督西討軍事，屯新亭。

(七六)九月乙未（初四日），詔蕭衍若定京邑，得以便宜從事。衍留驍騎將軍鄭紹叔守尋陽，與陳伯之引兵東下，謂紹叔曰：「卿，吾之蕭何、寇恂也(四〇)，前塗不捷，我當其咎，糧運不繼，卿任其責。」紹叔流涕拜辭。比克建康，紹叔督江湘糧運，未嘗乏絕。

(七七)魏司州牧廣陽王嘉請築洛陽三百二十三坊，各方三百步，曰：「雖有暫勞，姦盜永息。」丁酉（初六日），詔發畿內夫五萬人築之，四旬而罷。

(七八)己亥（初八日），魏立皇后于氏。后，征虜將軍勁之女。勁，烈之弟也，自祖父栗磾以來，累世貴盛，一皇后，四贈公，三領軍，二尚書令，三開國公(四一)。

(七九)甲辰（十三日），東昏侯以李居士為江州刺史，冠軍將軍王珍國為雍州刺史，建安王寶寅為荊州刺史，輔國將軍申胄監郢州，龍驤將軍扶風馬仙琕監豫州、驍騎將軍徐元稱監徐州軍事。珍國，廣之之子也㊷。

是日，蕭衍前軍至蕪湖，申胄軍二萬人棄姑孰走，衍進軍據之。

戊申（十七日），東昏侯以後軍參軍蕭璝為司州刺史，前輔國將軍魯休烈為益州刺史。

(卅)蕭衍之克江、郢也，東昏遊騁如舊，謂茹法珍曰：「須來至白門前，當一決㊸。」衍至近道，乃聚兵為固守之計，簡二尚方、二冶囚徒以配軍㊹，其不可活者，於朱雀門內，日斬百餘人。

衍遣曹景宗等進頓江寧㊺，丙辰（二十五日），李居士自新亭選精騎一千至江寧。景宗始至，營壘未立，且師行日久，器甲穿弊㊻，居士望而輕之，鼓譟直前薄之，景宗奮擊破之，因乘勝而前，徑至皁莢橋，於是王茂、鄧元起、呂僧珍進據赤鼻邏，新亭城主江道林引兵出戰，眾軍擒之於陳。

衍至新林，命王茂進據越城，鄧元起據道士墩，陳伯之據籬門㊼，呂僧珍據白板橋㊽。李居士覘知僧珍眾少，帥銳卒萬人直來薄壘㊾。僧珍曰：「吾眾少，不可逆戰，可勿遙射，須至塹裏，當并力破之。」俄而皆越塹拔柵，僧珍分人上城，矢石俱發，自帥馬步三百人出其後，城上復踰城而下，內外奮擊，居士敗走，獲其器甲不可勝計。居士請於東昏侯，燒南岸邑屋以開戰場，自大航以西，新亭以北皆盡。衍諸弟皆自建康自拔赴軍㊿。

冬，十月甲戌（十三日），東昏侯遣征虜將軍王珍國、軍主胡虎牙將精兵十萬餘人陳於朱雀航南，宦官王寶孫持白虎幡督戰，開航背水，以絕歸路。衍軍小卻，王茂下馬單刀直前，其甥韋欣慶執鐵纏矟㊿以翼之，衝擊東軍，應時而陷。曹景宗縱兵乘之，呂僧珍縱火焚其營，將士皆殊死戰，鼓譟震天地，珍國等眾軍不能抗，王寶孫切罵諸將帥，直閤將軍席豪發憤，突陣而死。豪，驍將也，既死，士卒土崩，赴淮死者無數㊿，積尸與航等，後至者乘之而濟，於是東昏侯諸軍望之皆潰。衍軍長驅至宣陽門，諸將移營稍前。

陳伯之屯西明門(五三)，每城中有降人出，伯之輒呼與耳語(五四)，衍恐其復懷翻覆，密語伯之曰：「聞城中甚忿卿舉江州降，欲遣刺客中卿，宜以為慮。」伯之未之信，會東昏侯將鄭伯倫來降，衍使伯倫過伯之，謂曰：「城中甚忿卿，欲遣信誘卿以封賞，須卿復降，當生割卿手足，卿若不降，復欲遣刺客殺卿，宜深為備。」伯之懼，自是始無異志。戊寅（十七日），東昏寧朔將軍徐元瑜以東府城降。青、冀二州刺史桓和入援，屯東宮，己卯（十八日），和詐東昏云出戰，因以其眾來降。光祿大夫張瓌棄石頭還宮，李居士以新亭降於衍，琅邪城主張木亦降。壬午（二十一日），衍鎮石頭，命諸軍攻六門。東昏燒門內營署官府，驅逼士民悉入宮城，閉門自守，衍命諸軍築長圍守之。【考異】齊帝紀與梁帝紀敘此事先後多不同，按齊紀皆有甲子，今用梁紀事，以齊紀甲子次之。

楊公則屯領軍府壘北樓，與南掖門相對。嘗登樓望戰，城中遙見麾蓋，以神鋒弩射之，矢貫胡牀，左右失色。公則曰：「幾中吾腳。」談笑如初。東昏夜選勇士攻公則柵，軍中驚擾，公則堅臥不起，徐命擊之，東昏兵乃退。公則所領皆湘州人，素號怯懦，城中輕之，每出盪(五五)，輒先犯公則壘，公則獎厲軍士，克獲更多。先是東昏遣軍主左僧慶屯京口，常僧景屯廣陵，李叔獻屯瓜步，及申胄自姑孰奔歸，使屯破墩(五六)，以為東北聲援，至是衍遣使曉諭，皆帥其眾來降。衍遣弟輔國將軍秀鎮京口，輔國將軍恢鎮破墩，從弟寧朔將軍景(五七)鎮廣陵。

(卅一)十一月丙申（初六日），魏以驃騎大將軍穆亮為司空，丁酉（初七日），以北海王詳為太傅，領司徒。

初，詳欲奪彭城王勰司徒，故譖而黜之，既而畏人議己，故但為大將軍，至是乃居之。詳貴盛翕赫，將作大匠王遇(五八)多隨詳所欲，私以官物給之，司徒長史于忠責遇于詳前曰：「殿下，國之周公，阿衡王室(五九)，所須材用，自應關旨(六〇)，何至阿諛附勢，損公惠私也？」遇既踧踖(六一)，詳亦慙謝。忠每以鯁直為詳所忿，嘗罵忠曰：「我憂在前見爾死，不憂爾見我死時也。」忠曰：「人生於世，自有定分，若應死於王手，避亦不免，若其不爾，王不能殺。」忠以討咸陽王禧功封魏郡公，遷散騎常侍，兼武衛將軍。

詳因忠表讓之際，密勸魏主以忠為列卿，令解左右(六二)，聽其讓爵，於是詔停其封，優進太府卿(六三)。

(卅二)巴東獻武公蕭穎胄以蕭璝與蔡道恭相持不決，憂憤成疾(六四)，壬寅（十二日），卒。夏侯詳祕之，使似其書者假為教命，密報蕭衍，衍亦祕之。

詳徵兵雍州(六五)，蕭偉遣蕭憺將兵赴之。璝等聞建康已危，眾懼而潰，璝及魯休烈皆降，乃發穎胄喪，贈侍中、丞相，於是眾望盡歸於衍。

夏侯詳請與蕭憺共參軍國，詔以詳為侍中，尚書右僕射，尋除使持節，撫軍將軍，荊州刺史，詳固讓於憺，乃以憺行荊州府州軍。

(卅三)魏改築圜丘於伊水之陽(六六)，乙卯（二十五日），始祀於其上。

(卅四)魏鎮南將軍元英上書曰：「蕭寶卷荒縱日甚，虐害無辜，其雍州刺史蕭衍東伐秣陵，掃土興兵(六七)，順流而下，唯有孤城，更無重衛(六八)，乃皇天授我之日，曠世一逢之秋(六九)，此而不乘，將欲何待？

臣乞躬帥步騎三萬，直指沔陰(七〇)，據襄陽之城，斷黑水之路(七一)。昏虐君臣，自相魚肉，我居上流，威震遐邇，長驅南出，進拔江陵，則三楚(七二)之地，一朝可收，岷蜀之道，自成斷絕(七三)，又命揚、徐二州，聲言俱舉(七四)，建業窮蹙，魚遊釜中，可以齊文軌而大同(七五)，混天地而為一。伏惟陛下獨決聖心，無取疑議，此期脫爽，幷吞無日(七六)。」事寢不報。

車騎大將軍源懷上言：「蕭衍內侮，寶卷孤危，廣陵、淮陰等戍，皆觀望得失，斯實天啟之期，幷吞之會。宜東西齊舉，以成席卷之勢。若使蕭衍克濟，上下同心，豈唯後圖之難，亦恐揚州危逼(七七)，何則？壽春之去建康，纔七百里，山川水陸，皆彼所諳(七八)，彼若內外無虞，君臣分定，乘舟藉水，倏忽而至，未易當也。今寶卷都邑有土崩之憂，邊城無繼援之望，廓清江表，正在今日。」魏主乃以任城王澄為都督淮南諸軍事，鎮南大將軍，開府儀同三司，揚州刺史，使為經略，既而不果。懷，賀之子也(七九)。

東豫州刺史田益宗上表曰：「蕭氏亂常(八〇)，君臣交爭，江外州鎮，中分為兩(一八一)，東西抗峙，已淹歲時(一八二)。民庶窮於轉輸，甲兵疲於戰鬬，事救於目前，力盡於麾下，無暇外維州鎮綱紀，庶方藩城，綦立孤存(一八三)而已。不乘機電掃，廓彼蠻疆，恐後之經略，未易於此。且壽春雖平，三面仍梗(一八四)，鎮守之宜，實須豫設。義陽差近淮源，利涉津要，朝廷行師，必由此道(一八五)。若江南一平，有事淮外(一八六)，須乘夏水汎長，列舟長淮(一八七)，師赴壽春，須從義陽之北(一八八)，便是居我喉要(一八九)，在慮彌深。義陽之滅，今實時矣(一九〇)！度彼不過須精卒一萬二千，然行師之瀍，貴張形勢，請使兩荊之眾，西擬隨、雍(一九一)。揚州之卒，頓於建安，得捍三關(一九二)之援，然後二豫之軍，直據南關，對抗延頭(一九三)，遣一都督，總諸軍節度，季冬進師，迄於春末，不過十旬，克之必矣！」【考異】益宗傳曰：「世宗納之，遣元英攻義陽。」按英攻義陽，在景明四年八月，此表言蕭氏君臣交爭，則是梁武攻東昏時，蓋益宗建策於今日，而行於後年耳！

元英又奏稱：「今寶卷骨肉相殘，藩鎮鼎立，義陽孤絕，密邇王土，內無兵儲之固，外無量援之期，此乃欲焚之鳥，不可去薪；授首之寇，豈容緩斧？若失此不取，豈唯後舉難圖，亦恐更為深患！今豫州刺史司馬悅已戒嚴垂發，東豫州刺史田益宗兵守三關，請遣軍司為之節度。」

魏主乃遣直寢(九四)羊靈引為軍司，益宗遂入寇。建寧太守黃天賜與益宗戰於赤亭(九五)，天賜敗績。【考異】魏帝紀七月乙未，田益宗破蕭寶卷將黃天賜於赤亭。田益宗傳，景明初，蕭衍遣軍主吳子陽帥眾寇三關，益宗遣光城太守梅與之據長風城，逆擊子陽，大破之，斬獲千餘級。按吳子陽乃東昏將，非衍將也，且衍方與東昏相拒，何暇寇魏三關？此必益宗傳誤。

(卅五)崔慧景之逼建康也，東昏侯拜蔣子文為假黃鉞、使持節、相國、太宰、大將軍、錄尚書事、揚州牧、鍾山王，及衍至，又尊子文為靈帝，迎神像入後堂，使巫禱祀求福。及城閉，城中軍事，悉委王珍國，兗州刺史張稷入衛京師，以稷為珍國之副。稷，瓌之弟也(九六)。時城中實甲猶七萬人，東昏素好軍陳，與黃門、刀敕及宮人於華光殿前習戰鬬，詐作被創勢，使人以板擱去，用為厭勝。常於殿中戎服，騎馬出入，以金銀為鎧冑具裝，飾以孔翠(九七)，晝眠夜起，一如平常。聞外鼓叫聲，被大紅袍，登景陽樓(九八)屋上望之，弩幾中之。

始，東昏與左右謀，以為陳顯達一戰即敗，崔慧景圍城尋走，謂衍兵亦然，敕太官辦樵米，為百日調(九九)而已。及大桁之敗，眾情兇懼，茹法珍等恐士民逃潰，故閉城不復出兵。既而長圍已立，塹柵嚴固，然後出盪，屢戰不捷。東昏尤惜金錢，不肯賞賜，法珍叩頭請之，東昏曰：「賊來獨取我耶？何為就我求物？」後堂儲數百具榜(一〇〇)，啟為城防，東昏欲留作殿，竟不與。又督御府作三百人精仗，待圍解以擬屏除，金銀雕鏤雜物，倍急於常，眾皆怨怠，不為致力。外圍既久，城中皆思早亡，莫敢先發。茹法珍、梅蟲兒說東昏曰：「大臣不留意，使圍不解，宜悉誅之。」王珍國、張稷懼禍，珍國密遣所親獻明鏡於蕭衍，衍斷金以報之(一〇一)。兗州中兵參軍張齊，稷之腹心也，珍國因齊密與稷謀同弒東昏。齊夜引珍國就稷，造膝定計(一〇二)，齊自執燭，又以計告後閤舍人(一〇三)錢強。十二月丙寅（初六日），夜，強密令人開雲龍門，珍國、稷引兵入殿，御刀豐勇之為內應。東昏在含德殿，作笙歌，寢未熟，聞兵入，趨出北戶，欲還後宮，門已閉，宦者黃泰平刀傷其膝，仆地，張齊斬之(一〇四)。稷召尚書右僕射王亮等列坐殿前西鍾下，令百僚署牋，以黃油裹東昏首[25]，遣國子博士范雲等送詣石頭。【考異】南史王亮傳曰：「張稷等議立湘東嗣王寶晊，領軍王瑩曰：『城閉已久，人情離解，征東在近，何不諮問？』按時和帝已立，稷等知建康不可守，故弒東昏，豈敢復議立寶晊？今從齊紀。右衛將軍王志歎曰：「冠雖弊，何可加足？」取庭中樹葉挼[26]服之，偽悶，不署名，衍覽牋無志名，心嘉之。亮，瑩之從弟；志，僧虔之子也[27]。衍與范雲有舊[28]，即留參帷幄。

王亮在東昏朝，以依違取容。蕭衍至新林，百僚皆間道送款，亮獨不遣。東昏敗，亮出見衍，衍曰：「顛而不扶，安用彼相[29]？」亮曰：「若其可扶，明公豈有今日之舉？」城中出者或被劫剝，楊公則親帥麾下陳於東掖門，衛送公卿士民，故出者多由公則營焉。衍使張弘策先入清宮，封府庫及圖籍。於時城內珍寶委積，弘策禁勒部曲，秋毫無犯，收潘妃及嬖臣茹法珍、梅蟲兒、王咺之等四十一人，皆屬吏。

(卅六)初，海陵王之廢也[30]，王太后[31]出居鄱陽王故第，號宣德宮。乙巳（初九日），蕭衍以宣德太后令，追廢涪陵王為東昏侯，褚后及太子誦，並為庶人。以衍為中書監，大司馬，錄尚書事，驃騎大將軍，揚州刺史，封建安郡公，依晉武陵王遵承制故事，百僚致敬㊂，以王亮為長史。壬申（十二日），更封建安王寶寅為鄱陽王，癸酉（十三日），以司徒揚州刺史晉安王寶義為太尉，領司徒。

己卯（十九日），衍入屯閱武堂，下令大赦。又下令凡昏制謬賦淫刑濫役，外可詳檢前原㊂，悉皆除盪，其主守散失，諸所損耗，精立科條，咸從原例。又下令通檢尚書眾曹東昏時諸諍訟失理及主者淹停不時施行者，精加訊辯㊃，依事議奏。又下令收葬義師，瘞逆徒之死亡者。

潘妃有國色，衍欲留之，以問侍中領軍將軍王茂。茂曰：「亡齊者此物，留之恐貽外議。」乃縊殺於獄，并誅嬖臣茹法珍等，以宮女二千分賚將士。

乙酉（二十五日），以輔國將軍蕭宏為中護軍。

衍之東下也，豫州刺史馬仙琕擁兵不附衍，衍使其故人姚仲賓說之，仙琕先為設酒，乃斬於軍門以狥。衍又遣其族叔懷遠說之，仙琕曰：「大義滅親。」又欲斬之，軍中為請，乃得免。衍至新林，仙琕猶於江西日抄運船[25]。衍圍宮城，州郡皆遣使請降，吳興太守袁昂獨拒境不受命。昂，顗之子也[26]。

衍使駕部郎[27]考城江革為書與昂曰：「根本既傾，枝葉安附？今竭力昏主，未足為忠；家門屠滅，非所謂孝。豈若翻然改圖，自招多福？」昂復書曰：「三吳內地，非用兵之所，況以偏隅一郡，何能為役？自承麾旆屆止，莫不膝[28]袒軍門，唯僕一人，敢後至者，政以內揆庸素，文武無施，雖欲獻心，不增大師之勇，置其愚默，寧沮眾軍之威？幸藉將軍含弘之大，可得從容以禮。竊以一餐微施，尚復投殞[29]，況食人之祿，而頓忘一旦？非唯物議不可，亦恐明公鄙之，所以躊躇，未遑薦璧[30]。」

昂問時事於武康令[31]北地傅暎，暎曰：「昔元嘉之末，開闢未有，故太尉殺身以明節[32]，司徒當寄託之重，理無苟全，所以不顧夷險，以狥名義[33]。今嗣主昏虐，曾無悛改，荊雍協舉，乘據上流，天人之意可知，願明府深慮，無取後悔。」

及建康平，衍使豫州刺史李元履巡撫東土，敕元履曰：「袁昂道素之門，世有忠節㊂，天下湏共容之，勿以兵威陵辱。」元履至吳興，宣衍旨，昂亦不請降，開門撤備而已。仙琕聞臺城不守，號泣謂將士曰：「我受人任寄，義不容降。君等皆有父母，我為忠臣，君為孝子，不亦可乎？」乃悉遣城內兵出降，餘壯士數十，閉門獨守。俄而兵入，圍之數十重，仙琕令士皆持滿㊄，兵不敢近。日暮，仙琕乃投弓曰：「諸君但來見取，我義不降。」乃檻送石頭。衍釋之，使待袁昂至俱入，曰：「令天下見二義士。」衍謂仙琕曰：「射鉤斬袪㊅，昔人所美，卿勿以殺使斷運自嫌。」仙琕謝曰：「小人如失主犬，後主飼之，則復為用矣。」衍笑，皆厚遇之。丙戌（二十六日），蕭衍入鎮殿中。

㊆劉希祖既克安城，移檄湘部，始興內史王僧粲應之。僧粲自稱湘州刺史，引兵襲長沙，去城百餘里，於是湘州郡縣兵皆蜂起以應僧粲，唯臨湘、湘陰、瀏陽、羅西縣㊆尚全。長沙人皆欲汎舟走，行事劉坦悉聚其舟焚之，遣軍主尹法略拒僧粲，戰數不利。

前湘州鎮軍鍾玄紹㊳潛結士民數百人，刻日翻城應僧粲，坦聞其謀，陽為不知，因理訟至夜，而城門遂不閉以疑之。玄紹未發，明旦，詣坦問其故？坦久留與語，密遣親兵收其家書。玄紹在坐而收兵已報，具得其文書本末，玄紹即首服，於坐斬之，焚其文書，餘黨悉無所問，眾愧且服，州郡遂安。

法略與僧粲相持累月，建康城平，楊公則還州，僧粲等散走，王丹為郡人所殺㊴，劉希祖亦舉郡降。公則克己廉慎，輕刑薄賦，頃之，湘州戶口，幾復其舊。

【今註】㊀和皇帝：帝諱寶融，字智昭，明帝第八子也。㊁中興元年：是年三月，和帝建元中興，而東昏侯猶以永元三年紀年。㊂楊公則為湘州刺史：去年楊公則取長沙，因用為湘州刺史。㊃壘城：築堡壘於襄陽附近，與州城為犄角以相應援。㊄府司馬莊丘黑守樊城：蕭衍為征東將軍，以莊丘黑為征東府司馬。樊城在沔北，隔水與襄陽相對。㊅儲偫：儲，積也；偫，具也，積物以待用也。偫音峙，亦作跱。《後漢書・章帝紀》所經道上郡無得設儲跱。㊆齊興太守：宋白曰：「齊永明七年置齊興郡於均州鄖鄉縣。」鄖鄉縣宋屬魏興郡，齊屬齊興郡，蓋齊分魏興郡置齊興郡也，《齊書・州郡志》齊興、魏興二郡俱屬梁州，齊興故治在今湖北省鄖縣。㊇始平：始平郡晉武帝太始二年分京兆、扶風立，東晉僑治襄陽，宋、齊治武當，屬雍州，故治在今湖北省均縣北。⑨魏咸陽王禧為上相：禧以太尉輔政，太尉位三公，居羣僚之上，故曰上相。⑩禧遣奴就領軍于烈求舊羽林、虎賁，執仗出入：胡三省曰：「舊字衍。執仗出入，每出入欲使之執兵翊衞。」⑪憫然：失意貌。⑫求須：意有所欲也。⑬烈子左中郎將忠領直閤：胡三省曰：「北齊左右衞有直閤，屬官有朱衣直閤，直閤將軍，直寢、直齋、直後之屬。」⑭權綱：猶曰權要、權柄也。綱，網之大繩也，綱提則網張，故以為喻。⑮礿祭：《禮記・王制》曰：「天子諸侯宗廟之祭，春曰礿，夏曰禘，秋曰嘗，冬曰烝。」疏曰：「礿，薄也，春物未成，祭品鮮薄也。」礿音藥。⑯王公並齊於廟東坊：坊，別屋也，齊，集也，集於宗廟東廂別屋。⑰質明：質，正也，天正明時也。⑱光極殿：魏孝文帝十九年起光極殿於洛陽，為引見羣臣之所。⑲恪雖寡昧：恪，魏宣武帝之名，引見諸父，故自稱名以示謙挹。寡昧，寡聞而無知也，自謙之辭。⑳忝承寶曆：猶曰忝承大統。㉑比纏尫疢：比，近也，纏猶罹也，尫疢，羸疾也。㉒且還府司：胡三省曰：「還府司，謂各歸公府司存之所。」㉓頃來南北務殷，不容仰遂沖操：務殷猶曰事繁，蓋謂使勰北鎮中山，復使南取壽陽，未能遂其謙沖之操。㉔恪是何人，而敢久違先敕：先敕謂孝文帝臨終遺敕許勰遂其沖操之素志也，見卷一百四十二東昏侯永元元年。㉕感今惟往：感今上之恩而追思先帝之情。㉖禧進位太保：太保三師，位在三公上，蓋陽進其位而陰奪其權也。㉗彥和本自不願而陛下強與之：彥和，彭城王勰字，魏主強使勰受司徒職見上卷上年。㉘漢口：漢水入江之口。㉙分兵襲西陽：襲西陽郡城也。西陽郡時治西陵，故城在今湖北省黃岡縣西北。㉚漢口不闊一里，箭道交至：言漢水入江之口，水道闊不逾一里，船自中流而下，敵人夾岸而射，其箭交至也。㉛房僧寄以重兵固守，與郢城為掎角：郢城，夏口城也。時房僧寄屯於魯山，旁郢城相與為掎角之勢。㉜沔漢：即漢水也，漢水兼有沔水之名，故稱沔漢。㉝使鄖城、竟陵之粟，方舟而下：鄖城即鄖鄉也，時屬梁州齊興郡，蓋古鄖子之國，即今湖北省鄖縣。竟陵郡治竟陵縣，屬郢州，故城在今湖北省棗陽縣東。方舟，並兩舟也。《後漢書．班固傳》：「方舟並騖，俛仰極樂。」章懷注：「方舟，並兩舟也。」㉞臥取：言取之甚易，不煩力戰也。㉟九里：胡三省曰：「其地去郢城九里，因以為名。」㊱加湖：《水經注》江水自夏口東逕灄陽縣北，又東，湖水自北南注，謂之嘉吳江。此湖即加湖也。胡三省曰：「加湖在江夏灄陽縣界，湖水自北南注江，去郢城三十里。」湖今堙，遺迹在今湖北省黃陂縣東南。㊲府朝：胡三省曰：「南康王開相國府，故曰府朝。」㊳振靜：謂威略既振而人情不擾也。㊴坦嘗在湘州，多舊恩，迎者屬路：胡三省曰：「按劉坦傳先嘗在湘州，蓋客遊也。」屬路，接續於路也。㊵十郡：《南齊書．州郡志》湘州時領長沙、桂陽、零陵、衡陽、營陽、湘東、邵陵、始興、臨賀、始安十郡。㊶南堂西渚：胡三省曰：「南堂在郢城南，北蓋射堂，西近江渚。」㊷曲水故城：胡三省曰：「曲水故城蓋郢府官僚祓禊之地，在城東。」㊸征虜長史江夏內史程茂：張沖自輔國將軍進位征虜將軍，以江夏內史程茂為征虜府長史。㊹改元：至是和帝始改永元三年為中興元年，而建康猶用永元紀年也。㊺置尚書五省：江左以吏部、祠部、五兵、左民、度支五尚書各為一省，是為尚書五省。㊻以南郡太守為尹：南郡治江陵，故以為京畿置尹。㊼晉安王寶義為司空，廬陵王寶源為車騎將軍、開府儀同三司，建安王寶寅為徐州刺史：時三王皆在建康，蓋遙授以官爵耳。㊽揚口：《水經注》揚水上承江陵縣赤湖，流注龍陂，陂水逕郢城南，東北流，謂之揚水，揚水東北流，會路白湖水，又東北會赤湖水，又東北會柞溪水，又北逕竟陵縣西，又北注於沔，謂之揚口。蓋揚水入沔之口也，今湖北省天門縣西南有揚口壘，古揚水入沔處也。㊾黃鉞未加，非所以總帥侯伯：牧野之會，武王左杖黃鉞，右秉白旄以麾。後世自魏武以下，專征伐者率加黃鉞。崔豹《古今注》曰：「金斧，黃鉞也；鐵斧，玄鉞也；三代通用以斷斬。」㊿西臺：和帝建臺於江陵，江陵在西，故曰西臺。(51)亂流：絕流而橫渡也。(52)蕭衍出沔：自沔入江以逼夏口。(53)薛元嗣不敢出：據郢城自守，不敢出戰。(54)諸將欲攻之，衍不許：蓋欲困而弊之也。(55)天子必北走桑乾：謂北走代都也，代都平城，桑乾水所經。(56)殿下可斷河橋：據河以自守。(57)眾情前卻不壹：前謂贊其謀，卻謂沮其議也。(58)直寢苻承祖：胡三省曰：「當是時馮太后所幸宦者苻承祖已死，此又別一苻承祖。」(59)癩：惡疾也，今謂之痲瘋。(60)清蹕：《漢書．梁孝王傳》：「出稱警，入稱蹕。」顏師古注：「警者，戒肅也，蹕，止行人也。」崔豹《古今注》曰：「秦制出警入蹕。」《漢官儀》注：「出殿則傳蹕，止行人清道也。」故曰清蹕。(61)華林園：即魏明帝所築芳林園也，後避齊王芳諱改芳林曰華林。(62)洪池別墅：洪池，即漢之鴻池也。《水經注》曰：「穀水自洛陽城東南隅枝分北注，逕青陽門東，又北逕東陽門東，又北逕故太倉西，又東左迆為池，又東右出為方湖，又東南轉屈而東注鴻池陂，在洛陽東二十里，池東西千步，南北千一百步，四周有塘，池中有東西橫塘，水溜徑通，故李尤鴻池陂銘曰：『鴻澤之陂，聖王所規，開源東注，出自城池』也。」其故址在今河南省洛陽縣東。別墅即別居也，蓋於本宅之外，另於風景勝處置園林邸榭為遊息之所，前引謝靈運〈山居賦〉，蓋南朝別墅之大者也，亦曰別業。(六三)檢行田收：巡行田畝檢視收成之狀。(六四)見意：言謀反之意，表見於外也。(六五)華林都亭：胡三省曰：「華林都亭，蓋在華林園門外。」(六六)分賜高肇及趙脩之家：肇字首文，孝文昭皇后之兄，魏宣武帝之元舅也。趙脩，魏宣武帝之倖臣。(六七)流外：胡三省曰：「雜色補官，不入品者，謂之流外官。」(六八)河內太守陸琇：琇，馥之子也。《陸馥傳》孝文於內禪之初。(六九)峽口：胡三省曰：「此西陵峽口也。」在今湖北省宜昌縣界。(七〇)巴口：《水經注》曰：「巴水出雩婁縣之下靈山，即大別山也，亦曰巴山，南歷蠻中，又南逕巴水戍，南流注于江，謂之巴口。」蓋巴水入江之口也，在今湖北省黃岡縣東。(七一)漢口路通荊、雍，控引秦、梁：自漢口泝江而上至江陵，泝漢而上歷襄陽至漢中，漢中，秦、梁二州刺史治也，故曰控引秦梁。(七二)魯山必阻沔路，搤吾咽喉：謂漢口之兵分則勢弱，魯山之軍必阻扼漢沔，以斷西軍之通路也。(七三)脫距王師：脫，或然之辭，距與拒同，王師謂西臺之軍也。(七四)卒無所出：卒與猝同，言倉猝之間，兵卒糧儲皆無所出也。(七五)脫東軍有上者：東軍，謂建康所遣之軍也。自建康西征，則泝江而上。(七六)席捲沿流：謂沿流而下，其勢如卷席。(七七)欲清天步：天步謂國運也。《小雅・白華》之詩：「天步艱難。」又《晉書・慕容暐載記》：「朝綱不振，天步孔艱。」(七八)鎮軍：謂蕭穎胄。《南齊書・蕭穎胄傳》是年三月，和帝為相國，以穎胄為左長史，進號鎮軍將軍。帝即位，穎胄為尚書令，鎮軍將軍如故。(七九)武口：《水經注》江水自灄口東會嘉吳江，又東左有武口，武湖水入江之口也，上通安陸縣之延頭。在今湖北省黃陂縣東南。嘉吳江即加湖水也。(八〇)白陽壘：白陽浦在今湖北省武昌縣北十里，時蓋築壘於此。(八一)眾復推助防張欒祖代守魯山：助防者，助城主佈署防務，因以為稱。胡三省曰：「欒祖即去年張沖所遣助房僧寄守魯山者，參考前後，張當作孫。」(八二)安成：《吳志・三嗣主傳》孫皓寶鼎二年分豫章、廬陵、長沙為安成郡，時屬江州，故治在今江西省安福縣西。(八三)南康太守：《宋書・州郡志》晉武帝太康三年以廬陵南部都尉立南康郡，治雩都，旋徙治贛，故治在今江西省贛縣南，時屬江州。(八四)朝暮相繼：言徙好樹美竹，朝暮相繼也。(八五)裨販：胡三省曰：「裨，益也，買賤賣貴以自裨益，故曰裨販。」(八六)乃敕虎賁不得進大荊實中荻：胡三省曰：「大荊、牡荊也，俗謂之黃荊，以為箠杖。荻之實中者以箠人則重而痛楚，虛中者差輕。」(八七)菰：俗謂雕胡，生淺水中，高五六尺，春月生新芽如筍，名曰茭白。其葉細長而尖，夏秋間開花，秋結實，曰菰米，亦曰雕胡米。(八八)崔慧景之敗也，巴陵王昭胄、永新侯昭穎出投臺軍：事見上卷上年。永新縣，吳置，屬安成郡，故城在今江西省永新縣西。(八九)昭胄許事克，用寅為尚書左僕射、護軍：謂若廢帝事成，許以蕭寅為尚書左僕射領護軍將軍。(九〇)昏人：謂帝也，以帝昏狂，故斥為昏人。(九一)吏於麝侯中得其事：得廢立之謀也。侯音騰，《廣韻》曰：「侯，囊可帶者。」以其囊盛麝香，故曰麝侯。(九二)南譙太守：《宋書・州郡志》晉孝武帝太元中僑立南譙郡於淮南，後為實土，治山桑縣，故城在今安徽省全椒縣西北。(九三)中興堂：胡三省曰：「宋孝武帝即位於新亭，改新亭曰中興堂。」(九四)果柈：同槃，盤也。

果柈，盛果之具。(九五)建康王寶寅：建康當作建安。(九六)見力：見有兵力。(九七)草市尉：胡三省曰：「臺城六門之外，各有草市，置草市尉司察之。」(九八)爾日：猶言其日也。(九九)將士殺溺死者萬計；或殺或溺，死者萬計。(一〇〇)磯頭：磯者，水渚之有石磧者也。《水經注》江水逕魯山之南，此磯頭，蓋魯山臨江之浦也。(一〇一)疾疫流腫：言為疫癘之氣所流注而肢體浮腫也。(一〇二)比屋：比之為言毗也，此處取其相連比之意。(一〇三)張沖故吏青州治中房長瑜：《南齊書・張沖傳》武帝永明八年，以沖假節監青、冀二州刺史事，於是沖以房長瑜為治中。(一〇四)前使君忠貫昊天：前使君謂張沖也，沖守郢，至死不貳，故曰忠貫昊天。(一〇五)坐守畫一：此用《漢書・曹參傳》語，曹參為相，一沿蕭何舊規，時人為之語曰：「蕭何為法，較若畫一，曹參代之，守而勿失。」此云宜守張沖素志，勿以郢城降敵也。(一〇六)以荷析薪：謂繼前賢之成業。《左傳》曰：「其父析薪，其子不克負荷。」蓋取其義。(一〇七)今從諸人之計，非唯郢州士女失高山之望，亦恐彼所不取也：《詩》曰：「高山仰止，景行行止。」毛注曰：「有高顯之德如山者則慕而仰之，有遠大之行者則法而行之。」此言今若從諸人之計以郢降，非惟郢州士女失望，亦恐為蕭衍所輕。(一〇八)諸將欲頓軍夏口，衍以為宜乘勝直指建康；胡三省曰：「郢、魯未克，蕭衍則違眾議，駐兵漢口而不輕進，圖萬全也；郢、魯既克，衍遽督諸軍直指建康，乘勝勢也。」(一〇九)逆為圖畫：逆，豫也，凡事未至而豫為之計曰逆，諸葛武侯〈後出師表〉云：「凡事如是，難可逆料。」謂凡事難以豫料也。圖畫者，畫緣江磯、浦、村落軍行宿次，立頓之所，使諸按圖以為行止。(一一〇)魏安國宣簡侯王肅：肅封安國縣侯，卒謚宣簡。安國縣，漢屬中山國，晉、魏屬博陵郡，故城在今河北省安國縣南。㉑肅以父死非命：肅父奐為齊所誅，見卷一百三十八武帝永明十一年。不應誅而誅故曰非命。㉒四年不除喪：示不忘讎也。㉓三年之喪，賢者不敢過：《禮記・檀弓》子夏既除喪而見，予之琴，和之而不和，彈之而不成聲，作而曰：「哀未忘也，先王制禮，而弗敢過也。」蓋喪三年以為極，子夏雖餘哀未忘，而不敢不遵制除喪也，魏孝文蓋引此以為言。㉔命肅以祥禫之禮除喪：禮朞而小祥，又朞而大祥，中月而禫。祥、禫皆祭名。祥，善也，小祥，孝子除首服，服練冠，加小善之飾也，大祥者，除縗服，服朝服縞冠，加大善之飾也。中月者，閒月也，與大祥閒一月而禫，禫，除服之祭。鄭氏曰：「禫之言澹，澹然平安意也。」㉕汝南民胡文超起兵於灄陽：汝南，東晉僑置。沈約曰：「汝南本沙羕土，晉末，汝南郡民流寓夏口，因立為汝南縣，後遂以其地為汝南實土，為江夏太守治所。」故治在今湖北省武昌縣西南。《齊書・州郡志》司州汝南郡寄州治，司州治義陽也。沈約曰：「晉惠帝世，安陸人朱伺為陶侃將，求分安陸東界立灄陽縣。」按《晉書・朱伺傳》張昌之亂，安陸人多降昌，惟伺今其鄉人討之，昌既滅，伺部曲逆順有嫌，求別立縣，乃分安陸界立灄陽縣，屬江夏郡，故城在今湖北省黃陂縣南。㉖隨郡：《宋書・州郡志》晉武帝分南陽、義陽立義陽國，太康間又分義陽為隨國，屬荊州，孝武帝孝建元年度屬郢州，前廢帝永光元年度屬雍州，明帝泰始五年還屬郢州，改為隨陽，後廢帝元徽四年度屬司州，齊曰隨郡，仍屬司州，今湖北省隨縣，其故治也。㉗司部：謂司州所部諸郡也。㉘偃詣公車門上書：章懷注《後漢書》曰：「公車，門名，公車所在，因以名焉。」《漢官儀》公車掌殿司馬門，天下上事及徵召皆總領之。㉙江夏王與陛下，先臣與鎮軍是也：江夏王寶玄也，先臣謂崔偃父慧景，慧景既死，寶玄并誅，事見上卷上年。陛下謂和帝，鎮軍謂蕭穎胄。㉚罔：胡三省曰：「以非道欺人謂之罔。」㉛誠不曉聖朝所以然之意：謂寢崔偃之奏而不報也。㉜象魏：《周禮》鄭司農注：「象魏，闕也。」取闕高魏魏然之意。《釋名》曰：「闕在門兩旁，中央闕然為道也。」㉝苟存視息：謂苟存於世也，人死則目不能視，氣不能息。㉞瞥然：過目也。㉟則征東之驛使，何為見戮：謂蕭穎胄斬蕭衍使王天虎以詐劉山陽也，事見上卷上年。㊱江夏違先臣之請，實謀孔矜：事亦見上卷上年。㊲惻愴而申之，則天下伏，不惻愴而申之，則天下叛：謂憫其忠而申其屈，則天下之人皆伏其義，否則必以寡恩羣起而叛之也。㊳南、董之筆，千載可期：言千載而下，慧景之忠，必載於史乘也。南、董，春秋齊南史及晉董狐也。崔杼弒齊莊公，太史書曰：「崔杼弒其君。」崔子殺之，其弟嗣書而死者二人，其弟又書，乃舍之，南史氏聞太史盡死，執簡以往，聞既書矣，乃還。晉靈公欲殺趙盾，盾出奔，盾弟穿弒靈公，董狐以盾還不討賊，書曰：「趙盾弒其君。」孔子曰：「董狐，古之良史也，書法不隱。」㊴意懷首鼠：《史記・灌夫傳》：「何為首鼠兩端？」裴駰曰：「首鼠，一前一卻也。」陸佃《埤雅》曰：「鼠性疑，出穴多不果，故持兩端，謂之首鼠。」㊵柴桑：柴桑縣，漢屬豫章郡，晉屬武昌郡，晉惠帝分立尋陽郡，治柴桑，故城在今江西省九江縣西南。㊶湖口：鄱陽湖水入江之口也，唐於此置湖口戍，今江西省湖口縣即其故地。㊷湓城：柴桑縣之湓口城也，古湓水入江之口，隋置湓城縣於此，唐曰潯陽，即今江西省九江縣。㊸匈匈：讙擾不安之意，《漢書・高帝紀》云：「天下匈匈勞苦。」三國《蜀志》注引《趙雲別傳》雲謂公孫瓚曰：「天下訩訩，未知孰是？」匈與訩同。㉞新蔡太守：《宋書・州郡志》晉惠帝分汝陰立新蔡郡，治鮦陽，屬豫州，齊為北新蔡，故治在今河南省新蔡縣東北。㉟父恭祖為鎮西司馬，為魚復侯子響所殺：魚復侯子響殺席恭祖見卷一百三十七武帝永明八年。㊱魯休烈、蕭瓚破劉孝慶等於峽口，任漾之戰死：是年三月蕭穎冑遣汶陽太守劉孝慶、巴東太守任漾之等屯峽口以距休烈、瓚等。㊲良須兵力，兩弟在雍：兩弟，謂蕭偉及憺也，衍發雍州，以偉總雍州事，憺守壘城。良，信也，言信須兵力為助，可徵之於雍也。㊳指遣往徵：胡三省曰：「指謂上指；徵，徵兵也。」㊴太子左率：太子左衞率也。㊵卿，吾之蕭何、寇恂也：漢高帝委蕭何以關中，光武任寇恂以河內，使給餉饟，不絕糧運，事並見《漢紀》。㊶勁，烈之弟也，自祖父栗磾以來，累世貴盛，一皇后，四贈公，三領軍，二尚書令，三開國公：于栗磾，魏開國功臣也。粟磾封新安公，贈太尉，粟磾子洛拔尚書令，洛拔子烈領軍將軍，贈太尉，烈弟勁封太原郡公，贈司空，烈子忠尚書令，領軍將軍，封魏郡開國公，纏司空，勁女即宣武順皇后于氏也。按于氏蓋二領軍，《魏書・于勁傳》作三領軍，誤。㊷珍國，廣之之子也：王廣之歷事高、武、明三帝。㊸須來至白門前，當一決：謂候西軍至白門前，當一戰決勝負也。《宋書・明帝紀》宣陽門民間謂之白門。胡三省曰：「白門，建康城西門也，西方色白，故以為稱。」王鳴盛曰：「白門，正南門也。建康實錄卷七自注備列諸門名，今除東、西、北不數，就南面考之。彼文先云建康宮城六門，案地輿志都城周二十里一十九步，本吳舊址，晉江左所築，但有宣陽門，至成帝作新宮，始修城，開陵陽等五門，與宣陽為六，南面三門最西曰陵陽門，後改名為廣陽門，次正中宣陽門，對苑城門，世謂之白門，門三道，上起重樓，懸楣上刻木為龍虎相對，皆繡栭藻，並南對朱雀門，相去五里餘，名為御道，開御溝，植槐柳，次最東開陽門云云。據此，則知白門乃南面正中門也。但此段所列門名仍是舊宮之門，祇因舊惟一門，今添其五，故於作新宮下敘述。此卷下文許嵩自注又列台城五門名，皆與上文五門名異，而引修宮苑記云：『南面正中大司馬門，世所謂章門，拜章者伏於此門待報，南對宣陽門，相去二里，夾道開御溝，植槐柳，世或名為闕門云云。』此段所列則新宮之門矣！要白門是發始初建正南門，故後人通稱金陵為白門。分類補注李太白詩卷十五金陵白下亭留別云：『驛亭三楊樹，正當白下門。』楊齊賢曰：『唐武德九年，更金陵縣曰白下縣。』此名疑亦因白門而起。」余按王說是，蓋江水自尋陽折而北流，上游之軍順流攻建康，南門適當其衝，故宋義嘉之難，建康謂尋陽之軍曰南軍也。㊹簡二尚方、二冶囚徒以配軍：建康有左右二尚方，東西二冶。㊺江寧：江寧縣，屬丹陽郡。沈約曰：「晉武帝太康元年，分秣陵立臨江縣，二年，更名江寧。」故城在今江蘇省江寧縣西南六十里，去新亭十里，濱臨江水。㊻器甲穿弊：衣甲洞穿而兵器弊鈍也。㊼陳伯之據籬門：《梁書・陳伯之傳》伯之頓籬門，尋進西明門，則此籬門蓋西籬門也。㊽白板橋：胡三省曰：「據陶弘景書，板橋時屬江寧縣界。按板橋市今在建康府城之西，江寧鎮北。」㊾薄壘：薄，附也，附壘而攻之。㊿衍諸弟皆自建康自拔赴軍：自城中拔出赴蕭衍軍也。衍諸弟亡匿建康里巷見上卷上年。(五一)鐵纏矟：胡三省曰：「鐵纏矟，以鐵線纏矟把，齊武陵王晃有銀纏矟。」(五二)士卒土崩，赴淮死者無數：

謂臺軍潰敗，如土之崩落也。臺軍開航背水，後無退路，西軍逼之，故墜秦淮而死。（五三）西明門：建康城之西門也。（五四）耳語：附耳而語。（五五）出盪：出軍攻壘略陣。（五六）破墩：胡三省曰：「據梁書鄱陽王恢傳，破墩即破岡，在曲阿界，秦始皇所鑿也。」（五七）從弟寧朔將軍景：胡三省曰：「景本名昺，李延壽作南史，避唐廟諱，改昺為景。」按姚思廉《梁書》亦作景。（五八）將作大匠王遇：《魏書・閹官傳》王遇本名他惡，馮翊李潤鎮羌也，其先為羌中強族，自云姓王，後改氏鉗耳，至魏宣武帝時復改姓王焉。坐事腐刑為中散，累遷吏部尚書，爵宕昌公。（五九）殿下：國之周公，阿衡王室：殿下，謂北海王詳也，比之周公。商以伊尹為阿衡。鄭玄曰：「阿，倚也，衡，平也；伊尹湯所依倚而取平，故以為官名。」阿衡王室，謂王室之所依倚以取平也。（六〇）關旨：關猶稟也，謂關白上旨。關本訓通，稟告以通其意，故曰關。（六一）踧踖：《論語》曰：「踧踖如也。」朱子注：「踧踖，恭敬不寧之貌。」（六二）令解左右：令解散騎常侍、武衞將軍之職也。常侍、武衞，近侍之職，常在天子左右。（六三）優進太府卿：《魏書・官氏志》孝文帝遷洛，定官制，易少府為太府，與太僕、廷尉、大鴻臚、宗正、大司農為六卿。散騎常侍、武衞將軍皆從三品，而六卿秩三品，故曰優進。（六四）巴東獻武公蕭穎胄以蕭璝與蔡道恭相持不決，憂憤成疾：梁武帝天監元年，追封穎胄為巴東郡公，諡獻武。穎胄遣蔡道恭禦蕭璝於上明，見上八月。胡三省曰：「蕭穎胄以蕭衍東伐，所向戰克，而己輔南康居江陵，近不能制蕭璝，外無以服姦雄之心，而內有肘腋之患，此其所以憂憤成疾也。」（六五）詳徵兵雍州：欲以助守江陵，並擊蕭璝也。（六六）魏改築圜丘於伊水之陽：魏孝文帝十九年遷洛，立圜丘於委粟山，見卷一百四十齊明帝建武二年，至是改之於伊水之陽。《水經注》伊水自伊闕東北流至洛陽縣南，逕圜丘東，大魏郊天之所也，又東北流，注于洛水。〔一六七〕掃土興兵：謂襄陽甲兵資儲悉隨蕭衍以東下也。〔一六八〕唯有孤城，更無重衛：謂襄陽勢孤而兵弱也。〔一六九〕曠世一逢之秋：謂千載一時。〔一七〇〕沔陰：謂襄陽也，襄陽在沔水之南。〔一七一〕據襄陽之城，斷黑水之路：黑水謂南鄭也。《水經注》曰：「黑水出南鄭北山，南流入漢，庾仲雍曰：『黑水去高橋三十里。』諸葛亮牋云：『朝發南鄭，暮宿黑水，四十五里。』指謂是水也。」此蓋言若據襄陽之城，則可阻斷秦梁之路。〔一七二〕三楚：《史記・貨殖列傳》太史公曰：「自淮北、沛、陳、汝南、南郡，此西楚也，彭城以東，東海、吳、廣陵，此東楚也，衡山、九江、江南、豫章、長沙，此南楚也。」〔一七三〕岷蜀之道，自成斷絕：謂若取荊湘之地，則岷蜀通建康之路亦自斷矣！〔一七四〕又命揚、徐二州，聲言俱舉：魏揚州治壽陽，徐州治彭城，令二州之兵，同時俱進也。〔一七五〕可以齊文軌而大同：秦既幷天下，一法度，書同文，車同軌。〔一七六〕此期脫爽，幷吞無日：爽，差也，過也。言此時實為幷吞江南良機，過此則時不再來。〔一七七〕亦恐揚州危逼：魏置揚州於壽陽，見上卷上年，壽陽逼近齊土，兵爭要衝，故云危逼。〔一七八〕山川水陸，皆彼所諳：諳，悉也。壽春本南朝舊疆，故諳其山川水陸。〔一七九〕懷，賀之子也：源賀，禿髮傉檀之子也，河西既滅，賀自樂都奔魏，太武帝賜姓源氏。〔一八〇〕蕭氏亂常：以臣伐君，是亂倫常也。〔一八一〕江外州鎮，中分為兩：胡三省曰：「謂西陽以西盡歸蕭衍，歷陽以下，猶屬建康也。」〔一八二〕東西抗峙，已淹歲時：蕭衍以去年十一月起兵，至是朞年，猶抗峙未下。〔一八三〕庶方藩城，棊立孤存：謂南朝州鎮，如棊子獨立，孤存無援也。州鎮為國藩蘺，故曰藩城；兩晉以來，率以諸王出鎮州郡，任方面之寄，故曰庶方。（八四）且壽春雖平，三面仍梗：壽春惟北通魏，東西南皆鄰齊也。梗，阻也，通魏之道阻而不通也。（八五）義陽差近淮源，利涉津要，朝廷行師，必由此道：《水經注》淮水出南陽平氏縣胎簪山，東北過桐柏山，又東逕義陽縣。義陽蓋近淮水之源，淮源淺狹可涉，故魏以為利涉津要。（八六）若江南一平，有事淮外：謂南朝內亂若平，政權復一，則必用兵淮外以爭壽陽也。（八七）須乘夏水汎長，列舟長淮：江南利舟楫，多舟師，必俟夏水汎漲，然後列舟溯淮以爭壽陽也。（八八）師赴壽春，須從義陽之北：謂夏水汎長，則淮源不可涉，魏師須繞義陽之北，迂道以援壽春。（八九）便是居我喉要：謂義陽本為魏朝行師要津，今其形勢為南朝所得，是扼魏之喉要也。（九〇）義陽之滅，今實時矣：義陽既為南北兵爭之衝，揆度形勢，不得不取，宜及今季冬水淺可涉，南方內亂無暇北顧之時而滅之。（九一）請使兩荊之眾，西擬隨、雍：魏置荊州於穰城，東荊州於沘陽，故曰兩荊，隨、雍，謂隨郡及襄陽也。出兵隨、雍，蓋欲分南朝兵勢，收聲東擊西之效。（九二）三關：義陽三關也，註已見前。（九三）然後二豫之軍，直據南關，對抗延頭：魏置豫州於上蔡，東豫州於新息，故曰二豫。南關謂陰山關，延頭在安陸界。陰山關在今湖北省麻城縣東北。延頭在今湖北省黃陂縣西，南朝置戍於此，宋元嘉謝晦之亂，敗走安陸延頭，為戍主光順所執處也。（九四）直寢：胡三省曰：「因直寢殿以為官稱。」（九五）建寧太守黃天賜與益宗戰於赤亭：宋有建寧左郡，孝武帝大明八年，省郡為縣，屬西陽郡，後復為郡。《齊書・州郡志》建寧左郡領建寧、陽城二縣，屬司州，故治在今湖北省麻城縣西南。《宋書・州郡志》文帝元嘉二十五年以豫部蠻民立建昌、南川、長風、赤亭等十八縣屬西陽郡，赤亭其一也，孝武帝大明八年，以赤亭并陽城。《水經注》舉水自湖陂城南流逕白沙戍西，又東南歷赤亭下，謂之赤亭水。西陽五水蠻，赤亭水其一焉。赤亭在今湖北省黃岡縣境舉水之下流。〔九六〕稷，瓌之弟也：張瓌時為光祿大夫。〔九七〕飾以孔翠：以孔雀、翡翠之羽飾之。〔九八〕景陽樓：宋文帝元嘉二十三年，仿洛陽之制起景陽山於華林園中，建樓其上，齊武帝永明中復置鐘於景陽樓之上，其遺址當在今江蘇省江寧縣北。胡三省曰：「今建康法寶寺，景陽樓故基也。」〔九九〕為百日調：調，計度也，度為百日之用。〔一〇〇〕榜：木片也，字亦作牓。〔一〇一〕珍國密遣所親獻明鏡於蕭衍，衍斷金以報之：胡三省曰：「鏡所以照物，獻鏡者，欲衍照其心也。易大傳曰：『二人同心，其利斷金。』故衍取以為報。」獻鏡於衍者，輸誠悃也，斷金以報者，示同心以共功業也。〔一〇二〕造膝定計：促席俱前至膝以定密謀也。古者席地或據榻而坐，兩膝相對，促席使近，謂之造膝，造，至也，謂膝與膝接也。〔一〇三〕後閤舍人：胡三省曰：「後閤舍人，蓋江右所置，使主殿後閤者也，常在宮中。」〔一〇四〕張齊斬之：東昏時年十九。〔一〇五〕以黃油裹東昏首：胡三省曰：「黃絹施油可以禦雨，謂之黃油。以黃油裹物，表裏可見，蓋欲蕭衍易於審視也。」〔一〇六〕挼：以兩手切摩也。〔一〇七〕亮，瑩之從弟；志，僧虔之子也：瑩，僧虔皆琅琊王氏，江南甲族也。瑩，梁武為相國時，引為左長史；僧虔仕於齊初，位至司空。〔一〇八〕衍與范雲有舊：衍嘗與雲同遊竟陵王子良邸，見卷一百三十六武帝永明二年。〔一〇九〕顛而不扶，安用彼相：《論語》孔子曰：「危而不持，顛而不扶，則將焉用彼相矣！」故衍引以責亮。〔一一〇〕初，海陵王之廢也：事見卷一百三十九明帝建武元年。〔一一一〕王太后：即文惠太子妃文安王皇后也。〔一一二〕依晉武陵王遵承制故事，百僚致敬：武陵王遵承制事見卷一百十三晉安帝元興三年。㉝前原：胡三省曰：「原南史作源，前源謂日前興事之源也。」余按《梁書・武帝紀》亦作源，原與源義同。㉞精加訊辯：詳加訊問，辯明其是非也。㉟仙琕猶於江西日抄運船：胡三省曰：「豫州治歷陽，在大江之西。」㊱昂，顗之子也：袁顗死於宋義嘉之難。㊲駕部郎：《晉書・職官志》曹魏置尚書二十三郎，駕部其一也。《南齊書・百官志》駕部曹屬左民尚書。㊳膝袒：膝行肉袒也。㊴投殞：投命殞身以報恩。㊵薦璧：胡三省曰：「薦，進也，謂御璧而降也。」㊶武康令：《宋書・州郡志》吳分烏程、餘杭立永安縣，晉太康元年更名武康，屬吳興郡，即今浙江省武康縣。㊷昔元嘉之末，開闢未有，故太尉殺身以明節：太尉，謂昂父顗、叔父淑也，卒贈太尉。宋文帝元嘉之末，淑死於太子劭之難，事見卷一百二十七宋文帝元嘉三十年。劭以子弑父，故云開闢未有。㊸司徒當寄託之重，理無苟全，所以不顧險夷，以狥名義：司徒謂昂父顗也，顗死於宋晉安王子勛之難，見卷一百三十一宋明帝泰始二年。㊹世有忠節：謂淑、顗忠於國事也。㊺持滿：引弓使滿也。㊻射鉤斬袪：言忠於所事。齊管仲輔公子糾，射中桓公帶鉤，晉太子申生之難，獻公使寺人披伐公子重耳於蒲，重耳踰垣走，披斬其袪。㊼臨湘、湘陰、瀏陽、羅四縣：臨湘、羅二縣自漢以來屬長沙郡。《元和郡縣志》吳分臨湘立瀏陽縣，亦屬長沙郡。《宋書・州郡志》宋蒼梧王元徽二年分益陽、羅、湘西及巴峽流民立湘陰縣，屬湘東郡。臨湘，隋曰長沙，故城在今湖南省長沙縣南，湘陰故城在今湖南省湘陰縣西北；瀏陽，瀏水經其南，故城在今湖南省瀏陽縣東，羅縣故城在今湖南省湘陰縣東北。㊽前湘州鎮軍鍾玄紹：胡三省曰：「按當時州府官屬無鎮軍之稱，此必梁書之誤。」㊴王丹為郡人所殺：王丹先以南康郡應劉希祖。

卷一百四十五 梁㈠紀一

起玄黓敦牂，盡閼逢涒灘，凡三年。（壬午至甲申，西元五〇二年至五〇四年）

司馬光編集
林瑞翰註

高祖武皇帝㈡

天監元年㈢（西元五〇二年）

㈠春，正月，齊和帝遣兼侍中席闡文等慰勞建康。
㈡大司馬衍下令凡東昏時浮費，自非可以習禮樂之容，繕甲兵之備者，餘皆禁絕。
㈢戊戌（初九日），迎宣德太后入宮，臨朝稱制，衍解承制㈣。
㈣己亥（初十日），以寧朔將軍蕭昺監南兗州諸軍事㈤。昺，衍之從父弟也㈥。
㈤壬寅（十三日），進大司馬衍都督中外諸軍事，劍履上殿，贊拜不名。
㈥己酉（三十日），以大司馬長史王亮為中書監，尚書令。

㈦初，大司馬與黃門侍郎范雲、南清河太守沈約、司徒右長史任昉，同在竟陵王西邸㊆，意好敦密㊇，至是引雲為大司馬諮議參軍，領錄事㊈，約為驃騎司馬㊉，昉為記室參軍，與參謀議。前吳興太守謝朏、國子祭酒何胤先皆棄官家居㊁，衍奏徵為軍諮祭酒，朏、胤皆不至。

大司馬內有受禪之志，沈約微扣其端，大司馬不應。他日，又進曰：「今與古異，不可以淳風㊂期物。士大夫攀龍附鳳，皆望有尺寸之功。今童兒牧豎，皆知齊祚已終，明公當承其運，天文讖記，又復炳然㊂。天心不可違，人情不可失，苟歷數所在，雖欲謙光㊃，亦不可得已。」大司馬曰：「吾方思之。」約曰：「公初建牙樊、沔，此時應思，今王業已成，何所復思？若不早定大業，脫有一人立異，即損威德。且人非金石，時事難保，豈可以建安之封，遺之子孫？若天子還都，公卿在位，則君臣分定，無復異心。君明於上，臣忠於下，豈復有人方更同公作賊？」大司馬然之。約出，大司馬召范雲告之，雲對略同約旨。大司馬曰：「智者乃爾暗同，卿明早將休文更來㈤」。雲出，語約，約曰：「卿必待我。」雲許諾而約先期入，大司馬命草具其事，約乃出懷中詔書幷諸選置，大司馬初無所改。俄而雲自外來，至殿門，不得入，徘徊壽光閤外㈥，但云咄咄㈦。約出，問曰：「何以見處？」約舉手向左㈧，雲笑曰：「不乖所望。」有頃，大司馬召雲入，嘆約才智縱橫，且曰：「我起兵於今三年矣㈨！功臣諸將，實有其勞，然成帝業者，卿二人也。」

甲寅（二十五日），詔進大司馬位相國，總百揆，揚州牧，封十郡為梁公㈩，備九錫之禮，置梁百司，去錄尚書之號，驃騎大將軍如故。二月辛酉（初二日），梁公始受命。齊湘東王寶晊，安陸昭王緬之子也㈪，頗好文學。東昏侯死，寶晊望物情歸己，坐待法駕，既而王珍國等送首梁公，梁公以寶晊為太常。寶晊心不自安，壬戌（初三日），梁公稱寶晊謀反，幷其弟江陵公寶覽、汝南公寶宏皆殺之。

㈧丙寅（初七日），詔梁國選諸要職，悉依天朝之制。於是以沈約為吏部尚書兼右僕射，范雲為侍中。梁公納東昏余妃，頗妨政事，范雲以為言，梁公未之從。雲與侍中領軍將軍王茂同入見，雲曰：「昔沛公入關，婦女無所幸，此范增所以畏其志大也㉒。今明公始定建康，海內想望風聲，奈何襲亂亡之迹，以女德㉓為累乎？」王茂起拜曰：「范雲言是也！公必以天下為念，無宜留此。」梁公默然。雲即請以余氏賚王茂，梁公賢其意而許之。明日，賜雲、茂錢各百萬。

丙戌（二十七日），詔梁公增封十郡，進爵為王㉔。癸巳（三月初五日），受命㉕，赦國內及府州殊死以下。

㈨辛丑（十三日），殺齊邵陵王寶攸、晉熙王寶嵩、桂陽王寶貞㉖。梁王將殺齊諸王，防守猶未急，鄱陽王寶寅家閹人顏文智與左右麻拱等密謀穿牆，夜出寶寅，具小船於江岸，著烏布襦㉗，腰繫千餘錢，潛赴江側，躡屩㉘徒步，足無完膚。防守者至明追之，寶寅詐為釣者，隨流上下十餘里，追者不疑。待散㉙，乃渡西岸，投民華文榮家，文榮與其族人天龍、惠連棄家將寶寅遁匿山澗，賃驢乘之，晝伏夜行，抵壽陽之東城，魏戍主杜元倫馳告揚州刺史任城王澄，以車馬侍衞迎之。寶寅時年十六，徒步憔悴，見者以為掠賣生口，澄待以客禮。寶寅請喪君斬衰之服，澄遣人曉示情禮，以喪兄齊衰之服給之。澄帥官僚赴弔，寶寅居處有禮，一同極哀㉚之節，壽陽多其義故，皆受慰唁㉛，唯不見夏侯一族㉜，以夏侯詳從梁王故也，澄深器重之。

㈩齊和帝東歸㉝，以蕭憺為都督荊湘等六州諸軍事㉞，荊州刺史。荊州軍旅之後，公私空乏，憺厲精為治，廣屯田，省力役，存問兵死之家，供其乏困，自以少年居重任，謂佐吏曰：「政之不臧㉟，士君子所宜共惜。吾今開懷，卿其無隱。」於是人人得其意，民有訟者，皆立前待，符教決於俄頃，曹無留事，荊人大悅。

㈩一齊和帝至姑孰，丙辰（二十八日），下詔禪位於梁。

㈩二丁巳（二十九日），廬陵王寶源卒㊱。

㈩三魯陽蠻魯北鷰等起兵攻魏潁州㊲。

㈩四夏，四月，辛酉（初三日），宣德太后令曰：「西詔㊳至，帝憲章前代㊴，敬禪神器于梁，明可臨軒㊵遣使恭授璽紱，未亡人㊶歸於別宮。」

壬戌（初四日），發策，遣兼太保尚書令亮㊷等奉皇帝璽紱詣梁宮，丙寅（初八日），梁王即皇帝位於南郊，大赦，改元㊸。是日，追贈兄懿為丞相，封長沙王，謚曰宣武，葬禮依晉安平獻王故事㊹。

丁卯（初九日），奉和帝為巴陵王，宮于姑孰，優崇之禮，皆倣齊初㊺。奉宣德太后為齊文帝妃，王皇后㊻為巴陵王妃，齊世王侯封爵，悉從降省㊼，唯宋汝陰王不在除例㊽。追尊皇考為文皇帝，廟號太祖，皇妣為獻皇后，【考異】南史云：「五月追尊」，今從梁書。追謚妃郗氏曰德皇后㊾，封文武功臣車騎將軍夏侯詳等十五人為公侯㊿，立皇弟中護軍宏為臨川王，南徐州刺史秀為安成王，雍州刺史偉為建安王，左衛將軍恢為鄱陽王，荊州刺史憺為始興王，以宏為揚州刺史。

(51)丁卯（上有丁卯，此衍文），以中書監王亮為尚書令，相國左長史王瑩為中書監，吏部尚書沈約為尚書僕射，長兼侍中范雲為散騎常侍、吏部尚書。

(十六)詔凡後宮樂府西解[五二]暴室諸婦女，一皆放遣[五三]。

(十七)戊辰（初十日），巴陵王卒[五三]。

時上欲以南海郡為巴陵國，徙王居之，沈約曰：「古今殊事，魏武所云不可慕虛名而受實禍。」上頷之，乃遣所親鄭伯禽詣姑孰，以生金進王。王曰：「我死不須金，醇酒足矣！」乃飲沈醉，伯禽就摺殺之。

王之鎮荊州也，琅邪顏見遠為錄事參軍，及即位，為治書侍御史兼中丞，既禪位，見遠不食數日而卒。上聞之曰：「我自應天從人，何預天下士大夫事，而顏見遠乃至於此[五四]？」

(十八)庚午（十二日），詔有司依周漢故事，議贖刑條格[五五]，凡在官身犯鞭杖之罪，悉入贖停罰，其臺省令史士卒欲贖者聽之。

(十九)以謝沐縣公寶義[五六]為巴陵王奉齊祀。

寶義幼有廢疾，不能言，故獨得全。

齊南康侯子恪及弟祁陽侯子範[五七]嘗因事入見，上從容謂曰：「天下公器，非可力取，苟無期運，雖項籍之力，終亦敗亡。宋孝武性猜忌，兄弟粗有令名者皆鴆之（五八），朝臣以疑似枉死者相繼（五九），然或疑而不能去，或不疑而卒為患（六〇），如卿祖以材略見疑而無如之何，湘東以庸愚不疑而子孫皆死其手。我於時已生，彼豈知我應有今日？固知有天命者，非人所害。我初平建康，人皆勸我除去卿輩，以壹物心，我於時依而行之，誰謂不可？正以江左以來，代謝之際（六一），必相屠滅，感傷和氣，所以國祚不長；又齊、梁雖云革命，事異前世（六二），我與卿兄弟雖復絕服（六三），宗屬未遠，齊業之初，亦共甘苦（六四），情同一家，豈可遽如行路之人？卿兄弟果有天命，非我所殺；若無天命，何忽行此？適足示無度量耳！且建武塗炭卿門（六五），我起義兵，非唯自雪門恥，亦為卿兄弟報仇，卿若能在建武、永元之世，撥亂反正（六六），我豈得不釋戈推奉邪？我自取天下於明帝家，非取之於卿家也！昔劉子輿自稱成帝子，光武言假使成帝更生，天下亦不可復得，況子輿乎（六七）？曹志，魏武帝之孫，為晉忠臣（六八），況卿今日猶是宗室，我方坦然相期，卿無復懷自外之意，小待(六九)當自知我寸心。」子恪兄弟凡十六人，皆仕梁，子恪、子範、子質、子顯、子雲、子暉並以才能知名，歷官清顯，各以壽終。

(廿)詔徵謝朏為左光祿大夫，開府儀同三司；何胤為右光祿大夫，何點為侍中。胤、點終不就。

(廿一)癸酉（十五日），詔公車府謗木肺石(七〇)傍各置一函，若肉食(七一)莫言，欲有橫議(七二)，投謗木函，若以功勞才器冤沈莫達，投肺石函。上身服浣濯之衣(七三)，常膳唯以菜蔬，每簡長吏，務選廉平，皆召見於前，勗以政道(七四)。擢尚書殿中郎到溉為建安內史(七五)、左戶侍郎(七六)，劉覈為晉安太守(七七)，二人皆以廉潔著稱。溉，彥之曾孫也(七八)。又著令小縣令有能遷大縣，大縣有能遷二千石(七九)。以山陰令丘仲孚為長沙內史，武康令東海何遠為宣城太守，由是廉能莫不知勸。

(廿二)魯陽蠻圍魏湖陽(八〇)，撫軍將軍李崇將兵擊破之，斬魯北鷰(八一)，徙萬餘戶於幽、幷諸州及六鎮，尋叛南走，所在追討，比及河，殺之皆盡。

㈢閏月丁巳（三十日），魏頓丘匡公穆亮卒㊁。

㈣齊東昏侯嬖臣孫文明等雖經赦令，猶不自安，五月乙亥（十八日）夜，帥其徒數百人，因運荻炬，束仗入南北掖門作亂㊂，燒神虎門㊃、總章觀，入衛尉府，殺衛尉洮陽愍侯張弘策㊄，前軍司馬呂僧珍直殿內，以宿衛兵拒之，不能卻。上戎服御前殿曰：「賊夜來，是其眾少，曉則走矣。」命擊五鼓，領軍將軍王茂、驍騎將軍張惠紹聞難，引兵赴救，盜乃散走，討捕悉誅之。

㈤江州刺史陳伯之目不識書，得文牒辭訟，唯作大諾而已，有事，典籤傳口語，與奪決於主者㊅。豫章人鄧繕、永興㊆人戴永忠有舊恩於伯之，伯之以繕為別駕，永忠為記室參軍。河南褚緭居建康，【考異】蕭寶寅傳作褚胄，今從梁書。素薄行，仕宦不得志，頻造尚書范雲㊇，雲不禮之，緭怒，私謂所親曰：「建武以後，草澤下族，悉化成貴人，吾何罪而見棄？今天下草創，饑饉不已，喪亂未可知，陳伯之擁彊兵在江州，非主上舊臣㊈，有自疑之意，且熒惑守南斗㊉，詎非為我出邪？今者一行事，若無成，入魏不失作河南郡守。」

遂投伯之，大見親狎。伯之又以鄉人朱龍符為長流參軍（九一）。伯之愚闇，恣為姦利，上聞之，使陳虎牙私戒伯之，又遣人代鄧繕為別駕，伯之並不受命，表云：「龍符驍勇，鄧繕有績効（九二），臺所遣別駕，請以為治中。」繕於是日夜說伯之云：「臺家府藏空竭，復無器仗，三倉（九三）無米，東境飢流（九四），此萬世一時也，機不可失。」縉、永忠共贊成之。伯之謂繕，今啟卿，若復不得，即與卿共反。上敕伯之以部內一郡處繕，於是伯之集府州僚佐（九五）謂曰：「奉齊建安王（九六）教，帥江北義勇十萬已次六合（九七），見使以江州見力，運糧速下。我荷明帝厚恩，誓死以報。」即命纂嚴，使縉詐為蕭寶寅書以示僚佐，於聽事前為壇，歃血共盟。縉說伯之曰：「今舉大事，宜引眾望。長史程元沖，不與人同心，臨川內史王觀，僧虔之孫，人身不惡，可召為長史，以代元沖。」伯之從之，仍以縉為尋陽太守，永忠為輔義將軍，龍符為豫州刺史。觀不應命，豫章太守鄭伯倫起郡兵拒守。

程元沖既失職，於家合帥（九八）數百人，乘伯之無備，突入至聽事前，伯之自出格鬪，元沖不勝，逃入廬山㊈。

伯之密遣信報虎牙兄弟，皆逃奔盱眙。戊子（五月戊午朔，無戊子），詔以領軍將軍王茂為征南將軍，江州刺史，帥眾討之㊉。

㊆魏揚州小峴戍主党法宗襲大峴戍，破之，虜龍驤將軍邾菩薩。

㊇陳伯之聞王茂來，謂褚緭等曰：「王觀既不就命，鄭伯倫又不肯從，便應空手受困。今先平豫章，開通南路，多發丁力，益運資糧，然後席捲北向㊀，以撲飢疲之眾，不憂不濟。」

六月，留鄉人唐蓋人守城㊁，引兵趣豫章，攻伯倫，不能下。王茂軍至，伯之表裏受敵，遂敗走，間道渡江，與虎牙等及褚緭俱奔魏。

㊈上遣左右陳建孫送劉季連子弟三人㊂入蜀，使諭旨慰勞。季連受命，飭還裝，益州刺史鄧元起始得之官。

初，季連為南郡太守，不禮於元起㊃，都錄㊄朱道琛有罪，季連欲殺之，逃匿得免，至是道琛為元起典籤，說元起曰：「益州亂離已久，公私虛耗，劉益州臨歸；豈辦遠遣迎侯，道琛請先使檢校，緣路奉迎。不然萬里資糧，未易可得。」元起許之。道琛既至，言語不恭，又歷造府州㉖人士，見器物輒奪之，有不獲者，語曰：「會當屬人，何須苦惜？」於是軍府大懼，謂元起必誅季連，禍及黨與，競言之於季連，季連亦以為然，且懼昔之不禮於元起，乃召兵筭之，有精甲十萬，歎曰：「據天險之地，握此彊兵，進可以匡社稷，退不失作劉備，捨此安之？」遂召佐史矯稱齊宣德太后令，聚兵復反，收朱道琛殺之。召巴西太守朱士略及涪令李膺，並不受命。

是月，元起至巴西，士略開門納之。

先是蜀民多逃亡，聞元起至，爭出投附，皆稱起義兵，應朝廷，軍士新故三萬餘人㉗。

元起在道久，糧食乏絕，或說之曰：「蜀土政慢，民多詐疾㉘，若檢巴西一郡籍注㉙，因而罰之，所獲必厚。」元起然之。李膺諫曰：「使君前有嚴敵，後無繼援，山民始附於我觀德㉚，若糾以刻薄㉛，民必不堪。眾心一離，雖悔無及。何必起疾可以濟師㉜？膺請出圖之，不患資糧不足也。」元起曰：「善，一以委卿。」膺退，帥富民上軍資米，得三萬斛。

(廿九)秋，八月丁未（二十二日），命尚書刪定郎濟陽蔡法度損益王植之集註舊律(二三)為梁律，仍命與尚書令王亮、侍中王瑩、尚書僕射沈約、吏部尚書范雲等九人同議定。

(卅)上素喜鍾律，欲釐正雅樂，乃自制四器，名之為通(二四)，每通施三絃，黃鍾絃用二百七十絲，長九尺，應鍾絃用一百四十二絲，長四尺七寸四分差彊，中間十律，以是為差(二五)，因以通聲，轉推月氣，悉無差違，而還得相中；又制十二笛，黃鍾笛長三尺八寸，應鍾笛長二尺三寸，中間十律，以是為差，以寫通聲飲(二六)，古鍾玉律，並皆不差。於是被以八音(二七)，施以七聲(二八)，莫不和韻。先是宮懸止有四鎛鍾，雜以編鍾、編磬、衡鍾，凡十六虡(二九)，上始命設十二鎛鍾，各有編鍾、編磬，凡三十六虡，而去衡鍾，四隅植建鼓(三〇)。

(卅一)魏高祖之喪，前太傅平陽公丕自晉陽來赴(三一)，遂留洛陽。丕年八十餘，歷事六世(三二)，位極公輔而還為庶人(三三)，魏主以其宗室耆舊，矜而禮之。乙卯（三十日），以丕為三老。

㈣魏揚州刺史任城王澄表請攻鍾離，魏主使羽林監敦煌范紹詣壽陽共量進止。澄曰：「當用兵十萬，往來百日，乞朝廷速辦糧仗。」紹曰：「今秋已向末，方欲調發，兵仗可集，糧何由致？有兵無糧，何以克敵？」澄沈思良久，曰：「實如卿言。」乃止。

㈣九月丁巳（初二日），魏主如鄴。冬，十月庚子（十六日），還至懷，與宗室近侍射遠。帝射三百五十餘步，羣臣刻銘以銘之。甲辰（二十日），還洛陽。

㈣十一月己未（初五日），立小廟以祭太祖之母㉔。每祭太廟畢，以一太牢祭之。

㈣甲子（初十日），立皇子統為太子。

㈣魏洛陽宮室始成㉕。

㈣十二月，將軍張囂之侵魏淮南，取木陵戍㉖，魏任城王澄遣輔國將軍成興擊之，囂之敗走，魏復取木陵。

㈣劉季連遣其將李奉伯等拒鄧元起，元起與戰，互有勝負。久之，奉伯等敗還成都，元起進屯西平㊲。季連驅略居民，閉城固守。元起進屯蔣橋，去成都二十里，留輜重於郫㊳，奉伯等間道襲郫，陷之，軍備盡沒。元起捨郫，徑圍州城，城局參軍㊴江希之謀以城降，不克而死。

(卌九)魏陳留公主寡居，僕射高肇、秦州刺史張彝皆欲尚之，公主許彝而不許肇，肇怒，譖彝於魏主，坐沈廢㊵累年。

(四十)是歲，江東大旱，米斗五千，民多餓死。

【今註】

梁代世系表：

①武帝
├─②簡文帝
└─③元帝
　　└─④敬帝

㊀梁：胡三省曰：「齊宣德太后詔蕭衍自建安郡公進爵梁公，衍志也，尋進爵為王，尋受齊禪，因號曰梁。」王鳴盛曰：「南史梁武帝紀梁與齊同承淮陰令整，整生皇高祖鎋，鎋生皇曾祖副子，副子生皇祖道賜，道賜生皇考順之，於齊高帝為始族弟。案齊高紀亦從淮陰令整敘起，整生儁，儁生樂子，樂子生承之，承之生道成。竊疑道賜與順之似是倒誤，當為副子生順之，順之生道賜，道賜於齊高帝為始族弟，如此方合六朝人兄弟排行者也。南齊書三十八蕭景先傳景先為太祖高帝道成之從子，而其祖名爰之，其父名敬宗，敬宗與道成為兄弟，爰之與道成父承之為兄弟，已可證蕭

氏一門羣從自道字以上一輩皆以之字排行，然猶可云之字可不拘，同卷蕭赤斧傳赤斧為太祖道成之從祖弟，而其祖名隆子，其父名始之，可見此二代皆以之字排行，子字行下即是之字無疑，斷非副子生道賜，道賜生順之也，雖姚思廉梁書與南史同，然大可疑。始族弟者，齊宗室傳衡陽公、臨汝侯坦之皆高帝絕服族子，絕服族子謂始無服之姪，而始族弟則謂始有服之弟，緦麻兄弟也。北史劉芳傳齊使劉瓚至，芳之始族兄也。始族兄弟較絕服族兄弟猶稍親，然則梁武與齊服屬尚近，以衍篡寶融與以鸞篡昭文何異？既非更姓改物，何必易齊為梁？夫齊武帝之統不可絕也，而鸞公然曰為高帝第三子，假令梁武斥鸞而復為齊高後，不易代號，則齊之建國凡七十九年，書之史冊，不稍足觀乎！」余按東昏時蕭坦之嘗謂江祏曰：「明帝立已非次，天下至今不服。」齊明之繼為齊後，蓋欲以自安也，梁武則不然，其與齊服屬既疏，且承東昏暴虐之後，人心去齊而附己，且入繼大宗，不得私其親，故易代更號以尊崇其宗祀也。㈡高祖武皇帝：帝諱衍，字叔達，小字練兒，南蘭陵中都里人，與齊同出淮陰令整，帝皇考齊高帝之始族弟也。㈢元監元年：是年四月，帝始建號改元，三月以前，猶是齊和帝中興二年。㈣衍解承制：衍承制見上卷上年。㈤以寧朔將軍蕭昺監南兗州諸軍事：蕭昺即上卷蕭景也，唐避諱改昺曰景，時鎮廣陵，因以為南兗州刺史。上卷從《梁書》作景，此從《南齊書》作昺。㈥昺，衍之從父弟也：昺與帝同祖道賜。道賜有三子，長尚之；次順之，帝之父；次崇之，即昺之父也。㈦初，大司馬與黃門侍郎范雲、南清河太守沈約、司徒右長史任昉，同在竟陵王西邸：事見卷一百三十六齊武帝永明二年。㈧敦密：敦，厚也。㈨領錄事：衍錄尚書事，以范雲領錄府事也。㈩約為驃騎司馬：衍為驃騎大將軍，以沈約為府司馬。⑪前吳興太守謝朏、國子祭酒何胤先皆棄官家居：齊明帝建武初，朏、胤皆棄官不仕。⑫淳風：淳樸之風。⑬天文讖記，又復炳然：《南齊書・五行志》永元中，童謠曰：「野豬雖嗃嗃，馬子空閭渠，不知龍與虎，飲食江南墟，七九三十六，廣莫人無餘，烏集傳舍頭，今汝得寬休，但看三八後，摧折景陽樓。」識者解云：「陳顯達屬豬，崔慧景屬馬。」非也，東昏侯屬豬，馬子未詳，梁王屬龍，蕭穎胄屬虎，崔慧景攻臺，頓於廣莫門，死時年六十三，烏集傳舍，即所謂「瞻烏爰止，於誰之屋」，三八二十四，起建元元年至中興二年二十四年也，摧折景陽樓，亦高臺傾之意也，言天下將去，乃得休息也。⑭謙光：《易》曰：「謙尊而光。」⑮將休文更來：將，攜也；休文，沈約字；更來，欲與共定大計也。⑯壽光閤外：胡三省曰：「江南禁中有壽光省。」閤外，省閤之外。⑰咄咄：毛晃曰：「咄咄，咨嗟語也。」⑱約舉手向左：謂處之以尚書左僕射也。⑲我起兵於今三年矣：帝以東昏侯永元二年十一月起兵於襄陽，至是首尾凡三年。⑳封十郡為梁公：《梁書・武帝紀》時以豫州之梁郡、歷陽、南徐州之義興、揚州之淮南、宣城、吳興、會稽、新安、東陽十郡為梁公國。按上所列但九郡耳，紀脫一郡。㉑齊湘東王寶晊，安陸昭王緬之子也：緬，齊明帝之弟。㉒昔沛公入關，婦女無所幸，此范增所以畏其志大也：事見卷九漢高帝元年。㉓女德：《左傳》富辰曰：「女德無極。」杜預注云：「婦女之志，近之則不知止足。」㉔丙戌，詔梁公增封十郡，進爵為王：《南齊書・和帝紀》在二月戊辰，此據《梁書・武帝紀》。時以豫州之南譙、廬江、江州之尋陽、郢州之武昌、西陽、南徐州之南琅琊、南東海、晉陵、揚州之臨海、永嘉十郡益梁為王國。㉕癸巳，受命：按《梁書・武帝紀》當作三月癸巳，三月己丑朔，癸巳初五日。㉖殺齊邵陵王寶攸、晉熙王寶嵩、桂陽王寶貞：三王皆齊明帝子。㉗烏布襦：以黑布為短襖也。㉘屩：草履也。㉙待散：待追者散去。㉚極哀：禮居君父之喪極哀。㉛壽陽多其義故，皆受慰喭：受壽陽義故之慰喭也。撫而安之曰慰，弔生曰唁，喭與唁同。壽陽本齊土，故多其義故。㉜唯不見夏侯一族：夏侯之族本譙郡人而居於壽陽。㉝齊和帝東歸：將東歸建康也。㉞以蕭憺為都督荊湘等六州諸軍事：《梁書・始興忠武王憺傳》，六州謂荊、湘、益、寧、南秦、北秦也。㉟不臧：不善。㊱廬陵王寶源卒：寶源亦齊明帝子，蓋為梁所殺。㊲魏潁州：《魏書・地形志》魏孝明帝孝昌四年始置潁州於汝陰，故治今安徽省阜陽縣，孝靜帝天平初復置潁州於長社，今河南省長葛縣西，是時未有潁州也，蓋史追稱，二潁皆近魯陽。㊳西詔：謂齊和帝詔。和帝時至姑熟，在建康之西。㊴憲章前代：謂以前代為法度也。《中庸》云：「仲尼祖述堯舜，憲章文武。」㊵明可臨軒：明謂明旦，臨軒，御平臺也。㊶未亡人：古者婦人既寡，自稱未亡人。㊷兼太保尚書令亮：王亮。㊸改元：至是始改元天監。㊹葬禮依晉安平獻王故事：胡三省曰：「懿為東昏侯所殺，葬不成禮，今依晉葬安平王孚禮葬之。」㊺奉和帝為巴陵王，宮于姑孰，優崇之禮，皆倣齊初：倣齊奉汝陰王之禮。齊高帝篡宋，奉宋順帝為汝陰王，行宋正朔，待以不臣之禮。㊻王皇后：齊和帝王皇后諱蕣華，琅琊臨沂人，太尉王儉之孫也。㊼齊世王侯封爵，悉從降省：降者，降其爵秩，省者，省其封國也。㊽唯宋汝陰王不在除列：胡三省曰：「備三恪也。」《左傳》：「庸以元女大姬配胡公而封諸陳以備三恪。」杜預注云：「周得天下，封夏、殷二王後，又封舜後謂之恪，幷二王後為一國，其禮轉降，示敬而已，故曰三恪。」胡公，舜後也。恪古字作愙，《說文》曰：「愙，敬也。」吳大澂曰：「愙即客之異文，二王之後謂之客，周封三客，虞、夏、商之後也。」㊾追謚妃郗氏曰德皇后：《梁書・皇后傳》德皇后郗氏諱徽，高平金鄉人也，齊東昏侯永元元年，殂於襄陽。㊿封文武功臣車騎將軍夏侯詳等十五人為公侯：按《梁書》此十五人王茂望蔡縣公，夏侯詳豐城縣公，王亮豫寧縣公，王瑩建城縣公，曹景宗竟陵縣侯，楊公則寧都縣侯，鄧元起當陽縣侯，張弘策洮陽縣侯，呂僧珍平固縣侯，柳惔曲江縣侯，范雲霄城縣侯，沈約建昌縣侯，張稷江安縣侯，王珍國灄陽縣侯，張齊安昌縣侯。另柳慶遠封重安侯，疑非此十五人之數。(51)西解：解讀曰廨，署廨也。(52)一皆放遣：一切皆放遣之也。(53)巴陵王卒：時年十五。(54)我自應天從人，何預天下士大夫事，而顏見遠乃至於此：謂見遠雖忠，不可以為訓也。應天順人，曰從人者，避皇考順之諱也。(55)詔有司依周漢故事，議贖刑條格：周穆王以呂侯為司寇，命訓刑以詰四方，作《呂刑》，以五刑之辟，疑者罰贖，漢文帝令民入粟贖罪，武帝令死罪入贖錢五十萬，減死一等，蓋用有疑誤罰贖之法，而漢則凡罪皆可入贖也。(56)謝沐縣公寶義：晉安王寶義，齊明帝子也，帝受禪，降封謝沐縣公。謝沐縣，漢屬蒼梧郡，吳分蒼梧立臨賀郡，以謝沐屬焉，晉以來因之，隋省，故城在今湖南省永明縣西南。(57)齊南康侯子恪及弟祁陽侯子範：子恪、子範皆齊豫章王嶷之子。《元和郡縣志》祁陽本漢泉陵縣地也，屬零陵縣，吳分泉陵置祁陽縣，仍屬零陵郡，故城在今湖南省祁陽縣東南。(58)宋孝武性猜忌，兄弟粗有令名者皆鴆之：謂鴆殺南平王鑠也。(五九)朝臣以疑似枉死者相繼：謂朝臣如顏竣、王僧達、周朗、沈懷文等皆以疑似謀反被誅。(六〇)然或疑而不能去，或不疑而卒為患：疑而不能去者，謂齊高帝也，不疑而卒為患者，謂宋明帝也。宋明帝以庸愚不為宋孝武所疑，既即位而盡殺孝武子孫。(六一)代謝之際：謂朝代更易之際。(六二)又齊、梁雖云革命，事異前世：梁易號代齊，故云革命，又梁武自以與齊同出汝陰令整，雖云禪代，猶同一家，故云事異前世也。(六三)我與卿兄弟雖復絕服：五服之親，至於祖免，則無服矣，故云絕服。《禮．大傳》云：「五世祖免，殺同姓也。」疏云：「五世，謂共承高祖之父者也，服祖免而無正服，減殺同姓也。」孫希旦曰：「五世在九族之外，不得為同族，但同姓而已，同姓既疏，故殺其恩誼，但為之祖免而無服也。」(六四)齊業之初，亦共甘苦：《梁書．武帝紀》帝父順之於宋齊禪代之際，參預佐命，封臨湘縣侯。(六五)且建武塗炭卿門：謂齊明帝建武中誅戮高、武子孫。(六六)卿若能在建武、永元之世，撥亂反正：建武，明帝年號，永元，東昏侯年號。亂謂齊明帝父子，正謂高、武子孫，謂起義兵討齊明帝父子篡弒之罪而反帝位於高、武子孫也。(六七)昔劉子輿自稱成帝子，光武言假使成帝更生，天下亦不可復得，況子輿乎：事見卷三十九漢淮陽王更始元年。(六八)曹志，魏武帝之孫，為晉忠臣：事見卷八十一晉武帝太康四年。(六九)小待：小俟時日。(七〇)謗木肺石：《淮南子》舜立誹謗之木。崔豹《古今注》曰：「今之華表木也。以橫木交柱頭，狀若花，形似桔槔，大路交衢悉施焉，或謂之表木，以表王者納諫。」《周禮》大司徒以肺石達冤民。注云：「肺石，赤石也。」(七一)肉食：《左傳》齊伐魯，魯公將戰，曹劌請見，其鄉人曰：「肉食者謀之，又何閒焉！」杜預注：「肉食，在位者。」孔穎達疏云：「孟子論庶人云：『七十者可以食肉』，是賤人不得食肉，故云在位者也。」(七二)横議：《孟子》曰：「諸侯放恣，處士横議。」謂布衣在野之士而議朝政也。(七三)浣濯之衣：衣汚敝而經浣濯者。(七四)勗以政道：勗，勉也，勉以為政之道。(七五)建安內史：《宋書・州郡志》曰：「建安太守本閩越，秦立為閩中郡，漢武帝世，閩越反，滅之，徙其民於江淮間，虛其地。後有遁逃山谷者，頗出，立為治縣，屬會稽。司馬彪云：『章安是故治。』然則臨海亦治地也。後分治地為會稽東、南二部都尉，東部臨海是也，南部建安是也。吳孫休永安三年，分南部立為建安郡。」齊以建安封武帝子子真為王國，置內史焉！故治在今福建省建甌縣。(七六)左戶侍郎：杜佑曰：「宋齊度支尚書統度支、左戶、右戶、金部、倉部、起部六曹。」(七七)晉安太守：《宋書・州郡志》晉武帝太康三年分建安郡立晉安郡，故治在今福建省閩侯縣東北。(七八)溉，彥之曾孫也：劉彥之仕宋文帝為將。(七九)二千石：謂郡守。(八〇)湖陽：湖陽縣，漢屬南陽郡，晉省，其後魏於此置西淮安郡及南襄州，隋為湖陽縣，故城在今河南省泚源縣南。(八一)斬魯北鸞：魯北鸞，魯陽蠻酋也。(八二)魏頓丘匡穆公穆亮卒：亮封頓丘郡開國公，謚曰匡。(八三)因運荻炬，東仗入南北掖門作亂：東兵仗藏於荻炬中以入也。荻炬者，束荻以為火炬之用也。(八四)神虎門：王鳴盛曰：「南史張弘策傳東昏餘黨孫文明等夜燒神獸門。案此事梁書弘策傳亦作神獸，南史與梁書王茂傳並同，梁武帝紀則南史作神武，梁書作神獸，其實乃神虎門也。梁書武帝紀天監七年作神龍仁獸闕於端門，獸本虎，既有仁虎闕，則亦當有神虎門，故知也。唐人諱虎，改為獸，或改為武，但南史、梁書皆成於唐人，當下筆時已自改，若宋書則修於南齊，南齊書則成於梁代，當時本作虎而唐人有未及改者，故仍舊作虎，亦或有唐人已改，趙宋人校者又復改從本字作虎，所以參差不齊。如梁武紀及王茂、張弘策傳皆唐人下筆時本自諱改，又如南史后妃傳梁武帝丁貴妃傳太子定位，有司奏宮僚施敬同吏禮，詣神獸門奉牋致謁，梁書后妃傳同，又如南史陶弘景傳云：『永明十年，脫朝服挂神武門』云云，此事梁書所無，南史必別有據，此皆是唐人下筆時改，其實當作虎。至於南史宋武帝紀性簡易，嘗著連齒木屐，出神武門逍遙，宋書則作神虎門，又南史宋文帝子江夏文獻王義恭傳孝武入討劭，疑義恭異志，使入尚書下省，分諸子並入神獸外侍中下省，宋書亦作神虎門，宋書傳亮傳永初元年由中書令入直中書省，專典詔命，以亮任總國權，聽於省見客，神虎門外每旦車常數百兩，南史則作神獸門，此皆南史諱改而宋書本文則唐人未及改，又如南齊書第九卷禮志晉中朝元會，設臥騎、倒騎、顛騎，自東華門馳往神虎門，此南齊書本文，唐人未及改，抑或皆唐人已改，趙宋人仍改從本字也。若宋書鄭鮮之傳高祖嘗於內殿宴飲，朝貴畢至，惟不召鮮之，俄而外啟鮮之詣神獸門求啟事，此則宋書本作虎，唐人校而改之者。」〔八五〕洮陽愍侯張弘策：弘策封洮陽縣侯，諡曰愍。〔八六〕典籤傳口語，與奪決於主者：伯之不識書，但由典籤傳其口之所言，與奪之權，決於主者。主者，謂主文牒、辭訟之吏。〔八七〕永興：《水經注》永興，漢餘暨縣也，漢末童謠云：「天子當興東南三餘之間。」故孫權改曰永興。屬會稽郡，故城在今浙江省蕭山縣西。〔八八〕頻造尚書范雲：雲時為吏部尚書，尚書掌銓選，故緝頻造之以求美職。〔八九〕陳伯之擁彊兵在江州，非主上舊臣：陳伯之本為東昏侯將，帝至江州，伯之迎降，非帝舊臣也。

(九〇)熒惑守南斗：《晉書・天文志》北方南斗六星，天廟也，主兵。又熒惑出則有兵象。(九一)伯之又以鄉人朱龍符為長流參軍：陳伯之，濟陰睢陵人也。孫逢吉職官分紀長流參軍主禁防，晉從公府有長流參軍，小府無長流參軍，置禁防參軍。《顏氏家訓》曰：「按周禮秋官司寇主刑罰，長流之職，漢魏捕賊掾耳，晉宋以來，始為參軍。」(九二)有績效：著有勞績功效也。(九三)三倉：胡三省曰：「三倉，大倉、石頭倉及常平倉也。又按五代史志梁司農卿主農功、倉廩，統太倉等令，又管左、右、中部三倉。」(九四)東境饑流：言東境之民饑困而流徙也。東境謂三吳之地，宋之東揚州也。(九五)於是伯之集府州僚佐：伯之時為征南將軍，府謂征南府，州謂江州也。(九六)齊建安王：齊建安王蕭寶寅也，時出奔魏。(九七)六合：六合山也，在今江蘇省六合縣西南，與江浦縣接界。今六合縣，宋、齊齊郡之尉氏縣也，隋更名六合，蓋以山為名。(九八)合帥：胡三省曰：「合眾而帥之。」(九九)廬山：廬山在今江西省九江縣南，古之南障山也，周時匡俗結廬隱此，故名焉，一曰匡山，亦曰匡廬。《輿圖廣記》廬山三面阻水，西臨大陸，為羣山所奔輳，山無主峯，蜿蜒蟬聯，指列條數，各自為勝。(一〇〇)戊子，詔以領軍將軍王茂為征南將軍，江州刺史，帥眾討之：討陳伯之。按五月戊午朔，無戊子，戊子六月初二日。(一〇一)北向：順江北下以攻建康也，尋陽在建康之南。(一〇二)留鄉人唐蓋人守城：守尋陽城。(一〇三)劉季連子弟三人：季連弟子淵及季連二子。(一〇四)初，季連為南郡太守，不禮於元起：鄧元起，南郡當陽人也。《梁書・劉季連傳》季連素薄元起，故不見禮於季連。(一〇五)都錄：胡三省曰：「都錄，蓋郡之首吏，總錄諸吏者也。」(一〇六)府州：劉季連為輔國將軍益州刺史，府謂輔國府，州謂益州也。(一〇七)軍士新故三萬餘人：胡三省曰：「新謂蜀民新附者，故謂元起從行者。」㉘蜀土政慢，民多詐疾：疾，弊也，為政慢而不嚴，民多詐欺以避賦役而生弊也。㉙若檢巴西一郡籍注：籍注，著籍也，謂郡民之著名於戶籍者，檢其籍注，蓋欲按籍以征其資糧。㉚山民始附於我觀德：山民謂先逃入山而今來附者。觀德，謂觀望我有德則來附，否則攜離。㉛若糾以刻薄：謂糾之以法，嚴刻而寡恩。㉜何必起疾可以濟師：濟，益也，言不必糾弊以益資糧也。㉝王植之集註舊律：王植之集定張、杜律，見卷一百三十七齊武帝永明九年。㉞乃自制四器，名之為通：《隋書．音樂志》通受聲廣九寸，宣聲長九尺。四器者，一曰玄英通，二曰青陽通，三曰朱明通，四曰白藏通。㉟每通施三弦，黃鍾絃用二百七十絲，長九尺，應鍾弦用一百四十二絲，長四尺七寸四分差彊，中閒十律，以是為差：胡三省曰：「黃鍾律長九寸，引而伸之為九尺，應鍾律長四寸二十七分寸之二十，引而伸之為四尺七寸四分差彊，中間十律以是為差者，即上生下生，三分益一，三分去一之數也。」㊱聲飲：胡三省曰：「樂有飲聲，飲者，隨其聲而酌其清濁高下也。」㊲八音：《周禮》曰：「播之以八音，金、石、土、革、絲、木、匏、竹。」注云：「金，鍾鎛也；石，磬也；土，塤也；革，鼓鼗也；絲，琴瑟也；木，柷敔也；匏，笙也；竹，管也。」㊳七聲：謂《樂律》之宮、商、角、徵、羽及變宮、變徵也。㊴先是宮懸止有四鎛鍾，雜以編鍾、編磬、衡鍾，凡十六虡：宮懸，古時天子樂懸之制也。《周禮》注引鄭司農云：「宮懸，四面懸，象宮室四面有牆，故謂之宮懸。」鎛鍾，大鍾也，鍾獨一虡者謂之鎛鍾，若各應律呂，大小以次，編而懸之，上下皆八，合十六鍾懸於一虡者謂之編鍾，見《隋書．音樂志》。編磬較大磬而小，大磬特懸，編磬亦十六磬同懸一虡。每一鎛鍾，雜以編鍾、編磬、衡鍾各一虡，故凡十六虡。虡，懸鍾磬之木也。㉚建鼓：胡三省曰：「建鼓，大鼓也。」《儀禮》注云：「建猶樹也，以木貫而載之，樹之跗也。」按其制蓋穿鼓徑為孔，以柱貫其中而樹之，柱下有四足柎。㉛前太傅平陽公丕自晉陽來赴：事在孝文帝太和二十三年。㉜丕年八十餘，歷事六世：丕，烈帝拓跋翳槐之曾孫也，從世祖南伐，歷景穆、文成、獻文、孝文及宣武，凡六世。㉝位極公輔而還為庶人：魏孝文帝時，丕為太傅，錄尚書事，太傅位上公，錄尚書國之元輔也。孝文南遷，丕子隆謀反，事連及丕，因廢為庶人，事見卷一百四十一齊明帝建武四年。㉞太祖之母：太祖之母，帝之祖母也。㉟魏洛陽宮室始成：魏始營洛陽宮室見卷一百三十八齊武帝永明十一年，至是宮室乃成。㊱木陵戍：《水經注》木陵山在黃水西南，木陵關水所出，水東北流注於黃水，黃水，淮水之支流也，其入淮處，謂之黃口。木陵關在木陵山上，即木陵戍也，在今河南省光山縣南一百二十里木陵山上。㊲西平：西平縣，懷寧郡之屬縣也，故城在今四川省成都縣南。《宋書・州郡志》晉安帝以秦雍流民立懷寧郡，屬南秦州，宋文帝元嘉十六年度屬益州，寄治成都。蓋初為僑郡，後遂成實土。㊳郫：郫縣自漢以來屬蜀郡，故城在今四川省郫縣北。㊴城局參軍：《宋書・百官志》宋有十八曹參軍，城局其一也。㊵沈廢：廢置不用如沈沒然也。

二年（西元五〇三年）

㈠春，正月乙卯（初二日），以尚書僕射沈約為左僕射，吏部尚書范雲為右僕射，尚書令王亮為左光祿大夫。丙辰（初三日），亮坐正旦詐疾，不登殿，削爵，廢為庶人。

㈡乙亥（二十二日），魏主耕籍田。

㈢魏梁州氐楊會叛，行梁州事楊椿等討之㊀。

㈣成都城中食盡，升米三千，人相食。劉季連食粥累月，計無所出，上遣主書趙景悅宣詔受季連降，季連肉袒請罪，鄧元起遷季連於城外，俄而造焉，待之以禮。季連謝曰：「早知如此，豈有前日之事㊁？」郫城亦降。元起誅季奉伯等，送季連詣建康。初，元起在道，懼事不集，無以為賞，士之至者，皆許以辟命，於是受別駕、治中檄者將二千人。季連至建康，入東掖門，數步一稽顙，以至上前。上笑曰：「卿欲慕劉備，而曾不及公孫述㊂，豈無臥龍之臣邪㊃？」赦為庶人。

㈤三月己巳（十七日），魏皇后蠶於北郊。

㈥庚辰（二十八日），魏揚州刺史任城王澄遣長風戍主奇道顯㊄

入寇，取陰山〔六〕、白藁二戍。

（七）蕭寶寅伏於魏闕之下〔七〕，請兵伐梁，雖暴風大雨，終不蹔移。會陳伯之降魏，亦請兵自效，魏主乃引八坐、門下〔八〕入定議。夏，四月，癸未朔，以寶寅為都督東揚等三州諸軍事〔九〕鎮東將軍，揚州刺史，丹陽公，齊王〔一〇〕，禮賜甚厚，配兵一萬，令屯東城〔一一〕；以伯之為都督淮南諸軍事，平南將軍，江州刺史，屯陽石〔一二〕，俟秋冬大舉。寶寅明當拜命〔一三〕，其夜慟哭至晨。魏人又聽寶寅募四方壯勇，得數千人，以顏文智、華文榮等六人，皆為將軍、軍主〔一四〕。寶寅志性雅重，過朞〔一五〕，猶絕酒肉，慘形悴色，蔬食麤衣，未嘗嬉笑。

（八）癸卯（二十一日），蔡法度上《梁律》二十卷，令三十卷，科四十卷，詔班行之。

（九）五月丁巳（初六日），霄城文侯范雲卒〔一六〕。雲盡心事上，知無不為，臨繁處劇，精力過人。及卒，眾謂沈約宜當樞管〔一七〕，上以約輕易，不如尚書左丞徐勉，乃以勉及右衛將軍周捨同參國政。捨雅量不及勉，而清簡過之，兩人俱稱賢相，常留省內，罕得休下㈧。勉或時還宅，羣犬驚吠，每有表奏，輒焚其藁。捨豫機密二十餘年，未嘗離左右，國史詔誥，儀體法律，軍旅謀謨，皆掌之，與人言謔㈨，終日不絕，而竟不漏泄機事，眾尤服之。

㈩壬申（二十一日），斷諸郡縣獻奉二宮㈩，惟諸州及會稽許貢任土㈢，若非地產，亦不得貢。

㈩甲戌（二十三日），魏楊椿等大破叛氐，斬首數千級㈢。

㈩六月，壬午朔，魏立皇弟悅為汝南王。

㈢魏揚州刺史任城王澄表稱：「蕭衍頻斷東關㈢，欲令漅湖汎溢，以灌淮南諸戍，吳、楚便水㈣，且灌且掠，淮南之地，將非國有。壽陽去江五百餘里，眾庶惶惶，並懼水害，脫乘民之願，攻敵之虛，豫勒諸州，纂集士民，首秋大集，應機經略，雖混壹不能必果，江西自是無虞矣！」

丙戌（初五日），魏發冀、定、瀛、相、幷、濟六州二萬人，馬一千五百疋，令仲秋之中，畢會淮南，幷壽陽先兵㈤三萬，委澄經略，蕭寶寅、陳伯之皆受澄節度。

(十四)謝朏輕舟出詣闕，詔以為侍中、司徒、尚書令。朏辭腳疾，不堪拜謁，角巾[二六]自輿，詣雲龍門謝。詔見於華林園，乘小車就席。明旦，上幸朏宅[二七]，宴語[二八]盡懽。朏固陳本志，不許，因請自還東迎母，許之。臨發，上復臨幸，賦詩餞別，王人[二九]送迎，相望於道。及還，詔起府於舊宅，禮遇優異。朏素憚繁，不省職事，眾頗失望。

(十五)甲午（十三日），以中書監王瑩為尚書右僕射。

(十六)秋，七月乙卯（初五日），魏平陽平公丕[三〇]卒。

(十七)魏既罷鹽池之禁[三一]，而其利皆為富彊所專。庚午（二十日），復收鹽池利入公。

(十八)辛未（二十一日），魏以彭城王勰為太師，勰固辭，魏主賜詔敦諭，又為家人書[三二]，祈請懇至，勰不得已受命。

(十九)八月庚子（二十日），魏以鎮南將軍元英都督征義陽諸軍事。司州刺史蔡道恭聞魏軍將至，遣驍騎將軍楊由帥城外居民三千餘家保賢首山㉝，為三柵。冬，十月，元英勒諸軍圍賢首柵，柵民任馬駒斬由降魏。

任城王澄命統軍党法宗、傅豎眼、太原王神念等分兵寇東關、大峴㉞、淮陵㉟、九山㊱，高祖珍將三千騎為遊軍，澄以大軍繼其後。豎眼，靈越之子也㊲。

魏人拔關要、潁川、大峴三城，白塔、牽城、清溪皆潰。徐州刺史司馬明素將兵三千救九山，徐州長史潘伯鄰救淮陵，寧朔將軍王燮保焦城，党法宗等進拔焦城，破淮陵。十一月壬子（初四日），擒明素，斬伯鄰。

先是南梁太守馮道根戍阜陵㊳，初到，修城隍，遠斥候，如敵將至，眾頗笑之。道根曰：「怯防勇戰㊴，此之謂也。」城未畢，党法宗等眾二萬奄至城下，眾皆失色。道根命大開門，緩服登城，選精銳二百人，出與魏兵戰，破之。魏人見其意思閑暇，戰又不利，遂引去。道根將百騎擊高祖珍，破之，魏諸軍糧運絕，引退。以道根為豫州刺史㊵。

㈩武興安王楊集始卒，己未（十一日），魏立其世子紹先為武興王。紹先幼，國事決於二叔父集起、集義。

㈩乙亥（二十七日），尚書左僕射沈約以母憂去職。

㈩魏既遷洛陽，北邊荒遠，因以飢饉，百姓困弊，魏主加尚書左僕射源懷侍中、行臺㊷，使持節巡行北邊六鎮、恒、燕、朔三州㊷，賑給貧乏，考論殿最㊷，事之得失，皆先決後聞。懷通濟有無，飢民賴之。

沃野鎮將于祚，皇后之世父㊹，與懷通婚。時于勁方用事㊺，勢傾朝野，祚頗有受納。懷將入鎮，祚郊迎道左，懷不與語，即劾奏免官。

懷朔鎮將元尼須與懷舊交，貪穢狼藉㊻，置酒請懷，謂懷曰：「命之長短，繫卿之口，豈可不相寬貸？」懷曰：「今日源懷與故人飲酒之坐，非鞫獄之所也，明日公庭，始為使者檢鎮將罪狀之處耳！」尼須揮淚無以對，竟按劾抵罪。

懷又奏邊鎮事少，而置官猥多，沃野一鎮，自將以下㊼八百餘人，請一切五分損二，魏主從之。

(二三)乙酉，將軍吳子陽與魏元英戰於白沙，子陽敗績(四八)。

(二四)魏東荊州蠻樊素安作亂，乙酉，以左衛將軍李崇為鎮南將軍，都督征蠻諸軍事，將步騎討之(四九)。

(二五)馮翊吉翂父為原鄉令(五〇)，為姦吏所誣，逮詣廷尉，罪當死。翂年十五，檛登聞鼓，乞代父命。上以其幼，疑人教之，使廷尉卿蔡法度嚴加誘脅(五一)，取其款實(五二)，法度盛陳拷訊之具，詰翂曰：「爾求代父，敕已相許，審能死不(五三)？且爾童騃，若為人所教，亦聽悔異(五四)。」翂曰：「囚雖愚幼，豈不知死之可憚？顧不忍見父極刑，故求代之，此非細故，奈何受人教邪？明詔聽代，不異登仙，豈有回貳(五五)？」法度乃更和顏誘之曰：「主上知尊侯(五六)無罪，行當得釋，觀君足為佳童，今若轉辭，幸可父子同濟。」翂曰：「父掛深劾，必正刑書，囚瞑目引領，唯聽大戮，無言復對。」時翂備加杻械，法度愍之，命更著小者，翂不聽，曰：「死罪之囚，唯宜益械，豈可減乎？」竟不脫。法度具以聞，上乃宥其父罪。

丹陽尹王志求其在廷尉事，并問鄉里(五七)，欲於歲首舉充純孝，惢曰：「異哉王尹，何量惢之薄乎？父辱子死，道固當然，若惢當此舉，乃是因父取名，何辱如之？」固拒而止。

(六)魏主納高肇兄偃之女為貴嬪。

(七)魏散騎常侍趙脩寒賤暴貴，恃寵驕恣，陵轢王公，為眾所疾，魏主為脩治第舍，擬於諸王，鄰居獻地者，或超補大郡。脩請告歸葬其父，凡財役所須，並從官給。脩在道淫縱(五八)，左右乘其出外，頗發其罪惡。及還，舊寵小衰，高肇密構成其罪，侍中領御史中尉甄琛、黃門郎李憑、廷尉卿陽平王顯素皆諂附於脩，至是懼相連及(五九)，爭助肇攻之。帝命尚書元紹(六〇)檢訊，下詔暴其姦惡，免死，鞭一百，徙敦煌為兵，而脩愚疏(六一)，初不之知，方在領軍於勁第樗蒲，羽林數人稱詔呼之，送詣領軍府，甄琛、王顯監罰，先具問事有力者五人迭鞭之，欲令必死。脩素肥壯，堪忍楚毒，密加鞭至三百，不死，即召驛馬促之上道，出城，不自勝(六二)，舉縛置鞍中，急驅之，行八十里，乃死。帝聞之，責元紹不重聞(六三)，紹曰：「脩之佞幸，為國深蠹，臣不因釁除之㊅，恐陛下受萬世之謗。」帝以其言正，不罪也。紹出，廣平王懷拜之曰：「翁之直過於汲黯㊆。」紹曰：「但恨戮之稍晚，以為愧耳！」紹，素之孫也㊇。

明日，甄琛、李憑以脩黨皆坐免官，左右與脩連坐死黜者二十餘人。散騎常侍高聰與脩素親狎，而又以宗人諂事高肇，故獨得免。

【今註】㊀魏梁州氐楊會叛，行梁州事楊椿等討之：按《魏書．楊椿傳》，孝文時，椿仕至冠軍將軍濟州刺史，坐貪贓免官，起復為寧朔將軍梁州刺史，招降氐王楊集始，尋以母老解還，至是會反，以椿為冠軍將軍，假節，都督西征諸軍事，行梁州刺史討之。按椿招降集始，在宣武帝景明元年，齊東昏侯之永元二年也。㊁早知如此，豈有前日之事：言早知為朝廷禮遇，必不阻兵拒命也。㊂卿欲慕劉備，而曾不及公孫述：謂述位雖不終，然不肯降漢，季連不及也。㊃豈無臥龍之臣邪：臥龍謂諸葛孔明。譏季連既無才略，又無賢佐，而欲效劉備之割據，終至於敗也。㊄奇道顯：姓奇，名道顯。㊅陰山戍：即陰山關也，在弋陽西南，註已見前。㊆蕭寶寅伏於魏闕之下：魏朝洛陽之闕門也。魏闕即象魏也，懸教象法，浹日而收之，魏魏高大，故曰魏闕。㊇八座、門下：八座謂尚書令、僕射及諸曹尚書，門下謂門下省侍中、散騎常侍等官。㊈以寶寅為都督東揚等三州諸軍事：《魏書．

蕭寶寅傳》三州謂東揚、南徐、兗也。⑩丹陽公、齊王：齊王，藩國之號；丹陽公，魏朝之爵也。稱藩於魏曰齊王，以藩臣之禮事魏，列爵於朝則為丹陽公。⑪東城：胡三省曰：「此蓋漢、晉之東城縣地，以其地在壽陽之東，故置東揚州。」昔項羽兵敗，自陰陵引兵至東城，即此，故城在今安徽省定遠縣東南。⑫陽石：胡三省曰：「即羊石城也，在廬江西北，霍丘東南。」⑬明當拜命：明謂明旦，拜命受官爵。⑭以顏文智、華文榮等六人，皆為將軍、軍主：文智將寶寅投文榮，文榮將寶寅投魏，故寶寅德之。⑮過朞：禮為兄弟服朞喪，齊衰朞年之服也。⑯霄城文侯范雲：雲封霄城縣侯，謚曰文。宋立霄城縣，屬竟陵郡，齊因之，故城在今湖北省天門縣東。⑰雲盡心事上，知無不為，臨繁處劇，精力過人，及卒，眾謂沈約宜當樞管：時約為左僕射，雲為右僕射，據此，約位雖在雲上而親任不及雲也。樞管猶曰樞機也。⑱常留省內，罕得休下：省謂尚書省，常留省中掌樞要，罕得番下休息也。⑲言謔：言笑戲謔。⑳二宮：上宮及太子宮。㉑惟諸州及會稽許貢任土：《周禮・載師》掌任土之法。注云：「任土者，任其力勢所能生育，且以制貢賦也。」孫詒讓曰：「任，傳也，力謂性力肥磽，勢謂形勢高下，生育若農田生九穀，場圃育草木，山澤各有生育之材物，皆任之以傳，立其功事也。」會稽，東土之大郡，故特使同於諸州。㉒魏楊椿等大破叛氐，斬首數千級：是春，氐楊會叛魏，令椿等討之。㉓東關：即義陽三關之武陽關也，在義陽之南。㉔吳、楚便水：謂吳楚多水，用之為便也。㉕壽陽先兵：先屯壽陽之兵。㉖角巾：巾之有角者曰角巾，古之隱者多服之，《晉書》羊祜〈與從弟琇書〉曰：「既定邊事，當角巾東路歸故里。」〈王濬傳〉：「旋旆之日，角巾私第，口不言平吳之事。」㉗上幸朏第：謝朏嘗仕宋及齊，蓋有宅在建康。㉘宴語：宴閑而語也。㉙王人：胡三省曰：「凡將上命者，皆謂之王人。」㉚魏平陽平公丕：平陽公丕諡曰平。㉛魏既罷鹽池之禁：胡三省曰：「魏主踐阼之初，中尉甄琛表弛鹽禁，彭城王勰與邢巒以為不可，魏主詔從琛請，通鑑目錄已提其要，此事合載於一百四十三卷齊東昏永元二年，而通鑑正文逸其事，錯簡置於百四十六卷天監五年。」㉜為家人書：用家人叔侄之禮作書與彭城王勰也。㉝賢首山：賢首山在義陽西南。齊建武二年，魏遣劉昶攻義陽，帝赴援，夜率精兵從閒道逕上賢首山，即此，其上有梁王壘。㉞大峴：大峴山在今安徽省含山縣東北十三里，為南北朝邊要之地，宋孝武孝建元年豫州刺史魯爽為薛安都所敗，留軍大峴，即此。㉟淮陵：胡三省曰：「淮陵恐當作睢陵，齊置徐州於鍾離，又僑置濟陰郡睢陵縣於郡界。或曰，宋志南徐州領淮陵郡，睢陵、淮陵皆屬漢徐部，是時既置徐州於鍾離，則或置淮陵於鍾離界，未可知也。」按故睢陵僑縣在今安徽省盱眙縣西。㊱九山：在今安徽省盱眙縣西北。胡三省曰：「魏收志陳留、鍾離二郡有朝歌縣，縣有九山城、黃溪水。按水經注黃水出黃武山，東北流，逕光城、弋陽等郡。今按今招信軍盱眙縣西南一十五里，有三城，又西十五里至淮陵城，臨池河，池河過淮陵城西，而北入於淮，謂之池河口，九山店在淮北，南直淮陵，九山店之東則陷堈湖，南則馬城，淮流至此，謂之九山灣，其東則鳳凰洲，在淮水中，約長十里。今土人亦呼九山灣為獅子渡，北兵渡淮之津要也。」㊲豎眼，靈越之子也：傅靈越，薛安都部將也，義嘉之難，攻張永兵潰而死。㊳先是南梁太守馮道根戍阜陵：《梁書・馮道根傳》以南梁太守領阜陵戍。

阜陵，漢縣也，晉廢，置戍於此，在今安徽省全椒縣東。㊴怯防勇戰：周防若怯，臨戰則勇，所以防患於未然也。㊵以道根為豫州刺史：胡三省曰：「此時梁豫州治晉熙，道根蓋猶戍阜陵，特帶刺史耳！」㊶魏主加尚書左僕射源懷侍中、行臺：魏道武帝嘗置行臺之官於鄴、中山，今復置行臺於北邊也。按行臺之制，始於曹魏，為征伐而設，不常置也。杜佑曰：「魏末司馬師討諸葛誕，散騎常侍裴秀、尚書僕射陳泰、黃門侍郎鍾會等以行臺從。北齊行台，兼統民事，自辛術始，隋謂之行臺省。」㊷使持節巡行北邊六鎮、恒、燕、朔三州：魏六鎮東至濡源，西暨五原陰山，蓋在恒、燕、朔三州塞下。㊸賑給貧乏，考課殿最：既使之賑卹貧民，復使之考按官吏也。按此，以行台兼統民事蓋自源懷始也。㊹沃野鎮將于祚，皇后之世父：胡三省曰：「世父，伯父承世嫡者。」宣武順皇后，祚父烈弟勁之女也，烈，洛拔之長子，栗磾之嫡孫也。沃野，漢朔方郡之屬縣也，故城在今綏遠省境內蒙古鄂爾多斯右翼，黃河西岸白塔之東，騰格里泊之南。魏平赫連氏，與統萬同置鎮，不在六鎮之數。㊺時于勁方用事：以后父為宣武帝所寵任。㊻貪穢狼藉：有貪贓不潔之行而吏治不飭也。《通俗編》引《蘇氏演義》云：「狼藉草而臥，去則滅亂，故凡物之縱橫散亂者謂之狼藉。」㊼自將以下：將謂鎮將。㊽乙酉，將軍吳子陽與魏元英戰於白沙，子陽敗績：按《魏書・宣武帝紀》當作乙亥，十一月己卯朔，無乙酉，乙亥二十七日。胡三省曰：「白沙在齊安郡界。魏收志有沙州，治白沙關城，注云梁置。唐志黃州黃陂縣有白沙關。」白沙關在今河南省光山縣西南一百四十里，接湖北省黃安縣界。㊾乙酉，以左衞將軍李崇為鎮南將軍，都督征蠻諸軍事，將步騎討之：《魏書・宣武帝紀》在十二月庚寅，十二月己卯朔，庚寅十二日，此系十一月，又作乙酉，誤也。(五〇)原鄉令：《續漢志》注引《吳興記》漢靈帝中平二年分故鄣立原鄉縣，屬吳興郡，故城在今浙江省孝豐縣北。(五一)誘脅：胡三省曰：「誘者，開之以生路，脅者，威之以纆索紐械，示將拷訊之。」(五二)款實：款，誠也，款實猶曰誠實。(五三)爾求代父，敕已相許，審能死不：審，實也，詢其實能代父死否。胡三省曰：「此所謂脅之也。」(五四)且爾童騃，若為人所教，亦聽悔異：騃，愚也，年幼而無識，謂之童騃。胡三省曰：「此所謂誘之也。」(五五)回貳：悔其所為而自貳前說也。(五六)尊侯：謂玢父也。玢父為縣令，古稱縣曰百里，《漢書》王渙曰：「百里豈大賢之路。」師古注：「時渙為縣令，故自稱百里。」百里，古諸侯之邑也。(五七)幷問鄉里：胡三省曰：「魏晉以來舉士，皆由州鄉，故問其鄉里。」(五八)脩在道淫縱：《魏書・趙脩傳》，脩趙郡人。自洛歸趙，在道淫縱也。(五九)懼相連及：懼以黨附趙脩連坐及禍。(六〇)尚書元紹：《魏書・元紹傳》紹時為尚書右丞。(六一)愚疏：愚昧而疏於防患也。(六二)不自勝：脩受楚毒，體困，不能自勝騎乘。(六三)重聞：重以其事聞奏也。(六四)臣不因釁除之：釁，隙也，言不欲正其罪釁而誅之。(六五)翁之直過於汲黯：廣平王懷，孝文帝之子，以族屬長幼之序呼紹為翁。(六六)紹，素之孫也：常山王素，遵之子，昭成帝什翼犍之曾孫也。素事見卷一百二十二宋文帝元嘉十一年。

三年㊀（西元五〇四年）

㈠春，正月庚戌（初二日），征虜將軍趙祖悅與魏江州刺史陳伯之戰於東關，祖悅敗績。
㈡癸丑（初六日），以尚書右僕射王瑩為左僕射，太子詹事柳惔為右僕射。
㈢丙辰（初九日），魏東荊州刺史楊大眼擊叛蠻樊季安等，大破之。季安，素安之弟也。
㈣丙寅（十九日），魏大赦，改元正始。
㈤蕭寶寅行及汝陰，東城已為梁所取，乃屯壽陽棲賢寺㈡。二月戊子（十一日），將軍姜慶真乘魏任城王澄在外㈢，襲壽陽，據其外郭，長史韋纘倉猝失圖，任城太妃孟氏勒兵登陴，先守要便㈣，激厲文武，安慰新舊㈤，將士咸有奮志。太妃親巡城守，不避矢石，蕭寶寅引兵至，與州軍合擊之，自四鼓戰至下晡㈥，慶真敗走，韋纘坐免官。任城王澄攻鍾離，上遣冠軍將軍張惠紹等將兵五千送糧詣鍾離，澄遣平遠將軍劉思祖等邀之，丁酉（二十日），戰於邵陽㈦，大敗梁兵，俘惠紹等十將，殺虜士卒殆盡。思祖，芳之從子也㈧。

尚書論思祖功，應封千戶侯，侍中領右衞將軍元暉求二婢於思祖，不得，遂寢。暉，素之孫也。

上遣平西將軍曹景宗、後軍㈨王僧炳等帥步騎三萬救義陽，僧炳將二萬人據鑿峴㈩，景宗將萬人為後繼，元英遣冠軍將軍元逞等據樊城以拒之。三月壬申（二十五日），大破僧炳於樊城⑪，俘斬四千餘人。

魏詔任城王澄以四月淮水將漲，舟行無礙，南軍得時，勿昧利以取後悔。會大雨，淮水暴漲，澄引兵還壽陽。魏軍還既，狼狽失亡四千餘人，中書侍郎齊郡賈思伯為澄軍司，居後為殿，澄以其儒者，謂之必死，及至，大喜曰：「仁者必有勇⑫，於軍司見之矣！」思伯託以失道，不伐其功。

有司奏奪澄開府，仍降三階。

上以所獲魏將士請易張惠紹于魏，魏人歸之。【考異】惠紹傳無被獲及復還事，今從魏書。

㈥魏太傅領司徒錄尚書北海王詳，驕奢好聲色，貪冒無厭⑬，廣營第舍，奪人居室，嬖昵左右，所在請託，中外嗟怨。魏主以其尊親㈣，恩禮無替，軍國大事，皆與參決，所奏請無不開允㈤。

魏主之初親政也，以兵召諸叔㈥，詳與咸陽、彭城王共車而入，防衛嚴固，高太妃大懼，乘車隨而哭之。既得免，謂詳曰：「自今不願富貴，但使母子相保，與汝掃市為生耳！㈦」及詳再執政㈧，太妃不復念前事，專助詳為貪虐。冠軍將軍茹皓以巧思，有寵於帝，常在左右，傳可門下奏事，弄權納賄，朝野憚之，詳亦附焉。皓娶尚書令高肇從妹，皓妻之姊，為詳從父安定王燮之妃，詳烝於燮妃，由是與皓益相昵狎。直閤將軍劉胄，本詳所引薦，殿中將軍常季賢，以善養馬，陳掃靜掌櫛㈨，皆得幸於帝，與皓相表裏，賣權勢。高肇本出高麗，時望輕之。帝既黜六輔㈩，誅咸陽王禧㈡，專委事於肇。肇以在朝，親族至少，乃邀結朋援，附之者旬月超擢，不附者陷以大辠；尤忌諸王，以詳位居其上，欲去之，獨執朝政，乃譖之於帝，云詳與皓、胄、季賢、掃靜謀為逆亂。夏，四月，帝夜召中尉崔亮入禁中，使彈奏詳貪淫奢縱，及皓等四人怙權貪橫，收皓等繫南臺㉑，遣虎賁百人圍守詳第，又慮詳驚懼逃逸，遣左右郭翼開金墉門，馳出諭旨，示以中尉㉒彈狀。詳曰：「審如中尉所糾，何憂也，正恐更有大罪橫至耳！人與我物，我實受之。」

詰朝㉓，有司奏處皓等罪，皆賜死。帝引高陽王雍等五王入議詳罪，詳單車防衞，送華林園，母妻隨入，給小奴弱婢數人，圍守甚嚴，內外不通。五月，丁未朔，下詔宥詳死，免為庶人。頃之，徙詳於大府寺，圍禁彌急，母妻皆還南第，五日一來視之。

初，詳娶宋王劉昶女，待之疏薄。詳既被禁，高太妃乃知安定高妃事，大怒，曰：「汝妻妾盛多如此，安用彼高麗婢？陷罪至此。」杖之百餘，被創膿潰，旬餘，乃能立。又杖劉妃數十，曰：「婦人皆妬，何獨不妬？」劉妃笑而受罰，卒無所言。

詳家奴數人，陰結黨輩，欲劫出詳，密書姓名，託侍婢通於詳。詳始得執省㉔，而門防主司㉕遙見突入，就詳手中攬得，奏之。詳慟哭數聲，暴卒，詔有司以禮殯葬。

先是典事㉗史元顯獻雞雛，四翼四足，詔以問侍中崔光。光上表曰：「漢元帝初元中，丞相府史家雌雞伏子，漸化為雄，冠距鳴將㉘，永光中，有獻雄雞生角㉙。劉向以為雞者，小畜，主司時起居人㉚，小臣執事為政之象也。竟寧元年，石顯伏辜，此其効也。靈帝光和元年，南宮寺雌雞欲化為雄，但頭冠未變，詔以問議郎蔡邕㉛。對曰：『頭為元首，人君之象也。今雞一身已變，未至於頭，而上知之，是將有其事，而不遂成之象也。若應之不精，政無所改，頭冠或成，為患滋大。』是後黃巾破壞四方，天下遂大亂。今之雞狀，雖與漢不同，而其應頗相類，誠可畏也。臣以向、邕言推之，翼足眾多，亦羣下相扇助之象，雛而未大，足羽差小，亦其勢尚微，易制御也。臣聞災異之見，皆所以示吉凶，明君覩之而懼，乃能致福，闇主覩之而慢，所以致禍。或者今亦有自賤而貴，關預政事，如前世石顯之比者邪？願陛下進賢黜佞，則妖弭慶集矣！」後數日，皓等伏誅，帝愈重光。

高肇說帝使宿衞隊主帥羽林虎賁守諸王第，殆同幽禁，彭城王勰切諫不聽。勰志尚高邁，不樂榮勢，避事家居，而出無山水之適，處無知己之遊，獨對妻子，常鬱鬱不樂。

㈦魏人圍義陽，城中兵不滿五千人，食纔支半歲。魏軍攻之，晝夜不息，刺史蔡道恭隨方抗禦，皆應手摧卻，相持百餘日㉒，前後斬獲不可勝計，魏軍憚之，將退。會道恭疾篤，乃呼從弟驍騎將軍靈恩、兄子尚書郎僧勰及諸將佐謂曰：「吾受國厚恩，不能攘滅寇賊㉓，今所苦轉篤㉔，勢不支久，汝等當以死固節，無令吾沒有遺恨。」眾皆流涕。道恭卒，靈恩攝行州事，代之城守。

㈧六月癸未（初八日），大赦。

㈨魏大旱，散騎常侍兼尚書邢巒奏稱：「昔者明王重粟帛，輕金玉，何則？粟帛養民而安國，金玉無用而敗德故也。先帝深鑒奢泰㉕，務崇節儉，至以紙絹為帳扆，銅鐵為轡勒㉖，府藏之金，裁給而已，不復買積㉗，以費國資。逮景明㉘之初，承升平之業，四境清晏，遠邇來同，於是貢篚㉙相繼，商估交入，諸所獻納，倍多於常。金玉恒有餘，國用恒不足，苟非為之分限，但恐歲計不充。

自今請非要須者，一切不受。」魏主納之。

㈩秋，七月癸丑（初八日），角城戍主柴慶宗以城降魏，魏徐州刺史元鑒遣淮陽太守吳秦生將千餘人赴之，淮陰援軍㊃斷其路，秦生屢戰，破之，遂取角城。

㈩甲子（十九日），立皇子綜為豫章王。

㈩魏李崇破東荊叛蠻，生擒樊素安，進討西荊諸蠻，悉降之㊁。

㈩魏人聞蔡道恭卒，攻義陽益急，短兵日接。曹景宗頓鑿峴不進，但耀兵遊獵而已。上復遣寧朔將軍馬仙琕救義陽，仙琕轉戰而前，兵勢甚銳。元英結壘於十雅山㊂，分命諸將伏於四山，示之以弱。仙琕乘勝，直抵長圍，掩英營，英偽北以誘之，至平地，縱兵擊之，統軍傅永擐甲執槊，單騎先入，唯軍主蔡三虎副之，突陳橫過。梁兵射永，洞其左股，永拔箭復入，仙琕大敗，一子戰死，仙琕退走。英謂永曰：「公傷矣，且還營。」永曰：「昔漢高捫足，不欲人知㊃。下官雖微，國家一將，奈何使賊有傷將之名？」遂與諸軍追之，盡夜而返，時年七十餘矣，軍中莫不壯之。

仙琕復帥萬餘人進擊英，英又破之，殺將軍陳秀之。仙琕知義陽危急，盡銳決戰，一日三交，皆大敗而返。

蔡靈恩勢窮，八月乙酉（十一日），降於魏。三關戍將聞之，辛酉，亦棄城走㊹。

英使司馬陸希道為露板，嫌其不精，命傅永改之。永不增文彩，直為之陳列軍事，處置形要而已，英深賞之曰：「觀此經算，雖有金城湯池，不能守矣！」

初，南安惠王以預穆泰之謀，追奪爵邑㊺，及英克義陽，乃復立英為中山王。

御史中丞任昉奏彈曹景宗㊻，上以其功臣，寢而不治。

（十四）衞尉鄭紹叔忠於事上，外所聞知，纖毫無隱。每為上言事，善則推功於上，不善則引咎歸己，上以是親之。詔於南義陽㊼置司州，移鎮關南，以紹叔為刺史，紹叔立城隍，繕器械，廣田積穀，招集流散，百姓安之。

魏置郢州於義陽㊽，以司馬悅為刺史。上遣馬仙琕築竹敦、麻陽二城於三關南㊾，【考異】司馬悅傳作豫州刺史馬仙琕，按仙琕於時未為豫州也。司馬悅遣兵攻竹敦，拔之。

㈤九月壬子（初八日），以吐谷渾王伏連籌為西秦、河二州刺州，河南王。

㈥柔然侵魏之沃野及懷朔鎮，詔車騎大將軍源懷出行北邊，指授方略，隨須徵發㊿，皆以便宜從事。懷至雲中，柔然遁去。懷以為用夏制夷，莫如城郭，還至恒代，按視諸鎮左右要害之地可以築城置戍之處，欲東西為九城，及儲糧積仗之宜，犬牙相救之勢，凡五十八條，表上之，曰：「今定鼎成周(51)，去北遙遠，代表諸國(52)，頗或外叛，仍遭旱飢，戎馬甲兵，十分闕八，謂宜準舊鎮，東西相望，令形勢相接，築城置戍，分兵要害，勸農積粟，警急之日，隨便翦討。彼遊騎之寇，終不敢攻城，亦不敢越城南出，如此北方無憂矣！」魏主從之。

㈦魏太和之十六年，高祖詔中書監高閭與給事中公孫崇考定雅樂(53)，久之未就。會高祖殂，高閭卒，景明中，崇為太樂令，上所調金石及書，至是世宗始命八座已下議之。

(十八)冬，十一月戊午（十五日），魏詔營繕國學(五四)。時魏平寧日久，學業大盛，燕、齊、趙、魏之間，教授者不可勝數。弟子著錄，多者千餘人，少者猶數百。州舉茂異，郡貢孝廉，每年逾眾。

(十九)甲子（二十一日），除以金贖罪之科(五五)。

(廿)十二月丙子（初四日），魏詔殿中郎陳郡、袁翻等議立律令，彭城王勰等監之。

(廿一)己亥（二十七），魏主幸伊闕。

(廿二)上雅好儒術，以東晉、宋、齊雖開置國學，不及十年，輒廢之，其存亦文具而已，無講授之實(五六)。

【今註】㊀三年：梁武帝天監三年，魏宣武正始元年。㊁蕭寶寅行及汝陰，東城已為梁所取，乃屯壽陽棲賢寺：去年四月，寶寅受命南伐，令屯東城。㊂將軍姜慶真乘魏任城王澄在外：去年澄總兵入寇，宿師在外。㊃要便：胡三省曰：「敵所必攻，我所必守曰要；便者，形勝可據，便於制敵之處。」㊄新舊：新者謂新附兵民，舊者謂北來將士也。㊅下晡：胡三省曰：「日未入之前為下晡。」㊆邵陽：即邵陽洲也，在今安徽省鳳陽縣東北三十八里淮水中，為北軍渡淮要津。㊇思祖，芳之從子也：劉芳以儒學親重於孝文之世。㊈後軍：即後軍將軍。㊉鑿峴：胡三省曰：「鑿峴在關南，即峴山也。今信陽軍南三十五里有曹店，即景宗屯鑿峴口所築。」信陽軍即今河南省信陽縣，關南，三關之南也。⑪大破僧炳於樊城：胡三省曰：「僧炳敗於樊城，未得至鑿峴也，否則此非襄陽之樊城，自別是一處。」⑫仁者必有勇：此《論語》孔子之言。⑬貪冒無厭：杜預曰：「冒亦貪也。」謂貪求財利不知厭足。⑭魏主以其尊親：北海王詳，魏獻文帝之子，孝文帝之弟，於宣武帝為諸父。⑮開允：謂事原有所禁，今開禁路而允所請也。⑯魏主之初親政也，以兵召諸叔：事見上卷齊和帝中興元年。⑰但使母子相保，與汝掃市為生耳：掃市者，執賤役於市肆之中。⑱及詳再執政：齊和帝中興元年正月，魏主親政，十一月，詳為司徒。⑲掌櫛：櫛，梳也，掌天子櫛梳之事。⑳帝既黜六輔：魏孝文帝殂，以北海王詳，尚書令王肅等六人受遺輔政，號為六輔，事見卷一西四十二齊東昏侯永元元年。㉑誅咸陽王禧：事見上卷齊和帝中興元年。㉒南臺：御史臺也。㉓中尉：御史中尉。魏以御史中尉主南臺，如南朝之御史中丞。㉔詰朝：《左傳》僖二十八年：「詰朝將見。」杜預注：「詰朝，平旦也。」王玉樹引《說文長箋》云：「詰朝本作喆朝，喆古哲，借明也，故明朝為喆朝。今俗以詰為喆，因詰、詰形溷而誤。」㉕執省：省，視也。執其奴所書名單而視。㉖門防主司：胡三省曰：「主門衞之兵以防守詳者。」㉗典事：胡三省曰：「典事，猶今尚書六部主事吏職也，江南制局監有典事。」㉘漢元帝初元中，丞相府史家雌雞伏子，漸化為雄，冠距鳴將：事見《漢書．五行志》。顏師古曰：「雌雞初尚伏子，後乃稍稍化為雄也。距，雞附足骨，鬭時用以刺敵；將，謂帥領其羣也。」㉙永光中，有獻雄雞生角：事見《漢書．五行志》。㉚劉向以為雞者，小畜，主司時起居人：顏師古曰：「雞至時而鳴，以為人起居之節。」㉑靈帝光和元年，南宮寺雌雞欲化為雄，但頭冠未變，詔以問議郎蔡邕：事見《後漢書・蔡邕傳》。㉒相持百餘日：魏自去歲十月圍義陽，至五月蔡道恭卒，逾二百日，曰百餘日，謂道恭疾未甚之前也。㉓不能攘滅寇賊：攘，卻也，言不能卻敵之圍而破滅之也。㉔所苦轉篤：謂疾轉篤。㉕深鑒奢泰：深鑒奢泰之為害。㉖至以紙絹為帳扆，銅鐵為轡勒：扆，戶牖閒之屏風也。《魏書・孝文帝紀》帝性儉素，常服澣濯之衣，鞌勒鐵木而已。言其鞌勒不以金銀為飾。㉗買積：購買以事積聚。㉘景明：宣武帝即位之初，年號景明。㉙貢篚：《書・禹貢》：「厥篚織文。」孔安國曰：「織文，錦綺之屬，盛之筐篚而貢焉！」貢篚一語蓋本其義，言貴細之物，盛以筐篚而入貢也。㊵淮陰援軍：援角城之軍也。淮陰，梁之重鎮。㊶魏李崇破東荊叛蠻，生擒樊素安，進討西荊諸蠻，悉降之：去年十二月，樊崇安作亂，崇討之。胡三省曰：「西荊正指荊州也。魏太和中，徙荊州治穰城，領南陽、順陽、新野、東恒農、漢廣、襄城、北清、恒農等郡，其地正在東荊州之西。」東荊註已見前。㊷元英結壘於十雅山：按《魏書・中山王英傳》英時軍於士雅山，十字誤。《水經注》士雅山在義陽之東，即大木山也，晉祖逖嘗將家避亂於此，祖逖字士雅，後人因以名山。山在今河南省信陽縣南六里。㊸漢高捫足，不欲人知：楚漢相持於廣武，項王伏弩傷漢王胸，漢王捫足曰：「虜中吾指。」欲以安眾也。事見卷十漢高帝四年。㊹辛酉，亦棄城走：按《魏書・宣武帝紀》魏以八月辛卯克三關，辛卯十七日，若辛酉則在九月也。㊺初，南安惠王以預穆泰之謀，追奪爵邑：穆泰謀反，南安知而不告也，事見卷一百四十齊明帝建武三年。南安惠王楨，景穆之子，英之父也。㊻御史中丞任昉奏彈曹景宗：以義陽之役，景宗觀望不救也。㊼南義陽：南義陽治鹿城關，隋為黃州木蘭縣，唐并木蘭入黃岡縣，故治在今湖北省孝感縣北。㊽魏置郢州於義陽：《魏書・地形志》郢州領安陽、城陽、汝南三郡。㊾上遣馬仙琕築竹敦、麻陽二城於三關南：胡三省曰：「麻陽，即今黃州麻城縣地。」麻城縣今屬湖北省，麻陽故城在其東，竹敦城在其西北。㊿隨須徵發：隨軍興所須徵發其物力以為用也。(51)今定鼎成周：成周，洛邑也，時魏都洛。(52)代表諸國：代表，謂恆代塞外之地也；諸國，謂高車、柔然諸部。(53)魏太和之十六年，高祖詔中書監高閭與給事中公孫崇考定雅樂：事見卷一百三十七齊武帝永明十一年。(54)魏詔營繕國學：《學記》曰：「古者家有塾，黨有庠，遂有序，國有學。」漢魏之太學，古之國學也，北魏國學蓋就漢魏太學舊基而營繕之。(55)除以金贖罪之科：聽以金贖罪見上卷元年。(56)上雅好儒術，以東晉、宋、齊雖開置國學，不及十年，輒廢之，其存亦文具而已，無講授之實：胡三省曰：「晉元帝建元元年，戴邈請建太學，王敦、蘇峻之難，學校廢矣！成帝咸康三年復立，而儒術終不振。穆帝永和八年，殷浩以軍興罷太學生。宋文帝元嘉十五年，徵雷次宗，開館教授，而儒、玄、文、史四學並立。齊高帝建元四年，置國子學生二百人，隆昌、建武之間，已倚席而不講矣！」

卷一百四十六　梁紀二

起旃蒙作噩，盡彊圉大淵獻，凡三年。（乙酉至丁亥，西元五〇五年至五〇七年）

司馬光編集
林瑞翰註

高祖武皇帝二

天監四年（西元五〇五年）

㈠春，正月，癸卯朔，詔曰：「二漢登賢，莫非經術，服膺㊀雅道，名立行成。魏晉浮蕩，儒教淪歇，風節罔樹㊁，抑此之由。可置五經博士各一人，廣開館宇，招內㊂後進。」於是以賀瑒及平原明山賓、吳興沈峻、建平嚴植之補博士，各主一館，館有數百生，給其餼稟㊃。其射策㊄通明者，即除為吏。朞年之間，懷經負笈㊅者雲會。瑒，循之玄孫也㊆。又選學生往會稽雲門山從何胤受業㊇，命胤選門徒中經明行脩者，具以名聞。分遣博士祭酒，巡州郡立學。

㈡初，譙國夏侯道遷以輔國將軍從裴叔業鎮壽陽，為南譙太守㊈，與叔業有隙，單騎犇魏。魏以道遷為驍騎將軍，從王肅鎮壽陽，使道遷守合肥。肅卒，道遷棄戍來犇，從梁、秦二州刺史莊丘黑鎮南鄭，以道遷為長史，領漢中太守。黑卒，詔以都官尚書王珍國為刺史，未至，道遷陰與軍主考城江沈之等謀降魏。

先是魏仇池鎮將楊靈珍叛魏來犇⑩，朝廷以為征虜將軍，假武都王，助戍漢中，有部曲六百人，道遷憚之。上遣左右吳公之等使南鄭，道遷遂殺使者，發兵擊靈珍父子，斬之，幷使者首，送於魏。白馬戍主尹天寶聞之，引兵擊道遷，敗其將龐樹，遂圍南鄭。道遷求救於氐王楊紹先、楊集起、楊集義，皆不應。集義弟集朗引兵救道遷，擊天寶，殺之。魏以道遷為平南將軍，豫南刺史，豐縣侯。【考異】梁帝紀，天監三年二月，魏陷梁州，而列傳皆無其事。魏帝紀正始元年閏十二月癸卯朔，蕭衍行梁州事夏侯道遷據漢中來降，道遷傳具言其事。按長曆，梁閏二月癸卯，即天監四年正月朔也。故置於此。又以尚書邢巒為鎮西將軍，都督征梁、漢諸軍事，將兵赴之。道遷受平南，辭豫州㈡，且求公爵，魏主不許。

㈢辛亥（初九日），上祀南郊，大赦。

㈣乙丑（二十三日），魏以驃騎大將軍高陽王雍為司空，加尚書令廣陽王嘉儀同三司。

㈤二月丙子（初五日），魏以宕昌世子梁彌博為宕昌王。

㈥上謀伐魏，壬午（十一日），遣衛尉卿⑫楊公則將宿衛兵塞洛口⑬。

㈦壬辰（二十一日），父州刺史李凱據州反，長史李旻討平之。

㈧魏邢巒至漢中，擊諸城戍，所向摧破。晉壽太守王景胤據石亭⑭，巒遣統軍李義珍擊走之。魏以巒為梁、秦二州刺史。巴西太守龐景民據郡不下，郡民嚴玄思聚眾自稱巴州刺史，附於魏，攻景民，斬之。楊集起、集義聞魏克漢中而懼，閏月，帥羣氐叛魏，斷漢中糧道，巒屢遣軍擊破之。

㈨夏，四月丁巳（十七日），以行宕昌王梁彌博為河、涼二州刺史，宕昌王。

㈩冠軍將軍孔陵等將兵二萬戍深杭⑮，【考異】梁鄧元起傳：「魏將王景胤、孔陵寇東西晉壽，並遣告急。」按魏邢巒傳曰：「蕭衍晉壽太守王景胤據石亭。」又曰：「蕭衍遣其將軍孔陵等據深杭。」然則景胤、陵皆梁將也，元起傳誤。魯方達戍南安⑯，任僧褒等戍石同以拒魏，邢巒遣統軍王足將兵擊之，所至皆捷，遂入劍閣，陵等退保梓潼，足又進擊，破之，梁州十四郡地，東西七百里，南北千里，皆入於魏[一七]。

初，益州刺史鄧元起以母老乞歸，詔徵為右衛將軍，以西昌侯淵藻代之。淵藻，懿之子也[一八]。夏侯道遷之叛也，尹天寶馳使報元起，及魏寇晉壽，王景胤等並遣告急。眾勸元起急救之，元起曰：「朝廷萬里，軍不猝至，若寇賊侵淫[一九]，方須撲討，董督之任，非我而誰？何事怱怱救之？」詔假元起都督征討諸軍事救漢中而晉壽已陷。

蕭淵藻將至，元起營還裝，糧儲器械，取之無遺，淵藻入城，恨之，又求其良馬，元起曰：「年少郎子，何用馬為？」淵藻恚，因醉殺之。元起麾下圍城，哭且問故。淵藻曰：「天子有詔。」眾乃散。遂誣以反，上疑焉。元起故吏廣漢羅研詣闕訟之，上曰：「果如我所量也。」使讓淵藻曰：「元起為汝報讎[二〇]，汝為讎報讎，忠孝之道如何[二一]？」乃貶淵藻號為冠軍將軍，【考異】梁書元起傳藻以糧儲無遺，甚怨望之，回表元起逗留，不憂軍事，收付州獄，自縊死。按若止以逗留表元起，安敢擅收前刺史付獄殺之？必誣以反也，今從南史。又梁書藻本以冠軍為益州刺史，與南史異。贈元起征西將軍，諡曰忠侯。

李延壽論曰：「元起勤乃胥附㉒，功惟闢土㉓，勞之不圖，禍機先陷，冠軍之貶，於罰已輕，梁之政刑，於斯為失，私戚之端，自斯而啟，年之不永，不亦宜乎㉔！」

㈩益州民焦僧護聚眾作亂，蕭淵藻年未弱冠㉕，集僚佐議自擊之，或陳不可，淵藻大怒，斬於階側，乃乘平肩輿㉖巡行賊壘，賊弓亂射，矢下如雨，從者舉楯禦矢，淵藻命去之，由是人心大安，擊僧護等，皆平之。

(十一)六月庚戌（十一日），初立孔子廟。

(十二)豫州刺史㉗王超宗將兵圍魏小峴㉘，丁卯（二十八日），魏揚州刺史薛真度遣兼統軍李叔仁等擊之，超宗兵大敗。

(十三)冠軍將軍王景胤、李畎、輔國將軍魯方達等與魏王足戰，屢敗。秋，七月，足進逼涪城。

(十四)八月壬寅（初四日），魏中山王英寇雍州。

(十五)庚戌（十二日），秦、梁二州刺史魯方達與魏王足、統軍紀洪稚、盧祖遷戰，敗，方達等十五將皆死。壬子（十四日），王景胤等又與祖遷戰，敗，景胤等二十四將皆死。

㈦楊公則至洛口，與魏豫州長史石榮戰，斬之，甲寅（十六日），將軍姜慶真與魏戰於羊石㉙，不利，公則退屯馬頭。

㈧雍州蠻沔東太守田青喜叛降魏㉚。

㈨魏有芝生於太極殿之西序㉛，魏主以示侍中崔光。光上表，以為：「此莊子所謂氣蒸成菌㉜者也。柔脆之物，生於墟落穢濕之地，不當生於殿堂高華之處。今忽有之，厥狀扶疏㉝，誠足異也。夫野木生朝，野鳥入廟，古人皆以為敗亡之象，故太戊、中宗，懼災脩德，殷道以昌㉞，所謂家利而怪先，國興而妖豫者也。今西、南二方，兵革未息，郊甸之內，大旱踰時，民勞物悴，莫此之甚，承天育民者，所宜矜恤。伏願陛下側躬聳意㉟，惟新聖道，節夜飲之樂，養方富之年，則魏祚可以永隆，皇壽等於山岳矣！」於是魏主好宴樂，故光言及之。

㈩九月己巳（朔），楊公則等與魏揚州刺史元嵩戰，公則敗績。

㈪冬，十月丙午（初九日），上大舉伐魏，以揚州刺史臨川王宏都督北討諸軍事，尚書右僕射柳惔為副，王公以下各上國租及田穀以助軍㊱。宏軍於洛口。

(廿二)楊集起、集義立楊紹先為帝，自皆稱王。十一月，戊辰朔，魏遣光祿大夫楊椿將兵討之。

(廿三)魏王足圍涪城，蜀人震恐，益州城戍降魏者什二三，民自上名籍者五萬餘戶㊲。邢巒表於魏主，請乘勝進取蜀，以為：「建康、成都，相去萬里，陸行既絕㊳，惟資水路。水軍西上，非周年不達㊴。益州外無軍援，一可圖也；頃經劉季連反，鄧元起攻圍㊵，資儲空竭，吏民無復固守之志，二可圖也；蕭淵藻裘屐少年㊶，未洽治務，宿昔名將，多見囚戮，今之所任，皆左右少年，三可圖也；蜀之所恃，唯在劍閣，今既克南安，已奪其險，據彼竟內，三分已一，自南安向涪，方軌無礙㊷，前軍累敗，後眾喪魄，四可圖也。淵藻是蕭衍骨肉至親，必無死理，若克涪、成㊸，淵藻安肯城中坐而受困？必將望風逃去，若其出鬬，庸蜀㊹士卒駑怯，弓矢寡弱，五可圖也。臣內省文吏，不習軍旅，賴將士竭力，頻有薄捷，既克重阻[45]，民心懷服，瞻望涪、益[46]，旦夕可圖，正以兵少糧匱，未宜前出。今若不取，後圖便難。況益州殷實，戶口十萬，比壽春、義陽，其利三倍[47]。朝廷若欲進取，時不可失，若欲保境寧民，則臣居此無事，乞歸侍養。」魏主詔以平蜀之舉，當更聽後敕，寇難未夷，何得以養親為辭？

巒又表稱：「昔鄧艾、鍾會，帥十八萬眾，傾中國資儲，僅能平蜀[48]。所以然者，鬬實力也。況臣才非古人，何宜以二萬之眾，而希平蜀？所以敢者，正以據得要險，士民慕義，此往則易[49]，彼來則難，任力而行，理有可克。今王足已逼涪城，脫得涪，則益州乃成擒之物，但得之有早晚耳！且梓潼已附民戶數萬[50]，朝廷豈可不守？又劍閣[51]天險，得而棄之，良可惜矣！臣誠知戰伐危事，未易可為。自軍度劍閣以來，鬢髮中白[52]，月夜戰懼，何可為心，所以勉強者，既得此地，而自退不守，恐負陛下之爵祿故也！且臣之意筭，正欲先取涪城，以漸而進，若得涪城，則中分益州之地，斷水陸之衝[53]。彼外無援軍，孤城自守，何能復持久哉？臣今欲使軍軍相次，聲勢連接，先為萬全之計，然後圖功，得之則大利，不得則自全。又巴西、南鄭，相距千四百里，去州迢遞[54]，恒多擾動，昔在南之日，以其統綰勢難，曾立巴州，鎮靜夷獠[55]，梁州藉利，因而表罷。彼土民望嚴、蒲、何、楊，非唯一族，雖率居山谷，而豪右甚多，文學風流，亦為不少，但以去州既遠，不獲仕進，至於州綱，無由廁迹[56]，是以鬱怏，多生異圖。比道遷建義之始，嚴玄思自號巴州刺史，克城以來，仍使行事。巴西廣袤千里，戶餘四萬[57]，若於彼立州，鎮攝華獠[58]，則大帖民情[59]，從墊江已還，不勞征伐，自為國有[60]。」魏主不從。

先是魏主以王足行益州刺史，上遣天門太守張齊將兵救益州，未至，魏主更以梁州軍司泰山羊祉為益州刺史，王足聞之，不悅，輒引兵還，遂不能定蜀。久之，足自魏來犇。邢巒在梁州，接豪右以禮，撫小民以惠，州人悅之。巒之克巴西也，使軍主李仲遷守之，仲遷溺於酒色，費散兵儲，公事諮承，無能見者，巒忿之切齒。仲遷懼，謀叛，城人斬其首，以城來降。

㈤十二月庚申（二十四日），魏遣驃騎大將軍源懷討武興氐，邢巒等並受節度。

㈥司徒尚書令謝朏以母憂去職。

㈦是歲，大穰㈡。米斛三十錢。

【今註】㈠服膺：朱熹曰：「服，著也，膺，胸也，奉持而著之心胸之間。」㈡風節罔樹：樹，立也；風節不立也。㈢招內：內與納同。㈣餼廩：鄭玄曰：「餼廩，稍食也。」稍食即月俸。㈤射策：《漢書音義》曰：「作簡策難問列置案上，在試者意投取而答之，謂之射策。」㈥負笈：笈，書箱也，離鄉遊學，攜書自隨，故曰負笈。㈦瑒，循之玄孫也：賀循，東晉之鴻儒。㈧又選學生往會稽雲門山從何胤受業：《梁書・何胤傳》胤時隱居會稽若邪山之雲門寺，世號若邪為東山，在今浙江省紹興縣南。雲門山即若邪山也，以有雲門寺，故亦名雲門山。㈨南譙太守：胡三省曰：「案魏收地形志晉孝武置南譙郡，蓋治渦陽，又案蕭子顯齊志武帝永明二年割揚州宣城、淮南、豫州歷陽、譙、廬江、臨江六郡置南豫州，四年，冠軍長史沈憲啟二豫分置，以桑堁子亭為斷，潁川、汝陽在南譙、歷陽界內悉屬西豫，廬江居晉熙、汝陰之中屬南豫，求以潁川、汝陽屬南豫，廬江屬西豫。則齊之南譙蓋置於歷陽西界，而渦陽已入於魏矣！」㈩先是魏仇池鎮將楊靈珍叛魏來奔：事見卷一百四十一齊明帝建武四年。㈡道遷受平南，辭豫州：胡三省曰：「辭豫州者，欲得梁州也。」㈢衛尉卿：胡三省曰：「自漢以來，衞尉與太常、光祿勳、太僕、廷尉、大鴻臚、宗正、大司農、少府為九卿，而職名未帶卿字，至梁分十二寺，始各帶卿字。」⑬洛口：在今安徽省懷遠縣西南七十里，洛澗入淮之口也。《水經注》洛澗北逕秦虛下注淮，謂之洛口。⑭石亭：《水經注》西漢水自武興城北西南流逕關城北，又西逕石亭戍，又逕晉壽城西。故石亭戍在今四川省廣元縣北。⑮深杭：按《魏書・邢巒傳》當作深坑，其地蓋在今四川省劍閣縣北。⑯南安：宋置南安郡，齊因之，梁置南梁州於此，後改為安州，又改為始州，唐為建州，今四川省劍閣縣。⑰梁州十四郡之地，東西七百里，南北千里，皆入于魏：《南齊書・州郡志》梁州注籍者二十二郡，荒郡或無民戶者四十五郡不預焉，今魏取其十四郡。⑱淵藻，懿之子也：懿，帝之兄也，仕齊為尚書令，死於東昏之手。⑲寇賊侵淫：謂賊勢浸長也。胡三省曰：「侵淫，以癰疽為喻，侵毒好肉為淫肉。」⑳元起為汝報讎：謂元起協力誅東昏，報其父讎。㉑汝為讎報讎，忠孝之道如何：元起，東昏之讎，今殺之，是為東昏報讎。殺父讎之讎，非孝也；以私怨戮國勳臣，非忠也；於忠孝之道兩虧。㉒胥附：毛萇曰：「率下親上曰胥附。」㉓功惟闢土：謂開闢梁、益之土。㉔年之不永，不亦宜乎：謂梁失政刑，宜乎國祚之不永。㉕年未弱冠：年未二十。㉖平肩輿：即輿車也，人就肩扛之，輿與肩平，故名。㉗豫州刺史：胡三省曰：「以五代志考之，此時梁置豫州於晉熙，今安慶懷寧縣地。」㉘小峴：小峴山在今安徽省合肥縣東七十里，亦名昭關山，其東則為大峴，俱建康通壽陽之要道，而小峴尤險。㉙羊石：即陳伯之所屯陽石也，見上卷天監二年，在今安徽省霍丘縣南。㉚雍州蠻沔東太守田青喜叛降魏：

胡三省曰：「考之北史，青喜所據之地，蓋在襄、鄧之東，竟陵之西。」㉛太極殿之西序：太極殿之西牆。㉜菌：蕈也。陳藏器曰：「地生者為菌，木生者為檽，江東人呼為蕈。」㉝扶疏：枝葉繁茂貌。㉞夫野木生朝，野鳥入廟，古人皆以為敗亡之象，故太戊、中宗，懼災脩德，殷道以昌：《魏書・崔光傳》光表云：「是故桑穀拱庭，太茂以昌，雊雉集鼎，武丁用熙。」中宗當作高宗，謂武丁也。商王太戊之時，亳有祥，桑穀共生於朝，一暮而大拱；高宗肜日，有飛雉升鼎耳而雊；太戊、高宗懼而脩德，殷道以昌。㉟側躬聳意：謂躬親政事而留意民瘼。㊱各上國租及田穀以助軍：胡三省曰：「國租者，封國所入之租，田穀者，職田所入之穀。」㊲民自上名籍者五萬餘戶：上名籍於魏以請降。㊳陸行既絕：胡三省曰：「自襄陽西行，遵陸可以至蜀，梁州既入于魏，則陸路斷矣！」㊴水軍西上，非周年不達：自建康泝江入蜀為西上，逆流舟行既緩，非周年不達。㊵頃經劉季連反，鄧元起攻圍：事見上卷天監元年、二年。㊶裠屐少年：裠即裙，下裳也；屐，木履也。喻其年少。㊷方軌無礙：言其道路寬坦，可並車而進。㊸涪、成：涪城、成都。㊹庸蜀：按〈牧誓〉，武王伐紂，庸、蜀、羌、髳、微、盧、彭、濮八國皆從。庸蓋上庸之地，蜀，蜀郡之地。㊺既克重阻：阻，險阻也。言克重險而深入蜀境。㊻涪、益：涪城時為梁梓潼太守治，益謂成都，時為益州刺史治。㊼況益州殷實，戶口十萬，比壽春、義陽，其利三倍：魏先此已得壽春、義陽，故舉以為比。㊽昔鄧艾、鍾會，帥十八萬眾，傾中國資儲，僅能平蜀：事見卷七十八魏元帝景元四年。㊾此往則易：謂魏軍據險阻以臨平野，易於為功。㊿且梓潼已附民戶數萬：即上所謂民自上名籍者五萬餘戶。(五一)劍閣：劍閣即大劍山也，在今四川省劍閣縣北。胡三省曰：「諸葛孔明相蜀，以大劍、小劍有隘束之路，故曰劍門，以閣道三十里至險，乃有閣尉，姜維拒鍾會於此，晉以其地入梓潼郡，桓溫入蜀，於晉壽置劍閣縣，屬梁州。」余按《晉書・地理志》梁州梓潼郡有劍閣縣，蓋晉初已置縣，後廢，桓溫入蜀復置，宋、齊《州郡志》俱無劍閣縣，蓋其縣亦尋廢也。(五二)中白：半白也。(五三)若得涪城，則中分益州之地，斷水陸之衝：胡三省曰：「魏已得劍閣，進取成都，涪當其衝，梁兵由內水而上救成都，涪亦當其衝。」(五四)去州迢遰：迢遰，遠也。州謂南鄭，為梁州治所。(五五)曾立巴州，鎮靜夷獠：立巴州見卷一百三十五齊高帝建元二年，省巴州見武帝永明二年。(五六)至於州綱，無由廁迹：廁，次也，言巴州人士，無由廁次州綱之任。州綱謂州之上佐，如主簿、治中、別駕之流。《文選》注引虞預《晉書》東平主簿王豹白事，齊王曰：「況豹雖陋，固大州之綱紀也。」(五七)戶餘四萬：戶四萬有餘。(五八)若於彼立州，鎮攝華獠：言於巴西立州也。巴西之地，華人與獠蠻雜居，故曰華獠。(五九)則大帖民情：言民情將由此帖服。(六〇)從墊江已還，不勞征伐，自為國有：言魏可據有墊江以西之地。胡三省曰：「李雄，譙縱取蜀，東不能過墊江；以苻秦兵力之盛，取梁、益如反掌，墊江以東，苻秦不能有也。邢巒之圖蜀，亦規墊江以西而已。」漢置墊江縣，屬巴郡，西魏置墊江郡於此，今四川省合川縣。(六一)大穰：穰，豐熟也。《詩》云：「豐年穰穰。」《史記・滑稽列傳》：「五穀蕃熟，穰穰滿家。」

五年（西元五〇六年）

㈠春，正月，丁卯朔，魏于后生子昌，大赦。

㈡楊集義圍魏關城㊀，邢巒遣建武將軍傅豎眼討之，集義逆戰，豎眼擊破之，乘勝逐北。壬申（初六日），克武興，執楊紹先送洛陽，楊集起、楊集義亡走，遂滅其國㊁，以為武興鎮，又改為東益州㊂。

㈢乙亥（初九日），以前司徒謝朏為中書監、司徒。

㈣冀州刺史㊃恒和擊魏南青州㊄，不克。

㈤魏秦州屠各王法智聚眾二千，推秦州主簿呂苟兒為主，改元建明，置百官，攻逼州郡。涇州㊅民陳瞻亦聚眾稱王，改元聖明。

㈥己卯（十三日），楊集起兄弟相帥降魏。

㈦甲申（十八日），封皇子綱為晉安王。

㈧二月丙辰（二十一日），魏主詔王公以下直言忠諫，治書侍御史楊固上表，以為：「當今之務，宜親宗室，勤庶政，貴農桑，賤工賈，絕談虛窮微之論㈦，簡桑門㈧無用之費，以救飢寒之苦。」時魏主委任高肇，疏薄宗室，好桑門之濹，不親政事，故固言及之。

㈨戊午（二十三日），魏遣右衞將軍元麗都督諸軍討呂苟兒。麗，小新成之子也㈨。

㈩乙丑（三十日），徐州刺史歷陽昌義之與魏平南將軍陳伯之戰於梁城㈩，義之敗績。

㈩一將軍蕭昞將兵擊魏徐州，圍淮陽㈡。

㈩二三月，丙寅朔，日有食之。

㈩三己卯（十四日），魏荊州刺史趙怡、平南將軍奚康生救淮陽。

㈩四魏咸陽王禧之子翼遇赦，求葬其父㈢，屢泣請於魏主，魏主不許。癸未（十八日），翼與其弟昌、曄來犇。上以翼為咸陽王，翼以曄嫡母李妃之子也，請以爵讓之，上不許。

㈩五輔國將軍劉思効敗魏青州刺史元繫於膠水㈢。

㈩六臨川王宏使記室吳興丘遲為書遺陳伯之曰：「尋君去就之際，非有他故，直以不能內審諸己，外受流言，沈迷猖蹷，以至於此。

主上屈法申恩，吞舟是漏(一四)。將軍松柏不翦，親戚安居，高臺未傾，愛妾尚在(一五)，而將軍魚遊於沸鼎之中，鷰巢於飛幕之上，不亦惑乎？想早勵良圖，自求多福(一六)。」庚寅（二十五日），伯之自壽陽梁城擁眾八千來降(一七)，魏人殺其子虎牙。詔復以伯之為西豫州刺史，未之任，復以為通直散騎常侍(一八)。久之，卒於家。

(七)初，魏御史中尉甄琛表稱：「周禮，山林川澤有虞、衡之官(一九)，為之厲禁，蓋取之以時，不使戕賊而已，故雖置有司，實為民守之也。夫一家之長，必惠養子孫；天下之君，必惠養兆民；未有為人父母而吝其醯醢(二〇)，富有羣生而榷其一物者也。今縣官鄣護河東鹽池而收其利，是專奉口腹而不及四體也。蓋天子富有四海，何患於貧？乞弛鹽禁，與民共之。」錄尚書事勰(二一)、尚書邢巒奏，以為：「琛之所陳，坐談則理高，行之則事闕。竊惟古之善治民者，必污隆隨時，豐儉稱事，役養消息，以成其性命。若任其自生，隨其飲啄，乃是芻狗萬物(二二)，何以君為？是故聖人斂山澤之貨以寬田疇之賦，收關市之稅以助什一之儲(二三)，取此與彼，皆非為身㉔，所謂資天地之產，惠天地之民也。今鹽池之禁，為日已久，積而散之，以濟軍國，非專為供太官之膳羞，給後宮之服玩，既利不在己，則彼我一也。然自禁鹽以來，有司多慢㉕，出納之間，或不如灋，是使細民嗟怨，負販輕議，此乃用之者無方，非作之者有失也。一旦罷之，恐乖本旨，一行一改，灋若奕棊㉖，參論理要，宜如舊式。」魏主卒從琛議㉗。夏，四月乙未（朔），罷鹽池禁。

㈥庚戌（十六日），魏以中山王英為征南將軍，都督揚、徐二州諸軍事，帥眾十餘萬以拒梁軍，指授諸節度，所至以便宜從事。江州刺史王茂將兵數萬侵魏荊州，誘魏邊民及諸蠻，更立宛州㉘，遣其所署宛州刺史雷豹狼等襲取魏河南城㉙，魏遣平南將軍楊大眼都督諸軍擊茂。辛酉（二十七日），茂戰敗，失亡二千餘人。【考異】大眼傳云：「俘馘七千有餘。」今從魏帝紀。大眼進攻河南城，茂逃還。大眼追至漢水，攻拔五城。魏征虜將軍宇文福寇司州，俘千餘口而去。

五月辛未（初七日），太子右衛率張惠紹等侵魏徐州，拔宿預㉚，執城主馬成龍。乙亥（十一日），北徐州刺史㊂昌義之拔梁城。

豫州刺史韋叡遣長史王超等攻小峴，未拔，叡行圍柵，魏出數百人陳於門外，叡欲擊之，諸將皆曰：「向者輕來，未有戰備，徐還授甲，乃可進耳！」叡曰：「不然，魏城中二千餘人，足以固守，今無故出人於外，必其驍勇者也，苟能挫之，其城自拔。」眾猶遲疑，叡指其節曰：「朝廷授此，非以為飾，韋叡灋不可犯也。」遂進擊之。士皆殊死戰，魏兵敗走，因急攻之，中宿而拔，【考異】魏帝紀六月辛丑陷小峴戍，今從叡傳。遂至合肥。

先是右軍司馬胡景略等攻合肥，久未下，叡按山川，夜帥眾堰肥水。頃之，堰成，水通，舟艦繼至。魏築東西小城，夾合肥，叡先攻二城。魏將楊靈胤帥眾五萬奄至，眾懼不敵，請奏益兵。叡笑曰：「賊至城下，方求益兵，將何所及？且吾求益兵，彼亦益兵，兵貴用奇，豈在眾也？」遂擊靈胤，破之。叡使軍主王懷靜築城於岸以守堰，魏攻拔之，城中千餘人皆沒。魏人乘勝至堤下，兵勢甚盛，諸將欲退還灤湖，或欲保三叉，【考異】南史作三丈，今從梁書，蓋灤湖之水於此分三汊，故名。退保於此，利於入船，故眾欲之。叡怒曰：「寧有此邪？」命取繖扇麾幢，樹之堤下，示無動志。魏人來鑿堤，叡親與之爭，魏兵卻，因築壘於堤以自固。叡起鬬艦，高與合肥城等，四面臨之，城中人皆哭。守將杜元倫登城督戰，中弩死。辛巳（十七日），城潰，俘斬萬餘級，獲牛羊以萬數。

叡體素羸，未嘗跨馬，每戰，常乘板輿，督厲將士，勇氣無敵，晝接賓旅，夜半起算軍書，張燈達曙，撫循其眾，常如不及，故投募之士爭歸之，所至頓舍館宇藩牆，皆應準繩。

諸軍進至東陵㉒，有詔班師㉓，去魏城㉔既近，諸將恐其追躡，叡悉遣輜重居前，身乘小輿殿後，魏人服叡威名，望之不敢逼，全軍而還，於是遷豫州治合肥㉕。壬午（十八日），魏遣尚書元遙南拒梁兵。

㈨癸未（十九日），魏遣征西將軍於勁節度秦、隴諸軍。

㈩丁亥（二十三日），廬江太守聞喜裴邃克魏羊石城，庚寅（二十六日），又克霍丘城㉖。【考異】梁裴邃傳云：「五年，征邵陽洲，魏人為長橋以濟，邃築壘逼橋，密作沒突艦，會淮水暴漲，邃乘艦徑造橋側，魏眾驚潰，邃乘勝追擊，大破之，進克羊石、霍丘、陳平、小峴，攻合肥。」魏帝紀：「辛巳，衍將陷合肥，己丑，又陷羊石、霍丘。」案韋叡傳，叡攻邵陽洲，方使邃乘艦焚橋，事在克合肥後，又梁帝紀辛巳叡克合肥，丁亥邃克羊石，庚寅克霍丘，今從之。邃傳載取二城在破邵陽洲後，誤也。

六月庚子（初七日），青、冀二州刺史桓和克朐山城。

(廿一)乙巳（十二日），魏安西將軍元麗擊王法智(三七)，破之，斬首六千級。

(廿二)張惠紹與假徐州刺史宋黑水陸俱進，趣彭城，圍高塚戍(三八)，魏武衞將軍奚康生將兵救之。丁未（十四日），惠紹兵不利，黑戰死。

(廿三)太子統生五歲，能遍誦五經。庚戌（十七日），始自禁中出居東宮。

(廿四)丁巳（二十四日），魏以度支尚書邢巒都督東討諸軍事。

(廿五)魏驃騎大將軍馮翊惠公源懷卒。懷性寬簡，不喜煩碎，常曰：「為貴人當舉綱維，何必事事詳細？譬如為屋，但外望高顯，楹棟平正，基壁完牢足矣！斧斤不平，斲削不密，非屋之病也。」

(廿六)秋，七月丙寅（初三日），桓和擊魏兗州，拔固城(三九)。

㈦呂苟兒率眾十餘萬屯孤山，圍逼秦州㊵，元麗進擊，大破之。行秦州事李韶掩擊孤山，獲其父母妻子。庚辰（十七日），苟兒帥其徒詣麗降。兼太僕卿楊椿別討陳瞻，瞻據險拒守。諸將或請伏兵山蹊，斷其出入，待糧盡而攻之，或欲斬木焚山，然後進討。椿曰：「皆非計也。自官軍之至，所向輒克，賊所以深竄，正避死耳！今約勒諸軍，勿更侵掠，賊必謂我見險不前，待其無備，然後奮擊，可一舉平也！」乃止屯不進。賊果出抄掠，椿復以馬畜餌之，不加討逐。久之，陰簡精卒銜枚夜襲之，斬瞻，傳首，秦、涇二州皆平。

㈧戊子（二十五日），徐州刺史王伯敖與魏中山王英戰於陰陵㊶，伯敖兵敗，失亡五千餘人。

己丑（二十六日），魏發定、冀、瀛、相、并、肆六州十萬人以益南行之兵。上遣將軍角念將兵一萬屯蒙山，招納兗州之民，降者甚眾㊷。是時將軍蕭及屯固城，桓和屯孤山㊸，魏邢巒遣統軍樊魯攻和，別將元恒攻及，統軍畢祖朽攻念。壬寅（八月十日），曾大破和於孤山，恒拔固城，祖朽擊念，走之[44]。己酉（八月十七日），魏詔平南將軍安樂王詮督後發諸軍赴淮南。詮，長樂之子也[45]。

將軍藍懷恭與邢巒戰於睢口[46]，懷恭敗績，巒進圍宿預，懷恭復於清南[47]築城。巒與平南將軍楊大眼合攻之，九月癸酉（十一日），拔之，斬懷恭，殺獲萬計。

張惠紹棄宿預[48]，蕭昞棄淮陽，遁還。

臨川王宏以帝弟將兵，器械精新，軍容甚盛，北人以為百數十年所未之有。軍次洛口[49]，前軍克梁城[50]，諸將欲乘勝深入，宏性懦怯，部分乖方。魏詔邢巒引兵度淮，與中山王英合攻梁城，宏聞之懼，召諸將議旋師。呂僧珍曰：「知難而退，不亦善乎？」宏曰：「我亦以為然。」柳惔曰：「自我大眾所臨，何城不服？何謂難乎？」裴邃曰：「是行也，固敵是求，何難之避[51]？」馬仙琕曰：「王安得亡國之言？天子掃境內以屬王[52]，有前死一尺，無卻生一寸[53]。」昌義之怒，須髮盡磔[54]，曰：「呂僧珍可斬也，豈有百萬之師，出未逢敵，望風遽退，何面目得見聖主乎？」朱僧勇、胡辛生拔劍而退㊄，曰：「欲退自退，下官當前向取死。」議者罷出，僧珍謝諸將曰：「殿下昨來風動㊅，意不在軍，深恐大致沮喪，故欲全師而返耳！」宏不敢遽違羣議，停軍不前。魏人知其不武，遺以巾幗㊆，且歌之曰：「不畏蕭娘與呂姥㊇，但畏合肥有韋虎。」虎，謂韋叡也。僧珍歎曰：「使始興、吳平為帥而佐之㊈，豈有為敵人所侮如是乎？」欲遣裴邃分軍取壽陽，大眾停洛口，宏固執不聽，令軍中曰：「人馬有前行者斬。」於是將士人懷憤怒。魏奚康生馳遣楊大眼謂中山王英曰：「梁人自克梁城已後，久不進軍，其勢可見，必畏我也！王若進據洛水，彼自犇敗。」英曰：「蕭臨川雖騃，其下有良將韋、裴之屬㊉，未可輕也，宜且觀形勢，勿與交鋒！」

張惠紹號令嚴明，所至獨克，軍於下邳㊀，下邳人多欲降者，惠紹諭之曰：「我若得城，諸卿皆是國人㊁，若不能克，徒使諸卿失鄉里㊂，非朝廷弔民之意也！今且安堵復業，勿妄自辛苦。」降人咸悅。己丑（二十七日），夜，洛口暴風雨，軍中驚，臨川王宏與數騎逃去，將士求宏不得，皆散歸，【考異】梁書宏傳云：「會征役久，有詔班師。」殊為不實，今從南史。棄甲投戈，填滿水陸，捐棄病者及羸老，死者近五萬人。宏乘小船濟江，夜至白石壘，叩城門求入。臨汝侯淵猷登城謂曰：「百萬之師，一朝鳥散，國之存亡，未可知也！恐姦人乘間為變，城不可夜開。」宏無以對，乃縋食饋之。淵猷，淵藻之弟。時昌義之軍梁城，聞洛口敗，與張惠紹皆引兵退(64)。

魏主詔中山王英乘勝平蕩東南，逐北至馬頭，攻拔之，城中糧儲，魏悉遷之歸北。議者咸曰：「魏運米北歸，當不復南向。」上曰：「不然，此必欲進兵為詐計耳！」乃命脩鍾離城，敕昌義之為戰守之備(65)。

冬，十月，英進圍鍾離，魏主詔邢巒引兵會之。巒上表以為：「南軍雖野戰非敵，而城守有餘。今盡銳攻鍾離，得之則所利無幾，不得則虧損甚大。且介在淮外(66)，借使束手歸順，猶恐無糧難守，況殺士卒以攻之乎？又征南士卒，從戎二時(67)，疲弊死傷，不問可知，雖有乘勝之資，懼無可用之力。若臣愚見，謂宜脩復舊戍，撫循諸州，以俟後舉，江東之釁，不患其無。」詔曰：「濟、淮掎角，事如前敕，何容猶爾盤桓㊅㊇，方有此請？可速進軍。」巒又表以為：「今中山進軍鍾離，實所未解。若為得失之計㊅㊈，不顧萬全，直襲廣陵，出其不備，或未可知。若正欲以八十日糧取鍾離城者，臣未之前聞也㊆㊉。彼堅城自守，不與人戰，城塹水深，非可填塞，空坐至春，士卒自弊。若遣臣赴彼，從何致糧？夏來之兵，不齎冬服，脫遇氷雪，何方取濟？臣寧荷怯懦不進之責，不受敗損空行之罪。鍾離天險，朝貴所具㊆㊀，若有內應，則所不知，如其無也，必無克狀㊆㊁。若信臣言，願賜臣停㊆㊂，若謂臣憚行求還，臣所領兵，乞盡付中山，任其處分，臣止以單騎，隨之東西。臣屢更為將，頗知可否，臣既謂難，何容強遣？」乃召巒還，更命鎮東將軍蕭寶寅與英同圍鍾離。

侍中盧昶素惡巒，與侍中領右衛將軍元暉共譖之，使御史中尉崔亮彈巒在漢中掠人為奴婢㊆㊃。巒以漢中所得美女賂暉，暉言於魏主曰：「巒新有大功，不當以赦前㊆㊄小事案之。」魏主以為然，遂不問。

暉與盧昶皆有寵於魏主而貪縱，時人謂之餓虎將軍、飢鷹侍中。暉尋遷吏部尚書，用官皆有定價，大郡二千疋，次郡、下郡遞減其半，餘官各有等差，選者謂之市曹㊅。

㊈丁酉（初六日），梁兵圍義陽者夜遁㊆，魏郢州刺史婁悅追擊，破之。

㊉柔然庫者可汗卒，子伏圖立，號佗汗可汗㊇，改元始平。戊申（十七日），佗汗遣使者紇奚勿六跋如魏請和，魏主不報其使，謂勿六跋曰：「蠕蠕遠祖社崘，乃魏之叛臣㊈，往者包容，蹔聽通使㊉。今蠕蠕衰微，不及疇昔，大魏之德，方隆周漢，正以江南未平，少寬北略，通和之事，未容相許。若脩藩禮，款誠昭著者，當不爾孤也㊀。」

㊊魏京兆王愉、廣平王懷國臣多驕縱，公行屬請，魏主詔中尉崔亮窮治之，坐死者三十餘人，其不死者悉除名為民，惟廣平右常侍楊昱、文學崔楷㊁以忠諫獲免。昱，椿之子也㊂。

㈢十一月乙丑（初四日），大赦。詔右衞將軍曹景宗都督諸軍二十萬救鍾離。上敕景宗頓道人洲㈧㈣，俟眾軍齊集俱進。景宗固啟求先據邵陽洲尾，上不許。景宗欲專其功，違詔而進，值暴風猝起，頗有溺者，復還守先頓㈧㈤。上聞之，曰：「景宗不進，蓋天意也，若孤軍獨往，城不時立，必致狼狽，今破賊必矣！」

㈢初，漢歸義侯勢之末，羣獠始出，北自漢中，南至邛笮，布滿山谷㈧㈥。勢既亡，蜀民多東徙，山谷空地，皆為獠所據。其近郡縣與華民雜居者，頗輸租賦，遠在深山者，郡縣不能制。梁益二州，歲伐獠以自潤，公私利之。及邢巒為梁州，獠近者皆安堵樂業，遠者不敢為寇。巒既罷去，魏以羊祉為梁州刺史，傅豎眼為益州刺史㈧㈦。祉性酷虐，不得物情，獠王趙清荊引梁兵入州境為寇，祉遣兵擊破之。豎眼施恩布信，大得獠和。

㈣十二月癸卯（十二日），都亭靖侯謝朏㈧㈧卒。

㈤魏久議樂，久不決㈧㈨。

【今註】㈠楊集義圍魏關城：《水經注》漢水南流至關城，合西漢水，又東北至沮口合沮水，同為沔水之源也，又東逕白馬戍南。此關城即陽平關，亦曰陽安關，在今陝西省寧羌縣西北一百里。㈡楊集起、楊集義亡走，遂滅其國：胡三省曰：「晉惠帝元康六年，氐王楊茂搜始據仇池百頃，其後浸盛，盡有漢武都郡之地，北侵隴西、天水，南侵漢中。拓跋既盛，取武都、仇池之地，楊氏僅據有武興，今魏既取漢中，遂滅楊氏。」百頃山在今甘肅省成縣西，即仇池山也。《水經注》仇池山上有平田百頃，氐楊氏世居此。《宋書・氐胡傳》仇池地方百頃，四面斗絕高平，羊腸蟠道三十六回，山上豐水草，煮土成鹽。㈢東益州：《魏書・地形志》東益州治武興，領武興、仇池、槃頭、廣長、廣業、梓潼、洛聚等郡。㈣冀州刺史：自宋泰始失淮北，青、冀二州寄治鬱洲。㈤魏南青州：《魏書・地形志》魏獻文帝置東徐州於團城，孝文帝太和二十二年改為南青州，時領東安、東莞等郡。㈥涇州：《魏書・地形志》魏置涇州於臨涇城，領安定、隴東、新平、隨平、平涼、平原等郡。㈦絕談虛窮微之論：談虛窮微者，談虛玄之學，窮精微之理也，此即所謂清談。㈧桑門：沙門之異譯，佛事也。㈨麗，小新成之子也：小新成見卷一百二十九宋孝武帝大明五年。㈩梁城：胡三省曰：「晉孝武太元中，僑立梁郡於淮南壽春界，故有梁城，在壽陽東北，鍾離西南。」㈡將軍蕭昞將兵擊魏徐州，圍淮陽：《宋書・州郡志》淮陽郡，晉安帝義熙中土斷立，治甬城，甬城亦作角城，在今江蘇省淮陰縣南，宋失淮北，淮陽遂入於魏，仍治角城，屬東楚州。㈢魏咸陽王禧之子翼遇赦，求葬其父：禧謀反伏誅見卷一百四十四齊和帝中興元年。㈢膠水：《魏書・地形志》光州長廣郡治即墨縣之膠東城，縣有膠水。《水經注》膠水出黔陬縣之膠山，北流過其縣故城西，又北過夷安縣東，又北逕膠陽縣東，又東北逕下密縣故城東，又東北逕膠東縣故城西，又北至平度縣入海。㊃吞舟是漏：《史記・酷吏傳》云：「漢興，網漏吞舟之魚。」言禁網疏闊也。㊄將軍松柏不翦，親戚安居，高臺未傾，愛妾尚在：《說苑》昔雍門子見孟嘗君，吟曰：「高臺既已傾，曲池既已平，墳墓生荊棘，牧豎遊其上，孟嘗君亦如是乎！」孟嘗君為之喟然歎息。胡三省曰：「松柏不翦，謂不毀夷其先世墳墓也；親戚安居，謂其親戚在江南者皆不以叛黨連坐，安居自若也；高臺未傾，謂居第未嘗洿瀦，池臺如故也；愛妾尚在，謂其婢妾猶守其家，未沒於官及流落於他家也。」㊅而將軍魚游於沸鼎之中，鷰巢於飛幕之上：飛幕，高幕也，猶曰飛閣、飛樓。《後漢書》張綱曰：「相聚偷生，若魚游釜中，喘息須臾間耳！」言必至於糜爛也。《左傳》吳季札謂孫林父曰：「夫子之居此也，猶鷰之巢於幕上。」杜預注：「言至危也。」㊆伯之自壽陽梁城擁眾八千來降：伯之以天監元年奔魏，至是復還。㊇詔復以伯之為西豫州刺史，未之任，復以為通直散騎常侍：胡三省曰：「不使之出當邊鎮，恐其復叛也。」㊈《周禮》，山林川澤有虞、衡之官：《周禮》地官之屬有山虞，掌山林之政令，萬民以時斬材，凡竊木者有刑罰；林衡掌林麓之禁令而平其守，以時計林麓而賞罰之；川衡掌川澤之禁令而平其守，以時舍其守，犯禁者執而誅罰之；澤虞掌國澤之政令，為之厲禁，使其地之人，守其財物，以時入於王府，頒其餘於萬民。虞，度也；衡，平也；平度山林川澤之大小及其所生也。㊉醯醢：醋曰醯，以肉為醬曰醢。㊀錄尚書勰：即彭城王勰，時為錄尚書事。㊁芻狗萬物：《老子》曰：「天地不仁，以萬物為芻狗；聖人不仁，以百姓為芻狗。」言聖人之於其民，不以仁恩化育，任其自然，視之如芻草狗畜然。㉓是故聖人斂山澤之貨以寬田疇之賦，收關市之稅以助什一之儲：言田疇什一之賦不足以供國用，故收關市之征，斂山澤之稅以助之。㉔取此與彼，皆非為身：謂取山澤餘利，蓋以補田租之不足，非以供天子一己之用。㉕有司多慢：慢謂怠於職守。㉖一行一改，法若弈棊：《左傳》衞文子曰：「弈者舉棋不定，不勝其耦。」此以喻既榷而復罷，政令不定也。㉗魏主卒從琛議：胡三省曰：「甄琛之議合載於一百四十三卷，齊東昏永元二年，魏宣武景明元年也。琛議既行於景明初年，隨格於景明四年，今復罷鹽禁，是卒從其議也。」魏宣武景明四年復榷鹽之政見上卷天監二年。㉘更立宛州：更魏之荊州為宛州。㉙河南城：胡三省曰：「蕭子顯齊志雍州有河南郡，所領五縣惟棘陽為實土，則河南郡當在南陽、棘陽縣界。」棘陽、漢縣，屬南陽郡，晉屬義陽郡，後屬新野郡，宋僑立河南郡於襄陽，以棘陽屬之，故城在今河南省新野縣東北。㉚宿預：《宋書・州郡志》晉安帝立宿預縣，屬淮陽郡，故城在今江蘇省宿遷縣東南。《魏書・地形志》孝文帝立南徐州於此，即後之東楚州也。㉛北徐州刺史：《齊書・州郡志》宋元徽元年立北徐州於鍾離以防鎮緣淮，領鍾離、馬頭、濟陰、新昌、沛等郡。時立南徐於京口，故以鍾離為北徐。㉜東陵：《漢書・地理志》盧江郡金蘭西北有東陵鄉，《水經注》盧江金蘭縣西北東陵鄉大蘇山，灌水所出。其地當在今河南省固始縣東南。周壽昌曰：「漢書地理志無金蘭縣，疑轉寫脫漏。綜郡國領縣核之，校百官表及本志後序之數，尚少九縣，此蓋其一也。」王先謙曰：「禹貢山水澤地篇東陵地在金蘭縣西北，與志合。決水注灌水導源金蘭縣西北東陵鄉大蘇山，據此，大蘇山即東陵也，今商城縣東南五十里。又江水注利水出廬江郡之東陵鄉，江夏有西陵縣，故是言東，尚書云江水過九江至於東陵者也。案江水注雖未言金蘭縣，然與決水注符合，則知鄉隸金蘭不誤，後世言東陵者紛紛意揣，未足據也。」按酈道元言金蘭縣，及南北朝間必嘗復置，蓋尋廢故志不書耳。㉝有詔班師：胡三省曰：「班師之詔必在洛口師潰之後，史因書敘事而終言之。」洛口潰師見下九月。㉞魏城：謂魏所守甓城也。胡三省曰：「據姚思廉梁書，時魏守甓城，去東陵二十里。」㉟於是遷豫州治合肥：自晉熙遷治合肥。㊱霍丘城：《水經注》曹魏於安豐津南立安豐都尉，後以其故城立霍丘戍。隋立霍丘縣於此，蓋漢安風縣之地也，故城在今安徽省壽縣西南六十里。㊲魏安西將軍元麗擊王法智：法智作亂於秦州，見上正月。㊳高塚戍：胡三省曰：「水經注彭城同孝山陰有楚元王冢，高十許丈，廣百許步，意者魏立戍於此乎！」㊴固城：胡三省曰：「固城疑即抱犢固城也，在蘭陵界。」抱犢固在今山東省嶧縣北六十里。按《魏書・地形志》蘭陵郡承縣有抱犢山，即抱犢固也。蘭陵郡屬徐州。㊵呂苟兒率眾十餘萬屯孤山，圍逼秦州：魏秦州治上邽，領天水、略陽、漢陽等郡，上邽今甘肅省天水縣西南，孤山蓋在其附近。㊶陰陵：陰陵縣漢屬九江郡，晉屬淮南郡，宋廢，故城在今安徽省定遠縣西北。㊷上遣將角念將兵一萬屯蒙山，招納兗州之民，降者甚眾：《魏書・邢巒傳》時梁兵侵軼徐、兗，緣邊鎮戍，相繼陷沒，梁將角念等率眾一萬擾亂龜蒙，土民從逆，十室而五。龜蒙即世所謂東蒙，在今山東省蒙陰縣南，綿亙百里，《魏書・地形志》南青州東安郡新泰縣東南有蒙山，蓋即東蒙也，與固城、孤山皆在魏徐、兗界，故梁連兵據之以招徐、兗之民。㊸孤山：《魏書・地形志》蘭陵郡蘭陵縣有孤山。蘭陵故城在今山東省嶧縣東五十里，孤山蓋在其左近。㊹壬寅，曾大破和於孤山，恒拔固城，祖朽擊念，走之：按《魏書・宣武帝紀》在八月壬寅，八月癸巳朔，壬寅初十日。㊺詮，長樂之子也：安樂王長樂見卷一百三十三宋蒼梧王元徽三年。㊻睢口：《水經注》睢水過睢陵縣故城北而東南流，逕下相縣故城南，又東南流入於泗，謂之睢口。睢水，故蒗蕩渠之支津也，今多湮塞淤斷，其入泗處在今安徽省宿遷縣南。㊼清南：清水之南。㊽張惠紹棄宿預：胡三省曰：「此與後張惠紹聞洛口敗引兵退本一事耳，解見後。」㊾洛口：洛澗入淮之口也。去年二月，衞尉卿楊公則將宿衞兵塞洛口，即此，註已見前。㊿前軍克梁城：即昌義之拔梁城，見上五月。(51)是行也，固敵是求，何難之避：言是行本欲求戰，何得畏難而避敵乎。(52)天子掃境內以屬王：言梁盡舉境內之民以屬宏，猶刮掃無餘。(53)有前死一尺，無卻生一寸：謂寧進取尺土而死，無卻守寸土以求生。(54)須髮盡磔：須與鬚同；磔，迸張也。(55)朱僧勇、胡辛生拔劍而退：據《南史・臨川王宏傳》退當作起。(56)風動：風疾發動。(57)魏人知其不武，遺以巾幗：知臨川王宏之怯也。巾幗，婦人首飾，昔諸葛亮與司馬宣王對壘於渭水南原，亮數挑戰，懿不出，亮因遺懿以巾幗婦人之飾。(58)不畏蕭娘與呂姥：蕭娘謂臨川王宏，呂姥謂呂僧珍，言其怯懦如婦人女子。(59)使始興、吳平為帥而佐之：始興謂帝弟始興王憺，吳平謂帝從父弟吳平侯景也。(60)蕭臨川雖騃，其下有良將韋、裴之屬：騃，愚也；韋、裴謂韋叡、裴邃。(61)張惠紹號令嚴明，所至獨克，軍於下邳：胡三省曰：「前已言張惠紹棄宿預遁還矣，宿預在下邳東南百餘里，此言軍於下邳，是未棄宿預之前事，延壽以此事載之臨川王宏傳，通鑑因亦連而書之。」(六二)國人：猶曰王民。(六三)若不能克，徒使諸卿失鄉里：謂降梁則於魏為叛民，其勢不得復返，若梁軍不能克下邳，是徒使降人失鄉里。(六四)時昌義之軍梁城，聞洛口敗，與張惠紹皆引兵退：胡三省曰：「此即張惠紹棄宿預一事也，通鑑因南史臨川王宏傳所載者書之，遂至複出。」(六五)乃命脩鍾離城，敕昌義之為戰守之備：胡三省曰：「馬頭城在鍾離之西，馬頭既陷，魏必東攻鍾離，故預為之備。」馬頭戍在今安徽省壽縣西北二十里，濱淮要戍也，鍾離故城在今安徽省鳳陽縣東北二十里。(六六)且介在淮外：鍾離在淮水南岸，故曰淮外。(六七)又征南士卒，從戎二時：魏以是年四月發兵拒梁軍，自夏徂秋，兵連未解。(六八)盤桓：不進貌。(六九)若為得失之計：胡三省曰：「謂為一切之計，或得或失，未可必也。」(七〇)若正欲以八十日糧取鍾離城者，臣未之前聞也：魏中山王英蓋期以八十日攻克鍾離，鍾離城堅，未易可取，故巒云然。(七一)鍾離天險，朝貴所具：謂鍾離天險，朝廷貴臣所具知也。(七二)必無克狀：言必無可克之狀。(七三)願賜臣停：賜以停軍之詔。(七四)使御史中尉崔亮彈巒在漢中掠人為奴婢：《魏書・邢巒傳》巒初至漢中，從容風雅，接豪右以禮，撫細民以惠，歲餘之後，頗因百姓去就，誅滅其民，籍為奴婢者二百餘口，兼商販聚斂，清論鄙之。(七五)赦前：是年正月，魏生皇子，肆赦。(七六)市曹：譏其以貨賂市官，非以才選官也。(七七)梁兵圍義陽者夜遁：以洛口師潰無援也。(七八)佗汗可汗：《魏書・蠕蠕傳》佗汗魏言緒也。(七九)蠕蠕遠祖社崘，乃魏之叛臣：事見卷一百八晉孝武帝太元十九年。(八〇)往者包容，蹔聽通使：事見卷一百三十六齊武帝永明五年。蹔與暫同。(八一)當不爾孤也：孤，棄也，又用為背負之義，如曰孤恩。不爾孤，言不棄爾負爾。(八二)廣平右常侍楊昱、文學崔楷：《晉書・職官志》王國置師、友、文學各一人，左右常侍各一人，蓋晉制也，歷南北朝不改。㉓昱，椿之子也：楊椿見卷一百三十七齊武帝永明八年。㉔道人洲：邵陽洲在古鍾離城東北十八里，今安徽省鳳陽縣三十八里淮水中，自道人洲進頓邵陽洲，復進援鍾離，則道人洲蓋又在邵陽洲東淮水中。㉕復還守先頓：曹景宗初頓道人洲，今復還守之。㉖初，漢歸義侯勢之末，羣獠始出，北自漢中，南至邛笮，布滿山谷：晉桓溫滅蜀，封其主勢為歸義侯。蜀土本無獠，勢之末年，始從山出，事見卷九十七晉穆帝永和二年。㉗益州刺史：《魏書・地形志》魏宣武帝正始中置益州，蓋去歲得晉壽所置，領東晉壽、西晉壽、新巴、南白水、宋熙等郡。㉘都亭靖侯謝朏：朏封都亭侯，卒謚靖孝，此脫孝字。㉙魏久議樂，久不決：魏議樂見上卷天監三年，至是歷三年未決。

六年（西元五〇七年）

㈠春，正月，公孫崇請委衞軍將軍尚書右僕射高肇監其事，魏主知肇不學，詔太常卿劉芳佐之。

㈡魏中山王英與平東將軍楊大眼等眾數十萬攻鍾離，鍾離城北阻淮水，魏人於邵陽洲兩岸為橋，樹柵數百步，跨淮通道，英據南岸攻城，大眼據北岸立城以通糧運。城中眾纔三千人，昌義之督帥將士，隨方抗禦。魏人以車載土塡塹，使其眾負土隨之，嚴騎蹙其後，人有未及回者，因以土迮㈠之，俄而塹滿。衝車所撞，城土輒頹。義之用泥補之，衝車雖入，而不能壞。魏人晝夜苦攻，分番相代，墜而復升，莫有退者。一日戰數十合，前後殺傷萬計，魏人死者與城平。

二月，魏主召英使還。英表稱：「臣志殄逋寇，而月初已來，霖雨不止，若三月晴霽，城必可克，願少賜寬假。」魏主復詔曰：「彼土蒸濕，無宜久淹㈡。勢雖必取，乃將軍之深計，兵久力殆，亦朝廷之所憂也！」英猶表稱必克，魏主遣步兵校尉范紹詣英議攻取形勢，紹見鍾離城堅，勸英引還，英不從㈢。

上命豫州刺史韋叡將兵救鍾離，受曹景宗節度。叡自合肥取直道由陰陵大澤行㈣，值澗谷，輒飛橋以濟師。人畏魏兵盛，多勸叡緩行，叡曰：「鍾離今鑿穴而處，負戶而汲㈤，車馳卒奔，猶恐其後，而況緩乎？魏人已墮吾腹中，卿曹勿憂也！」旬日，至邵陽。上豫敕曹景宗曰：「韋叡，卿之鄉望㈥，宜善敬之。」景宗見叡，禮甚謹，上聞之，曰：「二將和，師必濟矣！」

景宗與叡進頓邵陽洲，叡於景宗營前二十里，夜掘長塹，樹鹿角，截洲為城，去魏城百餘步。南梁太守馮道根能走馬步地，計馬足以賦功㊆，比曉而營立。魏中山王英大驚，以杖擊地曰：「是何神也！」

景宗等器甲精新，軍容甚盛，魏人望之奪氣。景宗慮城中危懼，募軍士言文達等潛行水底，齎敕入城，城中始知有外援，勇氣百倍。楊大眼勇冠軍中，將萬餘騎來戰，所向皆靡。叡結車為陳，大眼聚騎圍之，叡以彊弩二千，一時俱發，洞甲穿中，殺傷甚眾，矢貫大眼右臂，大眼退走。

明旦，英自帥眾來戰，叡乘素木輿，執白角如意以麾軍，一日數合，英乃退。魏師復夜來攻城，飛矢雨集，叡子黯請下城以避箭，叡不許。軍中驚，叡於城上厲聲呵之乃定。牧人過淮北伐芻藁者，皆為楊大眼所略。曹景宗募勇敢士千餘人，於大眼城南數里築壘。大眼來攻，景宗擊卻之。壘成，使別將趙草守之，有抄掠者皆為草所獲，是後始得縱芻牧。

上命景宗等豫裝高艦，使與魏橋等，為火攻之計，令景宗與叡各攻一橋，叡攻其南，景宗攻其北㊇。三月，淮水暴漲六七尺，【考異】梁帝紀四月癸未，景宗等破魏軍。魏帝紀四月戊戌，鍾離大水，英敗績。按曹景宗傳：「三月，春水生，淮水暴漲。」梁、魏二史，蓋據奏到月日書之耳，今從景宗傳。叡使馮道根與廬江太守裴邃、秦郡太守㊈李文釗等乘鬭艦競發，擊魏洲上軍盡殪，別以小船載草，灌之以膏，從而焚其橋，風怒火盛，煙塵晦冥，敢死之士，拔柵斫橋㊉，水又漂疾，倏忽之間，橋柵俱盡。道根等皆身自搏戰，軍人奮勇，呼聲動天地，無不一當百，魏軍大潰。英見橋絕，脫身棄城走，大眼亦燒營去，諸壘相次土崩，悉棄其器甲，爭投水死者十餘萬，斬首亦如之。叡遣報昌義之，義之悲喜，不暇答語，但叫曰：「更生！更生！」

諸軍逐北至濊水㊁上，英單騎入梁城，緣淮百餘里，尸相枕藉，生擒五萬人，【考異】韋叡傳云：「其餘釋甲稽顙，乞為囚奴者猶數十萬。」按魏軍共止數十萬，如叡傳所言，似為太過，今從景宗傳。收其資糧器械山積，牛馬驢騾不可勝計。

義之德景宗及叡，請二人共會，設錢二十萬官賭之㊂。景宗擲得雉，叡徐擲得盧，遽取一子反之，曰：「異事。」遂作塞㈢。景宗與羣帥爭先告捷，叡獨居後，世尤以此賢之。詔增景宗、叡爵邑，義之等受賞各有差。

㈢夏、四月己酉（二十日），以江州刺史王茂為尚書右僕射，安成王秀為江州刺史。秀將發，主者求堅船以為齋舫㈣，秀曰：「吾豈愛財而不愛士乎㈤？」乃以堅者給參佐，下者載齋物，既而遭風，齋舫遂破。

㈣丁巳（二十八日），以臨川王宏為驃騎將軍，開府儀同三司，建安王偉為揚州刺史，右光祿大夫沈約為尚書左僕射，左僕射王瑩為中軍將軍。

㈤六月丙午（十八日），馮翊等七郡叛降魏。

㈥秋，七月丁亥（三十日），以尚書右僕射王茂為中軍將軍。

㈦八月戊子（朔），大赦。

㈧魏有司奏中山王英經筭失圖，齊王蕭寶寅等守橋不固，皆處以極灋㈥。己亥（十二日），詔英、寶寅免死，除名為民，楊大眼徙營州㈦為兵。

以中護軍李崇為征南將軍，揚州刺史。崇多事產業，征南長史狄道辛琛屢諫不從，遂相糾舉，詔並不問。崇因置酒謂琛曰：「長史後必為刺史，但不知得上佐何如人耳！」琛曰：「若萬一叨忝，得一方正長史，朝夕聞過，是所願也！」崇有慙色。

㈨九月己未（初三日），魏以司空高陽王雍為太尉，尚書令廣陽王嘉為司空。

㈩甲子（初八日），魏開斜谷舊道㈧。

㈪冬，十月壬寅（十六日），以五兵尚書徐勉為吏部尚書。勉精力過人，雖文案填積，坐客充滿，應對如流，手不停筆，又該綜百氏，皆為避諱。嘗與門人夜集，客虞暠求詹事五官㈨，勉正色曰：「今夕止可談風月，不可及公事。」時人咸服其無私。

㈫閏月乙丑（初十日），以臨川王宏為司徒，行太子太傅，尚書左僕射沈約為尚書令，行太子少傅，吏部尚書袁昂為右僕射。

㈢丁卯（十二日），魏皇后于氏殂。是時高貴嬪有寵而妒，高肇勢傾中外，后暴疾而殂，人皆歸咎高氏，宮禁事祕，莫能詳也。

㈣甲申（二十九日），以光祿大夫夏侯詳為尚書左僕射。

㈤乙酉（三十日），魏葬順皇后㈢於永泰陵。

㈥十二月丙辰（初二日），豐城景公夏侯詳㈢卒。

㈦乙丑（十一日），魏淮陽鎮都軍主常邕和以城來降。【考異】魏帝紀十月庚午，淮陽太守安樂以城南叛，今從梁帝紀。

【今註】㈠迮：迫也。㈡彼土蒸濕，無宜久淹：淹，留也。言南方土氣蒸鬱而潮濕，不宜久留。㈢紹見鍾離城堅，勸英引還，英不從：胡三省曰：「元英違眾議，志在必克鍾離，恃義陽之勝而驕也，兵法所謂常勝之家難與慮敵也。」㈣叡自合肥取直道由陰陵大澤行：取直道，求迅捷也。陰陵蓋在鍾離西南，合肥東北，豪水所經。《水經注》豪水出陰陵縣之陽亭北，東北流逕鍾離縣西，又屈而南轉，東逕其城南，又北歷其城東而北流注於淮。㈤鍾離今鑿穴而處，負戶而汲：鑿穴負以避矢石。㈥韋叡，卿之鄉望：曹景宗新野人，韋叡以京兆著姓居襄陽，是叡與景宗同州鄉也。韋氏自漢丞相韋賢以後，世為三輔望族。㈦南梁太守馮道根能走馬步地，計馬足以賦功：賦，布也，功，力也。視一夫之力所任作為準，計其所需之力役，謂之賦功。按杜佑《通典》，凡築城，基闊為高之半，上闊為基之半，如城高五丈，基闊二丈五尺，面闊一丈二尺五寸，高下闊狹，以此為準，凡料功以面闊加基闊，得三丈七尺五寸，半之得一丈八尺七寸五分，以高五丈乘之，則城長一尺，需土九十三丈七尺五寸見方，每一夫之功日築土二尺，計需夫役四十七人，一步五尺，計役二百三十五人，一百步計役二萬三千五百人，如是類推，則城長短所需力役皆可預知；又城壕面闊二丈，深一丈，底闊一丈，以面闊加底闊，半之得一丈五尺，乘以一丈之深，則鑿壕一尺，須起土十五丈見方，每一夫之功日起土三丈，計需夫役五人，一步五尺，計役二十五人，百步計二千五百人，餘亦以此類推。㈧令景宗與叡各攻一橋，叡攻其南，景宗攻其北：魏於邵陽洲兩岸各立橋跨淮以通淮水南北，北橋以接楊大眼之兵，南橋以屬元英之師。㈨秦郡太守：《宋書・州郡志》晉武帝分扶風為秦國，中原亂，其民南流，寄居堂邑，堂邑本為縣，前漢屬臨淮，後漢屬廣陵，晉又屬臨淮，晉惠帝永興元年，分臨淮、淮陵立堂邑郡，安帝改堂邑為秦郡。是秦郡本故堂邑縣地也，故治在今江蘇省六合縣北。㈩拔柵斫橋：魏軍於邵陽洲橋外樹柵數百步以護橋。㈡濊水：胡三省曰：「魏收志睢州穀陽郡連城縣有濊水。」按《水經注》：「服虔云：『穀水在沛國相縣界。』蓋睢水逕穀熟而兩分，穀水之名，蓋因地變，然則穀水即泗水也。」魏收又云：「睢州即梁之潼州，治取慮城。」又按《水經注》睢水自穀熟東流逕取慮城北，又東逕睢陵城北，又東與潼水會。參而考之，則濊水當在沛、臨淮二郡界。丁度《集韻》曰：「濊一作渙，音同，水名，在亳州。」是則濊水即渙水，音同而字異耳！按《戰國策・

秦策》楚宣王伐魏，取睢、濊之間。蓋濊近睢，皆淮水之支流。㈢設錢二十萬官賭之：胡三省曰：「樗蒲賭賻，私相與為戲耳！不設於公庭，今官賭之於徐州府廨，公賭之也。」㈢叡徐擲得盧，遽取一子反之，曰，異事，遂作塞：樗蒲之戲，其采勝負之次為梟、盧、雉、犢、塞，叡擲得盧，不勝景宗，故反其一子而作塞。異事者，言已得盧，今忽作塞也，蓋以自解。㈣齋舫：并船曰舫，以船載齋庫之物，因曰齋舫。㈤吾豈愛財而不愛士乎：《南史・梁安成康王秀傳》，時梁諸王並下士，建安王偉與安成王秀尤好人物，世以二安重士，方之四豪。㈥極瀌：死刑也。㈦營州：《魏書・地形志》太武帝太平真君五年，置營州，治和龍城，領昌黎、建德、遼東、樂良、冀陽、營丘等郡。㈧魏開斜谷舊道：胡三省曰：「漢高祖之為漢王也，從杜南入斜中，張良送至褒中，褒、斜一谷也，南谷曰褒，北谷曰斜，意此即斜谷舊道。諸葛亮揚聲由斜谷取郿，非杜南舊道也。以事勢言之，承平舊時自長安入蜀，取其道就平易，南北分爭，塞故道而開新道以依險。今魏欲取平易以通梁、益，故復開舊道。」㈨詹事五官：胡三省曰：「太子詹事亦有五官。」五官謂五官郎也，本光祿勳屬官。㈩順皇后：于后卒，謚曰順，是為宣武順皇后。㈢豐城景公夏侯詳：詳封豐城縣公，謚曰景。《宋書・州郡志》吳立富城縣，晉武帝太康元年更名豐城縣。豐城縣自晉以來屬豫章郡。《元和郡縣志》曰：「豐城縣本漢南昌縣地，晉武帝太康元年移於今縣南四十一里，名豐城。」晉豐城故縣在豐水之西，今江西省豐城縣西南，唐遷縣於章水之東，即今縣也。

卷一百四十七 梁紀三

司馬光編集
林瑞翰註

起著雍困敦，盡閼逢敦牂，凡七年。（戊子至甲午，西元五〇八年至五一四年）

高祖武皇帝三

天監七年㈠（西元五〇八年）

㈠春，正月，魏潁川太守王神念來犇。

㈡壬子（二十八日），以衞尉吳平侯昺兼領軍將軍。

㈢詔吏部尚書徐勉定百官九品，為十八班，以班多者為貴㈡。二月乙丑（十一日），增置鎮、衞將軍以下為十品，凡二十四班，不登十品，別有八班，又置施外國將軍二十四班，凡一百九號㈢。

㈣庚午（十六日），詔置州望、郡宗、鄉豪各一人，專掌搜薦㈣。

㈤乙亥（二十一日），以南兗州刺史呂僧珍為領軍將軍㈤。領軍掌內外兵要，宋孝建以來，制局用事，與領軍分兵權，典事以上，皆得呈奏，領軍拱手而已。及吳平侯昺在職，峻切，官曹肅然，制局監皆近倖，頗不堪命，以是不得久留中，丙子（二十二日），出為雍州刺史。

㈥三月戊子（初五日），魏皇子昌卒，侍御師王顯⑥失於療治，時人皆以為承高肇之意也。

㈦夏，四月乙卯（初二日），皇太子納妃，大赦。

㈧五月己亥（十七日），詔復置宗正、太僕、大匠、鴻臚，又增太府、太舟，仍先為十二卿⑦。

㈨癸卯（二十一日），以安成王秀為荊州刺史。

先是巴陵馬營蠻緣江為寇，州郡不能討，秀遣防閤⑧文熾帥眾燔其林木，蠻失其險，州境無寇⑨。

㈩秋，七月甲午（十三日），魏立高貴嬪為皇后，尚書令高肇益貴重用事。肇多變更先朝舊制，減削封秩，抑黜勳人，由是怨聲盈路。羣臣、宗室皆卑下之，唯度支尚書元匡與肇抗衡，先自造棺置聽事，欲輿棺詣闕論肇罪惡，自殺以切諫，肇聞而惡之。會匡與太常劉芳議權量事⑩，肇主芳議，匡遂與肇喧競，表肇指鹿為馬㈡。御史中尉王顯奏彈匡誣毀宰相，有司處匡死刑，詔恕死，降為光祿大夫㈢。

㈩八月癸丑（初二日），竟陵壯公曹景宗卒。

㈪初，魏主為京兆王愉納于后之妹為妃，愉不愛，愛妾李氏，生子寶月，于后召李氏入宮棰之。愉驕奢貪縱，所為多不灋，帝召愉入禁中推案，杖愉五十，出為冀州刺史。愉自以年長，而勢位不及二弟㈢，潛懷愧恨，又身與妾屢被頓辱，高肇數譖愉兄弟，愉不勝忿。癸亥（十二日），殺長史羊靈，引司馬李遵詐稱得清河王懌密疏，云高肇弒逆，遂為壇於信都之南㈣，即皇帝位，大赦，改元建平，立李氏為皇后。灋曹參軍崔伯驥不從，愉殺之。在北州鎮㈤皆疑魏朝有變，定州刺史安樂王詮具以狀告之㈥，州鎮乃安。乙丑（十四日），魏以尚書李平為都督北討諸軍，行冀州事以討愉。平，崇之從父弟也。

㈫丁卯（十六日），魏大赦，改元永平。

㈬魏京兆王愉遣使說平原太守清河房亮，亮斬其使，愉遣其將張靈和擊之，為亮所敗。

李平軍至經縣㈦，諸軍大集。夜有蠻兵數千斫平營，矢及平帳，平堅臥不動，俄而自定㈧。九月，辛巳朔，愉逆戰於城南草橋，平奮擊，大破之。愉脫身走入城，平進圍之。壬辰（十二日），安樂王詮破愉兵於城北。

㈤癸巳（十三日），立皇子績為南康王。

㈥魏高后之立也，彭城武宣王勰固諫，魏主不聽，高肇由是怨之，數譖勰於魏主，魏主不之信。勰薦其舅潘僧固為長樂太守，京兆王愉之反，脅僧固與之同㈨，肇因誣勰北與愉通，南招蠻賊㈩，彭城郎中令魏偃、前防閤高祖珍㈡希肇提擢，搆成其事。肇令侍中元暉以聞，暉不從，又令左衛元珍言之。帝以問暉，暉明勰不然，又以問肇，肇引魏偃、高祖珍為證，帝乃信之。戊戌（十八日），召勰及高陽王雍、廣陽王嘉、清河王懌、廣平王懷、高肇俱入宴，勰妃李氏方產，固辭不赴，中使相繼召之，不得已與妃訣而登車，入東掖門，度小橋，牛不肯進，擊之良久，更有使者責勰來遲，乃去牛，人挽而進㉒，宴於禁中。至夜，皆醉，各就別所消息㉓，俄而元珍引武士齎毒酒而至，勰曰：「吾無罪，願一見至尊，死無恨。」元珍曰：「至尊何可復見？」勰曰：「至尊聖明，不應無事殺我，乞與告者一對曲直。」武士以刀鐶築之，勰大言㉔曰：「冤哉皇天，忠而見殺。」武士又築之，勰乃飲毒酒，武士就殺之。向晨，以褥裹尸，載歸其第，云王因醉而薨。李妃號哭，大言曰：「高肇枉理殺人，天道有靈，汝安能良死？」魏主舉哀於東堂，贈官葬禮，皆優厚加等，在朝貴賤，莫不喪氣，行路士女皆流涕曰：「高令公㉕枉殺賢王。」由是中外惡之益甚。

京兆王愉不能守信都，癸卯（二十三日），燒門，攜李氏及其四子從百餘騎突走。李平入信都，斬愉所置冀州牧韋超等，遣統軍叔孫頭追執愉置信都以聞。羣臣請誅愉，魏主不許，命鎖送洛陽，申以家人之訓㉖。行至野王，高肇密使人殺之。【考異】《魏書》及《北史》愉傳皆云：「愉每宿止停傳，必攜李手，盡其私情，雖鏁縶之中，飲賞自若，略無愧懼之色。至野王，愉語人曰：『雖主上慈深，不忍殺我，吾亦何面見至尊？』於是歔欷流涕，絕氣而死。或云高肇令人殺之。」按愉既敗被執，猶略無愧懼，安能慙見魏主，遽感激絕氣而死？蓋肇潛使人殺愉，因以此言紿魏主耳！諸子至洛，魏主皆赦之。

魏主將屠李氏㉗，中書令崔光諫曰：「李氏方娠，刑至刳胎，乃桀紂所為㉘，酷而非濫，請俟產畢，然後行刑。」從之。

李平捕愉餘黨千餘人，將盡殺之。錄事參軍高顥曰：「此皆脅從，前既許之原免矣，宜為表陳㉙。」平從之，皆得免死。顥，祐之孫也㉚。

濟州刺史高植帥州軍擊愉，有功當封，植不受，曰：「家荷重恩，為國致効㉛，乃其常節，何敢求賞？」植，肇之子也。

加李平散騎常侍。高肇及中尉王顯素惡平，顯彈平在冀州隱截官口㉜，肇奏除平名㉝。

初，顯祖之世，柔然萬餘口降魏，置之高平、薄骨律二鎮㉞，及太和之末，叛走略盡，唯千餘戶在。太中大夫王通請徙置淮北，以絕其叛，詔太僕卿楊椿持節往徙之。椿上言：「先朝處之邊徼，所以招附殊俗，且別異華戎也。今新附之戶甚眾，若舊者見徙，新者必不自安，是驅之使叛也。且此屬衣毛食肉，樂冬便寒，南土濕熱，往必殲盡。進失歸附之心，退無藩衞之益，置之中夏，或生後患，非良策也！」不從，遂徙於濟州，緣河處之。及京兆王愉之亂，皆浮河赴愉，所在抄掠，如椿之言。

㈦庚子（二十日），魏郢州司馬彭珍等叛魏㉟，潛引梁兵趨義陽，三關戍主侯登等以城來降。郢州刺史婁悅嬰城自守，魏以中山王英都督南征諸軍事，將步騎三萬出汝南以救之。【考異】田益宗傳詔曰：「英統馬步七萬，邢巒統精騎三萬。」蓋虛聲耳。今從魏帝紀。

㈧冬，十月，魏懸瓠軍主白早生殺豫州刺史司馬悅，【考異】梁帝紀作白早生，馬仙琕傳作琅邪王司馬慶曾，今皆從魏書。自號平北將軍，求救於司州馬仙琕。時荊州刺史安成王秀為都督㊱，仙琕籤求應赴㊲。參佐咸謂宜待臺報㊳，秀曰：「彼待我以自存㊴，援之宜速。待敕雖舊㊵，非應急也！」即遣兵赴之。上亦詔仙琕救早生。仙琕進頓楚王城㊶，遣副將齊苟兒【考異】魏書作苟仁，今從梁書、南北史。以兵二千助守懸瓠。詔以早生為司州刺史。【考異】梁帝紀：「十月丙子，魏陽關主許敬珍以城內附，詔大舉北伐，以始興王憺帥眾入清，王茂帥眾向宿豫，丁丑，白早生與豫州刺史胡遜以城內屬，以早生為司州，胡遜為豫州刺史，明年正月壬辰，魏鎮東參軍成景雋斬宿豫城主嚴仲賢，以城內屬，二月丁卯，魏楚王城主李國興以城內附，姓名年月事迹既與魏書參差，又徧檢諸列傳，皆無其事，今並從魏書。

㈨丙寅（十六日），以吳興太守張稷為尚書左僕射。

㈩魏以尚書邢巒行豫州事，將兵擊白早生。魏主問之曰：「卿言早生走也，守也？何時可平？」對曰：「早生非有深謀大智，正以司馬悅暴虐，乘眾怒而作亂，民迫於凶威不得已而從之。縱使梁兵入城，水路不通，糧運不繼，亦成禽耳！早生得梁之援，溺於利欲，必守而不走，若臨以王師，士民必翻然歸順，不出今年，當傳首京師。」魏主悅，命巒先發，使中山王英繼之。巒帥騎八百，倍道兼行，五日至鮑口。丙子（二十六日），早生遣其大將胡孝智將兵七千離城二百里逆戰，巒奮擊，大破之，乘勝長驅至懸瓠。早生出城逆戰，又破之，因渡汝水，圍其城，詔加巒都督南討諸軍事。

丁丑（二十七日），魏鎮東參軍成景雋殺宿豫戍主嚴仲賢，以城來降。

時魏郢、豫二州，自懸瓠以南，至於安陸，諸城皆沒，唯義陽一城為魏堅守。蠻帥田益宗帥羣蠻以附魏，魏以為東豫州刺史㊷。上以車騎大將軍開府儀同三司五千戶郡公招之，益宗不從。

十一月庚寅（十一日），魏遣安東將軍楊椿將兵四萬攻宿豫。魏主聞邢巒屢捷，命中山王英趣義陽。英以眾少，累表請兵，弗許。英至懸瓠，輒與巒共攻之，十二月己未（初十日），齊苟兒等開門出降，斬白早生及其黨數十人，英乃引兵前趨義陽。寧朔將軍張道凝先屯楚王城，癸亥（十四日），棄城走，英追擊斬之。魏義陽太守狄道辛祥與婁悅共守義陽，將軍胡武城、陶平虜攻之，祥夜出襲其營，擒平虜，斬武城，由是州境獲全。論功當賞，婁悅恥功出其下，間之於執政，賞遂不行。

(廿)壬申（二十三日），魏東荊州表桓暉之弟叔興前後招撫大陽蠻，歸附者萬餘戶，請置郡十六，縣五十㊸，詔前鎮東府長史酈道元案行置之。道元，範之子也㊹。

(廿)是歲，柔然佗汗可汗復遣紇奚勿六跋獻貂裘於魏，魏主弗受，報之如前㊺。初，高車侯倍窮奇為嚈噠㊻所殺，執其子彌俄突而去，其眾分散，或犇魏，或犇柔然，魏主遣羽林監河南孟威撫納降戶，置於高平鎮。高車王阿伏至羅殘暴，國人殺之，立其宗人跋利延。

嚈噠奉彌俄突以伐高車，國人殺跋利延，迎彌俄突而立之。彌俄突與佗汗可汗戰于蒲類海，不勝，西走三百餘里。佗汗軍於伊吾北山，會高昌王麴嘉求內徙於魏，時孟威為龍驤將軍，魏主遣威發梁州兵三千人迎之，至伊吾，佗汗見威軍，怖而遁去。彌俄突聞其離駭，追擊大破之，殺佗汗於蒲類海北，割其髮送於威，且遣使入貢於魏，魏主使東城子于亮報之，賜遺甚厚。高昌王嘉失期不至，威引兵還。佗汗可汗子醜奴立，號豆羅伏跋豆伐可汗㊼，改元建昌。

(卌三)宋、齊舊儀祀天，皆服衮冕，兼著作郎高陽許懋請造大裘，從之㊽。

(卌四)上將有事太廟，詔以齋日不樂，自今輿駕始出，鼓吹從而不作，還宮如常儀㊾。

【今註】㊀天監七年：魏宣武帝永平元年。㊁詔吏部尚書徐勉定百官九品，為十八班，以班多為貴：《五代史志》梁武帝天監七年選徐勉為吏部尚書，定百官為十八班，以班多者為貴，同班者則以居下者為劣。丞相、太宰、太傅、太保、大司馬、大將軍、太尉、司徒、司空為十八班，諸將軍開府儀同三司、左右光祿開府儀同三司為十七班，尚書令、太子太傅、左右光祿大夫為十六班，尚書左僕射、太子少傅、尚書僕射、右僕射、中書監、特進、領、護軍將軍為十五班，中領軍、護軍、吏部尚書、太子詹事、金紫光祿大夫、太常卿為十四班，中書令、列曹尚書、國子祭酒、宗正、太府卿、光祿大夫為十三班，侍中、散騎常侍、左右衞將軍、司徒左長史、衞尉卿為十二班，御史中丞、尚書吏部郎、祕書監、通直散騎常侍、太子左右二衞率、左右驍騎、左右游擊、太中大夫、皇弟、皇子師、司農、少府、廷尉卿、太子中庶子、光祿卿為十一班，給事黃門侍郎、員外散騎常侍、皇弟、皇子府長史、太僕、大匠卿、太子家令、率更令、僕、揚州別駕、中散大夫、司徒右長史、雲騎、游騎、皇弟、皇子府司馬、朱衣直閤將軍為十班，尚書左丞、鴻臚卿、中書侍郎、國子博士、太子庶子、揚州中從事、皇弟、皇子、公府從事中郎、太舟卿、大長秋、皇弟、皇子府諮議、嗣王府長史、前左右後四軍、嗣王府司馬、庶姓公府長史、司馬為九班，祕書丞、太子中舍人、司徒左西掾、司徒屬、皇弟、皇子友、散騎侍郎、尚書右丞、南徐州別駕、皇弟、皇子、公府掾、屬、皇弟、皇子單為二衞司馬、嗣王、庶姓公府從事中郎、左右中郎將、嗣王、庶姓公府諮議、皇弟、皇子之庶子府長史、司馬、蕃王府長史、司馬、庶姓持節府長史、司馬為八班，五校、東宮三校、皇弟、皇子之庶子府中錄事、中記室、中直兵參軍、南徐州中從事、皇弟、皇子之庶子府、蕃王府諮議為七班，太子洗馬、通直散騎侍郎、司徒主簿、尚書侍郎、著作郎、皇弟、皇子府功曹史、五經博士、皇弟、皇子府錄事、記室、中兵參軍、皇弟、皇子荊、江、雍、郢、南兗（一作徐）五州別駕、領、護軍長史、司馬、嗣王、庶姓公府掾、屬、南臺治書侍御史、廷尉、三官、謁者僕射、太子門大夫、嗣王、庶姓公府中錄事、中記室、中直兵參軍、庶姓府諮議為六班，尚書郎中、皇弟、皇子文學及府主簿、太子太傅、少傅丞、皇弟、皇子湘、豫、司、益、廣、青、衡七州別駕、皇弟、皇子荊、江、雍、郢、南兗五州中從事、嗣王、庶姓荊、江、雍、郢、南兗五州別駕、太常丞、皇弟、皇子國郎中令、三將、東宮二將、嗣王府功曹史、庶姓公府錄事、記室、中兵參軍、皇弟、皇子之庶子府、蕃王府中錄事、中記室、中直兵參軍為五班，給事中、皇弟、皇子府正參軍、中書舍人、建康三官、皇弟、皇子北徐、北兗、梁、交、南梁五州別駕、皇弟、皇子湘、豫、司、益、廣、青、衡七州別駕、中從事、嗣王、庶姓湘、豫、司、益、廣、青、衡七州別駕、嗣王、庶姓荊、江、雍、郢、南兗五州中從事、宗正、太府、衞尉、司農、少府、廷尉、太子詹事等丞，積射、強弩將軍、太子左右積弩將軍、皇弟、皇子國大農、嗣王國郎中令、嗣王、庶姓公府主簿、皇弟、皇子之庶子府、蕃王府功曹史、皇弟、皇子之庶子府、蕃王府錄事、記室、中兵參軍為四班，太子舍人、司徒祭酒、皇弟、皇子公府祭酒、員外散騎侍郎、皇弟、皇子府行參軍、太子太傅、少傅、五官、功曹、主簿、二衞司馬、公車令、胄子律博士、皇弟、皇子越、桂、寧、霍四州別駕、皇弟、皇子北徐、北兗、梁、交、南梁五州中從事、嗣王、庶姓北徐、北兗、梁、交、南梁五州別駕、湘、豫、司、益、廣、青、衡七州中從事、嗣王、庶姓公府正參軍、皇弟、皇子之庶子府、蕃王府曹主簿、武衞將軍、光祿丞、皇弟、皇子國中尉、太僕、大匠丞、嗣王國大農、蕃王國郎中令、庶姓持節府中錄事、中記室、中直兵參軍、北館令為三班，祕書郎、著作佐郎、揚、南徐州主簿、嗣王、庶姓公府祭酒、皇弟、皇子單為領、護、詹事、二衞等五官、功曹、主簿、太學博士、皇弟、皇子國常侍、奉朝請、國子助教、皇弟、皇子越、桂、寧、霍四州中從事、皇弟、皇子荊、江、雍、郢、南兗五州主簿、嗣王、庶姓越、桂、寧、霍四州別駕、嗣王、庶姓北徐、北兗、梁、交、南梁五州中從事、鴻臚丞、尚書五都令史、武騎常侍、材官將軍、明堂、二廟、帝陵令、嗣王府、庶姓公府行參軍、皇弟、皇子之庶子府正參軍、蕃王國大農、庶姓持節府錄事、記室、中直兵參軍、庶姓持節府功曹史為二班，揚、南徐州西曹祭酒、從事、皇弟、皇子國侍郎、嗣王國常侍、揚、南徐州議曹從事、東宮通事舍人、南臺侍御史、太舟丞、二衞殿中將軍、太子二率殿中將軍、皇弟、皇子之庶子府、蕃王府行參軍、蕃王國中尉、皇弟、皇子湘、豫、司、益、廣、青、衡七州主簿、皇弟、皇子荊、雍、郢、南兗四州西曹祭酒、議曹從事、皇弟、皇子江州西曹從事、祭酒、議曹祭酒、部傳從事、嗣王、庶姓越、桂、寧、霍四州中從事、嗣王、庶姓荊、江、雍、郢、南兗五州主簿、庶姓特節府主簿、汝陰、巴陵二國郎中令、太官、太樂、太市、太史、太醫、太祝、東西冶、左右尚方、南北武庫、車府等令為一班。㊂增置鎮、衞將軍以下為十品，凡二十四班，不登十品，別有八班，又置施外國將軍二十四班，凡一百九號：《五代史志》時又詔以將軍之名，高卑舛雜，命更加釐定，於是有司奏置一百二十五號將軍，以鎮、衞、驃騎、車騎為二十四班，內外通用，征東、征南、征西、征北施外、中軍、中衞、中撫、中護施內為二十三班，鎮東、鎮南、鎮西、鎮北施外、鎮左鎮右、鎮前鎮後施內為二十二班，安東、安西、安南、安北施外、安左、安右、安前、安後施內為二十一班，平東、平南、平西、平北、翊左、翊右、翊前、翊後為二十班，凡三十五號為一品，是為重號將軍；忠武、軍師為十九班，武臣、爪牙、龍騎、雲麾為十八班，代舊前、後、左、右四將軍，鎮兵、翊師、宣惠、宣毅為十七班，代舊四中郎，凡十號為一品；智威、仁威、勇威、信威、嚴威為十六班，代舊征虜，智武、仁武、勇武、信武、嚴武為十五班，代舊冠軍，凡十號為一品，所謂五德將軍者也；輕車、征遠、鎮朔、武旅、貞毅為十四班，代舊輔國，凡將軍加大者，唯至貞毅而已，通進一階，優者方得比加位從公，寧遠、明威、振遠、電耀、威耀為十三班，代舊寧朔，凡十號為一品；武威、武騎、武猛、壯武、飈武為十二班，電威、馳銳、追鋒、羽騎、突騎為十一班，凡十號為一品；折衝、冠武、和戎、安壘、猛烈為十班，掃狄、雄信、掃虜、武銳、摧鋒為九班，凡十號為一品；略遠、貞威、決勝、開遠、光野為八班，厲鋒、輕銳、討狄、蕩虜、蕩夷為七班，凡十號為一品；武毅、鐵騎、樓船、宣猛、樹功為六班，克狄、平虜、討夷、平狄、威戎為五班，凡十號為一品；伏波、雄戟、長劍、衝冠、雕騎為四班，佽飛、安夷、克戎、綏狄、威虜為三班，凡十號為一品；前鋒、武義、開邊、招遠、全威為二班，綏虜、蕩寇、殄虜、橫野、馳射為一班，凡十號為一品。凡十品，二十四班，亦以班多為貴。其制品十，取其盈數，班二十四，以法氣序，制簿悉以大號居後，以為選法自小遷大也。前史所記，以位得從公，故將軍之名，次於臺槐之下，至是備其班品，敘於百司之外。其不登十品，應須軍號者，有牙門代舊建威、期門代舊建武為八班，候騎代舊振威、熊渠代舊振武為七班，中堅代舊奮威、典戎代舊奮武為六班，戈舡代舊揚威、繡衣代舊揚武為五班，執訊代舊廣威、行陳代舊廣武為四班，鷹揚為三班，陵江為二班，偏將軍、裨將軍為一班，凡十四號，別為八班，以象八方，所施甚輕。又有武安、鎮遠、雄義擬車騎為二十四班，撫東、撫南、撫西、撫北擬四征為二十三班，寧東、寧南、寧西、寧北擬四鎮為二十二班，威東、威南、威西、威北擬四安為二十一班，綏東、綏南、綏西、綏北擬四平為二十班，凡十九號為一品；安遠、安邊擬忠武、軍師為十九班，輔義、安沙、衞海、撫河擬武臣等四號為十八班，平遠、撫朔、寧沙、航海擬鎮兵等四號為十七班，凡十號為一品；翊海、朔野、拓遠、威河、龍幕擬智威等五號為十六班，威隴、安漠、綏邊、寧寇、梯山擬智武等五號為十五班，凡十號為一品；寧境、綏河、明信、明義、威漠擬輕車等五號為十四班，安隴、向義、宣節、振朔、候律擬寧遠等五號為十三班，凡十號為一品；平寇、定遠、寧海、寧隴、振漠擬武威等五號為十二班，馳義、橫朔、明節、執信、懷德擬電威等五號為十一班，凡十號為一品；撫邊、定隴、綏關、立信、奉義擬折衝等五號為十班，綏隴、寧邊、定朔、立節、懷威擬掃狄等五號為九班，凡十號為一品；懷關、靜朔、掃寇、寧河、安朔擬略遠等五號為八班，揚化、超隴、執義、來化、度嶂擬厲鋒等五號為七班，凡十號為一品；平河、振隴、雄邊、橫沙、寧關擬武毅等五號為六班，懷信、宣義、弘節、浮遼、鑿空擬克狄等五號為五班，凡十號為一品；扞海、款塞、歸義、陵河、明信擬伏波等五號為四班，奉忠、守義、弘信、仰化、立義擬佽飛等五號為三班，凡十號為一品；綏方、奉正、承化、浮海、度河擬前鋒等五號為二班，懷義、奉信、歸誠、懷澤、伏義擬綏虜等五號為一班，凡十號為一品。大凡一百九號將軍，亦為十品，二十四班，施於外國。㊃詔置州望、郡宗、鄉豪各一人，專掌搜薦：蓋於州置州望，郡置郡宗，縣置鄉豪，各司其搜薦之責，猶魏晉中正之任也。搜，求也，搜求人才而薦之於上。㊄以南兗州刺史呂僧珍為領軍將軍：以代吳平侯昺。㊅侍御師王顯：胡三省曰：「醫師侍御左右，因以名官，蓋今之御醫也。」《五代志》北齊承後魏之制門下省有尚藥局，置典御及丞各二人，侍御師，尚藥監各四人。此王顯與御史中尉王顯同名，然非一人。㊆詔復置宗正、太僕、大匠、鴻臚，又增太府、太舟，仍先為十二卿：《五代志》曰：「梁初猶依宋、齊，皆無卿名，天監七年，以太常為太常卿，加置宗正卿，以大司農為司農卿，三卿是為春卿；加置太府卿，以少府為少府卿，加置太僕卿，三卿是為夏卿；以衞尉為衞尉卿，廷尉為廷尉卿，將作大匠為大匠卿，三卿是為秋卿；以光祿勳為光祿卿，大鴻臚為鴻臚卿，都水使者為太舟卿，三卿是為冬卿；凡十二卿，皆置丞及功曹、主簿。」㊇防閤：胡三省曰：「梁制上宮、東宮置直閤，王公置防閤。」㊈蠻失其險，州境無寇：胡三省曰：「蠻無所依阻，故不敢為寇。」㊉會匡與太常劉芳議權量事：芳時為太常卿。胡三省曰：「魏因議樂，并議權量。」《五代志》齊承魏制太常卿下置太樂署，掌清商音樂等事。㊁表肇指鹿為馬：蓋以肇比趙高。㊂降為光祿大夫：《魏書・官氏志》孝文帝太和二十三年重次職令，列曹尚書位在光祿大夫上。元匡自度支尚書徙光祿大夫，故曰降。㊂愉自以年長，而勢位不及二弟：二弟謂清河王懌及廣平王懷也。三王皆孝文之子，宣武之弟。㊃遂為壇於信都之南：魏冀州刺史治信都。㊄在北州鎮：魏州鎮在冀州之北者。㊅具以狀告之：告諸州鎮以愉謀反之狀。㊆經縣：經縣，漢、晉屬安平郡，《漢書・地理志》無經縣，鉅鹿郡堂陽縣下云：「嘗分為經縣。」蓋前漢已置，尋廢，後漢復置也，北魏屬廣宗郡，故城在今河北省廣宗縣東。⑱夜有蠻兵數千斫平營，矢及平帳，平堅臥不動，俄而自定：胡三省曰：「蠻兵蓋亦李平所統，欲為內變而平不動，故自定。」⑲勰薦其舅潘僧固為長樂太守，京兆王愉之反，脅僧固與之同：魏長樂郡與冀州俱治信都，故僧固為愉所脅。⑳南招蠻賊：即豫沔之蠻也。自伊闕以南接于江沔，皆有蠻左。㉑前防閤高祖珍：祖珍蓋嘗為勰防閤，時已去官。㉒人挽而進：以人挽車而進。㉓各就別所消息：胡三省曰：「令各就便安之處，消酒毒而息真氣。」㉔大言：大聲而言。㉕高令公：高肇為尚書令，封平原郡公，故稱曰令公。㉖中以家人之訓：愉，魏主之弟，故欲以家法訓責之。㉗魏主將屠李氏：謂京兆王愉妾李氏也。㉘刑至刳胎，乃桀紂所為：《書・泰誓》曰：「刳剔孕婦。」皇甫謐《帝王世紀》云：「紂剖比干妻以視其胎。」㉙宜為表陳：宜為表請，陳其脅從之情以乞原有。㉚顯，祐之孫也：高祐以文學事魏孝文，顯於太和之朝。㉛致効：致身效死。效、効通。㉜隱截官口：隱截猶私沒也。叛黨男女合籍入官者隱截以為己有。㉝奏除平名：胡三省曰：「除名，不得通籍禁門。」㉞高平、薄骨律二鎮：《魏書・地形志》太武帝太延二年置高平鎮，其後孝明帝正光五年改置原州，並置高平郡及縣，治高平城；又太延二年置薄骨律鎮，孝明帝孝昌中改置靈州。《水經注》河水自富平縣故城西北逕薄骨律鎮城，在河渚上，赫連果城也，桑果餘林，仍列洲上，耆舊咸言赫連之世有駿馬死此，取馬色以為邑號，故目城為白口騮，轉訛為薄骨律。高平即今甘肅省固原縣，薄骨律在今寧夏省靈武縣西南。㉟庚子，魏郢州司馬彭珍等叛魏：《魏書・宣武帝紀》九月辛巳朔，下依次繫壬辰、戊戌、辛丑、癸卯、庚子諸日，癸卯後無庚子，蓋庚戌之誤。㊱時荊州刺史安成王秀為都督：時秀為安西將軍、荊州刺史都督荊、湘、雍、益、寧、南北梁、秦等九州諸軍事。㊲籤求應赴：應赴者，應接赴援，籤荊州求應赴也。江左以還，府州部內論事皆籤前直敘所論之事，解詳卷一百二十宋文帝元嘉元年典籤註。㊳宜待臺報：宜奏聞朝廷以待其報。江左以還率謂朝廷曰臺。㊴彼待我以自存：謂白早生待我之援師以自存。㊵待敕雖舊：謂舊制須待臺敕。㊶楚王城：胡三省曰：「楚王城即楚王戍。」㊷東豫州刺史：《魏書・地形志》魏東豫州治廣陵城，領汝南、東新蔡、新蔡、弋陽、長陵、陽安等郡。㊸魏東荊州表桓暉之弟叔興前後招撫大陽蠻，歸附者萬餘戶，請置郡十六，縣五十：此皆蠻左郡縣，《魏書・地形志》不載。㊹道元，範之子也：酈範見卷一百三十二宋明帝泰始三年。㊺魏主弗受，報之如前：魏主報柔然佗汗可汗事見上卷天監五年。㊻嚈噠：《魏書・西域傳》云：「嚈噠，大月氏之種類也，亦曰高車之別種，其原出於塞北，自金山而南，在於闐之西，都馬許水南二百餘里，去長安一萬一百里，其王都拔底延城，蓋王舍城也，其風俗與突厥略同。」㊼豆羅伏跋豆伐可汗：《魏書・蠕蠕傳》云：「豆羅伏跋豆伐，魏言彰制也。」㊽宋、齊舊儀祀天，皆服衮冕，兼著作郎高陽許懋請造大裘，從之：服裘祀天，從古制也。《周禮》天官司裘掌為大裘以供王祀天之服。鄭眾注云：「大裘，黑羔裘，服以祀天，示質。」㊾還宮如常儀：還宮則鼓吹振作。

八年（西元五〇九年）

㈠春，正月辛巳（初三日），上祀南郊，大赦。時有請封會稽，禪國山㊀者，上命諸儒草封禪儀，欲行之。許懋建議以為：「舜柴岱宗，是為巡狩，而鄭引孝經鉤命決云：『封於泰山，考績柴燎㊁，禪乎梁甫，刻石紀號。』此緯書之曲說，非正經之通義也。舜五載一巡狩，春夏秋冬，周徧四嶽㊂，若為封禪，何其數也！又如管夷吾所說七十二君，燧人之前，世質民淳，安得泥金檢玉？結繩而治，安得鐫文告成？夷吾又云，唯受命之君，然後得封禪。周成王非受命之君，云何得封太山？禪社首？神農即炎帝也，而夷吾分為二人，妄亦甚矣！若聖主不須封禪，若凡主不應封禪，蓋齊桓公欲行此事，夷吾知其不可，故舉怪物以屈之㊃。秦始皇嘗封太山，孫皓嘗遣兼司空董朝至陽羨封禪國山㊄，皆非盛德之事，不足為瀍。然則封禪之禮，皆道聽所說，失其本文，由主好名於上，而臣阿旨於下也。古者祀天祭地，禮有常數，誠敬之道，盡此而備，至於封禪，非所敢聞。」上嘉納之，因推演懋議，稱制旨以答請者，由是遂止⑥。

㈡魏中山王英至義陽，將取三關，先策之曰：「三關相須如左右手，若克一關，兩關不待攻而破。攻難不如攻易，宜先攻東關⑦。」又恐其幷力於東，乃使長史李華帥五統⑧向西關⑨以分其兵勢，自督諸軍向東關。

先是馬仙琕使雲騎將軍馬廣屯長薄，軍主胡文超屯松峴，【考異】梁馬仙琕傳云：「遣馬廣會超守三關。」今從魏中山王英傳。丙申（十八日），英至長薄，戊戌（二十日），長薄潰，馬廣遁入武陽，英進圍之。上遣冠軍將軍彭甕生、驃騎將軍徐元季將兵援武陽，【考異】英傳作徐超秀，今從魏帝紀。英故縱之，使入城，曰：「吾觀此城形勢易取。」甕生等既入，英促兵攻之，六日而拔，虜三將⑩及士卒七千餘人。進攻廣峴⑪，太子左衛率李元履棄城走。又攻西關，馬仙琕亦棄城走。上使南郡太守韋叡⑫將兵救仙琕，叡至安陸，增築城二丈餘，更開大塹，起高樓，眾頗譏其示怯。叡曰：「不然，為將當有怯時，不可專勇⑬。」中山王英急追馬仙琕，將復邵陽之恥〔一四〕，聞叡至，乃退，上亦有詔罷兵。

初，魏主遣中書舍人鮦陽〔一五〕董紹慰勞叛城，白早生襲而囚之，送於建康。魏主既克懸瓠，命於齊苟兒等四將之中，分遣二人敕揚州為移〔一六〕，以易紹及司馬悅首。【考異】紹傳云：「歸苟兒等十人。」今從司馬悅傳。移書未至，領軍將軍呂僧珍與紹言，愛其文義，言於上，上遣主書霍靈超謂紹曰：「今聽卿還，令卿通兩家之好，彼此息民，豈不善也！」因召見，賜衣物，令舍人周捨慰勞之〔一七〕，且曰：「戰爭多年，民物塗炭，吾是以不恥先言，與魏朝通好。比亦有書，全無報者〔一八〕，卿宜備申此意。今遣傳詔霍靈秀送卿至國，遲〔一九〕有嘉問。」又謂紹曰：「卿知所以得不死不？今者獲卿，乃天意也！夫立君以為民也，凡在民上，豈可以不思此乎？若欲通好，今以宿豫還彼，彼當以漢中見歸。」紹還魏言之，魏主不從。

(三)三月，魏荊州刺史元志將兵七萬寇潺溝〔二〇〕，驅迫羣蠻，羣蠻悉渡漢水來降。雍州刺史吳平侯昺納之。綱紀〔二一〕皆以蠻累為邊患，不如因此除之，昺曰：「窮來歸我，誅之不祥。且魏人來侵，吾得蠻以為屏蔽，不亦善乎！」乃開樊城受其降，命司馬朱思遠等擊志於滆溝，大破之，斬首萬餘級。志，齊之孫也㊂。

㈣夏，四月戊申（朔），以臨川王宏為司空，加車騎將軍王茂開府儀同三司。

㈤丁卯（初八日），魏楚王城主李國興以城降。

㈥秋，七月癸巳（十七日），巴陵王蕭寶義卒。

㈦九月辛巳（初六日），魏封故北海王詳子顥為北海王㊂。

㈧魏公孫崇造樂尺，以十二黍為寸，劉芳非之，更以十黍為寸。尚書令高肇等奏崇所造八音之器及度量，皆與經傳不同，詰其所以然，云必依經文，聲則不協，請更令芳依周禮造樂器㊃，俟成，集議并呈，從其善者，詔從之。

㈨冬，十月癸丑（初九日），魏以司空廣陽王嘉為司徒。

㈩十一月己丑（十五日），魏主於式乾殿為諸僧及朝臣講維摩詰經。

時魏主專尚釋氏，不事經籍，中書侍郎河東裴延儁上疏，以為：

「漢光武、魏武帝雖在戎馬之間，未嘗廢書，先帝遷都行師，手不釋卷，良以學問多益，不可暫輟故也。陛下升灋座，親講大覺，凡在瞻聽，塵蔽俱開。然五經治世之模楷，應務㉕之所先，伏願經、書互覽，孔、釋兼存，則內外俱周，真俗斯暢矣！」

時佛教盛於洛陽，沙門之外，自西域來者三千餘人，魏主別為之立永明寺千餘間以處之。處士南陽馮亮有巧思，魏主使與河南尹甄琛、沙門統僧暹擇嵩山形勝之地立閑居寺，極巖壑土木之美，由是遠近承風，無不事佛。比及延昌㉖，州郡共有一萬三千餘寺。

㈩是歲，魏宗正卿元樹來犇，賜爵鄴王。樹，翼之弟也。時翼為青、冀二州刺史，鎮郁洲㉗。久之，翼謀舉州降魏，事泄而死。

【今註】㈠國山：國山在義興郡國山縣，在今江蘇省宜興縣西南五十里。《五代志》隋平陳，廢義興為縣，又廢義鄉、國山、臨澤三縣入焉，屬毗陵郡。宋太宗太平興國元年，避諱改曰宜興。㈡考績柴燎：考課政績而燔柴以告天。㈢舜五載一巡狩，春夏秋冬，周偏四嶽：《書．舜典》歲二月東巡狩，至於岱宗，柴，望秩於山川，五月南巡狩，至於南嶽，八月西巡狩，至於西岳，十有一月北巡狩，至於北岳，五載一巡狩，羣后四朝。㈣若聖主不須封禪，若凡主不應封禪，蓋齊桓公欲行此事，夷吾知其不可，故舉怪物以屈之：《漢書・郊祀志》曰：「齊桓公既霸，會諸侯於葵丘而欲封禪，管仲曰：『古者封泰山，禪梁父者七十二家，而夷吾所記者十有二焉！昔無懷氏封泰山，禪云云，虙羲封泰山，禪云云，神農氏封泰山，禪云云，炎帝封泰山，禪云云，黃帝封泰山，禪亭亭，顓頊封泰山，禪云云，帝嚳封泰山，禪云云，堯封泰山，禪云云，舜封泰山，禪云云，禹封泰山，禪會稽，湯封泰山，禪云云，周成王封泰山，禪於社首，皆受命然後得封禪。』桓公曰：『寡人北伐山戎，過孤竹，束馬縣車，上卑耳之山，南伐至召陵，登熊耳山以望江漢，兵車之會三，乘車之會六，九合諸侯，一匡天下，諸侯莫違我。昔三代受命，亦何以異乎？』於是管仲睹桓公不可窮以辭，因設之以事曰：『古之封禪，鄗上黍，北里禾，所以為盛；江淮閒一茅三脊，所以為藉也；東海致比目之魚，西海致比翼之鳥，然後物有不召而自至者十有五焉。今鳳皇麒麟不至，嘉禾不生，而蓬蒿藜莠茂，鴟梟羣翔，而欲封禪，無乃不可乎！』桓公乃止。」云云、亭亭皆山名，晉灼曰：「云云山在蒙陰縣故城東北，下有云云亭；地理志鉅平有亭亭山。」㊄孫皓嘗遣兼司空董朝至陽羨封禪國山：《三國志・吳志》孫皓天璽元年，陽羨山有空石長十餘丈，名曰石室，在所表為大瑞，乃遣司徒董朝至陽羨縣，封禪國山。國山即陽羨山也，《五代志》毗陵郡義興縣舊曰陽羨。晉分陽羨置國山縣，蓋因山為名，隋廢國山入義興，註見上。㊅由是遂止：封禪之議遂止。㊆東關：即武陽關，春秋之直轅也，於義陽三關為最東。㊇五統：胡三省曰：「五統，五統軍之眾。」㊈西關：即平靖關，春秋之冥阨也，於義陽三關為最西。㊉虜三將：三將謂馬廣、彭甕生、徐元季。㊁廣峴：按《魏書・宣武帝紀》及

〈中山王英傳〉蓋即黃峴關。黃峴關一名百雁關，春秋之大隧也，與東關、西關首尾相連，俱在義陽之南。㊂南郡太守韋叡：《梁書・韋叡傳》叡以是年遷左衞將軍，尋為安西長史，南郡太守，秩中二千石。㊂為將當有怯時，不可專勇：所謂周防若怯，臨敵則勇。㊃中山王英急追馬仙琕，將復邵陽之恥：英折師於邵陽，見上卷天監六年。㊄鮦陽：鮦陽縣，漢屬汝南郡，晉屬汝陰郡，魏屬新蔡郡，北齊廢，隋復置，屬淮陽郡，故城在今河南省新蔡縣東北，鮦水之陽。㊅敕揚州為移：為移文於建康也。魏揚州治壽陽。㊆令舍人周捨慰勞之：按《梁書・周捨傳》，武帝即位，召拜尚書祠部郎，尋為後軍記室參軍、秣陵令，入為中書通事舍人，累遷太子洗馬，散騎常侍，中書侍郎、鴻臚卿，又遷尚書吏部郎，太子右衞率，右軍將軍，雖居職屢徙而常留省內，罕得休下。又《魏書・董紹傳》紹既被囚於建康，梁武命舍人周舍慰勞。舍人即中書通事舍人之略稱，然則是時周捨方為中書通事舍人，而卷一百四十五天監二年五月范雲卒，以尚書左丞及右衞將軍周捨同參國政，若按〈董紹傳〉時捨尚未為右衞將軍也，必有一誤。㊇比亦有書，全無報者：比，近也，言近者嘗有書通魏朝，魏未有報聘也。㊈遲：《後漢書・章帝紀》：「朕思遲直士。」章懷注曰：「遲猶希望也。」㊉潺溝：《梁書・吳平侯昺傳》魏荊州刺史元志率眾七萬寇潺溝，驅迫羣蠻，羣蠻悉渡漢水來降，昺因發兵擊志於潺溝，斬首萬餘級，流屍蓋漢水，則潺溝漢水支津，在襄陽之北，南注於漢。㊁綱紀：主簿、別駕之屬，謂之綱紀，取義綱紀州郡之事。㊂志，齊之孫也：拓跋齊見卷一百二十宋文帝元嘉四年。㊂魏封故北海王詳子顥為北海王：詳得罪死，並奪爵見卷一百四十五天監元年，今封其子以奉其祀。㉔尚書令高肇等奏崇所造八音之器及度量皆與經傳不同，詰其所以然，云必依經文，聲則不協，請更令芳依周禮造樂器：胡三省曰：「夫作樂者先定律，律起於黃鍾，黃鍾之長，以黍審其度，黃鍾之龠，以黍審其容，周禮曲同雖曰掌六律六同之和以辨天地四方陰陽之聲以為樂器，然度之長短，容之多少，未嘗詳言之也，冬官考工既出於漢，但言其廣長圓徑深厚而纍黍之法無聞焉，肇請令芳依周禮造樂器，未知其何所依也。」㉕應務：應世之務。㉖比及延昌：梁武帝天監十一年，魏宣武帝改元延昌，史因宣武尚佛而終言其事。㉗時翼為青、冀二州刺史，鎮郁洲：郁洲在朐山東北海中，註已詳前。元翼降梁見上卷天監五年。

九年（西元五一〇年）

㈠春，正月乙亥（初二日），以尚書令沈約為左光祿大夫，右光祿大夫王瑩為尚書令。約文學高一時，而貪冒榮利，用事十餘年，政之得失，唯唯㊀而已，自以久居端揆㊁，有志台司，論者亦以為宜，而上終不用，乃求外出，又不許，徐勉為之請三司之儀㊂，上不許。

㈡庚寅（十七日），新作緣淮塘，北岸起石頭，迄東治，南岸起後諸籬門，迄三橋。

㈢三月丙戌（十四日），魏皇子詡生。

詡母胡充華，臨涇人㈣，父國珍，襲武始伯㈤。充華初選入掖庭，同列以故事祝之，願生諸王、公主，勿生太子。充華曰：「妾之志異於諸人，奈何畏一身之死而使國家無嗣乎？」及有娠，同列勸去之，充華不可，私自誓曰：「若幸而生男，次第當長，男生身死，所不憾也。」既而生詡。

先是魏主頻喪皇子，年漸長，深加慎護，擇良家宜子者以為乳保㈥，養於別宮，皇后、充華，皆不得近。

㈣己丑（十七日），上幸國子學，親臨講肄。乙未（二十三日），詔皇子以下及王侯之子年可從師者，皆入學。

㈤舊制尚書五都令史皆用寒流，夏四月丁巳（十六日），詔曰：「尚書五都，職參政要，非但總領眾局，亦乃方軌二丞㈦，可革用士流㈧，秉此羣目。」於是以都令史視奉朝請，用太學博士劉納兼殿中都，司空瀍曹參軍劉顯兼吏部都，太學博士孔虔孫兼金部都，司空灋曹參軍蕭軌兼左右戶都，宣毅墨曹參軍[九]王顒兼中兵都，幷以才地[一〇]兼美首膺其選。

(六)六月，宣城郡吏吳承伯挾妖術聚眾，癸丑（十三日），攻郡，殺太守朱僧勇，轉屠旁縣。閏月己丑（十九日），承伯踰山奄至吳興，東土人素不習兵，吏民恇擾奔散。或勸太守蔡撙避之，撙不可，募勇敢閉門拒守。承伯盡銳攻之，撙帥眾出戰，大破之，臨陳斬承伯。撙，興宗之子也[一一]。

承伯餘黨入新安，攻陷黟、歙諸縣[一二]，太守謝覽遣兵拒之，不勝，逃奔會稽。臺軍討賊，平之。覽，瀹之子也[一三]。

(七)冬，十月，魏中山獻武王英卒。

(八)上即位之三年，詔定新曆，員外散騎侍郎祖暅奏其父沖之考古灋為正曆，不可改，至八年，詔太史課新舊二曆[一四]，新曆密，舊曆疏，是歲，始行沖之大明曆。

(九)魏劉芳奏所造樂器及教文武二舞、登歌、鼓吹曲等已成，乞如前敕，集公卿羣儒議定，與舊樂參呈，若臣等所造形制合古，擊拊會節，請於來年元會用之。詔舞可用新，餘且仍舊。

【今註】㊀唯唯：隨眾不持異議之意。㊁端揆：尚書令位百揆之端。㊂三司之儀：胡三省曰：「梁官制有開府同三司之儀，在開府儀同三司之下。」余按《五代志》梁官制有諸將軍開府儀同三司及左右光祿開府儀同三司，無開府同三司之儀。按《梁書．臨川王宏傳》宏自驃騎將軍進位司空，復左遷驃騎大將軍，開府同三司之儀，則是開府儀同三司之外，另有開府同三司之儀。㊃詡母胡充華，臨涇人：胡充華即宣武靈皇后胡氏。充華，晉武帝所制，列位九嬪，位視九卿，宋明帝制婕妤、容華、充華、承徽、㓨榮五職位亞九嬪，蕭齊復以充華為九嬪，魏孝文帝制左右昭儀位視大司馬，三夫人視三公，三嬪視三卿，六嬪視六卿，魏之充華蓋列位六嬪也。臨經自漢以來屬安定郡，故城在今甘肅省鎮原縣南。㊄武始伯：《五代志》隋金城郡狄道縣後魏置武始郡，即今甘肅省狄道縣地。㊅乳保：乳母、保母。㊆亦乃方軌二丞：方軌，謂並駕也。言五都令史之職，位與尚書左右丞等。㊇可革用士流：革，更也，初用寒門為五都令史，今更選士流充任之。㊈宣毅墨曹參軍：宣毅將軍府墨曹參軍。⑩才地：人才門地。⑪撙，興宗之子也：蔡興宗以方正顯名於宋大明、泰始之間。⑫黟、歙諸縣：黟、歙二縣漢屬丹陽郡，獻帝建安十三年，吳孫權分屬新都郡，晉、宋以來屬新安郡，新安即新都也，晉武帝太康元年更名。黟縣故城在今安徽省黟縣東，歙縣即今安徽省歙縣。⑬覽，瀹之子也：謝瀹仕宋齊之間，著有清望。⑭詔太史課新舊二曆：舊曆謂何承天曆，新曆謂祖沖之曆也。沖之上曆見卷一百二十九宋孝武帝大明六年，至是始行於世。

十年（西元五一一年）

㈠春，正月辛丑（初四日），上祀南郊，大赦。

㈡尚書左僕射張稷自謂功大賞薄㈠，嘗侍宴樂壽殿，酒酣，怨望形於辭色。上曰：「卿兄殺郡守㈡，弟殺其君，有何名稱？」稷曰：「臣乃無名稱，至於陛下，不得言無勳。東昏暴虐，義師亦來伐之，豈在臣而已。」上捋其須㈢曰：「張公可畏人！」稷既懼且恨，乃求出外，癸卯（十六日），以稷為青、冀二州刺史。王珍國亦怨望㈣，罷梁、秦二州刺史還，【考異】梁書珍國未嘗為梁、秦刺史，今從南史。酒後，於坐啟云：「臣近入梁山便哭。」上大驚曰：「卿若哭東昏，則已晚；若哭我，我復未死。」珍國起拜謝，竟不答，坐即散，因此疏退，久之，除都官尚書。

㈢丁巳（二十日），魏汾州山胡劉龍駒聚眾反，侵擾夏州，詔諫議大夫薛和發東秦、汾、華、夏四州之眾以討之㈤。

㈣辛酉（二十四日），上祀明堂。

㈤三月，琅邪民王萬壽殺東莞琅邪二郡太守劉晰，【考異】梁帝紀云：「三月辛丑。」按長曆是月丁酉朔，而盧昶傳云：「三月十四夜，萬壽等攻掩朐城。」蓋辛酉也。今不日，以闕疑。又梁馬仙琕傳及魏帝紀、盧昶傳皆云劉晰，而梁帝紀云鄧晰，蓋字誤也。據朐山，召魏軍。

㈥壬戌（二十六日），魏廣陽懿烈王嘉㊅卒。

㈦魏徐州刺史盧昶遣郯城戍㊆副張天惠、琅邪戍主傅文驥相繼赴朐山，青、冀二州刺史張稷遣兵拒之㊇，不勝。夏，四月，文驥等據朐山。詔振遠將軍馬仙琕擊之。魏又遣假安南將軍蕭寶寅、假平東將軍天水趙遐將兵據朐山，受盧昶節度。

㈧甲戌（初九日），魏薛和破劉龍駒，悉平其黨，表置東夏州㊈。

㈨五月丙辰（二十一日），魏禁天文學。

㈩以國子祭酒張充為尚書左僕射。充，緒之子也⑩。

⑾馬仙琕圍朐山，張稷權頓六里以督饋運，上數發兵助之。秋，魏盧昶上表請益兵六千，米十萬石，魏主以兵四千給之。冬，十一月己亥（初七日），魏主詔揚州刺史李崇等治兵壽陽，以分朐山之勢。盧昶本儒生，不習軍旅，朐山城中糧樵俱竭，傳

文驥以城降。十二月庚辰（十九日），昶引兵先遁，諸軍相繼皆潰。會大雪，軍士凍死及墮手足者三分之二。仙琕追擊，大破之，二百里間，僵尸相屬，魏兵免者什一二，收其糧、畜、器械不可勝數。【考異】魏帝紀盧昶敗在十一月，今從梁帝紀。梁紀曰：「斬馘十餘萬。」按盧昶表云：「此兵九千，賊眾四萬。」求益兵六千，魏主以四千給之，安得十餘萬眾？蓋梁史為誇大耳。昶單騎而走，棄其節傳，儀衛俱盡。至郯城，借趙遐節以為軍威。魏主命黄門侍郎甄琛馳馹鎖昶，窮其敗狀，及趙遐皆免官，唯蕭寶寅全軍而歸。

盧昶之在朐山也，御史中尉游肇言於魏主曰：「朐山蕞爾，僻在海濱，卑濕難居，於我非急，於賊為利。為利，故必致死以爭之；非急，故不得已而戰。以不得已之眾，擊必死之師，恐稽延歲月，所費甚大。假令得朐山，徒致交爭，終難全守，所謂無用之田也㊁。聞賊屢以宿豫求易朐山，若必如此，持此無用之地，復彼舊有之疆，兵役時解，其利為大。」魏主將從之，會昶敗，遷肇侍中。肇，明根之子也㊂。

馬仙琕為將，能與士卒同勞逸，所衣不過布帛，所居無幃幕、衮、屏，飲食與廝養⑬最下者同，其在邊境，常單身潛入敵境，伺知壁壘村落險要處，所攻戰多捷，士卒亦樂為之用。

(十二)魏以甄琛為河南尹。琛表曰：「國家居代，患多盜竊，世祖發憤，廣置主司，里宰⑭皆以下代令長⑮及五等散男⑯有經略者乃得為之，又多置吏士，為其羽翼，崇而重之，始得禁止。今遷都已來，天下轉廣，四遠赴會，事過代都，五方雜沓，寇盜公行，里正職輕任碎，多是下材，人懷苟且，不能督察。請取武官八品將軍已下幹用貞濟⑰者，以本官俸恤，領里尉之任。高者領六部尉，中者領經途尉，下者領里正⑱。不爾請少高里尉之品，選下品中應遷者進而為之，督責有所，輦轂⑲可清。」詔曰：「里正可進至勳品⑳，經途從九品，六部尉正九品。諸職中簡取，不必武人。」琛又奏以羽林為游軍，於諸坊巷司察盜賊，於是洛城清靜，後常踵焉㉑。

(十三)是歲，梁之境內有州二十三，郡三百五十，縣千二十二。是後州名浸多，廢置離合，不可勝記㉒，魏朝亦然。

(十四)上敦睦九族，優借朝士，有犯罪者皆屈灋申之，百姓有罪則案之如灋，其緣坐則老幼不免一人，逃亡舉家質作㉓，民既窮窘，姦宄益深。嘗因郊祀，有秣陵㉔老人遮車駕，言曰：「陛下為灋，急於庶民，緩於權貴，非長久之道，誠能反是，天下幸甚。」上於是思有以寬之。

【今註】㊀尚書左僕射張稷自謂功大賞薄：稷殺齊東昏侯，故自負其功。㊁卿兄殺郡守：稷兄瓌，吳人也，居喪在郡，殺其守劉遐，事見卷一百三十四宋順帝昇明元年。㊂上捋其須：須與鬚同。㊃王珍國亦怨望：珍國與稷同功，故亦以賞薄怨望。㊄詔諫議大夫薛和發東秦、汾、華、夏四州之眾以討之：《魏書・地形志》孝文帝太和十一年，分秦州置華州，治華陰，領華山、澄城、白水三郡，又置夏州，治統萬，領化政、闡熙、金明、代名等郡，太和十二年，置汾州於蒲子城，領西河、吐京、五城、定陽等郡，太和十五年，置東秦州，領中部郡，其後改曰北華州，治杏城。㊅魏廣陽懿烈王嘉：嘉，太武帝子廣陽簡王建閭之子也，卒諡懿烈。㊆郯城戍：《魏書・地形志》魏東徐州郯郡治郯城，蓋漢之郯縣地也，魏置戍於此，故城在今山東省郯城縣西南。㊇青、冀二州刺史張稷遣兵拒之：梁青、冀二州刺史治郁洲，在朐山之東大海中。㊈表置東夏州：《魏書・地形志》宣武帝延昌二年置東夏州，領偏城、朔方、定陽、上郡等郡，蓋表置於是時，二年後始置州也。治廣武，今陝西省膚施縣東南。㊉充，緒之子也：張緒以善談名理著稱當世。⑪所謂無用之田也：《左傳》

吳子將伐齊，子胥諫曰：「得志於齊，猶獲石田，無所用之。」(一二)肇，明根之子也：游明根事魏太武、孝文二帝，為魏朝耆望。(一三)廝養：執賤役者。韋昭曰：「析薪為廝，炊烹為養。」(一四)里宰：即里尉也，主宰一里之事，故曰里宰，六部尉、經途尉、里正皆里尉之職。(一五)下代令長：卸職縣令、長而無職事者。(一六)五等散男：魏制五等爵有開國有散，凡散各降開國一品，男列爵為五等，故曰五等男。(一七)貞濟：操守貞潔而才足以濟事者。(一八)高者領六部尉，中者領經途尉，下者領里正：胡三省曰：「魏分洛陽城中為六部，置六部尉；又因張平子東京賦『經途九軌』置經途尉，經途，城中之大途也；其餘處各置里正。」(一九)輦轂：自漢以來，謂京師曰輦轂下，蓋京師天子之所居，故云。(二〇)里正可進至勳品：謂得列為勳官初品。蓋前此里正之官未入流品，故云爾。(二一)後常踵焉：後世常踵襲其制。(二二)是歲，梁之境內有州二十三，郡三百五十，縣千二十二，是後州名浸多，廢置離合，不可勝記：《五代志》曰：「天監十年，有州二十三，郡三百五十，縣千二十二。其後務恢境宇，頻事經略，開拓閩越，克復淮浦，平俚洞，破牂柯，又以舊州遐闊，多有析置，大同年中，州一百七，郡縣亦稱於此。既而侯景構禍，臺城淪陷，墳籍散逸，註記無遺，郡縣戶口，不能詳究。」王鳴盛曰：「南朝梁為極盛，以饗國久，且當魏亂，故元嘉、永明、太建皆不如，雖其州郡縣數之多，由於析置者繁，然土宇實亦恢拓也。」太建，陳武帝年號。胡三省曰：「按蕭子顯齊志，齊有揚、南徐、豫、兗、南兗、北徐、青、冀、江、廣、交、越、荊、巴、郢、司、雍、梁、秦、益、寧、湘、南豫二十三州，天監十年已廢巴州，當以王茂所立宛州足之。」(二三)舉家質作：質其家屬而罰之操作。(二四)秣陵：自晉武帝太康三年分秣陵置建業，於是秣陵與建康分秦淮而治，建康在水北，秣陵在水南，隋平陳，廢秣陵、建康并為江寧縣。

十一年㈠（西元五一二年）

㈠春，正月壬辰（朔），詔自今逋讁之家及罪應質作，若年有老小，可停將送。

㈡以臨川王宏為太尉，驃騎將軍王茂為司空、尚書令。

㈢丙辰（二十五日），魏以車騎大將軍尚書令高肇為司徒，清河王懌為司空，廣平王懷進號驃騎大將軍，加儀同三司。肇雖登三司，猶自以去要任㈡，怏怏形於言色，見者嗤之。尚書右丞高綽、國子博士封軌素以方直自業㈢，及肇為司徒，綽送迎往來，軌竟不詣肇。綽顧不見軌，乃遽歸，嘆曰：「吾平生自謂不失規矩，今日舉措，不如封生遠矣！」綽，允之孫；軌，懿之族孫也㈣。

清河王懌有才學聞望，懲彭城之禍㈤，因侍宴，謂肇曰：「天子兄弟，詎有幾人？而翦之幾盡㈥。昔王莽頭禿，藉渭陽之資，遂篡漢室。今君身曲，亦恐終成亂階㈦。」會大旱，肇擅錄囚徒，欲以收眾心。懌言於魏主曰：「昔季氏旅於泰山，孔子疾之㈧，誠以君臣之分，宜防微杜漸，不可瀆也。減膳錄囚，乃陛下之事，今司徒行之，豈人臣之義乎？明君失之於上，姦臣竊之於下，禍亂之基，於此在矣！」帝笑而不應。

夏，四月，魏詔尚書與羣司鞫理獄訟，令飢民就穀燕、恒二州及六鎮。

㈣乙酉（二十五日），魏大赦，改元延昌。

㈤冬，十月乙亥（十八日），魏立皇子詡為太子，始不殺其母㈨。以尚書右僕射郭祚領太子少師。祚嘗從魏主幸東宮，懷黃䬴㈩以奉太子，時應詔左右趙桃弓深為帝所信任，祚私事之，時人謂之桃弓僕射，黃䬴少師。

㈥十一月乙未（初九日），以吳郡太守袁昂兼尚書右僕射。

㈦初，齊太子步兵校尉平昌伏曼容表求制一代禮樂，世祖詔選學士十人修五禮⑪，丹陽尹王儉總之。儉卒，以事付國子祭酒何胤。胤還東山㈡，齊明帝敕尚書令徐孝嗣掌之。孝嗣誅，率多散逸，詔驃騎將軍何佟之掌之。經齊末兵火，僅有在者。帝即位，佟之啟審省置之宜㈢，敕使外詳㈣。時尚書以為庶務權輿㈤，宜俟隆平，欲且省禮局，并還尚書儀曹。詔曰：「禮壞樂缺，實宜以時修定，但頃之修撰，不得其人，所以歷年不就，有名無實。此既經國所先㈥，可即撰次。」於是尚書僕射沈約等奏請五禮各置㈦，舊學士一人，令自舉學古㈧一人，相助抄撰，其中疑者，依石渠、白虎故事，請制旨斷決㈨。乃以右軍記室明山賓等分掌五禮，佟之總其事。佟之卒，以鎮北諮議參軍伏暅代之。暅，曼容之子也。至是五禮成，列上之，合八千一十九條，詔有司遵行。

㈧己酉（二十三日），臨川王宏以公事左遷驃騎大將軍。

㈨是歲，魏以桓叔興為南荊州刺史，治安昌㈩，隸東荊州。

【今註】㈠天監十一年：魏宣武帝延昌元年。㈡肇雖登三司，猶自以去要任：高肇自尚書令為司徒，要任，謂尚書令也。㈢以方直自業：胡三省曰：「業，事也，以方直自事，所謂強作之也，作之不已，乃成君子。」㈣綽，允之孫，軌，懿之族孫也：高允事魏太武以下四朝，封懿去燕歸魏，以疏慢見黜。㊄懲彭城之禍：懲彭城王無罪見殺，因有誅高肇之意。㊅天子兄弟，詎有幾人，而翦之幾盡：胡三省曰：「謂肇又殺京兆王愉也。」㊆昔王莽頭禿，藉渭陽之資，遂篡漢室，今君身曲，亦恐終成亂階：莽篡漢事見《漢紀》。莽以外戚竊國，故曰藉渭陽之資。莽與肇皆以外戚擅權，莽頭禿而肇身曲，故以為比，暗示肇將必篡魏，蓋清河王懌惡肇專橫，故作驚語以啟宣武疑肇之心也。李宗侗曰：「秦風渭陽詩，序以為秦康公送晉文公之作，文公於康公為舅甥，王莽之叔父王鳳，為成帝之舅，故以甥舅比外戚。」㊇昔季氏旅於泰山，孔子疾之：事見《論語．八佾》。朱熹曰：「旅，祭名也，泰山，山名，在魯地。禮諸侯祭封內山川，季氏祭之，僭也。」㊈魏立皇子詡為太子，始不殺其母：詡母即胡充華。前此魏立太子則殺其母，法漢武帝殺昭帝母鉤弋夫人故事也。㊉黃瓤：胡三省：「博雅：『白瓤，瓜屬。』此黃瓤，又一種也。」⑪五禮：鄭玄曰：「五禮謂吉、凶、賓、軍、嘉。」⑫胤還東山：胤隱於會稽東山。⑬啟審省置之宜：上啟審詳禮局省置之宜也。⑭敕使外詳：使外詳審以聞。⑮庶務權輿：毛萇曰：「權輿，始也。」言王業伊始，諸事草創。⑯此既經國所先：《左傳》曰：「禮，經國家，定社稷，序人民，利後嗣者也。」⑰於是尚書僕射沈約等奏請五禮各置：胡三省曰：「舊學士十人共修五禮，今請分五禮各置學士。」⑱學古：於古典有宿學者。⑲其中疑者，依石渠、白虎故事，請制旨斷決：石渠，閣名，漢宣帝博徵羣儒，論定五經於石渠閣，事見卷二十七漢宣帝甘露三年；漢章帝集羣儒考訂五經同異於北宮白虎觀，裒其議，奏為《白虎通德論》，即《白虎通義》也，事見卷四十六漢章帝建章四年。⑳安昌：漢南陽郡有安昌侯國，漢元帝置為舂陵縣，光武更名章陵縣，魏文帝黃初二年，更名安昌縣，屬南陽郡，晉武帝泰始中，割南陽東鄙之安昌、平林、平氏、義陽四縣置義陽郡。《水經》溮水注安昌，白水逕其東，又屈逕其縣南，故蔡陽之白水鄉也，晉為義陽郡治，又淮水注義陽本治石城山上，因梁希侵逼，徙治仁順城。蓋初治安昌，後徙治石城山上，又徙治仁順也。故城在今河南省確山縣西。

十二年（西元五一三年）

㈠春，正月辛卯（初六日），上祀南郊，大赦。

㈡二月辛酉（初六日），以兼尚書右僕射袁昂為右僕射。

㈢己卯（二十四日），魏高陽王雍進位太保。

㈣鬱洲迫近魏境，其民多私與魏人交市，朐山之亂，或陰與魏通，朐山平，心不自安。青、冀二州刺史張稷不得志，政令寬弛，僚吏頗多侵漁。庚辰（二十五日），鬱洲民徐道角等夜襲州城，殺稷，送其首降魏，【考異】魏帝紀作郁州人徐玄明，今從梁康絢傳。又絢傳，稷死在朐山叛之明年，今從魏帝紀。魏遣前南兗州刺史樊魯將兵赴之。於是魏飢民餓死者數萬，侍中游肇諫，以為：「朐山濱海，卑濕難居，鬱洲又在海中，得之尤為無用，其地於賊要近，去此閑遠㈠，以閑遠之兵，攻要近之眾，不可敵也。方今年飢民困，唯宜安靜，而復勞以軍旅，費以饋運，臣見其損，未見其益。」魏主不從，復遣平西將軍奚康生將兵逆之。未發，北兗州刺史康絢遣司馬霍奉伯討平之㈡。

㈤辛巳（二十六日），新作太極殿。

㈥上嘗與侍中、太子少傅建昌侯沈約各疏栗事，約少上三事，出謂人曰：「此公護前，不則羞死㈢。」上聞之怒，欲治其罪，徐勉固諫而止。上有憾於張稷㈣，從容與約語及之，約曰：「左僕射出作邊州㈤，已往之事，何足復論？」上以約與稷昏家相為㈥，怒曰：「卿言如此，是忠臣邪？」乃輦歸內殿。約懼，不覺上起，猶坐如初。及還，未至牀而憑空頓於戶下㈦，因病夢齊和帝以劍斷其舌，乃呼道士奏赤章於天，稱禪代之事，不由己出。上遣主書黃穆之視疾，夕還，增損不即啟聞，懼罪，乃白赤章事，上大怒，中使譴責者數四，約益懼，閏月乙丑（十一日），卒。有司謚曰文，上曰：「情懷不盡曰隱。」改謚隱侯。

(七)夏，五月，壽陽久雨，大水入城，廬舍皆沒。魏揚州刺史李崇勒兵泊於城上，水增未已，乃乘船附於女牆(八)，城不沒者二板。將佐勸崇棄壽陽，保北山(九)，崇曰：「吾忝守藩岳(一〇)，德薄致災，淮南萬里，繫於吾身，一旦動足，百姓瓦解，揚州之地，恐非國物。吾豈愛一身，取愧王尊(一一)？但憐此士民無辜同死！可結筏隨高，人規自脫(一二)，吾必與此城俱沒，幸諸君勿言。」

揚州治中裴絢帥城南民數千家汎舟南走，避水高原，謂崇還北，因自稱豫州刺史(一三)，與別駕鄭祖起等送任子來請降，馬仙琕遣兵赴之。崇聞絢叛，未測虛實，遣國侍郎韓方興(一四)單舸召之。絢聞崇在，悵然驚恨(一五)，報曰：「此因大水顛狽，為眾所推，今大計已爾，勢不可追，恐民非公民，吏非公吏，願公早行，無犯將士。」崇遣從弟寧朔將軍神等將水軍討之，絢戰敗，神追拔其營，絢走，為村民所執，送至尉升湖，曰：「吾何面見李公乎？」乃投水死。絢，叔業之兄孫也(一六)。鄭祖起等皆伏誅。崇上表以水災求解州任，魏主不許。

崇沈深寬厚，有方略，得士眾心，在壽春十年㈦，常養壯士數千人，寇來無不摧破，鄰敵謂之臥虎。上屢設反間以疑之，又授崇車騎大將軍、開府儀同三司，萬戶郡公，諸子皆為縣侯，而魏主素知其忠篤，委信不疑。

㈧六月癸巳（初十日），新作太廟。

㈨秋，九月戊午（初七日），以臨川王宏為司空。

㈩魏恒、肆二州㈥地震山鳴，踰年不已，民覆壓死傷甚眾。

㈩㈠魏主幸東宮，以中書監崔光為太子少傅，命太子拜之。光辭不敢當，帝不許，太子南面再拜，詹事王顯啟請從太子拜，於是宮臣皆拜。光北面立，不敢答，唯西面拜謝而出。

【今註】㈠其地於賊要近，去此閑遠：言郁洲於梁為要近之地，於魏則閑遠而無用也。胡三省曰：「要謂海道之要，近謂南近江淮。魏圖東南，其用兵必於淮漢之間，郁洲介在海中，又非兵衝，故曰閑遠。」㈡北兗州刺史康絢遣司馬霍奉伯討平之：平徐道角之亂。南齊北兗州鎮淮陰。胡三省曰：「梁北兗州當治淮陰。」㈢上嘗與侍中、太子少傅建昌侯沈約各疏栗事，約少上三事，出謂人曰，此公護前，不則羞死：《梁書・沈約傳》約嘗侍讌，值豫州獻栗，徑寸半，帝奇之，問曰：「栗事多少？」與約各疏所憶，少帝三事，出謂人曰：「此公護前，不讓即羞死。」疏，分條也，故凡條錄其事而言之亦曰疏。胡三省曰：「帝每集文學之士，策經史事，羣臣多引短推長，帝乃悅，故約退有是言。護前者，自護其所短，不使人在己前也。」④上有憾於張稷：稷自以為功高賞薄怨望，故帝憾之。⑤左僕射出作邊州：稷自尚書左僕射出為青、冀二州刺史。⑥相為：猶曰相維護也。⑦未至牀而憑空頓於戶下：無所憑依曰憑空，約懼甚而氣促體虛，故痿頓而踣於戶下。凡痿弱踣仆則首先及地，故曰頓。⑧女牆：城上短垣也，城守時藉以蔽身。⑨北山：即八公山也，在壽陽城北，淮水之南。⑩吾忝守藩岳：壽陽大鎮，魏之南藩，古方岳之任也。⑪吾豈愛一身，取愧王尊：《漢書・王尊傳》尊為東郡太守，河水盛溢，泛侵瓠子金隄，老弱奔走，尊躬率吏民祀水神河伯，使巫策祝請以身填金隄，因止宿隄上，吏民數萬爭叩頭救止之，尊終不肯去，及水盛隄壞，吏民皆奔走，惟一主簿泣在尊旁，尊立不動，而水波稍卻迴還，吏民咸壯尊之勇節。⑫可結筏隨高，人規自脫：規，圖也。結筏泛舟，就高原自圖脫難。⑬因自稱豫州刺史：自宋以來，置豫州於壽陽，故裴絢自署為豫州刺史以求援於梁。⑭國侍郎韓方興：胡三省曰：「崇爵陳留公，故有國侍郎。」⑮驚恨：驚悔也。《荀子》曰：「不知戒，後必有恨。」⑯絢，叔業之兄孫也：裴叔業降魏見卷一百四十三齊東昏侯永元二年。⑰（崇）在壽春十年：《魏書・李崇傳》崇鎮壽陽凡經十年。按崇以天監六年始鎮壽春，至是但七年耳，至天監十五年魏徵崇為尚書左僕射，始足十年，史蓋就崇勳績而終言之。⑱魏恒、肆二州：《魏書・地形志》孝文帝太和中改代都之司州曰恒州，領代郡；又太武帝太平真君七年置肆州於九原，領新興、秀容、鴈門等郡。

十三年（西元五一四年）

㈠春，二月丁亥（初八日），上耕藉田，大赦。宋、齊藉田皆用正月，至是始用二月，及致齋祀先農㈠。

㈡魏東豫州刺史田益宗衰老，與諸子孫聚斂無厭，部內苦之，咸言欲叛。魏主遣中書舍人劉桃符慰勞益宗，桃符還，啟益宗侵擾之狀，魏主賜詔曰：「桃符聞卿息魯生在淮南貪暴㈡，為爾不已，損卿誠効。可令魯生赴闕，當加任使。」魯生久未至，詔徙益宗為鎮東將軍、濟州刺史，又慮其不受代，遣後將軍李世哲與桃符帥眾襲之，奄入廣陵㈢。魯生與其弟魯賢、超秀皆犇關南，招引梁兵，攻取光城已南諸戍㈣。上以魯生為北司州刺史㈤，魯賢為北豫州刺史，超秀為定州刺史。三月，魏李世哲擊魯生等，破之，復置郡戍，以益宗還洛陽，授征南將軍，金紫光祿大夫。益宗上表稱為桃符所讒，及言魯生等為桃符逼逐使叛，乞攝桃符與臣對辯虛實。詔不許，曰：「既經大宥㊅，不容方更為獄。」

㊂秋，七月乙亥（二十九日），立皇子綸為邵陵王，繹為湘東王，紀為武陵王。

㊃冬，十月庚辰（初五日），魏主遣驍騎將軍馬義舒慰諭柔然。

㊄魏王足之入寇也㊆，上命寧州刺史涪人李略禦之，許事平用為益州。足退，上不用，略怨望有異謀，上殺之。其兄子苗犇魏。步兵校尉泰山淳于誕嘗為益州主簿，自漢中入魏，二人共說魏主以取蜀之策，魏主信之。辛亥（十一月初六日），以司徒高肇為大將軍、平蜀大都督，將步騎十五萬寇益州㊇，命益州刺史傅豎眼出巴北㊈，梁州刺史羊祉出涪城，安西將軍奚康生出綿竹，撫軍將軍甄琛出劍閣。乙卯（初十日），以中護軍元遙為征南將軍，都督，鎮遏梁楚㊉。游肇諫以為：「今頻年水旱，百姓不宜勞役。往昔開拓，皆因城主歸款，故有征無戰㊁。今之陳計者，真偽難分，或有怨於彼，不可全信。蜀地險隘，鎮戍無隙，豈得虛承浮說，而動大軍？舉不慎始，悔將何及？」不從。以淳于誕為驍騎將軍，

假李苗龍驤將軍，皆領鄉導統軍㈢。

㈥魏降人王足陳計㈢，求堰淮水以灌壽陽，上以為然，使水工陳承伯、材官將軍祖晅視地形，咸謂淮內沙土漂輕，不堅實，功不可就，上弗聽，發徐、楊民率二十戶取五丁以築之。假太子右衛率康絢都督淮上諸軍事，幷護堰作於鍾離㈣。役人及戰士合二十萬，南起浮山，北抵巉石㈤，依岸築土，合脊於中流。

㈦魏以前定州刺史楊津為華州刺史。津，椿之弟也。先是官受調絹，尺度特長，任事因緣，共相進退㈥，百姓苦之。津令悉依公尺，其輸物尤善者，賜以杯酒，所輸少劣，亦為受之，但無酒以示恥。於是人競相勸，官調更勝舊日。

㈧魏太子尚幼，每出入東宮，左右乳母而已，宮臣皆不知之。

㈨詹事楊昱上言，乞自今召太子，必降手敕，令臣等翼從，魏主從之，命宮臣在直者，從至萬歲門㈦。

㈩魏御史中尉王顯問治書侍御史楊固曰：「吾作太府卿，府庫充實，卿以為何如？」固曰：「公收百官之祿四分之一，州郡贓贖悉輸京師，以此充府，未足為多。且有聚斂之臣，寧有盜臣㈥！可不戒哉！」顯不悅，因事奏免固官。

【今註】㈠致齋祀於先農：《續漢志》注引《漢舊儀》曰：「春始東耕於藉田，祀先農。」劉昭曰：「先農即神農炎帝也，祠以一太牢。」㈡桃符聞卿息魯生在淮南貪暴：息，子也。胡三省曰：「此淮南大概謂淮水之南。」㈢廣陵：魏東豫州治汝南新息之廣陵城。㈣攻取光城已南諸戍：《宋書・州郡志》宋文帝元嘉二十五年以豫部蠻民立茹由、樂安、光城、雩婁、邊城、史水、開化七縣，屬弋陽郡，明帝大明中，分弋陽之樂安、茹由、光城三縣立光城左郡，大明八年省郡為縣，後復立。《五代志》弋陽郡光山縣，舊置光城郡。今河南省光山縣即其故治。㈤上以魯生為北司州刺史，魯賢為北豫州刺史，超秀為定州刺史：胡三省曰：「北司、北豫，因各人所統之地而授以刺史。」按《魏書・地形志》北豫州，明元帝泰常中置，治虎牢，孝文帝太和十九年罷，孝靜帝天平初復置，領滎陽郡，梁以魯賢為北豫州刺史，當指此也；宋明帝置司州於義陽，其後陷魏，魏宣武帝正始元年，改為郢州，領齊安、義陽、宋安等郡，梁武既克淮浦，復以為司州，則北司州者，殆或指此；定州即《魏書・地形志》之南定州也，梁武帝置，治弋陽郡蒙籠城，領弋陽、汝陰、安定、新蔡、北建寧等郡，皆蠻左之區也。《水經注》舉水出龜頭山，西北流逕蒙籠戍，南梁定州治也。㈥既經大宥：大宥，謂宥其謀叛之罪。㈦魏王足之入寇也：事見卷一百四十六天監五年。㈧辛亥，以司徒高肇為大將軍、平蜀大都督，將步騎十五萬寇益州：《魏書・宣武帝紀》在十一月辛亥，十一月丙午朔，辛亥初六日。㊈巴北：胡三省曰：「巴北，巴郡以北也。巴西郡，梁置北巴州，閬中縣，梁置北巴郡。」㊉梁楚：胡三省曰：「此梁楚謂古梁楚大界，汴汝之間也。」㊀往昔開拓，皆因城主歸款，故有征無戰：謂魏之得青、徐、壽陽之地，蓋因薛安都、常珍奇、沈文秀、裴叔業之降，乘勢而取之也。㊁鄉導統軍：胡三省曰：「以統軍鄉導，因以名官。」鄉與嚮同。㊂魏降人王足陳計：王足降梁見上卷天監六年。㊃弁護堰作於鍾離：以康絢督護堰作而置司於鍾離。㊄南起浮山，北抵巉石：《水經注》淮水自鍾離縣北東逕浮山，山北對巉石山，梁氏天監中，立堰於二山之間。《太平寰宇記》臨淮山俯臨長淮，山下有水穴，淮水泛濫，其穴即高，水減，其穴還低，有若山浮，故亦號浮山。在今安徽省盱眙縣西一百二十五里。㊅任事因緣，共相進退：任事，謂有司任受調絹之事者，因緣為姦，視賄賂之有無而進退其尺度也。㊆萬歲門：胡三省曰：「萬歲門，蓋洛陽宮城之東門。」㊇且有聚斂之臣，寧有盜臣：此《禮記・大學》之言。

卷一百四十八　梁紀四

起旃蒙協洽，盡著雍閹茂，凡四年。（乙未至戊戌，西元五一五年至五一八年）

司馬光編集
林瑞翰註

高祖武皇帝四

天監十四年（西元五一五年）

㈠春，正月，乙巳朔，上冠太子於太極殿，大赦。

㈡辛亥（初七日），上祀南郊。

㈢甲寅（初十日），魏主有疾，丁巳（十三日），殂於式乾殿㈠。侍中、中書監、太子少傅崔光，侍中、領軍將軍于忠，詹事王顯，中庶子代人侯剛迎太子詡於東宮。至顯陽殿，王顯欲須明行即位禮，崔光曰：「天位不可蹔曠，何待至明？」顯曰：「須奏中宮。」光曰：「帝崩，太子立，國之常典，何須中宮令也㈡？」於是光等請太子止哭，立於東序。于忠與黃門郎元昭扶太子西面哭十餘聲，止。光攝太尉，奉策進璽綬，太子跪受，服袞冕之服，御太極殿，即皇帝位㊂。光等與夜直羣官立庭中，北面稽首稱萬歲㊃。昭，遵之曾孫也㊄。
高后欲殺胡貴嬪，中給事㊅譙郡劉騰以告侯剛，剛以告于忠，忠問計於崔光，光使置貴嬪於別所，嚴加守衛，由是貴嬪深德四人。戊午（十四日），魏大赦，己未（十五日），悉召西伐、東防兵㊆。
驃騎大將軍廣平王懷扶疾入臨，徑至太極西廡，哀慟，呼侍中、領軍、黃門、二衞㊇云：「身欲上殿哭大行，又須入見主上。」眾皆愕然相視，無敢對者。崔光攘衰振杖㊈，引漢光武崩，趙熹扶諸王下殿故事㊉，聲色甚厲，聞者莫不稱善。懷聲淚俱止，曰：「侍中以古義裁我，我敢不服？」遂還，仍頻遣左右致謝。
先是高肇擅權，尤忌宗室有時望者，太子太傅任城王澄數為肇所譖，懼不自全⑪，乃終日酣飲，所為如狂，朝廷機要，無所關豫。及世宗殂，肇擁兵於外⑫，朝野不安。于忠與門下⑬議，以肅宗幼，未能親政，宜使太保高陽王雍入居西柏堂，省決庶政，以任城王澄為尚書令，總攝百揆，奏皇后請即敕授㊃。

王顯素有寵於世宗，恃勢使威，為眾所疾，恐不為澄等所容，與中常侍孫伏連等密謀寢門下之奏，矯皇后令以高肇錄尚書事，以顯與勃海公高猛同為侍中。于忠等聞之，託以侍療無效，執顯於禁中㊄，下詔削爵任。顯臨執，呼冤，直閤以刀鐶撞其掖下，送右衛府，一宿而死。庚申（十六日），下詔如門下所奏，百官總己，聽於二王，中外悅服。

二月庚辰（初七日），尊皇后為皇太后。

魏主稱名為書，告哀於高肇，且召之還。肇承變㊅，憂懼，朝夕哭泣，至於羸悴。歸至瀍澗㊆，家人迎之，不與相見。辛巳（初八日），至闕下，衰服號哭，升太極殿盡哀。高陽王雍與于忠密謀伏直寢邢豹等十餘人於舍人省下㊇，肇哭畢，引入西廡，清河諸王皆竊言目之。肇入省，豹等搤殺之，下詔暴其罪惡，稱肇自盡，自餘親黨悉無所問，削除職爵，葬以士禮。逮昏，於廁門出尸歸其家。

㈣魏之伐蜀也，軍至晉壽，蜀人震恐。傅豎眼將步兵三萬擊巴北，上遣寧州刺史任太洪自陰平間道入其州⑲，招誘氐蜀⑳，絕魏運路。會魏大軍北還，太洪襲破魏東洛、除口二戍㉑，聲言梁兵繼至，氐蜀翕然從之。太洪進圍關城㉒，豎眼遣統軍姜喜等擊太洪，大破之，太洪棄關城走還。

㈤癸未（初十日），魏以高陽王雍為太傅，領太尉，清河王懌為司徒，廣平王懷為司空。

㈥甲午（二十一日），魏葬宣武皇帝於景陵，廟號世宗。己亥（二十六日），尊胡貴嬪為皇太妃。三月，甲辰朔，以高太后為尼，徙居金墉瑤光寺㉓，非大節慶，不得入宮。

㈦魏左僕射郭祚表稱蕭衍狂悖，謀斷川瀆㉔，役苦民勞，危亡已兆，宜命將出師，長驅撲討。魏詔平南將軍楊大眼督諸軍鎮荊山㉕。

㈧魏于忠既居門下，又總宿衞㉖，遂專朝政，權傾一時。初，太和中，軍國多事，高祖以用度不足，百官之祿，四分減一，忠悉命歸所減之祿。舊制，民稅絹一匹，別輸綿八兩，布一匹，別輸麻十五斤，忠悉罷之。

乙丑（二十二日），詔文武羣官各進位一級。

(九)夏，四月，浮山堰成而復潰。或言蛟龍能乘風雨破堰，其性惡鐵，乃運東西冶㉗鐵器數千萬斤沈之，亦不能合㉘，乃伐樹為井幹㉙，填以巨石，加土其上，緣淮百里內，木石無巨細皆盡，負簷者肩上皆穿，夏日疾疫，死者相枕㉚，蠅蟲晝夜聲合。

(十)魏梁州刺史薛懷吉破叛氐於沮水㉛，懷吉，真度之子也㉜。

五月甲寅（十二日），南秦州刺史崔暹又破叛氐，解武興之圍㉝。

(十一)六月，魏冀州沙門法慶以妖幻惑眾，與勃海人李歸伯作亂，推法慶為主。法慶以尼惠暉為妻，以歸伯為十住菩薩㉞平魔軍司、定漢王，自號大乘，又合狂藥，令人服之，父子兄弟，不復相識，唯以殺害為事。刺史蕭寶寅遣兼長史崔伯驎擊之，伯驎敗死，賊眾益盛，所在毀寺舍，斬僧尼，燒經像，云新佛出世，除去眾魔。秋，七月丁未（初六日），詔假右光祿大夫元遙征北大將軍㉟以討之。

㈩魏尚書裴植自謂人門不後王肅㊱，以朝廷處之不高，意常快快，表請解官隱嵩山㊲。世宗不許，深怪之。及為尚書，志氣驕滿，每謂人曰：「非我須尚書，尚書亦須我。」每入參議論，好面譏毀羣官，又表徵南將軍田益宗言華夷異類，不應在百世衣冠之上，于忠、元昭，見之切齒㊳。尚書左僕射郭祚冒進不已，自以東宮師傅，望封侯、儀同㊴，詔以祚為都督雍、岐、華三州諸軍事㊵，征西將軍，雍州刺史。祚與植皆惡於忠專橫，密勸高陽王雍使出之。忠聞之，大怒，令有司誣奏其罪。尚書奏：「羊祉告植姑子皇甫仲達云受植旨，詐稱被詔，帥合部曲，欲圖于忠。臣等窮治，辭不伏引㊶，然眾證明昞，準律當死。眾證雖不見植，皆言仲達為植所使，植召仲達責問而不告列，推論情狀，不同之理，不可分明，不得同之常獄，有所降減，計同仲達處植死刑。植親帥城眾，附從王化，依律上議㊷，乞賜裁處。」忠矯詔曰：「凶謀既爾，罪不當恕，雖有歸化之誠，無容上議，亦不須待秋分㊸。」八月乙亥（初五日），植與郭祚及都水使者杜陵、韋儁皆賜死。

僞，祚之昏家也。

忠又欲殺高陽王雍，崔光固執不從，乃免雍官，以王還第。朝野冤憤，莫不切齒。

(十三)丙子（初六日），魏尊胡太妃為皇太后，居崇訓宮，于忠領崇訓衞尉，劉騰為崇訓太僕，加侍中侯剛為侍中、撫軍將軍㊹，又以太后父國珍為光祿大夫。

(十四)庚辰（初十日），定州刺史田超秀帥眾三千降魏㊺。

(十五)戊子（十八日），魏大赦。

(十六)己丑（十九日），魏清河王懌進位太傅，領太尉，廣平王懷為太保，領司徒，任城王澄為司空。庚寅（二十日），魏以車騎大將軍于忠為尚書令，特進崔光為車騎大將軍，並加開府儀同三司。

(十七)魏江陽王繼，熙之曾孫也㊻。先為青州刺史，坐以良人為婢，奪爵。繼子乂，娶胡太后妹，壬辰（二十二日），詔復繼本封，以乂為通直散騎侍郎，乂妻為新平郡君，仍拜女侍中。

羣臣奏請太后臨朝稱制，九月乙巳（初五日），靈太后㊼始臨朝聽政，猶稱令以行事，羣臣上書稱殿下。太后聰悟，頗好讀書屬文，射能中針孔，政事皆手筆自決。加胡國珍侍中，封安定公㊽。自郭祚等死，詔令生殺，皆出于忠，王公畏之，重足脅息㊾。太后既親政，乃解忠侍中、領軍、崇訓衞尉，止為儀同三司、尚書令。後旬餘，太后引門下侍官㊿於崇訓宮，問曰：「忠在端右，聲望何如？」咸曰：「不稱厥任。」乃出忠為都督冀、定、瀛三州諸軍事，征北大將軍，冀州刺史，以司空澄領尚書令。澄奏安定公宜出入禁中，參諮大務，詔從之。

㈥甲寅（十四日），魏元遙破大乘賊，擒法慶幷渠帥百餘人，傳首洛陽。

㈦左遊擊將軍趙祖悅襲魏西硤石㊿一，據之以逼壽陽。更築外城，徙緣淮之民以實城內。將軍田道龍等散攻諸戍，魏揚州刺史李崇分遣諸將拒之。癸亥（二十三日），魏遣假鎮南將軍崔亮攻西硤石，又遣鎮東將軍蕭寶寅決淮堰。

(廿)冬，十月乙酉（十六日），魏以胡國珍為中書監，儀同三司，侍中如故。

(廿一)甲午（二十五日），弘化大守(五二)杜桂舉郡降魏。

(廿二)初，魏于忠用事，自言世宗許其優轉，太傅雍等皆不敢違，加忠車騎大將軍。忠又自謂新故之際，有定社稷之功，諷百僚令加己賞。雍等議封忠常山郡公，忠又難於獨受，乃諷朝廷同在門下者皆加封邑，雍等不得已，復封崔光為博平縣公，而尚書元昭等上訴不已(五三)，太后敕公卿再議。太傅懌等上言：「先帝升遐(五四)，奉迎乘輿，侍衛省闥，乃臣子常職，不容以此為功。臣等前議授忠茅土，正以畏其威權，苟免暴戾故也。若以功過相除，悉不應賞，議皆追奪。」崔光亦奉送章綬、茅土，表十餘上，太后從之。

高陽王雍上表自劾，稱：「臣初入柏堂，見詔旨之行，一由門下。臣出君行(五五)，深知其不可而不能禁。于忠專權，生殺自恣而臣不能違。忠規欲殺臣，賴在事執拒(五六)，臣欲出忠於外，在心未行，返為忠廢(五七)。忝官尸祿，孤負恩私，請返私門，伏聽司敗(五八)。」太后以忠有保護之功㊄，不問其罪。

十二月辛丑（閏十二月初三日），以忠為太師，領司州牧㊅，尋復錄尚書事，與太傅懌、太保懷、侍中胡國珍入居門下，同釐㊅庶政。

㊆己酉（閏月十一日），魏崔亮至硤石，趙祖悅逆戰而敗，閉城自守，亮進圍之。

㊆丁卯（閏月二十九日），魏主及太后謁景陵。

㊆是冬，寒甚，淮、泗盡凍，浮山堰士卒死者什七八。

㊆魏益州刺史傅豎眼性清素，民獠、懷之。龍驤將軍元法僧代豎眼為益州刺史，素無治幹，加以貪殘，王、賈諸姓，本州士族，法僧皆召為兵。葭萌民任令宗因眾心之患魏也，殺魏晉壽太守，以城來降，民、獠多應之。益州刺史鄱陽王恢遣巴西、梓潼二郡太守張齊將兵三萬迎之。法僧，熙之曾孫也。

㊆魏岐州刺史趙王謐，幹之子也㊅，為政暴虐。一旦，閉城門大索，執人而掠之，楚毒備至，又無故斬六人，闔城兇懼，眾遂大

呼，屯門㉓，謐登樓毀梯以自固。胡太后遣游擊將軍王靖馳騶諭城人，城人開門謝罪，奉送管籥，乃罷謐刺史。謐妃，太后從女也。至洛，除大司農卿。

太后以魏主尚幼，未能親祭，欲代行祭事，禮官博議以為不可，太后以問侍中崔光，光引漢和熹鄧太后祭宗廟故事，太后大悅，遂攝行祭事。

(廿八)魏南荊州刺史桓叔興表請不隸東荊州，許之㉔。

【今註】㊀殂於式乾殿：魏主卒年三十二，謚曰宣武皇帝，廟號世宗。㊁帝崩，太子立，國之常典，何須中宮令也：中宮，謂宣武皇后高氏也。崔光等懼高氏為變，故不欲奏知中宮。㊂（太子）即皇帝位：帝諱詡，宣武皇帝之第二子，即位後是為肅宗孝明皇帝。㊃光等與夜直羣官立庭中，北面稽首稱萬歲：胡三省曰：「倉猝之際不暇集百官也。」㊄昭，遵之曾孫也：《魏略》陽公遵見卷一百八晉孝武帝太元十一年。㊅中給事：《五代志》後齊制官多循後魏，有中侍中省，掌出入門閤，置中侍中二人，中常侍、中給事中各四人，又有中尚藥、中謁者、中尚食等官，蓋皆以宦者為之。㊆悉召西伐、東防兵：西伐謂伐蜀之兵，東防謂防淮之兵。魏伐蜀見上卷上年。㊇二衞：左右衞將軍也，晉始置以統禁兵。㊈攘哀振杖：攘、振俱舉也，哀謂哀服，杖謂喪杖，作奮言之狀。㊉引漢光武崩，趙熹扶諸王下殿故事：事見卷四十四漢光武帝中元二年。廣平王懷欲上殿哭大行，故崔光引其事以止之。㈡太子太傅任城王澄數為肇所譖，懼不自全：肇譖殺彭城王勰，澄懲其禍，故有危懼之心。㈢肇擁兵於外：去年魏以肇為大將軍，平蜀大都督，總西伐之兵。㈢門下：門下省，侍中等官居之。㈣奏皇后請即敕授：皇后即高后。胡三省曰：「請即以手敕授二王，倉猝不及下詔，慮有沮閣者也。」㈤于忠等聞之，託以侍療無效，執顯於禁中：胡三省曰：「觀此則侍御師王顯、詹事王顯又似一人。」侍御師王顯見上卷天監七年。㈥承變：胡三省曰：「承告哀之變也。」㈦瀍澗：《書．洛誥》曰：「我乃卜澗水東，瀍水西，惟洛食。」瀍、澗蓋二水也。《水經》瀍水出河南穀城縣北山，東與千金渠合，又東過洛陽縣南，又東過偃師縣，又東入於洛。澗水出新安縣南白石山，東南入於洛。按注穀水自千金堨東注，謂之千金渠，而澗水東南流至千金渠與穀水亂流俱東入洛，或以為是水並為周公所相卜也。胡三省曰：「此瀍澗直謂瀍水，非如書及水經之瀍、澗為二水也。」㈧舍人省下：胡三省曰：「舍人省即中書省通事舍人宿直之所。」㈨上遣寧州刺史任太洪自陰平閒道入其州：胡三省曰：「傅豎眼以益州刺史鎮晉壽，此陰平非鄧艾所由之陰平，今利州之陰平縣是也。」利州今四川省廣元縣，此陰平蓋在今廣元縣之東南，梓潼之西北。⑩氏蜀：氏人及蜀人。⑪太洪襲破魏東洛、除口二戍：《五代志》隋梁州義成郡景谷縣舊曰白水，置東洛郡，後周省東洛郡入平興郡，開皇初廢郡，改縣曰平興，十八年改曰景谷，故城在今四川省昭化縣西北。《水經注》漢水自成固縣南東逕大小黃金南又東合蘧蒢溪口，蘧蒢溪水北出就谷，在長安西南，南流逕巴溪戍西，又南逕陽都阪東，又南流注於漢，謂之蓧口。此除口即蓧口也，魏蓋置戍於此，在今陝西省洋縣東。㉒關城：即白水關也，在今四川省昭化縣西北故白水縣界。㉓以高太后為尼，徙居金墉瑤光寺：高太后即宣武皇后高氏也。胡三省曰：「按魏廢后率居瑤光寺，馮后、高后是也。」㉔謀斷川瀆：謂築浮山堰謀遏淮水以灌壽陽，見上卷上年。㉕荊山：《水經注》曰：「淮出於荊山之左，當塗之右。」在今安徽省懷遠縣西南，與塗山夾淮相對。㉖魏于忠既居門下，又總宿衞：忠時為侍中、領軍將軍。㉗東西冶：建康有東西二冶，各置冶令以掌之。㉘亦不能合：謂所築堰不能合脊於中流。㉙伐樹為井幹：《莊子》曰：「吾跳乎井幹之上。」井幹，井上木欄也，言伐木重疊為井幹之形。㉚死者相枕：死者眾，其屍疊如相枕然。㉛沮水：《水經》沔水出武都沮縣東狼谷中。注云：「沔水一名沮水，闞駰曰：『以其初出沮洳然，故曰沮水也。』導源南流，泉街水注之，又東南逕沮水戍而東南流注漢，曰沮口。」㉜懷吉，真度之子也：薛真度見卷一百四十齊明帝建武二年。㉝南秦州刺史崔暹又破叛氐，解武興之圍：按《魏書・薛懷吉傳》，懷吉為梁州刺史，南秦氐反，攻逼武興，懷吉遣長史崔纂、司馬韋弼、別駕范珣擊平之，《肅宗紀》作南秦州刺史崔暹，疑暹即纂也，初為懷吉長史，既解武興圍，乃授以南秦州，紀就其後所授官書之耳。《魏書・地形志》南秦州治洛谷城，領天水、漢陽、武都、武階、修武、仇池等郡。㉞以歸伯為十住菩薩：《魏書》遙傳法慶以殺一人者為一住菩薩，殺十人為十住菩薩。㉟假右光祿大夫元遙征北大將軍：遙為右光祿大夫，假征北大將軍號也。曰假者，亦非真除。㊱魏尚書裴植自謂人門不後王肅：自謂人望門地在王肅之前。植，叔業之兄子也，時為度支尚書。㊲以朝廷處之不高，意常怏怏，表請解官隱嵩山：《魏書・裴植傳》植自兗州還，表請解官隱於嵩山。按植自征虜將軍兗州刺史進號平東將軍，入為大鴻臚卿，尋除揚州大中正，出為安東將軍、瀛州刺史、罷州，復除大鴻臚卿，遷度支尚書，其怨望蓋在為尚書之前。按《魏書・官氏志》四安將軍、列曹尚書、大鴻臚卿皆位第三品，蓋尚書位居權要，故植以其職為高。㊳又表征南將軍田益宗言華夷異類，不應在百世衣冠之上，于忠、元昭見之切齒：田益宗本光城蠻酋也，故裴植以異類斥之，于忠、元昭皆北人，故深諱植言。百世衣冠，謂漢人舊世族。㊴尚書左僕射郭祚冒進不已，自以東宮師傅，望侯侯、儀同：儀同，謂儀同三司也。魏以祚領太子少師見上卷天監十一年。㊵詔以祚為都督雍、岐、華三州諸軍事：《魏書・地形志》孝文帝太和十一年置岐州；治雍城鎮，領平秦、武都、武功三郡，故治在陝西省鳳城縣南。㊶伏引：胡三省曰：「伏引猶引伏也。」㊷植親帥城眾，附從王化，依律上議：謂植罪本當死，然有歸附之功，宜依八議之律，從輕論罪。植以壽陽降魏見卷一百四十三齊東昏侯永元二年。㊸亦不須待秋分：《魏律》秋分然後決刑。㊹于忠領崇訓衞尉，劉騰為崇訓太僕，加侍中侯剛為侍中、撫軍將軍：此三人與崔光皆胡后之所深德。㊺定州刺史田超秀帥眾三千降魏：超秀叛魏見上卷上年。㊻魏江陽王繼，熙之曾孫也：熙，道武帝之子。㊼靈太后：胡后諡曰靈。㊽加胡國珍侍中，封安定公：國珍，胡后之父也，封安定郡公。㊾脅息：胡三省曰：「脅息者，屏氣，鼻不敢息，唯兩脅潛動以舒氣息耳！」㊿門下侍官：侍中、黃門侍郎、散騎常侍皆屬之。(51)西硤石：《水經注》淮水自壽春縣北北逕山硤中，謂之硤石，對岸山上，結二城以防津要。硤石在今安徽省鳳臺縣西南，兩岸相對，淮水經其中，西硤石蓋在淮水西岸，其東岸則曰東硤石。㊼弘化太守：胡三省曰：「弘化地闕，蓋亦緣邊蠻郡也。」㊽而尚書元昭等上訴不已：魏孝明帝之立也，元昭為黃門侍郎，同在門下，與有功焉，故上訴不已。上訴者，欲以求爵賞。㊾升遐：胡三省曰：「記曲禮曰：『告喪曰天王登假。』注云：『登，上也，假，已也。上已者，若僊去云耳！』登即升也，假讀與遐同。」㊿臣出君行：胡三省曰：「謂殺生予奪皆出於于忠之意而以詔旨行之。」㊿忠規欲殺臣，賴在事執拒：胡三省曰：「在事，謂在位任事之臣。」規，圖也。忠圖殺高陽王雍，賴崔光固執拒之而得免也，事見上八月。㊿臣欲出忠於外，在心未行，返為忠廢：忠免雍官，以王還第，亦見上八月。㊿司敗：《左傳》楚子玉曰：「臣歸死於司敗也。」杜預注：「陳、楚名司寇為司敗。」㊿太后以忠有保護之功：高后欲殺胡后，賴于忠得免，見上正月。㊿十二月辛丑，以忠為太師，領司州牧：按《魏書・孝明帝紀》及〈高陽王雍傳〉，蓋以雍為太師，領司州牧，此誤作于忠。按是年魏閏十月，十二月己亥朔，辛丑初三日，當梁曆閏十二月。㊿釐：治也，理也。㊿魏岐州刺史趙王謐，幹之子也：趙郡王幹見卷一百四十齊明帝建武二年，此逸郡字。㊿屯門：屯據城門欲為變。㊿魏南荊州刺史桓叔興表請不隸東荊州，許之：魏以南荊州隸東荊州見上卷天監十一年。

十五年㊀（西元五一六年）

㈠春，正月，戊辰朔，魏大赦，改元熙平。

㈡魏崔亮攻硤石未下，與李崇約水陸俱進，崇屢違期不至㈡。胡太后以諸將不壹㈢，乃以吏部尚書李平為使持節，鎮軍大將軍，兼尚書右僕射，將步騎二千赴壽陽，別為行臺，節度諸軍，如有乖異，以軍灋從事。

蕭寶寅遣輕車將軍劉智文等渡淮攻破三壘，二月乙巳（初八日），又敗將軍垣孟孫等於淮北。

李平至硤石，督李崇、崔亮等水陸進攻，無敢乖互㈣，戰屢有功。上使左衞將軍昌義之將兵救浮山，未至，康絢已擊魏兵，卻之。【考異】絢傳：「十二月，魏遣李曇定督眾軍來戰。」按魏帝紀，此年正月，乃遣李平節度諸軍，絢傳誤也。曇定，即平字也。上使義之與直閤王神念泝淮救硤石，【考異】李崇傳：「衍遣趙祖悅襲據西硤石，又遣義之、神念帥水軍泝淮而上，規取壽春。」按義之傳，絢破魏軍，義之乃救硤石，今從之。崔亮遣將軍博陵崔延伯守下蔡㈤。延伯與別將伊甕生夾淮為營，延伯取車輪去輞，削銳其輻㈥，兩兩接對，揉竹為絙㈦，貫連相屬，並十餘道，橫水為橋，兩頭施大鹿盧㈧，出沒隨意，不可燒斫。既斷趙祖悅走路，又令戰艦不通。義之、神念屯梁城，不得進，李平部分水陸攻硤石，克其外城。乙丑（二十八日），祖悅出降，斬之，盡俘其眾。

胡太后賜崔亮書，使乘勝深入。平部分諸將，水陸並進，攻浮山堰。亮違平節度，以疾請還，隨表輒發。平奏處亮死刑，太后令曰：「亮去留自擅，違我經略，雖有小捷，豈免大咎？但吾攝御萬機，庶幾惡殺，可聽特以功補過。」魏師遂還。

㈢魏中尉元匡奏彈：「于忠幸國大災，專擅朝命，裴、郭受冤㈨，宰輔黜辱㈩，又自矯旨為儀同三司、尚書令、領崇訓衛尉，原其此意，欲以無上自處，既事在恩後㈡，宜加顯戮。請遣御史一人，就州行決㈢。自去歲世宗晏駕以後，皇太后未親覽以前，諸不由階級，或發門下詔書，或由中書宣敕，擅相拜授者，已經恩宥，正可免罪，并宜追奪。」太后令曰：「忠已蒙特原，無宜追罪，餘如奏。」

匡又彈侍中侯剛掠殺羽林。剛本以善烹調為尚食典御㈢，凡三十年，以有德於太后㈣，頗專恣用事，王公皆畏附之。廷尉處剛大辟，太后曰：「剛因公事掠人，邂逅致死㈤，於律不坐。」少卿陳郡袁翻曰：「邂逅謂情狀已露，隱避不引㈥，考訊以理者也。今此羽林問則具首，剛口唱打殺，撾築非理，安得謂之邂逅？」太后乃削剛戶三百，解嘗食典御㈦。

㈣三月，戊戌朔，日有食之。

㈤魏論西硤石之功，辛未（初四日），以李崇為驃騎將軍，加儀同三司，李平為尚書右僕射，崔亮進號鎮北將軍。亮與平爭功於禁中，太后以亮為殿中尚書㈧。

㈥魏蕭寶寅在淮堰，上為手書誘之，使襲彭城，許送其國廟及室家諸從㈨還北，寶寅表上其書於魏朝。

㈦夏，四月，淮堰成，長九里，下廣一百四十丈，上廣四十五丈，高二十丈，樹以杞柳㈩，軍壘列居其上。或謂康絢曰：「四瀆，天所以節宣其氣，不可久塞㈪。若鑿湫㈫東注，則遊波寬緩，堰得不壞。」絢乃開湫東注，又縱反間於魏曰：「梁人所懼開湫，不畏野戰。」蕭寶寅信之，鑿山深五丈，開湫北注，水日夜分流猶不滅，魏軍竟罷歸。水之所及，夾淮方數百里。李崇作浮橋於硤石戍間，又築魏昌城於八公山東南，以備壽陽城壞，居民散就岡隴㉓，其水清徹，俯視廬舍冢墓，了然在下。

初，堰起於徐州境內㉔，刺史張豹子宣言，謂己必掌其事，既而康絢以他官來監作，豹子甚慙。俄而敕豹子受絢節度，豹子遂譖絢與魏交通，上雖不納，猶以事畢㉕徵絢還。

(八)魏胡太后追思于忠之功，曰：「豈宜以一謬，棄其餘勳？」復封忠為靈壽縣公，亦封崔光為平恩縣侯。

(九)魏元法僧遣其子景隆將兵拒張齊，齊與戰於葭萌，大破之，屠十餘城，遂圍武興。法僧嬰城自守，境內皆叛。法僧遣使間道告急於魏，魏驛召鎮南軍司傅豎眼於淮南，以為益州刺史、西征都督，將步騎三千以赴之。豎眼入境，轉戰三日，行二百餘里，九遇皆捷㉖。五月，豎眼擊殺梁州刺史任太洪。民、獠聞豎眼至，皆喜，迎拜於路者相繼㉗，張齊退保白水。豎眼入州㉘，白水以東民皆安業。

魏梓潼太守苟金龍領關城戍主，梁兵至，金龍疾病，不堪部分，其妻劉氏帥厲城民，乘城拒戰，百有餘日，士卒死傷過半。戍副高景謀叛，劉氏斬景及其黨與數千人㉙，自餘將士分衣減食，勞逸必同，莫不畏而懷之。井在城外，為梁兵所據，會天大雨，劉氏命出公私布絹及衣服懸之，絞而取水，城中所有雜物悉儲之㉚。豎眼至，梁兵乃退，魏人封其子為平昌縣子。

㈩六月庚子（初五日），以尚書令王瑩為左光祿大夫、開府儀同三司，尚書右僕射袁昂為左僕射，吏部尚書王暕為右僕射。暕，儉之子也㉛。

㈩一張齊數出白水侵魏葭萌，傅豎眼遣虎威將軍強虯攻信義將軍楊興起，殺之，復取白水，寧朔將軍王光昭又敗於陰平，張齊親帥驍勇二萬餘人與傅豎眼戰。秋，七月，齊軍大敗，走還，小劍、大劍諸戍㉜皆棄城走，東益州復入于魏。

㈩二八月乙巳（十一日），魏以胡國珍為驃騎大將軍、開府儀同三司、雍州刺史。國珍年老，太后實不欲令出，止欲示以方面之榮，竟不行。

㈢康絢既還，張豹子不復修淮堰。九月丁丑（十三日），淮水暴漲，堰壞，其聲如雷，聞三百里，緣淮城戍、村落十餘萬口皆漂入海。

初，魏人患淮堰㉓，以任城王澄為大將軍、大都督、南討諸軍事，勒眾十萬，將出徐州來攻堰。尚書右僕射李平以為不假兵力，終當自壞。及聞破，太后大喜，賞平甚厚，澄遂不行。

㈣壬辰（二十八日），大赦。

㈤魏胡太后數幸宗戚勳貴之家，侍中崔光表諫曰：「禮諸侯非問疾弔喪而入諸臣之家，謂之君臣為謔㉔，不言王后夫人，明無適臣家之義。夫人父母在有歸寧，沒則使卿寧㉕。漢上官皇后將廢昌邑，霍光，外祖也，親為宰輔，后猶御武帳以接羣臣㉖，示男女之別也。今帝族方衍，勳貴增遷，祗請遂多，將成彝式㉗。願陛下簡息遊幸，則率土屬賴，含生仰悅矣！」

任城王澄以北邊鎮將選舉彌輕，恐賊虜闚邊，山陵危迫㉘，奏求重鎮將之選，修警備之嚴，詔公卿議之。廷尉少卿㊴袁翻議，以為：「比緣邊州郡，官不擇人，唯論資級，或值貪污之人，廣開戍邏，多置帥領，或用其左右姻親，或受人貨財請屬，皆無防寇之心，唯有聚斂之意。其勇力之兵，驅令抄掠，若遇彊敵，即為奴虜，如有執獲，奪為己富。其羸弱老小之輩，微解金鐵之工，少閑草木之作㊵，無不搜營窮壘，苦役百端。自餘或伐木深山，或芸草平陸，販貿往還，相望道路。此等祿既不多，貲亦有限，皆收其實絹，給其虛粟，窮其力，薄其衣，用其功，節其食，綿冬歷夏㊶，加之疾苦，死於溝瀆者什常七八，是以鄰敵伺間，擾我彊埸㊷，皆由邊任不得其人故也。愚謂自今已後，南北邊諸藩及所統郡縣、府佐、統軍至於戍主，皆令朝臣王公已下，各舉所知，必選其才，不拘階級，若稱職及敗官，并所舉之人，隨事賞罰。」太后不能用。及正光之末，北邊盜賊羣起，遂逼舊都，犯山陵，如澄所慮。

㈥冬，十一月，交州刺史李叟斬交州反者阮宗孝，傳首建康。

㈦初，魏世宗作瑤光寺，未就。是歲，胡太后又作永寧寺㊸，皆在宮側，又作石窟寺於伊闕口，皆極土木之美，而永寧尤盛，有金像高丈八者一，如中人者十，玉像二。為九層浮圖，掘地築基，下及黃泉㊹。浮圖高九十丈，上剎㊺復高十丈，每夜靜，鈴鐸㊻聲聞十里。佛殿如太極殿，南門如端門，僧房千間，珠玉錦繡，駭人心目。自佛瀍入中國，塔廟㊼之盛，未之有也。

揚州刺史李崇上表，以為：「高祖遷都，垂三十年㊽，明堂未修，太學荒廢，城闕府寺，頗亦頹壞，非所以追隆堂構㊾，儀刑萬國者也。今國子雖有學官之名，而無教授之實，何異兔絲燕麥，南箕北斗㊿？事不兩興，須有進退。宜罷尚方、雕靡之作，省永寧土木之功，減瑤光材瓦之力，分石窟鐫琢之勞，及諸事役非急者。於三時農隙，修此數條，使國容嚴顯，禮化興行，不亦休哉！」太后優令答之，而不用其言。

太后好事佛，民多絕戶為沙門(五一)。高陽王友李瑒上言：「三千之罪，莫大於不孝，不孝之大，無過於絕祀(五二)，豈得輕縱背禮之情，肆其向瀍之意，一身親老，棄家絕養，缺當世之禮，而求將來之益(五三)？孔子云：『未知生，焉知死(五四)？』安有棄堂堂之政，而從鬼教乎？又今南服(五五)未靜，眾役仍煩，百姓之情，實多避役(五六)，若復聽之，恐捐棄孝慈，比屋皆為沙門矣。」

都統(五七)僧暹等忿瑒謂之鬼教，以為謗佛，泣訴於太后，太后責之。瑒曰：「天曰神，地曰祇，人曰鬼。傳曰：『明則有禮樂，幽則有鬼神。』然則明者為堂堂，幽者為鬼教，佛本出於人，名之為鬼，愚謂非謗。」太后雖知瑒言為允，難違暹等之意，罰瑒金一兩。

(十八)魏征南大將軍田益宗求為東豫州刺史，以招二子(五八)，太后不許，竟卒於洛陽。

(十九)柔然伏跋可汗壯健，善用兵。是歲，西擊高車，大破之，執其王彌俄突，繫其足於駑馬，頓曳殺之，漆其頭為飲器(五九)，鄰國先羈屬柔然，後叛去者，伏跋皆擊滅之，其國復彊。

【今註】(一)天監十五年：魏孝明帝熙平元年。(二)崇慶違期不至：李崇時鎮壽陽。(三)胡太后以諸將不壹：以諸將各專方面，事權不壹。㊃乖互：乖，違也；互，意相左也。㊄下蔡：下蔡縣，漢屬沛郡，後漢屬九江郡，晉屬淮南郡，宋廢。《五代志》隋汝陰郡潁上縣，梁置下蔡郡，後齊廢郡為縣，煬帝大業初，改名潁上縣。《水經注》淮水自壽春縣北北逕硤石，又北逕下蔡縣故城東，本州來之城也，吳季札始封延陵，後邑州來，故曰延州來矣，春秋哀公二年，蔡昭侯自新蔡遷於州來，謂之下蔡也，淮之東岸，又有一城，即下蔡新城也，二城對據，翼帶淮濆。按蔡有三，上蔡，蔡仲始封之邑也；新蔡，蔡平侯自上蔡徙都之；下蔡，蔡昭侯自新蔡徙此，即古之州來也，故城即今安徽省鳳臺縣。㊅延伯取車輪去輞，削銳其輻：輞，車輪外匡也。《釋名》云：「輞，罔也，罔羅周輪之外也。」《續漢書・輿服志》：「天子獵車，重輞縵輪。」輻，車輪中直木也，其一端與輞連，而歸輳於轂，轂空其中，貫之以軸。㊆揉竹為絙：撓之使屈曰揉；絙，大索也。㊇鹿盧：即滑輪。㊈裴、郭受冤：謂裴植、郭祚含冤而死，事見上八月。㊉宰輔黜辱：胡三省曰：「謂高陽王雍被黜，後又以授忠茅土，乞自貶退也。」㈡既事在恩後：謂忠罪在恩赦之後。㈢就州行決：于忠時出刺冀州，蓋欲就州戮之。㈢尚食典御：《五代志》北齊循後魏之制，於門下省置尚食局，有尚食典御二人，總知御膳事。㈣以有德於太后：侯剛有擁護胡后之德，事見上年。㈤剛因公事掠人，邂逅致死：邂逅，不期而會也。故凡非先期致人於死者亦謂之邂逅。㈥隱避不引：諱罪而不引伏也。㈦嘗食典御：胡三省曰：「尚食掌調和御食溫涼寒熱，以時供進則嘗之。」余按嘗當作尚。㈧殿中尚書：《五代志》殿中尚書統殿中、儀曹、三公、駕部四曹。㈨諸從：猶曰羣從也。㉀杞柳：一曰柜柳，亦曰櫸柳。《本草》蘇頌曰：「杞柳生水旁，葉粗而白，木理微赤，可為車轂，今人取其細條，火逼令柔屈，作箱篋。」㉒四瀆，天所以節宣其氣，不可久塞：《國語》周太子晉曰：「古之長民者，不墮山，不崇藪，不防川，不竇澤。夫山，土之聚也；藪，物之歸也；川，氣之導也；澤，水之鍾也。天地成而聚於高，歸物於下，疏為山谷以導其氣，陂塘污庳以鍾其美。」江、河、淮、濟，古謂四瀆。㉓黎：溢下之地也。黎與湫同。㉓岡隴：山脊曰岡，高丘曰隴。㉔初，堰築於徐州境內：胡三省曰：「浮山在鍾離郡界，梁置徐州於鍾離。」㉕事畢：築堰之事畢。㉖九遇皆捷：凡九遇梁兵，九戰九捷。㉗民、獠聞豎眼至，皆喜，迎拜於路者相繼：《魏書・傅豎眼傳》豎眼性清素，不營產業，衣食之外，俸祿粟帛悉以饗賜夷酋，賑恤士卒，撫以威信，不以小利侵竊其民，故蜀人懷其德，迎拜者相屬。㉘入州：入武興也。魏東益州治武興。㉙劉氏斬景及其黨與數千人：按《魏書・苟金龍妻劉氏傳》當作數十人。㉚城中所有雜物悉儲之：雜物謂瓶、甕之屬，悉集以儲水。㉛暕，儉之子也：王儉，齊高帝佐命功臣。暕音諫。㉜小劍、大劍諸戍：《水經注》白水自白水城南逕武興城東，又東南，清水注之，清水出平湖郡東北，東南逕小劍戍北，西去大劍三十里，連山絕險，飛閣通衢，故謂之劍閣，清水又東南注白水。胡三省曰：「今劍州劍門縣有大劍山，又有小劍山，在其西北三十里，又有小劍故城在益昌縣西南五十里。大劍雖號天險，有阨塞可守，崇墉之間，徑路頗夷，小劍則鑿石架閣，有不容越，李白所謂一夫當關，萬夫莫開者是也。」按劍山即古之梁山也，在今四川省劍閣縣北。㉝初，魏人患淮堰：以其壅水灌壽陽也。㉞禮諸侯非問疾弔喪而入諸臣之家，謂之君臣為諱：此《禮記．禮運》之辭。鄭玄曰：「無故而相之，是戲諱也。」㉟夫人父母在有歸寧，沒則使卿寧：《左傳》莊二十七年冬，杞伯姬來歸，寧也。杜預注曰：「寧，問父母安否。」襄十二年楚司馬子庚聘于秦，為夫人寧，禮也。杜注曰：「諸侯夫人父母既沒，歸寧使卿，故曰禮。」㊱漢上官皇后將廢昌邑，霍光，外祖也，親為宰輔，后猶御武帳以接羣臣：上官后御武帳召霍光以廢昌邑王賀事見卷二十四，漢昭帝元平元年。㊲今帝族方衍，勳貴增遷，祗請逐多，將成彝式：胡三省曰：「方衍，謂生子也，增遷，謂增秩遷官也，祗，敬也。謂宗戚勳貴之家，凡有吉慶，皆請太后臨幸。」彝，常也，《詩．大雅．烝民》：「民之秉彝。」傳云：「彝，常也。」彝式，常典也。㊳恐賊虜闚邊，山陵危迫：魏自獻文帝以上，山陵皆在雲中。㊴廷尉少卿：《魏書．官氏志》孝文帝太和十五年，始置少卿之官，為九卿之副貳。㊵微解金鐵之工，少閑草木之作：微，無也；解，曉也；閑，習也；金鐵之工，謂冶鑄，草木之作謂營築也。㊶綿冬歷夏：《文選》張衡〈思玄賦〉：「緜日月之不衰。」李善注：「緜，連也。」綿與緜同，言自冬至夏也。㊷疆埸：埸，邊界也。㊸永寧寺：《水經注》穀渠南流逕太尉、司徒兩坊間，水西有永寧寺，熙平中始創也。㊹為九層浮圖，掘地築基，下及黃泉：《水經注》魏熙平中，於太尉、司徒兩坊間穀渠之西作九層浮圖，下基方十四丈。浮屠，塔也。杜預曰：「地中之泉，故曰黃泉。」㊺上刹：塔上所立竿柱也。《增韻》曰：「釋冢上立柱，中藏舍利子，亦曰刹。」冢即塔也，舍利子即佛骨。㊻鈴鐸：大鈴曰鐸。㊼塔廟：胡三省曰：「漢永明中，佛法入中國，佛弟子收奉舍利，建宮宇，號為塔，亦胡言猶宗廟也，故世稱塔廟。」

(四八)高祖遷都，垂三十年：魏孝文遷洛見卷一百三十八齊武帝永明十一年，魏太和之十七年也，至是首尾凡二十四年。(四九)非所以追隆堂構：《書・大誥》曰：「若考作室，既底法，厥子乃弗肯堂。」言不能繼承先志也。(五〇)何異兔絲燕麥，南箕北斗：胡三省曰：「兔絲有絲之名而不可以織，燕麥有麥之名而不可以食。古歌曰：『田中兔絲，如何可絡？道邊燕麥，何嘗可穫？』詩云：『維南有箕，不可以簸揚，維北有斗，不可以挹酒漿。』皆謂有名無實也。」兔絲，一名女蘿，又名唐，又曰蒙，一物四名，見《釋名》。本草曰：「兔絲生川澤田野，蔓延草木之上，翟麥一名燕麥，又名雀麥，其苗與麥同，但穗細長而疏耳！」(五一)民多絕戶為沙門：胡三省曰：「家有一子，出為沙門，其戶絕矣！」(五二)三千之罪，莫大於不孝，不孝之大，無過於絕祀：孔子曰：「五刑之屬三千，其罪莫大於不孝。」孟子曰：「不孝有三，無後為大。」趙氏曰：「於禮有不孝者三事，阿意曲從，陷親不義，一也；家貧親老，不為祿仕，二也；不娶無子，絕先祖祀，三也。」(五三)缺當世之禮，而求將來之益：謂缺養親傳祚之禮而求來生之福也。佛法有輪迴轉世之說，主今生修行以種來世之福。(五四)未知生，焉知死：《論語》載孔子答子路之言。(五五)南服：南疆也，取畿外五服之義。(五六)百姓之情，實多避役：謂百姓出為沙門者眾，徇其情意，蓋在避徭役也。(五七)都統：胡三省曰：「魏有沙門統，謂之都統，猶今都僧錄。」按《魏書・釋老志》有道人統、沙門統，掌理沙門之事。(五八)魏征南大將軍田益宗求為東豫州刺史，以招二子：益宗二子叛魏降梁見上卷天監十三年。(五九)執其王彌俄突，繫其足於駑馬，頓曳殺之，漆其頭為飲器：報佗汗可汗之讎也。彌俄突殺柔然佗汗可汗見上卷天監七年。頓曳者，懸足於馬後，委首於地，曳而殺之也。

十六年（西元五一七年）

㈠春，正月辛未（初九日），上祀南郊。

㈡魏大乘餘賊㊀復相聚，突入瀛州，刺史宇文福之子員外散騎侍郎延帥奴客拒之。賊燒齋閤，延突火抱福出外，肌髮皆焦，勒眾苦戰，賊遂散走，追討平之。

㈢甲戌（十二日），魏大赦。

㈣魏初民間皆不用錢，高祖太和十九年始鑄太和五銖錢，遣錢工在所鼓鑄，民有欲鑄錢者，聽就官鑪，銅必精練，無得殽雜。世宗永平三年，又鑄五銖錢，禁天下用錢不依準式者。既而洛陽及諸州、鎮㊁所用錢各不同，商貨不通。尚書令任城王澄上言，以為：「不行之錢，律有明式，指謂雞眼鐶鑿㊂，更無餘禁。計河南諸州，今所行悉非制限，昔來繩禁，愚竊惑焉。又河北既無新錢，復禁舊者，專以單絲之縑，疏縷之布，狹幅促度，不中常式，裂匹為尺，以濟有無，徒成杼軸㊃之勞，不免飢寒之苦，殆非所以救恤凍餒，子育黎元之意也。錢之為用，貫繦相屬㊄，不假度量，平均簡易，濟世之宜，謂為深允。乞幷下諸方州鎮，其太和與新鑄五銖及古諸錢方俗所便用者，但內外全好，雖有大小之異，幷得通行，貴賤之差，自依鄉價，庶貨環海內，公私無壅。其雞眼鐶鑿及盜鑄毀大為小、生新巧偽不如漉者，據律罪之。」詔從之。然河北少錢，民猶用物交易，錢不入市。

㈤魏人多竊冒軍功，尚書左丞盧同閱吏部勳書㊅，因加檢覈，得竊階者三百餘人，乃奏乞集吏部、中兵二局勳簿，對句㊆奏案，更造兩通，一關吏部，一留兵局。又在軍斬首成一階以上者，即令行臺司給券，當中豎裂，一支付勳人，一支送門下，以防偽巧，太后從之。同，玄之族孫也㊇。

中尉元匡奏取景明元年已來內外考簿、吏部除書、中兵勳案幷諸殿最，欲以案校竊階盜官之人，太后許之。尚書令任城王澄表，以為：「漉忌煩苛，治貴清約，御史之體，風聞是司，若聞有冒勳妄階，止應攝其一簿，研檢虛實，繩以典刑，豈有移一省之案⑨，尋兩紀之事⑩，如此求過，誰堪其罪？斯實聖朝所宜重慎也。」太后乃止。又以匡所言數不從，慮其辭解⑪，欲獎安之，乃加鎮東將軍。

二月丁未（十六日），立匡為東平王。

㈥三月丙子（十五日），敕織官⑫文錦不得為僊人鳥獸之形，為其裁翦，有乖仁恕。

㈦丁亥（二十六日），魏廣平文穆王懷⑬卒。

㈧夏，四月戊申（十八日），魏以中書監胡國珍為司徒。

㈨詔以宗廟用牲，有累冥道，宜皆以麵為之⑭。【考異】梁帝紀此詔在四月甲子，南史云，在二月，云：「祈告天地宗廟，以去殺之理，欲被之含識，郊廟牲牷，皆代以麵，其山川諸祀則否。」按長曆是月辛卯朔，無甲子，隋志但云四月，亦不云郊祀去牲，今從之。於是朝野諠譁，以為宗廟去牲，乃是不復血食⑮，帝竟不從。八坐乃議以大脯代一元大武⑯。

㈩秋，八月丁未（十八日），魏詔太師高陽王雍入居門下，參決尚書奏事。

(十一)冬，十月，詔以宗廟猶用脯脩(一七)，更議代之。於是以大餅代大脯，其餘盡用蔬果。又起至敬殿、景陽臺，置七廟座，每月中，再設淨饌(一八)。

(十二)乙卯（二十七日），魏詔北京(一九)士民未遷者悉聽留居為永業。

(十三)十一月甲子（初七日），巴州刺史(二〇)牟漢寵叛降魏。

(十四)十二月，柔然伏跋可汗遣俟斤尉比建等請和於魏，用敵國之禮。

(十五)是歲，以右衛將軍馮道根為豫州刺史。道根謹厚木訥，行軍能檢敕士卒，諸將爭功，道根獨默然。為政清簡，吏民懷之。上嘗歎曰：「道根所在，令朝廷不復憶有一州。」

(十六)魏尚書崔亮奏請於王屋等山(二一)採銅鑄錢，從之。是後民多私鑄，錢稍薄小，用之益輕。

【今註】(一)大乘餘賊：沙門法慶之餘黨也。法慶作亂，自號大乘，見上十四年六月。(二)諸州、鎮：諸州及緣邊諸兵鎮。(三)雞眼環鑿：胡三省曰：「雞眼者，謂錢薄小，其狀如雞眼也；環鑿云者，謂鑿好以取銅，僅存其肉也。」錢孔曰好，其邊曰肉。(四)杼軸：紡機之持緯者曰杼，受經者曰軸。(五)貫緡相屬：以緡貫錢使相連屬。緡，貫錢之索也，《管子．國蓄》云：「藏緡千萬。」(六)勳書：凡有軍功者則著其勳績於吏部，以備銓衡，謂之勳書。⑦對句：胡三省曰：「句，考也，稽也。」⑧同，玄之族孫也：盧玄見卷一百二十二宋文帝元嘉八年。⑨移一省之案：謂移取尚書省之案於御史臺也。⑩尋兩紀之事：胡三省曰：「自景明元年至是年凡十八年，今言兩紀之事，蓋景明初所敘階勳皆太和末淮漢用兵所上勳人名籍也。」⑪辭解：辭職解官。⑫織官：胡三省曰：「織官，猶漢之織室令、丞也。」⑬魏廣平文穆王懷：懷，孝文帝之子也，封廣平郡王，卒謚文穆。⑭詔以宗廟用牲，有累冥道，宜皆以麵為之：帝佞佛，佛道戒殺，故有是詔。冥，幽也，幽則有鬼神，冥道，鬼神之道也。⑮血食：自古以來，宗廟受牲牢之享，謂之血食。⑯一元大武：《禮記・曲禮》云：「凡祭宗廟之禮，牛曰一元大武。」鄭玄曰：「元，頭也；武，迹也。」⑰脯脩：鄭玄曰：「脯，乾肉也；脩，鍛脩也。薄析曰脯，捶之而施薑桂曰鍛脩。」鍛亦作腶。《儀禮・有司徹》：「取糗與腶脩執以出。」胡培翬曰：「腶亦作段，又作鍛，皆取捶治之意。鄭云薄析曰脯，捶之而施薑桂曰腶脩，是析言之脯與腶脩微有異，統言之則皆脯也。」⑱淨饌：謂蔬果麵食之屬。⑲北京：謂代都平城也，時亦謂之北都。⑳巴州刺史：《齊書・州郡志》高帝建元二年，分荊州巴東、建平、益州巴郡立巴州，又割涪陵郡屬焉，武帝永明元年省。《五代志》巴西郡梁置南梁州、北巴州，魏曰隆州。㉑王屋等山：《五代志》河內郡王屋縣有王屋山。在今山西省陽城縣西南，西入垣曲縣界，南跨河南省濟源縣界，山有三重，其形如屋，濟水發源於此。

十七年㈠（西元五一八年）

㈠春，正月甲子（初八日），魏以氐酋楊定為陰平王。

㈡魏秦州羌反。

㈢二月癸巳（初七日），安成康王秀卒。

秀雖與上布衣昆弟，及為君臣，小心畏敬，過於疏賤，上益以此賢之。秀與弟始興王憺尤相友愛，憺久為荊州，常中分其祿以給秀㈡，秀稱心受之，亦不辭多也。

㈣甲辰（十八日），大赦。

㈤己酉（二十三日），魏大赦，改元神龜。

㈥魏東益州氐反㈢。

㈦魏主引見柔然使者，讓之以藩禮不備，議依漢待匈奴故事㈣，遣使報之。司農少卿張倫上表，以為：「太祖經啟帝圖，日有不暇，遂令豎子遊魂一方㈤，亦由中國多虞，急諸華而緩夷狄也。高祖方事南轅，未遑北伐㈥，世宗遵述遺志，虜使之來，受而弗答㈦，以為大明臨御，國富兵彊，抗敵之禮，何憚而為之？何求而行之？今虜雖慕德而來，亦欲觀我彊弱，若使王人銜命虜庭，與為昆弟，恐非祖宗之意也！苟事不獲已，應為制詔，示以上下之儀，命宰臣致書諭以歸順之道，觀其從違，徐以恩威進退之，則王者之體正矣，豈可以戎狄兼幷㊇而遽虧典禮乎？」不從。倫，白澤之子也㊈。

(八)三月辛未（十六日），魏靈壽武敬公于忠㊉卒。

(九)魏南秦州氐反，遣龍驤將軍崔襲持節諭之。

(十)夏，四月丁酉（十二日），魏秦文宣公胡國珍㊁卒，贈假黃鉞、相國、都督中外諸軍事、大師，號曰太上秦公，葬以殊禮，贈襚㊂儀衛，事極優厚，又迎太后母皇甫氏之柩與國珍合葬，謂之太上秦孝穆君㊃。諫議大夫常山張普惠以為前世后父，無稱太上者，太上之名，不可施於人臣，詣闕上疏陳之，左右莫敢為通。會胡氏穿壙，下有磐石，乃密表以為：「天無二日，土無二王，太上者，因上而生名也。皇太后稱令，以繫敕下，蓋取三從之道，遠同文母，列於十亂㊄。今司徒為太上，恐乖繫敕之意。孔子稱：

『必也正名乎㉕！』比克吉兆定而以淺改卜，亦或天地神靈所以垂至戒，啟聖情也！伏願停逼上之號，以邀謙光之福。」太后乃親至國珍宅，召集五品以上博議。王公皆希太后意，爭詰難普惠，普惠應機辯析，無能屈者。太后使元乂宣令於普惠曰：「朕之所行，孝子之志；卿之所陳，忠臣之道。羣公已有成議，卿不得苦奪朕懷，後有所見，勿難言也！」

太后為太上君造寺，壯麗埒於永寧。尚書奏復徵民綿麻之稅㉖，張普惠上疏，以為「高祖廢大斗，去長尺，改重稱㉗，以愛民薄賦，知軍國須綿麻之用，故於絹增稅綿八兩，於布增稅麻十五斤。民以稱尺所減，不啻綿麻，故鼓舞供調。自茲以降，所稅絹布浸復長闊，百姓嗟怨，聞於朝野。宰輔不尋其本在於幅廣度長，遽罷綿麻，既而尚書以國用不足，復欲徵斂，去天下之大信，棄已行之成詔，追前之非，遂後之失，不思庫中大有綿麻而羣臣共竊之也。何則？所輸之物，或斤羨百銖㉘，未聞有司依律以罪州郡，或小有濫惡，則坐戶主㉙，連及三長㉚，是以在庫絹布，踰制者多。羣臣受俸，人求長闊厚重，無復準極，未聞以端幅㉑有餘，還求輸官者也。今欲復調綿麻，當先正稱尺，明立嚴禁，無得放溢，使天下知二聖㉒之心，愛民惜灋，如此則太和之政，復見於神龜矣！」

普惠又以魏主好遊騁苑囿，不親視朝，過崇佛灋，郊廟之事，多委有司，上疏切諫，以為：「殖不思之冥業，損巨費於生民。減祿削力，近供無事之僧；崇飾雲殿，遠邀未然之報㉓。昧爽之臣，稽首於外㉔；玄寂之眾，遨遊於內㉕。愆禮忤時，人靈未穆。愚謂脩朝夕之因，求祇劫㉖之果，未若收萬國之懽心以事其親，使天下和平，災害不生也㉗。伏願淑慎威儀㉘，為萬邦作式，躬致郊廟之虔，親紆朔望之禮㉙，釋奠成均㉚，竭心千畝㉛，量撤僧寺不急之華，還復百官久折之秩。已造者務令簡約速成，未造者一切不復更為，則孝弟可以通神明，德教可以光四海，節用愛人，灋俗俱賴矣！」尋敕外議釋奠之禮，又自是每月一陛見羣臣，皆用普惠之言也。

普惠復表論時政得失，太后與帝引普惠於宣光殿，隨事詰難。

㈩臨川王宏妾弟吳法壽殺人，而匿於宏府中，上敕宏出之，即日伏辜。南司㉒奏免宏官，上泣曰：「愛宏者兄弟私親，免宏者王者正灋，所奏可。」五月戊寅（二十四日），司徒驃騎大將軍、揚州刺史、臨川王宏免。

宏自洛口之敗㉓，常懷愧憤，都下每有竊發，輒以宏為名，屢為有司所奏，上每赦之。上幸光宅寺㉔，有盜伏於驃騎航㉕，待上夜出。上將行，心動，乃於朱雀航過。事發，稱為宏所使。上泣謂宏曰：「我人才勝汝百倍，當此猶恐不堪㉖，汝何為者？我非不能為漢文帝㉗，念汝愚耳！」宏頓首稱無之，故因匿法壽，免宏官。

宏奢僭過度，殖貨無厭，庫屋垂百間㉘，在內堂之後，關籥甚嚴。有疑是鎧仗者，密以聞，上於友愛甚厚，殊不悅。佗日，送盛饌與宏愛妾江氏，曰：「當來就汝懽宴。」獨攜故人射聲校尉丘佗卿往，與宏及江大飲，半醉後，謂曰：「我今欲履行汝後房。」即呼輿徑往堂後，宏恐上見其貨賄，顏色怖懼，上意亦疑之。於是屋屋檢視，每錢百萬為一聚，黃榜標之，千萬為一庫，懸一紫標，如此三十餘間。上與佗卿屈指計見錢三億餘萬，餘屋貯布、絹、絲、綿、漆、蜜、紵、蠟等雜貨，但見滿庫，不知多少。上始知非仗，大悅，謂曰：「阿六㊴，汝生計大可。」乃更劇飲，至夜，舉燭而還，兄弟方更敦睦。

宏都下有數十邸，出懸錢立券，每以田宅邸店，懸上文契，期訖，便驅券主，奪其宅，都下東土百姓失業非一。上後知之，制懸券不得復驅奪自此始。

侍中領軍將軍吳平侯昺，雅有風力，為上所重，軍國大事，皆與議決，以為安右將軍㊵，監揚州。昺自以越親居揚州，涕泣懇讓㊶，上不許。在州尤稱明斷，符教嚴整。

辛巳（二十七日），以宏為中軍將軍、中書監，六月乙酉（朔），又以本號行司徒㊷。

臣光曰：「宏為將則覆三軍，為臣則涉大逆，高祖貸其死罪可矣，數旬之間，還為三公，於兄弟之恩誠厚矣，王者之灋，果安在哉！」

(十二)初，洛陽有漢所立三字石經(四三)，雖屢經喪亂而初無損失，及魏馮熙、常伯夫相繼為洛州刺史(四四)，毀取以建浮圖精舍，遂大致頹落，所存者委於榛莽，道俗隨意取之。侍中領國子祭酒崔光請遣官守視，命國子博士李郁等補其殘缺，胡太后許之。會元乂、劉騰作亂(四五)，事遂寢。

(十三)秋，七月，魏河州羌卻鐵忽反，自稱水池王(四六)。詔以主客郎(四七)源子恭為行臺以討之。子恭至河州，嚴勒州郡及諸軍毋得犯民一物，亦不得輕與賊戰，然後示以威恩，使知悔懼。八月，鐵忽等相帥詣子恭降，首尾不及二旬(四八)。子恭，懷之子也(四九)。

(十四)魏宦者劉騰手不解書，而多奸謀，善揣人意，胡太后以其保護之功(五〇)，累遷至侍中、右光祿大夫，遂干預政事，納賂為人求官，無不効者。

河間王琛，簡之子也(五一)，為定州刺史，以貪縱著名，及罷州還，太后詔曰：「琛在定州，唯不將中山宮(五二)來，自餘無所不致，何可更復敘用？」遂廢於家。琛乃求為騰養息(五三)，賂騰金寶巨萬計。騰為之言於太后，得兼都官尚書，出為秦州刺史。會騰疾篤，太后欲及其生而貴之，九月，癸未朔，以騰為衞將軍，加儀同三司。

㈤魏胡太后以天文有變，欲以崇憲高太后當之，戊申（二十六日），夜，高太后暴卒。冬，十月丁卯（十五日），以尼禮葬於北邙，謚曰順皇后。百官單衣邪巾㊄，送至墓所，事訖而除。

㈥乙亥（二十三日），以臨川王宏為司徒。

㈦魏胡太后遣使者宋雲與比丘㊅惠生如西域求佛經，司空任城王澄奏：「昔高祖遷都，制城內唯聽置僧尼寺各一，餘皆置於城外，蓋以道俗殊歸，欲其淨居塵外故也。正始三年，沙門統惠深始違前禁，自是卷詔不行，私謁彌衆，都城之中，寺踰五百，占奪民居三分且一，屠沽塵穢，連比雜居。往者代北有灋秀之謀㊆，冀州有大乘之變㊇，太和、景明之制，非徒使緇素㊈殊途，蓋亦以防微杜漸。昔如來闡教，多依山林㊉，今此僧徒，戀著城邑，正以誘於利欲，不能自已。此乃釋氏之糟糠，法王㊀之社鼠，內戒㊁所不容，國典所共棄也。臣謂都城內寺未成可徙者，宜悉徙於郭外，僧不滿五十者，并小從大，外州亦準此。」然卒不能行。

（十八）是歲，魏太師雍等奏鹽池天藏〔六二〕資育羣生，先朝為之禁限，亦非苟與細民爭利，但利起天池，取用無瀌，或豪貴封護，或近民吝守，貧弱遠來，邈然絕望，因置主司，令其裁察，彊弱相兼，務令得所。什一之稅，自古有之，所務者遠近齊平，公私兩宜耳！及甄琛啟求禁集〔六三〕，乃為繞池之民尉保光等擅自固護，語其障禁，倍於官司，取與自由，貴賤任口〔六四〕，請依先朝禁之為便。」詔從之。

【今註】㊀天監十七年：魏孝明帝神龜元年。㊁秀與弟始興王憺尤相友愛，憺久為荊州，常中分其祿以給秀：憺，秀之同母弟也，皆吳太妃所出。天監元年，憺刺荊州，督荊、湘等六州諸軍事，七年，徵為護軍將軍。荊州總西夏之寄，俸祿優厚，故常中分以給秀。㊂魏東益州氐反：東益州復入魏見十五年八月。㊃議依漢待匈奴故事：依漢文景故事，與約為兄弟之國。㊄太祖經啟帝圖，日有不暇，遂令豎子遊魂一方：帝圖猶曰帝業。謂道武帝經略中原，未暇北伐，遂令杜崘得以雄據朔漠。㊅高祖方事南轅，未遑北伐：南轅，謂南遷洛陽也，未遑北伐柔然。㊆世宗遵述遺志，虜使之來，受而弗答：事見卷一百四十六天監六年。述，循也，謂纂承先緒也。《中庸》云：「父作之，子述之。」㊇戎狄兼幷：謂柔然伏跋可汗新破高車，擊滅鄰國先屬柔然後叛去者，見十五年。㊈倫，白澤之子也：張白澤見卷一百三十四宋順帝昇明元年。⑩魏靈壽武敬公于忠：忠封靈壽縣公，謚曰武敬。⑪魏秦文宣公胡國珍：國珍初封安定郡公，既卒，始追崇太上秦公，謚文宣。⑫贈襚：贈死者衣衾曰襚。《左傳》文九年：「秦人來歸僖公成風之襚。」⑬又迎太后母皇甫氏之柩與國珍合葬，謂之太上秦孝穆君：《魏書・胡國珍傳》胡后母皇甫氏蓋前卒於宣武帝景明三年，胡后稱制，追崇京兆郡君，至是改謚太上秦孝穆君。⑭遠同文母，列於十亂：《列女傳》云：「太姒仁而明道，號曰文母。」太姒，文王之母也。亂，治也，理也。《書・泰誓》曰：「予有亂臣十人，同心同德。」言有治理國事之臣十人也。孔子曰：「才難，有婦女焉，九人而已。」釋文曰：「十人，周公旦、召公奭、太公望、畢公、榮公、太顛、閎夭、散宜生、南宮适及文母。」⑮必也正名乎：此《論語》載孔子答子路之言。⑯尚書奏復徵民綿麻之稅：魏罷綿麻之稅見十四年。今議復徵之為造寺之費。⑰高祖廢大斗，去長尺，改重稱：事見卷一百四十齊明帝建武二年。⑱所輸之物，或斤羨百銖：羨，餘也，過取所輸，故有羨餘。⑲戶主：一家之長。⑳三長：鄰長、里長、黨長也。魏立三長制見卷一百三十六齊武帝永明四年。㉑端幅：端之說互異。《集韻》布帛六丈曰端，《爾雅》倍丈謂之端，倍端謂之兩，倍兩謂之匹。杜預曰：「二丈為端，倍端謂兩，所謂疋也。」《說文》曰：「幅，布帛廣也。」段注曰：「凡布帛廣二尺二寸，其邊曰幅。」㉒二聖：謂魏主及胡后。㉓遠邀未然之報：未然，不可期也。佛倡輪迴果報之說，其事茫渺不可期。㉔昧爽之臣，稽首於外：謂羣臣入朝於寢宮之外也。天將明未明時，謂之昧爽，羣臣蓋入朝於是時，故曰昧爽之臣。㉕玄寂之眾，遨遊於內：

玄寂之眾，謂僧侶也，佛倡出世之說，其論虛玄。遨遊於內，言其不為文教所拘，而遨遊於海內也。㉖祇劫：胡三省曰：「釋氏之言祇劫，猶云無數劫也。」㉗未若收萬國之懽心以事其親，使天下和平，災害不生也：胡三省曰：「用孝經文意。」㉘淑慎威儀：胡三省曰：「淑，善也。」㉙親紆朔望之禮：紆，縈也，亦躬致之義。㉚釋奠成均：鄭玄曰：「釋奠者，設薦饌酌奠而已。」謂設饌酌以祭先聖也。成均，古太學之稱。《周禮》：「掌成均之法。」鄭注引董仲舒云：「成均，五帝之學。」㉛竭心千畝：謂躬親藉田以為天下倡。禮祭儀天子為藉千畝。藉謂藉田也。㉜南司：御史臺也。御史臺曰南臺，亦曰南司。㉝宏自洛口之敗：事見卷一百四十六天監五年。㉞光宅寺：帝以三橋舊宅為光宅寺，三橋在秣陵縣同夏里。㉟驃騎航：胡三省曰：「宏府面秦淮，於府前為浮橋，謂之驃騎航，以宏官名航也。」㊱當此猶恐不堪：言猶恐不勝天子之任。㊲我非不能為漢文帝：帝自謂非不能誅宏也。漢文帝誅淮南厲王長，故引以為喻。㊳庫屋垂百間：藏貨庫屋幾及百間。㊴阿六：謂臨川王宏也。宏於帝諸弟次第六。㊵安右將軍：帝所置一百二十五號將軍之一也，秩第二十一班，註已見前。㊶昺自以越親居揚州，涕泣懇讓：胡三省曰：「丙，帝之從父弟，揚州，京邑，昺自以為越同氣之親而居之，故懇讓。」㊷以本號行司徒：本號，謂中軍將軍號。㊸初，洛陽有漢所立三字石經：漢蔡邕正定五經文字，刻石立於洛陽太學門外，見卷四十七漢靈帝熹平四年。㊹洛州刺史：魏都平城，以洛陽為洛州，及孝文遷洛，始改為司州。㊺會元乂、劉騰作亂：乂、騰作亂事見下卷普通二年。㊻魏河州羌卻鐵忽反，自稱水池王：《魏書・地形志》河州治枹罕，領金城、武始、洪和、臨洮等郡。魏太武帝太平真君四年置水池郡，後改為水池縣，以屬洪和郡，故治在今甘肅省狄道縣西南。㊼主客郎：《晉書・職官志》曹魏置尚書二十三郎，主客郎其一也。㊽首尾不及二旬：謂自源子恭至河州及鐵之降，首尾不及二旬。㊾子恭，懷之子也：源懷歷事文成、獻文、孝文、宣武四朝。㊿胡太后以其有保護之功：劉騰保護胡后事見上十四年。㊀河間王琛，簡之子也：齊郡王簡見卷一百三十七，齊武帝永明九年。㊁中山宮：定州治中山，後燕所都也，其宮殿存焉，魏既克中山，因以為中山宮。㊂養息：養子。㊃百官單衣邪巾：胡三省曰：「古者二十成人，士冠，庶人巾。邪巾者，邪厭於首。捨衰絰喪冠而單衣邪巾，示不成喪也。」㊄比丘：行足僧也。《魏書・釋老志》曰：「桑門為息心，比丘為行乞。」《嘉祥法華義疏》云：「比丘名為乞士，上從如來乞法以練神，下就俗人乞食以資身，故名乞士。」《維摩經・佛國品》肇注云：「比丘，秦言或名淨乞食，或名破煩惱，或名淨持戒，或名能怖魔，天竺一名，該此四義，秦言無一名以譯之，故存本名焉。」蓋梵語之譯音，亦作苾芻。㊅往昔代北有法秀之謀：事見卷一百三十五齊高帝建元三年。㊆冀州有大乘之變：事見上十四年六月。㊇緇素：僧、俗也。緇為緇衣，僧眾之服也，素為素衣，庶人之服也，因借為僧、俗之別稱。梁元帝旻法師碑云：「緇素結轍，華戎延道。」㊈昔如來闡教，多依山林：如來，謂釋迦牟尼，佛教之始祖；闡，開悟也。如來本印度迦毗羅衛城主淨飯王之子，及長，偶乘車出遊，見人間死病疾苦，遂看破紅塵，剃髮為沙門，潛修於優樓頻螺村之菩提樹下，遂悟大道。㊉法王：佛之別稱。《法華經》云：「我為法王，於法自在。」《維摩經》云：「法王法力超羣生。」

㊁內戒：胡三省曰：「釋氏有五戒。」五戒者，不殺生，不偷盜，不邪淫，不妄語，不飲酒。佛為在家子弟制定五戒，故曰內戒。㊂天藏：天然之富藏。㊃及甄琛啟求禁集：琛啟罷鹽禁見卷一百四十六天監五年。禁集者，謂禁民私取鹽而榷集其利也。㊄貴賤任口：言鹽價之或貴或賤，任其口之所出。

卷一百四十九　梁紀五

起屠維大淵獻，盡昭陽單閼，凡五年。（己亥至癸卯，西元五一九年至五二三年）

司馬光編集
林瑞翰註

高祖武皇帝五

天監十八年（西元五一九年）

㈠春，正月甲申（初四日），以尚書左僕射袁昂為尚書令，右僕射王暕為左僕射，太子詹事徐勉為右僕射。

㈡丁亥（初七日），魏主下詔，稱太后臨朝踐極，歲將半紀㊀，宜稱詔以令宇內。

㈢辛卯（十一日），上祀南郊。

㈣魏征西將軍張彝之子仲瑀上封事求銓削選格㊁，排抑武人，不使豫清品。於是喧謗盈路，立榜大巷，克期會集屠害其家。彝父子晏然，不以為意。二月庚午（二十日），羽林、虎賁近千人相帥至尚書省詬罵，求仲瑀兄左民郎中㊂始均，不獲，以瓦石擊省門，上下慴懼，莫敢禁討，遂持火掠道中薪蒿，以杖石為兵器，直造其第，曳彝堂下，捶辱極意，焚其第舍。始均踰垣走，復還拜賊，請其父命。賊就毆擊，生投之火中。仲瑀重傷，走免，彝僅有餘息㈣，再宿㈤而死，遠近震駭。胡太后收掩羽林、虎賁凶彊者八人斬之，其餘不復窮治。乙亥（二十五日），大赦以安之，因令武官得依資入選，識者知魏之將亂矣。

時官員既少㈥，應選者多，吏部尚書李韶銓注不行，大致怨嗟㈦，更以殿中尚書崔亮為吏部尚書。亮奏為格制，不問士之賢愚，專以停解月日為斷，沈滯者皆稱其能。

亮甥司空諮議劉景安與亮書曰：「殷、周以鄉塾貢士㈧，兩漢由州郡薦才㈨，魏、晉因循，又置中正㈩，雖未盡美，應什收六七，而朝廷貢才，止求其文，不取其理，察孝廉唯論章句，不及治道，立中正不考才行，空辯氏姓。取士之途不博，沙汰之理未精，舅屬當銓衡，宜改張易調㈡，如何反為停年格㈢以限之？天下士子，誰復脩厲名行哉？」

亮復書曰：「汝所言乃有深致⑬，吾昨為此格，有由而然。古今不同，時宜須異。昔子產鑄刑書以救弊，叔向譏之以正灋⑭，何異汝以古禮難權宜哉！」

洛陽令代人薛琡⑮上書言「黎元之命，繫於長吏，若以選曹唯取年勞，不簡能否，義均行鴈，次若貫魚⑯，執簿呼名，一吏足矣，數人而用，何謂銓衡？」書奏，不報。後因請見，復奏乞令王公貴臣薦賢以補郡縣，詔公卿議之，事亦寢。其後甄琛等繼亮為吏部尚書，利其便己，踵而行之，魏之選舉失人，自亮始也。

初，燕燕郡太守高湖奔魏⑰，其子謐為侍御史，【考異】李百藥北齊書作謐，北史作謐，今從之。坐灋徙懷朔鎮，世居北邊，遂習鮮卑之俗。謐孫歡，沈深有大志，家貧，執役在平城，富人婁氏女見而奇之，遂嫁焉。始有馬，得給鎮為函使⑱，至洛陽，見彝之死，還家，傾貲以結客。或問其故，歡曰：「宿衞相帥焚大臣之第，【考異】北齊書云：「領軍張彝」，按彝未嘗為領軍，故但云大臣。朝廷懼其亂而不問，為政如此，事可知矣！財物豈可常守邪？」歡與懷朔省事⑲雲中司馬子如、秀容⑳劉貴、中山賈顯智，戶曹史㉑

咸陽孫騰、外兵史懷朔侯景、獄掾善無尉景㊂、廣寧㊃蔡儁特相友善，並以任俠雄於鄉里。

㊄夏，四月丁巳（初八日），大赦。

㊅五月戊戌（二十日），魏以任城王澄為司徒，京兆王繼為司空。

㊆魏累世彊盛，東夷、西域，貢獻不絕，又立互市以致南貨，至是府庫盛溢。胡太后嘗幸絹藏㊄，命王公嬪主從行者百餘人各自負絹，稱力㊄取之，少者不減百餘匹。尚書令儀同三司李崇、章武王融負絹過重，顛仆於地，崇傷腰，融損足，太后奪其絹使空出，時人笑之。融，太洛之子也㊅。侍中崔光止取兩匹，太后怪其少，對曰：「臣兩手唯堪兩匹。」眾皆愧之。

時魏宗室權倖之臣，競為豪侈，高陽王雍富貴冠一國，宮室園圃，侔於禁苑，僮僕六千，妓女五百，出則儀衛塞道路，歸則歌吹連日夜，一食直錢數萬。李崇富埒於雍而性儉嗇，嘗謂人曰：「高陽一食，敵我千日。」河間王琛每欲與雍爭富，駿馬十餘匹，皆以銀為槽，窗戶之上，玉鳳銜鈴，金龍吐旆，嘗會諸王宴飲，酒器有水精鋒㉗、馬腦椀㉘、赤玉卮㉙，制作精巧，皆中國所無，又陳女樂名馬及諸奇寶，復引諸王歷觀府庫，金錢繒布，不可勝計，顧謂章武王融曰：「不恨我不見石崇，恨石崇不見我㉚。」融素以富自負，歸而惋歎三日。京兆王繼聞而省之，謂曰：「卿之貨財，計不減於彼，何為愧羨乃爾？」融曰：「始謂富於我者獨高陽耳，不意復有河間。」繼曰：「卿似袁術在淮南，不知世間復有劉備耳！」融乃笑而起。

太后好佛，營建諸寺，無復窮已。令諸州各建五級浮圖，民力疲弊。諸王、貴人、宦官、羽林各建寺於洛陽，相高以壯麗。太后數設齋會，施僧物動以萬計，賞賜左右無節，所費不貲，而未嘗施惠及民，府庫漸虛，乃減削百官祿力㉛。任城王澄上表，以為蕭衍常蓄窺覦之志，宜及國家彊盛，將士旅力㉜，早圖混壹之功，比年以來，公私貧困，宜節省浮費以周急務，太后雖不能用，常優禮之。魏自永平以來㉝，營明堂辟雍，役者多不過千人，有司復借以修寺及供它役，十餘年竟不能成。起部郎源子恭上書，以為廢經國之務，資不急之費，宜徹減諸役，早圖就功，使祖宗有嚴配㊁之期，蒼生有禮樂之富。詔從之，然亦不能成也。

㈧魏人陳仲儒請依京房立準以調八音。有司詰仲儒京房律準今雖有其器，曉之者鮮，仲儒所受何師？出何典籍？仲儒對言：「性頗愛琴，又嘗讀司馬彪續漢書，見京房準術，成數昞然㊂。遂竭愚思，鑽研甚久，頗有所得。夫準者，所以代律，取其分數，調校樂器。竊尋調聲之體，宮商宜濁，徵羽宜清。若依公孫崇，止以十二律聲，而云還相為宮，清濁悉足，唯黃鍾管最長，故以黃鍾為宮，則往往相順，若均之八音，猶須錯采眾音，配成其美，若以應鍾為宮，蕤賓為徵，則徵濁而宮清，雖有其韻，不成音曲；若以中呂為宮，則十二律中全無所取。今依京房書，中呂為宮，乃以去滅為商，執始為徵，然後方韻。而崇乃以中呂為宮，猶用林鍾為徵，何由可諧？但音聲精微，史傳簡略，舊志準十三絃，隱間九尺，不言湏柱以不㊃，又一寸之內，有萬九千六百八十三分，微細難明，仲儒私曾考驗，準當施柱，但前卻柱中以約準分，則相生之韻，已自應合，其中絃粗細，須與琴宮相類施軫，以調聲令，與黃鍾相合。中絃下依數畫六十律清濁之節，其餘十二絃須施柱如箏，即於中絃案盡一周之聲，度著十二絃上，然後依相生之濃，以次運行，取十二律之商徵，商徵既定，又依琴五調調聲之濃，以均樂器，然後錯采眾聲，以文飾之，若事有乖此聲則不和。且燧人不師資而習火㊂七，延壽不束脩以變律㊂八，故云知之者欲教而無從，心達者體知而無師。苟有一毫所得，皆關心抱，豈必要經師受然後為奇哉！」尚書蕭寶寅奏仲儒學不師受，輕欲制作，不敢依許，事遂寢。

(九)魏中尉東平王匡以論議數為任城王澄所奪，憤恚，復治其故棺㊂九，欲奏攻澄。澄因奏匡罪狀三十餘條，廷尉處以死刑。秋，八月己未（十二日），詔免死，削除官爵，以車騎將軍侯剛代領中尉。三公郎中㊃〇辛雄奏理匡，以為歷奉三朝，骨鯁之迹，朝野具知，故高祖賜名曰匡，先帝既已容之於前，陛下亦宜寬之於後，若終貶黜，恐杜忠臣之口。未幾，復除匡平州刺史。雄，琛之族孫也㊃。

㈩九月，庚寅朔，胡太后遊嵩高㊂，癸巳（初四日），還宮。太后從容謂兼中書舍人楊昱曰：「親姻在外，不稱人心，卿有聞，慎勿諱隱。」昱奏揚州刺史李崇五車載貨，相州刺史楊鈞造銀食器，餉領軍元乂。太后召乂夫妻泣而責之㊃，乂由是怨昱。昱叔父舒妻，武昌王和之妹也，和即乂之從祖。舒卒，元氏頻請別居，昱父椿泣責不聽，元氏恨之。會瀛州民劉宣明謀反，事覺逃亡，乂使和及元氏誣告昱藏匿宣明，且云昱父定州刺史椿、叔父華州刺史津並送甲仗三百具謀為不逞，乂復構成之，遣御仗五百人夜圍昱宅收之，一無所獲。太后問其狀，昱具對為元氏所怨，太后解昱縛，處和及元氏死刑，既而乂營救之，和直免官，元氏竟不坐。

㈩一冬，十二月癸丑（初八日），魏任城文宣王澄卒。

㈩二庚申（十五日），魏大赦。

㈩三是歲，高句麗王雲卒，世子安立。

(十四)魏以郎選不精，大加沙汰㊹，唯朱元旭、辛雄、羊深、源子恭及范陽祖瑩等八人以才用見留，餘皆罷遣。深，祉之子也㊺。

【今註】㊀太后臨朝踐極，歲將半紀：胡后臨朝見上卷天監十四年，至是首尾凡五年。踐極猶曰踐位，君位曰極，取至高無上之意。㊁銓削選格：按《魏書・張彝傳》作銓別選格，蓋欲使文武異選，清濁分途也。㊂左民郎中：晉武帝置尚書三十五曹，郎二十三人更相統攝，左民其一也。尚書郎北魏曰郎中。㊃彝僅有餘息：胡三省曰：「言氣息奄奄，僅未絕耳！」㊄再宿：越二宿。㊅時官員既少：謂選補之額少也。㊆大致怨嗟：致，招致也。㊇殷、周以鄉塾貢士：《禮記・王制》命鄉論秀士升之司徒曰選，司徒論秀士而升之學曰俊士。㊈兩漢由州郡薦才：謂賢良、方正、孝廉、茂才之舉也，事見《漢紀》。㊉魏、晉因循，又置中正：魏用陳羣議置中正官以銓衡人品，事見卷六十九魏文帝黃初元年。⑪改張易調：《漢書》董仲舒曰：「譬如琴瑟不調，甚者必解而更張之。」《宋書・樂志》云：「琴瑟殊未調，改弦當更張。」不調，謂調不和也。⑫停年格：謂沈滯者雖愚亦銓注美缺，年勞輕者雖賢亦屈居下僚。⑬深致：致，理致也。⑭昔子產鑄刑書以救弊，叔向譏之以正灋：《左傳》昭六年鄭人鑄刑書，叔向使詒子產書曰：「昔先王議事以制，不為刑辟，懼民之有爭心也，猶不可禁禦，是故閑之以義，糾之以政，行之以禮，守之以信，奉之以仁，制為祿位以勸其從，嚴斷刑罰以威其淫，懼其未也，故誨之以忠，聳之以行，教之以務，使之以和，臨之以敬，涖之以彊，斷之以剛，猶求聖哲之上，明察之官，忠信之長，慈惠之師，民於是乎可任使也，而不生禍亂。民知有辟，則不忌於上，並有爭心。以徵於書，而徼幸以成之，弗可為矣！夏有亂政而作禹刑，商有亂政而作湯刑，周有亂政而作九刑，三辟之興，皆叔季也。今吾子相鄭國，作封洫，立謗政，制參辟，鑄刑書，將以靖民，不亦難乎！民將棄禮義而徵於書，錐刀之末，將盡爭之，亂獄滋豐，賄賂並行，終子之世，鄭其敗乎！」子產復書曰：「僑不才，不能及子孫，吾以救世也。」（一五）代人薛琡：《魏書・官氏志》西方叱干氏後改為薛氏。（一六）義均行雁，次若貫魚：謂賢愚能否，皆以資次先後，循序而進，如雁行魚貫然。（一七）初，燕燕郡太守高湖奔魏：湖棄燕奔魏見卷一百十一晉安帝隆安三年。（一八）得給鎮為函使：得給役於懷朔鎮為函使也。胡三省曰：「凡書表皆函封，函使者，使奉函詣京師也。」（一九）懷朔省事：胡三省曰：「省事，鎮吏也。」（二〇）秀容：《魏書・地形志》明元帝永興二年置秀容郡及秀容縣，郡治在焉，故城在今山西省忻縣西北五十里，太武帝太平真君七年，置肆州，秀容郡屬焉。（二一）戶曹史：胡三省曰：「史亦吏職也。」（二二）善無尉景：善無縣，前漢屬鴈門郡，後漢屬定襄郡，靈帝末廢，後魏復置，道武稱帝，東至代郡，西及善無，皆為畿內，故城在今山西省右玉縣南。《魏書・地形志》東魏孝靜帝天平二年，就縣置善無郡，屬恒州。《北史・尉景傳》云，秦漢置尉、堠官，景先有居此職者，因以氏焉。（二三）廣寧：《魏書・地形志》廣寧郡，屬朔州。《五代志》隋煬帝大業初，廢廣寧郡入善陽縣，屬馬邑郡，今山西省朔縣地。（二四）絹藏：藏絹之所。（二五）稱力：稱，副也，相當也。稱力者，盡其力之所及。（二六）融，太洛之子也：章武王太洛見卷一百三十二宋明帝泰始四年。㉗酒器有水精鋒：鋒當作鍾，酒器也，以水精為之。水精即水晶也。《後漢書・西域傳》大秦國宮室皆以水精為柱，食器亦然，大秦即今之義大利。王先謙曰：「西人以玻璃飾宮室及為食器，中國人見之以為水精。」㉘馬腦椀：以馬腦為椀。馬腦今通作瑪瑙，文石也。《本草綱目》曰：「以其爛紅色似馬之腦，故名。」《談薈》曰：「瑪瑙之生南方者色正紅而無瑕，生西北者色青黑謂鬼面青，有枝葉儼如柏枝者曰柏枝瑪瑙，黑白相閒者曰金子瑪瑙，質理純黑中閒白綠者曰合子瑪瑙，正視之瑩白光彩側視之若凝血者曰夾胎瑪瑙。」㉙赤玉巵：巵，酒鍾也，以赤玉為之。㉚不恨我不見石崇，恨石崇不見我：石崇事見卷八十一晉武帝太康三年。崇以豪富稱，故河間王琛有是言。㉛祿力：祿謂在官所受之祿，力謂在官所用差役。㉜將士旅力：旅與膂同，言宜及將士膂力未衰時也。㉝魏自永平以來：天監七年，魏宣武帝改元永平。㉞嚴配：《孝經》孔子曰：「孝莫大於嚴父，嚴父莫大於配天。」㉟又嘗讀司馬彪《續漢書》，見京房準術，成數昞然：《續漢書・律曆志》曰：「京房字君明，知五聲之音，六律之數，元帝使太子太傅韋玄成、諫議大夫章雜試問房於樂府。房對受學小黃令焦延壽，六十律相生之法，以上生下，皆三生二，以下生上，皆三生四，陽下生陰，陰上生陽，始於黃鍾，終於中呂，而十二律畢矣！中呂上生執始，執始下生去滅，上下相生，終於南事，六十律畢矣！夫十二律之變至於六十，猶八卦之變至於六十四也。宓羲作易，紀陽氣之初以為律法，建日冬至之聲，以黃鍾為宮，太蔟為商，姑洗為角，林鍾為徵，南呂為羽，應鍾為變宮，蕤賓為變徵，此聲氣之元，五音之正也。故各終一日，其餘以次運行，當日者各自為宮，而商、徵以類從焉！禮運篇曰，五聲六律十二管還相為宮，此之謂也。以六十律分朞之日，黃鍾自冬至始，及冬至而復，陰陽寒燠風雨之占生焉！於以檢攝羣音，考其高下，苟非革木之聲，則無不有所合，虞書曰，律和聲，此之謂也。房又曰：『竹聲不可以度調，故作準以定數。準之狀如瑟，長丈而十三弦，隱間九尺，以應黃鍾之律九寸，中央一弦，下有畫分寸，以為六十律清濁之節。』房言律詳於劉歆所奏，其術施行於史官，候部用之。其律術曰：『陽以圓為形，其性動；陰以方為節，其性靜。動者數三，靜者數二，以陽生陰倍之，以陰生陽四之，皆三而一。陽生陰曰下生，陰生陽曰上生，上生不得過黃鍾之濁，下生不得及黃鍾之清，皆參天兩地，圓蓋方覆，六耦承奇之道也。黃鍾，律呂之首而生十二律者也，其相生也，皆三分而損益之，是故十二律之得十七萬七千一百四十七，是為黃鍾之實，又以二乘而三約之，是為下生林鍾之實，又以四乘而三約之，是為上生太蔟之實，推此上下以定六十律之實，以九三之數萬九千六百八十三為法，律為寸，於準為尺，不盈者十之所得為分，又不盈十之所得為小分，以其餘正其強弱。夫截管為律，吹以考聲，列以物氣，道之本也，術家以其聲微而體難知，其分數不明，故作準以代之。準之聲，明暢易達，分寸又麤，然弦之緩急清濁，非管無以正也。均其中弦，令與黃鍾相得，案畫以求諸律，無不如數而應考矣！』」其準、律之度詳於《續漢書・律曆志》。《晉書・樂志》曰：「宮之為言中也，中和之道，無往而不理焉；商之為言強也，謂金性之堅強也；角之為言觸也，謂象諸湯氣觸物而生也；徵之為言止也，言物盛則止也；羽之為言舒也，言陽氣將復，萬物孳育而舒生也。」宋白曰：「合口通音謂之宮，其音雄雄洪洪然，開口吐聲謂之商，其音鏘鏘倉倉然，張牙湧脣謂之角，其音喔喔確確然，齒合脣開謂之徵，其音倚倚巇巇然，齒開脣聚謂之羽，其音于于吁吁然。」㊱以不：胡三省曰：「不讀曰否。今刑統疏議多用以否二字，蓋當時常用疑辭也。」㊲燧人不師資而習火：謂古者民不知用火，燧人氏始鑽燧取火，教民熟食，而未嘗經師受也。㊳延壽不束脩以變律：《論語》孔子曰：「自行束脩以上，吾未嘗無誨焉！」朱元晦注：「脩，脯也，十脡為束，古者相見，必執贄以為禮，束脩其至薄者。」不束脩，謂無所師承也。延壽，即京房之師焦延壽，變律，謂變十二律為六十律也。㊴復治其故棺：東平王匡輿棺欲以屍諫見卷一百四十七天監七年。㊵三公郎中：《晉書．職官志》尚書三公郎，曹魏始置。《五代志》尚書三公曹掌五時讀時令，諸曹囚帳、斷罪、赦日等事。㊶雄，琛之族孫也：辛琛見卷一百四十七天監六年。㊷嵩高：即嵩山也，《白虎通》云：「中嶽居四方之中而高，故曰嵩高。」在今河南省登封縣北，蓋禹貢之外方，一曰太室，《左傳》晉司馬侯所謂陽城太室，九州之險者也。其山有太室、少室二峯，戴延之《西征記》曰：「東曰太室，西曰少室，嵩高其總名也。」㊸太后召乂夫妻泣而責之：胡三省曰：「泣而責之，愛誨之意也。」㊹沙汰：去其冗劣也。沙汰者，以水淘沙之謂，因以為譬。㊺深，祉之子也：魏宣武帝正始之初，羊祉受命鎮梁益。

普通元年㊀（西元五二〇年）

㈠春，正月，乙亥朔，改元，大赦。

㈡丙子（初二日），日有食之。

㈢己卯（初六日），以臨川王宏為太尉、揚州刺史㊁，金紫光祿大夫王份為尚書左僕射㊂。份，奐之弟也㊃。

㈣左軍將軍豫寧威伯㊄馮道根卒。是日，上春祠二廟㊅，既出宮，有司以聞。上問中書舍人朱異曰：「吉凶同日，今可行乎？」對曰：「昔衞獻公聞柳莊死，不釋祭服而往㊆。道根雖未為社稷之臣，亦有勞王室，臨之禮也。」上即幸其宅，哭之甚慟。

㈤高句麗世子安遣使入貢。二月癸丑（初九日），以安為寧東將軍，高句麗王。遣使者江瀍盛授安衣冠、劍佩，魏光州㊇兵就海中執之，送洛陽。

㈥魏太傅、侍中清河文獻王懌，美風儀，胡太后逼而幸之，然素有才能，輔政多所匡益。好文學，敬士人，時望甚重。侍中、領軍將軍元乂在門下，兼總禁兵，恃寵驕恣，志欲無極，懌每裁之以瀍，乂由是怨之。衞將軍儀同三司劉騰權傾內外，吏部希騰意，奏用騰弟為郡，人資乖越㊈，懌抑而不奏，騰亦怨之。龍驤府長史宋維，弁之子也㊉，懌薦為通直郎⑪，浮薄無行，乂許維以富貴，使告司染都尉⑫韓文殊父子謀作亂立懌，懌坐禁止，案驗無反狀，得釋，維當反坐⑬。乂言於太后曰：「今誅維，後有真反者，人莫敢告。」乃黜維為昌平郡守⑭。

乂恐懌終為己害，乃與劉騰密謀，使主食中黃門胡定自列⑮，云懌貨⑯定使毒魏主，若己得為帝，許定以富貴。帝時年十一，信之。秋，七月，丙子（初四日），太后在嘉福殿，未御前殿，乂奉帝御顯陽殿。騰閉永巷門，太后不得出。懌入，遇乂於含章殿後，乂厲聲不聽懌入，懌曰：「汝欲反邪？」又曰：「乂不反，正欲縛反者耳！」命宗士及直齋執懌衣袂，將入含章東省⑰，使人防守之。騰稱詔集公卿議，論懌大逆，眾咸畏乂，無敢異者，唯僕射新泰文貞公⑱游肇抗言以為不可，終不下署⑲，乂、騰持公卿議入，俄而得可⑳，夜中殺懌，於是詐為太后詔，自稱有疾，還政於帝，幽太后於北宮宣光殿，宮門晝夜長閉，內外斷絕。騰自執管鑰，帝亦不得省見，裁聽傳食而已。太后服膳俱廢，不免飢寒，乃歎曰：「養虎得噬，我之謂矣！」又使中常侍賈粲侍帝書，密令防察動止。乂遂與太師高陽王雍等同輔政。帝謂乂為姨父，乂與騰表裏擅權，乂為外禦，騰為內防，常直禁省，共裁刑賞，政無巨細，決於二人，威振內外，百僚重迹㊁。朝野聞懌死，莫不喪氣，胡夷為之剺面者數百人㊂，游肇憤邑而卒。

㈦己卯（初七日），江、淮、海並溢。

㈧辛卯（十九日），魏主加元服，大赦，改元正光。

㈨魏相州刺史中山文莊王熙，英之子也㊃，與弟給事黃門侍郎略、司徒祭酒㊄纂皆為清河王懌所厚，聞懌死，起兵於鄴，上表欲誅元乂、劉騰，纂亡奔鄴。後十日，長史柳元章等帥城人鼓譟而入，殺其左右，執熙、纂幷諸子，置於高樓。八月甲寅（十三日），元乂遣尚書左丞盧同就斬熙於鄴街，並其子弟。

熙好文學，有風義㊄，名士多與之遊。將死，與故知書曰：「吾與弟俱蒙皇太后知遇，兄據大州，弟則入侍，殷勤言色，恩同慈母。今皇太后見廢北宮，太傅清河王懌受屠酷，主上幼年，獨在前殿，君親如此，無以自安，故帥兵民欲建大義於天下，但智力淺短，旋見囚執㉖。上慚朝廷，下愧相知。本以名義干心，不得不爾，流腸碎首，復何言哉！凡百君子，各敬爾儀，為國為身，善勗名節。」聞者憐之。

熙首至洛陽，親故莫敢視，前驍騎將軍刁整獨收其尸而藏之。整，雍之孫也㉗。

盧同希乂意，窮治熙黨與，鎖濟陰內史㉘楊昱赴鄴，考訊百日，乃得還任，乂以同為黃門侍郎。

元略亡抵故人河內司馬始賓，始賓與略縛荻筏，夜渡孟津，詣屯留㉙栗法光家，轉依西河太守刁雙，匿之經年。時購略甚急，略懼，求送出境。雙曰：「會有一死，所難遇者為知己死耳！願不以為慮。」略固求南奔，雙乃使從子昌送略渡江，遂來奔，上封略為中山王。雙，雍之族孫也。

乂誣刁整送略，並其子弟收繫之，御史王基等力為辯雪，乃得免。

(十)甲子(二十三日),侍中車騎將軍永昌嚴侯⑳韋叡卒。時上方崇釋氏,士民無不從風而靡,獨叡自以位居大臣,不欲與俗俯仰,所行略如平日。

(十一)九月,戊戌(二十七日),魏以高陽王雍為丞相,總攝內外,與元乂同決庶務。

(十二)初,柔然佗汗可汗納伏名敦之妻候呂陵氏,生伏跋可汗及阿那瓌等六子。伏跋既立,忽亡其幼子祖惠,求募不能得。有巫地萬言祖惠今在天上,我能呼之,乃於大澤中施帳幄,祀天神,祖惠忽在帳中,自云恒在天上,伏跋大喜,號地萬為聖女,納為可賀敦㉑。地萬既挾左道,復有姿色,伏跋敬而愛之,信用其言,干亂國政,如是積歲。祖惠浸長,語其母曰:「我常在地萬家,未嘗上天。上天者,地萬教我也。」其母具以狀告伏跋,伏跋曰:「地萬能前知未然,勿為讒也。」既而地萬懼,譖祖惠於伏跋而殺之,候呂陵氏遣其大臣具列等絞殺地萬,伏跋怒,欲誅具列等,會阿至羅㉒入寇,伏跋擊之,兵敗而還,候呂陵氏與大臣共殺伏跋，立其弟阿那瓌為可汗。阿那瓌立十日，其族兄示發帥眾數萬擊之，阿那瓌戰敗，與其弟乙居伐輕騎奔魏，示發殺候呂陵氏及阿那瓌二弟。

㈢魏清河王懌死，汝南王悅了無恨元乂之意㉝，以桑落酒㉞候之，盡其私佞，乂大喜。冬，十月，乙卯（十五日），以悅為侍中、太尉。悅就懌子亶求懌服玩，不時稱旨㉟，杖亶百下，幾死。

㈣柔然可汗阿那瓌將至魏，魏主使司空京兆王繼、侍中崔光等相次迎之，賜勞甚厚。魏主引見阿那瓌於顯陽殿，因置宴，置阿那瓌位於親王之下。宴將罷，阿那瓌執啟立於座後，詔引至御座前。阿那瓌再拜言曰：「臣以家難，輕來㊱詣闕，本國臣民，皆已逃散。陛下恩隆天地，乞兵送還本國，誅翦叛逆，收集亡散。臣當統帥遺民，奉事陛下。言不能盡，別有啟陳。」仍以啟授中書舍人常景以聞。景，爽之孫也㊲。

十一月己亥（二十九日），魏立阿那瓌為朔方公，蠕蠕王。賜以衣服、軺車、祿恤、儀衛，一如親王。

時魏方彊盛，於洛水橋南御道東作四館，道西立四里，有自江南來降者處之金陵館，三年之後，賜宅於歸正里，自北夷降者處燕然館，賜宅於歸德里，自東夷降者處扶桑館，賜宅於慕化里，自西夷降者處崦嵫館，賜宅於慕義里㊳。及阿那瓌入朝，以燕然館處之。阿那瓌屢求返國，朝議異同不決，阿那瓌以金百斤賂元乂，遂聽北歸。十二月壬子（十三日），魏敕懷朔都督簡銳騎二千護送阿那瓌達境首㊴，觀機招納，若彼迎候㊵，宜賜繒帛、車馬，禮餞而返；如不容受，聽還闕庭；其行裝資遣，付尚書量給。

(十五)辛酉（二十二日），魏以京兆王繼為司徒。

(十六)魏遣使者劉善明來聘，始復通好㊶。

【今註】㊀普通元年：魏孝明帝正光元年。㊁以臨川王宏為太尉、揚州刺史：天監十七年，蕭昺代臨川王宏監揚州，至是以昺為郢州刺史。㊂金紫光祿大夫王份為尚書左僕射：代王暕也，暕以母憂去職。㊃份，奐之弟也：王奐，魏尚書令王肅之父也，以雍州拒臺兵見殺，事見卷一百三十八齊武帝永明十一年。㊄豫寧威伯：威，謚也。《宋書・州郡志》豫寧，漢獻帝建安中立，吳曰西安，晉武帝太康元年，更名豫寧。錢大昕曰：「晉志有豫章無豫寧，此轉寫之譌。王曇首以誅徐羨之等功追封豫寧縣侯，子僧綽、孫儉皆襲豫寧之封，而宋書僧綽傳、齊書儉傳乃作豫章，亦誤也。南齊志豫章郡亦有豫寧縣，南史王亮封豫寧縣公，裴之橫封豫寧侯，則豫寧縣名自晉迄梁，未之改也。」《五代志》豫章郡建昌縣舊有豫寧縣，隋文帝開皇九年省入建昌也，故城在今江西省武寧縣西。㈥上春祠二廟：《五代志》梁武帝亡太廟祀太祖文皇帝以上六親，皆同一堂，共庭而別室，春祀、夏礿、秋嘗、冬烝，並臘，一歲凡五，謂之時祭，三年一禘，五年一祫，謂之殷祭，禘以夏，祫以冬；又有小廟，太祖太夫人廟也，非嫡，故別立廟，皇帝每祭太廟訖，乃詣小廟，亦以一太牢，如太廟禮。故梁有二廟。㈦昔衞獻公聞柳莊死，不釋祭服而往：《禮記・檀弓》曰：「衞太史柳莊寢疾，公曰：『若疾革，雖當祭必告。』公再拜稽首請於尸曰：『有臣柳莊也者，非寡人之臣，社稷之臣也，聞之死，請往。』不釋服而往。」㈧魏光州：《魏書・地形志》獻文帝皇興四年，分青州置光州，時領東萊、長廣二郡，孝明帝孝昌四年，復分東郡、陳留置東牟郡屬之，治掖城，今山東省掖縣。㈨人資乖越：胡三省曰：「人非其才為乖，資非其次為越。」㈩龍驤府長史宋維，弁之子也：宋弁見用於魏孝文帝。⑪通直郎：即通直散騎侍郎也。⑫司染都尉：《五代志》後齊太府寺屬官有司染署令、丞，蓋北魏司染都尉之職也，掌染作彩色。⑬反坐：胡三省曰：「反坐者，誣告失實，以其所告之罪坐之。」⑭昌平郡守：昌平縣，漢屬上谷郡，北魏置昌平郡，屬燕州，故城在今河北省昌平縣西。⑮使主食中黃門胡定自列：自列，自陳也。主食，主御食者。《五代志》後齊門下省有尚食局典御二人，丞、監各四人，知御膳事，皆主食之職。⑯貨：賂也。⑰命宗士及直齋執懌衣袂，將入含章東省：

將，引也。胡三省曰：「魏置宗師，宗士其屬也。直齋，直殿內齋閤者也。」⑱新泰文貞公：文貞，諡也。新泰縣，漢泰山郡之東平陽縣也，晉武帝太康九年，改曰新泰縣，晉惠帝割屬東安郡，北魏因之。《五代志》新泰縣屬琅邪郡，今山東省新泰縣地。⑲終不下署：不下筆署名也。⑳俄而得可：可者，魏主可其奏也。㉑重迹：胡三省曰：「言懼之甚，不敢妄舉足而行，步步踏陳迹也。」餘按重迹之為言猶重足，皆譬喻之辭。㉒胡夷為之剺面者數百人：胡三省曰：「胡夷臨喪，剺面而哭，哀甚。」㉓魏相州刺史中山文莊王熙，英之子也：熙諡文莊。英，景穆子南安惠王楨之子也，歷事魏孝文、宣武二朝，數將兵，所至有功。㉔司徒祭酒：《晉書・職官志》諸公及開府從公者，置西、東閤祭酒各一人。㉕有風義：有高風節義。㉖旋見囚執：胡三省曰：「旋，反也。」㉗整，雍之孫也：晉安帝之末，刁雍奔魏，歷事明元、太武、文成三朝，著功於淮汝之間。㉘濟陰內史：《魏書・地形志》濟陰郡，屬西兗州。漢為梁國，後改置濟陰國，又改定陶國，後為濟陰郡，後漢為濟陰國，晉曰濟陽郡。治定陶，在今山東省定陶縣西北。㉙屯留：屯留縣，自漢、晉以來屬上黨郡，本赤狄之邑，謂之留吁，後為晉邑，謂之純留，戰國始曰屯留，故城在今山西省屯留縣南。顏師古曰：「屯音純。」㉚永昌嚴侯：嚴，諡也。永昌縣：吳立，晉以來零陵郡，《五代志》隋永昌縣入零陵縣，故城在今湖南省祁陽縣西北。㉛可賀敦：柔然可汗嫡妻之號。㉜阿至羅：胡三省曰：「阿至羅，虜之別種，居北河之東，世附於魏。」㉝魏清河王懌死，汝南王悅了無恨元乂之意：悅，懌之弟也，故史譏之。㉞桑葉酒：《水經注》曰：「河東郡多流雜，謂之徙民，民有姓劉名墮者，宿擅工釀，採挹河流，醞成芳酎，懸食同枯枝之年，排於桑落之辰，故酒得其名。然香醑之色，清白若瀡漿焉！別調氛氳，不與佗同，蘭薰麝越，自成馨逸，方土之貢，選最佳酌矣！自王公庶友，牽拂相招者，每云索郎有顧，思同旅語。索郎，反語為桑落也，更為籍徵之雋句，中書之英談。」《齊民要術》云：「造酒以十月桑落，初凍，收水釀者為上，謂之桑落酒。」與酈說異。㉟不時稱旨：胡三省曰：「既遷延不以時納，所納者又不稱悅意也。」㊱輕來：謂輕騎簡從來降也。㊲景，爽之孫也：常爽見卷一百二十三宋文帝元嘉六年。㊳於洛水橋南御道東作四館，道西立四里，有自江南來降者處之金陵館，三年之後，賜宅歸正里，自北夷降者處燕然館，賜宅於歸德里，自東夷降者處扶桑館，賜宅於慕化里，自西夷降者處崦嵫館，賜宅於慕義里：金陵、燕然、扶桑、崦嵫，皆以四方之地為名也。金陵，南朝所都，蓋戰國楚之金陵邑也。燕然在漠北，胡虜之名山也，後漢和帝永元元年，竇憲追北單于，登燕然山，去塞三千餘里，刻石紀功於是山也。《山海經》云：「大荒之中，暘谷之上有扶桑，日所出也。灰野之山，有樹青葉赤華，名曰若木，生崑崙西鳥鼠山西南曰崦嵫，日所入也。」《十洲記》曰：「扶桑在碧海中，樹長數千丈，一千餘圍，兩榦同根，更相依倚，日所出處。」又《淮南子》云：「經細柳西方之地崦嵫，日所入也。」㊴境首：邊境也。㊵若彼迎候：彼謂阿那瓌舊部。㊶魏遣使者劉善明來聘，始復通好：自齊明帝建元二年魏使盧昶北歸之後，歷年爭戰，魏不復遣使南聘，至是始復通好。

二年（西元五二一年）

㈠春，正月，辛巳（十二日），上祀南郊。

㈡置孤獨園於建康以收養窮民㊀。

㈢戊子（十九日），大赦。

㈣魏南秦州氐反。

㈤魏發近郡㊁兵萬五千人，使懷朔鎮將楊鈞將之。送柔然可汗阿那瓌返國。

尚書左丞張普惠上疏，以為：「蠕蠕久為邊患，今茲天降喪亂，荼毒其心，蓋欲使之知有道之可樂，革面稽首，以奉大魏也，陛下宜安民恭己以悅服其心。阿那瓌束身歸命，撫之可也，乃更先自勞擾興師，郊甸之內，投諸荒裔之外，救累世之勍敵，資天亡之醜虜，臣愚未見其可也。此乃邊將貪竊一時之功，不思兵為凶器，王者不得已而用之㊂，況今旱暵㊃方甚，聖慈降膳，乃以萬五千人使楊鈞為將，欲定蠕蠕，干時㊄而動，其可濟乎？脫有顛覆之變，楊鈞之肉，其足食乎㈥？宰輔專好小名，不圖安危大計，此微臣所以寒心者也。且阿那瓌之不還，負何信義，臣賤不及議㈦，文書所過，不敢不陳㈧。」阿那瓌辭於西堂，詔賜以軍器、衣被、雜采㈨、糧、畜，事事優厚，命侍中崔光等勞遣於外郭。

阿那瓌之南奔也，其從父兄婆羅門帥眾數萬入討示發，破之，示發奔地豆干⑩，地豆干殺之，國人推婆羅門為彌偶可社句可汗⑪。楊鈞表稱柔然已立君長，恐未肯以殺兄之人郊迎其弟，輕往虛返，徒損國威，自非廣加兵眾，無以送其入北。二月，魏人使舊嘗奉使柔然者牒云具仁⑫往諭婆羅門，使迎阿那瓌。

㈥辛丑（初三日），上祀明堂。

㈦庚戌（十二日），魏使假撫軍將軍邴虯討南秦叛氐。

㈧魏元乂、劉騰之幽胡太后也，右衛將軍奚康生預其謀，乂以康生為撫軍大將軍、河南尹，仍使之領左右⑬。康生子難當⑭娶侍中左衛將軍侯剛女，剛子，乂之妹夫也⑮。乂以康生通姻，深相委託，三人率多俱宿禁中⑯，時或迭出，以難當為千牛備身⑰。康生性纚武，言氣高下，乂稍憚之，見於顏色，康生亦微懼不安。

甲午（三月二十六日）㊅，魏主朝太后於西林園，文武侍坐，酒酣，迭舞，康生乃為力士儛㊆，及折旋之際，每顧視太后，舉手蹈足，瞋目頷首，為執殺之勢，太后解其意而不敢言。日暮，太后欲攜帝宿宣光殿，侯剛曰：「至尊已朝訖，嬪御在南，何必留宿㊇？」康生曰：「至尊陛下之兒，隨陛下將東西，更復訪誰？」羣臣莫敢應。太后自起援帝臂，下堂而去，康生大呼唱萬歲。帝前入閤，左右競相排，閤不得閉，康生奪難當千牛刀斫直後㊈元思輔，乃得定。帝既升宣光殿，左右侍臣俱立西階下，康生乘酒勢將出處分，為乂所執，鏁於門下。光祿勳賈粲紿太后曰：「侍官懷恐不安㊉，陛下宜親安慰。」太后信之，適下殿，粲即扶帝出東序，前御顯陽殿，閉太后於宣光殿。至晚，乂不出，令侍中黃門僕射尚書等十餘人就康生所訊其事，處康生斬刑，難當絞刑。乂與剛並在內，矯詔決之，康生如奏，難當恕死從流。難當哭辭父，康生慷慨不悲，曰：「我不反，汝何哭也！」時已昏闇，有司驅康生赴市斬之。尚食典御㉓奚混，與康生同執刀入內，亦坐絞。難當以侯剛壻，得留百餘日，竟流安州㉔。久之，行臺盧同就殺之。

以劉騰為司空，八坐九卿常旦造騰宅，參其顏色，然後赴省府，亦有終日不得見者。公私屬請，唯視貨多少，舟車之利，山澤之饒，所在榷固㉕，刻剝六鎮，交通互市，歲入利息，以巨萬萬㉖計。逼奪鄰舍，以廣其居，遠近苦之。京兆王繼自以父子權位大盛，固請以司徒讓車騎大將軍、儀同三司崔光。夏，四月庚子（初三日），以繼為太保，侍中如故。繼固辭，不許。壬寅（初五日），以崔光為司徒，侍中、祭酒、著作如故㉗。

㈨魏牒云俱仁至柔然，婆羅門殊驕慢，無遜避心，責具仁禮敬，具仁不屈，婆羅門乃遣大臣丘升頭等將兵二千隨具仁迎阿那瓌。五月，具仁還鎮㉘，具道其狀。阿那瓌懼，不敢進，上表請還洛陽。

㈩辛巳（十四日），魏南荊州刺史桓叔興據所部來降㉙。【考異】梁帝紀，七月，叔興帥眾降；蓋記奏到之日，今從魏帝紀。

六月丁卯（朔），義州刺史㉚文僧明、邊城太守㉛田守德擁所部降魏，皆蠻酋也。魏以僧明為西豫州刺史，守德為義州刺史。

(十一)癸卯，琬琰殿火，延燒後宮三千間(三二)。

(十二)秋，七月丁酉（朔），以大匠卿裴邃為信武將軍，假節，督眾軍討義州，破魏義州刺史封壽於檀公峴(三三)，遂圍其城。壽請降，復取義州。魏以尚書左丞張普惠為行臺，將兵救之，不及。【考異】普惠傳云棄城走，今從裴邃傳。

以裴邃為豫州刺史，鎮合肥。邃欲襲壽陽，陰結壽陽民李瓜花等為內應。邃已勒兵為期日，恐魏覺之，先移揚州(三四)云：「魏始於馬頭置戍，如聞復欲脩白捺故城(三五)，若爾便相侵逼，此亦須營歐陽設交境之備(三六)。今板卒(三七)已集，唯聽信還。」揚州刺史長孫稚謀於僚佐，皆曰：「此無修白捺之意，宜以實報之。」錄事參軍楊侃曰：「白捺小城，本非形勝，邃好狡數，今集兵遣移，恐有他意。」稚大寤，曰：「錄事可亟作移報之。」侃報移曰：「彼之纂兵(三八)，想別有意，何為妄構白捺(三九)？佗人有心，予忖度之(四〇)，勿謂秦無人也(四一)。」邃得移，以為魏人已覺，即散其兵。瓜花等以失期，遂相告發，伏誅者十餘家。稚，觀之子㊷；侃，播之子㊸。

(十三)初，高車王彌俄突死㊹，其眾悉歸嚈噠。後數年，嚈噠遣彌俄突弟伊匐帥餘眾還國。伊匐擊柔然可汗婆羅門，大破之，婆羅門帥十部落詣涼州請降於魏。柔然餘眾數萬，相帥迎阿那瓌。阿那瓌表稱本國大亂，姓姓別居，迭相抄掠，當今北人鵠望待拯㊺，乞依前恩，給臣精兵一萬，送臣磧北㊻撫定荒民。詔付中書門下博議。涼州刺史袁翻以為：「自國家都洛以來，蠕蠕、高車，迭相吞噬。始前蠕蠕授首㊼，既而高車被擒㊽。今高車自奮於衰微之中，克雪讎恥，誠由種類繁多，終不能相滅。自二虜交鬬，邊境無塵數十年矣！此中國之利也。今蠕蠕兩主，相繼歸誠㊾，雖戎狄禽獸，終無純固之節，然存亡繼絕，帝王本務。若棄而不受，則虧我大德；若納而撫養，則損我資儲；或全徙內地，則非直其情不願，亦恐終為後患，劉、石是也㊿。且蠕蠕尚存，則高車猶有內顧之憂，未暇窺窬上國；若其全滅，則高車跋扈之勢，豈易可知？今蠕蠕雖亂，而部落猶眾，處處棊布，以望舊主，高車雖彊，未能盡服也。愚謂蠕蠕二主，並宜存之，居阿那瓌於東，處婆羅門於西，分其降民，各有攸屬。阿那瓌所居非所經見，不敢臆度，婆羅門請修西海故城以處之。西海在酒泉之北，去高車所居金山千餘里㊿，實北虜往來之衝要，土地沃衍，大宜耕稼，宜遣一良將配以兵仗，監護婆羅門，因令屯田以省轉輸之勞，其北則臨大磧，野獸所聚，使蠕蠕射獵，彼此相資，足以自固。外以輔蠕蠕之微弱，內亦防高車之畔援㊼，此安邊保塞之長計也！若婆羅門能收離聚散，復興其國者，漸令北轉，徙度流沙㊽，則是我之外藩，高車勍敵，西北之虞，可以無慮；如其姦回反覆，不過為逋逃之寇，於我何損哉？」朝議是之。

九月，柔然可汗俟匿伐詣懷朔鎮請兵，且迎阿那瓌。俟匿伐，阿那瓌之兄也。

冬，十月，錄尚書事高陽王雍等奏：「懷朔鎮北吐若奚泉㊾，原野平沃，請置阿那瓌於吐若奚泉，婆羅門於故西海郡，令各帥部落，收集離散。阿那瓌所居既在境外，宜少優遣，婆羅門不得比之。其婆羅門未降以前蠕蠕歸化者，悉令州鎮部送懷朔鎮以付阿那瓌。」詔從之。

㈣十一月癸丑（十九日），魏侍中車騎大將軍侯剛加儀同三司。

㈤魏以東益、南秦氐皆反，庚辰㊄（十二月十七日），以秦州刺史河間王琛為行臺以討之。琛恃劉騰之勢㊅，貪暴無所畏忌，大為氐所敗。中尉彈奏，會赦，除名，尋復王爵。

㈥魏以安西將軍元洪超兼尚書行臺，詣敦煌安置柔然婆羅門。

【今註】㊀置孤獨園於建康以收養窮民：《禮記・禮運》孔子曰：「大道之行也，天下為公，人不獨親其親，不獨子其子，使老有所終，壯有所用，幼有所長，矜寡孤獨廢疾者皆有所養。」胡三省曰：「帝非能法古也，祖釋氏須達多長者之為耳！」㊁近郡：近畿輔諸郡也。張普惠疏云：「郊甸之內，投諸荒裔之外。」郊甸之內，正謂近畿輔諸郡。㊂不思兵為凶器，王者不得已而用之：用《老子》文意。㊃旱暵：《說文》曰：「暵，乾也。」乾熱而不雨也。㊄干時：干，犯也，干時猶曰違時。㊅脫有顛覆之變，楊鈞之肉，其足食乎：言雖食楊鈞之肉而無濟於顛覆。胡三省曰：「此用左傳楚孫叔敖斥伍參語意。」㊆臣賤不及議：胡三省曰：「漢自議郎以上皆得預朝廷大議，尚書二丞於當時位不為卑，而以為賤不及議，蓋自曹魏以後，朝廷大議，止及八座以上。」⑧文書所過，不敢不陳：胡三省曰：「文書皆過尚書二丞之手。」余按《五代志》後齊尚書二丞分掌列曹事務，左丞並兼彈糾，右丞不彈糾，餘與左同，蓋循後魏之制也，張普惠時為尚書左丞，職司糾駮，故有是言。⑨雜采：采與綵同，繒也。⑩地豆干：《魏書・地豆干傳》云：「地豆干國在室韋西千餘里，多牛羊，出名馬，皮為衣服，無五穀，惟食肉酪。」⑪彌偶可社句可汗：《魏書・蠕蠕傳》云：「彌偶可社句，魏言安靜也。」⑫牒云具仁：牒云其姓，具仁其名。《魏書・官氏志》內入諸姓有牒云氏，後改為云氏。⑬仍使之領左右：仍右衛將軍領左右也。五代後齊門下省有左右局，領左右各二人，掌知朱華閤內諸事，宣傳以下，白衣齋子以上皆主之，蓋循北魏之制也。⑭康生子難當：按《魏書》、《北史》俱作康生子難，疑當字衍。⑮剛子，乂之妹夫也：按《魏書・奚康生傳》，侯剛，元乂之妹夫，《北史》同，疑子字衍。⑯三人率多俱宿禁中：三人謂元乂、劉騰及奚康生。⑰千牛備身：胡三省曰：「御左右有千牛刀，謂之防身刀。千牛刀者，利刀也，取庖丁解千牛而芒刃不頓為義。千牛備身，執千牛刀以侍左右者也。」⑱甲午：按《魏書・孝明帝紀》當作三月甲午，三月己巳朔，甲午十六日。⑲力士儛：胡三省曰：「蓋為勇士進退坐作之氣勢而舞也。」儛與舞同。⑳至尊已朝訖，嬪御在南，何必留宿：胡三省曰：「宣光殿在洛陽北宮，元乂等幽胡太后於此，魏主與嬪御居南宮，故侯剛云然。」㉑直後：胡三省曰：「直後，官名，直閤之屬也。」㉒懷恐不安：言其心懷恐懼而意不安也。㉓尚食典御：《五代志》後齊門下省有尚食局，置典御二人，總知御膳事，循北魏之制也。㉔安州：《魏書・地形志》獻文帝皇興二年置安州，領密雲、廣興、安樂等郡，治方城，在今河北省固安縣南。㉕榷固：專其利而榷之也。貨本以利流通，今固之以為己有，故曰榷固。㉖巨萬萬：韋昭曰：「巨萬，今萬萬。」巨萬萬者，極言其多也。㉗侍中、祭酒、著作如故：謂仍兼侍中、國子祭酒，領著作如故。著作，史任也。㉘具仁還鎮：還懷朔鎮也。㉙魏南荊州刺史桓叔興據所部來降：魏置南荊州見卷一百四十七天監十一年。㉚義州刺史：胡三省曰：「此義州當置於齊安郡木蘭縣界。蕭子顯《齊志》木蘭縣屬寧蠻左郡，唐省木蘭入黃岡縣。以下文裴邃復義州觀之，恐義州與邊城皆置於安豐界。」㉛邊城太守：《宋書・州郡志》宋文帝元嘉二十五年以豫部蠻民立邊城左郡，治雩婁，雩婁《晉太康地志》故屬安豐也。《水經注》安豐縣故城，今邊城郡治也。意此蓋北魏之邊城郡，或梁時即已遷此。雩婁故城在今河南省商城縣東北，安豐故城在河南省固始縣東，皆在古安豐界。㉜癸卯，琬琰殿火，延燒後宮三千間：按《梁書・武帝紀》在五月癸卯，《通鑑》在六月，五月戊辰朔，六月丁卯朔，皆無癸卯日，按是年閏五月戊戌朔，癸卯初六日，按〈武帝紀〉癸卯下有丁巳，皆在閏五月，可證，武紀蓋脫閏字。㉝破魏義州刺史封壽於檀公峴：《水經》決水出廬江雩婁縣南大別山，北過其縣東，又北過安豐縣東，又北入於淮。酈注曰：「大別山，俗謂之檀公峴，蓋大別之異名也。其水北逕安豐縣故城東，今邊城郡治也。」㉞先移揚州：先移文魏之揚州也。魏置揚州於壽陽，見卷一百四十三齊東昏侯永元二年。㉟魏始於馬頭置戍，如聞復欲脩白捺故城：《宋書・州郡志》晉安帝立馬頭郡於故淮南當塗縣地，因山形立名。《水經》淮水自壽春縣北又東過當塗縣北。注曰：「淮水自壽陽縣西北東逕八公山北，又北逕莫邪山西，又逕馬頭城北，魏馬頭郡治也，故當塗縣之故城也。」魏蓋置戍於此，在今安徽省懷遠縣東南，即漢時當塗故城也。胡三省曰：「白捺當在馬頭東北或東南。」㊱設交境之備：謂境土交錯，設防以備敵也。㊲板卒：胡三省曰：「板幹所以築城，卒，士卒也。」㊳纂兵：纂，集也。㊴妄構白捺：謂裴邃妄言魏修白捺之事以構成二國之釁。㊵佗人有心，予忖度之：《詩》巧言之辭。言他人有此心，予得而忖度之也。㊶勿謂秦無人也：用《左傳》秦大夫繞朝之言。㊷稚，觀之子：長孫觀，道生之孫也，見卷一百三十三宋鬱林王元徽元。㊸侃，播之子：楊播見卷一百四十齊明帝建武二年。㊹初，高車王彌俄突死：事見上卷天監十五年。㊺當今北人鵠望待拯：言柔然之眾，鵠立翹望魏之拯救也。㊻磧北：磧北即漠北，沙石曰磧。㊼始則蠕蠕授首：謂高車王彌俄突破殺柔然佗汗可汗事也，見卷一百四十七天監七年。㊽既而高車被擒：謂柔然伏跋可汗擒殺彌俄突也，事見上卷天監十五年。㊾今蠕蠕兩主，相繼歸誠：謂阿那瓌及婆羅門。㊿或全徙內地，則非直其情不願，亦恐終為後患，劉、石是也：劉謂劉淵，石謂石勒。漢徙胡、羯於塞內，至晉遂成亂階，故袁翻以為譬。(五一)西海在酒泉之北，去高車所居金山千餘里：胡三省曰：「此西海非王莽所置西海郡之西海，但言在酒泉之北，則別有西海故城也。按《北史・蠕蠕傳》，西海郡即漢晉舊鄣。袁翻又曰：『直張掖西北千二百里。』又按《晉志》漢獻帝興平二年武威太守張雅請置西海郡於居延，蓋此，即漢晉舊鄣也。金山形如兜鍪，其後突厥居金山之陽，即此山也。」按此金山即阿爾泰山也。(五二)畔援：《大雅・皇矣》之詩：「無然畔援。」

鄭玄箋云：「畔援，猶跋扈也。」按《漢書・敘傳》：「項氏畔換，黜我巴漢。」顏注曰：「畔換，強恣之貌，猶言跋扈也。詩大雅皇矣篇曰：『無然畔換。』」是畔援本作畔換也，今《詩》作畔援。

(五三)流沙：沙漠也，取義沙流如水，故云。《書・禹貢》曰：「導弱水，餘波入于流沙。」《漢書・地理志》云：「居延澤在東北，古文以為流沙。」《晉書・張駿傳》：「楊宣越流沙，伐龜茲、鄯善。」又《周書・異域傳》云：「鄯善西北有流沙百里。」《唐書・西域傳》：「吐谷渾西北有流沙數百里。」皆指沙漠而言，此流沙當指居延流沙而言。(五四)懷朔鎮北吐若奚泉：《魏書・蠕蠕傳》吐若奚泉在懷朔鎮北無結山下。(五五)庚辰：按《魏書・孝明帝紀》庚辰在十二月，十二月甲子朔，庚辰十七日。(五六)琛持劉騰之勢：琛求為騰養子見上卷天監十七年。

三年（西元五二二年）

㈠春，正月庚子（初七日），以尚書令袁昂為中書監，吳郡太守王暕為尚書左僕射。

㈡辛亥（十八日），魏主耕籍田。

㈢魏宋雲與惠生自洛陽西行四千里至赤嶺㊀，乃出魏境，又西行再朞㊁至乾羅國而還。二月，達洛陽，得佛經一百七十部。

㈣高車王伊匐遣使入貢於魏。夏，四月庚辰（十九日），魏以伊匐為鎮西將軍、西海郡公、高車王。久之，伊匐與柔然戰，敗，其弟越居殺伊匐自立。

㈤五月，壬辰朔，日有食之，既。

㈥癸巳（初六日），大赦。

㈦冬，十一月甲午（初六日），領軍將軍始興忠武王憺卒。

㈧乙巳（十七日），魏主祀圜丘。

㈨初，魏世祖以玄始曆浸疏㊂，命更造新曆，至是著作郎崔光表取盪寇將軍張龍祥等九家所上曆候驗得失，合為一曆，以壬子為元，應魏之水德㊃，命曰正光曆。丙午（十八日），初行正光曆，大赦。【考異】後魏律曆志云：「曆成，會孝明帝加元服，改元正光，因命曰正光曆。」按帝紀正光元年十月辛卯加元服，三年十一月丙午行正光曆，今從之。

㈩十二月乙酉（二十七日），魏以車騎大將軍尚書右僕射元欽為儀同三司，太保京兆王繼為太傅，司徒崔光為太保。

(十一)初，太子統之未生也，上養臨川王宏之子正德為子。正德少麤險，上即位，正德意望東宮，及太子統生，正德還本，賜爵西豐侯㊄。正德快快不滿意，常蓄異謀。是歲，正德自黃門侍郎為輕車將軍，頃之，亡奔魏，自稱廢太子避禍而來。魏尚書左僕射蕭寶寅上表曰：「豈有伯為天子，父作揚州㊅，棄彼密親，遠投他國？不如殺之。」由是魏人待之甚薄。正德乃殺一小兒，稱為己子，遠營葬地，魏人不疑。明年復自魏逃歸。【考異】梁書正德傳，普通六年，為輕車將軍，頃之，奔魏，七年，自魏逃歸。魏書蕭衍傳，正光二年，弟子正德來奔。南史正德傳，普通三年為輕車將軍，頃之，奔魏，又自魏逃歸，六年，隨豫章王北侵，輒棄軍走。北史蕭寶寅傳，正光四年，表論考課，後乃云表論正德，後乃云莫折大提反。按大提反在正光五年，唯南北史年月前後相近，今從之。上泣而誨之，復其封爵。

(十二)柔然阿那瓌求粟為種，魏與之萬石。婆羅門帥部落叛魏，亡歸嚈噠，魏以平西府長史代人費穆㊆兼尚書右丞西北道行臺，將兵討之，柔然遁去。穆謂諸將曰：「戎狄之性，見敵即走，乘虛復出，若不使之破膽，終恐疲於奔命㊇。」乃簡練精騎，伏於山谷，以步兵之羸者為外營，柔然果至，奮擊大破之，婆羅門為涼州軍所擒，送洛陽。

【今註】㊀魏宋雲與惠生自洛陽西行四千里至赤嶺：魏遣宋雲等西行求佛經事始上卷天監十七年。《唐書・地理志》鄯州鄯城縣西六十里有臨蕃城，又西六十里有白水軍綏戎城，又西南六十里有定戎城，又南隔澗七里有石堡城，又西二十里至赤嶺。鄯城縣，今青海省西寧縣。㈡再朞：二周年。㈢初，魏世祖以《玄始曆》浸疏：魏行《玄始曆》始自宋文帝元嘉二十九年，魏文成帝興安元年也。㈣以壬子為元，應魏之水德：胡三省曰：「壬、癸，水也。水旺於子，故以壬子為元。」㈤西豐侯：《宋書．州郡志》吳立西平縣，晉武帝太康元年更名西豐，《寰宇記》吳廢帝亮太平二年以臨川臨汝縣為郡，於郡南更置西平縣，晉改為西豐。西豐縣自晉以來屬臨川郡，隋廢縣，并入臨川，故城在今江西省臨川縣南五十里。㈥伯為天子，父為揚州：天監元年，臨川王宏為揚州刺史，梁武，宏之兄也。㈦代人費穆：《魏書．官氏志》西方諸部有費連氏，後改為費氏。㈧疲於奔命：《左傳》巫臣遺楚子重、子反書曰：「吾必使汝疲於奔命以死。」又《左傳》吳伐巢，取駕，克棘，入州萊，楚疲於奔命。奔命者，謂邊塞有警，聞命奔赴以援之也。

四年（西元五二三年）

㈠春，正月辛卯（初四日），上祀南郊，大赦。丙午（十九日），祀明堂。二月乙亥（十八日），耕籍田。

㈡柔然大飢，阿那瓌帥其眾入魏境，表求賑給。己卯（二十二日），魏以尚書左丞元孚為行臺尚書，持節，撫諭柔然。孚，譚之孫也㈠。將行，表陳便宜，以為：「蠕蠕久來彊大，昔在代京，常為重備。今天祚大魏㈡，使彼自亂亡，稽首請服，朝廷鳩其散亡㈢，禮送令返，宜因此時，善思遠策。昔漢宣之世，呼韓款塞，漢遣董忠、韓昌領邊郡士馬，送出朔方，因留衛助㈣，又光武時，亦使中郎將段彬置安集掾史，隨單于所在參察動靜㈤。今宜略依舊事，借其閑地，聽其田牧，粗置官屬，示相慰撫，嚴戒邊兵，因令防察，使親不至矯詐，疏不容反叛，最策之得者也。」魏人不從。

㈢柔然俟匿伐入朝於魏。

㈣三月，魏司空劉騰卒。宦官為騰義息重服者，四十餘人，衰經送葬者以百數，朝貴送葬者塞路滿野。

㈤夏，四月，魏元孚持白虎幡勞阿那瓌於柔玄、懷荒二鎮之間㈥。阿那瓌眾號三十萬，陰有異志，遂拘留孚，載以轀車㈦，每集其眾，坐孚東廂，稱為行臺，甚加禮敬，引兵而南，所過剽掠。至平城，乃聽孚還，有司奏孚辱命抵罪。

甲申（二十八日），魏遣尚書令李崇、左僕射元纂帥騎十萬擊柔然。阿那瓌聞之，驅良民二千，公私馬牛羊數十萬北遁。崇追之三千餘里，不及而還。纂使鎧曹參軍于謹帥騎二千追柔然，至郁對原，前後十七戰，屢破之。謹，忠之從曾孫也㈧。性深沈，有識量，涉獵經史，少時屏居田里，不求仕進。或勸之仕，謹曰：「州郡之職，昔人所鄙㈨。臺鼎之位，須待時來。」纂聞其名而辟之，後帥輕騎出塞覘侯，屬鐵勒㈩數千騎奄至，謹以眾寡不敵，退必不免，乃散其眾騎使匿叢薄⑪之間，又遣人升山指麾，若部分軍眾者。鐵勒望見，雖疑有伏兵，自恃其眾，進軍逼謹。謹以常乘駿馬一紫一騧，鐵勒所識，乃使二人各乘一馬，突陣而出，鐵勒以為謹也，爭逐之，謹帥餘軍擊其追騎，鐵勒遂走，謹因得入塞。

李崇長史鉅鹿魏蘭根說崇曰：「昔緣邊初置諸鎮，地廣人稀，或徵發中原彊宗子弟，或國之肺腑，寄以爪牙。中年以來，有司號為府戶⑫，役同廝養，官婚班齒，致失清流，而本來族類，各居榮顯，顧瞻彼此，理當憤怨。宜改鎮立州，分置郡縣，凡是府戶，悉免為民，入仕次敘，一準其舊，文武兼用，威恩並施，此計若行，國家庶無北顧之慮矣！」崇為之奏聞，事寢不報。

㈥初，元乂既幽胡太后，常入直於魏主所居殿側，曲盡佞媚，帝由是寵信之。乂出入禁中，恒令勇士持兵以自先後⑬，時出休於千秋門外，施木欄楯，使腹心防守，以備竊發。士民求見者，遙對之而已。其始執政之時，矯情自飾，以謙勤接物，時事得失，頗以關懷，既得志，遂自驕慢，嗜酒好色，貪吝寶賄，與奪任情，紀綱壞亂。父京兆王繼尤貪縱，與其妻子各受賄遺，請屬有司，莫敢違者，乃至郡縣小吏，亦不得公選，牧、守、令、長，率皆貪污之人，由是百姓困窮，人人思亂。

武衞將軍于景，忠之弟也，謀廢乂，乂黜為懷荒鎮將。及柔然入寇，鎮民請糧，景不肯給，鎮民不勝忿，遂反，執景殺之。未幾，沃野鎮民破六韓拔陵⑭，聚眾反，殺鎮將，改元真王，【考異】魏帝紀正光五年，破六汗拔陵反，詔臨淮王彧討之，五月，彧敗，削官。按令孤德棻周書賀拔勝傳，衞可孤圍懷朔經年，勝乃告急於彧，然則拔陵反當在四年，蓋帝紀因詔彧討拔陵而言之，非拔陵於時始反也。周書作破六韓，今從之。諸鎮華、夷之民，往往響應。拔陵引兵南侵，遣別帥衞可孤圍武川鎮，【考異】北史孤作瓌，今從周書。又攻懷朔鎮尖山⑮。賀拔度拔⑯及其三子允、勝、岳皆有材勇，懷朔鎮將楊鈞擢度拔為統軍、三子為軍主以拒之。

㈦魏景明之初，世宗命宦者白整為高祖及文昭高后鑿二佛龕於龍門山㊄，皆高百尺，永平中，劉騰復為世宗鑿一龕，至是二十四年，凡用十八萬二千餘工而未成。

㈧秋，七月辛亥（二十七日），魏詔見在朝官，依令七十合解㊅者，可給本官半祿，以終其身。

㈨九月，魏詔侍中、太尉汝南王悅入居門下，與丞相高陽王雍參決尚書奏事。

㈩冬，十月庚午（十七日），以中書監、中衞將軍袁昂為尚書令，即本號開府儀同三司㊆。

㈩㈠魏平恩文宣公㊇崔光疾篤，魏主親撫視之，拜其子勵為齊州刺史，為之撤樂罷遊眺。丁酉（二十四日），光卒，帝臨哭之慟，為減常膳㊈。

光寬和樂善，終日怡怡，未嘗忿恚。于忠、元乂用事，以光舊德，皆尊敬之，事多咨決，而不能救裴、郭、清河之死㊂，時人比之張禹、胡廣。

光且死，薦都官尚書賈思伯為侍講。帝從思伯受春秋，思伯雖貴，傾身下士。或問思伯曰：「公何以能不驕？」思伯曰：「衰至便驕，何常之有？」當時以為雅談。

㈩十一月，癸未朔，日有食之。甲辰（二十二日），尚書左僕射王暕卒。

㈢梁初唯楊、荊、郢、江、湘、梁、益七州用錢，交、廣用金銀，餘州雜以穀帛交易，上乃鑄五銖錢，肉、好、周、郭皆備㊂。別鑄無肉郭者，謂之女錢。民間私用女錢交易，禁之不能止，乃議盡罷銅錢。十二月戊午（初六日），始鑄鐵錢。

㈣魏以汝南王悅為太保。

【今註】㊀孚，譚之孫也：臨淮王譚，太武帝之子也。㊁今天祚大魏：祚，福也。言天賜福於魏朝。㊂朝廷鳩其散亡：鳩，集也，謂魏朝安集柔然散亡之眾。㊃昔漢宣之世，呼韓款塞，漢遣董忠、韓昌領邊郡士馬，送出朔方，因留衞助：事見卷二十七漢宣帝甘露三年。㊄又光武時，亦使中郎將段彬置安集掾史，隨單于所在參察動靜：事見卷四十四漢光武帝建武二十六年。㈥柔玄、懷荒二鎮之間：胡三省曰：「懷荒鎮在柔玄鎮之東，禦夷鎮之西。」按其地當在今綏遠東境，長城之北。㈦轀軍：轀當作轀，臥車也。㈧謹，忠之從曾孫也：于忠有保護胡太后之功，專擅朝政。㈨州郡之職，昔人所鄙：後漢梁竦曰：「大丈夫居世，生當封侯，死當廟食，如其不然，閑居可以養志，詩書足以自娛，州郡之職，徒勞人耳。」㈩鐵勒：高車初號狄歷，或曰敕勒，諸夏謂之丁零，鐵勒蓋其音轉也。㈡叢薄：《廣雅》曰：「草叢生曰薄。」叢薄，草莽閒也。㈢昔緣邊初置諸鎮，地廣人稀，或徵發中原彊宗子弟，或國之肺腑，寄以爪牙。中年以來，有司號為府戶，役同厮養，官婚班齒，致失清流，而本來族類，各居榮顯：中年以來謂太和以後也。此言六鎮府戶與洛京清流，本為同源，其後內徙者榮顯而為清流，留邊者沈滯而淪為府戶也。《魏書．廣陽王深傳》破六韓拔陵之叛，深上書云：「昔皇始以移防為重，盛簡親賢，擁麾作鎮，配以高門子弟，以死防遏，不但不廢仕宦，至乃偏得復除，當時人物，忻慕為之。及太和在歷，僕射李沖當官任事，涼州土人，悉免斯役，豐沛舊門，仍防邊戍，自非得罪當世，莫肯與之為伍，征鎮驅使，但為虞候、白直，一生推遷，不過軍主。然其往世房分留居京邑者得上品通官，在鎮者便為清流所隔，或投彼北荒以禦魑魅，多復逃胡鄉，乃峻邊兵之格，鎮人浮遊在外者，皆聽流兵捉之。於是少年不得從師，長者不得遊宦，獨為匪人，言者流涕。」皇始，道武帝年號。蓋北魏以武立國，故平城時代，武人地位甚高，六鎮兵將之待遇亦極越，鎮將多有入為朝官者，而朝官亦時外調以充邊戍，故中外融洽，未有岐異。迨太和遷洛，孝文崇尚漢化，釐別氏族，重文輕武，內徙者多致高品，而鎮將不復入都，朝官不復調邊矣，於是文武之途殊而邊鎮乃為清流所不齒，此魏蘭根所謂留邊者致失清流而內徙者各居榮顯也。⑬恒令勇士持兵以自先後：謂常令勇士持兵前後擁護也。⑭破六韓拔陵：魏收曰：「破六韓，單于之苗裔也。初，呼廚泉入朝於漢，為魏武所留，遣其叔父右賢王去卑監本國戶，魏氏方興，率部南轉，去卑遣弟右谷蠡王潘六奚帥軍北禦，軍敗，奚及五子俱沒於魏，其子孫遂以潘六奚為氏，後人訛誤以為破六韓，又曰破洛汗。」⑮尖山：《魏書・地形志》朔州神武郡有尖山縣，《五代志》後齊改神武郡為太平郡，後周罷郡，隋為神武縣，屬馬邑郡。神武故治在今山西省神池縣東北，尖山縣，今之神池縣也。⑯賀拔度拔：《魏書・官氏志》內入諸姓有賀拔氏。⑰龍門山：胡三省曰：「此龍門山即伊闕山也。」酈道元曰：「伊闕，春秋之闕塞也。」《隋書》隋煬帝登北邙觀伊闕，曰：「此龍門耶？自古何不建都於此？」在今河南省洛陽縣南。⑱七十合解：胡三省曰：「七十而致仕，合解所任。」⑲即本號開府儀同三司：本號，中衛將軍號。⑳平恩文宣公：文宣，謚也。㉑光卒，帝臨哭之慟，為減常膳：以光有擁立之功也。㉒而不能救裴、郭、清河之死：裴植、郭祚死見上卷天監十四年，清河王懌死見上普通元年。㉓肉、好、周、郭皆備：錢中孔曰好，其邊曰肉，孔方曰郭，邊圓曰周。《爾雅》曰：「肉倍好謂之璧，好倍肉謂之瑗，肉好若一謂之環。」錢曰肉曰好，蓋取其義。

卷一百五十　梁紀六

司馬光編集
林瑞翰註

起閼逢執徐，盡旃蒙大荒落，凡二年。（甲辰至乙巳，西元五二四年至五二五年）

高祖武皇帝六

普通五年（西元五二四年）

㈠春，正月辛丑（二十日），魏主祀南郊。

㈡三月，魏以臨淮王彧都督北討諸軍事，討破六韓拔陵㊀。夏，四月，高平鎮民赫連恩等反，推敕勒酋長胡琛為高平王，攻高平鎮以應拔陵。魏將盧祖遷擊破之，琛北走。衞可孤攻懷朔鎮經年㊁，外援不至，楊鈞使賀拔勝詣臨淮王彧告急。勝募敢死少年十餘騎，夜伺隙潰圍出，賊騎追及之。勝曰：「我賀拔破胡㊂也。」賊不敢逼。

勝見彧於雲中，【考異】勝傳云，至朔州見彧。按後魏地形志雲中舊名朔州，及改懷朔鎮為州，不容更以雲中為朔州，今但云雲中。㊃說之曰：「懷朔被圍，旦夕淪陷。大王今頓兵不進，懷朔若陷，則武川亦危，賊之銳氣百倍，雖有良、平，不能為大王計矣！」彧許為出師，勝還，復突圍而入。鈞復遣勝出覘武川，武川已陷，勝馳還，懷朔亦潰，勝父子俱為可孤所虜。

五月，臨淮王彧與破六韓拔陵戰於五原㊄，兵敗，彧坐削除官爵。安北將軍隴西李叔仁又敗於白道㊅，賊勢日盛。魏主引丞相、令、僕、尚書、侍中、黃門於顯陽殿問之，曰：「今寇連恒、朔，逼近金陵㊆，計將安出？」吏部尚書元脩義請遣重臣督軍鎮恒、朔以捍寇。帝曰：「去歲阿那瓌叛亂，遣李崇北征，崇上表求改鎮為州，朕以舊章難革，不從其請。尋崇此表，開鎮戶非冀之心，致有今日之患。但既往難追，聊復略論耳！然崇貴戚重望㊇，器識英敏，意欲遣崇行何如？」僕射蕭寶寅等皆曰：「如此實合羣望。」崇曰：「臣以六鎮遐僻，密邇寇戎㊈，欲以慰悅彼心，豈敢導之為亂？臣罪當就死，陛下赦之。今更遣臣北行，正是報恩改過之秋。但臣年七十，加之疲病，不堪軍旅，願更擇賢材。」帝不許。脩義，天賜之子也㊉。

臣光曰：「李崇之表，乃所以銷禍於未萌，制勝於無形。魏肅宗既不能用，及亂生之後，曾無愧謝之言，乃更以為崇罪。彼不明之君，烏可與謀哉！詩云：『聽言則對，誦言如醉，匪用其良，覆俾我悖㈡。』其是之謂矣！」

㈢壬申（二十三日），加崇使持節，開府儀同三司，北討大都督，命撫軍將軍崔暹、鎮軍將軍廣陽王深皆受崇節度。深，嘉之子也㈢。【考異】魏帝紀深作淵，今從列傳及北史。㈢

㈣六月，以豫州刺史裴邃督征討諸軍事以伐魏。

㈤魏自破六韓拔陵之反，二夏、豳、涼㈣，寇盜蜂起。秦州刺史李彥，政刑殘虐，在下皆怨。是月，城內薛珍等聚黨突入州門，擒彥殺之，推其黨莫折大提㈤為帥。大提自稱秦王，魏遣雍州刺史元志討之。

初，南秦州豪右楊松柏兄弟數為寇盜，刺史博陵崔遊誘之使降，引為主簿，接以辭色，使說下羣氐，既而因宴會盡收斬之，由是所部莫不猜懼。遊聞李彥死，自知不安，欲逃去，未果。城民張長命、韓祖香、孫掩等攻遊，殺之，以城應大提。大提遣其黨卜胡襲高平，克之，殺鎮將赫連略、行臺高元榮。大提尋卒，子念生自稱天子，置百官，改元天建。

㈥丁酉（十八日），魏大赦。

㈦秋，七月甲寅（初六日），魏遣吏部尚書元脩義兼尚書僕射為西道行臺，帥諸將討莫折念生。

㈧崔暹違李崇節度，與破六韓拔陵戰于白道，大敗，單騎走還。拔陵并力攻崇，崇力戰，不能禦，引還雲中，與之相持。

廣陽王深上言：「先朝都平城，以北邊為重，盛簡親賢，擁麾作鎮㈥，配以高門子弟㈦，以死防遏，非唯不廢仕宦，乃更獨得復除㈧，當時人物，忻慕為之。太和中，僕射李沖用事，涼州土人，悉免厮役㈨，帝鄉舊門，仍防邊戍，自非得罪當世，莫肯與之為伍，本鎮驅使，但為虞候、白直㈩，一生推遷，不過軍主，然其同族留京師者，得上品通官，在鎮者即為清途所隔，或多逃逸，乃峻邊兵之格，鎮人不聽浮遊在外，於是少年不得從師，長者不得遊宦，獨為匪人㉒，言之流涕。自定鼎伊洛，邊任益輕，唯底滯凡才，乃出為鎮將，轉相模習，專事聚斂，或諸方姦吏，犯罪配邊，為之指縱，政以賄立，邊人無不切齒。及阿那瓌背恩縱掠，發奔命追之，十五萬眾度沙漠，不日而還㉓，邊人見此援師，遂自意輕中國㉔。尚書令臣崇求改鎮為州，抑亦先覺，朝廷未許，而高闕戍主㉕，御下失和，拔陵殺之，遂相帥為亂，攻城掠地，所過夷滅，王師屢北，賊黨日盛。此段之舉，指望銷平，而崔暹隻輪不返。臣崇與臣遂巡復路㉖，相與還次雲中，將士之情，莫不解體。今日所慮，非止西北，將恐諸鎮尋亦如此。天下之事，何易可量㉗？」書奏，不省。

詔徵崔暹繫廷尉。暹以女妓田園賂元乂，卒得不坐。

(九)丁丑（二十九日），莫折念生遣其都督楊伯年攻仇鳩、河池二戍㉘，東益州刺史魏子建遣將軍伊祥等擊破之，斬首千餘級。東益州本氐王楊紹先之國㉙，將佐皆以城民勁勇，二秦㉚反者，皆其族類，請先收其器械。子建曰：「城民數經行陣，撫之足以為用，急之則腹背為患。」乃悉召城民慰諭之，既而漸分其父兄子弟外戍諸郡，內外相顧，卒無叛者。子建，蘭根之族兄也。

㈩魏涼州幢帥於菩提等執刺史宋穎據州反。

㈩㈠八月庚寅（十二日），徐州刺史成景儁拔魏童城㊁。

㈩㈡魏員外散騎侍郎李苗上書曰：「凡食少兵精，利於速戰，糧多卒眾，事宜持久。今隴賊倡狂，非有素蓄，雖據兩城㊀，本無德義，其勢在於疾攻，日有降納，遲則人情離沮，坐待奔潰。夫飈至風舉，逆者求萬一之功㊂，高壁深壘，王師有全制之策，但天下久泰，人不曉兵，奔利不相待，逃難不相顧，將無灋令，士非教習，不思長久之計，各有輕敵之心。如令隴東不守，汧軍㊃敗散，則兩秦遂彊，三輔危弱，國之右臂，於斯廢矣！宜勑大將堅壁勿戰，別命偏裨，帥精兵數千出麥積崖㊄以襲其後，則汧隴之下，羣妖自散。」魏以苗為統軍，與別將淳于誕俱出梁、益。未至，莫折念生遣其弟高陽王天生將兵下隴。甲午（十六日），都督元志與戰於隴口㊅，志兵敗，棄眾東保岐州㊆。

㈢東西部敕勒皆叛魏，附於破六韓拔陵，魏主始思李崇及廣陽王深之言。丙申（十八日），下詔諸州鎮軍貫㊲非有罪配隸者，皆免為民，改鎮為州，以懷朔鎮為朔州，更命朔州曰雲州㊳。遣兼黃門侍郎酈道元為大使，撫慰六鎮。時六鎮已盡叛，道元不果行。先是代人遷洛者多為選部所抑，不得仕進，及六鎮叛，元乂乃用代來人為傳詔以慰悅之。廷尉評代人山偉㊴奏記稱乂德美，乂擢偉為尚書二千石郎㊵。

㈣秀容㊶人乞伏莫于聚眾攻郡，殺太守，丁酉（十九日），南秀容牧子萬于乞真殺太僕卿陸延，秀容酋長爾朱榮討平之。榮，羽健之玄孫也㊷。其祖代勤嘗出獵，部民射虎，誤中其髀，代勤拔箭，不復推問，所部莫不感悅，官至肆州刺史，賜爵梁郡公，年九十餘而卒。子新興立，新興時，畜牧尤蕃息，牛羊駝馬，色別為羣㊸，彌漫川谷，不可勝數，魏每出師，新興輒獻馬及資糧以助軍，高祖嘉之。新興老，請傳爵於子榮，魏朝許之。榮神機明決，御眾嚴整。時四方兵起，榮陰有大志，散其畜牧資財，招合驍勇，結納豪桀，於是侯景、司馬子如、賈顯度及五原段榮、太安[四四]竇泰皆往依之。顯度，顯智之兄也。

(十五)戊戌（二十日），莫折念生遣都督竇雙攻魏盤頭郡[四五]，東益州刺史魏子建遣將軍竇念祖擊破之。

(十六)九月戊申（朔），成景儁拔魏睢陵。戊午（十一日），北兗州刺史趙景悅圍荊山[四六]。裴邃帥騎三千襲壽陽。壬戌（十五日）夜，斬關而入，克其外郭，魏揚州刺史長孫稚禦之，一日九戰，後軍蔡秀成失道不至，邃引兵還。別將擊魏淮陽[四七]，魏使行臺酈道元、都督河間王琛救壽陽，安樂王鑒救淮陽。鑒，詮之子也[四八]。

(十七)魏西道行臺元脩義得風疾，不能治軍，壬申（二十五日），魏以尚書左僕射齊王蕭寶寅為西道行臺大都督，帥諸將討莫折念生。宋穎密求救於吐谷渾王伏連籌，伏連籌自將救涼州，於菩提棄城走，追斬之，城民趙天安等復推宋穎為刺史。

(十八)河間王琛軍至西硤石，解渦陽圍，復荊山戍。青、冀二州刺史王神念與戰，為琛所敗。冬，十月戊寅（朔），裴邃、元樹攻魏建陵城，克之。辛巳（初四日），拔曲木㊾。掃虜將軍彭寶孫拔琅邪。

㈩魏營州城民劉安定、就德興㊿執刺史李仲遵，據城反，城民王惡兒斬安定以降。德興東走，自稱燕王。

㈩胡琛遣其將宿勤明達㊿二寇豳、夏、北華㊿三三州，魏遣都督北海王顥帥諸將討之。顥，詳之子也㊿三。

㈩甲申（初七日），彭寶孫拔檀丘。辛卯（十四日），裴邃拔狄城，丙申（十九日），又拔甓城，進屯黎漿㊿四。壬寅（二十五日），魏東海太守韋敬欣以思吾城㊿五降。定遠將軍曹世宗拔曲陽，甲辰（二十七日），又拔秦墟㊿六，魏守將多棄城走。

㈩魏使黃門侍郎盧同持節詣營州慰勞，就德興降而復反，詔以同為幽州刺史，兼尚書行臺。同屢為德興所敗而還。

㈩魏朔方胡反，圍夏州刺史源子雍㊿七，城中食盡，煮馬皮而食之，眾無貳心。子雍欲自出求糧，留其子延伯守統萬，將佐皆曰：「今四方離叛，糧盡援絕，不若父子俱去。」子雍泣曰：「吾世荷國恩，當畢命此城，但無食可守，故欲往東州[五八]，為諸君營數月之食。若幸而得之，保全必矣！」乃帥羸弱詣東夏州運糧，延伯與將佐哭而送之。子雍行數日，胡帥曹阿各拔邀擊，擒之。子雍潛遣人齎書敕城中努力固守，闔城憂懼。延伯諭之曰：「吾父吉凶未可知，方寸焦爛，但奉命守城，所為者重，不敢以私害公，諸君幸得此心。」於是眾感其義，莫不奮勵。

子雍雖被擒，胡人常以民禮事之。子雍為陳禍福，勸阿各拔降，會阿各拔卒，其弟桑生竟帥其眾隨子雍降。子雍見行臺北海王顥，具陳諸賊可滅之狀，顥給子雍兵令其先驅。時東夏州闔境皆反，所在屯結，子雍轉鬭而前。九旬之中，凡數十戰，遂平東夏州，徵稅粟以饋統萬，二夏[五九]由是獲全。子雍，懷之子也。

(四四)魏廣陽王深上言：「今六鎮盡叛，高車二部[六〇]亦與之同，以此疲兵擊之，必無勝理，不若選練精兵，守恆州諸要[六一]，更為後圖。」遂與李崇引兵還平城。崇謂諸將曰：「雲中者，白道之衝[六二]，賊之咽喉。若此地不全，則并、肆危矣！當留一人鎮之，誰可者？」

眾舉費穆，崇乃請穆為朔州刺史(六三)。

(七五)賀拔度拔父子及武川宇文肱糾合鄉里豪傑共襲衛可孤，殺之，度拔尋與鐵勒戰死。肱，逸豆歸之玄孫也(六四)。

李崇引國子博士祖瑩為長史，廣陽王深奏瑩詐增首級，盜沒軍資，瑩坐除名，崇亦免官削爵徵還，深專總軍政。

(七六)莫折天生進攻魏岐州，十一月戊申（初二日），陷之，執都督元志及刺史裴芬之，送莫折念生殺之。念生又使卜胡等寇涇州，敗光祿大夫薛巒於平涼(六五)東。巒，安都之孫也(六六)。

(七七)丙辰（初十日），彭寶孫拔魏東莞。壬戌（十六日），裴邃攻壽陽之安城(六七)。丙寅（二十日），馬頭、安城皆降。

(七八)高平人攻殺卜胡，共迎胡琛。

(七九)魏以黃門侍郎楊昱兼侍中、持節，監北海王顥軍以救豳州，豳州圍解。

蜀賊張映龍、姜神達攻雍州(六八)，雍州刺史元脩義請援，一日一夜，書移九通，都督李叔仁遲疑不赴。昱曰：「長安，關中基本，若長安不守，大軍自然瓦散，留此何益？」遂與叔仁進擊之，斬神達，餘黨散走。

(卅)十二月戊寅（初二日），魏荊山降。

(卅一)壬辰（十六日），魏以京兆王繼為太師、大將軍、都督西道諸軍以討莫折念生。

(卅二)乙巳（二十九日），武勇將軍李國興攻魏平靖關(六九)，辛丑（二十五日），信威長史楊乾攻武陽關，壬寅（二十六日），攻峴關，皆克之。國興進圍郢州，魏郢州刺史裴絢與蠻酋西郢州刺史田朴特相表裏以拒之(七〇)。圍城近百日，魏援軍至，國興引還。詢，駿之孫也(七一)。

(卅三)魏汾州(七二)諸胡反，以章武王融為大都督，將兵討之。

(卅四)魏魏子建招諭南秦諸氐，稍稍降附，遂復六郡十二戍，斬韓祖香。魏以子建兼尚書為行臺，刺史如故(七三)，梁、巴、二益、二秦諸州(七四)，皆受節度。

(卅五)莫折念生遣兵攻涼州，城民趙天安復執刺史以應之。

㈣是歲，侍中太子詹事周捁坐事免，散騎常侍錢唐朱异代掌機密，軍旅謀議、方鎮改易、朝儀詔敕皆典之。异好文義，多藝能，精力敏贍，上以是任之。

【今註】㈠討破六韓拔陵：拔陵反見上卷上年。㈡衞可孤攻懷朔鎮經年：衞可孤攻懷朔鎮始上卷上年。衞可孤，破六韓拔陵別帥也。㈢賀拔破胡：賀拔勝字破胡。㈣【考異】勝傳云，至朔州見彧。按《後魏．地形志》雲中舊名朔州，及改懷朔鎮為朔州，不容更以雲中為朔州，今但云雲中：胡三省曰：「按魏氏初都平城，北邊列置諸鎮，孝昌以後，改鎮為州，尋即荒廢，其地漫不可考。杜佑以為魏都平城，於郡北三百餘里置懷朔鎮，又云遷洛之後，於郡北三百餘里置朔州，又云後魏初雲中在郡北三百餘里定襄故城北。夫其曰皆在郡北三百餘里，將是一處邪？將是三處邪？宋白曰：『朔州馬邑郡東北至故雲中二百六十里，後魏為畿內之地，亦曾為懷朔鎮，孝文遷洛之後，於州北三百八十里定襄故城置朔州。』又曰：『後魏初雲中，定襄故城是。』則是朔州與後魏初雲中共一處。通鑑此後改書懷朔鎮為朔州，更命朔州為雲州，此即魏志所謂雲中舊名朔州之證也。是則懷朔鎮與雲中是兩處矣！是後李崇自崔暹白道之敗引還雲中，後又自雲中引還平城，其退師道里，先後可見，而唐之雲中郡，乃魏之平城。詳而考之，歷代建置州郡，其名淆雜，難指一處為定也。」余按《魏書．地形志》孝明帝孝昌中改懷朔鎮為朔州，時尚為懷朔鎮，未為朔州也，而雲州時尚稱朔州，《北史．賀拔勝傳》至朔州見或云云未謂誤也，其後既改懷朔鎮為朔州，朔州始易稱云州耳。下云寇連恒、朔，逼近金陵，魏獻文以前諸陵在雲中，恒、朔正謂恒州與後之雲州耳！㊄臨淮王彧與破六韓拔陵戰於五原：《魏書·地形志》朔州本漢五原郡地，所屬附化郡有五原縣，彧與拔陵蓋戰於此。㊅白道：胡三省曰：「武川鎮北有白道谷，谷口有白道城，自城北出有高阪，謂之白道嶺。」《魏書·明元帝紀》泰常四年，西巡雲中，踰白道，北獵野馬於辱孤山，蓋此。《樂史寰宇記》白道川當原陽鎮北，欲至山上，當路有千餘步地土白如石灰色，即陰山道也。其地直今綏遠省歸化縣之北。㊆今寇連恒、朔，逼近金陵：金陵在雲中，魏遷洛以前諸帝陵在焉！《魏書·地形志》恒州即平城時代之司州也，時但領代郡，雲州舊曰朔州，時但領雲中郡。㊇然崇貴戚重望：崇，文成皇后兄李誕之子也，歷專方面，時望所屬。㊈六鎮遐僻，密邇寇戎：杜佑曰：「六鎮並在今馬邑雲中單于界。」㊉脩義，天賜之子也：汝陰王天賜見卷一百三十三宋明帝泰始七年。天賜，景穆太子之子也。⑪聽言則對，誦言如醉，匪用其良，覆俾我悖：此《詩·桑柔》之辭也。注云：「見道德之言則應答之，見誦詩書之言則冥臥如醉，不能用善言，反使我為悖逆之行。」⑫深，嘉之子也：廣陽王嘉，太武帝子建閭之子也，見卷一百四十三齊東昏侯永元元年。⑬【考異】《魏帝》紀深作淵，今從列傳及《北史》：按魏收《魏書》原作廣陽王淵，唐人避高祖諱改淵為深，帝紀蓋未詳校，故仍作淵。⑭二夏、豳、涼：二夏謂夏州及東夏州也。《魏書·地形志》夏州治統萬，赫連氏所都也，太武帝始光四年平赫連，置為統萬鎮，孝文帝太和十一年，改置夏州，領化政、闡熙、金明、代名等郡。魏宣武帝延昌二年，置東夏州，領偏城、朔方、定陽、上郡，治廣武。獻文帝皇興二年，置華州，孝文帝太和十一年改為班州，十四年為邠州，二十年復改曰豳州，領西北地、趙興、襄樂等郡。太武帝神䴥中，以涼州為鎮，太和中復曰涼州，領武安、臨杜、建昌、番和、泉城、武興、武威、昌松、東涇、梁寧等郡。《五代史志》雍州延安郡豐林縣，後魏曰廣武，為偏城郡治，隋開皇初廢郡，十八年，改縣曰豐林，《魏書·地形志》以廣武為太原、雁門之廣武，蓋誤也鎮，故治在今陝西省膚施縣東南。⑮莫折大提：胡三省曰：「莫折，虜複姓。」⑯作鎮：謂為將也。⑰高門子弟：謂鮮卑舊族與魏同起代北者，《魏書·官氏志》所謂安帝時諸部九十九姓。⑱乃更獨得復除：謂鎮邊者乃更獨得復其家，免除其租賦。⑲太和中，僕射李沖用事，涼州土人，悉免廝役：沖，李寶之少子，隴西狄道人也。寶自敦煌入朝魏，至子沖而貴寵。太和遷洛，重文輕武，沖厚其鄉人，故涼土之人，悉免邊鎮廝役。⑳本鎮驅使，但為虞候、白直：杜佑曰：「白直無月給。」虞候主烽燧斥候，皆武職之賤者。㉑獨為匪人：匪人者，言不得比於人類也。㉒及阿那瓌背恩縱掠，發奔命追之，十五萬眾度沙漠，不日而還：事見上卷上年。不日，謂歷時無幾。㉓邊人見此援師，遂自意輕中國：胡三省曰：「師速而疾，邊人見其不能盡敵而反，意遂輕之。」㉔高闕戍主：《水經注》河水自朔方臨戎縣西屈而東流，東逕高闕南，《史記》趙武靈王既襲胡服，自代並陰山下至高闕為塞，山下有長城，長城之際，連山刺天，其山中斷，兩岸雙闕雲舉，望若闕焉，故有高闕之名也，自闕北出荒中，闕口有城，跨山結局，謂之高闕戍，自古迄今，常置重捍以防塞道。漢衞青將三萬騎出高闕擊匈奴，即是地也，在今綏遠境內蒙古鄂爾多斯右翼，黃河外騰格里湖之東北，當陰山之西。㉕復路：胡三省曰：「復路者，還即舊路也。」㉖天下之事，何易可量：謂危難方興，禍福未可知也。㉗攻仇鳩、河池二戍：《水經注》仇鳩水發鳩溪南，逕河池縣故城西，又西南流注濁水。河池水出河池北谷，南逕河池戍東，西南入濁水。河池戍蓋漢武都郡河池縣地，在今甘肅省徽縣，昔魏武西征張魯，自陳倉出散關至河池即此。仇鳩戍蓋以仇鳩水為名，其地當與河池相近。㉘東益州本氐王楊紹先之國：魏宣武帝正始三年，滅楊紹先之國，置東益州於武興，見卷一百四十六天監五年。㉙二秦：謂秦州與南秦州。㉚童城：胡三省曰：「童城即下邳僮縣城也。」漢下邳僮縣故城在今安徽省泗縣東北。㉛兩城：胡三省曰：「兩城，謂天水及高平。」㉜逆者求萬一之功：謂叛徒利在速戰以求逞於萬一。㉝汧軍：胡三省曰：「汧軍謂元志之軍也，汧在隴阪之東。」㉞麥積崖：麥積崖在今甘肅省天水縣東南八十里，其後周大都督李允信於南崖鑿七佛龕。《方輿勝覽》麥積山狀如積麥，為秦地林泉之冠，山北有雕窠峪，上有隗囂避暑官，對面有瀑布下注蒼崖間。㉟隴口：胡三省曰：「隴口，隴坻之口也。」隴坻，隴阪之別名，即隴山也。㊱東保岐州：《魏書·地形志》岐州治雍城，漢雍縣故城也，在今陝西省鳳翔縣南。㊲軍貫：軍籍也。㊳以懷朔鎮為朔州，更命朔州曰雲州：胡三省曰：「魏先置朔州於雲中之盛樂，以漢五原郡地為懷朔鎮，今以懷朔為朔州，改舊朔州為雲州，因雲中郡而得名也。按後廣陽王深自五原拔軍向朔州，則懷朔鎮雖置於漢五原郡地，與五原別為兩城也。」參見註㊃。余按《魏書·孝明帝紀》是時詔改懷朔鎮為朔州，而〈地形志〉改州在孝昌中，意時雖有是詔而道梗未行，至孝昌中始改鎮為州也。㊴廷尉評代人山偉：《晉書・職官志》廷尉主刑法獄訟，屬官有正、監、評。評，《漢舊儀》作平，評即平也。《魏書・官氏志》內入諸姓有土難氏，後改為山氏。㊵尚書二千石郎：《晉書・職官志》漢置五曹尚書，二千石曹其一也，主辭訟事，曹魏置尚書二十三郎，其一曰二千石郎。㊶秀容：《水經注》魏立秀容護軍於秀容城以統胡人，東去汾水六十里，《魏書・地形志》魏出帝永興二年置秀容郡，治秀容城，屬肆州。㊷榮，羽健之玄孫也：羽健見卷一百一十晉安帝隆安二年。㊸色別為羣：別其毛色以為羣。㊹太安：魏置朔州於懷朔鎮，並置太安郡以屬之。㊺盤頭郡：《魏書・地形志》盤頭郡屬東益州，《五代志》順政郡長舉縣，魏置盤頭郡，故治在今陝西省略陽縣西北一百二十里。㊻北兗州刺史趙景悅圍荊山：《南齊書・州郡志》北兗州刺史鎮淮陰。《水經注》淮水出於荊山之左，當塗之右，奔流二山之間，而揚濤北注也。《五代志》鍾離郡塗山縣有當塗山，古之當塗也，後齊置荊山郡於此，故城在今安徽省懷遠縣北。㊼別將擊淮陽：胡三省曰：「此梁所遣別將也，非裴邃所部將。」㊽鑒，詮之子也：安樂王詮見卷一百四十六天監五年。㊾曲木：《水經注》沭水自東海郡即丘縣南逕厚丘縣，分為二瀆，一瀆西南出，今無水，世謂之枯沭，一瀆南逕建陵縣故城東，又南逕建陵山西，魏正光中，齊王之鎮徐州也，立大堨，遏水西流，兩瀆之會，置城防之，曰曲沭戍，自堨流三十里，西注沭水舊瀆，謂之新渠。曲木即曲沭也，在今江蘇省沭陽縣西北建陵山西。㊿就德興：《魏書・官氏志》西方諸部有冤賴氏，後改為就氏。(51)宿勤明達：胡三省曰：「宿勤，虜複姓也。」(52)北華州：《魏書・地形志》孝文帝太和十五年置東秦州於杏城，後改曰北華州，領中部、敷城二郡，《元和郡縣志》相傳漢將韓胡伐杏木為柵以抗北狄，因名曰杏城。《晉書》後秦載記姚襄將圖關中，進屯杏城，蓋此，故城在今陝西省中部縣西南。(53)顥，詳之子也：北海王詳，獻文之子也，詳得罪見卷一百四十五天監三年。(54)裴邃拔狄城，又拔甓城，進屯黎漿：《水經注》肥水自荻丘北逕成德縣故城西，漢九江郡之屬縣也，又北逕芍陂東，陂周百二十許里，在壽春縣南八十里，陂水北逕楚孫叔敖祠下，謂之芍陂瀆，又北分為二水，一水東注黎漿水，黎漿水東逕黎漿亭南，東注肥水，謂之黎漿口。此狄城，蓋荻丘之戍也。(55)思吾城：《梁書・武帝紀》作司吾。漢東海郡司吾縣故城也，宋省。應劭曰：「春秋鍾吾國，即司吾也。」《水經注》司吾城在司吾山東，俗偽為峒峿山。故城在今江蘇省宿遷縣北六十里。(56)定遠將軍曹世宗拔曲陽，又拔秦墟：《水經注》洛水北逕西曲陽縣故城東，又北歷秦墟下注淮，謂之洛口。應劭曰：「西曲陽縣在淮西之陽，下邳有曲陽，故是加西也。」此曲陽即西曲陽也，故治在今安徽省壽縣東北，洛口在今安徽省懷遠縣西南七十里，秦墟在其南。《魏書・地形志》曲陽縣屬霍州北沛郡，《五代志》曲陽縣後廢入鍾離郡定遠縣。

(57)圍夏州刺史源子雍：《魏書・地形志》夏州治統萬城，赫連氏之故都也。(58)東州：謂東夏州也。

(59)二夏：夏州、東夏州是謂二夏。(60)高車二部：魏太和間，阿伏至羅等率眾西叛，自是分為二部。

(61)守恆州諸要：魏既南遷洛都，置恒州於代郡。諸要，謂諸要衝之地。(62)雲中者，白道之衝：胡三省曰：「以此觀之，則魏之雲中，漢之盛樂縣，唐之振武軍節度使，治所皆在雲山之陽。」白道見註(61)。(63)崇乃請穆為朔州刺史：請，奏請也。按此益知是時雖有改鎮為州之詔，而以道梗未行，若已改鎮為州，則朔州當作雲州也。(六四)肱，逸豆歸之玄孫也：肱，宇文泰之父也。逸豆歸為慕容皝所滅，見卷九十七晉康帝建元二年。(六五)平涼：《魏書・地形志》平涼郡屬涇州，治鶉陰縣，有平涼城，故治在今甘肅省平涼縣西南九十里。(六六)巒，安都之子也：薛安都於宋泰始初以徐州降魏。(六七)安城：《魏書・地形志》梁置新興郡，治安城縣，其地當在今安徽省壽縣界。(六八)蜀賊張映龍、姜神達攻雍州：胡三省曰：「蜀賊者，蜀人之徙關中者也，乘魏亂起而為盜，因謂之蜀賊，後爾朱天光西討，蜀賊斷路，皆其黨也。」(六九)乙巳，武勇將軍李國興攻魏平靖關：《梁書・武帝紀》乙巳下有辛丑、壬寅。是月丁丑朔，辛丑二十五日，壬寅二十六日，而乙巳二十九日，疑乙巳為乙酉或乙未之誤也。平靖關與下武陽、峴關即義陽之三關也，俱在今河南省信陽縣南，註已詳前。(七〇)國興進圍郢州，魏郢州刺史裴絢與蠻酋西郢州刺史田朴特相表裏以拒之：《魏書・地形志》南司州本梁之司州，宣武帝正始元年改為郢州，孝明帝孝昌三年陷於梁，梁復為司州，東魏孝靜帝武定七年復改曰南司州，此郢州即《魏書・地形志》之南司州也。胡三省曰：「郢州治義陽，西郢州又當在義陽之西蠻中也。」(七一)詢，駿之孫也：裴駿見卷一百二十四宋文帝元嘉二十二年。(七二)汾州：《魏書・地形志》孝文帝太和十二年，置汾州，治蒲子城，在今山西省隰縣東北，領西河、吐京、五城、定陽等郡。(七三)刺史如故：魏子建本為東益州刺史。(七四)梁、巴、二益、二秦諸州：二益謂益州、東益州，二秦謂秦州、南秦州也。魏置梁州於南鄭，巴州於巴西，益州於東晉壽，東益州於武興，秦州於上邽，南秦州於仇池。巴州郡縣缺，梁州領漢中、晉昌、褒中、安康、華陽等郡，餘州領郡詳前。

六年㈠（西元五二五年）

㈠春，正月丙午（朔），雍州刺史晉安王綱遣安北長史柳渾破魏南鄉郡，司馬董當門破魏晉城，庚戌（初五日），又破馬圈、彫陽二城。

㈡辛亥（初六日），上祀南郊，大赦。

㈢魏徐州刺史元法僧素附元乂，見乂驕恣，恐禍及己，遂謀反。魏遣中書舍人張文伯至彭城，法僧謂曰：「吾欲與汝去危就安，能從我乎？」文伯曰：「我寧死見文陵㈡松柏，安能去忠義而從叛逆乎？」法僧殺之。庚申（十五日），法僧殺行臺高諒，稱帝，立諸子為王。【考異】法僧傳作高譲，今從魏帝紀。又魏紀云自稱宋王，法僧傳及北史皆云稱尊號，梁書法僧傳云稱帝。按法僧立諸子為王，必稱帝也，今從梁書。改元天啟，魏發兵擊之，法僧乃遣其子景仲來降。【考異】法僧傳云：「魏室大亂，法僧據鎮，議欲匡復，既而魏亂稍定，將討法僧，法僧懼歸款。」按時魏亂未定，今從北史。安東長史元顯和，麗之子也㈢，舉兵與法僧戰，法僧擒之，執其手，命使共坐，顯和不肯，曰：「與翁皆出皇家㈣，一朝以地外叛，獨不畏良史乎？」法僧猶欲慰諭之，顯和曰：「我寧死為忠鬼，不能生為叛臣。」乃殺之。

上使散騎常侍朱异使於法僧，以宣城太守元略為大都督㊄，與將軍義興陳慶之、胡龍牙、成景雋等將兵應接。

㊃莫折天生軍於黑水㊅，兵勢甚盛。魏以岐州刺史崔延伯為征西將軍、西道都督，帥眾五萬討之。延伯與行臺蕭寶寅軍於馬嵬㊆，延伯素驍勇，寶寅趣之使戰。延伯曰：「明晨為公參賊勇怯。」乃選精兵數千，西度黑水，整陳向天生營，寶寅軍於水東，遙為繼援。延伯直抵天生營下，揚威脅之，徐引兵還。天生見延伯眾少，爭開營逐之，其眾多於延伯十倍，蹙延伯於水次，寶寅望之失色。延伯自為後殿，不與之戰，使其眾先渡，部伍嚴整，天生兵不敢擊。須臾，渡畢，延伯徐渡，天生之眾亦引還。寶寅喜曰：「崔君之勇，關、張不如㊇。」延伯曰：「此賊非老奴敵也，明公但安坐，觀老奴破之！」

癸亥（十八日），延伯勒兵出，寶寅舉軍繼其後。天生悉眾逆戰，延伯身先士卒，陷其前鋒，將士盡銳競進，大破之，俘斬十餘萬，追奔至小隴㊈，岐雍及隴東皆平。將士稽留採掠，天生遂塞隴道，由是諸軍不能進。

寶寅破宛川㊉，俘其民以為奴婢，以美女十人賞岐州刺史魏蘭根。蘭根辭曰：「此縣介於彊寇，不能自立，故附從以救死。官軍之至，宜矜而撫之，奈何助賊為虐，翦以為賤役乎？」悉求其父兄而歸之。

㊄己巳（二十四日），裴邃拔魏新蔡郡⑪。詔侍中領軍將軍西昌侯淵藻將眾前驅，南兗州刺史豫章王綜與諸將繼進。癸酉（二十八日），裴邃拔鄭城⑫。汝、潁之間，所在響應。魏河間王琛等憚邃威名，軍於城父⑬，累月不進，魏朝遣廷尉少卿崔孝芬持節齎齋庫刀以趣之⑭。孝芬，挺之子也。

琛至壽陽，欲出兵決戰，長孫稚以為久雨未可出。琛不聽，引兵五萬出城擊邃，邃為四甄以待之⑮，使直閤將軍李祖憐先挑戰而偽退，稚、琛悉眾追之，四甄競發，魏師大敗，斬首萬餘級。琛走入城，稚勒兵而殿，遂閉門自固，不敢復出。

魏安樂王鑒將兵討元法僧，擊元略於彭城南，略大敗，【考異】魏帝紀敘元略等事便在庚申法僧叛下，不應如此之速，今移之於月末。與數十騎走入城。鑒不設備，法僧出擊，大破之，鑒單騎奔歸。將軍王希聃拔魏南陽平[一六]，執太守薛曇尚。曇尚，虎子之子也[一七]。

甲戌（二十九日），以法僧為司空，封始安郡公。

魏以安豐王延明為東道行臺，臨淮王彧為都督以擊彭城。

(六)魏以京兆王繼為太尉。

(七)二月乙未（二十日），趙景悅拔魏龍亢[一八]。

(八)初，魏劉騰既卒[一九]，胡太后及魏主左右防衛微緩，元乂亦自寬，時出遊於外，留連不返，其所親諫，乂不納，太后察知之。去秋，太后對帝謂羣臣白：「今隔絕我母子，不聽往來，復何用我為？我當出家，脩道於嵩山閑居寺耳[二〇]。」因自欲下髮，帝及羣臣叩頭泣涕，殷勤苦請，太后聲色愈厲。帝乃宿於嘉福殿，積數日，遂與太后密謀黜乂，然帝深匿形迹，太后有忿恚欲得往來顯陽之言，皆以告乂[二一]，又對乂流涕，敘太后欲出家，憂怖之心，日有數四，乂殊不以為疑，乃勸帝從太后所欲。於是太后數御顯陽殿，二宮㉒無復禁礙。乂舉元法僧為徐州，法僧反，太后數以為言，乂深愧悔。丞相高陽王雍雖位居乂上而深畏憚之，會太后與帝遊洛水，雍邀二宮幸其第，日晏㉓，帝與太后至雍內室，從官皆不得入，遂相與定圖乂之計。於是太后謂乂曰：「元郎若忠於朝廷，無反心，何故不去領軍，以餘官輔政？」乂甚懼，免冠求解領軍。乃以乂為驃騎大將軍，開府儀同三司，尚書令，侍中，領左右。

㈨戊戌（二十三日），魏大赦。

㈩壬辰（十七日），莫折念生遣都督楊鮓等攻仇池郡㉔，行臺魏子建擊破之。

㈪三月己酉（初五日），上幸白下城，履行六軍頓所。乙丑（二十一日），命豫章王綜權頓彭城，總督眾軍，并攝徐州府事。己巳（二十五日），以元法僧之子景隆為衡州刺史㉕，景仲為廣州刺史。

上召法僧及元略還建康，法僧驅彭城吏民萬餘人南渡。【考異】南史云：「武官戍彭城者三千餘人，法僧皆印額為奴，逼將南渡。」魏書、梁書皆無此事。法僧至建康，上寵待甚厚，元略惡其為人，與之言，未嘗笑。

㈡魏詔京兆王繼班師㉖。

㈢北涼州刺史錫休儒等自魏興侵魏梁州，攻直城㉗，魏梁州刺史傅豎眼遣其子敬紹擊之，休儒等敗還。

㈣柔然王阿那瓌為魏討破六韓拔陵，魏遣牒云具仁賫雜物勞賜之。阿那瓌勒眾十萬自武川西向沃野，屢破拔陵兵。夏，四月，魏主復遣中書舍人馮儁勞賜阿那瓌。阿那瓌部落浸彊，自稱敕連頭兵豆伐可汗㉘。

㈤魏元乂雖解兵權，猶總任內外，殊不自意有廢黜之理。胡太后意猶豫未決，侍中穆紹勸太后速去之。紹，亮之子也㉙。潘嬪有寵於魏主，宦官張景嵩說之云，乂欲害嬪。嬪泣訴於帝，曰：「乂非獨欲害妾，將不利於陛下。」帝信之，因乂出宿，解乂侍中。明旦，乂將入宮，門者不納。辛卯（十七日），太后復臨朝攝政，下詔追削劉騰官爵，除乂名為民。

清河國郎中令韓子熙上書為清河王懌訟冤[30]，乞誅元乂等，曰：「昔趙高柄秦，令關東鼎沸[31]，今元乂專魏，使四方雲擾[32]。開逆之端，起於宋維，成禍之末，良由劉騰。宜梟首洿宮[33]，斬骸沈族，以明其罪。」太后命發劉騰之墓，露散其骨，籍沒家貲，盡殺其養子。以子熙為中書舍人，子熙，麒麟之孫也[34]。

初，宋維父弁常曰：「維性疏險，必敗吾家。」李崇、郭祚、游肇亦曰：「伯緒[35]凶疏，終傾宋氏，若得殺身，幸矣[36]！」維阿附元乂，超遷至洛州刺史[37]，至是除名，尋賜死。

乂之解領軍也，太后以乂黨與尚彊，未可猝制，乃以侯剛代乂為領軍以安其意，尋出剛為冀州刺史，加儀同三司，未至州，黜為征虜將軍，卒於家。

太后欲殺賈粲，以乂黨多，恐驚動內外，乃出粲為濟州刺史，尋追殺之，籍沒其家，唯乂以妹夫，未忍行誅。

先是給事黃門侍郎元順以剛直忤乂意，出為齊州刺史，太后徵還為侍中，侍坐於太后。乂妻在太后側，順指之曰：「陛下奈何以一妹之故，不正元乂之罪，使天下不得伸其冤憤？」太后嘿然。順，澄之子也㊳。它日，太后從容謂侍臣曰：「劉騰、元乂，昔嘗邀朕求鐵券，冀得不死，朕賴不與㊴。」韓子熙曰：「事關生殺，豈繫鐵券？且陛下昔雖不與，何解今日不殺？」太后憮然㊵。未幾，有告乂及弟瓜謀誘六鎮降戶反於定州，又招魯陽諸蠻侵擾伊闕㊶，欲為內應，得其手書，太后猶未忍殺之，羣臣固執不已，魏主亦以為言，太后乃從之，賜乂及弟瓜死於家，猶贈乂驃騎大將軍、儀同三司、尚書令。江陽王繼廢於家，病卒。前幽州刺史盧同㊷坐乂黨，除名。

太后頗事妝飾，數出遊幸。元順面諫曰：「禮婦人夫沒，自稱未亡人，首去珠玉，衣不文采。陛下母臨天下，年垂不惑㊸，脩飾過甚，何以儀刑後世？」太后慙而還宮，召順責之曰：「千里相徵，豈欲眾中見辱邪？」順曰：「陛下不畏天下之笑，而恥臣之一言乎？」

順與穆紹同直，順因醉，入其寢所，紹擁被而起，正色讓順曰：「身二十年侍中，與卿先君亟連職事㊹，縱卿方進用，何宜相排突也？」遂謝事還家，詔諭久之，乃起。

初，鄭羲之兄孫儼為司徒胡國珍行參軍，私得幸於太后，人未之知。蕭寶寅之西討，以儼為開府屬㊺，太后再攝政，儼請奉使還朝，太后留之，拜諫議大夫、中書舍人，領嘗食典御，晝夜禁中。每休沐，太后常遣宦者隨之，儼見其妻，唯得言家事而已。

中書舍人樂安徐紇，粗有文學，先以諂事趙脩，坐徙枹罕㊻，後還，復除中書舍人，又諂事清河王懌，懌死，出為鴈門太守㊼，還洛，復諂事元乂，乂敗，太后以紇為懌所厚，復召為中書舍人。紇又諂事鄭儼，儼以紇有智數，仗為謀主㊽。紇以儼有內寵，傾身承接，共相表裏，勢傾內外，號為徐、鄭。儼累遷至中書令、車騎將軍，紇累遷至給事黃門侍郎，仍領舍人，總攝中書、門下之事，軍國詔令，莫不由之。紇有機辯彊力，終日治事，略無休息，不以為勞。時有急詔，令數吏執筆，或行或臥，人別占之㊾，造次㊿俱成，不失事理。然無經國大體，專好小數，見人矯為恭謹，遠近輻湊附之。

給事黃門侍郎袁翻、李神軌皆領中書舍人，為太后所信任，時人云：「神軌亦得幸於太后。」眾莫能明也。神軌求婚於散騎常侍盧義僖，義僖不許。黃門侍郎王誦謂義僖曰：「昔人不以一女易眾男㊿，卿豈易之邪？」義僖曰：「所以不從者，正為此耳！從之恐禍大而速。」誦乃堅握義僖手，曰：「我聞有命，不敢以告人㊿。」女遂適他族。臨婚之夕，太后遣中使宣敕停之，內外惶怖，義僖夷然自若。神軌，崇之子；義僖，度世之孫也㊿。

㈥胡琛據高平，遣其大將萬俟醜奴㊿、宿勤明達等寇魏涇州，將軍盧祖遷、伊甕生討之，不克。蕭寶寅、崔延伯既破莫折天生，引兵會祖遷等於安定，甲卒十二萬，鐵馬八千，軍威甚盛。醜奴軍於安定西北七里，時以輕騎挑戰，大兵未交，輒委走。延伯恃其勇，且新有功，遂唱議為先驅擊之。別造大盾，內為鏁柱，使壯士負以趨，謂之排城，置輜重於中，戰士在外，自安定北緣原北上。將戰，有賊數百騎，詐持文書，云是降簿〔五五〕，且乞緩師，寶寅、延伯未及閱視，宿勤明達引兵自東北至，降賊自西競下，覆背擊之〔五六〕。延伯上馬，奮擊逐北，徑抵其營。賊皆輕騎，延伯軍雜步卒，戰久，疲乏，賊乘閒得入排城，延伯遂大敗，死傷近二萬人。寶寅收眾退保安定，延伯自恥其敗，乃繕甲兵，募驍勇，復自安定西進，去賊七里結營〔五七〕，壬辰（十八日），不告寶寅，獨出襲賊，大敗之，俄頃，平其數柵。賊見軍士採掠散亂，復還擊之，魏兵大敗，延伯中流矢卒，士卒死者萬餘人。時大寇未平，復失驍將〔五八〕，朝野為之憂懼。於是賊勢愈盛，而羣臣自外來者，太后問之，皆言賊弱以求悅媚，由是將帥求益兵者，往往不與。

(七)五月，夷陵烈侯裴邃卒〔五九〕。邃深沈有思略，為政寬明，將吏愛而憚之。壬子（初八日），以中護軍夏侯亶督壽陽諸軍事，馳驛代邃。

(八)益州刺史臨汝侯淵猷遣其將樊文熾、蕭世澄等將兵圍魏益州長史和安於小劍，魏益州刺史邴虯遣統軍河南胡小虎、崔珍寶將兵救之，文熾襲破其柵，皆擒之，使小虎於城下說和安，令早降。小虎遙謂安曰：「我柵失備，為賊所擒，觀其兵力，殊不足言。努力堅守，魏行臺、傅梁州(六〇)援兵已至。」語未終，軍士以刀毆殺之。

西南道軍司淳于誕引兵救小劍，文熾置柵於龍鬚山上以防歸路。戊辰（二十四日），誕密募壯士，夜登山，燒其柵。梁軍望見歸路絕，皆恟懼，誕乘而擊之，文熾大敗，僅以身免，虜世澄等將吏十一人，斬獲萬計。魏子建以世澄購胡小虎之尸，得而葬之。

(九)魏魏昌武康伯李崇(六一)卒。【考異】魏帝紀在五月戊子，按長曆，是月乙亥朔，無戊子，今不書日。

(廿)初，帝納東昏侯寵姬吳淑媛(六二)，七月而生豫章王綜，宮中多疑之。及淑媛寵衰，怨望，密謂綜曰：「汝七月生兒，安得比諸皇子。然汝太子次弟，幸保富貴，勿泄也。」與綜相抱而泣。綜由是自疑，晝則談謔如常，夜則於靜室閉戶，披髮席藁，私於別室祭齊氏七廟，又微服至曲阿拜齊太宗陵(六三)，聞俗說割血瀝骨，滲則為父子，遂潛發東昏侯冢，并自殺一男試之，皆驗，由是常懷異志，專伺時變。綜有勇力，能手制奔馬，輕才好士，唯留附身㊅㊃，故衣餘皆分施，恒致罄乏。屢上便宜，求為邊任，上未之許。常於內齋布沙於地，終日跣行，足下生胝㊅㊄，日能行三百里，王侯妃主及外人皆知其志，而上性嚴重，人莫敢言。又使通問於蕭寶寅，謂之叔父。為南兗州刺史㊅㊅，不見賓客，辭訟隔簾聽之，出則垂帷於輿，惡人識其面。及在彭城㊅㊆，魏安豐王延明、臨淮王彧將兵二萬逼彭城，【考異】南史陳慶之傳云眾十萬，今從梁書。勝負久未決。上慮綜敗沒，敕綜引軍還。綜恐南歸，不復得至北邊，乃密遣人送降款於彧，魏人皆不之信。或募人入綜軍，驗其虛實，無敢行者。殿中侍御史濟陰鹿悆㊅㊇為彧監軍，請行，曰：「若綜有誠心，與之盟約，如其詐也，何惜一夫？」時兩敵相對，內外嚴固，悆單騎間出㊅㊈，徑趣彭城，為綜軍所執，問其來狀。悆曰：「臨淮王使我來，欲有交易耳！」時元略已南還，綜聞之，謂成景儁等曰：「我常疑元略，規欲反城㊆〇，將驗其虛實，故遣左右為略使，入魏軍中呼彼一人，今其人果來。可遣人詐為略有疾在深室，呼至戶外，令人傳言謝之。」綜又遣腹心安定梁話迎悆，密以意狀語之㊆。悆薄暮入城，先引見胡龍牙，龍牙曰：「元中山㊆甚欲相見，故遣呼卿。」又曰：「安豐、臨淮將少卒弱，規復此城，容可得乎？」悆曰：「彭城，魏之東鄙，勢在必爭，得否在天，非人所測。」龍牙曰：「當如卿言。」又引見成景儁，景儁與坐，謂曰：「卿不為刺客邪？」悆曰：「今者奉使，欲返命本朝，相刺之事，更卜後圖。」景儁為設飲食，乃引至一所，詐令一人自室中出，為元略致意，曰：「我昔有以南向㊆，且遣相呼，欲聞鄉事。晚來疾作，不獲相見。」悆曰：「早奉音旨，冒險祇赴，不得瞻見，內懷反側。」遂辭退。諸將競問魏士馬多少，悆盛陳有勁兵數十萬。諸將相謂曰：「此華辭㊆耳！」悆曰：「崇朝㊆可驗，何華之有？」乃遣悆還。成景儁送之戲馬臺㊆，北望城塹，謂曰：「險固如此，豈魏所能取？」悆曰：「攻守在人，何論險固？」悆還，於路復與梁話申固盟約。

六月庚辰（初七日），綜與梁話及淮陰苗文寵夜出，步投魏軍。

【考異】南史綜傳：「綜夜潛與梁話、苗寵三騎開北門，涉汴河，遂奔蕭城，自稱隊主，見延明而拜。延明坐之，問其名氏不答，曰：『殿下問人有見識者。』延明召使視之，曰：『豫章王也。』延明喜，下地執其手，答其拜，送於洛陽。」按魏書及北史鹿悆傳皆豫有盟約，豈得不知？又魏書蕭贊傳作濟陰芮文寵，北史作濟陰苗文寵，今從南史。及旦，齋內諸閤，猶閉不開，眾莫知所以，唯見城外魏軍呼曰：「汝豫章王昨夜已來在我軍中，汝尚何為？」一城中求王不獲，軍遂大潰。魏人入彭城，乘勝追擊，復取諸城，至宿預而還。將佐士卒死沒者什七八，唯陳慶之帥所部得還。上聞之驚駭，有司奏削綜爵土，絕屬籍，更其子直姓悖氏。未旬日，詔復屬籍，封直為永新侯[77]。

西豐侯正德自魏還[78]，志行無悛，多聚亡命，夜剽掠於道。以輕車將軍從綜北伐，棄軍輒還，上積其前後罪惡，免官削爵，徙臨海，未至，追赦之。

綜至洛陽，見魏主，還就館，為齊東昏侯舉哀，服斬衰三年，太后以下，並就館弔之，賞賜禮遇甚厚。拜司空，封高平郡公，丹陽王，更名贊。【考異】梁書、南史皆云改名纘，今從魏書、北史。以苗文寵、梁話皆為光祿大夫，封鹿悆為定陶縣子，除員外散騎常侍。

綜長史濟陽江革、司馬范陽祖暅之皆為魏所虜。安豐王延明聞其才名，厚遇之。革稱足疾，不拜。延明使晅之作欹器(七九)漏刻銘，革唾罵晅之，曰：「卿荷國厚恩，乃為虜立銘，孤負朝廷。」延明聞之，令革作大小寺碑、【考異】南史作丈八寺碑，今從梁書。祭彭祖文(八〇)，革辭不為，延明將箠之。革厲色曰：「江革行年六十，今日得死為幸，誓不為人執筆。」延明知不可屈，乃止，日給脫粟飯三升，僅全其生而已。

上密召夏侯亶還，使休兵合肥，俟淮堰成復進。

(廿一)癸未（初十日），魏大赦，改元孝昌。

(廿二)破六韓拔陵圍魏廣陽王深於五原，軍主賀拔勝募二百人開東門出戰，斬首百餘級，賊稍退。深拔軍向朔州，勝常為殿。

雲州刺史費穆招撫離散，四面拒敵。時北境州鎮皆沒，唯雲中一城獨存(八一)，道路阻絕，援軍不至，糧仗俱盡。穆棄城南奔爾朱榮於秀容，既而詣闕請罪，詔原之。

長流參軍(八二)于謹言於廣陽王深曰：「今寇盜蠭起，未易專用武力勝也。謹請奉大王之威命，諭以禍福，庶幾稍可離也。」深許之。

謹兼通諸國語，乃單騎詣叛胡營，見其酋長，開示恩信，於是西部鐵勒酋長乜列河〔八三〕等將三萬餘戶南詣深降。深欲引兵至折敷嶺〔八四〕迎之，謹曰：「破六韓拔陵兵勢甚盛，聞乜列河等來降，必引兵邀之，若先據險要，未易敵也。不若以乜列河餌之，而伏兵以待之，必可破也。」深從之。拔陵果引兵邀擊乜列河，盡俘其眾，伏兵發，拔陵大敗，復得乜列河之眾而還。柔然頭兵可汗大破破六韓拔陵〔八五〕，斬其將孔雀等，拔陵避柔然，南徙渡河〔八六〕。將軍李叔仁以拔陵稍逼，求援於康陽王深，深帥眾赴之，賊前後降附者二十萬人。深與行臺元纂表乞於恒州北別立郡縣安置降戶，隨宜賑貸，息其亂心，魏朝不從。詔黃門侍郎楊昱分處之冀、定、瀛三州就食。深謂纂曰：「此輩復為乞活矣〔八七〕！」

㈢秋，七月壬戌（十九日），大赦。

㈣八月，魏柔玄鎮民杜洛周聚眾反於上谷，改元真王，攻沒郡縣，高歡、蔡儁、尉景及段榮、安定彭樂皆從之。洛周圍魏燕州刺史博陵崔秉，九月丙辰（十四日），魏以幽州刺史常景兼尚書為行臺，與幽州都督元譚討之。景，爽之孫也㈧㈧。自盧龍塞至軍都關，皆置兵守險，譚屯居庸關㈧㈨。

㈦㈤冬，十月，吐谷渾遣兵擊趙天安，天安降，涼州復為魏㈨〇。平西將軍高徽奉使嚈噠，還至枹罕，會河州刺史元祚卒，前刺史梁釗之子景進引莫折念生兵圍其城，長史元永等推徽行州事，勒兵固守，景進亦自行州事。徽請兵於吐谷渾，吐谷渾救之，景進敗走。徽，湖之孫也㈨㈠。

㈦㈥魏方有事於西北，二荊㈨㈡、西郢羣蠻皆反，斷三鵶路㈨㈢，殺都督，寇掠北至襄城。汝水有冉氏、向氏、田氏，種落最盛㈨㈣，其餘大者萬家，小者千室，各稱王侯，屯據險要，道路不通。十二月壬午（十二日），魏主下詔曰：「朕將親御六師，掃蕩逋穢。今先討荊蠻，疆理南服。」時羣蠻引梁將曹義宗等圍魏荊州㈨㈤，魏都督崔暹將兵數萬救之。至魯陽，不敢進，魏更以臨淮王彧為征南大將軍，將兵討魯陽蠻，司空長史辛雄為行臺左丞，東趣葉城㈨㈥，別遣征虜將軍裴衍、恒農太守京兆王羆，【考異】周書羆傳羆未嘗為恒農太守，今從魏書。將兵一萬自武關出，通三鵶路以救荊州。衍等未至，或軍已屯汝上(九七)，州郡被蠻寇者，爭來請救，或以處分道別，不欲應之。辛雄曰：「今裴衍未至，王士眾已集，蠻左(九八)唐突，撓亂(九九)近畿，王秉麾閫外，見可而進，何論別道？」或恐後有得失之責，邀雄符下(一〇〇)，雄以羣蠻聞魏主將自出，心必震動，可乘勢破也，遂符或軍，令速赴擊。羣蠻聞之，果散走。魏主欲自出討賊，中書令袁飜諫而止。

辛雄自軍中上疏曰：「凡人所以臨陳忘身，觸白刃而不憚者，一求榮名，二貪重賞，三畏刑罰，四避禍難。非此數者，雖聖王不能使其臣，慈父不能厲其子矣！明主深知其情，故賞必行，罰必信，使親疏貴賤，勇怯賢愚，聞鍾鼓之聲，見旌旗之列，莫不奮激，競赴敵場，豈厭(一〇一)久生而樂速死哉！利害懸於前，欲罷不能耳！自秦隴逆節，蠻左亂常，已歷數載，三方之師(一〇二)，敗多勝少，迹其所由，不明賞罰之故也！陛下雖降明詔，賞不移時，然將士之勳，歷稔(一〇三)不決，亡軍(一〇四)之卒，晏然在家，是使節士無所勸慕，庸人無所畏懾，進而擊賊，死交而賞賒(一〇五)，退而逃散，身全而無罪。此其所以望敵奔沮，不肯盡力者也！陛下誠能號令必信，賞罰必行，則軍威必張，盜賊必息矣。」疏奏，不省。

曹義宗等取順陽、馬圈，與裴衍等戰於淅陽㊅，義宗等敗退。衍等復取順陽，進圍馬圈。洛州刺史董紹以馬圈城堅，衍等糧少，上書言其必敗。未幾，義宗擊衍等，破之，復取順陽。

魏以王罷為荊州刺史。

㈦邵陵王綸攝南徐州事，在州喜怒不恒，肆行非濫，遨遊市里，問賣䱇㊆者曰：「刺史何如？」對言躁虐。綸怒，令吞䱇而死。百姓惶駭，道路以目㊇。嘗逢喪車，奪孝子服而著之，匍匐號叫。籤帥懼罪，密以聞。上始嚴責綸而不能改，於是遣代。綸悖慢逾甚，乃取一老翁短瘦類上者，加以衮冕，置之高坐，朝以為君，自陳無罪，使就坐剝褫，捶之於庭。又作新棺，貯司馬崔會意，以輀車挽歌㊈為送葬之濆，使嫗乘車悲號。會意不能堪，輕騎還都以聞。上恐其奔逸，以禁兵取之，將於獄賜盡，太子統流涕固諫，得免。戊子（十八日），免綸官，削爵土。

(廿八)魏山胡⑩劉蠡升反，自稱天子，置百官。

(廿九)初，敕勒酋長斛律金事懷朔鎮將楊鈞為軍主，行兵用匈奴灋，望塵知馬步多少，嗅地知軍遠近。及破六韓拔陵反，金擁眾歸之，拔陵署金為王，既而知拔陵終無所成，乃詣雲州降，仍稍引其眾南出黃瓜堆⑪，為杜洛周所破，脫身歸爾朱榮，以為別將。

【今註】㊀普通六年：魏孝明帝孝昌元年。㊁文陵：謂孝文帝陵。㊂安東長史元顯和，麗之子也：元麗見卷一百四十六天監五年。㊃與翁皆出皇家：翁謂元法僧也。元法僧，陽平王熙之曾孫，熙，道武之子也，元麗，濟陰王小新成之孫，小新成，景穆太子之子也。元顯和以族屬長幼之次呼法僧為翁。㊄以宣城太守元略為大都督：元略奔梁見上卷普通四年。㊅黑水：《水經注》渭水自獂道縣故城西東至黑水峽，黑水注之，黑水出南山，北流入渭。㊆馬嵬：《元和郡縣志》曰：「馬嵬，人名，於此築城以避難，未詳何代入也。」在陝西興平縣西二十五里，今曰馬嵬鎮，亦曰馬嵬堡。㊇關、張不如：謂關羽、張飛不如延伯之勇。㊈小隴：胡三省曰：「隴山有大隴山、小隴山，大隴山在清水縣東北，小隴山在岐州武都郡南田縣西北。」⑩宛川：《五代志》扶風郡陳倉縣後魏曰宛川，西魏改曰陳倉。故城在今山西省寶雞縣東。⑪新蔡郡：《五代志》汝南郡新蔡縣齊置北新蔡郡，魏曰新蔡郡，東魏置終蔡州，後齊廢州，置廣寧郡，隋文帝開皇間，置為舒州，煬帝大業初，廢州，改曰新蔡縣，屬汝南郡，故治在今河南省固始縣東。⑫鄭城：《水經注》潁水自固始縣故城北東南逕慎縣故城南，又東南逕蜩蟟郭東，俗謂之鄭城，又東南入於淮。⑬城父：城父縣，漢屬沛郡，魏、晉以來屬譙郡，宋改曰浚儀縣，屬陳留郡，僑治譙郡界。《魏書・地形志》陳留郡浚儀縣有城父城，蓋漢之故城也，在今安徽省亳縣東南。⑭魏朝遣廷尉少卿崔孝芬持節齎齋庫刀以趣之：胡三省曰：「齋庫刀，千牛刀也。齎刀以趣其進，言若復逗留，將斬之也。」⑮遂為四甄以待之：《文選》注引孫子曰：「長陳為甄。」《晉書・周魴傳》魴使將軍李恆督左甄，許朝督右甄，又《世說》桓元好獵，雙甄所指，不避林壑。蓋晉世以來習用語。⑯南陽平：《魏書・地形志》徐州南陽平郡治沛南界，後寄治彭城。北周廢，故治在今江蘇省銅山縣北。胡三省曰：「曰南陽平者，以別相州之古陽平郡也。」⑰曇尚，虎子之子也：薛虎子事魏孝文帝，久鎮徐州，有聲績。⑱龍亢：龍亢縣，漢屬沛郡，晉屬譙國。《魏書・地形志》孝文帝太和十九年置下蔡郡，以龍亢屬焉。趙景悅既拔龍亢，因置龍亢郡，後復入魏，仍為郡，隋初廢，唐復置，尋省，故城在今安徽省懷遠縣西北七十五里，今曰龍亢集。⑲初，魏劉騰既卒：騰卒見上卷普通四年。⑳嵩山閑居寺：魏作閑居寺見卷一百四十七天監八年。㉑太后有忿恚欲得往來顯陽之言，皆以告乂：魏主常居顯陽殿，太后既隔絕不得相見，欲得往來，因有忿恚之語，魏主具以太后之言告元乂也。㉒二宮：魏主及太后宮。㉓日晏：晏，晚也；暮也。㉔壬辰，莫折念生遣都督楊鮓等攻仇池郡：二月丙子朔，上戊戌而下壬辰，戊戌二十三日，壬辰十七日，蓋壬寅之誤也，壬寅二十七日。《魏書・地形志》仇池郡屬東益州，《五代志》漢陽郡上祿縣魏置仇池郡，故治在今甘肅省成縣西南。㉕衡州刺史：《五代志》南海郡含洭縣梁置衡州，故治在今廣東省英德縣西。㉖魏詔京兆王繼班師：魏以繼都督西道諸軍討莫折念生見上年。胡三省曰：「今將誅其子乂，故詔使班師。」㉗北涼州刺史錫休儒等自魏興侵魏梁州，攻直城：胡三省曰：「梁置北梁州於魏興，涼當作梁。錫姓也，漢有錫光。」《魏書・地形志》東梁州金城郡領直城縣。《五代志》西城郡安康縣，後魏置東梁州，後蕭詧改直州。胡三省曰：「蓋因直城以名州也。」故城在今陝西省漢陰縣西。㉘敕連頭兵豆伐可汗：《魏書・蠕蠕傳》云，敕連頭兵豆伐，魏言把攬也。㉙紹，亮之子也：穆亮，崇之曾孫也。穆氏從魏起於代北，自崇至亮，累世貴顯。㉚清河國郎中令韓子熙上書為清河王懌訟冤：懌死見上卷普通元年。㉛昔趙高柄秦，令關東鼎沸：柄秦，謂握秦國柄也。事見《秦紀》。㉜今元乂專魏，使四方雲擾：謂六鎮之叛也。《漢書・敘傳》云：「天下雲擾。」顏師古曰：「言盜賊擾亂，如雲而起。」㉝洿宮：壞其宮室為污池也。《禮記・檀弓》：「洿其宮而豬焉！」豬與瀦同，言瀦為污池也。㉞子熙，麒麟之孫也：韓麒麟見卷一百三十五齊武帝永明元年。㉟伯緒：宋維字。㊱若得殺身，幸矣：言得不累及其宗族則為幸矣。㊲洛州刺史：《魏書・地形志》魏明元帝置洛州於洛陽，太武帝太延中置荊州於上洛，孝文遷洛，以洛州為司州，別置荊州於穰城，以上洛之荊州為洛州，領上洛、上庸、魏興、始平、萇和等郡。上洛郡，晉武帝置，治上洛縣。上洛縣前漢屬弘農郡，後漢屬京兆尹，晉屬上洛郡，即今陝西省商縣治。㊳順，澄之子也：任城王澄，景穆子任城王雲之子也，佐孝文南遷，為魏宗室賢王。㊴朕賴不與：賴猶幸也，謂幸而未與之鐵券，故今得殺之。㊵憮然：朱熹曰：「憮然猶悵然。」茫然失意貌。㊶伊闕：伊闕，洛陽南面之險也。《水經注》伊水自新城縣南北入伊闕，昔大禹疏以通水，兩山相對，望之若闕，伊水歷其間北流，故謂之伊闕，春秋之闕塞也。漢靈帝中平元年，置八關都尉以備黃巾，伊闕其一也。㊷前幽州刺史盧同：上年同為幽州刺史。㊸年垂不惑：孔子曰：「四十而不惑。」㊹身二十年侍中，與卿先君亟連職事：亟，數也。言身為侍中二十年，與任城王澄數同職事也。㊺開府屬：開府位從公，有掾有屬。㊻先以諂事趙脩，坐徙枹罕：趙脩得罪見卷一百四十五天監二年。㊼又諂事清河王懌，懌死，出為鴈門太守：懌死見上卷普通元年。㊽仗為謀主：仗，依憑也。㊾占之：口占為文也。《漢書・陳遵傳》：「遵憑几口占書吏，且省官事，書數百封，親疏各有意。」顏師古注：「占，隱度也，口隱其辭以授吏也。」㊿造次：倉卒間也。(51)昔人不以一女易眾男：蓋引樂廣事，見卷八十五晉惠帝太安二年。謂若不許婚，將禍及一門。(52)我聞有命，不敢以告人：《詩・唐風・揚之水》之辭，言必為之隱也。(53)義僖，度世之孫也：盧度世事見《宋紀》。(54)萬俟醜奴：萬當作万，万俟音墨其，又音木其，鮮卑複姓也，《北史・万俟普傳》云：「万俟，其先匈奴之別也。」(55)降簿：降人之名籍也。(56)覆背擊之：覆當作腹，腹前背後，言前後夾擊之也。(57)去賊七里結營：《魏書・崔延伯傳》時賊屯安定西彭阬谷，築柵自守。(58)時大寇未平，復失驍將：《魏書・崔延伯傳》延伯善將撫，能得眾心，與奚康生、楊大眼為諸將之冠，而延伯末年功名尤重。(59)夷陵烈侯裴邃卒：卒於軍中也。邃封夷陵縣子，既卒，進爵為侯，諡曰烈。(60)魏行臺、傅梁州：魏行臺謂魏子建，子建建臺節度梁、巴、益、秦諸州見上年，傳梁州謂傳豎眼，時為梁州刺史。(六一)魏昌武康伯：武康，謚也。《魏書・地形志》魏昌縣屬中山郡，蓋漢之苦陘縣，後漢章帝改曰漢昌，三國魏文帝改曰魏昌，故城在今山東省無極縣東北。(六二)淑媛：淑媛之號，魏明帝所制，宋明以降，列為九嬪。(六三)又微服至曲阿拜齊太宗陵：胡三省曰：「齊無太宗，當是高宗。」按吳淑媛本東昏侯寵姬，東昏侯齊高宗明皇帝之子也，故綜私拜之。(六四)附身：隨身服飾也。(六五)胝：皮厚也。(六六)為南兗州刺史：《梁書・豫章王綜傳》普通四年，出為南兗州刺史。(六七)及在彭城：綜督諸軍頓彭城見上三月。(六八)鹿悆：鹿，姓也。《風俗通》漢有巴郡太守鹿旗。悆音余。(六九)間出：間道而出也。(七〇)我常疑元略，規欲反城：規，圖也，疑元略圖以彭城反入魏也。(七一)密以意狀語之：胡三省曰：「意者，傳綜欲降之意，狀者，告以詭與成景儁欲謀之狀。」(七二)元中山：謂元略也。略之南奔，梁封為中山王。(七三)我昔有以南向：胡三省曰：「有以，言有所為也。」(七四)華辭：虛飾之辭也。(七五)崇朝：《衞風・河廣》之詩云：「誰謂宋遠，曾不崇朝。」鄭箋云：「崇，終也。」(七六)戲馬臺：《水經注》彭城南有涼馬臺。晉安帝義熙中，劉裕入彭城，嘗大宴賓僚，賦詩於此。蘇軾曰：「彭城三面阻水，樓堞之下，以汴泗為池，獨其南可通車馬，而戲馬臺在焉。其廣百步，其高十仞。」(七七)永新侯：《宋書・州郡志》吳立永新縣，屬安成郡。故城在今江西省永新縣西三十五里。(七八)西豐侯正德自魏還：事見上卷普通四年。(七九)欹器：《荀子・宥坐篇》云：「孔子觀於魯桓公之廟，有欹器焉，孔子問於守廟者曰：『此為何器？』守廟者曰：『此蓋為宥坐之器。』孔子曰：『吾聞宥坐之器者，虛則欹，中則正，滿則覆。』孔子顧謂弟子曰：『注水焉！』弟子挹水而注之，中而正，滿而覆，虛則欹。孔子喟然而歎曰：『吁！惡有滿而不覆者哉！』」楊注曰：「宥與右同，言人君可置於坐右，以為戒也。」今人常書警語以自惕者曰坐右銘，本此。(八〇)祭彭祖文：彭城，古大彭氏之墟也，有彭祖。(八一)時北境州鎮皆沒，唯雲中一城獨存：去年李崇使費穆守雲中。(八二)長流參軍：《宋書・百官志》長流參軍江左始置，主禁防，凡從公及公府置長流參軍，小府無長流，置禁防參軍。(八三)乜列河：胡三省曰：「乜，虜姓也。」乜音蔑。(八四)折敷嶺：《北史・于謹傳》作折郭嶺，《通典》作折敦嶺。(八五)柔然頭兵可汗大破破六韓拔陵：胡三省曰：「按繫年圖書是年蠕蠕殺破六韓拔陵，通鑑明年書拔陵遣費律誘斬胡琛。」(八六)南徙渡河：胡三省曰：「此河謂北河也。」(八七)此輩復為乞活矣：乞活事見卷八十六晉惠帝光熙元年。(八八)景，爽之孫也：常爽世居涼土，太武帝時歸魏，為世之鴻儒。(八九)自盧龍塞至軍都關，皆置兵守險，譚屯居庸關：《水經注》濡水自安州界東南逕盧龍塞，塞道自無終縣東出，渡濡水，向林蘭陘，東至清陘。盧龍之險，峻阪縈折，故有九縈之名。酈道元曰：「余按盧龍東越清陘，至凡城二百許里，自凡城東北出趣平岡故城可百八十里，向黃龍則五百里，故陳壽魏志田疇引軍出盧龍塞，塹山堙谷，五百餘里，逕白檀，歷平岡，登白狼，望柳城。」其地在今河北省遷安縣西北，林蘭陘，即今喜峯口，清陘，今之冷口也。《唐書・地理志》幽州昌平縣北十五里有軍都陘，西北三十五里有納款關，即居庸故關也，亦謂之軍都關。《水經注》居庸關在沮陽城東南六十里居庸縣界，漯餘水導源關山，南流歷故關下，又歷山南，逕軍都縣界，又謂之軍都關。其地蓋在今河北省昌平縣西北，北去察哈爾省延慶縣五十里，關門南北相距四十里，兩山夾峙，巨澗中流，懸崖峭壁，號稱絕險，《呂覽》九塞之一也。(九〇)吐谷渾遣兵擊趙天安，天安降，涼州復為魏：趙天安以涼州應莫折念生見上年。(九一)徽，湖之孫也：高湖，北齊神武帝高歡之曾祖。(九二)二荊：《魏書・地形志》太武帝太延中置荊州於上洛，孝文帝太和中，改曰洛州，別置荊州於穰城，領南陽、順陽、新野，東恒農、漢廣、襄城、北清、恒農等郡，東魏孝靜帝武定二年置北荊州，時未有北荊州也，此二荊意謂穰城之荊州及上洛之洛州耳！(九三)三鵶路：杜佑《通典》曰：「汝州魯山縣，後周置三鵶鎮，在縣西南十九里，亦名平高城。百重山在鄧州向城縣北，即三鵶之第一鵶，又北分水嶺山，嶺北即三鵶之第二鵶，其第三鵶入魯山縣界。」《元和郡縣志》魯山縣魯陽關水俗謂之三鵶水。《清一統志》曰：「三鵶路以百重山為第一鵶，分水嶺為第二鵶，魯陽關為第三鵶。」魯陽關在今河南省南召縣東北，接魯山縣界。(九四)汝水有冉氏、向氏、田氏，種落最盛：胡三省曰：「三姓蓋皆居汝源。」(九五)時羣蠻引梁將曹義宗等圍魏荊州：此治穰城之荊州也。(九六)葉城：胡三省曰：「此即漢南陽郡之葉縣城也，時為襄城治所。」故城在今河南省葉縣南三十里。(九七)汝上：汝水之畔也。(九八)蠻左：胡三省曰：「自宋以來，豫部諸蠻率謂之蠻左，所置蠻郡，謂之左郡。」王鳴盛曰：「隋地志末段云：『南郡、夷陵諸郡多雜蠻左，死喪之紀，無祖踊，亦知號泣，其左人則又不同。長沙莫傜喪葬，頗同諸左。』案北史齊高祖神武皇帝紀天平元年神武上表於魏孝武帝曰：『荊州綰接蠻左，密邇畿服。』蠻左即蠻夷，乃當時語。崔延伯傳云：『除征虜將軍，荊州刺史，荊州土險，蠻左為寇，每有聚結，延伯輒自討之』是也。魏、齊、周諸書亦皆有之。」余按蠻左二辭蓋取蠻夷左衽之義。(九九)撓亂：撓，擾也。(一〇〇)邀雄符下：符，尚書行臺符也，辛雄時為行臺左丞，臨淮王彧蓋欲雄符下己軍以擊羣蠻。(一〇一)懕：同厭。(一〇二)三方之師：謂北禦諸鎮，西討秦隴，南擊羣蠻也。(一〇三)歷稔：歷年也。稔，穀熟也。《釋文》曰：「穀一熟，故為一年。」(一〇四)亡軍：離軍伍而逃亡。(一〇五)賞賒：緩償其值曰賒。(一〇六)淅陽：《魏書・地形志》析州有析陽郡。漢弘農郡有析縣，晉分屬順陽郡，魏置為析陽郡，以其地在淅水之陽也。故治在今河南省內鄉縣西北。(一〇七)䱜：鱓魚也，俗通作鱔，其形似蛇。(一〇八)道路以目：胡三省曰：「道路相逢者，但以目相視而不敢言。」(一〇九)輀車挽歌：輀音而，喪車也。干寶《搜神記》曰：「挽歌，喪家之樂，執拂者相和之聲。」《晉書・禮志》曰：「輓歌出於漢武帝役人之歌，歌聲哀切，遂以為送終之禮。」輓與挽同。崔豹《古今注》曰：「薤露、蒿里歌，並喪歌也，出田橫門人。故有二章，至孝武時，李延年乃分二章為二曲，薤露送公卿貴人，蒿里歌送士夫庶人，使挽柩者歌之，世亦呼挽歌。」胡三省曰：「莊子曰：『紼謳所生，必於斥苦。』紼謳，挽歌也。左傳公孫夏使其徒歌虞殯。杜預注曰：『虞殯，送葬歌曲。田橫之死，其徒有蒿里、薤露之歌。』」(一一〇)山胡：胡三省曰：「山胡即汾州之稽胡。」(一一一)黃瓜堆：《水經注》桑乾水自源東南流，左合武州塞水，又東南逕黃瓜阜曲西，又屈逕其堆南，又東南流逕桑乾郡北。《方輿紀要》黃瓜堆一名神堆，景福初李克用潛入新城，伏兵於神堆，擒吐谷渾邏騎三百，即此。按《魏書・帝紀》黃瓜堆蓋在灅水之陽，灅水即桑乾水也。今名黃花山，在山西省山陰縣北。

卷一百五十一　梁紀七

起柔兆敦牂，盡彊圉協洽，凡二年。（丙午至丁未，西元五二六年至五二七年）

司馬光編集
林瑞翰註

高祖武皇帝七

普通七年（西元五二六年）

㈠春，正月，辛丑朔，大赦。

㈡壬子（十二日），魏以汝南王悅領太尉。

㈢魏安州石離、穴城、斛鹽三戍兵反應杜洛周，眾合二萬，洛周自松岍赴之㊀。行臺常景使別將崔仲哲屯軍都關以邀之，仲哲戰沒，元譚軍夜潰㊁，魏以別將李琚代譚為都督。仲哲，秉之子也㊂。

㈣初，魏廣陽王深通於城陽王徽之妃。徽為尚書令，為胡太后所信任。會恒州人請深為刺史，徽言深心不可測。及杜洛周反，五原降戶在恒州者謀奉深為主，深懼，上書求還洛陽㊃。魏以左衛將軍楊津代深為北道大都督，詔深為吏部尚書。徽，長壽之子也㊄。五原降戶鮮于脩禮等帥北鎮流民反於定州之左城㊅，改元魯興。引兵向州城，州兵禦之，不利。楊津至靈丘㊆，聞定州危迫，引兵救之，入據州城。脩禮至，津欲出擊之，長史許被不聽，津手劍㊇擊之，被走得免。津開門出戰，斬首數百，賊退，人心少安。詔尋以津為定州刺史，兼北道行臺。魏以揚州刺史長孫稚為大都督、北討諸軍事，與河間王琛共討脩禮。

㈤二月甲戌（初五日），北伐眾軍解嚴。

㈥魏西部敕勒斛律洛陽反於桑乾西，與費也頭牧子相連結。三月甲寅（十五日），游擊將軍爾朱榮擊破洛陽於深井，牧子於河西㊈。

㈦夏。四月乙酉（十七日），臨川靖惠王宏卒。

㈧魏大赦。

㈨癸巳（二十五日），魏以侍中、車騎大將軍城陽王徽為儀同三司。

徽與給事黃門侍郎徐紇共毀侍中元順於太后，出為護軍將軍、太常卿。順奉辭於西遊園，紇侍側，順指之謂太后曰：「此魏之宰嚭⑩，魏國不亡，此終不死。」紇脅肩⑪而出，順抗聲叱之曰：「爾刀筆小才，正堪供几案之用，豈應汙辱門下，斁我彝倫⑫？」因振衣而起，太后默然。

(十)魏朔州城民鮮于阿胡等據城反。

(十一)杜洛周南出鈔掠薊城，魏常景遣統軍梁仲禮擊破之。丁未（四月己巳朔，無丁未，丁未五月初九日），都督李琚與洛周戰於薊城之北，敗沒，常景帥眾拒之，洛周引還上谷。

(十二)長孫稚行至鄴，詔解大都督，以河間王琛代之。稚上言：「歸與琛同在淮南，琛敗臣全⑬，遂成私隙，今難以受其節度。」魏朝不聽。前至呼沱，稚未欲戰，琛不從。鮮于脩禮邀擊稚於五鹿⑭，琛不赴救，稚軍大敗。稚、琛並坐除名。

(十三)五月丁未（初九日），魏主下詔將北討，內外戒嚴，既而不行。

(十四)衡州刺史元略自至江南，晨夕哭泣，常如居喪。及魏元乂死⑮，胡太后欲召之，知略因刁雙獲免㈠六，徵雙為光祿大夫，遣江革、祖暅之南還以求略㈠七。上備禮遣之，寵贈甚厚。略始濟淮，魏拜略為侍中，賜爵義陽王，以司馬始賓為給事中，栗法光為本縣令㈠八，刁昌為東平太守，刁雙為西兗州刺史㈠九，凡略所過，一飡一宿皆賞之㈡〇。

㈤魏以丞相高陽王雍為大司馬，復以廣陽王深為大都督，討鮮于脩禮，章武王融為左都督，裴衍為右都督，並受深節度。深以其子自隨，城陽王徽言於太后曰：「廣陽王攜其愛子，握兵在外，將有異志。」乃敕融、衍潛為之備。融、衍以敕示深，深懼，事無大小，不敢自決。太后使問其故，對曰：「徽銜臣次骨㈡一，臣疏遠在外，徽之構臣，無所不為。自徽執政以來，臣所表請，多不從允，徽非但害臣而已，從臣將士，有勳勞者皆見排抑，不得比它軍，仍深被憎嫉，或因其有罪，加以深文，至於殊死，以是從臣行者，莫不悚懼。有言臣善者，視之如仇讎，言臣惡者，待之如親戚。徽居中用事，朝夕欲陷臣於不測之誅，臣何以自安？陛下若使徽出臨外州，臣無內顧之憂，庶可以畢命賊庭，展其忠力。」太后不聽。

徽與中書舍人鄭儼等更相阿黨，外似柔謹，內實忌克㉒，賞罰任情，魏政由是愈亂。

(十六)戊申（初十日），魏燕州刺史崔秉帥眾棄城奔定州㉓。

(十七)乙丑（二十七日），魏以安西將軍宗正珍孫為都督，討汾州反胡㉔。

(十八)六月，魏絳蜀㉕陳雙熾聚眾反，自號始建王。魏以假鎮西將軍長孫稚為討蜀都督，【考異】費穆傳穆為都督，平絳蜀，不應有兩都督，今從帝紀。別將河東薛脩義輕騎詣雙熾壘下，曉以利害，雙熾即降。詔以脩義為龍門鎮將㉖。

(十九)丙子（初九日），魏徙義陽王略為東平王。頃之，遷大將軍、尚書令，為胡太后所委任，與城陽王徽相埒。然徐、鄭用事㉗，略亦不敢違也。

(廿)杜洛周遣都督王曹紇真㉘等將兵掠薊南，秋，七月丙午（初九日），行臺常景遣都督于榮等擊之於栗園㉙，大破之，斬曹紇真及將卒三千餘級。洛周帥眾南趣范陽㉚，景與榮等又破之。

(廿)魏僕射元纂以行臺鎮恒州，鮮于阿胡擁朔州流民寇恒州。戊申（十一日），陷平城㈡，纂奔冀州。

(廿一)上聞淮堰水盛，壽陽城幾沒㈢，復遣郢州刺史元樹等自北道攻黎漿，豫州刺史夏侯亶等自南道攻壽陽。

(廿二)八月癸巳（二十七日），賊帥元洪業斬鮮于脩禮，請降於魏，賊黨葛榮復殺洪業，自立。【考異】北史廣陽王深傳云：「深以兵士頻經退散，人無鬬情，連營轉柵，日行十里，行達交津，隔水而陳。賊脩禮常與葛榮謀，後稍信朔州人毛普賢，榮常銜之。普賢昔為深統軍，及在交津，深使人諭之，普賢乃有降意，又使錄事參軍元晏說賊程殺鬼，果相猜貳，榮遂殺普賢、脩禮而自立。」與魏帝紀全殊，又其語雜亂難曉，今從帝紀。

(廿三)魏安北將軍都督恒、朔討虜諸軍事爾朱榮過肆州，肆州刺史尉慶賓忌之，據城不出。榮怒，舉兵襲肆州，執慶賓還秀容，署其從叔羽生為刺史，魏朝不能制。

初，賀拔允及弟勝、岳從元纂在恒州，平城之陷也，允兄弟相失，岳奔爾朱榮，勝奔肆州。榮克肆州，得勝，大喜曰：「得卿兄弟，天下不足平也！」以為別將，軍中大事，多與之謀。

(廿四)九月己酉（十三日），鄱陽忠烈王恢卒。

㈥葛榮既得杜洛周之眾㉓，北趣瀛州㉔，魏廣陽忠武王深自交津㉕引兵躡之。辛亥（十五日），榮至白牛邏㉖，輕騎掩擊章武莊武王融，殺之。榮自稱天子，國號齊，改元廣安。

深聞融敗，停軍不進。侍中元晏密言於太后曰：「廣陽王盤桓不進，坐圖非望。有于謹者，智略過人，為其謀主，風塵之際，恐非陛下之純臣也！」太后深然之，詔牓尚書省門，募能獲謹者，有重賞。謹聞之，謂深曰：「今女主臨朝，信用讒佞，苟不明白殿下素心，恐禍至無日。謹請束身詣闕，歸罪有司。」遂徑詣牓下，自稱于謹。有司以聞，太后引見，大怒。謹備論深忠款，兼陳停軍之狀。太后意解，遂捨之。

深引軍還趣定州，定州刺史楊津亦疑深有異志，深聞之，止於州南佛寺。經二日，深召都督毛謚等數人交臂為約，危難之際，期相拯恤，謚愈疑之，密告津云：「深謀不軌。」津遣謚討深，深走出，謚呼噪逐深，深與左右間行至博陵㉗界，逢葛榮遊騎，劫之詣榮。賊徒見深，頗有喜者。榮新立，惡之㉘，遂殺深。城陽王徽誣深降賊，錄其妻子。深府佐宋遊道為之訴理，乃得釋。遊道，繇之玄孫也(三九)。

(卅七)甲申（九月丁酉朔，無甲申），魏行臺常景破杜洛周，斬其武川王賀拔文興等，捕虜四百人。

(卅八)就德興陷魏平州(四〇)，殺刺史王買奴。

(卅九)天水民呂伯度，本莫折念生之黨也，後更據顯親(四一)以拒念生，已而不勝，亡歸胡琛，琛以為大都督、秦王，資以士馬，使擊念生。伯度屢破念生軍，復據顯親，乃叛琛，東引魏軍。念生窘迫，乞降於蕭寶寅，寶寅使行臺左丞崔士和據秦州。魏以伯度為涇州刺史，封平秦郡(四二)公。

大都督元脩義停軍隴口(四三)，久不進，念生復反，執士和送胡琛，於道殺之。久之，伯度為万俟醜奴所殺，賊勢益盛，寶寅不能制。胡琛與莫折念生交通，事破六韓拔陵浸慢(四四)，拔陵遣其臣費律至高平誘琛斬之。醜奴盡幷其眾。

(卌)冬十一月庚辰（十五日），大赦。

（卅一）丁貴嬪卒，太子水漿不入口（四五）。上使謂之曰：「毀不滅性（四六），況我在邪？」乃進粥數合（四七）。太子體素肥壯，腰帶十圍，至是減削過半。

（卅二）夏侯亶等軍入魏境，所向皆下。辛巳（十六日），魏揚州刺史李憲以壽陽降。宣猛將軍陳慶之入據其城，凡降城五十二，獲男女七萬五千口。丁亥（二十二日），縱李憲還魏，復以壽陽為豫州（四八）。改合肥為南豫州（四九），以夏侯亶為豫、南豫二州刺史。壽陽久罹兵革，民多離散，亶輕刑薄賦，務農省役，頃之，民戶充復。

（卅四）杜洛周圍范陽，戊戌（魏十一月戊戌，梁之閏十月也），民執魏幽州刺史王延年、行臺常景送洛周，開門納之（五〇）。

（卅五）魏齊州平原民劉樹等反（五一），攻陷郡縣，頻敗州軍。刺史元欣以平原房士達為將討平之。

（卅五）曹義宗據穰城以逼新野，魏遣都督魏承祖及尚書左丞南道行臺辛纂救之。【考異】梁書此年冬新野降，魏書肅宗崩後新野猶在，恐梁書誤，蓋梁自前年攻新野，此年魏使魏承祖救之也。又周于謹傳云：「孝昌二年，與辛纂討義宗。」今以為據。義宗戰不利，不敢進。纂，雄之從父兄也。

(卌)魏盜賊日滋，征討不息，國用耗竭，豫徵六年租調，猶不足，乃罷百官所給酒肉，又稅入市者人一錢，及邸店皆有稅，百姓嗟怨。吏部郎中辛雄上疏，以為：「華夷之民，相聚為亂，豈有餘憾哉？正以守、令不得其人，百姓不堪其命故也！宜及此時，早加慰撫。但郡縣選舉，由來共輕，貴遊儁才，莫肯居此。宜改其弊，分郡縣為三等，清官選補之濡，妙盡才望，如不可並，後地先才，不得拘以停年（五二）。三載黜陟（五三），有稱職者補在京名官，如不歷守、令，不得為內職，則人思自勉，枉屈可申，彊暴自息矣！」不聽。

【今註】㊀魏安州石離、穴城、斛鹽三戍兵反應杜洛周，眾合二萬，洛周自松岍赴之：《水經注》曰：「鮑丘水出禦夷鎮北塞中，南流逕九莊嶺東，俗謂之大榆河，又南逕密雲戍西，又南流逕孔山西，又歷密雲戍東，左合孟廣硎水，水出硎下，硎甚層峻，峨峨冠眾山之表，其水西逕孔山南，上有洞穴開明，故俗謂之孔山。大榆河又東南流，白楊水注之，水北發白楊溪望離右，注大榆河。大榆河又東南出峽，逕安州舊漁陽郡之滑鹽縣故城南，世謂之斛鹽城，西北去禦夷鎮二百里。」滑鹽縣，漢屬漁陽郡，後漢省，故城在今熱河省承德縣南。胡三省曰：「或曰，岍，硎字之誤也，讀作陘。唐志營州西北百里曰松陘嶺。」㊁元譚軍夜潰：譚軍屯居庸關見上卷上年。㊂仲哲，秉之子也：崔秉時為燕州刺史。㈣深懼，上書求還洛陽：廣陽王深時軍於朔州，見上卷上年。㈤徽，長壽之子也：城陽王長壽，景穆之子也。㈥五原降戶鮮于脩禮等帥北鎮流民反於定州之左城：鮮于，複姓也。《魏書・楊津傳》鮮于脩禮起於博陵，則左城蓋在博陵界。胡三省曰：「水經注中山唐縣有左人城。」㈦靈丘：戰國趙邑也，漢置靈丘縣，屬代郡，後漢省，魏置靈丘郡，屬恆州，故城在今山西省靈丘縣東。㈧手劍：手，執也。《公羊傳》莊公十三年曹子手劍而從之。㈨河西：胡三省曰：「北河之西也。」㈩此魏之宰嚭：宰嚭，吳太宰嚭也，貪貨而好讒，吳王夫差信而任之，卒亡吳國。⑪脅肩：《漢書・吳王濞傳》：「脅肩累足。」顏師古注：「脅，翕也，謂斂之也。」朱熹曰：「脅肩，竦體也，小人側媚之態。」⑫斁我彝倫：斁，敗也，彝，常也。《書・洪範》云：「彝倫攸斁。」其語本此。⑬曏與琛同在淮南，琛敗臣全：謂城父之役，琛眾為裴邃所敗也，事見上卷上年。⑭前至呼沱，稚未欲戰，琛不從。鮮于脩禮邀擊稚於五鹿：胡三省曰：「杜預曰：『陽平元城縣東有五鹿，即沙鹿也。』按呼沱不至元城界，此別有五鹿，非左氏所謂五鹿也。」呼沱今通作滹沱，《水經注》所謂清、淇、漳、洹、滱、易、淶、濡、沽、滹沱同歸於海者也。源出山西省繁畤縣大戲山，西南流經代縣，折東至五臺縣，又東南經盂縣，入河北省境，至稾城縣，折而東北流，合滏陽河，曰子牙河，又東北流注沽河。滹沱河上流所經，地勢傾斜，至稾城陸落平原，縱橫激盪，其流奔肆，幾經徙道，古道已湮。⑮及魏元乂死：乂死見上卷上年。⑯知略因刁雙獲免：雙匿略並送之南奔見卷一百四十九普通元年。⑰遣江革、祖暅之南還以求略：江革、祖暅之沒魏見上卷上年，今遣之還以易元略也。

⑱栗法光為本縣令：法光，屯留人也，元略始亡，匿於其家，亦見卷一百四十九普通元年，今以為屯留令以賞其功。⑲西兗州刺史：《魏書・地形志》孝明帝孝昌三年置西兗州於定陶，領沛、濟陰二郡。《刁雙傳》孝明帝末除西兗州刺史，雙為西兗州當在孝昌三年以後，史蓋終言其事。⑳凡略所過，一飧一宿皆賞之：謂略出奔時，於略有一飧一宿之德者，今皆賞之。㉑次骨：李奇曰：「次，至也，次骨者，言深刻至骨。」㉒忌克：孔穎達曰：「忌克者，多有所忌，多欲陵人也。」《魏志》武帝曰：「袁紹之為人，志大而智小，忌克而少威。」㉓魏燕州刺史崔秉帥眾奔定州：燕州為杜洛周所圍，始自上卷上年八月。㉔魏以安西將軍宗正珍孫為都督，討汾州反胡：宗正，複姓也。汾州反胡謂劉蠡升也，其反見上卷上年。㉕絳蜀：胡三省曰：「蜀人徙居絳郡者曰絳蜀。」絳縣，漢屬河東郡，晉屬平陽郡，元魏於此置北絳郡，屬晉州，故城在今山西省曲沃縣西南。㉖詔以脩義為龍門鎮將：胡三省曰：「此龍門在河東北屈縣西，魏世祖神䴥元年，禽赫連昌，改北屈為禽縣。」㉗然徐、鄭用事：徐鄭，徐紇、鄭儼也。徐鄭用事始見上卷上年。㉘都督王曹紇真：胡三省曰：「時杜洛周、葛榮等作亂，其軍中將領無不加王爵，曹紇真以都督加王號，故曰都督王。」㉙栗園：胡三省曰：「栗園當在范陽固安縣界。固安之栗，天下稱之。」《括地志》固安之栗，天下稱之為御栗，因有栗園。《遼史・百官志》有南京栗園司，典栗園。遼南京即燕京也。《魏書・孝明帝紀》作粟園，粟殆栗之誤。㉚范陽：范陽縣，漢屬涿郡，魏文帝改涿郡為范陽郡，治涿縣，晉為國，元魏復為郡，故治今河北省涿縣。㉛陷平城：平城，魏之故都，時為恆州治。㉜上聞淮堰水盛，壽陽城幾沒：梁蓋復築

淮堰以灌壽陽。㉝葛榮既得杜洛周之眾：胡三省曰：「魏主武泰元年，葛榮方并杜洛周，此得鮮于脩禮之眾也。」㉞瀛州：《魏書・地形志》孝文帝太和十一年置瀛州，治趙都軍城，領高陽、章武、河間等郡。《五代志》河間郡舊置瀛州。河間，今河北省河間縣。㉟交津：《水經注》濁漳水東過武安縣東，清漳水自涉縣東南來注之，世謂決入之所為交漳口，即所謂交津也。㊱白牛邏：按《魏書・孝明帝紀》白牛邏在高陽郡博野縣。㊲博陵：《水經注》曰：「漢質帝本初元年，繼孝沖為帝，追尊父翼陵曰博陵，因以為縣，又置郡焉。漢末罷還安平，晉太始年間，復為郡。」《魏書・地形志》博陵郡屬定州，故治在今河北省安平縣。㊳賊徒見深，頗有喜者。榮新立，惡之：胡三省曰：「恐其徒有欲奉深為主者，故惡之。」㊴遊道，繇之玄孫也：宋繇初事西涼李氏，李氏滅，事沮渠氏，沮渠滅而入魏。㊵平州：《魏書・地形志》平州置肥如，領遼西、北平二郡。肥如，故肥子國也，漢置肥如縣，屬遼西郡，隋省，唐為平州盧龍縣地，故城在今河北省盧龍縣北。㊶顯親：漢光武帝置顯親侯國以封竇融之弟友為顯親侯，屬漢陽郡，晉為縣，屬天水郡，後魏因之，故城在今甘肅省天水縣西北。㊷平秦郡：《魏書・地形志》太武帝太延二年置平秦郡，屬岐州，故治在今陝西省鳳翔縣南。㊸隴口：隴坻之口也。㊹胡琛與莫折念生交通，事破六韓拔陵浸慢：浸，漸也，事拔陵之禮漸怠也。琛起兵應拔陵見上卷普通五年。㊺丁貴嬪卒，太子水漿不入口：太子統，丁貴嬪所生也。㊻毀不滅性：引《孝經》孔子之言。㊼乃進粥數合：《漢書・律曆志》曰：「合龠為合，十合為升。」《唐六典》云：「二龠為合。」合龠者，二龠也。㊽復以壽陽為豫州：胡三省曰：「自宋以來，以壽陽為豫州，裴叔業叛齊降魏，魏以壽陽為揚州，復漢、魏之舊也，今復以壽陽為豫州，復宋、齊之舊也。」裴叔業以豫州降魏見卷一百四十三齊東昏侯永元二年。余按《宋書・州郡志》晉江左胡寇強盛，豫部殲覆，元帝永昌元年，豫州刺史祖約始鎮壽春，自茲以降，或治壽春，或治邾城，或治蕪湖，或治牛渚，或治歷陽，或治馬頭，或治姑孰無常所，安帝義熙九年，割揚州大江以西，大靁以北屬豫州，遂以壽陽為州治，蓋自東晉始也。㊾改合肥為南豫州：天監五年，徙豫州治合肥，今復壽陽，故改合肥之豫州為南豫。㊿戊戌，民執魏幽州刺史王延年、行臺常景送洛周，開門納之：《魏書・孝明帝紀》在十一月，十一月丙申朔，當梁曆閏十月也，戊戌初三日。胡三省曰：「常景擊杜洛周數戰數勝而終於為虜者，民樂於從亂而疾視其上也。」(51)魏齊州平原民劉樹等反：《魏書・地形志》東平原郡治梁鄒，屬齊州，齊州治歷城，本宋冀州地也，領東魏、東平原、東清河、廣川、濟南、太原等郡。此平原蓋即東平原也，宋武帝僑置平原郡，屬冀州，後入魏，魏改冀州為齊州，以平原郡為東平原郡。梁鄒即今山東省鄒平縣。(52)後地先才，不得拘以停年：地謂門地，言選舉宜以才為先，無但重其門地也。魏孝明帝熙平四年，崔亮制停年格，見卷一百四十九天監十八年。(53)三載黜陟：《書・舜典》云：「三載考績，三考黜陟幽明。」陟，升也，言陟其明而黜其幽者。

大通元年㊀（西元五二七年）

㈠春，正月乙丑（朔），以尚書左僕射徐勉為僕射㈡。

㈡辛未（初七日），上祀南郊。

㈢甲戌（初十日），魏以司空皇甫度為司徒，儀同三司蕭寶寅為司空。

㈣魏分定、相二州四郡置殷州㈢，以北道行臺博陵崔楷為刺史。楷表稱州今新立，尺刃鬥糧，皆所未有，乞資以兵糧。詔付外量聞㈣，竟無所給。或勸楷留家，單騎之官，楷曰：「吾聞食人之祿者，憂人之憂，若吾獨往，則將士誰肯固志哉？」遂舉家之官。葛榮逼州城，或勸減弱小以避之。楷遣幼子及一女夜出，既而悔之曰：「人謂吾心不固，虧忠而全愛也。」遂命追還。賊至，彊弱相懸，又無守禦之具，楷撫勉將士以拒之，莫不爭奮。皆曰：「崔公尚不惜百口，吾屬何愛一身？」連戰不息，死者相枕，終無叛志。辛巳（十七日），城陷，楷執節不屈，榮殺之，遂圍冀州㈤。

㈤蕭寶寅出兵累年，將士疲弊。秦賊擊之，寶寅大敗於涇州，收散兵萬餘人屯逍遙園，東秦州刺史潘義淵以汧城降賊㊅。

莫折念生進逼岐州，城人㊆執刺史魏蘭根應之。豳州刺史畢祖暉戰沒，行臺辛深棄城走㊇，北海王顥軍亦敗。賊帥胡引祖據北華州㊈，叱干麒麟㊉據豳州以應天生，關中大擾。

雍州刺史楊椿募兵得七千餘人，帥以拒守(十一)。詔加椿侍中，兼尚書右僕射，為行臺，節度關西諸將。

北地功曹毛鴻賓引賊抄掠渭北，雍州錄事參軍楊侃將兵三千掩擊之。鴻賓懼，請討賊自効，遂擒送宿勤烏過仁。烏過仁者，明達之兄子也。

莫折天生乘勝寇雍州，【考異】羊侃傳作莫遮，今從魏書。蕭寶寅部將羊侃隱身塹中射之，應弦而斃，其眾遂潰。侃，祉之子也。

㈥魏右民郎(十二)陽平路思令上疏，以為：「師出有功，在於將帥，得其人，則六合唾掌可清(十三)，失其人，則三河方為戰地(十四)。竊以比年將帥多寵貴，子孫銜杯躍馬，志逸氣浮，軒眉扼腕，以攻戰自許，及臨大敵，憂怖交懷，雄圖銳氣，一朝頓盡。乃令羸弱在前以當寇，彊壯居後以衞身，兼復器械不精，進止無節，以當負險之眾，敵數戰之虜，欲其不敗，豈可得哉？是以兵知必敗，始集而先逃，將帥畏敵，遷延而不進，國家謂官爵未滿，屢加寵命，復疑賞賚之輕，日散金帛，帑藏空竭，民財殫盡，遂使賊徒益甚，生民彫弊，凡以此也！夫德可感義夫，恩可勸死士，今若黜陟幽明，賞罰善惡，簡練士卒，繕脩器械，先遣辯士，曉以禍福，如其不悛，以順討逆，如此則何異厲蕭斧而伐朝菌㈤，鼓洪爐而燎毛髮哉！」弗聽。

㈦戊子（二十四日），魏以皇甫度為太尉。

㈧己丑（二十五日），魏主以四方未平，詔內外戒嚴，將親出討，竟亦不行。

㈨譙州刺史湛僧智圍魏東豫州㈥，【考異】魏帝紀及曹世表傳作湛僧，今從梁夏侯夔傳。將軍彭羣、王辯圍琅邪，魏敕青、南青二州㈦救琅邪。司州刺史夏侯夔帥壯武將軍裴之禮等出義陽道，攻魏平靜、穆陵、陰山三關㈧，皆克之。夔，亶之弟；之禮，邃之子也。

(十)魏東清河郡⑲山賊羣起，詔以齊州長史房景伯為東清河太守。郡民劉簡虎嘗無禮於景伯，舉家亡去。景伯窮捕，禽之，署其子為西曹掾，令諭山賊。賊以景伯不念舊惡，皆相帥出降。

景伯母崔氏，通經，有明識，貝丘⑳婦人列其子不孝，景伯以白其母，母曰：「吾聞聞名不如見面。山民未知禮義，何足深責？」乃召其母，與之對榻，共食，使其子侍立堂下，觀景伯供食。未旬日，悔過求還。崔氏曰：「此雖面慚，其心未也，且置之。」凡二十餘日，其子叩頭流血，母涕泣乞還，然後聽之，卒以孝聞。景伯，法壽之族子也㉑。

(十一)二月，秦賊據魏潼關㉒。

(十二)庚申（二十七日），魏東郡㉓民趙顯德反，殺太守裴烟，自號都督。

(十三)將軍成景儁攻魏彭城，魏以前荊州刺史崔孝芬為徐州行臺以禦之。

先是孝芬坐元乂黨與盧同等俱除名㉔，及將赴徐州，入辭太后。

太后謂孝芬曰：「我與卿姻戚㉕，奈何內頭元乂車中，稱此老嫗會須去之？」孝芬曰：「臣蒙國厚恩，實無斯語。假令有之，誰能得聞？若有聞者，此於元乂親密過臣遠矣！」太后意解，悵然有愧色。

景儁欲堰泗水以灌彭城㉖，孝芬與都督李叔仁等擊之，景儁遁還。

㈣三月甲子（朔），魏主詔將西討，中外戒嚴。會秦賊西走，復得潼關，戊辰（初五日），詔回駕北討，其實皆不行。

㈤葛榮久圍信都，魏以金紫光祿大夫源子邕為北討大都督以救之。

㈥初，上作同泰寺，又開大通門以對之，取其反語相協㉗。上晨夕幸寺，皆出入是門。辛未（初八日），上幸寺捨身，甲戌（十一日），還宮，大赦，改元㉘。

㈦魏齊州廣川㉙民劉鈞聚眾反，自署大行臺，清河民房頊自署大都督，屯據昌國城㉚。

㈧夏，四月，魏將元斌之討東郡，斬趙顯德。

㈨己酉（十七日），柔然頭兵可汗遣使入貢於魏，且請討羣賊。

魏人畏其反覆，詔以盛暑，且俟後敕。

(廿)魏蕭寶寅之敗也，有司處以死刑，詔免為庶人。雍州刺史楊椿有疾求解，復以寶寅為都督雍、涇等四州諸軍事㉛，征西將軍，雍州刺史，開府儀同三司，西討大都督。自關以西，皆受節度。椿還鄉里㉜，其子昱將適洛陽，椿謂之曰：「當今雍州刺史，亦無踰於寶寅等，但其上佐，朝廷應遣心膂重臣，何得任其牒用？此乃聖朝百慮之一失也。且寶寅不藉刺史為榮，吾觀其得州，喜悅特甚，至於賞罰云為㉝，不依常憲，恐有異心。汝今赴京師，當以吾此意啟二聖㉞，并白宰輔，更遣長史、司馬、防城都督，欲安關中，正須三人耳！如其不遣，必成深憂。」昱面啟魏主及太后，皆不聽。

(廿一)五月丙寅（初四日），成景儁攻魏臨潼、竹邑㉟，拔之。東宮直閤蘭欽攻魏蕭城、厥固㊱，拔之。欽斬魏將曹龍牙。

(廿二)六月，魏都督李叔仁討劉鈞，平之。

(廿三)秋，七月，魏陳郡民劉獲、鄭辯反於西華㊲，改元天授，與湛僧智通謀㊳。魏以行東豫州刺史譙國曹世表為東南道行臺以討之。源子恭代世表為東豫州，諸將以賊眾彊，官軍弱，且皆敗散之餘，不敢戰，欲保城自固。世表方病背腫，舉出呼統軍是云寶㊴，謂曰：「湛僧智所以敢深入為寇者，以獲、辯皆州民之望，為之內應也。曏聞獲引兵欲迎僧智，去此八十里，今出其不意，一戰可破，獲破則僧智自走矣！」乃選士馬付寶，暮出城，比曉而至，擊獲，大破之，窮討餘黨悉平。僧智聞之，遁還。鄭辯與子恭親舊，亡匿子恭所，世表集將吏面責子恭，收辯斬之。

㈤魏相州刺史樂安王鑒㊵與北道都督裴衍共救信都，鑒幸魏多故，陰有異志，遂據鄴叛降葛榮。

㈥己丑（二十八日），魏大赦。

初，侍御史遼東高道穆奉使相州，前刺史李世哲奢縱不灋，道穆案之。世哲弟神軌用事，道穆兄謙之家奴訴良㊶，神軌收謙之繫廷尉。赦將出，神軌啟太后先賜謙之死，朝士哀之。

㈦彭羣、王辯圍琅邪，自夏及秋，魏青州刺史彭城王劭遣司馬鹿悆、南青州刺史胡平遣長史劉仁之將兵擊羣、辯，破之，羣戰沒。劭，勰之子也(四二)。

(七七)八月，魏遣都督源子邕、李神軌、裴衍攻鄴。子邕行及湯陰(四三)，安樂王鑒遣弟斌之夜襲子邕營，不克。子邕乘勝進圍鄴城，丁未（十七日），拔之，斬鑒，傳首洛陽，改姓拓拔氏。魏因遣子邕、裴衍討葛榮。

(七八)九月，秦州城民杜粲殺莫折念生闔門皆盡。粲自行州事，南秦州城民辛琛亦自行州事，遣使詣蕭寶寅請降。魏復以寶寅為尚書令，還其舊封(四四)。

(七九)譙州刺史湛僧智圍魏東豫州刺史元慶和於廣陵(四五)，魏將軍元顯伯救之。司州刺史夏侯夔自武陽(四六)引兵助僧智，冬，十月，夔至城下，慶和舉城降。夔以讓僧智(四七)，僧智曰：「慶和欲降公，不欲降僧智。今往，必乖其意。且僧智所將，應募烏合之人，不可御以法，公持軍素嚴，必無侵暴，受降納附，深得其宜。」夔乃登城，拔魏幟，建梁幟。慶和束兵而出，吏民安堵，獲男女四萬餘口。

臣光曰：「湛僧智可謂君子矣！忘其積時攻戰之勞㊽，以授一朝新至之將，知己之短，不掩人之長，功成不取，以濟國事，忠且無私，可謂君子矣！」

㈣元顯伯宵遁，諸軍追之，斬獲萬計。詔以僧智領東豫州刺史鎮廣陵。

夔引軍屯安陽㊾，遣別將屠楚城㊿，由是義陽北道遂與魏絕。

㈤領軍曹仲宗、東宮直閤陳慶之攻魏渦陽，詔尋陽太守韋放將兵會之。魏散騎常侍費穆引兵奄至，放營壘未立，麾下止有二百餘人，放免冑下馬，據胡牀㊿一處分，士皆殊死戰，莫不一當百，魏兵遂退。放，叡之子也㊿二。

魏又遣將軍元昭等眾五萬救渦陽，前軍至駝澗，去渦陽四十里㊿三。陳慶之欲逆戰，韋放以魏之前鋒必皆輕銳，不如勿擊，待其來至。慶之曰：「魏兵遠來疲倦，去我既遠，必不見疑。及其未集，須挫其氣。諸君若疑，慶之請獨取之。」於是帥麾下二百騎進擊，破之，魏人驚駭。慶之乃還，與諸將連營而進，背渦陽城與魏軍相持，自春至冬，數十百戰，將士疲弊。聞魏人欲築壘於軍後，曹仲宗等恐腹背受敵，議引軍還，慶之杖節軍門曰：「共來至此，涉歷一歲(五四)，糜費極多。今諸軍皆無鬬心，唯謀退縮，豈是欲立功名？直聚為抄暴耳！吾聞置兵死地，乃可求生(五五)，須虜大合，然後與戰，審欲班師，慶之別有密敕，今日犯者，當依敕行之。」仲宗等乃止。魏人作十三城，欲以控制梁軍。慶之銜枚夜出，隱於西城，渦陽城主王緯乞降。【考異】魏帝紀，九月辛卯，東豫州刺史元慶和以城叛；梁帝紀，十月庚戌，魏東豫州刺史元慶和以渦陽內屬；夏侯夔傳，湛僧智圍元慶和於廣陵，慶和請降，詔以僧智為東豫州，鎮廣陵；韋放傳，普通八年，曹仲宗攻渦陽，放會之，城主王偉降；陳慶之傳，大通元年，隸曹仲宗，伐渦陽，城主王偉降，詔以渦陽置西徐州。然則廣陵、渦陽，兩處兩事，梁紀慶和、渦陽之間，或更有脫字耳！魏紀九月，據聞慶和始叛之時，梁紀十月，據慶和降款到日。按陳慶之傳云：「自春至冬。」今從梁紀十月為定。此別一廣陵，非南兗州之廣陵也，王偉當作王緯，蓋草書之誤也。韋放簡遣降者三十餘人，分報魏諸營，陳慶之陳其俘馘，鼓譟隨之，九城皆潰，追擊之，俘斬略盡，尸咽渦水，所降城中男女三萬餘口。

(卅)蕭寶寅之敗於涇州也，或勸之歸罪洛陽，或曰：「不若留關中立功自効。」行臺都令史(五六)河間馮景曰：「擁兵不還，此罪將大。」寶寅不從，自念出師累年，糜費不貲，一旦覆敗，內不自安，魏朝亦疑之。

中尉酈道元，素名嚴猛，司州牧〔五七〕汝南王悅嬖人丘念弄權縱恣，道元收念付獄，悅請之於胡太后，太后欲赦之，道元殺之，幷以劾悅。時寶寅反狀已露，悅乃奏以道元為關右大使。寶寅聞之，謂為取己，甚懼。長安輕薄子弟復勸使舉兵，寶寅以問河東柳楷。楷曰：「大王，齊明帝子，天下所屬，今日之舉，實允人望。且謠言鸞生十子，九子毈，一子不毈，關中亂〔五八〕。大王當治關中，何所疑？」

道元至陰盤驛〔五九〕，寶寅遣其將郭子恢攻殺之，收殯其尸，表言白賊〔六〇〕所害，又上表自理，稱為楊椿父子所譖。寶寅行臺郎中武功蘇湛，臥病在家，寶寅令湛從母弟開府屬〔六一〕天水姜儉說湛曰：「元略受蕭衍旨，欲見勦除〔六二〕，道元之來，事不可測，吾不能坐受死亡，今須為身計，不復作魏臣矣！死生榮辱，與卿共之。」湛聞之，舉聲大哭。儉遽止之曰：「何得便爾？」湛曰：「我百口今屠滅，云何不哭？」哭數十聲，徐謂儉曰：「為我白齊王〔六三〕，王本以窮鳥投人，賴朝廷假王羽翼，榮寵至此，屬國步多虞(六四)，不能竭忠報德，乃欲乘人間隙，信惑行路無識之語(六五)，欲以羸敗之兵，守關問鼎(六六)。今魏德雖衰，天命未改。且王之恩義未洽於民，但見其敗，未見有成。蘇湛不能以百口為王族滅。」寶寅復使謂曰：「我救死(六七)，不得不爾，所以不先相白者，恐沮吾計耳！」湛曰：「凡謀大事，當得天下奇才，與之從事。今但與長安博徒謀之，此有成理不？湛恐荊棘必生於齋閤(六八)。願賜骸骨歸鄉里，庶得病死，下見先人。」寶寅素重湛，且知其不為己用，聽還武功。

甲寅（二十五日），寶寅自稱齊帝，改元隆緒。赦其所部，置百官。

都督長史毛遐(六九)，鴻賓之兄也，與鴻賓帥氐羌起兵於馬祗柵以拒寶寅。寶寅遣大將軍盧祖遷擊之，為遐所殺。寶寅方祀南郊，行即位禮，未畢，聞敗，色變，不暇整部伍，狼狽而歸，以姜儉為尚書左丞，委以心腹。

文安(七〇)周惠達為寶寅使在洛陽，有司欲收之，惠達逃歸長安，寶寅以惠達為光祿勳。丹陽王蕭贊聞寶寅反，懼而出走，趣白馬山，至河橋，為人所獲。魏主知其不預謀，釋而慰之。

行臺郎㈦封偉伯等與關中豪桀謀舉兵誅寶寅，事泄而死。

魏以尚書僕射長孫稚為行臺以討寶寅。

正平㈧民薛鳳賢反，宗人薛脩義亦聚眾河東，分據鹽池，攻圍蒲阪，東西連結以應寶寅，詔都督宗正珍孫討之。

㈨十一月丁卯（初八日），以護軍蕭淵藻為北討都督，鎮渦陽。戊辰（初九日），以渦陽為西徐州㈩。

㈪葛榮圍信都，自春及冬。冀州刺史元孚帥勵將士，晝夜拒守，糧儲既竭，外無救援。己丑（三十日），城陷。榮執孚，逐出居民，凍死者什六七。孚兄祐為防城都督，榮大集將士議其生死，孚兄弟各自引咎，爭相為死。都督潘紹等數百人皆叩頭請就法以活使君，榮曰：「此皆魏之忠臣義士。」於是同禁者五百人皆得免。

魏以源子邕為冀州刺史，將兵討榮，裴衍表請同行，詔許之。子邕上言，衍行，臣請留，臣行，請留衍，若逼使同行，敗在旦夕。不許。十二月戊申（十九日），行至陽平東北漳水曲，榮帥眾十萬擊之，子邕、衍俱敗死。

相州吏民聞冀州已陷，子邕等敗，人不自保。相州刺史恒農㊃李神，志氣自若，撫勉將士，大小致力。葛榮盡銳攻之，卒不能克。

㊄秦州民駱超殺杜粲，請降於魏㊅。

【今註】㊀大通元年：是年三月方改元大通，時尚為普通八年。㊁以尚書左僕射徐勉為僕射：僕射置二則稱左、右，置一則但稱僕射，總左、右事。㊂魏分定、相二州四郡置殷州：胡三省曰：「按魏收志殷州止領趙郡、鉅鹿、南鉅鹿三郡，蓋初置時兼領相州之廣宗也。」《魏書・地形志》殷州治廣阿，漢鉅鹿郡之廣阿侯邑也，後漢罷，元魏復置，屬南鉅鹿，南鉅鹿後改南趙郡，故城在今河北省隆平縣東。相州，道武帝天興四年置，東魏孝靜帝天平元年，遷都，改曰司州，領魏郡、陽平、廣平、汲郡、廣宗、東郡、頓丘、黎陽、清河等郡。㊃量聞：胡三省曰：「使量計合給兵糧之數以聞也。」㊄冀州：《魏書・地形志》冀州治信都，今河北省冀縣也，領長樂、渤海、武邑等郡。㊅東秦州刺史潘義淵以汧城降賊：胡三省曰：「秦州既為賊所據，魏置東秦州於隴東郡，治汧城，即隋唐之汧源縣也。」隋汧源縣，屬扶風郡，故城在今陝西省隴縣南。㊆城人：岐州城中人也。岐州治雍城。㊇行臺辛深棄城走：棄豳州城也。㊈北華州：《魏書・地形志》孝文帝太和十五年置東秦州於杏城，後改曰北華州，領中部、敷城二郡。故杏城在今陝西省中部縣西南。㈩叱干麒麟：胡三省曰：「叱干，虜複姓。」㈡雍州刺史楊椿募兵得七千餘人，帥以拒守：《魏書・地形志》雍州治長安，領京兆、馮翊、扶風、咸陽、北地等郡。㈢右民郎：尚書右民郎，晉武帝置。㈢得其人，則六合唾掌可清：胡三省曰：「人欲舉手有為，先唾其掌。唾掌可清，言其易也。」六合者，天地東西南北，猶言宇內也。㈣失其人，則三河方為戰地：漢以河南、河內、河東為三河，魏時都洛，以三河為京畿。㈤厲蕭斧而伐朝菌：戰國時雍門周有是言，蕭斧，芟艾之斧也，朝菌，糞上芝也，見日則死。蕭斧至利，厲之以伐朝菌，喻其勢甚易也。㈥譙州刺史湛僧智圍魏東豫州：湛，姓也，僧智其名。《魏書・地形志》梁武帝置譙州，治新昌城，今安徽省滁縣，領新昌、高塘、臨徐、南梁等郡，魏東豫州治廣陵城，今河南省新息縣之廣陵故城也，領汝南、東新蔡、新蔡，弋陽、長陵、陽安等郡。㈦青、南青二州：《魏書・地形志》青州治東陽，蓋因晉之故治也，領齊、北海、樂安、渤海、高陽、河間、樂陵等郡。胡三省曰：「南青州當置於青州之南。」《魏書・地形志》獻文帝置東徐州於國城，孝文帝太和二十二年改曰南青州，領東安、東莞等郡。㈧平靜、穆陵、陰山三關：《水經注》木陵關在黃武山東北，晉西陽城之西南。穆陵蓋即木陵也，故關在今河南省光山縣南一百八十里木陵山上，南去湖北省麻城八十里，為南北朝戍守要地。陰山關在麻城縣東北六十里，一名殷山畈，平靜關當在其近。㈨東清河郡：《魏書・地形志》齊州東清河郡治盤陽城，蓋宋冀州之清河僑郡也，入魏以為東清河郡，故治在今山東省淄川縣。㈩貝丘：《五代志》齊州淄川縣舊曰貝丘，置東清河郡。

按此盤陽城蓋在貝丘境。貝丘，本漢清河郡之屬縣，故城在今山東省清平縣西南，宋既立清河僑郡，並僑立貝丘縣，即今山東省淄川縣。㉑景伯，法壽之族子也：房法壽見卷一百三十二宋明帝泰始三年。㉒秦賊據魏潼關：以斷蕭寶寅之後也。㉓東郡：《魏書・地形志》東郡治滑臺，今河南省滑臺縣，道武帝天興中，置兗州於此，孝文帝太和十八年，改屬相州。㉔先是孝芬坐元乂黨與盧同等俱除名：盧同除名見上卷普通六年。㉕我與卿姻戚：《魏書・崔孝芬傳》靈太后謂孝芬曰：「卿女今事我兒，與卿便是親舊。」蓋時靈太后為魏主納孝芬女，故云然。㉖景儁欲堰泗水以灌彭城：梁復失彭城見上卷普通六年。㉗初，上作同泰寺，又開大通門以對之，取其反語相協：胡三省曰：「同泰反切為大。大通反切為同，是反語相協也。」㉘改元：改是年為大通元年。㉙齊州廣川：《魏書・地形志》齊州廣川郡，劉裕置，魏因之，蓋宋僑置冀州於歷城，並僑置廣川郡以屬之，泰始間入魏，以冀州為齊州，仍以廣川郡屬之。《五代志》齊州長山縣舊曰武強，置廣川郡，故治在今山東省長山縣。㉚昌國城：魏收《地形志》東清河郡武城縣有昌國城。昌國本古齊邑，後入燕，燕昭王以封樂毅為昌國君，其故城本在今山東省淄川縣東北。武城，戰國時趙邑，漢置東武城縣，屬清河郡，故城在山東省武城縣西，此武城縣有昌國城，蓋昌國嘗徙治於此，非戰國時之故邑也。㉛復以寶寅為都督雍、涇等四州諸軍事：《魏書・蕭寶寅傳》四州謂雍、涇、岐、南豳也。㉜椿還鄉里：椿恒農華陰人也。㉝云為：謂其所作為也。《易・繫辭》云：「是故變化云為。」疏：「云為，或口之所云，或身之所為也。」㉞二聖：謂靈太后及魏主。㉟成景儁攻魏臨潼，竹邑：《魏書・地形志》睢州臨潼郡，治臨潼城，南濟陰郡，治竹邑。《五代志》下邳郡夏丘縣舊置臨潼郡，蓋城臨潼水，故名，故城在今安徽省靈壁縣東北；又彭城郡符離縣後齊置睢南郡，有竹邑縣，梁置睢州，隋開皇三年，州廢，又廢竹邑縣入符離縣焉。宋白曰：「符離縣朝斛城西南七十里有竹邑城。」今安徽省宿縣北二十里有符離集，即古竹邑也。㊱東宮直閤蘭欽攻魏蕭城、厥固：蓋東宮亦有直閤將軍。《魏書·地形志》徐州沛郡蕭縣有蕭城，相縣有厥城，厥城即厥固也。蕭城在今江蘇省蕭縣西北，相縣在今安徽省宿縣北。㊲西華：西華縣，漢屬汝南郡，後漢為侯邑，晉初省，惠帝永康元年復立，屬潁川郡，宋屬陳郡。《魏書·地形志》西華縣屬合州北陳郡，故城在今河南省西華縣南。㊳與湛僧智通謀：湛僧智時圍魏東豫州，見上。㊴是云寶：《魏書·官氏志》內入諸姓有是云氏，後改為是氏。㊵樂安王鑒：樂安當作安樂。鑒，安樂王長樂之孫也。㊶道穆兄謙之家奴訴良：胡三省曰：「律禁壓良為賤，謂本是良民，壓為奴婢。」㊷劭，勰之子也：彭城王勰，魏之賢王也，著功績於孝文之世而死於高肇之譖。㊸湯陰：湯陰縣，漢屬河內郡，晉廢，元魏并入魏郡之鄴縣，隋復置湯陰縣，唐改曰湯源，後復故，蓋戰國魏之蕩陰邑也，故城今河南省湯陰縣。㊹魏復以寶寅為尚書令，還其舊封：《魏書·蕭寶寅傳》寶寅初封丹陽郡開國公，後徙封梁郡開國公，涇州之敗，免為庶人，見上，今復其舊爵也。㊺譙州刺史湛僧智圍魏東豫州刺史元慶和於廣陵：此廣陵在新息縣界，時為魏東豫州治。㊻武陽：即義陽三關之武陽關也，即春秋之直轅，註已見前。㊼夔以讓僧智：以受降之功讓之。㊽忘其積時攻戰之勞：湛僧智自是年正月圍攻東豫州，至是首尾凡十月，故曰積時。㊾安陽：《魏書·

地形志》東豫州汝南郡有安陽縣，《五代志》汝南郡真陽縣，有後魏安陽縣，後廢入真陽縣，故城在今河南省正陽縣南。(五〇)楚城：《魏書・地形志》西楚州，梁置，治楚城，《五代志》汝南郡城陽縣梁置楚州，東魏曰西楚州，然則楚城蓋在隋汝南郡城陽縣界也，故城在今河南省信陽縣東北。(五一)胡牀：今人謂之交椅，亦曰交牀。張端義《貴耳集》云：「今之交椅，古之胡牀也，自來只有栲栳樣，宰執侍從皆用之，京尹奉承時相，出意撰製，以荷葉托首，遂號太師樣，即後世所謂太師椅也。」又程大昌《演繁露》曰：「今之交牀，本自虜來，始名胡牀，桓伊下馬據胡牀取笛三弄是也。隋高祖意在忌胡，器物涉胡言者，咸令改之，乃改曰交牀。」(五二)放，叡之子也：韋叡，梁之名將。(五三)前軍至駝澗，去渦陽四十里：胡三省曰：「今自肥河口泝淮西上，得駝澗灘，其灘南對永壽館，北至耶河。」在今安徽省蒙城縣西北。(五四)共來至此，涉歷一歲：去年十一月慶之入壽陽，至是涉歷一年。(五五)吾聞置兵死地，乃可求生：《孫子兵法》曰：「陷之死地而後生。」(五六)行臺都令史：自晉以來，尚書有都令史，總領郎中、令史以下諸職，故行臺亦置之。(五七)司州牧：司州即《魏書・地形志》之洛州也，時都洛陽，故以為司州，置牧領之，其後東魏孝靜帝遷鄴，改為洛州。(五八)鸞生十子，九子毈，一子不毈，關中亂：亂與乿通，乿之為言治也。《書・泰誓》：「予有亂臣十人。」〈顧命〉：「其能而亂四方。」皆訓治也。毈，卵壞也。齊明帝諱鸞，寶寅之父也，故以為讖。(五九)陰盤驛：陰盤縣之驛也。《魏書・地形志》雍州京兆郡有陰槃縣。魏收曰：「陰槃縣二漢屬安定郡，晉屬京兆郡，魏太武帝太平真君七年，并屬新豐，孝文帝太和十一年，復立陰槃縣，其境有鴻門亭、靈谷水、戲水。」余按宋敏求《長安志》臨潼縣東新豐故城，即漢高帝為太上皇所立，後漢靈帝末，徙安定郡陰盤縣寄治於此城，今謂之陰盤城。又郭緣生《述征記》陰槃縣舊屬安定郡，遇亂，徙於新豐。然則此京兆之陰槃蓋漢之新豐故城，非漢安定郡之陰槃故縣也，其故城在今陝西省臨潼縣東。陰盤，《漢志》作陰槃，《續漢志》作陰盤，《晉志》作陰般，《魏志》亦作陰槃。(六〇)白賊：胡三省曰：「秦人謂鮮卑為白虜。自苻秦之亂，鮮卑之種有因而留關中者，是時亦相挺為盜，因謂之白賊。或曰，白賊，謂白地之寇也。」(六一)開府屬：魏以寶寅為開府儀同三司，故有掾有屬。(六二)元略受蕭衍旨，欲見勦除：略自梁北還見普通七年。略既還魏，遂見柄用，故寶寅託以為言。(六三)齊王：謂蕭寶寅也，寶寅奔魏，魏封為齊王。(六四)屬國步多虞：屬，會也。國步猶曰國運，《大雅・桑柔》之詩云：「於乎有哀，國步斯頻。」傳云：「步，行也。」行即運也。虞，憂也。(六五)信惑行路無識之語：謂鸞生十子之謠。(六六)守關問鼎：謂寶寅欲守關中之險，割據自立，以問鼎於中朝也。《左傳》楚子伐陸渾之戎，遂至於雒，觀兵于周疆，問鼎之大小輕重焉！後遂以問鼎為窺竊帝位者之喻。(六七)我救死：言不反將見誅，反蓋所以自救也。(六八)湛恐荊棘必生於齋閤：胡三省曰：「此亦用伍胥、伍被語意。」(六九)都督長史毛遐：魏以寶寅為使持節，都督雍、涇、岐、南豳四州諸軍事，又為西討大都督，以遐為都督府長史。(七〇)文安：文安縣，前漢屬渤海郡，後漢屬河間國，晉屬章武國，《魏書・地形志》屬瀛州章武郡，故城在今河北省文安縣東。(七一)行臺郎：行臺尚書郎也。(七二)正平：《魏書・地形志》正平郡屬東雍州，故南太平郡也，太武帝神䴥元年改曰征平郡，孝文帝太和十八年改曰正平郡。《五代志》絳郡正平縣舊曰臨汾，魏置正平郡。蓋漢臨汾縣地，故治在今山西省新絳縣西南。㊆以渦陽為西徐州：《魏書・地形志》魏治譙州於渦陽，領南譙、汴郡、龍亢、蘄城、下蔡、臨渙、蒙郡等郡，今入梁，梁改為西徐州。㊇恒農：漢之弘農也，魏獻文帝諱弘，故改弘為恒。㊈秦州民駱超殺杜粲，請降於魏：粲殺莫折念生見上九月，今復為超所殺。

卷一百五十二　梁紀八

司馬光編集
林瑞翰註

著雍涒灘，一年。（戊申，西元五二八年）

高祖武皇帝八

大通二年㈠（西元五二八年）

㈠春，正月癸亥（初五日），魏以北海王顥為驃騎大將軍，開府儀同三司，相州刺史。

㈡魏北道行臺楊津守定州城㈡，居鮮于脩禮、杜洛周之間，迭來攻圍。津蓄薪糧，治器械，隨機拒擊，賊不能克。津潛使人以鐵券說賊黨，賊黨有應津者，遺津書曰：「賊所以圍城，正為取北人耳！城中北人，宜盡殺之，不然，必為患。」津悉收北人內子城中而不殺，眾無不感其仁。及葛榮代脩禮統眾㈢，使人說津，許以為司徒，津斬其使，固守三年㈣。杜洛周圍之，魏不能救。津遣其子遁突圍出詣柔然頭兵可汗求救，遁日夜泣請，頭兵遣其從祖吐豆發帥精騎一萬南出，前鋒至廣昌，賊塞隘口㈤。柔然遂還。乙丑（初七日），津長史李裔引賊入，執津，欲烹之，既而捨之。瀛州刺史元寧以城降洛周。

㈢乙丑（初七日），魏潘嬪生女，胡太后詐言皇子。丙寅，大赦，改元武泰。

㈣蕭寶寅圍馮翊未下，長孫稚軍至恒農。行臺左丞楊侃謂稚曰：「昔魏武與韓遂、馬超據潼關相拒㈥，遂、超之才，非魏武敵也，然而勝負久不決者，扼其險要故也。今賊守禦已固，雖魏武復生，無以施其智勇。不如北取蒲反㈦，度河而西，入其腹心，置兵死地，則華州㈧之圍，不戰自解。潼關之守，必內顧而走。支節既解，長安可坐取也。若愚計可取，願為明公前驅。」稚曰：「子之計則善矣，然今薛脩義圍河東，薛鳳賢據安邑，宗正珍孫守虞坂㈨，不得進，如何可往？」侃曰：「珍孫行陳一夫，因緣為將，可為人使，安能使人？河東治在蒲坂，西逼河濆㈩，封彊多在郡東，脩義驅帥士民，西圍郡城，其父母妻子，皆留舊村，一旦聞官軍來至，皆有內顧之心，必望風自潰矣！」稚乃使其子子彥與侃帥騎兵自恒農北渡，據石錐壁㈡。侃聲言今且停此，以待步兵，且觀民情向背。命送降名者各自還村，俟臺軍舉三烽，當亦舉烽相應，其無應烽者，乃賊黨也，當進擊屠之，以所獲賞軍。於是村民轉相告語，雖實未降者，亦詐舉烽，一宿之間，火光遍數百里。賊圍城者，不測其故，各自散歸，脩義亦逃還，與鳳賢俱請降。丙子（十八日），稚克潼關，遂入河東。會有詔廢鹽池稅㈢，稚上表，以為：「鹽池，天產之貨，密邇京畿，唯應寶而守之，均贍以理。今四方多虞，府藏罄竭，冀、定擾攘㈢，常調之絹，不復可收，唯仰府庫，有出無入。略論鹽稅，一年之中，準絹而言，不下三十萬匹，乃是移冀、定二州，置於畿甸。今若廢之，事同再失㈣。臣前仰違嚴旨，不先討關賊，徑解河東者，非緩長安而急蒲反，一失鹽池，三軍乏食。天助大魏，茲計不爽㈤。昔高祖㈥昇平之年，無所乏少，猶創置鹽官，而加典護，非與物競利，恐由利而亂俗也。況今國用不足，租徵六年之粟，調折來歲之資，此皆奪人私財，事不獲已。臣輒符司監將尉㊆，還帥所部，依常收稅，更聽後敕㊇。」

蕭寶寅遣其將侯終德擊毛遐，會郭子恢等屢為魏軍所敗，終德因其勢挫，還軍襲寶寅。至白門㊈，寶寅始覺。丁丑（十九日），與終德戰敗，攜其妻南陽公主及其少子帥麾下百餘騎，自後門出奔万俟醜奴，醜奴以寶寅為太傅。二月，魏以長孫稚為車騎大將軍，開府儀同三司，雍州刺史，尚書僕射，西道行臺㊉。

羣盜李洪攻燒鞏西、闕口以東㊁，南結諸蠻，魏都督李神軌、武衞將軍費穆討之。穆敗洪於闕口南，遂平之。

㈤葛榮擊杜洛周，殺之，并其眾。

㈥魏靈太后再臨朝以來，嬖倖用事㊂，政事縱弛，恩威不立，盜賊蠭起，封疆日蹙㊂。魏肅宗年浸長，太后自以所為不謹，恐左右聞之於帝，凡帝所愛信者，太后輒以事去之，務為壅蔽，不使帝知外事。通直散騎常侍昌黎谷士恢有寵於帝，使領左右，太后屢諷之，欲用為州。士恢懷寵，不願出外，太后乃誣以罪而殺之。

有蜜多道人，能胡語，帝常置左右，太后使人殺之於城南，而懸賞購賊，由是母子之間，嫌隙日深。是時，車騎將軍、儀同三司、并、肆、汾、廣、恒、雲六州討虜大都督㉔爾朱榮兵勢彊盛，魏朝憚之。高歡、段榮、尉景，蔡儁先在杜洛周黨中㉕，欲圖洛周，不果，逃奔葛榮，又亡歸爾朱榮。劉貴先在爾朱榮所，屢薦歡於榮，榮見其憔悴，未之奇也。歡從榮之馬廄，廄有悍馬，榮命歡翦之㉖，歡不加羈絆㉗而翦之，竟不蹄齧。起謂榮曰：「御惡人亦猶是矣！」榮奇其言，坐歡於牀下，屏左右，訪以時事。歡曰：「聞公有馬十二谷㉘，色別為羣畜，此竟何用也？」榮曰：「但言爾意！」歡曰：「今天子闇弱，太后淫亂，孽嬖擅命，朝政不行。以明公雄武，乘時奮發，討鄭儼、徐紇之罪以清帝側，霸業可舉鞭而成，此賀六渾㉙之意也。」榮大悅，語自日中至夜半，乃出，自是每參軍謀。

并州刺史元天穆，孤之五世孫也㉚，與榮善，榮兄事之。榮常與天穆及帳下都督賀拔岳密謀，欲舉兵入洛，內誅嬖倖，外清羣盜，二人皆勸成之。

榮上書以山東羣盜方熾，冀、定覆沒，官軍屢敗，請遣精騎三千，東援相州。太后疑之，報以念生梟戮，寶寅就擒，醜奴請降，關隴已定；費穆大破羣蠻，絳蜀漸平，又北海王顥帥眾二萬出鎮相州，不須出兵。榮復上書，以為：「賊勢雖衰，官軍屢敗，人情危怯，恐實難用，若不更思方略，無以萬全。臣愚以為蠕蠕主阿那瓌荷國厚恩，未應忘報㊁，宜遣發兵東趣下口㊂，以躡其背，北海之軍，嚴加警備，以當其前，臣麾下雖少，輒盡力命，自井陘以北，滏口以西，分據險要，攻其肘腋，葛榮雖并洛周，威恩未著，人類差異，形勢可分㊂。」遂勒兵召集義勇，北捍馬邑，東塞井陘。

徐紇說太后以鐵券間榮左右，榮聞而恨之。魏肅宗亦惡儼、紇等。逼於太后，不能去，密詔榮舉兵內向，欲以脅太后。榮以高歡為前鋒，行至上黨，帝復以私詔止之。儼、紇恐禍及己，陰與太后謀酖帝。癸丑（二十五日），帝暴殂㉞。甲寅（二十六日），太后立皇女為帝，大赦。既而下詔稱潘充華本實生女㉟，故臨洮王寶暉世子釗體自高祖㊱，宜膺大寶，百官文武加二階，宿衞加三階。乙卯（二十七日），釗即位。

釗始生三歲，太后欲久專政，故貪其幼而立之。爾朱榮聞之，大怒，謂元天穆曰：「主上晏駕，春秋十九，海內猶謂之幼君，況今奉未言之兒以臨天下，欲求治安，其可得乎？吾欲帥鐵騎赴哀山陵，翦除姦佞，更立長君，何如？」天穆曰：「此伊、霍復見於今矣㊲！」乃抗表稱：「大行皇帝背棄萬方，海內咸稱酖毒致禍，豈有天子不豫，初不召醫，貴戚大臣皆不侍側，安得不使遠近怪愕？又以皇女為儲兩㊳，虛行赦宥，上欺天地，下惑朝野，已乃選君於孩提之中，實使姦豎專朝，隳亂綱紀，此何異掩目捕雀，塞耳盜鍾？今羣盜沸騰，鄰敵窺窬，而欲以未言之兒鎮安天下，不亦難乎？願聽臣赴闕，參預大議，問侍臣帝崩之由，訪侍衞不知之狀，以徐、鄭之徒付之司敗㊴，雪同天之恥㊵，謝遠近之怨，然後更擇宗親，以承寶祚。」

榮從弟世隆時為直閤，太后遣詣晉陽慰諭榮，榮欲留之。世隆曰：「朝廷疑兄，故遣世隆來，今留世隆，使朝廷得預為之備，非計也。」乃遣之。

㈦三月癸未（二十六日），葛榮陷魏滄州㊷，執刺史薛慶之，居民死者什八九。

㈧乙酉（二十八日），魏葬孝明皇帝于定陵，廟號肅宗。

㈨爾朱榮與元天穆議，以彭城武宣王㊸有忠勳，其子長樂王子攸素有令望，欲立之。又遣從子天光及親信奚毅、倉頭王相入洛，與爾朱世隆密議。天光見子攸，具論榮心，子攸許之。天光等還晉陽，榮猶疑之，乃以銅為顯祖諸孫，各鑄像，唯長樂王像成㊹，榮乃起兵，發晉陽，世隆逃出，會榮於上黨。靈太后聞之，甚懼，悉召王公等入議。宗室大臣皆疾太后所為，莫肯致言。徐紇獨曰：「爾朱榮小胡，敢稱兵向闕，文武宿衞，足以制之。但守險要，以逸待勞，彼懸軍千里，士馬疲弊，破之必矣！」太后以為然。以黃門侍郎李神軌為大都督，帥眾拒之，別將鄭季明、鄭先護將兵守河橋，武衞將軍費穆屯小平津。先護，儼之從祖兄弟也。

榮至河內，復遣王相密至洛迎長樂王子攸。夏，四月丙申（初九日），子攸與兄彭城王劭、弟霸城公子正，潛自高渚渡河。【考異】楊衒之洛陽伽藍記高渚作霤波，今從魏書。丁酉（初十日），會榮於河陽，將士咸稱萬歲。戊戌（十一日），濟河，子攸即帝位㊹。以劭為無上王㊺，子正為始平王，以榮為侍中、都督中外諸軍事、大將軍、尚書令、領軍將軍，領左右㊻，封太原王。鄭先護素與敬宗善，聞帝即位，與鄭季明開城納之。

李神軌至河橋，聞北中不守㊼，即遁還。費穆棄眾，先降於榮。徐紇矯詔夜開殿門，取驊騮廄㊽御馬十匹，東奔兗州㊾，鄭儼亦走還鄉里㊿。

太后盡召肅宗後宮，皆令出家，太后亦自落髮。榮召百官迎車駕，己亥（十二日），百官奉璽綬，備灋駕，迎敬宗於河橋。【考異】伽藍記云：「十二日，爾朱榮軍於邙山之北，河陰之野，十三日，召百官迎駕，至者盡誅之。」長曆是月戊子朔，十二日己亥也，今從魏書。庚子（十三日），榮遣騎執太后及幼主，送至河陰。太后對榮多所陳說，榮拂衣而起，沈太后及幼主於河。

費穆密說榮曰：「公士馬不出萬人，今長驅向洛，前無橫陳。既無戰勝之威，羣情素不厭服，以京師之眾，百官之盛，知公虛實，有輕侮之心。若不大行誅罰，更樹親黨，恐公還北之日，未度太行，而內變作矣。」榮心然之，謂所親慕容紹宗曰：「洛中人士繁盛，驕侈成俗，不加芟翦，終難制馭。吾欲因百官出迎，悉誅之，何如？」紹宗曰：「太后荒淫失道，嬖倖弄權，殽亂(五二)四海，故明公興義兵以清朝廷。今無故殲夷多士(五三)不分忠佞，恐大失天下之望，非長策也。」榮不聽，乃請帝循河西至淘渚(五三)，引百官於行宮西北，云欲祭天。百官既集，列胡騎圍之，責以天下喪亂，肅宗暴崩，皆由朝臣貪虐，不能匡弼。因縱兵殺之，自丞相高陽王雍、司空元欽、儀同三司義陽王略以下，死者二千餘人。【考異】北史云：「榮惑費穆之言，謂天下乘機可取，乃譎朝士共為盟誓，將向河陰西北三里，至南北長堤，悉命下馬西度，即遣胡騎圍之，妄言丞相高陽王反，殺王公二千餘人。」榮傳一千三百餘人，今從魏紀。前黃門郎王遵業兄弟居父喪，其母，敬宗之從母也，相帥出迎，俱死。遵業，慧龍之孫也(五四)，雋爽(五五)涉學，時人惜其才而譏其躁。

有朝士百餘人後至，榮復以胡騎圍之，令曰：「有能為禪文者免死。」侍御史趙元則出應募，遂使為之。【考異】北史曰：「時隴西李神儁、頓丘李諧、太原溫子昇並當世辭人，皆在圍中，恥從是命，俯伏不應。」按神儁等不應，何得不死？魏書本傳皆無其事。榮又令其軍士，言元氏既滅，爾朱氏興，皆稱萬歲。榮又遣數十人拔刀向行宮，帝與無上王劭、始平王子正俱出帳外，榮先遣并州人郭羅剎、西部高車叱列殺鬼侍帝側，詐言防衛，抱帝入帳，餘人即殺劭及子正。又遣數十人遷帝於河橋，置之幕下。帝憂憤無計，使人諭旨於榮曰：「帝王迭興，盛衰無常。今四方瓦解，將軍奮袂而起，所向無前，此乃天意，非人力也。我本相投，志在全生，豈敢妄希天位[26]？將軍見逼，以至於此。若天命有歸，將軍宜時正尊號，若推而不居，存魏社稷，亦當更擇親賢而輔之。」

時都督高歡勸榮稱帝，【考異】魏爾朱榮傳曰：「於是獻武王與外兵參軍司馬子如等切諫，陳不可之理。榮曰：『愆誤若是，唯當以死謝朝廷。今日安危之機，計將何出？』獻武王等曰：『未若還奉長樂，以安天下。』於是還奉莊帝。」北齊書神武紀云：「榮將篡位，神武諫，恐不聽，請鑄像卜之，鑄不成，乃止。」蓋魏收與北齊史官欲為神武掩此惡，故云爾，今從周書賀拔岳傳。左右多同之。榮疑未決，賀拔岳進曰：「將軍首舉義兵，志除姦逆，大勳未立，遽有此謀，正可速禍，未見其福。」榮乃自鑄金為像，凡四鑄，不成。功曹參軍燕郡㊼劉靈助善卜筮，榮信之，靈助言天時人事未可。榮曰：「若我不吉，當迎天穆立之。」靈助曰：「天穆亦不吉，唯長樂王有天命耳！」榮亦精神恍惚，不自支持，久而方寤，深思愧悔，曰：「過誤若是，唯當以死謝朝廷。」賀拔岳請殺高歡以謝天下，左右曰：「歡隨復愚疏，言不思難。今四方多事，須藉武將，請捨之收其後効。」榮乃止。夜四更，復迎帝還營。榮望馬首，叩頭請死。

榮所從胡騎，殺朝士既多，不敢入洛城，即欲向北為遷都之計。榮狐疑甚久，武衞將軍汎禮㊽固諫。辛丑（十四日），榮奉帝入城。帝御太極殿，下詔大赦，改元建義，從太原王將士，普加五階，在京文官二階，武官三階，百姓復租役三年㊾。

時百官蕩盡，存者皆竄匿不出，唯散騎常侍山偉一人拜赦於闕下。洛中士民草草㊿，人懷異慮。或云榮欲縱兵大掠，或云欲遷都晉陽，富者棄宅，貧者襁負，率皆逃竄，什不存一二。直衞空虛，官守曠廢(六一)，榮乃上書，稱：「大兵交際，難可齊壹，諸王朝貴，橫死者眾，臣今粉軀，不足塞咎。乞追贈亡者，微申私責。無上王請追尊為無上皇帝？自餘死於河陰者，王贈三司，三品贈令、僕，五品贈刺史，七品已下、白民贈郡鎮[六二]，死者無後聽繼，即授封爵，又遣使者，循城勞問。」詔從之。於是朝士稍出，人心粗安。

封無上王之子韶為彭城王。

榮猶執遷都之議，帝亦不能違。都官尚書[六三]元諶爭之，以為不可。榮怒曰：「何關君事？而固執也！且河陰之事，君應知之[六四]。」諶曰：「天下事當與天下論之，奈何以河陰之酷而恐元諶？諶國之宗室，位居常伯[六五]，生既無益，死復何損？正使今日碎首流腸，亦無所懼。」榮大怒，欲抵諶罪，爾朱世隆固諫乃止，見者莫不震悚，諶顏色自若。後數日，帝與榮登高，見宮闕壯麗，列樹成行，乃歎曰：「臣昨愚闇，有北遷之意，今見皇居之盛，熟思元尚書言，深不可奪。」由是罷遷都之議。諶，諡之兄也。

癸卯（十六日），以江陽王繼為太師，北海王顥為太傅，光祿大夫李延寔為太保，賜爵濮陽王；并州刺史元天穆為太尉，賜爵上黨王；前侍中楊椿為司徒，車騎大將軍穆紹為司空，領尚書令，進爵頓丘王；雍州刺史長孫稚為驃騎大將軍，開府儀同三司，賜爵馮翊王；殿中尚書元諶為尚書右僕射，賜爵魏郡王；金紫光祿大夫廣陵王恭加儀同三司，其餘起家暴貴者，不可勝數。延寔，沖之子也(六六)。以帝舅，故得超拜。

徐紇弟獻伯為北海太守，季產為青州長史，紇使人告之，皆將家屬逃去，與紇俱奔泰山(六七)。鄭儼與從兄滎陽太守仲明謀據郡起兵，為部下所殺。丁未（二十日），詔內外解嚴。

(十)魏郢州刺史元顯達請降，詔郢州刺史元樹迎之(六八)，夏侯夔亦自楚城往會之，遂留鎮焉。改魏郢州為北司州，以夔為刺史，兼督司州(六九)。夔進攻毛城，進新蔡。豫州刺史夏侯亶圍南頓，攻陳項，魏行臺源子恭拒之。

(十一)庚戌（二十三日），魏賜爾朱榮子义羅爵梁郡王。

(十二)柔然頭兵可汗數入貢於魏，魏詔頭兵贊拜不名，上書不稱臣。

(十三)魏汝南王悅及東道行臺臨淮王彧聞河陰之亂，皆來奔。

先是魏人降者，皆稱魏官為偽，或表啟獨稱魏臨淮王，上亦體其雅素，不之責。

魏北海王顥將之相州，至汲郡，聞葛榮南侵，及爾朱榮縱暴，陰為自安之計，盤桓不進，以其舅殷州刺史范遵行相州事，代前刺史李神守鄴。行臺甄密知顥有異志，相帥廢遵，復推李神攝州事，遣兵迎顥，且察其變。顥聞之，帥左右來奔。密，琛之從父弟也㈦〇。

北青州刺史元世儁、南荊州刺史李志，皆舉州來降㈦一。

㈣五月，丁巳朔，魏加爾朱榮北道大行臺。以尚書右僕射元羅為東道大使，光祿勳元欣副之，巡方黜陟，先行後聞。欣，羽之子也㈦二。

㈤爾朱榮入見魏主於明光殿，重謝河橋之事㈦三，誓言無復貳心，帝自起止之，因復為榮誓，言無疑心。榮喜，因求酒飲之，熟醉，帝欲誅之，左右苦諫乃止，即以床轝向中常侍省。榮夜半方寤，遂達旦不眠，自此不復禁中宿矣。

榮女先為肅宗嬪，榮欲敬宗立以為后，帝疑未決。黃門侍郎祖瑩曰：「昔文公在秦，懷嬴入侍，事有反經合義(七四)，陛下獨何疑焉？」帝遂從之，榮意甚悅。

榮舉止輕脫，喜馳射，每入朝見，更無所為，唯戲上下馬。於西林園宴射，恒請皇后出觀，并召王、公、妃、主共在一堂。每見天子射中，輒自起舞叫，將相卿士，悉皆盤旋(七五)，乃至妃主，亦不免隨之舉袂。及酒酣耳熱，必自匡坐(七六)唱虜歌，日暮罷歸，與左右連手蹋地，唱回波樂而出(七七)。性甚嚴暴，喜慍無常，刀槊弓矢，不離於手。每有瞋嫌，輒行擊射，左右恒有死憂。嘗見沙彌重騎一馬(七八)，榮即令相觸，力窮，不能復動，遂使傍人以頭相擊，死而後已。

辛酉（初五日），榮還晉陽，帝餞之於邙陰(七九)。榮令元天穆入洛陽，加天穆侍中，錄尚書事，京畿大都督，兼領軍將軍。以行臺郎中桑乾朱瑞為黃門侍郎，兼中書舍人。朝廷要官，悉用其腹心為之。

(十六)丙寅（初十日），魏主詔孝昌以來，凡有冤抑無訴者，悉集華林東門，當親理之。

時承喪亂之後，倉廩虛竭，始詔入粟八千石者賜爵散侯(八〇)，白民輸五百石者賜出身，沙門授本州統及郡縣維那(八一)。

爾朱榮之趣洛也，遣其都督樊子鵠取唐州，唐州刺史崔元珍、行臺酈惲拒守不從。乙亥（十九日），子鵠拔平陽，斬元珍及惲。元珍，挺之從父弟也。

(十七)將軍曹義宗圍魏荊州，堰水灌城，不沒者數板。時魏方多難，不能救，城中糧盡，刺史王羆煮粥，與將士均分食之。每出戰，不擐甲冑，仰天大呼曰：「荊州城，孝文皇帝所置(八二)。天若不祐國家，令箭中王羆額，不爾，王羆必當破賊。」彌歷三年(八三)，前後搏戰甚眾，亦不被傷。癸未（二十七日），魏以中軍將軍費穆都督南征諸軍事，將兵救之。

(十八)魏臨淮王彧聞魏主定位，乃以母老求還，辭情懇至。上惜其才而不能違。六月丁亥（朔），遣彧還魏，以彧為侍中、驃騎大將軍，加儀同三司。

㈨魏員外散騎常侍高乾，祐之從子也㈧㈣，弟敖曹、季式皆喜輕俠，與魏主有舊。爾朱榮之向洛也，逃奔齊州，聞河陰之亂，遂集流民起兵於河濟之間，受葛榮官爵，頻破州軍。魏主使元欣諭旨，乾等乃降。以乾為給事黃門侍郎，兼武衞將軍，敖曹為通直散騎侍郎。榮以乾兄弟前為叛亂，不應復居近要，魏主乃聽解官歸鄉里。敖曹復行抄掠，榮誘執之，與薛脩義同拘於晉陽㈧㈤。敖曹名昂，以字行㈧㈥。

㈩葛榮軍乏食，遣其僕射任褒將兵南掠，至沁水㈧㈦。魏以元天穆為大都督東北道諸軍事，帥宗正珍孫等討之。

前幽州平北府主簿河間邢杲帥河北流民十萬餘戶反於青州之北海，自稱漢王，改元天統。戊申（二十二日），魏以征東將軍李叔仁為車騎大將軍、儀同三司，帥眾討之。

辛亥（二十五日），魏主詔曰：「朕當親御六戎㈧㈧，掃靜燕代，以大將軍爾朱榮為左軍，上黨王天穆為前軍，司徒楊椿為右軍，司空穆紹為後軍。」葛榮退屯相州之北。

(廿)秋，七月，乙丑（初十日），魏加爾朱榮柱國大將軍(八九)，錄尚書事。

(廿一)壬子（七月丙辰朔，無壬子，當為壬午之誤），魏光州民劉舉聚眾反於濮陽。自稱皇武大將軍。

(廿二)是月，万俟醜奴自稱天子，置百官。會波斯國獻師子於魏(九〇)，醜奴留之，改元神獸。

(廿三)魏泰山太守羊侃以其祖規嘗為宋高祖祭酒從事，常有南歸之志，徐紇往依之，因勸侃起兵，侃從之。兗川刺史羊敦，侃之從兄也，密知之，據州拒侃。八月，侃引兵襲敦，弗克(九一)，築十餘城守之，且遣使來降，詔廣晉縣(九二)侯泰山羊鴉仁等將兵應接。魏以侃為驃騎大將軍、泰山公、兗州刺史，侃斬其使者，不受。

(廿四)將軍王弁侵魏徐州，蕃郡民續靈珍擁眾萬人攻蕃郡以應梁(九三)，魏徐州刺史楊昱擊靈珍，斬之，弁引還。

(廿五)甲辰（十九日），魏大都督宗正珍孫擊劉舉於濮陽，滅之。

(共)葛榮引兵圍鄴，眾號百萬，遊兵已過汲郡(九四)，所至殘掠，爾朱榮啟求討之。九月，爾朱榮召從子肆州刺史天光留鎮晉陽，曰：「我身不得至處，非汝無以稱我心。」自帥精騎七千，馬皆有副(九五)，倍道兼行，東出滏口，以侯景為前驅。葛榮為盜日久，橫行河北(九六)，爾朱榮眾寡非敵，議者謂無取勝之理。葛榮聞之，喜見於色，令其眾曰：「此易與耳！諸人俱辦長繩，至則縛取。」自鄴以北，列陳數十里，箕張(九七)而進。爾朱榮潛軍山谷為奇兵，分督將已上三人為一處，處有數百騎，令所在揚塵鼓譟，使賊不測多少。又以人馬逼戰，刀不如棒，勒軍士齎袖棒一枚，置於馬側，至戰時，慮廢騰逐，不聽斬級(九八)，以棒棒之而已。分命壯勇所向衝突，號令嚴明，戰士同奮。爾朱榮身自陷陳，出於賊後，表裏合擊，大破之，於陳擒葛榮，餘眾悉降。以賊徒既眾，若即分割(九九)，恐其疑懼，或更結聚，乃下令各從所樂，親屬相隨，任所居止。於是羣情大喜，登即四散(一〇〇)，數十萬眾，一朝散盡，待出百里之外，乃始分道押領，隨便安置，咸得其宜。擢其渠帥，量才授任，新附者咸安，時人服其處分機速。以檻車送葛榮赴洛，冀、定、滄、瀛、殷五州皆平。

時上黨王天穆軍於朝歌之南，穆紹、楊椿猶未發，而葛榮已滅，乃皆罷兵〔〇一〕。

初，宇文肱從鮮于脩禮攻定州，戰死於唐河〔〇二〕，其子泰在脩禮軍中。脩禮死，從葛榮，葛榮敗，爾朱榮愛泰之才，以為統軍。乙亥（二十一日），魏大赦，改元永安。

辛巳（二十七日），以爾朱榮為大丞相，都督河北畿外諸軍事。榮子平昌公文殊、昌樂公文暢並進爵為王。以楊椿為太保，城陽王徽為司徒。

冬，十月丁亥（初三日），葛榮至洛，魏主御閶闔門〔〇三〕引見，斬於都市。

㈦帝以魏北海王顥為魏王，遣東宮直閤將軍陳慶之將兵送之還北。【考異】梁，魏帝紀皆云，以顥為魏主，唯顥傳作魏王。按魏封劉昶為宋王，蕭寶寅為齊王，蕭詧為梁王，皆俟得國然後使稱帝耳！若顥在南，已稱魏帝，當行即位之禮，又梁朝應以客禮待之，又顥不應再即帝位於渙水，蓋由王字與主字止欠一點，故多致謬誤，今從顥傳。

(廿八)丙申（十二日），魏以太原王世子爾朱菩提為驃騎大將軍、開府儀同三司，丁酉（十三日），以長樂等七郡各萬戶，通前十萬戶為太原王榮國，戊戌（十四日），又加榮太師，皆賞擒葛榮之功也。

(廿九)壬子（二十八日），魏江陽武烈王繼卒。

(卅)魏使征虜將軍韓子熙招諭邢杲，杲詐降而復反，叔仁擊杲於惟水㉔，失利而還。

(卅一)魏費穆奄至荊州，曹義宗軍敗，為魏所擒，荊州之圍始解㉕。

(卅二)元顥襲魏銍城㉖而據之。

(卅三)魏行臺尚書左僕射于暉等兵數十萬擊羊侃於瑕丘㉗，徐紇恐事不濟，說侃請乞師於梁，侃信之，紇遂來奔。暉等圍侃十餘重，柵中矢盡，南軍不進㉘。十一月癸亥（初十日）夜，侃潰圍出，且戰且行，一日一夜，乃出魏境。至渣口㉙，眾尚萬餘人，馬二千匹，士卒皆竟夜悲歌。侃乃謝曰：「卿等懷土，理不能相隨，幸適去留㉚，於此為別。」各拜辭而去，魏復取泰山。暉，勁之子也㉛。

(卌四)戊寅（二十五日），魏以上黨王天穆為大將軍，開府儀同三司，世襲幷州刺史。

(卌五)十二月庚子（十七日），魏詔于暉還師討邢杲。

(卌六)葛榮餘黨韓樓復據幽州反，北邊被其患，爾朱榮以撫軍將軍賀拔勝為大都督，鎮中山。樓畏勝威名，不敢南出。

【今註】㈠大通二年：是年正月，魏孝明帝改元武泰，四月，魏孝莊帝改元建義，九月，改元永安。㈡魏北道行臺楊津守定州城：《魏書・地形志》定州治中山郡盧奴縣，今河北省定縣。《水經注》滱水南有盧奴故城，黑水曰盧，不流曰奴，故城藉水以取名。㈢及葛榮代脩禮統眾：榮得脩禮之眾見上卷普通七年。㈣固守三年：普通七年，楊津守定州，至是三年。㈤前鋒至廣昌，賊塞隘口：廣昌縣，漢屬代郡，晉廢，北周復置，隋曰飛狐，故城在今河北省淶源縣北。《水經注》滱水自廣昌縣南又東逕倒馬關，關山險隘，最為深峭。㈥昔魏武與韓遂、馬超據潼關相距：事見卷六十六漢獻帝建安十六年。㈦蒲反：即蒲坂也，《漢書・地理志》坂作反，故城在山西省永濟縣北，相傳為古帝舜之所都也。㈧華州：《五代志》馮翊郡馮翊縣後魏曰華陰，置華州。《魏書・地形志》孝文帝太和十一年分秦州之華山、澄城、白水三郡置華州，其華山郡有華陰縣，蓋洲治也，故城在今陝西省華陰縣東南。㈨虞坂：《水經注》曰：「河水自大陽縣故城南又東，沙澗水注之，水北出虞山，東南逕傅巖東北十餘里，即巔軨坂也，有東西絕澗，左右幽空，窮深地壑中，則築以成道，指南北之路，謂之為軨橋也。橋之東北有虞原，原上道東有虞城，晉太康地記所謂北虞也。其城北對長阪二十許里，謂之虞坂。戴延之曰：『自上及下，七山相重。』戰國策曰：『騏驥駕鹽車，上於虞阪，遷延負轅而不能進。』此蓋其困處也。」在今山西省安邑縣南三十里，平陸縣東北七十里，俗名青石槽，南通茅津渡，東北通夏縣王峪口，中條山之衝途也。⑩河滑：滑，水厓也。胡三省曰：「上平坦而下水深曰滑。」⑪石錐壁：《五代志》河東郡虞鄉縣有石錐山，蓋於此築壁壘也。虞鄉縣，漢解縣地也，屬河東郡，後魏改曰南解縣，北周改曰綏化縣，又改曰虞鄉縣，故城在今山西省虞鄉縣西。⑫會有詔廢鹽池稅：胡三省曰：「魏朝蓋謂弛鹽利以與民，可以得民也。」魏數收鹽利，復數弛禁，見卷一百四十三齊東昏侯永元二年，卷一百四十五天監二年，卷一百四十六天監五年。⑬冀、定擾攘：葛榮、杜洛周時圍冀、定二州。⑭今若廢之，事同再失：胡三省曰：「前此宣武帝用甄琛之言廢鹽池稅，已為失計，今又廢之，是為再失。」琛議行於宣武帝景明初，旋格於景明四年而卒行於正始三年。正始三年，梁武帝天監五年也。⑮茲計不爽：爽，差也，言所計不差也。⑯高祖：魏孝文帝廟號。⑰司監將尉：謂司監鹽池之將尉也。⑱依常收稅，更聽後敕：謂今權宜違詔，依常收稅，更須後敕以定鹽稅之合罷與否。⑲白門：胡三省曰：「長安城東出北來第三門曰青門，意白門即西出南來第三門也。」《水經注》長安西出南頭第一門本名章門，王莽更名萬秋門，亦曰光華門，第二門本名直門，王莽更名直道門，故龍樓門也，第三門本名西城門，王莽更各章義門，其水北入函里，民名曰函里門，亦曰突門。⑳魏以長孫稚為車騎大將軍，開府儀同三司，雍州刺史，尚書僕射，西道行臺：以代蕭寶寅鎮雍州。㉑羣盜李洪攻燒鞏西、闕口以東：鞏謂鞏縣，闕口謂伊闕口也。鞏縣，漢、晉屬河南郡，魏初屬滎陽郡，東魏孝靜帝天平初，度屬成皋郡，故城在今河南省鞏縣西南三十里，伊闕註見前。㉒魏靈太后再臨朝以來，嬖倖用事：靈太后再臨朝見卷一百五十普通六年，嬖倖用事，謂信任徐紇、鄭儼也。㉓盜賊蠭起，封疆日蹙：胡三省曰：「謂秦、隴以西，冀、幷以北，皆為盜區，淮、汝、沂、泗之間，皆為梁所侵也。」㉔幷、肆、汾、廣、恒、雲六州討虜大都督：《魏書・地形志》孝莊帝永安中置廣州，治魯陽，領魯陽、南陽、順陽、定陵、汝南、漢廣、襄城等郡，時未有廣州也。胡三省曰：「廣當作唐。」《魏書・地形志》孝明帝孝昌中置唐州，孝莊帝建義元年改曰晉州，時領平陽、北絳、西河等郡，治白馬城，即今山西省臨汾縣。㉕高歡、段榮、尉景、蔡儁先在杜洛周黨中：高歡等歸杜洛周見卷一百五十普通六年。㉖廐有悍馬，榮命歡翦之：胡三省曰：「髦馬而鬄落之為翦。」髦，焉鬣也。㉗羈絆：馬縶也。絡首曰羈，繫足曰絆。㉘有馬十二谷：畜牧繁衍，故以谷量馬。㉙賀六渾：高歡字。㉚幷州刺史元天穆，孤之五世孫也：高涼王孤，平文帝之第四子也。㉛臣愚以為蠕蠕主阿那瓌荷國厚恩，未應忘報：蠕蠕之亂，魏援立阿那瓌，事見卷一百四十九普通元年至三年，是魏有厚恩於阿那瓌也，其後阿那瓌雖叛歸塞北，未應遽然忘報効之心也。㉜下口：胡三省曰：「下口，蓋指飛狐口。」《水經注》引《魏土地記》飛狐口在代城南四十里，即今河北省淶源縣北，跨察哈爾省蔚縣界，兩崖峭立，一線微通，迤邐蜿蜒百有餘里，亦曰常山關，即今之黑石嶺也，為出入河北、山西、察哈爾省之孔道，亦紫荊、倒馬三關之外險。㉝葛榮雖幷洛周，威恩未著，人類差異，形勢可分：胡三省曰：「杜洛周柔玄鎮民，葛榮鮮于脩禮之黨，本非同類，吞幷為一，及其新合，亟加招討，則形勢可分也。」㉞帝暴殂：孝明帝殂時年十九。無病而殂曰暴殂，暴，猝也。㉟稱潘充華本實生女：潘充華即前所謂潘嬪也，潘嬪生女見上正月。充華，晉武帝所制，位列九嬪，元魏以充華為六嬪，位視六卿。㊱故臨洮王寶暉世子釗體自高祖：臨洮王寶暉，孝文帝之孫也。㊲此伊、霍復見於今矣：伊、霍，伊尹、霍光也。伊尹廢太甲，霍光廢昌邑，今爾朱榮欲行廢立，故天穆以為此。㊳儲兩：即儲君也。胡三省曰：「易曰：『明兩作離，大人以繼，明照四方。』故稱儲兩。」㊴司敗：司寇也。杜預注《左傳》曰：「陳、楚名司寇為司敗。」㊵雪同天之恥：君父之讎義不同天。㊶滄州：《魏書・地形志》孝明帝熙平二年分瀛、冀二州置滄州，領浮陽、樂陵等郡，治饒安城。饒安，二漢、晉屬渤海郡，魏屬浮陽郡，故治在今河北省鹽山縣南。㊷彭城宣武王：彭城王勰也。勰謚宣武。㊸榮猶疑之，乃以銅為顯祖諸孫，各鑄像，唯長樂王像成：胡三省曰：「魏人立后，皆鑄像以卜之，慕容氏謂冉閔以金鑄己像不成。胡人鑄像以卜君，其來尚矣，故爾朱榮效之。」㊹子攸即帝位：是為孝莊帝，彭城王勰之第三子也。㊺以劭為無上王：劭，彭城王勰之嫡嗣，孝莊帝之兄也，故尊為無上王，言其至尊無上也。㊻領左右：胡三省曰：「領左右千牛備身也。」余按《五代志》門下省有左右局，領左右各二人，掌知朱華閤內諸事，宣傳以下，白衣齋子以上皆主之。㊼李神軌至河橋，聞北中不守：河橋、北中皆在今河南省孟縣南。《水經注》杜預造河橋於富平津，所謂造舟為梁也。宋白曰：「北中城，即今河陽城。」自晉以來，迄於五代，常為兵爭之地。胡三省曰：「晉杜預建河橋於富平津，河北側岸有二城相對。魏高祖置北中郎將府，徙諸從隸府戶並羽林虎賁領隊防之。北中不守，可以平行至洛陽矣！」㊽驊騮廐：《穆天子傳》周穆王有驊騮之駟。蓋駿馬之稱，因以名廐。㊾東奔兗州：依泰山太守羊侃也。泰山屬兗州。㊿鄭儼亦走還鄉里：走還開封也。儼，滎陽開封人。（五一）殽亂：殽與淆同，混雜也，殽亂猶混亂。（五二）多士：眾士也。《大雅・文王》之詩云：「思皇多士。」（五三）淘渚：《水經注》曰：「孟津亦曰盟津，又曰富平津，又謂之陶河，魏尚書僕射杜畿以帝將幸許試樓船，覆於陶河，謂此也。」淘渚即陶河，《魏書・孝莊帝紀》作陶渚，《爾朱榮傳》陶渚在河陰西北三里南北長堤之西，蓋今河南省孟縣南。（五四）遵業，慧龍之孫也：王慧龍父愉為宋武帝所殺，慧龍奔魏，著功業於明元、太武之世。（五五）雋爽：雋秀而朗爽。（五六）豈敢妄希天位：非分之望曰希，天位，帝位也。（五七）燕郡：漢定天下，燕仍為國，昭帝改為廣陽郡，宣帝更為國，漢光武帝并廣陽郡於上谷郡，和帝復為廣陽郡，晉為廣陽國，魏為燕郡，屬幽州，治薊，故治在今河北省大興縣西南。（五八）汎禮：皇甫謐曰：「汎本姓凡，遭秦亂，避地於汜水，因氏焉。」（五九）百姓復租役三年：免除其賦役曰復。（六〇）草草：《詩・小雅・巷伯》曰：「勞人草草。」注云：「草草，勞心也。」箋雲：「草草，憂將妄得罪也。」（六一）官守曠廢：曠，空也。曠其官司而廢其職守。（六二）白民贈郡鎮：身無官爵謂之白民，猶曰白丁也。郡鎮，謂郡守、鎮將。（六三）都官尚書：《晉書・職官志》漢成帝置三公曹尚書，主斷獄，後漢光武以三公曹主歲盡考課，二千石曹尚書主辭訟，中都官曹尚書主水火盜賊事。《宋書・百官志》魏明帝青龍二年，置尚書都官郎佐督軍事，宋置都官尚書，主軍事刑獄。《五代志》隋文帝開皇三年，改都官尚書為刑部尚書。(六四)且河陰之事，君應知之：爾朱榮殺魏王公以下二千餘人於河陰西北三里南北長堤，故舉以懼元諶。(六五)位居常伯：尚書，古常伯之任也。書疏云：「常伯，謂王之親近左右常所長事者也。」(六六)延寔，沖之子也：李沖柄用於文明馮后、孝文帝之朝。(六七)與紇俱奔泰山：泰山，兗州之屬郡，上所謂紇東奔兗州者也。(六八)魏郢州刺史元顯達請降，詔郢州刺史元樹迎之：魏以義陽為郢州，蓋梁之司州也。梁置郢州於夏口，因宋、齊之舊也。《五代志》汝南郡真陽縣舊置郢州，東魏廢州置義陽郡。(六九)改魏郢州為北司州，以夔為刺史，兼督司州：梁初既失義陽，僑立司州於義陽三關之南，今復義陽，因以為北司州。(七〇)密，琛之從父弟也：甄琛事宣武帝，有聲於朝。(七一)北青州刺史元世儁、南荊州刺史李志，皆舉州來降：《五代志》舂陵郡後魏置南荊州。胡三省曰：「魏北青州治東陽，去梁境甚遠。五代志東海郡梁置南北二青州，領懷仁縣，又注云梁置南北二青州。意者元世儁以懷仁之地來降也。」余按《魏書・地形志》青州治東陽，領齊郡、北海、樂安、渤海、高陽、河間、樂陵等郡，別置南青州於國城，領東安、東莞等郡，胡氏謂北青州者，蓋以別國城之南青州也。(七二)欣，羽之子也：廣陵王羽，獻文帝之子，孝文帝之弟。(七三)重謝河橋之事：爾朱榮初入洛，遷帝於河橋，見上。(七四)昔文公在秦，懷嬴入侍，事有反經合義：《左傳》晉世子圉質於秦，秦伯以女妻之，是為懷嬴，子圉逃歸，公子重耳入秦，秦伯納女五人，懷嬴與焉。秦，嬴氏也，圉謚懷公，故曰懷嬴。漢儒以反經合道為權，祖瑩之說本此。(七五)盤旋：周旋也，起舞狀。(七六)匡坐：匡，正也，《詩・小雅・六月》：「以匡王國。」匡坐猶言正坐也。(七七)與左右連手蹋地，唱回波樂而出：胡三省曰：「此所謂蹋歌也。回波樂，曲名。」(七八)嘗見沙彌重騎一馬：《魏書・釋老傳》曰：「其為沙門者，初修十誡為沙彌。」十戒者謂不殺戒、不盜戒、不淫戒、不妄語戒、不飲酒戒、不坐高廣大牀戒、不著花鬘等戒、不歌舞戒、不蓄金銀寶物戒、不非時食戒。重騎者，二人共騎也。(七九)邙陰：邙山之陰也。(八〇)始詔入粟八千石者賜爵散侯：胡三省曰：「此有官入粟者之賜也。」《魏書・官氏志》孝文官制散侯降開國侯一等。(八一)郡縣維那：魏制沙門有統有維那，統管其州之僧眾，維那各管其郡縣之僧眾。(八二)荊州城，孝文皇帝所置：《魏書・地形志》孝文帝太和中，置荊州於穰城。(八三)彌歷三年：曹義宗圍魏荊州見卷一百五十普通六年十二月。彌，滿也，偏也。荊州解圍見下十月，史蓋終言之。(八四)魏員外散騎常侍高乾，祐之從子也：高祐，允之從祖弟也，顯於太和之世。(八五)與薛脩義同拘於晉陽：胡三省曰：「薛脩義為龍門鎮將，附蕭寶寅，既降而反側，故亦被拘。」脩義請降見上二月。(八六)敖曹名昂，以字行：《北史・高昂傳》昂父以昂藏敖曹，故以名字。(八七)沁水：沁水縣，自漢以來屬河內郡，故城在今河南省濟源縣東北沁水之南。(八八)六戎：軍旅曰戎，家語『材任治戎』是也。六戎猶言六軍也。(八九)魏加爾朱榮柱國大將軍：胡三省曰：「魏初置柱國大將軍，長孫嵩以開國元勳加此號。」(九〇)會波斯國獻師子於魏：《魏書・西域傳》波斯國都宿利城，在忸密西，古條支國也，去代二萬四千二百二十八里，城方十里，戶十餘萬，氣候暑熱，家自藏水，地多沙磧，引水灌溉，其五穀及鳥獸等與中夏略同，唯無稻及黍稷，土出名馬、大驢及駝，又出白象、師子、大鳥卵，有鳥形如橐駝，有兩翼，飛而不能高，食草與肉，亦能噉火。師子即獅子，我國無獅，故古以為異獸。(九一)侃引兵襲敦，弗克：《魏書・地形志》兗州治瑕丘，泰山治鉅平，侃蓋自鉅平引兵襲瑕丘也。(九二)廣晉縣：《宋書・州郡志》鄱陽郡廣晉縣，吳立，初曰廣昌，晉武帝太康元年，更名廣晉，故城在今江西省鄱陽縣北。(九三)將軍王弁侵魏徐州，蕃郡民續靈珍擁眾萬人攻蕃郡以應梁：《魏書・地形志》徐州治彭城，領彭城、南陽平、蕃郡、沛郡、蘭陵、北濟陰、碭郡等郡。蕃縣，漢、晉屬魯國，魏孝明帝孝昌三年置蕃郡，治蕃城。《五代志》隋文帝開皇十六年，改蕃郡曰滕郡，尋廢郡為縣，即今山東省滕縣治。(九四)遊兵已過汲郡：《魏書・地形志》汲郡時屬相州，相州，後之司州也。汲郡治汲縣，唐曰衞州，故治在今河南省汲縣西南二十五里。(九五)自帥精騎七千，馬皆有副：胡人行軍多備副馬，蓋以養馬力也。騎七千，則有馬一萬四千匹。(九六)葛榮為盜日久，橫行河北：梁普通七年，葛榮得鮮于脩禮之眾，寇掠河北，至是歷三年。(九七)箕張：張兩翼如箕。(九八)慮廢騰逐，不聽斬級：秦制以斬敵首加爵，一首一級，故曰斬級。敵軍敗則騰躍追逐之，聽斬級則廢時而敵遁，故不聽斬級。(九九)分割：分割其眾各隸一軍，使不得更相聚結。(一〇〇)登即四散：登，登時也。(一〇一)時上黨王天穆軍於朝歌之南，穆紹、楊椿猶未發，而葛榮已滅，乃皆罷兵：時魏主以爾朱榮為左軍，天穆為前軍，楊椿為右軍，穆紹為後軍，欲親征葛榮，見上六月。(一〇二)唐河：《魏書・地形志》定州中山郡唐縣有唐水。《水經注》滱水自樂羊城北又東逕唐縣故城南，城西有一水，導源唐縣之西北平地，泉湧而出，俗謂之唐水，東流至唐城西北隅，堨而為湖，俗謂之唐池，其水南入小溝，下注瀍水。㉓閶闔門：《晉書・地理志》洛陽城西有廣陽、西明、閶闔三門。《洛陽伽藍記序》曰：「洛陽西面有四門，南頭第一門曰西明門，漢曰廣陽門，魏、晉因而不改，高祖改為西明門，次北曰西陽門，魏、晉曰西明門，高祖改為西陽門，次北曰閶闔門，次北曰承明門，承明者，高祖所立。」高祖，謂魏孝文也。蓋元魏遷都洛陽，其城基仍漢、魏之舊，特於諸門或改易新名，復於西面增立承明門，而閶闔之名未改。又洛陽宮城門亦曰閶闔，註見卷八十四晉惠帝太安元年。㉔惟水：按《魏書・孝莊帝紀》當作濰水。《水經》濰水出琅琊箕縣濰山，東北過東武縣西，又北過平昌縣東，又北過高密縣西，又北過淳于縣東，又東北過都昌縣東，又東北入於海。㉕魏費穆奄至荊州，曹義宗軍敗，為魏所擒，荊州之圍始解：普通六年十二月，曹義宗圍魏荊州，至是三年始解。費穆救荊州見上五月。㉖鋞城：春秋宋之鋞邑也，秦置鋞縣，漢屬沛郡，魏、晉屬譙郡，宋廢，故城在今安徽省宿縣西南。㉗瑕丘：春秋魯之負瑕，漢置瑕丘縣，屬山陽郡，晉省，宋、後魏皆以為兗州治所，隋割鄒縣、汶陽、平原三縣界復置瑕丘縣，故城在今山東省滋陽縣西。㉘南軍不進：南軍，梁軍也。㉙渣口：《水經注》柤水出於楚之柤地，東南流逕傅陽縣故城東北，故偪陽國也，又東南亂於沂而注於沭，謂之柤口，有柤口城。渣與柤同，春秋襄公十年諸侯會吳於柤，蓋是處也，在今山東省嶧縣東南。㉚幸適去留：合意曰適，《鄭風・野有蔓草》之詩云：「邂逅相遇，適我願兮。」言或去或留，各從其意也。㉛暉，勁之子也：于勁，栗磾之孫，宣武順皇后于氏之父也。

卷一百五十三 梁紀九

司馬光編集
林瑞翰註

屠維作噩，一年。（己酉，西元五二九年）

高祖武皇帝九

中大通元年㈠（西元五二九年）

㈠春，正月甲寅（初二日），魏于暉所部都督彭樂帥二千餘騎叛奔韓樓，暉引還㈡。

㈡辛酉（初九日），上祀南郊，大赦。

㈢甲子（十二日），魏汝南王悅求還國，許之㈢。

㈣辛巳（二十九日），上祀明堂。

㈤二月甲午（十二日），魏主尊彭城武宣王為文穆皇帝，廟號肅祖，母李妃為文穆皇后，將遷神主於太廟，以高祖為伯考。大司馬兼錄尚書臨淮王彧表諫，以為：「漢高祖立太上皇廟於香街㈣，光武祀南頓君於舂陵㈤，元帝之於光武，已疏絕服，猶身奉子道，入繼大宗㊅，高祖德洽寰中，道超無外，肅祖雖勳格宇宙，猶北面為臣，又二后皆將配饗，乃是君臣并筵，嫂叔同室，竊謂不可。」吏部尚書李神儁亦諫，不聽。彧又請去帝著皇㊆，亦不聽。

㈥詔更定二百四十號將軍為四十四班㊇。

㈦壬寅（二十日），魏詔濟陰王暉業兼行臺尚書，【考異】梁書作徽業，今從魏書。都督丘大千等鎮梁國。暉業，小新成之曾孫也㊈。

㈧三月壬戌（十一日），魏詔上黨王天穆討邢杲，以費穆為前鋒大都督。

㈨夏，四月癸未（初二日），魏遷肅祖及文穆皇后神主於太廟，又追尊彭城王劭為孝宣皇帝。臨淮王彧諫曰：「茲事古所未有⑩，陛下作而不灋，後世何觀㊁？」弗聽。

㈩魏元天穆將擊邢杲，以北海王顥方入寇，集文武議之。眾皆曰：「杲眾彊盛，宜以為先。」行臺尚書薛琡曰：「邢杲兵眾雖多，鼠竊狗偷，非有遠志。顥，帝室近親㊂，來稱義舉，其勢難測，宜先去之。」天穆以諸將多欲擊杲，又魏朝亦以顥為孤弱不足慮，命天穆等先定齊地，還師擊顥。遂引兵東出，顥與陳慶之乘虛自銍城進拔滎城㈢，遂至梁國㈣，魏丘大千有眾七萬，分築九城以拒之。慶之攻之，自旦至申，拔其三壘，大千請降。顥登壇燔燎，即帝位於睢陽城南，改元孝基。【考異】魏帝紀去年十月蕭衍以顥為魏主，年號孝基，入據銍城。顥傳永安二年四月於梁國城南登壇燎燔，年號孝基，今從之。濟陰王暉業帥羽林兵二萬軍考城(一五)，慶之攻拔其城，擒暉業。【考異】魏書帝紀克考城在辛丑後，今從梁帝紀。

(十一)辛丑（二十日），魏上黨王天穆及爾朱兆破邢杲於濟南，杲降，送洛陽斬之。兆，榮之從子也。

(十二)五月丁巳（初六日），魏以東南道大都督楊昱鎮滎陽，尚書僕射爾朱世隆鎮虎牢，侍中爾朱世承鎮崿岅。乙丑（十四日），內外戒嚴。戊辰（十七日），北海王顥克梁國。顥以陳慶之為衛將軍、徐州刺史，引兵而西(一六)。

楊昱擁眾七萬據滎陽，慶之攻之，未拔，顥遣人說昱使降，昱不從，天穆與驃騎將軍爾朱吐沒兒將大軍前後繼至，梁士卒皆恐。

慶之解鞍秣馬，諭將士曰：「吾至此以來，屠城略地，實為不少，君等殺人父兄，掠人子女，亦無筭矣！天穆之眾，皆是仇讎。我輩眾纔七千，虜眾三十餘萬，今日之事，唯有必死，乃可得生耳！虜騎多，不可與之野戰，當及其未盡至，急攻取其城而據之。諸君勿或狐疑，自取屠膾㈦。」乃鼓之使登城，將士即相帥蟻附而入。癸酉（二十二日），拔滎陽，執楊昱。

諸將三百餘人伏顥帳前，請曰：「陛下渡江三千里，無遺鏃之費，昨滎陽城下，一朝殺傷五百餘人，願乞楊昱以快眾意。」顥曰：「我在江東，聞梁主言，初舉兵下都，袁昂為吳郡，不降㈧，每稱其忠節。楊昱忠臣，奈何殺之？此外，唯卿等所取。」於是斬昱所部統帥三十七人，皆刳其心而食之。俄而天穆等引兵圍城，慶之帥騎三千，背城力戰，大破之，天穆、吐沒兒皆走。慶之進擊虎牢，爾朱世隆棄城走，獲魏東中郎將辛纂㈨。

魏主將出避顥，未知所之，或勸之長安。中書舍人高道穆㈩曰：「關中荒殘，何可復往？顥士眾不多，乘虛深入，由將帥不得其人，故能至此。陛下親帥宿衞，高募重賞，背城一戰，臣等竭其死力，破顥孤軍必矣！或恐勝負難期，則車駕不若渡河，徵大將軍天穆、大丞相榮㉑各使引兵來會，犄角進討，旬月之間，必見成功，此萬全之策也。」魏主從之。甲戌（二十三日），魏主北行，夜至河內郡北㉒，命高道穆於燭下作詔書數十紙，布告遠近，於是四方始知魏主所在。乙亥（二十四日），魏主入河內。臨淮王彧、安豐王延明帥百僚封府庫，備灋駕迎顥。【考異】或傳無迎顥事，而梁陳慶之、北齊宋遊道傳有之，蓋魏史為彧諱也。丙子（二十五日），顥入洛陽宮，改元建武，大赦。以陳慶之為侍中、車騎大將軍，增邑萬戶。楊椿在洛陽，椿弟順為冀州刺史，兄子侃㉓為北中郎將，從魏主在河北，顥意忌椿，而以其家世顯重，恐失人望，未敢誅也㉔。或勸椿出亡，椿曰：「吾內外百口，何所逃匿？正當坐待天命耳！」

顥後軍都督侯暄，守睢陽為後援㉕，魏行臺崔孝芬、大都督刁宣馳往圍暄，晝夜急攻。戊寅（二十七日），暄突走，擒斬之。

上黨王天穆等帥眾四萬攻拔大梁㉖，分遣費穆將兵二萬攻虎牢，顥使陳慶之擊之。天穆畏顥，將北渡河，謂行臺郎中濟陰溫子昇曰：「主上以虎牢失守，致此狼狽。元顥新入，人情未安，今往擊之，無不克者。大王平定京邑，奉迎大駕，此桓、文之舉也㉘！捨此北渡，竊為大王惜之。」天穆善之而不能用，遂引兵渡河。

費穆攻虎牢，將拔，聞天穆北渡，自以無後繼，遂降於慶之。慶之進擊大梁、梁國，皆下之。慶之以數千之眾，自發銍縣至洛陽，凡取三十二城，四十七戰，所向皆克。

顥使黃門郎祖瑩作書遺魏主曰：「朕泣請梁朝，誓在復恥，正欲問罪於爾朱，出卿於桎梏。卿託命豺狼，委身虎口，假獲民地，本是榮物，固非卿有㉙。今國家隆替，在卿與我。若天道助順，則皇魏再興；脫或不然，在榮為福，於卿為禍。卿宜三復㉚，富貴可保。」

顥既入洛，自河以南州郡多附之。齊州刺史沛郡王欣集文武議所從，曰：「北海、長樂，俱帝室近親㉛。今宗祏㉜不移，我欲受赦，諸君意何如？」在坐莫不失色。軍司崔光韶獨抗言曰：「元顥受制於梁，引寇讎之兵，以覆宗國，此魏之亂臣賊子也，豈唯大王家事所宜切齒？下官等皆受朝眷㉝，未敢仰從。」長史崔景茂等皆曰：「軍司議是。」欣乃斬顥使。光韶，亮之從父弟也㉞。於是襄州刺史㉟賈思同、廣州刺史㊱鄭先護、南兗州刺史㊲元暹亦不受顥命。思同，思伯之弟也㊳。

顥以冀州刺史元孚為東道行臺，彭城郡王，孚封送其書於魏主。平陽王敬先起兵於河橋以討顥，不克而死。魏以侍中、車騎將軍、尚書右僕射爾朱世隆為使持節、行臺僕射、大將軍、相州刺史，鎮鄴城。

魏主之出也，單騎而去，侍衞後宮，皆案堵如故，顥一旦得之，號令己出，四方人情，想其風政，而顥自謂天授，遽有驕怠之志，宿昔賓客近習，咸見寵待，干擾政事，日夜縱酒，不恤軍國，所從南兵，陵暴市里，朝野失望。高道穆兄子儒自洛陽出從魏主，魏主問洛中事，子儒曰：「顥敗在旦夕，不足憂也。」

爾朱榮聞魏主北出，即時馳傳見魏主於長子，行且部分，魏主即日南還㊴，榮為前驅，旬日之間，兵眾大集，資糧器仗，相繼而至。

六月壬午（初二日），魏大赦。

榮既南下，并、肆不安，乃以爾朱天光為并、肆等九州行臺㊵，仍行并州事。天光至晉陽，部分約勒，所部皆安。

己丑（初九日），費穆至洛陽，顥引入，責以河陰之事而殺之㊶。顥使都督宗正珍孫與河內太守元襲據河內，爾朱榮攻之，上黨王天穆引兵會之。壬寅（二十二日），拔其城，斬珍孫及襲。

(十三)辛亥，（閏六月朔）魏淮陰太守晉鴻以湖陽來降㊷。

(十四)閏月己未（初九日），南康簡王績卒。

(十五)魏北海王顥既得志，密與臨淮王彧，安豐王延明謀叛梁，以事難未平，藉陳慶之兵力，故外同內異，言多猜忌。慶之亦密為之備，說顥曰：「今遠來至此，未服者尚多，彼若知吾虛實，連兵四合，將何以禦之？宜啟天子㊸，更請精兵，并敕諸州有南人沒此者，悉須部送。」顥欲從之，延明曰：「慶之兵不出數千，已自難制，今更增其眾，寧肯復為人用乎？大權一去，動息由人，魏之宗廟，於斯墜矣！」顥乃不用慶之言。又慮慶之密啟㊹，乃表於上曰：「今河北、河南，一時克定，唯爾朱榮尚敢跋扈，臣與慶之自能擒討，州郡新服，正須綏撫，不宜更復加兵，搖動百姓。」上乃詔諸軍繼進者皆停於境上。洛中南兵不滿一萬，而羌、胡之眾十倍。軍副馬佛念為慶之曰㊺：「將軍威行河洛，聲震中原，功高勢重，為魏所疑，一旦變生不測，可無慮乎？不若乘其無備，殺顥據洛，此千載一時也。」慶之不從。顥先以慶之為徐州刺史，因固求之鎮。顥心憚之，不遣，曰：「主上以洛陽之地，全相任委，忽聞捨此朝寄㊻，欲往彭城，謂君遽取富貴，不為國計㊼，非徒有損於君，恐僕幷受其責。」慶之不敢復言。

爾朱榮與顥相持於河上，慶之守北中城，顥自據南岸㊽。慶之三日十一戰，殺傷甚眾，有夏州義士為顥守河中渚㊾，陰與榮通謀，求破橋立効。榮引兵赴之，及橋破，榮應接不逮，顥悉屠之，榮悵然失望。又以安豐王延明緣河固守，而北軍無船可渡，議欲還北，更圖後舉。黃門郎楊侃曰：「大王發并州之日，已知夏州義士之謀指，來應之乎？為欲廣施經略，匡復帝室乎？夫用兵者，何嘗不散而更合，瘡愈更戰？況今未有所損，豈可以一事不諧而眾謀頓廢乎？今四方顒顒[五〇]，視公此舉。若未有所成，遽復引歸，民情失望，各懷去就，勝負所在，未可知也！不若徵發民材，多為桴筏[五一]，間以舟楫[五二]，緣河布列，數百里中，皆為渡勢，首尾既遠，使顥不知所防，一旦得渡，必立大功。」高道穆曰：「今乘輿飄蕩，主憂臣辱。大王擁百萬之眾，輔天子而令諸侯，若分兵造筏，所在散渡，指掌可克，奈何捨之北歸，使顥復得完聚，徵兵天下，此所謂養虺成蛇，悔無及矣[五三]！」榮曰：「楊黃門已陳此策，當相與議之。」劉靈助言於榮曰：「不出十日，河南必平。」

伏波將軍正平[五四]楊櫆與其族居馬渚，自言有小船數艘，求為鄉導。戊辰（十八日），榮命車騎將軍爾朱兆與大都督賀拔勝縛材為筏，自馬渚西硤石(五五)夜渡，襲擊顥子領軍將軍冠受，擒之。安豐王延明之眾聞之，大潰。顥失據，帥麾下數百騎南走。慶之收步騎數千，結陳東還。顥所得諸城，一時復降於魏。

爾朱榮自追陳慶之，會嵩高水漲(五六)，慶之軍士死散略盡，乃削須髮為沙門，間行(五七)出汝陰還建康，猶以功除右衞將軍，封永興縣侯(五八)。中軍大都督兼領軍大將軍楊津入宿殿中，掃灑宮庭，封閉府庫，出迎魏主於北邙，流涕謝罪，帝慰勞之。庚午（二十日），帝入居華林園，大赦。以爾朱兆為車騎大將軍、儀同三司(五九)，北來軍士及隨駕文武、諸立義者，加五級，河北報事之官(六〇)及河南立義者加二級。壬申（二十二日），加大丞相榮天柱大將軍，增封通前二十萬戶(六一)。

北海王顥自轘轅南出，至臨潁(六二)，從騎分散，臨潁縣卒江豐斬之。癸酉（二十三日），傳首洛陽。臨淮王彧復自歸於魏主，安豐王延明攜妻子來奔。

陳慶之之入洛也，蕭贊送啟求還(六三)。時吳淑媛尚在，上使以贊幼時衣寄之，信未達而慶之敗。

慶之自魏還，特重北人，朱异怪而問之，慶之曰：「吾始以為大江以北皆戎狄之鄉，比至洛陽，乃知衣冠人物，盡在中原，非江東所及也。奈何輕之？」

(十六)甲戌（二十四日），魏以上黨王天穆為太宰，城陽王徽為大司馬，兼太尉。乙亥（二十五日），魏主宴勞爾朱榮、上黨王天穆及北來督將於都亭。出宮人三百，繒錦雜綵數萬匹，班賜有差。凡受元顥爵、賞、階、復者(六四)，悉追奪之。

秋，七月，辛巳（初二日），魏主始入宮，以高道穆為御史中尉。帝姊壽陽公主行犯清路，赤棒卒(六五)呵之不止，道穆令卒擊破其車。公主泣訴於帝，帝曰：「高中尉，清直之士，彼所行者公事，豈可以私責之也？」道穆見帝，帝曰：「家姊行路相犯，極以為愧。」道穆免冠謝，帝曰：「朕以愧卿，卿何謝也！」

於是魏多細錢(六六)，米斗幾直一千。高道穆上表，以為：「在市銅價，八十一錢得銅一斤，私造薄錢，斤贏二百(六七)，既示之以深利，又隨之以重刑，抵罪雖多，姦鑄彌眾。今錢徒有五銖之名，而無三銖之實，置之水上，殆欲不沈，此乃因循有漸，科防不切，朝廷失之，彼復何罪？宜改鑄大錢，文載年號，以記其始。則一斤所成，止七十錢，計私鑄所費，不能自潤，直置無利，自應息心，況復嚴刑廣設也㊅！」金紫光祿大夫楊侃亦奏乞聽民與官並鑄五銖錢，使民樂為而弊自改。魏主從之，始鑄永安五銖錢。

㈦辛卯（十二日），魏以車騎將軍楊津為司空。

㈧初，魏以梁、益二州境土荒遠，更立巴州以統諸獠，凡二十餘萬戶，以巴酋嚴始欣為刺史。又立隆城鎮㊉，以始欣族子愷為鎮將。始欣貪暴，孝昌初，諸獠反，圍州城㊆。行臺魏子建撫諭之，乃散，始欣恐獲罪，陰來請降。帝遣使以詔書、鐵券、衣冠等賜之，為愷所獲，以送子建，子建奏以隆城鎮為南梁州，用愷為刺史，因始欣於南鄭。魏以唐永為東益州刺史，代子建，以梁州刺史傅豎眼為行臺。子建去東益而氐、蜀㊆寻反，唐永棄城走，東益州遂沒㊆。

傳豎眼之初至梁州也，州人相賀㊆，既而久病，不能親政事。其子敬紹奢淫貪暴，州人患之。嚴始欣重賂敬紹，得還巴州，遂舉兵擊嚴愷，滅之，以巴州來降，帝遣將軍蕭玩等援之。傳敬紹見魏室方亂，陰有保據南鄭之志，使其妻兄唐崑崙於外扇誘山民，相與圍城，欲為內應。圍合而謀泄，城中將士共執敬紹以白豎眼而殺之，豎眼恥恚而卒。

㊈八月己未（初十日），魏以太傅李延寔為司徒。甲戌（二十五日），侍中太保楊椿致仕。

㊉九月癸巳（十五日），上幸同泰寺，設四部無遮大會㊍。上釋御服，持灋衣，行清淨大捨，以便省為房㊎，素牀瓦器，乘小車，私人執役。甲午（十六日），升講堂灋座，為四部大眾開涅槃經題。癸卯（二十五日），羣臣以錢一億萬，祈白三寶㊏，奉贖皇帝菩薩㊐，僧眾默許。乙巳（二十七日），百辟詣寺東門奉表，請還臨宸極㊑，三請乃許。上三答書，前後並稱頓首。

㊀魏爾朱榮使大都督尖山㊒侯淵討韓樓於薊，配卒甚少，騎止七

百。或以為言，榮曰：「侯淵臨機設變，是其所長，若總大眾，未必能用。今以此眾擊此賊，必能取之。」淵遂廣張軍聲，多設供具，親帥數百騎深入樓境，去薊百餘里，值賊帥陳周馬步萬餘。淵潛伏以乘其背，大破之，虜其卒五千餘人。尋還其馬仗㈡，縱令入城。左右諫曰：「既獲賊眾，何為復資遣之？」淵曰：「我兵既少，不可力戰，須為奇計以離間之，乃可克也。」淵度其已至㈢，遂帥騎夜進。昧旦，叩其城門，韓樓果疑降卒為淵內應，遂走，追擒之，幽州平。以淵為平州刺史，鎮范陽㈢。先是魏使征東將軍劉靈助兼尚書左僕射，慰勞幽州流民於濮陽頓丘，因帥流民北還，與侯淵共滅韓樓，仍以靈助行幽州事，加車騎將軍，又為幽、平、營、安四州行臺。

㈦万俟醜奴攻魏東秦州㈣，拔之，殺刺史高子朗。

㈧冬，十月，己酉（朔），上又設四部無遮大會，道俗五萬餘人。會畢，上御金輅還宮，御太極殿，大赦，改元㈤。

㈨魏以前司空蕭贊為司徒。

(七五)十一月己卯（初二日），就德興請降於魏，營州平(八六)。

(七六)丙午（二十九日），魏以城陽王徽為太保，丹陽王蕭贊為太尉，雍州刺史長孫稚為司徒。

(七七)十二月辛亥（初四日），兗州刺史張景邕、荊州刺史李靈起、雄信將軍蕭進明叛降魏(八七)。

(七八)以陳慶之為北兗州刺史(八八)。有妖賊僧彊自稱天子，土豪蔡伯龍起兵應之，眾至三萬，攻陷北徐州(八九)，慶之討斬之。

(七九)魏以岐州刺史王羆行南秦州事。羆誘捕州境羣盜，悉誅之。

【今註】㊀中大通元年：是年十月改元中大通，時尚為大通三年。㊁暉引還：于暉還師討邢杲見上卷上年十二月，至是彭樂叛，不敢復進軍也。㊂魏汝南王悅求還國，許之：悅奔梁見上卷上年。㊃漢高祖立太上皇廟於香街：胡三省曰：「香街在漢長安故城內，左馮翊府東北。」《漢書》高帝十年七月，葬太上皇於萬年，八月，令諸侯王皆立太上皇廟于國都，高帝立太上皇廟於香街，蓋亦當於是時也。㊄光武祀南頓君於春陵：漢光武帝父欽嘗為南頓令，故稱南頓君，光武祀南頓君事見卷四十三漢光武帝建武十九年。㊅元帝之於光武，已疏絕服，猶身奉子道，入繼大宗：喪禮露臂去冠曰袒免，謂袒衣免冠也。《禮記・大傳》：「五世袒免，殺同姓也。」疏云：「五世，謂共承高祖之父者也，服祖免而無正服，減殺同姓也。」孫希旦曰：「五世在九族之外，不得為同族，但同姓而已，同姓既疏，故殺其恩誼，但為之祖免而無服也。」服至祖免則無服，謂之絕服。胡三省曰：「漢元帝以太宗則上距景帝五世，以祖孫世數數之則上距景帝七世，光武上接景帝亦七世，五服之次，親盡無服，而光武中興以赤劉之九之符繼元帝為九世，而別為舂陵節侯以下立四親廟於舂陵。」㊆去帝著皇：言但稱皇而不稱帝也，蓋援漢悼皇、共皇之例為據。㊇詔更定二百四十號將軍為四十四班：《五代志》天監七年改定將軍之名為二十四班，是年，有司奏移寧遠將軍班中明威將軍進輕車班中，以輕車將軍班中征遠將軍度入寧遠將軍班中，又置安遠將軍代貞武將軍，宣遠將軍代明烈將軍，其戎夷之號亦加附擬，選序則依此承用，遂為定制。轉則進一班，黜則退一班，班即階也，同班以優劣為前後。有鎮、衛、驃騎、車騎同班，四中、四征同班，八鎮同班，八安同班，四平、四翊同班，忠武、軍師同班，武臣、爪牙、龍騎、雲麾、冠軍同班，鎮兵、翊師、宣惠、宣毅四將軍、東、南、西、北四中郎將同班，智威、仁威、勇威、信威、嚴威同班，智武、仁武、勇武、信武、嚴武同班，謂為五德將軍，輕車、鎮朔、武旅、貞毅、明威同班，寧遠、安遠、征遠、振遠、宣遠同班，威雄、威猛、威烈、威振、威信、威勝、威略、威風、威力、威光同班，武猛、武略、武勝、武力、武毅、武健、武烈、武威、武銳、武勇同班，猛毅、猛烈、猛威、猛銳、猛震、猛進、猛智、猛威、猛勝、猛駿同班，壯武、壯勇、壯烈、壯猛、壯銳、壯盛、壯毅、壯志、壯意、壯力同班，驍雄、驍桀、驍猛、驍烈、驍武、驍勇、驍銳、驍名、驍勝、驍迅同班，雄猛、雄威、雄明、雄烈、雄信、雄武、雄勇、雄毅、雄壯、雄健同班，忠勇、忠烈、忠猛、忠銳、忠壯、忠毅、忠捍、忠信、忠義、忠勝同班，明智、明略、明遠、明勇、明烈、明威、明勝、明進、明銳、明毅同班，光烈、光明、光英、光遠、光勝、光銳、光命、光勇、光戎、光野同班，飆勇、飆猛、飆烈、飆銳、飆奇、飆決、飆起、飆略、飆勝、飆出同班，龍驤、武視、雲旗、風烈、電威、雷音、馳銳、追銳、羽騎、突騎同班，折衝、冠武、和戎、安壘、超猛、英果、掃虜、掃狄、武銳、摧鋒同班，開遠、略遠、貞威、決勝、清野、堅銳、輕銳、拔山、雲勇、振旅同班，超武、鐵騎、樓船、宣猛、樹功、克狄、平虜、稜威、昭威、威戎同班，伏波、雄戟、長劍、衝冠、雕騎、佽飛、勇騎、破敵、克敵、威虜同班，前鋒、武毅、開邊、招遠、金威、破陣、蕩寇、殄虜、横野、馳射同班，牙門、期門同班，候騎、熊渠同班，中堅、典戎同班，執信、行陳同班，伏武、懷奇同班，偏、裨將軍同班，凡二百四十號，為四十四班，二十四班將軍註見卷一百四十七天監七年。㈨暉業，小新成之曾孫也：小新成見卷一百二十九宋孝武帝大明五年。㈩茲事古所未有：言自古以來，未有追尊兄為皇帝者。㈡陛下作而不灋，後世何觀：言所為不法古，將遺譏於後世。胡三省曰：「用左傳曹劌語意。」㈢顥，帝室近親：顥，北海王詳之子也，於魏主為從兄弟。㈢滎城：胡三省曰：「水經注春秋沙隨之地，杜預注以為即梁國寧陵縣北之沙陽亭，俗謂之堂城。滎、堂字相近，意即此地而字訛也。」㈣梁國：《魏書・地形志》南兗州梁郡治睢陽縣梁國城。睢陽自漢以來屬梁國，後魏改曰梁郡，故治在今河南省商丘縣南。㈤考城：前漢梁國有甾縣，後漢章帝更名考城縣，屬陳留郡，晉省，宋復置，屬濟陽郡。《五代志》梁郡考城縣後魏曰考陽，置北梁郡，隋復為考城縣，屬宋州。故城在今河南省考城縣東南。⑯顥以陳慶之為衛將軍、徐州刺史，引兵而西：自考城引兵西攻洛陽也。⑰自取屠膾：膾，細切肉也。言戰敗被俘，將為敵所宰割。⑱我在江東，聞梁主言，初舉兵下都，袁昂為吳郡，不降：事見卷一百四十四齊和帝中興元年。⑲慶之進擊虎牢，爾朱世隆棄城走，獲魏東中郎將辛纂：魏置東中郎府於虎牢。⑳中書舍人高道穆：《魏書・高道穆傳》道穆名恭之，字道穆，行字於世。㉑大丞相榮：爾朱榮也。魏以榮為大丞相見上卷上年九月。㉒魏主北行，夜至河內郡北：《魏書・地形志》河內郡治野王縣，今河南省沁陽縣。胡三省曰：「魏主自洛北如河內，當夜至郡城南，不應至郡城北，恐誤。」㉓兄子侃：楊侃，楊椿兄播之子也。㉔顥意忌椿，而以其家世顯重，恐失人望，未敢誅也：楊播、播子侃、播弟椿、椿子昱、椿弟津、津子遁、遁弟逸，累世仕魏，一門通顯。㉕顥後軍都督侯暄，守睢陽為後援：睢陽即梁國也，顥克梁國見上。㉖大梁：即陳留郡治浚儀縣也，古曰大梁，戰國魏都。㉗卿欲向洛，為隨我北渡：此為之為義猶抑也，天穆問溫子昇欲向洛，抑將隨我北渡？㉘大王平定京邑，奉迎大駕，此桓、文之舉也：桓、文謂齊桓、晉文。齊桓公九合諸侯，一匡天下，晉文公納周襄王，平王子帶之亂，故子昇以為比。㉙卿託命豺狼，委身虎口，假獲民地，本是榮物，固非卿有：胡三省曰：「顥言爾朱榮擅命，顥所得一民尺地，皆爾朱榮之物，非魏主之有。」豺狼，喻貪殘之人，委身虎口，喻處境至危也。㉚三復：謂反覆詳思也。《論語》曰：「南容三復白圭。」邢昺疏云：「南容讀詩至此，三反覆之。」㉛北海、長樂，俱帝室近親：北海王顥，詳之子也，魏孝莊帝，彭城王勰之子也，詳輿勰俱獻文帝之子，孝文帝之弟。孝莊未為帝時，封長樂王，故以稱之。㉜宗祏：杜預曰：「宗祏，宗廟中藏主石室也。」㉝朝眷：朝廷之恩眷。眷，顧也，《詩》曰：「乃眷西顧。」段玉裁曰：「凡顧眷並言者，顧者，還視也，眷者，顧之深也。」㉞光韶，亮之從父弟也：崔亮貴顯於延昌、熙平之間。㉟襄州刺史：《魏書・地形志》孝明帝孝昌中置襄州，領襄城、舞陰、南安、期城、宣義、建城等郡，治襄城郡，襄城郡治北平縣，隋曰真昌，屬淮安郡，故城在今河南省方城縣東南。㊱廣州刺史：《魏書・地形志》孝莊帝永安中置廣州，領南陽、順陽、定陵、魯陽、汝南、漢廣、襄城等郡，治魯陽，今河南省魯山縣。㊲南兗州刺史：《魏書・地形志》孝明帝正光中置南兗州，領陳留、梁郡、下蔡、譙郡、北梁、沛郡、馬頭等郡，治譙城，今安徽省亳縣治。㊳思同，思伯之弟也：賈思伯見卷一百四十九普通四年。㊴魏主即日南還：恃爾朱榮之眾欲以攻顥也。㊵乃以爾朱天光為幷、肆等九州行臺：《魏書・爾朱天光傳》九州謂幷、肆、雲、恆、朔、燕、蔚、顯、汾也。㊶費穆至洛陽，顥引入，責以河陰之事而殺之：費穆勸爾朱榮殺王公以下二千餘人於河陰事見上卷上年。㊷辛亥，魏淮陰太守晉鴻以湖陽來降：梁曆閏六月辛亥朔，《梁書・武帝紀》誤系於六月。《五代志》春陵郡湖陽縣後魏置西淮安郡及南襄州，西魏改曰昇州，又改曰湖州，後周改置昇平郡，隋文帝開皇初廢郡，仁壽初復改曰昇州，煬帝大業初，廢州，置湖陽縣，屬春陵郡，故治在今河南省沘源縣南八十里。淮陰當作淮安。㊸天子：謂梁武帝。㊹又慮慶之密啟：慮慶之以己謀密啟於帝。㊺軍副馬佛念為慶之曰：為者，為之籌謀也。軍有軍主、有軍副，以統其眾。㊻主上以洛陽之地，全相任委，忽聞捨此朝寄：胡三省曰：「朝寄，謂魏朝所寄託也。」余按顥云主上以洛陽之地全相任委，主上謂梁武帝，則所謂朝寄者，蓋謂梁朝，非謂魏也。㊼不為國計：言不以國家大計為重也。此國亦謂梁。㊽慶之守北中城，顥自據南岸：北中城，北中郎城也，南岸，河橋南岸也。《梁書・陳慶之傳》爾朱榮縛木為筏，濟自硤石，與顥戰於河橋。時顥蓋守河橋之南岸。北中、河橋俱在今河南省孟縣南，參見上卷註㊼。㊾河中渚：《水經注》曰：「河水又東逕洛陽縣北，河之南岸，有一碑北面，題云洛陽北界。津水二渚，上舊有河平侯祠，祠前有碑，今不知所在。郭頒世語曰：『晉文王之世，大魚見孟津，長數百步，高五丈，頭在南岸，尾在中渚河平侯祠。』即斯祠也。」胡三省曰：「意此中渚即唐時河陽之中潬城也。」㊿顒顒：仰慕貌。(51)桴筏：編竹木以代舟也，大者曰桴，小者曰筏。(52)間以舟楫：以舟楫雜於桴筏之間。(53)此所謂養虺成蛇，悔無及矣：《逸書》曰：「為虺不摧，為蛇奈何？」猶曰養虎自貽患也。(54)正平：《魏書・地形志》魏以聞喜、曲沃二縣置正平郡，太武帝神䴥元年，改曰征平，孝文帝太和十八年復曰正平，屬東雍州。隋廢郡為正平縣，故治在今山西省新絳縣西南。(55)硤石：《水經注》谷水自新安縣故城南又東逕雍谷溪，回岫縈紆，石路阻峽，故亦有峽石之稱，峽亦作硤，晉懷帝永嘉末，魏浚與流人數百家東保河陰之硤石，蓋即此也。(56)會嵩高水漲：嵩高，嵩山也。胡三省曰：「潁水出少室山，五渡水出太室山，入于潁水。嵩高水漲，指此水也。」(57)間行：《史記》索隱曰：「間行猶微行。」(58)永興縣侯：永興縣自晉以來屬會稽郡，本漢之餘暨縣也。《水經注》曰：「浙江又逕永興縣北。縣在會稽東北百二十里，故餘曁縣也。漢末童謠云：『天子當興東南三餘之間。』故孫權改曰永興。」故城在今浙江省蕭山縣西。㊾以爾朱兆為車騎太將軍，儀同三司：賞硤石之功也。㊿報事之官：胡三省曰：「報事，謂報敵情曲折者。」(六一)加大丞相榮天柱大將軍，增封通前二十萬戶：去年爾朱榮以平葛榮之功增封其邑為十萬戶，見上卷，今復增封為二十萬戶以賞之。胡三省曰：「天柱前無此號，魏主以爾朱榮功高，特置以寵之也。」(六二)北海王顥自轘轅南出，至臨潁：轘轅，山名，在今河南省偃師縣東南，鞏縣西南，登封縣西北，即崿嶺也，山道奇險，古稱轘轅道，《管子・地圖篇》所謂轘轅之險，國策張儀所謂秦下兵三川，塞轘轅、緱氏之口者也。《元和郡縣志》曰：「轘轅山路險阻，凡十二曲，將去復還，故曰轘轅。」漢靈帝中平元年，大將軍何進置八關以禦黃巾，轘轅其一也。臨潁縣，自漢以來屬潁川郡，故城在今河南省臨潁縣西北。(六三)陳慶之之入洛也，蕭贊送啟求還：贊即豫章王綜也，綜奔魏見卷一百五十，普通六年。琮，齊東昏侯之子也，既入魏，寶寅改其名曰贊。(六四)凡受元顥爵、賞、階、復者：階，官階也；復，除賦役也。(六五)赤棒卒：胡三省曰：「中尉前驅之卒執赤棒，即清路者也。」(六六)於是魏多細錢：是與時同。(六七)斤贏二百：贏，餘也。言銅一斤造薄錢二百而有餘也。(六八)直置無利，自應息心，況復嚴刑廣設也：胡三省曰：「言置私鑄，直使無利，亦自應息心而不為，況又廣設科禁，有嚴刑之可畏邪！」(六九)隆城鎮：宋白曰：「取其連岡，地勢高隆為名，後為隆州。」《五代志》巴西郡梁置南梁、北巴州，西魏置隆州，治古閬中城，在今四川省閬中縣西。(七〇)州城：《魏書・地形志》巴州郡縣闕。《五代志》清化郡舊置巴州，治化成縣，今四川省巴中縣。(七一)氐、蜀：氐人與蜀人。㊀東益州遂沒：《魏書・地形志》魏置東益州於武興，至是為氐蜀所攻沒。㊁傅暨眼之初至梁州也，州人相賀：事見卷一百四十八天監十五年。㊂四部無遮大會：四部，謂僧、尼、善男、信女也。無遮者，寬容無阻之意。㊃以便省為房：胡三省曰：「便省在同泰等，上臨幸時居之，故曰便省。」㊄涅槃經：佛經名，有小乘、大乘二部，小乘部說八相成道化身之釋迦於拘尸那城入涅槃前之狀，大乘部說佛雖現入滅之相，而佛身常住不滅。涅槃者，梵語涅槃那之略譯，義譯為圓寂、滅度。有有餘涅槃、無餘涅槃之別，有餘涅槃者，謂惑業已盡，猶餘有漏之身也，無餘涅槃者，謂自此永無生死也。大乘、小乘所主涅槃之說各異，小乘以入無餘涅槃為身智永亡，而大乘則謂，一切眾生畢竟成佛，故無實滅之無餘涅槃，但息幻歸真，從化返本，謂為無餘涅槃耳！所謂涅槃，即歸真返本之義。㊅三寶：釋書以佛佗耶眾為佛寶，達摩耶眾為法寶，僧迦耶眾為僧寶，是為釋氏三寶。佛者，大覺之人，法者，佛所說之教法，僧者，依佛之教法而修業者。㊆皇帝菩薩：謂梁武也，梁武捨身為僧，故云。《釋典》曰：「菩，普也，薩，濟也，言能普濟眾生也。」《法華玄贊》曰：「菩提覺義，是所求果，薩埵有情義，是自身也。求菩提之有情者，故名菩薩。」按菩薩蓋亦梵語，具名菩提薩埵，譯者大覺有情，為求佛果者之通稱。㊇宸極：帝之所居也。《唐韻》曰：「宸，屋宇也，天子所居。」毛晃曰：「帝居北辰之宮，故從宇從辰。」北宸亦曰北極，故曰宸極。㊈尖山：《魏書・地形志》朔州神武郡領尖山、殊頹二縣。《五代志》馬邑郡神武縣後魏置神武郡，在今山西省神池縣境。㊉馬仗：馬匹及兵仗也。㊀淵度其已至：度所縱還之卒已至薊城也。㊁以淵為平州刺史，鎮范陽：《魏書・地形志》平州治肥如城。蓋本治肥如，今始徙鎮范陽也。范陽郡治涿縣，時屬幽州。

㊃万俟醜奴攻魏東秦州：《五代志》上郡後魏置東秦州，後改為北華州，西魏改為敷州，隋煬帝大業二年，改為鄜城郡，後改為上郡。唐為鄜州洛交縣，即今陝西省鄜縣治。㊄改元：至是改中大通元年。㊅就德興請降於魏，營州平：就德興據營州反見卷一百五十普通二年。㊆兗州刺史張景邕、荊州刺史李靈起、雄信將軍蕭進明叛降魏：胡三省曰：「三人者，皆梁、魏境上民豪，以刺史、將軍寵授之耳！」㊇以陳慶之為北兗州刺史：胡三省曰：「此北兗州當治淮陰。」《南齊書・州郡志》北兗州鎮淮陰，齊武帝永明七年，立陽平郡，寄治山陽，又於山陽、盱眙間割小戶僑置東平郡以屬之。淮陰故城在今江蘇省淮陰縣東南。㊈攻陷北徐州：胡三省曰：「此北徐州治鍾離。」《南齊書・州郡志》北徐州鎮鍾離，防鎮緣淮，領鍾離、馬頭、濟陰、新昌、沛郡五郡。鍾離故城在今安徽省鳳陽縣東北二十里。

卷一百五十四　梁紀十

上章閹茂，一年。（庚戌，西元五三〇年）

司馬光編集
林瑞翰註

高祖武皇帝十

中大通二年㈠（西元五三〇年）

㈠春，正月己丑（十三日），魏益州刺史長孫壽、梁州刺史元儁等遣將擊嚴始欣，斬之，蕭玩等亦敗死㈡，失亡萬餘人。

㈡辛丑（二十五日），魏東徐州城㈢民呂文欣等殺刺史元大賓，據城反。魏遣都官尚書平城樊子鵠討之。二月甲寅（初八日），斬文欣。

㈢万俟醜奴侵擾關中，魏爾朱榮遣武衛將軍賀拔岳討之。岳私謂其兄勝曰：「醜奴，勍敵也。今攻之不勝，固有罪；勝之，讒嫉將生。」勝曰：「然則奈何？」嶽曰；「願得爾朱氏一人為帥而佐之。」勝為之言於榮，榮悅，以爾朱天光為使持節、都督二雍、二岐諸軍事㊃、驃騎大將軍、雍州刺史，以岳為左大都督，又以征西將軍代郡侯莫陳悅㊄為右大都督，並為天光之副以討之。天光初行，唯配軍士千人，發洛陽以西路次民馬以給之。

時赤水蜀賊㊅斷路，詔侍中楊侃先行慰諭，幷稅其馬㊆。賊持疑不下，軍至潼關，天光不敢進。岳曰：「蜀賊鼠竊，公尚遲疑，若遇大敵，將何以戰？」天光曰：「今日之事，一以相委。」岳遂進擊蜀於渭北，破之，獲馬二千匹，簡其壯健以充軍士，又稅民馬合萬餘匹，以軍士尚少，淹留未進。榮怒，遣騎兵參軍劉貴乘驛至軍中責天光，杖之一百，以軍士二千人益之。

三月，醜奴自將其眾圍岐州，遣其大行臺尉遲菩薩㊇、僕射万俟仵自武功南渡渭，攻圍趣柵，【考異】北史作万俟行醜，今從周書。天光使賀拔岳將千騎救之，菩薩等已拔柵而還，岳故殺掠其吏民以挑之。菩薩率步騎二萬至渭北，岳以輕騎數十自渭南與菩薩隔水而語，稱揚國威。菩薩令省事㊈傳語，岳怒曰：「我與菩薩語，卿何人也？」射殺之。明日，復引百餘騎隔水與賊語，稍引而東，至水淺可涉之處，岳即馳馬東出，賊以為走，乃棄步兵，輕騎南渡渭追岳，岳依橫岡，設伏兵以待之。賊半度岡東，岳還兵擊之，賊兵敗走〔一〇〕。岳下令賊下馬者勿殺，賊悉投馬，俄獲三千人，馬亦無遺，遂擒菩薩，仍度渭北，降步卒萬餘，並收其輜重。醜奴聞之，棄岐州，北走安定，置柵於平亭〔一一〕。天光方自雍至岐〔一二〕，與岳合。

夏四月，天光至汧渭之間〔一三〕，停軍牧馬，宣言天時將熱，未可行師，俟秋涼更圖進止。獲醜奴覘候者，縱遣之，醜奴信之，散眾耕於細川〔一四〕，使其太尉侯伏侯元進〔一五〕將兵五千據險立柵，其餘千人以下為柵者甚眾。天光知其勢分，晡時，密嚴諸軍，相繼俱發，黎明，圍元進大柵，拔之，所得俘囚，一皆縱遣，諸柵聞之皆降。天光晝夜徑進，抵安定城下，賊涇州刺史侯幾長貴〔一六〕以城降。醜奴棄平亭走，欲趣高平〔一七〕，天光遣賀拔岳輕騎追之。丁卯（二十二日），及於平涼。賊未成列，直閤代郡侯莫陳崇單騎入賊中，於馬上生擒醜奴〔一八〕，因大呼，眾皆披靡，無敢當者。後騎益集，賊眾崩潰，遂大破之。天光進逼高平，城中執送蕭寶寅以降〔一九〕。

㈣壬申（二十七日），以吐谷渾王佛輔為西秦、河二州刺史。

㈤甲戌（二十九日），魏以關中平，大赦。

万俟醜奴、蕭寶寅至洛陽，置閶闔門外都街⑳之中，士女聚觀，凡三日。丹陽王蕭贊表請寶寅之命㉑，吏部尚書李神儁、黃門侍郎高道穆素與寶寅善，欲左右之㉒，言於魏主曰：「寶寅叛逆，事在前朝。」會應詔㉓王道習自外至，帝問道習在外所聞，對曰：「惟聞李尚書、高黃門與蕭寶寅周款㉔，並居得言之地，必能全之。且二人謂寶寅叛逆在前朝，寶寅為醜奴太傅，豈非陛下時邪？賊臣不翦，瀍欲安施？」帝乃賜寶寅死於駝牛署㉕，斬醜奴於都市。

㈥六月丁巳（十三日），帝復以魏汝南王悅為魏王。【考異】梁帝紀，中大通元年正月甲子，魏汝南王悅求還本國，許之，二年六月丁巳，遣悅還北為魏主。按魏書悅傳，悅未嘗歸魏復入梁，今刪去元年事。

㈦戊午（十四日），魏詔胡氏親屬㉖受爵於朝者，皆黜為民。

㈧庚申（十六日），以魏降將范遵為安北將軍司州牧，從魏王悅北還㉗。

万俟醜奴既敗，自涇、豳以西至靈州㉘，賊黨皆降於魏，唯所署行臺万俟道洛，帥眾六千，逃入山中不降。時高平㉙大旱，爾朱天光以馬乏草，退屯城東五十里，遣都督長孫邪利帥二百人行原州㉚事以鎮之。道洛潛與城民通謀，掩襲邪利并其所部，皆殺之。天光帥諸軍赴之，道洛出戰而敗，帥其眾西入牽屯山㉛，據險自守。爾朱榮以天光失邪利，不獲道洛，復遣使杖之一百，以詔書黜天光為撫軍將軍、雍州刺史，降爵為侯㉜。

天光追擊道洛於牽屯，道洛敗走入隴，歸略陽賊帥王慶雲㉝。【考異】魏帝紀作白馬龍涸胡王慶雲，今從爾朱天光傳。道洛驍果絕倫，慶雲得之甚喜，謂大事可濟，遂稱帝於水洛城㉞，置百官，以道洛為大將軍。

秋，七月，天光帥諸軍入隴，至水洛城，慶雲、道洛出戰，天光射道洛，中臂，失弓還走，拔其東城賊。并兵趣西城，城中無水，眾渴乏。有降者言慶雲、道洛欲突走，天光恐失之，乃遣人招諭慶雲使早降，曰：「若未能自決，當聽諸人今夜共議，明晨早報。」慶雲等冀得少緩，因待夜突出，乃報曰：「請俟明日。」天光因使謂曰：「知須水，今相為小退，任取㵎水飲之。」賊眾悅，無復走心。天光密使軍士多作木槍[35]各長七尺，昏後繞城布列，要路加厚，又伏人槍中，備其衝突，兼令密縛長梯於城北。其夜，慶雲、道洛果馳馬突出，遇槍，馬各傷倒，伏兵起，即時擒之。軍士緣梯入城，餘眾皆出城南，遇槍而止，窮窘乞降。丙子（初三日），天光悉收其仗而阬之，死者萬七千人，分其家口，於是三秦、河、渭、瓜、涼、鄯州皆降[36]。天光頓軍略陽，詔復天光官爵，尋加侍中、儀同三司。以賀拔岳為涇州刺史，侯莫陳悅為渭州刺史。

秦州城民謀殺刺史駱超，南秦州城民謀殺刺史辛顯，超、顯皆覺之，走歸天光，天光遣兵討平之。

步兵校尉宇文泰從賀拔岳入關，以功遷征西將軍，行原州事。時關隴彫弊，泰撫以恩信，民皆感悅，曰：「早遇宇文使君，吾輩豈從亂乎？」

㈨八月，庚戌（初七日），上餞魏王悅於德陽堂，遣兵送至境上。【考異】悅傳云：「立為魏主，號年更興，衍遣其將軍王僧辯送至境上以冀侵逼。」按僧辯傳未嘗送悅，蓋王弁耳。

㈩魏爾朱榮雖居外藩，遙制朝政，樹置親黨，布列魏主左右，伺察動靜，大小必知。魏主雖受制於榮，然性勤政事，朝夕不倦，數親覽辭訟，理冤獄，榮聞之不悅。帝又與吏部尚書李神儁議清治選部，榮嘗關補曲陽縣令㊂㊆，神儁以階懸不奏㊂㊇，別更擬人，榮大怒，即遣所補者往奪其任，神儁懼而辭位，榮使尚書左僕射爾朱世隆攝選。榮啟北人為河南諸州，帝未之許，太宰天穆入見面論，帝猶不許。天穆曰：「天柱㊂㊈既有大功，為國宰相，若請普代天下官，恐陛下亦不得違之，如何啟數人為州，遽不用也？」帝正色曰：「天柱若不為人臣，朕亦須代，如其猶存臣節，無代天下百官之理。」榮聞之，大恚恨，曰：「天子由誰得立？今乃不用我語。」

爾朱皇后性妬忌，屢致忿恚，帝遣爾朱世隆語以大理㊃〇。后曰：「天子由我家置立，今便如此，我父本即自作，今亦復決㊃㊀。」世隆曰：「止自不為㊃㊁，若本自為之，臣今亦封王矣！」

帝既外逼於榮，內逼皇后，恒怏怏不以萬乘為樂，唯幸寇盜未息，欲使與榮相持。及關隴既定，告捷之日，乃不甚喜，謂尚書令臨淮王彧曰：「即今天下，便是無賊。」彧見帝色不悅，曰：「臣恐賊平之後，方勞聖慮。」帝畏餘人怪之，還以他語亂之，曰：「然，撫寧荒餘，彌成不易㊸。」

榮見四方無事，奏稱參軍許周勸臣取九錫，臣惡其言，已斥遣令去。榮時望得殊禮，故以意諷朝廷，帝實不欲與之，因稱歎其忠。榮好獵，不捨寒暑。列圍而進，令士卒必齊壹，雖遇險阻，不得違避，一鹿逸出，必數人坐死。有一卒見虎而走，榮謂曰：「汝畏死邪？」即斬之。自是每獵，士卒如登戰場。嘗見虎在窮谷中，榮令十餘人空手搏之，毋得損傷，死者數人，卒擒得之，以此為樂，其下甚苦之。

太宰天穆從容謂榮曰：「大王勳業已盛，四方無事，唯宜脩政養民，順時蒐狩㊹，何必盛夏驅逐，感傷和氣？」榮攘袂曰：「靈后女主，不能自正，推奉天子，乃人臣常節。葛榮之徒，本皆奴才，乘時作亂，譬如奴走，擒獲即已。頃來受國大恩，未能混壹海內，何得遽言勳業？如聞朝士，猶自寬縱。今秋欲與兄戒勒士馬，校獵嵩高，令貪汙朝貴，入圍搏虎，仍出魯陽，歷三荊，悉擁生蠻，北填六鎮[45]，回軍之際，掃平汾胡[46]，明年簡練精騎，分出江淮，蕭衍若降，乞萬戶侯[47]，如其不降，以數千騎徑度縛取，然後與兄奉天子巡四方，乃可稱勳耳！今不頻獵，兵士懈怠，安可復用也！」

城陽王徽之妃，帝之舅女；侍中李彧，延寔之子，帝之姊婿也。徽、彧欲得權寵，惡榮為己害，日毀榮於帝，勸帝除之。帝懲河陰之難[48]，恐榮終難保[49]，由是密有圖榮之意，侍中楊侃、尚書右僕射元羅[50]亦預其謀，會榮請入朝，欲視皇后娩乳[51]，徽等勸帝因其入刺殺之，唯膠東侯李侃晞、濟陰王暉業言榮若來，必當有備，恐不可圖。又欲殺其黨與，發兵拒之。帝疑未定，而洛陽人懷憂懼，中書侍郎邢子才之徒，已避之東出。榮乃遍與朝士書，相任去留。中書舍人溫子昇以書呈帝，帝恒望其不來，及見書，以榮必來，色甚不悅。子才名劭，以字行，巒之族弟也[53]。【考異】北史邢巒卷首排目云族孫臧，劭，而卷中乃云巒叔祖祐，祐從子斛，斛子臧、劭，魏書亦云巒從祖祐，然則臧、劭乃巒族弟，非族孫也。時人多以字行者，舊史皆因之。

武衞將軍奚毅，建義初，往來通命(五三)，帝每期之甚重，然猶以榮所親信，不敢與之言情。毅曰：「若必有變，臣寧死陛下，不能事契胡(五四)。」帝曰：「朕保天柱無異心，亦不忘卿忠款。」

爾朱世隆疑帝欲為變，乃為匿名書，自牓其門云：「天子與楊侃、高道穆等為計，欲殺天柱。」取以呈榮，榮自恃其彊，不以為意，手毀其書，唾地曰：「世隆無膽，誰敢生心？」榮妻北鄉長公主(五五)亦勸榮不行，【考異】北史世隆傳作北鄉郡公主，今從魏帝紀。榮不從。是月，榮將四五千騎發幷州，時人皆言榮反，又云天子必當圖榮。九月，榮至洛陽，【考異】魏帝紀曰：「辛卯，榮、天穆自晉陽來朝。」按北史，九月初，榮至京，十五日，天穆至，是月甲戌朔，辛卯乃十八日，非也。帝即欲殺之，以太宰天穆在幷州，恐為後患，故忍未發，幷召天穆。有人告榮云：「帝欲圖之。」榮即具奏，帝曰：「外人亦言王欲害我，豈可信之？」於是榮不自疑，每入謁帝，從人不過數十，又皆挺身(五六)，不持兵仗。帝欲止(五七)，城陽王徽曰：「縱不反，亦何可耐(五八)，況不可保邪？」

先是長里出中台，掃大角㊄㊈，桓州人高榮祖頗知天文，榮問之，對曰：「除舊布新之象也。」榮甚悅。

榮至洛陽，行臺郎中李顯和㊅⓪曰：「天柱至，那無九錫？安須王自索也，亦是天子不見機。」都督郭羅察曰：「今年真可作禪文，何但九錫。」參軍褚光曰：「人言幷州城上有紫氣，何慮天柱不應之？」榮下人皆陵侮帝左右，無所忌憚，故其事皆上聞。

奚毅又見帝，求間㊅㊁，帝即下明光殿與語，知其至誠，乃召城陽王徽及楊侃、李彧，告以毅語。榮小女適帝兄子陳留王寬，榮嘗指之曰：「我終得此壻力。」徽以白帝，曰：「榮慮陛下終為己患，脫有東宮，必貪立孩幼。若皇后不生太子，則立陳留耳！」帝夢手持刀自割落十指，惡之，告徽及楊侃。徽曰：「蝮蛇螫手，壯士解腕。割指亦是其類，乃吉祥也。」

戊子（九月十五日），天穆至洛陽，帝出迎之。榮與天穆並從入西林園宴射，榮奏曰：「近來侍官皆不習武，陛下宜將五百騎出獵，因省辭訟。」先是奚毅言榮欲因獵挾天子移都，由是帝益疑之。辛卯（十八日），帝召中書舍人溫子昇，告以殺榮狀，并問以殺董卓事，子昇具道本末[62]。帝曰：「王允若即赦涼州人，必不應至此。」良久，語子昇曰：「朕之情理，卿所具知，死猶須為，況不必死。吾寧為高貴鄉公死，不為常道鄉公生[63]。」帝謂殺榮、天穆，即赦其黨，皆應不動。應詔王道習曰：「爾朱世隆、司馬子如，朱元龍特為榮所委任，具知天下虛實，謂不宜留。」徽及楊侃皆曰：「若世隆不全，仲遠、天光，豈有來理[64]？」帝亦以為然。徽曰：「榮腰間常有刀，或能狼戾傷人[65]，臨事願陛下起避之。」乃伏侃等十餘人於明光殿東。其日，榮與天穆並入，坐食未訖，起出，侃等從東階上殿，見榮、天穆已至中庭，事不果。壬辰（十九日），帝忌日[66]，癸巳（二十日），榮忌日，甲午（二十一日），榮暫入，即詣陳留王家飲酒，極醉，遂言病動，頻日不入。帝謀頗泄，世隆又以告榮，且勸其速發。榮輕帝，以為無能為，曰：「何怱怱？」預帝謀者皆懼，帝患之。城陽王徽曰：

「以生太子為辭，榮必入朝，因此斃之。」帝曰：「后懷孕始九月，可乎？」徽曰：「婦人不及期而產者多矣，彼必不疑。」帝從之。

戊戌（二十五日），帝伏兵於明光殿東序，聲言皇子生，遣徽馳騎至榮第告之。榮方與上黨王天穆博，徽脫榮帽，懽舞盤旋㊅㊆，兼殿內文武傳聲趣之，榮遂信之，與天穆俱入朝。帝聞榮來，不覺失色。中書舍人溫子昇曰：「陛下色變。」帝連索酒飲之㊅㊇。帝令子昇作赦文，既成，執以出，遇榮自外入，問是何文書，子昇顏色不變，曰：「敕。」榮不取視而入。帝在東序下，西向坐，榮、天穆在御榻西北，南向坐。徽入，始一拜。榮見光祿少卿㊅㊈魯安、典御㊆〇李侃晞等抽刀從東戶入，即起，趨御座，帝先橫刀膝下，遂手刃之，安等亂斫，榮與天穆同時俱死。榮子菩提及車騎將軍爾朱陽覩等三十人從榮入宮，亦為伏兵所殺。帝得榮手板，上有數牒啟，皆左右去留人名，非其腹心者，悉在出限㊆㊀。帝曰：「豎子若過今日，遂不可制。」於是內外喜譟，聲滿洛陽城，百僚入賀。帝登閶闔門，下詔大赦，遣武衛將軍奚毅、前燕州刺史崔淵將兵鎮北中。

是夜北鄉長公主帥榮部曲焚西陽門㈦，出屯河陰。衛將軍賀拔勝與榮黨田怡等聞榮死，奔赴榮第。時宮殿門猶未加嚴防，怡等議即攻門，勝止之曰：「天子既行大事，必當有備，吾輩眾少，何可輕爾？但得出城，更為他計。」怡乃止。及世隆等走，勝遂不從，【考異】周書及北史云：「勝復從世隆至河橋，勝以為臣無讎君之義，遂勒所部還都，莊帝大悅。」今從魏書。帝甚嘉之。

朱瑞雖為榮所委，而善處朝廷之間㈦，帝亦善遇之，故瑞從世隆走而中道逃還。

榮素厚金紫光祿大夫司馬子如，榮死，子如自宮中突出，至榮第，棄家，隨榮妻子走出城。世隆即欲還北，子如曰：「兵不厭詐。今天下恟恟，唯彊是視，當此之際，不可以弱示人，若亟北走，恐變生肘腋。不如分兵守河橋，還軍向京師，出其不意，或可成功。假使不得所欲，亦足示有餘力，使天下畏我之彊，不敢叛散。」世隆從之。己亥（二十六日），攻河橋，擒奚毅等殺之，據北中城。魏朝大懼，遣前華陽太守(七四)段育慰諭之，世隆斬首以徇。

魏以雍州刺史爾朱天光為侍中、儀同三司，以司空楊津為都督幷、肆等九州諸軍事(七五)、驃騎大將軍、幷州刺史，兼尚書令、北道行臺，經略河汾。

榮之入洛也，以高敖曹自隨，禁於駝牛署(七六)，榮死，帝引見，勞勉之。兄乾自東冀州馳赴洛陽(七七)，帝以乾為河北大使，敖曹為直閤將軍，使歸招集鄉曲，為表裏形援。帝親送之於河橋(七八)，舉酒指水曰：「卿兄弟，冀部豪傑，能令士卒致死。京城儻有變，可為朕河上一揚塵。」乾垂涕受詔，敖曹援劍起舞，誓以必死。

冬，十月癸卯朔，世隆遣爾朱拂律歸【考異】魏書無拂律歸名，伽藍記有之。按爾朱度律時在世隆所，或者拂律歸即度律也。將胡騎一千，皆白服，來至郭下，索太原王尸(七九)。帝升大夏門(八〇)望之，遣主書牛法尚謂之曰：「太原王立功不終，陰圖釁逆。王瀍無親(八一)，已正刑書(八二)，罪止榮身，餘皆不問。卿等若降，官爵如故。」拂律歸曰：「臣等隨太原王入朝，忽致冤酷。今不忍空歸，願得太原王尸，生死無恨。」因涕泣，哀不自勝，羣胡皆慟哭，聲振城邑，帝亦為之愴然，遣侍中朱瑞齎鐵券賜世隆。世隆謂瑞曰：「太原王功格天地，赤心奉國，長樂不顧信誓(八三)，枉加屠害。今日兩行鐵字，何足可信？吾為太原王報讎，終無降理。」瑞還白帝，帝即出庫物置城西門外，募敢死之士以討世隆，一日即得萬人，與拂律歸等戰於郭外。拂律歸等生長戎旅，洛陽之人不習戰鬬，屢戰不克。甲辰（初二日），以前車騎大將軍李叔仁為大都督，帥眾討世隆。

(十一)戊申（初六日），皇子生，大赦。

以中書令魏蘭根兼尚書左僕射，為河北行臺，定、相、殷三州皆稟蘭根節度。

爾朱氏兵猶在城下，帝集朝臣博議，皆恇懼不知所出。通直散騎常侍李苗奮衣起曰：「今小賊唐突如此，朝廷有不測之危，正是忠臣烈士効節之日，臣雖不武，請以一旅之眾(八四)，為陛下徑斷河橋。」城陽王徽、高道穆皆以為善，帝許之。乙卯（十三日），苗募人從馬渚上流乘船夜下，去橋數里，縱火船焚河橋，倏忽而至。爾朱氏兵在南岸者望之，爭橋北渡，俄而橋絕，溺死者甚眾。苗將百許人，泊於小渚以待南援，官軍不至，爾朱氏就擊之，左右皆盡，苗赴水死，帝傷惜之，贈車騎大將軍、儀同三司，封河陽侯，諡曰忠烈，世隆亦收兵北遁。

丙辰（十四日），詔行臺源子恭將步騎一萬出西道，楊昱將募士(八五)八千出東道以討之。子恭仍鎮太行丹谷(八六)，築壘以防之。【考異】伽藍記云：「源子恭、楊寬領步騎三萬鎮河內。」今從魏書。

世隆至建州(八七)，刺史陸希質閉城拒守，世隆攻拔之，殺城中人無遺類，以肆其忿，唯希質走免。詔以前東荊州刺史元顯恭為晉州刺史(八八)，兼尚書左僕射、西道行臺。

(十二)魏東徐州刺史廣牧斛斯椿(八九)素依附爾朱榮。榮死，椿懼，聞汝南王悅在境上，乃帥部眾棄州歸悅，悅授椿侍中大將軍、司空，封靈丘郡公，又為大行臺、前驅都督。

(十三)汾州刺史爾朱兆聞榮死，自汾州帥騎據晉陽。世隆至長子，

【考異】魏帝紀云：「世隆停建興之高都。」今從世隆傳。兆來會之。壬申（三十日），共推太原太守行幷州事長廣王曄即皇帝位，大赦，改元建明。曄，英之弟子也（九〇）。以兆為大將軍，進爵為王，世隆為尚書令，賜爵樂平王，加太傅、司州牧。又以榮從弟度律為太尉，賜爵常山王，世隆兄天柱長史彥伯為侍中，徐州刺史仲遠為車騎大將軍，兼尚書左僕射、三徐州（九一）大行臺，仲遠亦起兵向洛陽。

爾朱天光之克平涼也，宿勤明達請降（九二），既而復叛北走，天光遣賀拔岳討之，明達奔東夏（九三）。岳聞爾朱榮死，不復窮追，還涇州以待天光。天光與侯莫陳悅亦下隴，與岳謀引兵向洛。魏敬宗使朱瑞慰諭天光，天光與岳謀，欲令帝外奔而更立宗室，乃頻啟云：「臣實無異心，唯欲仰奉天顏，以申宗門之罪。」又使其下僚屬啟云：「天光密有異圖，願思勝筭以防之（九四）。」

范陽太守盧文偉誘平州刺史侯淵出獵，閉門拒之（九五）。淵屯於郡南（九六）為榮舉哀，勒兵南向。進至中山，行臺僕射魏蘭根邀擊之，為淵所敗。

敬宗以城陽王徽兼大司馬，錄尚書事，總統內外。徽意謂榮既死，枝葉自應散落，及爾朱世隆等兵四起，黨眾日盛，徽憂怖不知所出。性多嫉忌，不欲人居己前。每獨與帝謀議，羣臣有獻策者，徽輒勸帝不納，且曰：「小賊何慮不平？」又靳惜財貨，賞賜率皆薄少，或多而中減，或與而復追，故徒有糜費而恩不感物。十一月癸酉朔，敬宗以車騎將軍鄭先護為大都督，與行臺楊昱共討爾朱仲遠。乙亥（初三日），以司徒長孫稚為太尉，臨淮王彧為司徒。丙子（初四日），進雍州刺史廣宗公爾朱天光爵為王，長廣王亦以天光為隴西王。

爾朱仲遠攻西兗州㊆，丁丑（初五日），拔之，擒刺史王衍。衍，肅之兄子也㊇。癸未（十一日），敬宗以右衞將軍賀拔勝為東征都督。壬辰（二十日），又以鄭先護兼尚書左僕射，為行臺，與勝共討仲遠。戊戌（二十六日），詔罷魏蘭根行臺，以定州刺史薛曇尚兼尚書，為北道行臺。

鄭先護疑賀拔勝，置之營外。庚子（二十八日），勝與仲遠戰於滑臺東，兵敗，降於仲遠。

初，爾朱榮嘗從容問左右曰：「一日無我，誰可主軍？」皆稱爾朱兆。榮曰：「兆雖勇於戰鬭，然所將不過三千騎，多則亂矣。堪代我者，唯賀六渾[99]耳！」因戒兆曰：「爾非其匹，終當為其穿鼻[100]。」乃以高歡為晉州刺史。及兆引兵向洛，遣使召歡，歡遣長史孫騰詣兆，辭以山蜀[101]未平，今方攻討，不可委去，致有後憂，定蜀之日，當隔河為掎角之勢。兆不悅，曰：「還白高晉州，吾得吉夢，夢與吾先人登高丘，丘旁之地，耕之已熟，獨餘馬藺[102]，先人命吾拔之，隨手而盡。以此觀之，往無不克。」騰還報，歡曰：「兆狂愚如是，而敢為悖逆，吾勢不得久事爾朱矣！」

十二月壬寅朔，爾朱兆攻丹谷，都督崔伯鳳戰死，都督史仵龍開壁請降，源子恭退走。兆輕兵倍道兼行，從河橋西涉渡。【考異】伽藍記云：「從雷波涉渡。」今從魏書兆傳。先是敬宗以大河深廣，謂兆未能猝濟，是日，水不沒馬腹。甲辰（初三日），暴風，黃塵漲天，兆騎叩宮門，宿衞乃覺，彎弓欲射，矢不得發，一時散走。華山王鷙，斤之玄孫也[103]，素附爾朱氏。帝始聞兆南下，欲自帥諸軍討之，鷙說帝曰：「黃河萬仞，兆安得渡？」帝遂自安。及兆入宮，鷙復約止衞兵，不使鬬。帝步出雲龍門外，遇城陽王徽乘馬走，帝屢呼之，不顧而去。兆騎執帝，鏁於永寧寺樓上。帝寒甚，就兆求頭巾㉔，不與。兆營於尚書省，用天子金鼓，設刻漏於庭，撲殺皇子㉕，汙辱嬪御妃主，縱兵大掠，殺司空臨淮王彧、尚書左僕射范陽王誨、青州刺史李延寔等。

城陽王徽走至山南㉖，抵前洛陽令寇祖仁家。【考異】魏書作寇彌，按寇讚諸孫所字皆連祖字，或者名彌，字祖仁，今從伽藍記。祖仁一門三刺史，皆徽所引拔，以有舊恩，故投之。徽齎金百斤，馬五十匹，祖仁利其財，外雖容納，而私謂子弟曰：「如聞爾朱兆購募城陽王，得之者封千戶侯，今日富貴至矣！」乃怖徽云：「官捕將至。」令其逃於他所，使人於路邀殺之，送首於兆。兆亦不加勳賞。兆夢徽謂己曰：「我有金二百斤，馬百匹，在祖仁家，卿可取之。」兆既覺，意所夢為實，即掩捕祖仁，徵其金、馬。祖仁謂人密告，望風款服㉗，云：「實得金百斤，馬五十匹。」兆疑其隱匿，依夢徵之。祖仁家舊有金三十斤，馬三十匹，盡以輸兆。兆猶不信，發怒，執祖仁，懸首高樹，大石墜足，捶之至死。

爾朱世隆至洛陽㉘，兆自以為己功，責世隆曰：「叔父在朝日久㉙，耳目應廣，如何令天柱受禍？」按劍瞋目，聲色甚厲，世隆遜辭拜謝，然後得已，由是深恨之。爾朱仲遠亦自滑臺至洛。

戊申（初七日），魏長廣王大赦。

爾朱榮之死也，敬宗詔河西賊帥紇豆陵步蕃㉚使襲秀容。及兆入洛，步蕃南下，兵勢甚盛，故兆不暇久留，亟還晉陽以禦之，使爾朱世隆、度律、彥伯等留鎮洛陽。甲寅（十三日），兆遷敬宗於晉陽，兆自於河梁㉛監閱財資。

高歡聞敬宗向晉陽，帥騎東巡，欲邀之，不及，因與兆書，為陳禍福，不宜害天子，受惡名。兆怒，不納。

爾朱天光輕騎入洛，見世隆等，即還雍州。

初，敬宗恐北軍不利㉜，欲為南走之計，託云征蠻，以高道穆為南道大行臺，未及發而兆入洛，道穆託疾去，世隆殺之。
主者請追李苗封贈㉓，世隆曰：「當時眾議更一二日即欲縱兵大掠，焚燒郭邑，賴苗之故，京師獲全。天下之善一也，不宜復追。」
爾朱榮之死也，世隆等徵兵於太寧太守㉔代人房謨，謨不應，前後斬其三使，遣弟毓詣洛陽。及兆得志，其黨建州刺史是蘭安定㉕執謨繫州獄，郡中蜀人㉖聞之皆叛。安定給謨弱馬，令軍前慰勞，諸賊見謨，莫不遙拜。謨先所乘馬，安定別給將士，戰敗，蜀人得之，謂謨遇害，莫不悲泣，善養其馬，不聽人乘之，兒童婦女，競投草粟，皆言此房公馬也。爾朱世隆聞之，捨其罪，以為其府長史㉗。北道大行臺楊津以眾少，留鄴召募，欲自滏口入并州。會爾朱兆入洛，津乃散眾，輕騎還朝。
爾朱世隆與兄弟密謀，慮長廣王母衛氏干預朝政，伺其出行，遣數十騎如劫盜者於京巷㉘殺之，尋懸牓以千萬錢募賊。
甲子（二十三日），爾朱兆縊敬宗於晉陽三級佛寺㉙，并殺陳留王寬。

是月，紇豆陵步蕃大破爾朱兆於秀容，南逼晉陽。兆懼，使人召高歡并力㉚。【考異】北齊慕容紹宗傳，兆召高祖，紹宗諫曰：「今天下擾攘，人懷覬覦，正是智士用策之秋。高晉州才雄氣猛，英異蓋世，譬如蛟龍，安可借以雲雨？」兆怒曰：「我與晉州推誠相待，何得輒相閒阻？」囚紹宗數日，乃釋之。北史紹宗語在神武請帥降戶就食山東下。按兆始召歡以自救，非猜嫌之時，今從北史。僚屬皆勸歡勿應召，歡曰：「兆方急，保無它慮。」遂行。歡所親賀拔焉過兒請緩行以弊之，歡往往逗留，辭以河無橋㉛，不得渡。步蕃兵日盛，兆屢敗，告急於歡，歡乃往從之。兆時避步蕃南出，步蕃至平樂郡㉜，歡與兆進兵合擊，大破之，斬步蕃於石鼓山㉝，其眾退走。兆德歡，相與誓為兄弟，將數十騎詣歡，通夜宴飲。

初，葛榮部眾流入并、肆者二十餘萬，為契胡㉞淩暴，皆不聊生，大小二十六反，誅夷者半，猶謀亂不止。兆患之，問計於歡。歡曰：「六鎮反殘，不可盡殺㉟。宜選王腹心使統之，有犯者罪其帥，則所罪者寡矣！」兆曰：「善。誰可使者？」賀拔允時在坐，請使歡領之，歡拳毆其口，折一齒，曰：「平生天柱時奴輩，伏處分如鷹犬㊱，今日天下事取捨在王，而阿鞠泥㊲敢僭易妄言，請殺之。」兆以歡為誠，遂以其眾委焉。歡以兆醉，恐醒而悔之，遂出宣言受委統州鎮兵㉘，可集汾東受號令。乃建牙陽曲川㉙，陳部分。軍士素惡兆而樂屬歡，莫不皆至。居無何㉚，又使劉貴請兆，以幷、肆頻歲霜旱，降戶掘田鼠而食之，面無穀色，徒汙人境內㉛，請令就食山東㉜，待溫飽更受處分。兆從其議，長史慕容紹宗諫曰：「不可。方今四方紛擾，人懷異望，高公雄才蓋世，復使握大兵於外，譬如借蛟龍以雲雨，將不可制矣！」兆曰：「有香火重誓㉝，何慮邪？」紹宗曰：「親兄弟尚不可信，何論香火㉞？」時兆左右已受歡金，因稱紹宗與歡有舊隙，兆怒，囚紹宗，趣歡發。歡自晉陽出滏口，道逢北鄉長公主自洛陽來，有馬三百匹，盡奪而易之。兆聞之，乃釋紹宗而問之。紹宗曰：「此猶是掌握中物也。」兆乃自追歡，至襄垣，會漳水暴漲㉟，橋壞，歡隔水拜曰：「所以借公主馬，非有它故，備山東盜耳！王信公主之讒，自來賜追。今不辭度水而死，恐此眾便叛。」兆自陳無此意，因輕馬度水，與歡坐幕下，授歡刀，引頸使歡斫之。歡大哭曰：「自天柱之薨，賀六渾更何所仰？但願大家㊱千萬歲，以申力用耳！今為旁人所構間，大家何忍復出此言？」兆投刀於地，復斬白馬，與歡為誓，因留宿，夜飲。尉景伏壯士欲執兆，歡齧臂止之，曰：「今殺之，其黨必奔歸聚結，兵飢馬瘦，不可與敵，若英雄乘之而起，則為害滋甚，不如且置之。兆雖驍勇，凶悍無謀，不足圖也[三七]。」旦日，兆歸營，復召歡，歡將上馬詣之，孫騰牽歡衣，歡乃止。兆隔水肆罵，馳還晉陽。

兆腹心念賢領降戶家屬別為營，歡偽與之善，觀其佩刀，因取殺之[三八]，士眾感悅，益願附從。

(十四)齊州城民趙洛周聞爾朱兆入洛，逐刺史丹陽王蕭贊，以城歸兆。贊變形為沙門，逃入長白山[三九]，流轉卒於陽平[四〇]。梁人或盜其柩以歸，上猶以子禮葬於陵次[四一]。

(十五)魏荊州刺史李琰之，韶之族弟也。南陽太守趙修延，以琰之敬宗外族[四二]，誣琰之欲奔梁，發兵襲州城，執琰之，自行州事。

(十六)魏王悅改元更興[四三]。聞爾朱兆已入洛，自知不及事，遂南還，斛斯椿復棄悅奔魏。

㈦是歲，詔以陳慶之為都督南、北司等四州諸軍事，南、北司二州刺史㊹。慶之引兵圍魏懸瓠，破魏潁州刺史㊺婁起等於溱水㊻，又破行臺孫騰等於楚城㊼，罷義陽鎮兵，停水陸漕運，江湖諸州，並得休息㊽，開田六十項，二年之後，倉廩充實。

【今註】㈠中大通二年：魏孝莊帝建明元年。㈡蕭玩等亦敗死：玩援始欣見上卷上年。㈢魏東徐州城：下邳城也。《魏書・地形志》孝明帝孝昌元年置東徐州於下邳。時領下邳、郯郡、臨清三郡。㈣都督二雍、二岐諸軍事：《魏書・爾朱天光傳》作都督雍、岐二州諸軍事。後魏有三雍、二岐。《魏書・地形志》雍州治長安，領京兆、馮翊、扶風、咸陽、北地等郡，孝文帝太和十一年置岐州，治雍城鎮，今陝西省鳳翔縣南，南岐州領固道、廣化、廣業三郡，《五代志》河池郡梁泉縣舊曰固道，後魏置南岐州，並置固道郡涼泉縣為州治，尋改涼泉曰梁泉，後周廢郡，隋煬帝大業初置為河池郡，即今陝西省鳳縣。又《五代志》京兆郡華原縣，後魏置北雍州，鄭縣後魏置東雍州。華原故城在今陝西省耀縣東南，鄭縣在今陝西省華縣西北。㈤代郡侯莫陳悅：《周書・侯莫陳崇傳》侯莫陳，其先魏之別部也，居庫斛真水，世為渠帥，其後鎮代郡武川，因家焉，遂為代郡武川人。㈥赤水蜀賊：胡三省曰：「水經注赤水在鄭縣北，即山海經之灌水也，北注於渭。蜀賊本蜀人之遷關中者，乘亂相聚為賊。」《水經注》小赤水即《山海經》之灌水也，水出石脆之山，北逕蕭加谷於孤柏原西，東北流與禹水合，又北注於渭。按《水經注》竹水亦渭水之支津也，南出竹山，俗謂之大赤水，故灌水謂之小赤水。⑦詔侍中楊侃先行慰諭，幷稅其馬：胡三省曰：「華陰諸楊仕魏，奕世貴顯，關西所歸重，故使之先行慰諭也。」⑧尉遲菩薩：尉遲，複姓也。《北史・尉遲迥傳》云：「尉遲氏，其先魏之別號尉遲部，因而氏焉！」⑨省事：胡三省曰：「省事蓋猶今之通事。兩敵相向，使之往來傳通言語。」⑩岳還兵擊之，賊兵敗走：岳既還擊，伏兵又發，賊出不意，故敗走。⑪平亭：胡三省曰：「平亭在涇州北。」⑫天光自雍至岐：自長安至雍城也。雍州治長安，岐州治雍城。⑬汧渭之間：《水經注》汧水出汧縣之蒲谷鄉弦中谷，決為弦蒲藪，東南流逕隃麋縣故城南，又東流注於渭。⑭細川：胡三省曰：「據令狐德棻後周書，百里細川在岐州北，又據元豐九域志涇州靈臺縣有百里鎮，蓋即細川之地。細川、平亭，當亦相近。」⑮侯伏侯元進：胡三省曰：「侯伏侯，虜三字姓。」⑯侯幾長貴：胡三省曰：「侯幾，虜複姓，魏書官氏志內入諸姓有俟幾氏，俟、侯字相近。」⑰高平：漢置高平縣，屬安定郡，晉罷，後復置，後魏移屬新平郡，今甘肅省固原縣，古高平地也。⑱直閤代郡侯莫陳崇單騎入賊中，於馬上生擒醜奴：万俟醜奴，本胡琛部將也，普通六年，破魏將崔延伯，其眾始盛，至是為魏所平。⑲天光進逼高平，城中執送蕭寶寅以降：寶寅叛魏見卷一百五十一大通元年，次年，敗奔万俟醜奴，至是為魏所平。⑳都街：通衢也。㉑丹陽王蕭贊表請寶寅之命：贊即齊東昏侯子豫章王綜也，寶寅於贊為叔父，故贊為之請命。㉒左右之：左右讀曰佐佑，護佑之也。㉓應詔：胡三省曰：「應詔猶漢之待詔也。」㉔周款：周，親也，款，誠也。謂親愛逾恆。㉕駝牛署：《五代志》太僕寺有駝牛署，置令、丞，掌飼駝、騾、驢、牛。㉖胡氏親屬：宣武靈皇后胡氏親屬。㉗以魏降將范遵為安北將軍司州牧，從魏王悅北還：遵，魏北海王顥之舅也，蓋前與顥同奔梁。㉘靈州：《魏書・地形志》魏太武帝太延二年置薄骨律鎮，孝明帝孝昌中改曰靈州。按薄骨律鎮，魏太武帝滅赫連氏，以赫連果城置鎮也。故城在今寧夏省靈武縣西南。《括地志》曰：「薄骨律鎮城，在河渚之中，隨水上下，未嘗陷沒，故號靈州也。」㉙高平：高平鎮，即原州也，註詳下。㉚原州：《魏書・地形志》太武帝太延二年置高平鎮，孝明帝正光五年改置原州，領高平、長城二郡，治高平城，即今甘肅省固原縣，蓋漢安定郡高平縣故地也。㉛牽屯山：《漢書・地理志》安定郡涇陽縣有幵頭山，涇水所出。顏師古曰：「幵又音牽。此山在靈州東南，土俗語訛，謂之汧屯山。」王先謙曰：「幵頭一作雞頭，見五帝、始皇紀，索隱崆峒之別名；一名牽屯，見北史爾朱天光、賀拔岳傳；一統志即笄頭山也，當在平涼府西北，固原州界。」清固原州，今甘肅省固原縣。㉜降爵為侯：爾朱天光初封廣宗郡公，今降為侯。㉝道洛敗走入隴，歸略陽賊帥王慶雲：胡三省曰：「隴，隴山也。」《晉書・地理志》略陽郡，本名廣魏，晉武帝泰始中更名略陽。蓋曹魏分隴右置秦州，因秦邑以為名，並置廣魏郡屬焉。故治在今甘肅省秦安縣東南，隋廢為隴城縣，屬秦州。㉞水洛城：《水經注》水洛水導源隴山，西逕水洛亭，西南流，注於略陽川。水洛城在今甘肅省莊浪縣東南，陽三、永洛二川之間，晉安帝義熙七年，西秦乞伏乾歸攻後秦安南太守王憬於水洛城，即此。㉟木槍：胡三省曰：「即拒馬槍也。」杜佑曰：「拒馬槍以木徑二尺，長短隨事，十字鑿孔，縱橫安檢，長丈，銳其端，以塞要路。」蓋戰時防守之具，以抵禦敵騎之馳突者。其法以木為架，平插地上，上有橫木，鑿孔，以長槍斜貫其中，使槍刃外向，以塞險隘之處。㊱於是三秦、河、渭、瓜、涼、鄯州皆降：三秦謂秦州、南秦、東秦也。《魏書・地形志》秦州治上封城，上封，古邽戎之地，漢之上邽也；魏太武帝太平真君七年，置仇池鎮，孝文帝太和十二年，改曰渠州，宣武帝正始初，改曰南秦州，治洛谷城；又孝文帝太和十五年置東秦州，後改曰北華州，治杏城。秦州、南秦州、北華州是為三秦。河州本乞伏氏之地，太武帝太平真君六年，置為枹罕鎮，後改為河州，領金城、武始、洪和、臨洮等郡，治枹罕，今甘肅省導河縣。渭州領隴西、南安陽、廣寧等郡。瓜州，即古瓜州地，本月支戎所居，漢為敦煌郡，元魏復置瓜州，取故地為名也，《左傳》詹桓伯曰：「允姓之姦，居於瓜州」者即此。涼州，漢涼州地也，魏太武帝神䴥中為鎮，孝文帝太和中復曰涼州，領武安、臨杜、建昌、番和、泉城、武興、武威、昌松、東涇、梁寧等郡。《五代志》西平郡舊置鄯州，治湟水，湟水舊曰西都，今青海省樂都縣。胡三省曰：「鄯州，禿髮氏之地，漢雲城西部都尉所統也。」㊲榮嘗關補曲陽縣令：胡三省曰：「據榮傳，即上曲陽縣也，漢、晉屬常山郡，後魏屬中山郡。關補者，先補授而後關吏部。」《魏書・地形志》定州有二曲陽，上曲陽屬中山郡，另鉅鹿郡有曲陽縣，漢、晉屬趙國，曰下曲陽，後魏改曰曲陽，屬鉅鹿郡。上曲陽，今河北省曲陽縣。㊳以階懸不奏：謂階級相去懸殊，不奏補其官。㊴天柱：謂爾朱榮，榮為天柱大將軍，故以稱之。㊵大理：胡三省曰：「大理，謂事理之大致也。」㊶今亦復決：胡三省曰：「決，判也，謂天下事有判決也。」㊷止自不為：止當作正。㊸撫寧荒餘，彌成不易：言撫寧兵荒之餘民，較諸平定賊亂，尤為不易。㊹順時蒐狩：禮春蒐、夏苗、秋獮、冬狩。杜預曰：「蒐，索擇取不孕者；苗，為苗除害也；獮，殺也，以殺為名，順秋氣也；狩，圍守也，冬物畢成，獲則取之，無所擇也。」㊺仍出魯陽，歷三荊，悉擁生蠻，北填六鎮：胡三省曰：「杜佑曰：『北荊州，即今伊陽縣，東荊州後改曰淮州，今淮安郡，荊州，今南陽郡。』余按榮言出魯陽，則已越伊陽而南矣。五代志春陵郡後魏置南荊州，當以此足三荊之數。生蠻，謂諸蠻戶之未附於魏者，六鎮叛亂，鎮戶荒殘，故欲填之。」㊻汾胡：胡三省曰：「稽胡皆居汾州界，謂之汾胡。」㊼蕭衍若降，乞萬戶侯：乞音氣，與也。杜甫詩云：「賴有蘇司業，時時乞酒錢。」㊽帝懲河陰之難：河陰之難見卷一百五十二大通二年。㊾恐榮終難保：難保者，難保其忠貞如一也。㊿尚書右僕射元羅：元羅，乂之弟也。(51)娩乳：娩音免，又音販，又音晚，生子免身也，字亦作娩。王先慎曰：「免即娩之省。」免身即產子。(52)子才名劭，以字行，巒之族弟也：邢巒事魏宣武帝，屢將有功。《北史・邢劭傳》曰：「邵字子才，小字吉，少時有避，遂不行名。」胡三省曰：「避魏主兄彭城王劭諱，故以字行也。」(53)武衞將軍奚毅，建義初，往來通命：事見卷一百五十二大通二年。(54)不能事契胡：契胡謂爾朱氏。《魏書・爾朱榮傳》榮之先，契胡之種也。(55)榮妻北鄉長公主：胡三省曰：「榮妻非元氏也，以榮功封北鄉長公主。按考異從魏帝紀作鄉郡長公主是也，通鑑作北鄉長公主，傳寫之誤耳！五代志上黨郡鄉縣，石勒置武鄉郡，後魏去武字為鄉郡，證以魏收志無北鄉郡，則從鄉郡為是。」(56)挺身：挺，直也。《詩》曰：「周道挺挺，我心扃扃。」

(57)帝欲止：言不欲誅爾朱榮也。(58)縱不反，亦何可耐：言爾朱榮縱不反，然其驕恣跋扈，亦不可忍耐。(59)先是長星出中台，掃大角：長星即彗星，一曰埽星，《晉書・天文志》曰：「三台六星，兩兩而居，起文昌列抵太微，一曰天階，又曰泰階。上階上星為天子，下星為女主，中階上星為諸侯三公，下星為卿大夫，下階上星為士，下星為庶人。」中台即中階也。又曰：「大角者，天王座也，又為天棟，正經紀也。」(60)行臺郎中李顯和：胡三省曰：「李顯和蓋為幷、肆九州行臺郎中，時從榮至洛陽。」(61)求間：間音閑，猶請間也。《史記・信陵君傳》：「侯生乃屏人閒語。」索隱曰：「閒音閑，謂靜語也。」(62)幷問以殺董卓事，子昇具道本末：王允殺董卓事見卷六十漢獻帝初平三年。(63)吾寧為高貴鄉公死，不為常道鄉公生：謂曹魏高貴鄉公欲誅司馬昭，不克而死，事見卷七十七魏元帝景元元年，常道鄉公禪位於晉而生，事見卷七十九晉武帝泰始元年。(64)若世隆不全，仲遠、天光，豈有來理：謂若殺爾朱世隆，則爾朱仲遠、爾朱天光將有所戒懼而叛也。仲遠時鎮徐州，天光時鎮關隴。(65)或能狼戾傷人：胡三省曰：「狼當作很。孟子：『樂歲粒米狼戾』，猶言狼藉也，非此義。」余按《漢書・嚴助傳》：「周越王狼戾不仁，殺其骨肉。」則狼戾自有解。顏師古曰：「狼性貪戾，凡言狼戾者謂貪而戾。」王念孫曰：「顏以狼為豺狼之狼，非也。狼亦戾也，廣雅：『狼戾，很也。』是狼與戾同義。燕策：『趙王狼戾無親。』淮南要略：『秦國之俗貪狼。』狼戾、貪狼皆兩字平列，非謂如狼之戾如狼之貪也，惟吳都賦曰：『料其虓勇，則鵰悍狼戾。』狼戾與鵰悍相對，則始誤以狼為豺狼之狼矣！」(66)忌日：親喪之日也。《禮記・祭儀》：「君子有終身之喪，忌日之謂也。」(67)徽脫榮帽，懽舞盤旋：胡三省曰：「唐李太白詩云：『脫君帽，為君笑。』脫帽懽舞，蓋夷禮也。」(六八)帝連索酒飲之：胡三省曰：「酒能變貌，又能張膽，故連索飲之。」(六九)光祿少卿：自漢以來，九卿惟置卿一人，魏孝文帝太和中，始各置少卿一人。(七〇)典御：尚食局典御也。《五代志》門下省有尚食局典御二人，總知御膳事。(七一)非其腹心者，悉在出限：言非爾朱榮腹心者，欲悉令出，不使在帝左右。(七二)西陽門：《洛陽伽藍記》序西陽門洛陽西面次北第二門也，魏、晉曰西明門，魏孝文改曰西陽門。(七三)朱瑞雖為榮所委，而善處朝廷之間：《魏書‧朱瑞傳》爾朱榮建臺，以瑞為大行臺郎中，甚見親任，建義初，除黃門侍郎，仍中書舍人，榮恐朝廷事意有所不知，故居之門下為腹心之寄。(七四)華陽太守：《魏書‧地形志》華陽郡屬梁州，治華陽縣，故治在今陝西省沔陽縣東。蓋分漢中之沔陽等地而置，以其地在華山之陽，故曰華陽，隋時郡縣俱廢。(七五)以司空楊津為都督幷、肆等九州諸軍事：《魏書‧楊津傳》，九州謂幷、肆、燕、恒、雲、朔、顯、汾、蔚。(七六)榮之入洛也，以高敖曹自隨，禁於駝牛署：爾朱榮拘高敖曹事見卷一百五十二大通二年。《五代志》有駝牛署令、丞，掌飼駝、騾、驢、牛。(七七)兄乾自東冀州馳赴洛陽：《北齊書‧高乾傳》乾父冀，魏孝明帝孝昌末，葛榮作亂於燕趙，翼聚眾於河濟之間，魏因置東冀州，以翼為刺史。胡三省曰：「蓋因劉宋先置冀州於河濟間，因置東冀州，以別河北之冀州也。」(七八)帝親送之於河橋：胡三省曰：「敖曹兄弟歸鄉里，路當東出，河橋在洛城北，帝不應送之於此，河橋二字，意必有誤。」(七九)索太原王戶：太原王謂爾朱榮也，榮迎立孝莊帝，封太原王。(八〇)大夏門：《洛陽伽藍記‧序》洛陽北面有二門，西頭曰大夏門，東頭曰廣莫門。㊀王灃無親：胡三省曰：「言法在必行，雖親無赦也。」㊁刑書：刑典也。《左傳》鄭人鑄刑書。杜預注：「鑄刑書於鼎，以為國之常法。」㊂長樂不顧信誓：長樂謂孝莊帝。孝莊未立，封長樂王。㊃一旅之眾：《左傳》夏少康有田一成，有眾一旅。杜預注：「五百人為旅。」㊄募士：胡三省曰：「募士，即洛陽西門外所募者也。」㊅太行丹谷：《水經注》丹水出上黨高都縣故城東北阜下，東南流注於丹谷。《晉書地道記》曰：「縣有太行關，丹溪為關之東谷，途自此去，不復由關矣！」丹谷在今山西省晉城縣東南。㊆建州：《魏書・地形志》慕容永分上黨置建興郡，魏太武帝太平真君九年省，文成帝和平五年復置建興郡，孝莊帝永安中，罷郡，置建州，領高都、長平、安平、泰寧等郡，治高都城，在今山西省晉城縣東北。㊇晉州刺史：《魏書・地形志》魏孝明帝孝昌中置唐州，孝莊帝建義元年改曰晉州，時領平陽、北絳、永安、西河、冀氏、南絳、義寧等郡，治白馬城，即今山西省臨汾縣。《水經注》白馬城汾水逕其西，形勢險要，蓋自魏置州於此，歷東魏、北齊、世為西北重鎮。㊈魏東徐州刺史廣牧斛斯椿：胡三省曰：「斛斯，虜複姓。」《魏書・斛斯椿傳》，椿廣牧富昌人也。則魏嘗以廣牧為郡。《地形志》朔州附化郡有廣牧縣，無廣牧郡。廣牧縣，漢為朔方東部都尉治所，故城在今綏遠省河套內，鄂爾多斯右翼後旗故朔方城西，獻帝建安末移置陘南，曹魏廢朔方，置新興郡，以廣牧屬焉，故城在今山西省壽陽縣北。㊉曄，英之弟子也：中山王英，景穆子南安王楨之子也，著功於太和、正始之間。㊉㊀三徐州：《魏書・地形志》魏因晉舊置徐州於彭城，孝明帝孝昌元年置東徐州於下邳，孝莊帝永安二年置北徐州於琅琊，是為三徐州。北徐州領東泰山、琅琊二郡，餘三州領郡見前註。（九二）爾朱天光之克平涼也，宿勤明達請降：宿勤明達，万俟醜奴將也。天光克醜奴於平涼見上四月。（九三）東夏：《魏書・地形志》魏宣武帝延昌二年置東夏州，領偏城、朔方、定陽、上郡等郡。（九四）天光與岳謀，欲令帝外奔而更立宗室，乃頻啟云：「臣實無異心，唯欲仰奉天顏以申宗門之罪。」又使其下僚屬啟云：「天光密有異圖，願思勝筭以防之：天光欲遂己謀，故設兩端以疑魏。（九五）范陽太守盧文偉誘平州刺史侯淵出獵，閉門拒之：《魏書・侯淵傳》淵時以平州刺史鎮范陽，故文偉得誘其出獵而拒之。范陽，西漢之涿郡也，後漢章帝改曰范陽郡。（九六）淵屯於郡南：屯於范陽之南。（九七）爾朱仲遠攻西兗州：胡三省曰：「魏太和中置西兗州於滑臺，孝昌中置西兗州於定陶，下云仲遠與賀拔勝戰於滑臺東，則是時猶以滑臺為西兗州也。」（九八）衍，肅之兄子也：王肅去齊入魏，貴顯於孝文、宣武之世。（九九）賀六渾：高歡字。（一〇〇）爾非其匹，終當為其穿鼻：言爾朱兆終當為高歡所制，牛既穿鼻，則受制於人，故以為喻。（一〇一）山蜀：胡三省曰：「蜀人徙汾晉，依山而居者，謂之山蜀。」（一〇二）馬藺：《本草圖經》曰：「馬藺子生河東川谷，葉似韮而長厚。」寇宗奭曰：「馬藺葉，牛馬皆不食，為纔出土，葉已硬也。」（一〇三）華山王鷙，斤之玄孫也：斤亂代事見卷一百四。（一〇四）頭巾：裹首之巾也。《古今事物考》曰：「古以皁羅裹頭，號頭巾。」蔡邕《獨斷》曰：「古幘無巾，王莽頭禿，乃始施巾。」胡三省曰：「頭巾，所謂袹頭也。」（一〇五）撲殺皇子：胡三省曰：「皇子，爾朱后所生也。」（一〇六）山南：胡三省曰：「山南，伊、潁南山之南也。」（一〇七）款服：款，誠也，伏罪而自吐情實也。（一〇八）爾朱世隆至洛陽：自長子至洛陽。（一〇九）叔父在朝日久：爾朱世隆，榮之從弟，兆，榮之從子也，故呼世隆為叔父。靈后稱制，世隆已在朝，故曰在朝日久。⑳河西賊帥紇豆陵步蕃：胡三省曰：「河西，北河之西也。」《魏書・官氏志》次南諸部有紇豆陵氏。㉑河梁：即河橋也。《晉陽秋》曰：「杜預造河橋於富平津，所謂造舟為梁也。」故曰河橋，亦曰河梁。㉒初，敬宗恐北軍不利：胡三省曰：「北軍謂源子恭鎮丹谷之軍也。」㉓主者請追李苗封贈：苗殉於河橋之役，封河陽侯，謚曰忠烈，見上十月。㉔太寧太守：《魏書・地形志》魏孝明帝孝昌中置泰寧郡，屬建州，故治在今山西省沁水縣西，太當作泰。㉕是蘭安定：是蘭，複姓，安定其名。㉖郡中蜀人：蜀人之居泰寧郡者。㉗以為其府長史：《北史・房謨傳》世隆以謨為東北道行臺。㉘京巷：洛京曲巷也。《增韻》直曰街，曲曰巷。㉙爾朱兆縊敬宗於晉陽三級佛寺：時年二十四。魏安定王中興二年，謚曰武懷皇帝，出帝太昌元年，改謚孝莊皇帝，廟號敬宗，葬於靜陵。㉚使人召高歡幷力：召歡幷力以禦紇豆陵步蕃。㉛辭以河無橋：河謂汾水也。時歡刺晉州，治白馬城，汾水逕其西。㉜平樂郡：平樂郡按《魏書・爾朱榮傳》當作樂平郡。《魏書・地形志》幷州樂平郡後漢獻帝分太原置，治沾城，魏太武帝太平真君九年移治太原，孝明帝孝昌二年復治沾城，在今山西省昔陽縣西南。㉝石鼓山：《魏書・地形志》肆州秀容郡秀容縣有石鼓山。㉞契胡：爾朱氏，契胡之族也。㉟六鎮反殘，不可盡殺：胡三省曰：「自破六韓拔陵、杜洛周之敗，其眾盡歸葛榮，皆六鎮人也。」殘者，餘也。反殘，猶曰反叛之餘眾。㊱平生天柱時奴輩，伏處分如鷹犬：胡三省曰：「歡自謂也，詭為遜辭，使兆不疑己。」㊲阿鞠泥：賀拔允字。㊳州鎮兵：胡三省曰：「魏改六鎮為州，葛榮部眾皆六鎮人，故曰州鎮兵。」余謂州謂幷、肆，鎮則謂六鎮也。㉙陽曲川：《水經注》汾水出汾陽縣北管涔山，南流逕汾陽縣故城東，又南逕秀容城東，又流南逕陽曲城西，與洛陰水會。陽曲，在秀容之南也。《魏書・地形志》肆州永安郡有陽曲縣，漢、晉屬太原郡，魏孝莊帝永安中度屬永安郡，有陽曲澤。應劭曰：「河千里一曲，縣當其陽，故曰陽曲。」宋白曰：「唐析州秀容、定襄二縣皆漢陽曲縣地，後漢末移陽曲縣於幷州太原縣界，於舊陽曲縣置定襄縣，又分置九原縣，屬新興郡，後魏以九原縣為平寇縣，隋為秀容縣。」按漢陽曲故城即後漢末之定襄，今山西省定襄縣也，後漢末移陽曲縣於今山西省太原縣北，即隋之陽直，唐復曰陽曲，宋太宗滅北漢，移陽曲於今之山西省陽曲縣，在太原縣東北。後漢新興郡，獻帝建安中置，魏孝莊帝永安中，改曰永安郡。㉚居無何：謂歷時無幾也。㉛境內：謂幷、肆之地，兆統內也。㉜請令就食山東：胡三省曰：「幷、肆、冀、定、瀛、相、殷，以太行、常山為限，幷、肆在山西，餘州皆在山東。歡欲以眾就食山東，正欲遠兆，得以從容收眾心，因以起兵也。」㉝有香火重誓：謂與歡誓為兄弟。㉞親兄弟尚不可信，何論香火：胡三省曰：「時爾朱兆與其羣從已構嫌隙，故紹宗以此言諷之。」余按紹宗此語，蓋欲以明歡之不可信，未必以諷兆也。㉟兆乃自追歡，至襄垣，會漳水暴漲：《水經注》漳水自屯留縣東北流逕襄垣縣故城南。襄垣縣，漢屬上黨郡。《魏書・地形志》石趙分上黨置武鄉郡，襄垣縣屬焉，後罷郡，魏太武帝延和二年就武鄉郡故地置鄉郡，孝莊帝建義元年，分上黨、鄉郡置襄垣郡，治襄垣縣，故城在今山西省襄垣縣北。㊱大家：胡三省曰：「歡以主事兆，故稱為大家。」㊲不足圖也：不足者，謂其易也。天下不足平，謂天下易平也。㊳兆腹心念賢領降戶家屬別為營，歡偽與之善，觀其佩刀，因取殺之：《北齊書・神武帝紀》神武取賢佩刀以殺其從者，從者盡散，所殺者蓋賢之從者，非殺賢也。㊴長白山：在今山東省鄒平縣南，東北屬長山縣，北屬鄒平縣，折而西屬章丘縣，南則屬淄川縣。《抱朴子》長白，泰山之副嶽。《魏書・辛子馥傳》長白山連接三齊。《五代志》齊州章丘縣，舊曰高唐，有長白山。《太平御覽》曰：「以山中雲氣長白，故名。」㊵陽平：陽平縣漢屬東郡，曹魏分東郡及魏郡為陽平郡，陽平縣屬焉，《宋書・州郡志》陽平縣晉屬頓丘，蓋由陽平郡改隸頓丘也，故治即今山東省莘縣。㊶梁人或盜其柩以歸，上猶以子禮葬於陵次：魏丹陽王蕭贊，即梁武之子豫章王綜也，綜奔魏，改名贊，事見卷一百五十普通六年。綜自以為齊東昏侯之遺腹，故棄梁奔魏，至是柩歸，梁武復以子禮葬之也。㊷以琰之敬宗外族：魏敬宗之母即彭城王勰妃李氏也，琰之蓋李妃之族，故云然。㊸魏王悅改元更興：魏王悅，江南所立，長廣王曄，爾朱氏所立也。㊹是歲，詔以陳慶之為都督南、北司等四州諸軍事，南、北司二州刺史：《梁書・陳慶之傳》四州謂南司、北司、西豫、豫州也。《五代志》梁置南司州於安陸，故治今湖北省安陸縣，置北司州於義陽，故治在今河南省信陽縣南，所謂南、北二司州也。㊺魏潁州刺史：《魏書・地形志》魏孝明帝孝昌四年，置潁州於汝陰，領汝陰、弋陽二郡、北陳留、潁川二郡、財丘、梁興二郡、西恒農、陳南二郡、東郡、汝南二郡、清河、南陽二郡、新蔡、南陳留二郡、滎陽、北通二郡、汝南、太原二郡等雙郡及東恒農、新興等郡。㊻溱水：《水經注》溱水出汝南平輿縣浮石嶺北青衣山，亦謂之青衣水，東南流逕朗陵縣故城西，又東北逕北宜春縣故城北，又東北逕馬香城北，又東北入於汝。

㊼又破行臺孫騰等於楚城：胡三省曰：「梁置西楚州於楚城，在汝南郡城陽縣界，其地當在唐中州界。按孫騰此時猶從高歡在幷、冀、殷、相之間，慶之破騰必非此年事，史究言之耳！」騰，高歡長史也。㊽江湖諸州，並得休息：胡三省曰：「謂瀕江及洞庭、彭蠡間諸州也。」

卷一百五十五　梁紀十一

司馬光編集
林瑞翰註

起重光大淵獻，盡玄黓困敦，凡二年。（辛亥至壬子，西元五三一年至五三二年）

高祖武皇帝十一

中大通三年㈠（西元五三一年）

㈠春，正月辛巳（初十日），上祀南郊，大赦。

㈡魏尚書右僕射鄭先護聞洛陽不守，士眾逃散，遂來奔㈡。丙申（二十五日），以先護為征北大將軍。

㈢二月，辛丑（朔），上祀明堂。

㈣魏自敬宗被囚，宮室空近百日㈢。爾朱世隆鎮洛陽，商旅流通，盜賊不作。世隆兄弟密議以長廣王疏遠，又無人望，欲更立近親。儀同三司廣陵王恭，羽之子也㈣，好學，有志度，正光中領給事黃門侍郎，以元乂擅權，託瘖病居龍華佛寺，無所交通。永安末，有白敬宗言王陽瘖，將有異志，【考異】伽藍記云：「莊帝疑恭姦詐，夜遣人盜掠衣物，拔刀劒欲殺之，恭張口以手抬舌，竟乃不言，莊帝信其真，放令歸第。」今從魏書。恭懼，逃於上洛山，洛州刺史執送之㊄，繫治久之，以無狀獲免㊅。關西大行臺郎中薛孝通說爾朱天光曰：「廣陵王，高祖猶子㊆，夙有令望，沈晦不言，多歷年所，若奉以為主，必天人允叶。」天光與世隆等謀之，疑其實瘖，使爾朱彥伯潛往敦諭，且脅之。恭乃曰：「天何言哉㊇！」世隆等大喜。孝通，聰之子也㊈。

己巳（二十九日），長廣王至邙山南，世隆等為之作禪文，使泰山太守遼西竇瑗執鞭獨入啟長廣王曰：「天人之望，皆在廣陵，願行堯舜之事。」遂署禪文。廣陵王奉表三讓，然後即位㊉。大赦，改元普泰。黃門侍郎邢子才為赦文，敘敬宗枉殺太原王榮之狀。節閔帝曰：「永安㊁手翦強臣，非為失德，直以天未厭亂，故逢成濟之禍耳㊂！」因顧左右取筆，自作赦文，直言：「門下㊂，朕以寡德，運屬樂推，思與億兆同茲大慶，肆眚之科，一依常式㊃。」帝閉口八年，至是乃言，中外欣然以為明主，望至太平㊄。

庚午（三十日），詔以：「三皇稱皇，五帝稱帝，三代稱王，蓋遞為沖挹(一六)。自秦以來，競稱皇帝，予今但稱帝，亦已褒矣！」

加爾朱世隆儀同三司，贈爾朱榮相國、晉王、加九錫。世隆使百官議榮配饗，司直(一七)劉季明曰：「若配世宗，於時無功(一八)，若配孝明，親害其母(一九)，若配莊帝，為臣不終(二〇)，以此論之，無所可配。」世隆怒曰：「汝應死。」季明曰：「下官既為議首，依禮而言，不合聖心，翦戮唯命。」世隆亦不之罪，以榮配高祖廟廷，又為榮立廟於首陽山，因周公舊廟而為之，以為榮功可比周公。廟成，尋為火所焚。

爾朱兆以不預廢立之謀，大怒，欲攻世隆，世隆使爾朱彥伯往諭之，乃止。

初，敬宗使安東將軍史仵龍、平北將軍陽文義各領兵三千守太行嶺，侍中源子恭鎮河內，及爾朱兆南向，仵龍、文義帥眾先降，由是子恭之軍望風亦潰，兆遂乘勝直入洛陽(二一)。至是爾朱世隆論仵龍、文義之功，各封千戶侯。魏主曰：「仵龍、文義於王有功，於國無勳。」竟不許。

爾朱仲遠鎮滑臺，表用其下都督為西兗州刺史㉒，先用後表。詔答曰：「已能近補，何勞遠聞？」

爾朱天光之滅万俟醜奴也㉓，始獲波斯所獻師子送洛陽㉔，及節閔帝即位，詔曰：「禽獸囚之，則違其性。」命送歸本國。使者以波斯道遠不可達，於路殺之而返，有司劾違旨，帝曰：「豈可以獸而罪人？」遂赦之。

㈤魏鎮遠將軍清河崔祖螭等聚青州七郡之眾圍東陽㉕，旬日之間，眾十餘萬。刺史東萊王貴平帥城民固守，使太傅諮議參軍崔光伯出城慰勞。其兄光韶曰：「城民陵縱日久㉖，眾怨甚盛，非慰諭所能解。家弟往，必不全㉗。」貴平彊之，既出，外人射殺之。

㈥幽、安、營、幷四州行臺劉靈助自謂方術可以動人，又推筭知爾朱氏將衰，乃起兵自稱燕王、開府儀同三司、大行臺，聲言為敬宗復讎，且妄述圖讖云：「劉氏當王。」由是幽、瀛、滄、冀之民多從之㉘。從之者夜舉火為號，不舉火者諸村共屠之。引兵南至博陵之安國城㉙。

爾朱兆遣監軍孫白鷂至冀州，託言調發民馬，欲俟高乾兄弟送馬而收之。乾等知之，與前河內太守封隆之等合謀，潛部勒壯士襲據信都，殺白鷂，【考異】北史作白雞今從北齊書。執刺史元嶷。乾等欲推其父翼行州事，翼曰：「和集鄉里，我不如封皮㉚。」乃奉隆之行州事，為敬宗舉哀，將士皆縞素，升壇誓眾，移檄州郡，共討爾朱氏，仍受劉靈助節度。隆之，磨奴之族孫也㉛。

殷州刺史爾朱羽生將五千人襲信都，高敖曹不暇擐甲，將十餘騎馳擊之。乾在城中，縋下五百人追救，未及，敖曹已交兵，羽生敗走。敖曹馬矟㉜絕世，左右無不一當百，時人比之項籍。

高歡屯壺關大王山㉝六旬，乃引兵東出，聲言討信都。信都人皆懼，高乾曰：「吾聞高晉州㉞雄略蓋世，其志不居人下，且爾朱無道，弒君虐民，正是英雄立功之會，今日之來，必有深謀，吾當輕馬迎之，密參意旨㉟，諸君勿懼也。」乃將十餘騎與封隆之子子繪潛謁歡於滏口，說歡曰：「爾朱酷逆，痛結人神，凡曰有知，孰不思奮？明公威德素著，天下傾心，若兵以義立，則屈彊之徒㊱，不足為明公敵矣！鄗州雖小，戶口不下十萬，穀秸[三七]之稅，足濟軍資，願公熟思其計。」乾辭氣慷慨，歡大悅，與之同帳寢。

初，河南太守趙郡李顯甫喜豪俠，集諸李數千家於殷州西山[三八]方五六十里居之。顯甫卒，子元忠繼之。家素富，多出貸求利，元忠悉焚券免責[三九]，鄉人甚敬之。時盜賊蠭起，清河有五百人西戍，還經趙郡，以路梗，共投元忠。元忠遣奴為導，曰：「若逢賊，但道李元忠遣。」如言，賊皆舍避。及葛榮起，元忠帥宗黨作壘以自保，坐大槲樹[四〇]下，前後斬違命者凡三百人。賊至，元忠輒擊卻之。葛榮曰：「我自中山至此，連為趙李[四一]所破，何以能成大事？」乃悉眾攻圍，執元忠以隨軍。賊平，就拜南趙郡太守[四二]。好酒，無政績。及爾朱兆弒敬宗，元忠棄官歸，謀舉兵討之。會高歡東出，元忠乘露車，載素箏、濁酒以奉迎。歡聞其酒客，未即見之。元忠下車，獨坐酌酒，擘脯食之，謂門者曰：「本言公招延儁傑，今聞國士到門，不吐哺輟洗，其人可知[四三]，還吾刺，勿通也。」門者以告，歡遽見之，引入，觴再行，元忠車上取箏鼓之，長歌慷慨。歌闋[44]，謂歡曰：「天下形勢可見，明公猶事爾朱邪？」歡曰：「富貴皆因彼所致，安敢不盡節？」元忠曰：「非英雄也。高乾邕[45]兄弟來未？」時乾已見歡，歡紿之曰：「從叔輩麤[46]，何肯來？」元忠曰：「雖麤，並解事。」歡曰：「趙郡[47]醉矣！」使人扶出，元忠不肯起。孫騰進曰：「此君天遣來，不可違也。」歡乃復留與語，元忠慷慨流涕，歡亦悲不自勝。元忠因進策曰：「殷州小，無糧仗，不足以濟大事，若向冀州，高乾邕兄弟必為明公主人[48]，殷州便以賜委，冀、殷既合，滄、瀛、幽、定自然弭服，唯劉誕黠胡，或當乖拒[49]，然非明公之敵。」歡急握元忠手而謝焉。

歡至山東，約勒士卒，絲毫之物，不聽侵犯。每過麥地，歡輒步牽馬，遠近聞之，皆稱高儀同[50]將兵整肅，益歸心焉。歡求糧於相州刺史劉誕，誕不與，有車營[51]租米，歡掠取之，進至信都，封隆之、高乾等開門納之。高敖曹時在外略地，聞之，以乾為婦人，遺以布裘[52]。歡使世子澄以子孫禮見之，敖曹乃與偕來。

㈦癸酉(五三)（三月初三日），魏封長廣王曄為東海王，以青州刺史魯郡王肅為太師，淮陽王欣為太傅，爾朱世隆為太保，長孫稚為太尉，趙郡王諶為司空，徐州刺史爾朱仲遠、雍州刺史爾朱天光並為大將軍，并州刺史爾朱兆為天柱大將軍，賜高歡爵渤海王，徵使入朝(五四)。

長孫稚固辭太尉(五五)，乃以為驃騎大將軍、開府儀同三司。爾朱兆辭天柱，曰：「此叔父所終之官，我何敢受？」固辭不拜，尋加都督十州諸軍事(五六)，世襲并州刺史。

高歡辭不就徵，爾朱仲遠徙鎮大梁，復加兗州刺史(五七)。

爾朱世隆之初為僕射也(五八)，畏爾朱榮之威嚴，深自刻厲，留心几案(五九)，應接賓客，有開敏之名。及榮死，無所顧憚，為尚書令，家居視事，坐符臺省，事無大小，不先白世隆，有司不敢行。使尚書郎宋遊道、邢昕在其聽事，東西別坐，受納辭訟，稱命施行(六〇)，公為貪淫，生殺自恣。又欲收軍士之意，汎加階級，皆為將軍，無復員限，自是勳賞之官，大致猥濫(六一)，人不復貴(六二)。是時天光專制關右，兆奄有幷、汾，仲遠擅命徐、兗，世隆居中用事，競為貪暴，而仲遠尤甚，所部富室大族，多誣以謀反，籍沒其婦女財物入私家(六三)，投其男子於河，如是者不可勝數，自滎陽已東租稅，悉入其軍，不送洛陽。東南州郡自牧守以下至士民，畏仲遠如豺狼。由是四方之人，皆惡爾朱氏而憚其彊，莫敢違也。

(八)己丑（十九日），魏以涇州刺史賀拔岳為岐州刺史，渭州刺史侯莫陳悅為秦州刺史，並加儀同三司(六四)。

(九)魏使大都督侯淵、驃騎大將軍代人叱列延慶(六五)討劉靈助，至固城(六六)，淵畏其眾，欲引兵西入，據關拒險以待其變。延慶曰：「靈助庸人，假妖術以惑眾，大兵一臨，彼皆恃其符厭(六七)，豈肯戮力致死，與吾兵爭勝負哉？不如出營城外，詐言西歸，靈助聞之，必自寬縱，然後潛軍擊之，往則成擒矣！」淵從之，出頓城西，聲云欲還。丙申（二十六日），簡精騎一千，夜發，直抵靈助壘，靈助戰敗，斬之，傳首洛陽。

初，靈助起兵自占勝負，曰：「三月之末，我必入定州，爾朱氏不久當滅。」及靈助首函入定州，果以是月之末。

㈩夏，四月乙巳（初六日），昭明太子統卒。太子自加元服㊅，上即使省錄朝政，百司進事，填委於前，太子辯析詐謬，秋毫必睹，但令改正，不加案劾，平斷讞獄，多所全宥，寬和容眾，喜慍不形於色。好讀書屬文，引接才俊，賞愛無倦。出宮㊈二十餘年，不畜聲樂，每霖雨積雪，遣左右周行閭巷，視貧者賑之。天性孝謹，在東宮，雖燕居，坐起恒西向㊉，或宿被召當入㊆，危坐達旦。及寢疾，恐貽帝憂，敕參問，輒自力手書㊇。及卒，朝野惋愕，建康男女奔走宮門，號泣道路。

㈩㈠癸丑（十四日），魏以高歡為大都督、東道大行臺㊂、冀州刺史，又以安定王爾朱智虎為肆州刺史。

㈩㈡魏爾朱天光出夏州，遣將討宿勤明達。癸亥（二十四日），擒明達，送洛陽斬之。

㈩㈢丙寅（二十七日），魏以侍中驃騎大將軍爾朱彥伯為司徒。

㈩㈣魏詔有司不得復稱偽梁㊃。

(七五)五月丙子(初七日),魏荊州城民斬趙修延,復推李琰之行州事[七五]。

(七六)魏爾朱仲遠使都督魏僧勗等討崔祖螭於東陽,斬之。【考異】北齊李渾傳:「普泰中,崔社客反於海岱,攻圍青州,以渾為征東將軍、都官尚書行臺,赴援,而社客宿將多謀,諸城各自保固,堅壁清野,諸將議有異同,渾曰:『社客,賊之根本,若簡練驍勇,銜枚夜襲,徑趨營下,出其不意,咄嗟之間,便可擒殄。如社客就擒,則諸郡可傳檄而定。』諸將遲疑,渾乃速行,未明,達城下,賊徒驚散,擒社客,斬首送洛陽。」按其年時事迹與祖螭略同,未知社客即祖螭,抑別一人也。今從魏帝紀。

(七七)初,昭明太子葬其母丁貴嬪[七六],遣人求墓地之吉者。或賂宦者俞三副求賣地,云:「若得錢三百萬,以百萬與之。」三副密啟上,言太子所得地,不如今地[七七],於上為吉。上年老多忌,即命市之。葬畢,有道士云:「此地不利長子,若厭之,或可申延[七八]。」乃為蠟鵝及諸物埋於墓側長子位。宮監[七九]鮑邈之、魏雅初皆有寵於太子,邈之晚見疏於雅,乃密啟上云:「雅為太子厭禱。」上遣檢掘,果得鵝物,大驚,將窮其事,徐勉固諫而止,但誅道士,由是太子終身慙憤,不能自明。及卒,上徵其長子南徐州刺史華容公歡至建康,欲立以為嗣,銜其前事,猶豫久之,卒不立。庚寅(二十一日),遣還鎮。

臣光曰：「君子之於正道，不可少頃離也，不可跬步失也(八〇)。以昭明太子之仁，孝武帝之慈愛，一染嫌疑之迹，身以憂死，罪及後昆(八一)，求吉得凶，不可湔滌，可不戒哉！是以詭誕之士，奇邪之術，君子遠之。」

(六)丙申（二十七日），立太子母弟晉安王綱為皇太子，朝野多以為不順(八二)。司議侍郎周弘正(八三)嘗為晉安王主簿，乃奏記曰：「謙讓道廢，多歷年所，伏惟明大王殿下，天挺將聖(八四)，四海歸仁，是以皇上發德音，以大王為儲副。意者願聞殿下抗目夷上仁之義(八五)，執子臧大賢之節(八六)，逃玉輿而弗乘(八七)，棄萬乘如脫屣(八八)，庶改澆競之俗(八九)，以大吳國之風(九〇)。古有其人，今聞其語，能行之者，非殿下而誰？使無為之化，復生於遂古(九一)，讓王之道，不墜於來葉(九二)，豈不盛歟！」王不能從。弘正，捨之兄子也(九三)。

太子以侍讀東海徐摛為家令(九四)，兼管記，尋帶領直(九五)。摛文體輕麗，春坊(九六)盡學之，時人謂之宮體。上聞之，怒，召摛，欲加誚責。及見，應對明敏，辭義可觀，意更釋然。因問經史及釋教，摛商較從橫，應對如響，上甚加歎異〔九七〕，寵遇日隆。領軍朱异不悅，謂所親曰：「徐叟出入兩宮〔九八〕，漸來見逼，我須早為之所。」遂乘間白上曰：「摛年老，又愛泉石，意在一郡自養。」上謂摛真欲之，乃召摛謂曰：「新安大好山水。」遂出為新安太守。

六月癸丑（十五日），立華容公歡為豫章王，其弟枝江公譽為河東王，曲阿公詧為岳陽王。上以人言不息〔九九〕，故封歡兄弟以大郡，用慰其心。久之，鮑邈之坐誘掠人，罪不至死，太子綱追思昭明之冤，揮淚誅之。

(九)魏高歡將起兵討爾朱氏，鎮南大將軍斛律金、軍主善無〔一〇〇〕庫狄干與歡妻弟婁昭、妻之姊夫段榮皆勸成之。歡乃詐為書，稱爾朱兆將以六鎮人配契胡為部曲，眾皆憂懼。又為并州符徵兵討步落稽〔一〇一〕，發萬人將遣之，孫騰與都督尉景為請留五日，如此者再，歡親送之郊，雪涕執別，眾皆號慟，聲震原野，歡乃諭之〔一〇二〕，曰：「與爾俱為失鄉客，義同一家〔一〇三〕，不意在上徵發乃爾。今直西向〔一〇四〕已當死，後軍期又當死〔一〇五〕，配國人又當死〔一〇六〕，奈何？」眾曰：「唯有反耳！」歡曰：「反乃急計，然當推一人為主，誰可者？」眾共推歡。歡曰：「爾鄉里難制，不見葛榮乎？雖有百萬之眾，曾無灋度，終自敗滅。今以吾為主，當與前異，毋得陵漢人，犯軍令，生死任吾，則可，不然，不能為天下笑！」眾皆頓顙曰：「死生唯命。」歡乃椎牛饗士，庚申（二十二日），起兵於信都，【考異】魏書帝紀起兵於庚申，北齊書帝紀在庚子，北史魏紀、齊紀亦然，今從魏書紀。亦未敢顯言叛爾朱氏也。會李元忠舉兵逼殷州，歡令高乾帥眾救之。乾輕騎入見爾朱羽生，與指畫軍計，羽生與乾俱出，因擒斬之，持羽生首謁歡。歡撫膺曰：「今日反決矣㉗！」乃以元忠為殷州刺史，鎮廣阿。歡於是抗表罪狀爾朱氏，爾朱世隆匿之不通㉘。

㈩魏楊播及弟椿、津皆有名德，播剛毅，椿、津謙恭。家世孝友，緦服同爨㉙，男女百口，人無間言㉚。椿、津皆至三公㉛，一門七郡太守，三十二州刺史。敬宗之誅爾朱榮也，播子侃預其謀㉜。城陽王徽、李彧，皆其姻戚也。爾朱兆入洛，侃逃歸華陰㉝，爾朱天光使侃婦父韋義遠招之與盟，許貰其罪㉞。侃曰：「彼雖食言，死者不過一人，猶冀全百口。」乃出應之，天光殺之。時椿致仕，與其子昱在華陰，椿弟冀州刺史順、司空津、順子東雍州刺史辨、正平太守仲宣皆在洛，秋，七月，爾朱世隆誣奏楊氏謀反，請收治之，魏主不許。世隆苦請，帝不得已，命有司檢案以聞。壬申（初四日），夜，世隆遣兵圍津第，天光亦遣兵掩椿家於華陰，東西之族，無少長皆殺之㉕，籍沒其家。世隆奏云：「楊氏實反，與收兵相拒，已皆格殺。」帝惋悵久之，不言而已。朝野聞之，無不痛憤。津子逸，為光州刺史，爾朱仲遠遣使就殺之，唯津子愔於被收時適出在外，逃匿獲免，往見高歡於信都，【考異】北齊書愔傳云：「愔父津，為幷州刺史，愔隨之任，俄而孝莊幽崩，愔時適欲還都，行達邯鄲，過津義從楊寬家，為寬所執，至相州，見刺史劉誕，以愔名家盛德，甚相哀念，遣隊主鞏榮貴防禁送都，至安陽亭，榮貴遂與俱逃，乃投高昂兄弟，潛竄累載，屬齊神武至信都，遂投刺轅門，即署行臺郎中。」按時齊神武已在信都，言潛竄累載誤矣！又云孝莊幽崩而愔欲還都見執，皆非也。泣訴家禍，因為言討爾朱氏之策。歡甚重之，即署行臺郎中㉖。

(廿一)乙亥（初七日），上臨軒策拜太子，大赦。

(廿二)丙戌（十八日），魏司徒爾朱彥伯以旱遜位。戊子（二十日），以彥伯為侍中、開府儀同三司。彥伯於兄弟中差無過惡，爾朱世隆固讓太保，魏主特置儀同三司之官，位次上公㉗之下，庚寅（二十二日），以世隆為之。斛斯椿譖朱瑞於世隆，世隆殺之㉘。

㉝庚寅，詔凡宗戚有服屬者並可賜湯沐，食鄉、亭侯，隨遠近為差㉙。

㉞壬辰（二十四日），以吏部尚書何敬容為尚書右僕射。敬容，昌寓之子也㉚。

㉟魏爾朱仲遠、度律等聞高歡起兵，恃其彊，不以為慮，獨爾朱世隆憂之。爾朱兆將步騎二萬出井陘，趣殷州，李元忠棄城奔信都。八月丙午，（初九日），爾朱仲遠、度律將兵討高歡。九月己卯（十二日），魏以仲遠為太宰，庚辰（十三日），以爾朱天光為大司馬。

㊱癸巳（二十六日），魏主追尊父廣陵惠王為先帝㉛，母王氏為先太妃，封弟永業為高密王，子恕為勃海王。

㊲冬，十月己酉（十三日），上幸同泰寺，升灋坐，講涅槃經，七日而罷。

(廿八)樂山侯正則，先有罪徙鬱林[22]，招誘亡命，欲攻番禺[23]，廣州刺史元仲景[24]討斬之，正則，正德之弟也[25]。

(廿九)孫騰說高歡曰：「今朝廷隔絕，號令無所稟[26]，不權有所立，則眾將沮散。」歡疑之[27]，騰再三固請，乃立勃海太守元朗為帝。朗，融之子也[28]。壬寅（初六日），朗即位於信都城西，改元中興[29]。以歡為侍中、丞相、都督中外諸軍事、大將軍、錄尚書事、大行臺，高乾為侍中、司空，高敖曹為驃騎大將軍、儀同三司、冀州刺史[30]，孫騰為尚書左僕射[31]、河北行臺，魏蘭根為右僕射。己酉（十三日），爾朱仲遠、度律與驃騎大將軍斛斯椿、車騎大將軍儀同三司賀拔勝、車騎大將軍賈顯智軍於陽平[32]。顯智名智，以字行，顯度之弟也。爾朱兆出井陘，軍於廣阿[33]，眾號十萬。高歡縱反間云：「世隆兄弟謀殺兆。」復云：「兆與歡同謀殺仲遠等。」由是迭相猜貳，徘徊不進。仲遠等屢使斛斯椿、賀拔勝往諭兆，兆帥輕騎三百來就仲遠，同坐幕下，意色不平，手舞馬鞭，長嘯凝望[34]，疑仲遠等有變，遂趨出馳還。仲遠遣椿、勝等追曉說之，兆執椿、勝還營。仲遠、度律大懼，引兵南遁。兆數勝罪，將斬之，曰：「爾殺衛可孤，罪一也(三五)；天柱薨，爾不與世隆等俱來而東征仲遠，罪二也(三六)。我欲殺爾久矣，今復何言？」勝曰：「可孤為國巨患，勝父子誅之，其功不小，反以為罪乎？天柱被戮，以君誅臣，勝寧負王，不負朝廷。今日之事，生死在王，但寇賊密爾(三七)，骨肉構隙，自古及今，未有如是而不亡者，勝不憚死，恐王失策。」兆乃捨之。

高歡將與兆戰而畏其眾彊，以問親信都督(三八)段韶，韶曰：「所謂眾者，得眾人之死(三九)；所謂彊者，得天下之心。爾朱氏上弒天子，中屠公卿，下暴百姓，王以順討逆，如湯沃雪，何眾彊之有？」歡曰：「雖然，吾以小敵大，恐無天命，不能濟也。」韶曰：「韶聞小能敵大，小道大淫。皇天無親，惟德是輔(四〇)。爾朱氏外亂天下，內失英雄心，智者不為謀，勇者不為鬪，人心已去，天意安有不從者哉？」韶，榮之子也(四一)。辛亥（十五日），歡大破兆於廣阿，俘其甲卒五千餘人。

（卅）十一月乙未（二十九日），上幸同泰寺講般若經，七日而罷。

（卅一）庚辰（十四日），魏高歡引兵攻鄴，相州刺史劉誕嬰城固守。

（卅二）是歲，魏南兗州㊷城民王乞得劫刺史劉世明，舉州來降。世明，芳之族子也㊸。上以侍中元樹為鎮北將軍，都督北討諸軍事，鎮譙城，以世明為征西大將軍、郢州刺史，加儀同三司。世明不受，固請北歸，上許之。世明至洛陽，奉送所持節，歸鄉里㊹，不仕而卒。

【今註】㈠中大通三年：是年二月，魏廣陵王改元普泰，十月，魏安定王改元中興。㈡魏尚書右僕射鄭先護聞洛陽不守，士眾逃散，遂來奔：魏孝莊帝遣鄭先護討東郡見上卷上年。㈢魏自敬宗被囚，宮室空近百日：去年十二月壬寅，爾朱兆陷洛陽，囚敬宗於永寧寺，甲寅，遷之於晉陽，是月己巳，廣陵王即位，始入宮，宮室空凡八十九日。㈣儀同三司廣陵王恭，羽之子也：廣陵王羽，魏獻文帝之子，孝文帝之弟也。㈤恭懼，逃於上洛山，洛州刺史執送之：《魏書・地形志》魏洛州刺史治上洛。上洛山，上洛縣境之山也。㈥以無狀獲免：以無反狀而免於刑責。㈦廣陵王，高祖猶子：《禮・檀弓》：「兄弟之子，猶子也。」廣陵王羽，高祖之弟，恭則高祖猶子也。高祖，魏孝文帝廟號。㈧天何言哉：用《論語》孔子之言。㈨孝通，聰之子也：薛聰見卷一百四十齊明帝建武元年。㈩廣陵王奉表三讓，然後即位：帝諱恭，字脩業，廣陵惠王羽之子也。㈡永安：魏孝莊帝年號，故以稱之。㈢直以天未厭亂，故逢成濟之禍耳：成濟弒高貴鄉公，見卷七十七魏元帝景元元年，魏孝莊帝為爾朱兆所弒，故以為喻。㈢門下：胡三省曰：「魏晉以來，出命皆由門下省，故其發端，必曰勅門下。」㈣肆眚之科，一依常式：常式猶常典也。《左傳》襄公九年肆眚圍鄭。杜預曰：「肆眚，赦有罪也。易稱赦過宥罪，書稱眚災肆赦，傳稱肆眚圍鄭，皆放赦罪人，蕩滌眾故，以新其心。」㈤望至太平：至與致同。㈥詔以三皇稱皇，五帝稱帝，三代稱王，蓋遞為沖挹：沖挹，謙抑之義也。謂先本稱皇，降而稱帝，又降而稱王，蓋代遞為謙遜也。㈦司直：司直本漢官，《漢書・百官公卿表》武帝元狩五年初置丞相司直，秩比二千石，掌佐丞相舉不法。杜佑《通典》曰：「後魏永安三年，高道穆奏廷尉置司直十人，位在正、監上，不署曹事，唯覆理御史檢劾事。」㈧若配世宗，於時無功：謂爾朱榮無功勳於宣武之世，宣武廟號世宗。㈨若配孝明，親害其母：謂爾朱榮殺孝明帝之母靈皇后，安得配饗其廟。㈩若配孝莊，為臣不終：謂爾朱榮雖有立莊帝之功，然跋扈無上，不終臣節也。㈡兆遂乘勝直入洛陽：事見上卷上年。㈢西兗州刺史：《魏書・地形志》西兗州領沛郡、濟陰二郡。按元魏初置兗州於滑臺，後得瑕丘，因改置焉，初曰東兗州，復曰兗州，其滑臺之兗州則曰西兗州。孝明帝孝昌三年，移西兗州於定陶城，在今山東省定陶縣西北，後復故治。魏孝文帝太和中，又嘗置南兗州於渦陽，在今安徽省蒙城縣東北，孝明帝正光中徙治譙城，即今安徽省亳縣。時謂滑臺、渦陽、譙城為三兗。㈢爾朱天光之滅万俟醜奴也：事見上卷上年。㈣始獲波斯所獻師子送洛陽：波斯獻師子見卷一百五十二大通二年。㉕魏鎮遠將軍清河崔祖螭等聚青州七郡之眾圍東陽：祖螭叛魏，聚青州之眾以圍魏之東陽也。《魏書・地形志》青州治東陽城，今山東省益都縣，領齊郡、北海、樂安、渤海、高陽、河間、樂陵七郡。㉖城民陵縱日久：胡三省曰：「蓋言東陽之民，挾州家之勢，陵暴屬郡，恣縱之日久矣！」㉗家弟往，必不全：言光伯若出，必為叛民所殺。㉘由是幽、瀛、滄、冀之民多從之：《魏書・地形志》幽州治薊城，在今河北省大興縣西南，領燕郡、范陽、漁陽等郡；冀州治信都，今河北省冀縣，領長樂、渤海、武邑、安德等郡；孝文帝太和十一年，分定州之河間、高陽、冀州之章武，浮陽置瀛州，治趙都軍城，在今河北省河間縣境，領高陽、章武、河間等郡；孝明帝熙平二年，分瀛、冀二州置滄州，治饒安城，在今河北省南皮縣東南，領浮陽、樂陵、安德等郡。浮陽郡本屬冀州，太和十一年度屬瀛州，宣武帝景明初并入章武郡，熙平二年復置，以屬滄州。㉙博陵之安國城：《魏書・地形志》定州博陵郡安國縣有安國城，北平郡蒲陰縣亦有安國城，此博陵郡安國縣之安國城也。安國故縣在今河北省安國縣南。㉚封皮：皮，封隆之小字也。㉛隆之，磨奴之族孫也：封磨奴見卷一百十九宋武帝永初元年。㉜馬矟：矟音朔。《釋名》曰：「矛長丈八尺曰矟，馬上所持。」㉝高歡屯壺關大王山：《魏書・地形志》幷州上黨郡屯留縣有大王山。胡三省曰：「按魏太平真君九年二月，詔於壺關東北大王山累石為三封，又斬其北鳳凰山南足以斷之，以其有王氣也，後高歡果屯兵於其地。」㉞高晉州：爾朱榮以歡為晉州刺史，故稱之。㉟密參意旨：參，承也，候也。密承歡意旨為動向也。㊱屈彊之徒：胡三省曰：「屈與倔同。屈彊之徒，指爾朱氏之黨也。」㊲穀秸：穀，穀物之總名，秸與稭同，禾稾去其皮也。段玉裁曰：「禾莖既刈之，上去其穗，外去其皮，存其淨莖是曰稭。」㊳殷州西山：胡三省曰：「殷州西山，廣阿之西山也。」《魏書·地形志》殷州治廣阿，故城在今河北省隆平縣東。㊴焚券免責：券，契也，焚鄉人所貸之契而不責其償也。㊵槲樹：槲音斛，植物名。落葉喬木，榦高二三丈，葉大，為倒卵形，長約四五寸，緣邊有波狀之鈍齒，冬日存留枝上，至翌年嫩芽將發而落，四五月間，花與新葉共生，其材堅實，可供薪炭。㊶趙李：李氏，趙郡之大姓，時號趍李，所謂郡望也。㊷南趙郡太守：《魏書·地形志》魏孝文帝太和十一年分趙郡之平鄉、栢人、中丘、鉅鹿郡之南欒、鉅鹿、廣阿置南鉅鹿郡，屬定州，十八年改屬相州，後改為南趙郡，孝明帝孝昌中，移屬殷州。㊸今聞國士到門，不吐哺輟洗，其人可知：《史記·魯世家》周公一沐三握髮，一飯三吐哺，起以待士，猶恐失天下之賢。《漢書·酈食其傳》漢高輟洗起衣以見食其。元忠蓋以周公、漢祖之事責高歡也。㊹歌闋：歌終也。古樂歌一終謂之一闋。㊺乾邕：高乾字。㊻從叔輩麤：高乾與歡俱渤海蓨人，故歡呼乾為從叔。麤者，謂疏於學術。㊼趙郡：元忠嘗為南趙郡太守，故以稱之。㊽若向冀州，高乾邕兄弟必為明公主人：乾邕兄弟時據信都，魏冀州治信都，故云然。㊾唯劉誕黠胡，或當乖拒：《北齊書·神武帝紀》誕時為相州刺史，鎮鄴。胡三省曰：「誕亦契胡種也。」乖，違也，乖拒者，違其節度而拒之。㊿高儀同：爾朱氏加歡儀同三司，故時人以稱之。(51)車營：《北齊書·神武帝紀》作軍營。(52)遺以布裠：裠，婦人下裳也。譏其儒怯如婦人，故以布裠遺之。(53)癸酉：《魏書·廣陵王紀》在三月。三月辛未朔，癸酉初三日。(五四)賜高歡爵渤海王，徵使入朝：胡三省曰：「高歡之先本渤海人，爾朱氏爵之為本郡王，欲以誘致之。」(五五)長孫稚固辭太尉：胡三省曰：「世衰難任，故辭。」(五六)尋加都督十州諸軍事：胡三省曰：「十州，南盡汾晉，北極雲朔。」(五七)爾朱仲遠徙鎮大梁，復加兗州刺史：胡三省曰：「大梁，兗州統內，故加兗州。」(五八)爾朱世隆之初為僕射也：爾朱榮入洛，以世隆為尚書僕射，見卷一百五十二大通二年。(五九)留心几案：案，几屬也。阮湛《三禮圖》云：「几長五尺，高尺二寸，廣二尺。」古者席地而坐，文牘皆陳於几案而省覽之。留心几案，謂留心尚書省文牘也。(六〇)稱命施行：稱世隆之命以理訟也。(六一)猥濫：多而濫。《管子》：「以人猥計其野。」注云：「猥，眾也。」(六二)人不復貴：不復以官爵為貴。(六三)籍沒其婦女財物入私家：私家，謂仲遠之家。(六四)魏以涇州刺史賀拔岳為岐州刺史，渭州刺史侯莫陳悅為秦州刺史，並加儀同三司：胡三省曰：「涇、渭荒殘，而秦、岐差完，故以內遷為進律。」(六五)叱列延慶：叱列，鮮卑複姓也。(六六)固城：胡三省曰：「固城當在中山城東北，安國城西南。」按《魏書・廣陵王紀》侯淵斬劉靈助於安國城。(六七)符厭：以符咒為厭勝之術。(六八)太子自加元服：太子加元服見卷一百四十八天監十四年。(六九)出宮：胡三省曰：「言自禁中出居東宮也。」(七〇)坐起恒西向：臺城在東宮之西，太子孝謹，故恒西向以示尊慕。(七一)或宿被召當入：宿，夜也，言夜被召，當於次晨入宮。(七二)敕參問，輒自力手書：言帝出敕候問太子，太子輒力疾手書啟奏以安上心。(七三)東道大行臺：胡三省曰：「東道，謂太行、恒山以東也。」(七四)魏詔有司不得復稱偽梁：胡三省曰：「魏不競於梁故也。」競，彊也。不競於梁，故正敵國之禮。(七五)魏荊州城民斬趙修延，復推李琰之行州事：趙修延執李琰之見上卷上年。⑯初，昭明太子葬其母丁貴嬪：丁貴嬪卒見卷一百五十一普通七年。⑰言太子所得地，不如今地：所得地謂本欲葬貴嬪之地，今地，謂賂俞三副求賣之地也。⑱此地不利長子，若厭之，或可申延：申與伸同，展也。言所葬地不利長子，若為禱祀厭勝之術，或可展延。⑲宮監：胡三省曰：「五代志梁制東宮有外監殿局、內監殿局。宮監者，即唐內直局之職也，龍朔二年，改監曰內直郎。」⑳不可少頃離也，不可跬步失也：少頃猶曰須臾，跬步，半步也。《大戴禮記・勸學》云：「是故不積跬步，無以致千里。」注曰：「跬，一舉足也。」㉑後昆：猶言後裔。《書・仲虺之誥》：「垂裕後昆。」㉒立太子母弟晉安王綱為皇太子，朝野多以為不順：以立太子母弟為不順者，蓋以立太子嫡子為順也。㉓司議侍郎周弘正：胡三省曰：「按陳書周弘正傳，普通中，初置司文義郎，直壽光省，以弘正為司義侍郎。議當作義。」㉔天挺將聖：天挺猶曰天生，挺本訓拔，如曰英挺，引申為生之義。《論語》太宰問於子貢曰：「夫子聖者歟？」子貢曰：「固天縱之將聖。」朱熹曰：「將，殆也，謙若不敢知之辭。或曰，將，大也。」㉕抗目夷上仁之義：《左傳》宋桓公疾，太子茲父固請曰：「目夷長且仁，君其立之。」公命子魚，子魚辭曰：「能以國讓，仁孰大焉！臣弗及也。」遂走而退。子魚，目夷字也。抗，對也，如曰抗衡、抗禮。言太子若能讓國，則可比美子魚。㉖執子臧大賢之節：《左傳》成公十三年，晉侯以諸侯之師伐秦，及秦師戰於麻隧，曹宣公卒於師，曹人使公子負芻守，使公子欣時逆曹伯之喪，負芻殺太子而自立，是為曹成公，宣公既葬，子臧將亡，國人皆將從之，成公乃懼，告罪，且請焉，子臧乃反。十五年，晉侯會諸侯於戚，討曹成公，執而歸諸京師，將見子臧於王而立之，子臧辭曰：「前志有之曰：『聖達節，次守節，下失節。』為君非吾節也。雖不能聖，敢失守乎？」遂逃奔宋。子臧，欣時字也。(八七) 逃玉輿而弗乘：胡三省曰：「玉輿當作王輿。莊子讓王篇曰：『越人三世弒其君，王子搜患之，逃乎丹穴而越國無君，求王子搜不得，從之丹穴，王子搜不出，越人薰之以艾，乘以王輿，王子搜援綏登車，仰天而呼曰：『君乎君，獨不可以捨我乎！』」(八八) 棄萬乘如脫屣：《孟子》曰：「舜視棄天下如棄敝屣也。」(八九) 澆競之俗：澆，薄也，競，爭也，風俗澆薄而尚爭也。(九〇) 以大吳國之風：大，光大之，謂吳太伯以天下讓季歷，逃而君吳也。(九一) 遂古：朱熹曰：「遂，往也。」猶曰往古。(九二) 讓王之道，不墜於來葉：讓王之道，指上子魚、子臧諸事為喻，又《莊子・外篇》有〈讓王篇〉，歷述堯舜禪讓事以申重生樂志之義。來葉，猶來世也。(九三) 弘正，捨之兄子也：周捨柄用於天監之初。(九四) 太子以侍讀東海徐摛為家令：家令謂太子家令，東宮屬官也。張晏曰：「太子稱家，故曰家令。」《晉書・百官志》太子家令主刑獄穀貨飲食，職比司農、少府。《北堂書鈔》引晉起居注太康八年詔曰：「太子家令，東官之達官也，其進品第五。」胡三省曰：「晉王紹宗遷祕書少監，仍侍皇太子讀書，此侍讀之始也。」(九五) 兼管記，尋帶領直：胡三省曰：「管記職同公府記室。梁制上臺、東宮皆有領直，領直者，領直衞兵也。」(九六) 春坊：太子宮府也。《晉書・湣懷太子傳》論：「繼明宸極，守器春坊。」(九七) 因問經史及釋教，摛商較從橫，應對如響，上甚加歎異：應對如響者，謂對答明敏，如響之應聲也。胡三省曰：「上崇信釋氏，意謂徐摛業儒，但知經史而已，扣擊之餘，及於釋教，商較從橫，應對如響，遂加歎異也。」(98)兩宮：上宮及東宮。(99)上以人言不息：以立綱為不順。(100)善無：善無縣，前漢屬雁門郡，後漢屬定襄郡，靈帝末廢。《魏書・地形志》東魏孝靜帝天平二年，就善無縣置善無郡，屬恒州。故城在今山西省右玉縣南。(101)又為幷州符徵兵討步落稽：胡三省曰：「爾朱兆擅命幷、汾，此亦高歡偽為兆符也。步落稽即稽胡。」(102)眾皆號慟，聲震原野，歡乃諭之：蓋先感動其心，而後諭之以激其變。(103)與爾俱為失鄉客，義同一家：爾謂六鎮之眾也，高歡亦鎮戶，故云然。(104)西向：謂赴幷州也，幷州治晉陽，在信都之西。(105)後軍期又當死：軍法失期當死，孫騰為其眾請留五日者再，故勢後期。(106)配國人又當死：以六鎮人配契胡為部曲，契胡爾朱氏之種也，故謂為國人，恃勢以陵諸部，故云當死。(107)歡撫膺曰：今日反決矣：胡三省曰：「高歡反謀非一日矣，及爾朱羽生授首，方言反決，蓋其初猶有疑李元忠、高乾邕之心，元忠既舉兵逼殷州，乾邕又斬羽生，歡於是深悉二人之心而冀、殷之勢已合，於是決反。」(108)歡於是抗表罪狀爾朱氏，爾朱世隆匿之不通：世隆為尚書令，故得匿歡表。(109)緦服同爨：爨，竈也，同爨，同竈而炊也。緦服，緦麻之服，五服之最輕者，凡本宗為高祖父母服之。緦服同爨，則五代同堂而居。(110)間言：嫌閒之言。(111)椿、津皆至三公：椿仕至司徒，進位太保，津位至司空。(112)敬宗之誅爾朱榮也，播子侃預其謀：事見上卷上年。(113)爾朱兆入洛，侃逃歸華陰：《魏書・楊播傳》播自云恒農華陰人也。(114)許貰其罪：貰，貸也，貸本訓借，引申為寬免之義，故免人之罪謂之貸罪。(115)東西之族，無少長皆殺之：楊氏之族，或居洛京，或居華陰，居洛者為東族，居華陰者為西族，以華陰在洛京之西也。㉖歡甚重之，即署行臺郎中：胡三省曰：「楊愔門第既高，又有幹用，高歡起兵之初，藉人望以為重，藉才幹以為用，所以擢而用之。」㉗上公：《魏書・官氏志》太師、太傅、太保為三師，位上公。㉘斛斯椿譖朱瑞於世隆，世隆殺之：胡三省曰：「以朱瑞為敬宗所親遇也。」瑞為敬宗所親遇見上卷上年。按《魏書・朱瑞傳》斛斯椿數譖瑞於世隆，世隆性多忌，且以前日乖異，忿恨更甚，遂誅之。蓋爾朱榮死，瑞從世隆北走，既而中道逃還，又世隆圍洛，瑞教敬宗出庫物募敢死之士以討世隆，所謂乖異蓋指此也，事並見上卷上年。㉙庚寅，詔凡宗戚有服屬者並可賜湯沐，食鄉、亭侯，隨遠近為差：隨服屬之遠近為等差，婦人賜湯沐邑，男子食鄉侯或亭侯也。有服屬者，謂諸緦麻以上親戚也。按上已繫庚寅，此庚寅為衍文。㉚敬容，昌寓之子也：何昌寓，尚之之弟子。㉛魏主追尊父廣陵惠王為先帝：廣陵惠王羽，魏獻文帝之子，孝文帝之弟也。胡三省曰：「支子入繼大宗，尊所生父為皇，自漢哀帝始，尊之為帝，自吳孫皓始。」㉜樂山侯正則，先有罪徙鬱林：《五代志》樂山縣屬鬱林郡。鬱林，漢古郡也，秦為桂林郡，漢武帝元鼎六年，更名鬱林，治布山縣，在今廣西省貴縣東。㉝欲攻番禺：番禺音潘愚，廣州刺史治所也，今廣東省廣州市。㉞廣州刺史元仲景：仲景當作景仲。㉟正則，正德之弟也：正則、正德皆臨川王宏之子。㊱號令無所稟：稟，受也。段玉裁曰：「凡上所賦、下所受皆曰稟，左傳言『稟命則不威』是也。」㊲歡疑之：疑者，不以其計為是。㊳朗，融之子也：融，景穆子章武王太洛之孫，死於葛榮之難。㊴朗即位於信都城西，改元中興：廢帝諱朗，字仲哲，章武王融第三子也，翌年遜位，出帝太昌元年五月，封安定郡王。㊵高敖曹為驃騎大將軍、儀同三司、冀州刺史：《魏書・後廢帝紀》除敖曹為冀州刺史以終其身。㉛孫騰為尚書左僕射、河北行臺，魏蘭根為右僕射：去年孝莊帝以魏蘭根為河北行臺，至是後廢帝以命騰。㉜爾朱仲遠、度律與驃騎大將軍斛斯椿、車騎大將軍儀同三司賀拔勝、車騎大將軍賈顯智軍於陽平：胡三省曰：「此陽平縣也，漢時屬東郡，魏、晉以來屬陽平郡，唐魏州莘縣，陽平之地也。」《魏書・地形志》相州陽平郡陽平縣有陽平城，今山東省莘縣地。㉝爾朱兆出井陘，軍於廣阿：廣阿在今河北省隆平縣東，後魏為殷州治。㉞長嘯凝望：鄭玄曰：「嘯，蹙口出聲也。」目不轉瞬以視物謂之凝望。㉟爾殺衞可孤，罪一也：賀拔勝殺衞可孤事見卷一百五十普通五年。㊱天柱薨，爾不與世隆等俱來而東征仲遠，罪二也：事見上卷上年。㊲寇賊密爾：寇賊謂高歡也。爾與邇同，近也。《穀梁傳》莊公十八年：「不使戎爾於我也。」㊳親信都督：胡三省曰：「親信都督，魏末諸將擅兵，始置是官，以領親兵。」㊴得眾人之死：謂得眾人之死力。㊵韶曰：韶聞小能敵大，小道大淫，皇天無親，惟德是輔：胡三省曰：「小能敵大，小道大淫，左傳記隨大夫季梁之言；皇天無親，唯德是輔，書蔡仲之命之辭也。段韶父子起於北邊，以騎射為工，安能作書語？魏收以其於北齊為勳戚，宗門彊盛，從而為之辭耳！」㊶韶，榮之子也：段榮與高歡初俱在杜洛周黨中，後奔葛榮，又亡歸爾朱榮，情款甚密。㊷魏南兗州：《魏書・地形志》魏孝明帝正光中置南兗州，治譙城，今安徽省亳縣，領陳留、梁郡、下蔡、北梁、馬頭等郡。㊸世明，芳之族子也：劉芳以儒學見用於孝文、宣武二朝。㊹歸鄉里：劉氏世居彭城。

四年㊀（西元五三二年）

㈠春，正月丙寅（朔），以南平王偉為大司馬，元法僧為太尉，袁昂為司空。

㈡立西豐侯正德為臨賀王。正德自結於朱异，上既封昭明諸子，异言正德失職㊁，故王之。

㈢以太子右衛率薛法護為司州牧，衛送魏王悅入洛。

㈣庚午（初五日），立太子綱之長子大器為宣城王。

㈤魏高歡攻鄴，為地道，施柱而焚之，城陷入地㊂。壬午（十七日），拔鄴，擒劉誕。以楊愔為行臺右丞。時軍國多事，文檄教令，皆出於愔及開府諮議參軍崔㥄。㥄，逞之五世孫也㊃。

㈥二月，以太尉元法僧為東魏王㊄，欲遣還北，兗州刺史羊侃為軍司馬，與法僧偕行。

㈦揚州刺史邵陵王綸遣人就市賒買綿綵絲布數百匹，市人皆閉邸店不出，少府丞何智通依事啟聞，綸被責還弟㈥，乃遣防閤戴子高等以槊刺智通於都巷㈦，刃出於背。智通識子高，取其血，以指畫車壁為邵陵字，乃絕，由是事覺。庚戌（十五日），綸坐免為庶人，鏁之於第，經二旬，乃脫鏁，頃之，復封爵。

㈧辛亥（十六日），魏安定王㈧追謚敬宗曰武懷皇帝。甲子（二十九日），以高歡為丞相、柱國大將軍、太師，三月丙寅（初二日），以高澄為驃騎大將軍。丁丑（十二日），安定王帥百官入居於鄴。

爾朱兆與爾朱世隆等互相猜阻㈨，世隆卑辭厚禮諭兆，欲使之赴洛，唯其所欲，又請節閔帝㈩納兆女為后，兆乃悅，幷與天光、度律更立誓約，復相親睦。

斛斯椿陰謂賀拔勝曰：「天下皆怨毒爾朱，而吾等為之用，亡無日矣！不如圖之。」勝曰：「天光與兆各據一方，欲盡去之，甚難。去之不盡，必為後患，奈何？」椿曰：「此易致耳！」乃說世隆追天光等赴洛共討高歡。世隆屢徵天光，天光不至，使椿自往邀之，曰：「高歡作亂，非王不能定，豈可坐視宗族夷滅邪？」天光不得已，將東出，問策於雍州刺史賀拔岳㈡，岳曰：「王家跨據三方㈢，士馬殷盛。高歡烏合之眾，豈能為敵？但能同心勠力，往無不捷，若骨肉相疑，則圖存之不暇，安能制人？如下官所見，莫若且鎮關中，以固根本，分遣銳師與眾軍合勢，進可以克敵，退可以自全。」天光不從。

閏月，壬寅（初八日），天光自長安，兆自晉陽，度律自洛陽，仲遠自東郡皆會於鄴，眾號二十萬，夾洹水而軍㈢，節閔帝以長孫稚為大行臺總督之。高歡令吏部尚書封隆之守鄴，癸丑（十九日），出頓紫陌㈣。

大都督高敖曹，將鄉里部曲王桃湯等三千人以從，歡曰：「高都督所將皆漢兵，恐不足集事。欲割鮮卑兵千餘人相雜用之，何如？」敖曹曰：「敖曹所將，練習已久，前後格鬭，不減鮮卑。今若雜之，情不相洽，勝則爭功，退則推罪，不煩更配也。」

庚申（二十六日），爾朱兆帥經騎三千夜襲鄴城，叩西門，不克而退。壬戌（二十八日），歡將戰馬不滿二千，步兵不滿三萬，眾寡不敵，乃於韓陵㉕為圓陳，連繫牛驢以塞歸道，於是將士皆有死志。

兆望見歡，遙責歡以叛己。歡曰：「本所以戮力者，共輔帝室，今天子何在？」兆曰：「永安枉害天柱㉖，我報讎耳！」歡曰：「我昔聞天柱計㉗，汝在戶前立，豈得言不反邪？且以君殺臣，何報之有？今日義絕矣！」遂戰。歡將中軍，高敖曹將左軍，歡從父弟岳將右軍。歡戰不利，兆等乘之，岳以五百騎衝其前，別將斛律敦收散卒躡其後，敖曹以千騎自栗園出橫擊之，兆等大敗，賀拔勝與徐州刺史杜德於陳降歡。兆對慕容紹宗撫膺曰：「不用公言，以至於此㉘。」欲輕騎西走㉙，紹宗反旗鳴角㉚，收散卒成軍而去。兆過晉陽，仲遠奔東郡㉛。爾朱彥伯聞度律等敗，欲自將兵守河橋，世隆不從。

度律、天光將之洛陽，大都督斛斯椿謂都督賈顯度、賈顯智曰：「今不先執爾朱氏，吾屬死無類矣。」乃夜於桑下盟約，倍道先還。世隆使其外兵參軍陽叔淵馳赴北中㉒，簡閱敗卒，以次內之。椿至，不得入城，乃詭說叔淵曰：「天光部下皆是西人，聞欲大掠洛邑，遷都長安，宜先內我以為之備。」叔淵信之。夏，四月，甲子朔，椿等入據河橋，盡殺爾朱氏之黨。度律、天光欲攻之，會大雨，晝夜不止，士馬疲頓，弓矢不可施，遂西走，至灅陂津㉓，為人所擒，送於椿所。椿使行臺長孫稚詣洛陽奏狀，別遣賈顯智、張歡帥騎掩襲世隆，執之。彥伯時在禁直，長孫稚於神虎門啟陳高歡義功既振，請誅爾朱氏。節閔帝使舍人郭崇報彥伯，彥伯狼狽走出，為人所執，與世隆俱斬於閶闔門外，送其首幷度律、天光於高歡。

節閔帝使中書舍人盧辯勞歡於鄴，歡使之見安定王，辯抗辭不從，歡不能奪，乃捨之。辯，同之兄子也㉔。

辛未（初八日），驃騎大將軍行濟州事侯景降於安定王，以景為尚書僕射、南道大行臺，濟州刺史。

爾朱仲遠來奔。仲遠帳下都督喬寧張子期自滑臺詣歡降，歡責之曰：「汝事仲遠，擅其榮利，盟契百重，許同生死。前仲遠自徐州為逆，汝為戎首㉕，今仲遠南走，汝復叛之。事天子則不忠，事仲遠則無信，犬馬尚識飼之者。汝曾犬馬之不如。」遂斬之。

爾朱天光之東下也，留其弟顯壽鎮長安，召秦州刺史侯莫陳悅欲與之俱東。賀拔岳知天光必敗，欲留悅共圖顯壽以應高歡，計未有所出。宇文泰謂岳曰：「今天光尚近，悅未必有貳心，若以此告之，恐其驚懼。然悅雖為主將，不能制物㉖，若先說其眾，必人有留心。悅進失爾朱之期，退恐人情變動，乘此說悅，事無不遂。」岳大喜，即令泰入悅軍說之，悅遂與岳俱襲長安㉗，泰帥輕騎為前驅，顯壽棄城走，追至華陰，擒之。歡以岳為關西大行臺，【考異】北史：「薛孝通為中書郎，以關中險固，秦漢舊都，須預謀防遏，以為後計，縱河北失利，猶足據之。節閔帝深以為然，問誰可任者？孝通與賀拔岳同事天光，又與周文帝有舊，二人並先在關右，並推薦之，乃超授岳督岐、華、秦、雍諸軍事，關西大行臺，雍州牧。周文帝為左丞，孝通為右丞，齎詔書馳驛入關，授岳等同鎮長安。後天光敗於韓陵，節閔遂不得入關，為齊神武幽廢。」按天光尚在，節閔安敢除岳鎮關中？今從魏書。岳以泰為行臺左丞，領府司馬，事無巨細皆委之。

爾朱世隆之拒高歡也，使齊州行臺尚書房謨募兵趣四瀆㉘，又使其弟青州刺史弼趣亂城，揚聲北渡為掎角之勢。及韓陵既敗，弼還東陽㉙，聞世隆等死，欲來奔，數與左右割臂為盟。帳下都督馮紹隆素為弼所信待，說弼曰：「今方同契闊㉚，宜更割心前之血以盟眾。」弼從之，大集部下，披胷，令紹隆割之。紹隆因推刃殺之，傳首洛陽。丙子（十三日），安東將軍辛永以建州降於安定王。辛巳（十八日），安定王至邙山。高歡以安定王疏遠㉛，使僕射魏蘭根慰諭洛邑，且觀節閔帝之為人，欲復奉之。蘭根以帝神采高明，恐於後難制，與高乾兄弟及黃門侍郎崔㥄共勸歡廢之。歡集百官問所宜立，莫有應者。太僕代人綦母儁盛稱節閔帝賢明，宜主社稷，歡欣然是之。㥄作色曰：「若言賢明，自可待我高王，徐登大位。廣陵既為逆胡所立㉜，何得猶為天子？若從儁言，王師何名義舉？」歡遂幽節閔帝於崇訓佛寺。

歡入洛陽，斛斯椿謂賀拔勝曰：「今天下事在吾與君耳！若不先制人，將為人所制。高歡初至，圖之不難。」勝曰：「彼有功於時，害之不祥。比數夜與歡同宿，且序往昔之懷，兼荷兄恩意甚多㉝，何苦憚之？」椿乃止。歡以汝南王悅，高祖之子，召欲立之。聞其狂暴無常，乃止。【考異】魏書悅傳云：「神武令人示意悅，既至，清狂如故，動為罪失，不可扶立，乃止。」按悅時猶在梁境，比召至洛，往返幾日，蓋神武聞其所為而止耳！時諸王多逃匿，尚書左僕射平陽王脩，懷之子也㉞，匿於田舍，歡欲立之，使斛斯椿求之。椿見脩所親員外散騎侍郎太原王思政，問王所在？思政曰：「須知問意。」椿曰：「欲立為天子。」思政乃言之。椿從思政見脩，脩色變，謂思政曰：「得無賣我邪？」曰：「不也。」曰：「敢保之乎？」曰：「變態百端，何可保也？」椿馳報歡，歡遣四百騎迎脩入氈帳㉟，陳誠㊱，泣下霑襟。脩讓以寡德，歡再拜，脩亦拜。歡出備服御，進湯沐，達夜嚴警㊲。昧爽㊳，文武執鞭以朝㊴，使斛斯椿奉勸進表。椿入帷門，磬折延首㊵而不敢前。脩令思政取表視之，曰：「便不得不稱朕矣㊶！」乃為安定王作詔策而禪位焉。

戊子（二十五日），孝武帝即位於東郭之外㊷。用代都舊制，以黑氈蒙七人，歡居其一。帝於氈上，西向拜天畢，入御太極殿㊸，羣臣朝賀。升閶闔門，大赦，改元太昌。以高歡為大丞相、天柱大將軍、太師，世襲定州刺史。庚寅（二十七日），加高澄侍中、開府儀同三司。

初，歡起兵信都，爾朱世隆知司馬子如與歡有舊，自侍中、驃騎大將軍出為南岐州刺史。歡入洛，召子如為大行臺尚書，朝夕左右，參知軍國。廣州刺史廣寧〔四四〕韓賢，素為歡所善，歡入洛，凡爾朱氏所除官爵，例皆削奪，唯賢如故。以前御史中尉樊子鵠兼尚書左僕射，為東南道大行臺，與徐州刺史杜德追爾朱仲遠，仲遠已出境，遂攻元樹於譙。丞相歡徵賀拔岳為冀州刺史。岳畏歡，欲單馬入朝，行臺右丞薛孝通說岳曰：「高王以數千鮮卑破爾朱百萬之眾，誠亦難敵，然諸將或素居其上，或與之等夷，屈首從之，勢非獲已。今或在京師，或據州鎮，高王除之則失人望，留之則為腹心之疾。且吐萬人〔四五〕雖復敗走，猶在并州，高王方內撫羣雄，外抗勍敵，安能去其巢穴，與公爭關中之地乎？今關中豪俊，皆屬心於公，願效其智力。公以華山為城，黃河為塹，進可以兼山東，退可以封函谷〔四六〕，奈何欲束手受制於人乎？」言未卒，岳執孝通手曰：「君言是也。」乃遜辭為啟而不就徵。

壬辰（二十九日），丞相歡還鄴，送爾朱度律、天光於洛陽，斬之。

㈨五月丙申（初三日），魏主酖節閔帝於門下外省㊼，詔百司會喪，葬用殊禮㊽。

以沛郡王欣為太師，趙郡王諶為太保，南陽王寶炬為太尉，長孫稚為太傅。寶炬，愉之子也㊾。

丞相歡固辭天柱大將軍，戊戌（初五日），許之。己酉（十六日），清河王亶為司徒、侍中。

河南高隆之，本徐氏養子，丞相歡命以為弟，恃歡勢，驕公卿，南陽王寶炬毆之，曰：「鎮兵何敢爾㊿？」魏主以歡故，六月丁卯（初五日），黜寶炬為驃騎大將軍，歸第。

㈩魏主避廣平武穆王之諱，改謚武懷皇帝曰孝莊皇帝，廟號敬宗。

(十一)秋，七月庚子（初八日），魏復以南陽王寶炬為太尉。

(十二)壬寅（初十日），魏丞相歡引兵入滏口，大都督庫狄干入井陘，擊爾朱兆。庚戌（十八日），魏主使驃騎大將軍、儀同三司高隆之帥步騎十萬會丞相歡於太原，因以隆之為丞相軍司。歡軍於武鄉(五一)，爾朱兆大掠晉陽，北走秀容，并州平。歡以晉陽四塞(五二)，乃建大丞相府而居之。

(十三)魏夏州遷民郭遷據青州反(五三)，刺史元嶷棄城走。詔行臺侯景等討之，拔其城，遷來奔。

(十四)魏東南道大行臺樊子鵠圍元樹於譙城(五四)，分兵攻取蒙縣(五五)等五城，以絕援兵之路。樹請帥眾南歸，以地還魏。子鵠等許之，與之誓約，樹眾半出，子鵠擊之，擒樹及譙州刺史朱文開以歸。羊侃行至官竹(五六)，聞樹敗而還。九月，樹至洛陽，久之，復欲南奔，魏人殺之。

(十五)乙巳（十四日），以司空袁昂領尚書令。

(十六)冬，十一月丁酉（初七日），日南至(五七)，魏主祀圜丘(五八)。

(十七)甲辰（十四日），魏殺安定王朗、東海王曄(五九)。己酉（十九日），以汝南王悅為侍中、大司馬。

(十八)魏葬靈太后胡氏(六〇)。

(九)上聞魏室已定，十二月庚辰（二十一日），復以太尉元法僧為郢州刺史(六一)。

(廿)魏主以汝南王悅，屬近地尊(六二)，丁亥（二十八日），殺之。

(廿一)魏大赦，改元永興，以與太宗同號，復改永熙(六三)。

(廿二)魏主納丞相歡女為后，命太常卿李元忠納幣於晉陽。歡與之宴，論及舊事。元忠曰：「昔日建義，轟轟大樂，比來寂寂無人問。」歡撫掌笑曰：「此人逼我起兵。」元忠戲曰：「若不與侍中，當更求建義處。」歡曰：「建義不慮無，止畏如此老翁不可遇耳！」元忠曰：「止為此翁難遇，所以不去。」因捋歡須大笑。歡悉其雅意，深重之。

(廿三)爾朱兆既至秀容，分守險隘，出入寇抄。魏丞相歡揚聲討之，師出復止者數四。兆意怠，歡揣其歲首當宴會，遣都督竇泰以精騎馳之，一日一夜行三百里，歡以大軍繼之。

【今註】㊀中大通四年：四月，魏出帝平陽王改元太昌，十二月，改元永興，尋改永熙。㊁异言正德失職：胡三省曰：「言帝嘗養正德為子，既而還本，爵秩不得與諸子齒也。」齒，列也。應列爵諸王而但封侯，故曰失職。㊂魏高歡攻鄴，為地道，施柱而焚之，城陷入地：胡三省曰：「穴城下為地道而未成，恐其土頹落而不得究功，故施柱，地道既成，乃焚其柱，故城陷入地。」㊃悛，逞之五世孫也：崔逞自燕歸魏，為道武帝所殺。㊄以太尉元法僧為東魏王：胡三省曰：「上既以元悅為魏王，使自西道入，又使元法僧從東道入，故謂之東魏王。」㊅綸被責還弟：弟與第同。按《說文》無第字，第本作弟。㊆都巷：胡三省曰：「都巷猶前言京巷也。」京都之僻巷。㊇魏安定王：廢帝朗既遜位，出帝封之為安定郡王。㊈互相猜阻：互相猜忌而阻兵不下也。㊉節閔帝：魏前廢帝廣陵王恭謚曰節閔。⑪問策於雍州刺史賀拔岳：《魏書・賀拔岳傳》是年岳自岐州移刺雍州。岳自涇州轉岐州見上年三月。⑫王家跨據三方：孝莊帝封爾朱天光為廣宗王。時兆北據幷汾，天光西奄關隴，仲遠擅命徐兗，是跨據三方也。⑬閏月，壬寅，天光自長安，兆自晉陽，度律自洛陽，仲遠自東郡皆會於鄴，眾號二十萬，夾洹水而軍：《水經注》洹水自隆慮山東北流逕鄴城南，謂之新河。是歲北史閏二月，《北齊書》閏三月，梁曆閏三月，閏三月乙未朔，壬寅初八日，閏二月則無壬寅日。⑭紫陌：《水經注》濁漳水東出山，過鄴縣西，又北逕祭陌西，戰國之世，俗巫為河伯取婦，祭於此陌，田融以為紫陌也，趙建武十一年，造紫陌浮橋於水上，即此處也。在今河南省臨漳縣西。⑮韓陵：韓陵，山名，在今河南省安陽縣東北十七里，高歡既敗爾朱兆於韓陵，立定國寺於此以旌功。《五代志》兗州魏郡安陽縣有韓陵山。⑯永安枉害天柱：謂孝莊帝殺爾朱榮也。榮封天柱大將軍，孝莊帝年號永安，故以稱之。⑰我昔聞天柱計：謂嘗聞爾朱榮謀逆之計，伏誅固其宜也。⑱不用公言，以至於此：慕容紹宗諫兆使歡將六鎮兵令就食山東而兆不能用，故有此言。事見上卷中大通二年。(一九)欲輕騎西走：自鄴西走歸晉陽。(二〇)反旗鳴角：角，軍中樂器也，出自羌胡，故亦曰胡角，臨陳鳴之以壯軍容。陳暘《樂書》曰：「胡角本應胡笳之聲，其制並五采衣幡，掌畫蛟龍，五采腳。」杜佑曰：「大角，即後魏簸邏迴是也。」旗，軍前大旗，反旗者，迴軍以向敵也。(二一)東郡：秦置東郡，晉改為濮陽國，後復曰東郡。《魏書・地形志》東郡治滑臺，今河南省滑縣，道武帝天興置，屬兗州，所謂西兗也，孝文帝太和十八年，改屬相州。(二二)北中：即北中郎府城，在河橋之北。(二三)漯波津：胡三省曰：「漯波津在河橋西，亦曰雷波，即爾朱兆犯洛帥騎踏淺涉渡之處。」兆自河橋西涉渡犯洛見上卷中大通二年十二月。(二四)辯，同之兄子也：盧同黨附元乂以進用。(二五)前仲遠自徐州為逆，汝為戎首：胡三省曰：「謂前年仲遠舉兵向路時也。」(二六)不能制物：無御下之才。(二七)悅遂與岳俱襲長安：胡三省曰：「岳為雍州刺史，本治長安，蓋天光東下，使之出捍西北也。」(二八)四瀆：四瀆津也，在今山東省臨邑故縣東。《水經注》河水自臨邑縣故城西又東北流逕四瀆津，津西側岸臨河，有四瀆祠，東對四瀆口。河水東分濟，亦曰濟水受河也，然滎口石門，水斷不通，始自是出，東北流逕九里，與清水合，故濟瀆也，自河入濟，自濟入淮，自淮達江，水徑周通，故有四瀆之名也。(二九)弼還東陽：東陽城，魏青州治所。(三〇)契闊：《邶風・擊鼓》之詩云：「死生契闊。」毛萇曰：「契闊，勤苦也。」(三一)高歡以安定王疏遠：胡三省曰：「章武王太洛，文成之子，獻文之季弟也。太洛生融，融生安定王，於孝明帝緦麻親也，故以為疏遠。魏收書章武王太洛，景穆之子，以彬為後，彬子融。

審爾，則愈疏遠矣！」㉜廣陵既為逆胡所立：節閔帝本廣陵王，故以稱之。逆胡謂爾朱世隆。廣陵，世隆所立，見上年。㉝兼荷兄恩意甚多：胡三省曰：「古以儋負為義，故以受任為荷，受恩為荷，而感恩者亦曰荷。」㉞尚書左僕射平陽王脩，懷之子也：廣平王懷，孝文帝之子，脩於孝明帝為從兄弟。㉟氈帳：以氈為帳幕也，胡夷所居，漢人謂之穹廬。《漢書・蘇武傳》：「匿穹廬。」顏師古注：「穹廬，旃帳也。」旃與氈同。㊱陳誠：布陳其誠悃。㊲嚴警：嚴為警備。㊳昧爽：天將明未全明時也，猶曰昧旦。《書・牧誓》：「時甲子昧爽。」傳曰：「昧，冥；爽，明；早旦也。」釋文曰：「昧爽，謂早旦也。」疏云：「釋言云：『晦，冥也。』昧亦晦義，故為冥也。冥是夜，爽是明，夜而未明，謂早旦之時，蓋雞鳴後也。」㊴文武執鞭以朝：胡三省曰：「軍中不能備朝服，故執鞭以為敬。」㊵磬折延首：《禮記・曲禮》云：「立則磬折垂佩。」疏曰：「身宜僂折如磬之背，故云磬折也。」按磬垂兩端而中屈，人屈腰為禮則似之，故以為喻。延，引也，折腰則首前引，恭敬之狀。㊶脩令思政取表視之，曰，便不得不稱朕矣：脩既覽表，知高歡之誠，故有是言。胡三省曰：「書曰：『天位艱哉！』又曰：『毋安厥位，惟危。』雖天人樂推，神器歸屬，賢君處此之時，慓慓乎懼其不勝也。平陽王覩勸進表而發此言，驕滿之氣溢出於肝鬲之上，君子以是知其不能終。」㊷孝武帝即位於東郭之外：帝諱脩，字孝則，廣平武穆王懷之第三子也。永熙三年，帝迫脅於斛斯椿，出奔長安，史曰出帝，時東魏孝靜帝之天平元年也。東郭謂洛陽之東郭。㊸用代都舊制，以黑氈蒙七人，歡居其一。帝於氈上西向拜天畢，入御太極殿：胡三省曰：「魏自孝文帝用夏變夷，宣武、孝明即位皆用漢、魏之制，今復用夷禮。」㊹廣寧：《魏書．地形志》廣寧郡屬朔州。《五代志》馬邑郡善陽縣，後齊置朔州廣寧郡。今山西省朔縣，隋善陽縣之故地也。㊺吐萬人：爾朱兆字。㊻退可以封函谷：謂閉函谷關以自固也。《後漢書》王元說隗囂曰：「元請以一丸泥為大王東封函谷關。」孝通之言，蓋師其意。㊼魏主酖節閔帝於門下外省：帝崩，年三十五，西魏謚帝曰節閔。㊽葬用殊禮：《魏書．廣陵王紀》葬以王禮，加以九旒鑾輅，黃屋左纛，班劍百二十人，二衞羽林，備儀衞。此言殊禮，謂異於諸王之葬也。㊾寶炬，愉之子也：京兆王愉，孝文帝之子。㊿鎮兵何敢爾：鎮兵謂高隆之也，斥其何敢恃歡勢以驕公卿。胡三省曰：「魏遷洛陽，北人留居北鎮者率隸尺籍，故詈之曰鎮兵。」尺籍，軍籍也。《漢書．馮唐傳》：「夫士卒盡家人子，起田中從軍，安知尺籍伍符？」顏師古曰：「尺籍所以書軍令。」(51)武鄉：《魏書．地形志》幷州鄉郡鄉縣有武鄉城。晉初置武鄉縣，屬上黨郡，石勒僭號，置為武鄉郡，蓋勒本武鄉人，以比漢之豐沛也。魏太武帝延和二年，置鄉郡於此，唐為武鄉縣，故城在今山西省榆社縣北。(52)歡以晉陽四塞：胡三省曰：「太原郡之地，東阻太行、常山，西有蒙山，南有霍山、高壁嶺，北扼東陘、西陘關，故亦以為四塞之地。」晉陽，太原郡治也。(53)魏夏州遷民郭遷據青州反：遷蓋自夏州遷居青州。(54)魏東南道大行臺樊子鵠圍元樹於譙城：梁遣元樹鎮譙城見上年。(55)蒙縣：蒙縣，漢、晉屬梁國，後魏屬譙郡，蓋春秋宋之蒙澤也，故城在今河南省商丘縣東北。(56)羊侃行至官竹：侃隨東魏王元法僧入魏見上二月。胡三省曰：「水經注睢水自睢陽東南流，歷竹圃，水次綠竹蔭渚，菁菁彌望，世人謂之梁王竹園。官收其利，因曰官竹。」其地在今安徽省亳縣東北。(五七)日南至：冬至也。日自秋分後行於赤道之南，其赤緯最大時為二十三度二十六分五十九秒，是為冬至，過此則日漸移而北。(五八)圜丘：祭天之壇也。《周禮》疏云：「土之高者曰丘，圜者，象天圓也。」(五九)魏殺安定王朗、東海王曄：胡三省曰：「二王皆嘗擁立，雖已廢退，居嫌疑之地，故見殺。」曄為爾朱氏所立見上卷中大通二年十月。(六〇)魏葬靈太后胡氏：爾朱榮入洛，沉靈后於河，見卷一百五十二大通二年，今乃克葬之。(六一)復以太尉元法僧為郢州刺史：是年春，梁以元法僧為東魏王。(六二)魏主以汝南王悅，屬近地尊：悅，孝文帝之子，於魏主為叔父。(六三)魏大赦，改元永興，以與太宗同號，復改永熙：太宗，魏明元帝廟號。明元帝即位之初，建元永興。

卷一百五十六 梁紀十二

起昭陽赤奮若，盡閼逢攝提格，凡二年。（癸丑至甲寅，西元五三三年至五三四年）

司馬光編集
林瑞翰註

高祖武皇帝十二

中大通五年（西元五三三年）

㈠春，正月辛卯（初二日），上祀南郊，大赦。

㈡魏竇泰奄至爾朱兆庭，軍人因宴休惰忽，見泰軍，驚走，追破之於赤谼嶺㈠，【考異】魏帝紀：「正月庚寅朔，甲午，齊獻武王自晉陽出討兆，丁酉，大破之於赤洪嶺。」北齊帝紀出兵在去年，破兆在今年。按歲首宴會，不應直至八日，今從齊書。眾並降散。兆逃於窮山，命左右西河張亮及蒼頭陳山提斬己首以降，皆不忍。兆乃殺所乘白馬，自縊於樹，歡親臨㈡，厚葬之。

慕容紹宗攜爾朱榮妻子及兆餘眾詣歡降，歡以義故㈢，待之甚厚。兆之在秀容，左右皆密通款於歡，唯張亮無啟疏。歡嘉之，以為丞相府參軍。

㈢魏罷諸行臺㊃。

㈣辛亥（二十二日），上祀明堂。

㈤丁巳（二十八日），魏主追尊其父為武穆帝，太妃馮氏為武穆后，母李氏為皇太妃。

㈥勞州刺史曹鳳、東荊州刺史雷能勝等舉城降魏㊄。

㈦魏侍中斛斯椿聞喬寧、張子期之死，內不自安，與南陽王寶炬、武衞將軍元毗、王思政密勸魏主圖丞相歡㊅。毗，遵之玄孫也㊆。舍人元士弼又言歡受詔不敬，帝由是不悅。椿勸帝置閤內都督、部曲，又增武直人數，自直閤已下，員別數百㊇，皆選四方驍勇者充之。帝數出遊幸，椿自部勒，別為行陳，由是朝政軍謀，帝專與椿決之。帝以關中大行臺賀拔岳擁重兵，密與相結，又出侍中賀拔勝為都督三荊等七州諸軍事㊈，欲倚勝兄弟以敵歡㊉，歡益不悅。

侍中司空高乾之在信都也，遭父喪，不暇終服㊁，及孝武帝即位，表請解職行喪，詔聽解侍中，司空如故。乾雖求退，不謂遽見許，既去內侍，朝政多不關預，居常怏怏。帝既貳於歡，冀乾為己用，嘗於華林園宴罷，獨留乾，謂之曰：「司空奕世忠良㈢，今日復建殊效，相與雖則君臣，義同兄弟，宜共立盟約，以敦情契。」殷勤逼之。乾對曰：「臣以身許國，何敢有貳？」時事出倉猝，且不謂帝有異圖，遂不固辭，亦不以啟歡。及帝置部曲，乾乃私謂所親曰：「主上不親勳賢，而招聚小，數遣元士弼、王思政往來關西，與賀拔岳計議，又出賀拔勝為荊州，外示疏忌，內實樹黨，令其兄弟相近，冀據有西方，禍難將作，必及於我。」乃密啟歡，歡召乾詣并州面論時事，乾因勸歡受魏禪，歡以袖掩其口曰：「勿妄言。今令司空復為侍中，門下之事，一以相委。」歡屢啟請，帝不許。乾知變難將起，密啟歡求為徐州。二月辛酉（初三日），以乾為驃騎大將軍、開府儀同三司、徐州刺史，以咸陽王坦為司空。

㈧癸未（二十五日），上幸同泰寺，講般若經，七日而罷，會者數萬人。

(九)魏正光以前，阿至羅常附於魏〔一三〕，及中原多事，阿至羅亦叛，丞相歡招撫之，阿至羅復降，凡十萬戶。三月辛卯（初三日），詔復以歡為大行臺，使隨宜裁處〔一四〕。歡與之粟帛，議者以為徒費無益，歡不從。及經略河西，大收其用〔一五〕。

(十)高乾將之徐州，魏主聞其漏泄機事，乃詔丞相歡曰：「乾邕與朕私有盟約，今乃反覆兩端。」歡聞其與帝盟，亦惡之，即取乾前後數啟論時事者遣使封上。帝召乾對歡使責之，乾曰：「陛下自立異圖，乃謂臣為反覆。人主加罪，其可辭乎？」遂賜死。帝又密敕東徐州刺史潘紹業殺其弟敖曹〔一六〕，敖曹先聞乾死，伏壯士於路，執紹業，得敕書於袍領，遂將十餘騎奔晉陽。歡抱其首哭曰：「天子枉害司空。」敖曹兄仲密為光州刺史〔一七〕，帝敕青州斷其歸路〔一八〕，仲密亦間行〔一九〕奔晉陽。仲密名慎，以字行。

(十一)魏太師魯郡王肅卒。

(十二)丙辰（二十八日），南平元襄王偉卒。

(十三)丁巳（二十九日），魏以趙郡王諶為太尉，南陽王寶炬為太保。

㈣魏爾朱兆之入洛也㊀，焚太常樂庫，鍾磬俱盡。節閔帝詔錄尚書事長孫稚、太常卿祖瑩等更造之，至是始成，命曰大成樂。

㈤魏青州民耿翔聚眾寇掠三齊㊁，膠州刺史裴粲專事高談，不為防禦。夏，四月，翔掩襲州城㊂。左右白賊至，粲曰：「豈有此理？」左右又言，已入州門，粲乃徐曰：「耿王來，可引之聽事，自餘部眾，且付城民。」翔斬之，送首來降。

㈥五月，魏東徐州民王早等殺刺史崔庠，以下邳來降。【考異】梁帝紀，六月己卯，魏建義城主蘭寶以下邳城降，今從魏書。

㈦六月壬申（十五日），魏以驃騎大將軍樊子鵠為青、膠大使，督濟州刺史蔡儁等討耿翔。秋，七月，魏師至青州，翔棄城來奔，詔以為兗州刺史。

㈧壬辰（初六日），魏以廣陵王欣為大司馬，趙郡王諶為太師。庚戌（二十四日），以前司徒賀拔允為太尉。【考異】魏帝紀作賀拔渥，按允字阿鞠渥，蓋涅字誤為渥耳。初，賀拔岳遣行臺郎馮景詣晉陽，丞相歡聞岳使至，甚喜，曰：「賀拔公詎憶吾邪？」與景歃血，約與岳為兄弟。景還，言於岳曰：「歡姦詐有餘，不可信也。」府司馬宇文泰自請使晉陽，以觀歡之為人。歡奇其狀貌，曰：「此兒視瞻非常。」將留之，泰固求復命。歡既遣而悔之，發驛急追，至關不及而返。

泰至長安，謂岳曰：「高歡所以未篡者，正憚公兄弟耳！侯莫陳悅之徒，非所忌也。公但潛為之備，圖歡不難。今費也頭控弦之騎不下一萬，夏州刺史斛拔彌俄突勝兵三千餘人，靈州刺史曹泥、河西流民紇豆陵伊利等各擁部眾，未知所屬，公若引軍近隴㉝，扼其要害，震之以威，懷之以惠，可收其士馬以資吾軍，西輯氐羌，北撫沙塞㉞，還軍長安，匡輔魏室，此桓文之舉也。」岳大悅，復遣泰詣洛陽請事，密陳其狀。魏主喜，加泰武衛將軍，使還報。

八月，帝以岳為都督雍、華等二十州諸軍事㉟，雍州刺史，又割心前血，遣使者齎以賜之。岳遂引兵西屯平涼㊱，以牧馬為名，斛拔彌俄突、紇豆陵伊利及費也頭、万俟受洛干、鐵勒斛律沙門等皆附於岳，唯曹泥附於歡，秦、南秦、河、渭四州刺史同會平涼，受岳節度。

岳以夏州被邊要重，欲求良刺史以鎮之，眾舉宇文泰，岳曰：「宇文左丞，吾左右手，何可廢也？」沈吟累日，卒表用之。

㈩九月癸酉（十八日），魏丞相歡表讓王爵㉗，不許，請分封邑十萬戶頒授勳義㉘，從之。

㈩冬，十月庚申（初五日），以尚書右僕射何敬容為左僕射，吏部尚書謝舉為右僕射。

㈩十一月癸巳（初九日），魏以殷州刺史中山邸珍㉙為徐州大都督、東道行臺僕射以討下邳。

㈩十二月丁巳（初三日），魏主狩於嵩高，己巳（十五日），幸溫湯㉚，丁丑（二十三日），還宮。

㈩魏荊州刺史賀拔勝寇雍州㉛，拔下迮戍，扇動諸蠻，雍州刺史廬陵王續遣軍擊之，屢為所敗，漢南震駭。勝又遣軍攻馮翊、安定、沔陽、酇城，皆拔之㉜，續遣電威將軍柳仲禮屯穀城㉝以拒之。勝攻之，不克，乃還，於是汚北盪為丘墟矣！仲禮，慶遠之孫也㊂。

㊃魏丞相歡患賀拔岳、侯莫陳悅之彊，右丞翟嵩曰：「嵩能間之，使其自相屠滅。」歡遣之。歡又使長史侯景招撫紇豆陵伊利，伊利不從。

【今註】㊀赤谼嶺：杜佑曰：「石州離石縣有赤洪水，即離石水，赤洪其別名也，高歡破爾朱兆於赤洪嶺，蓋近此。」《元和郡縣志》離石山一名赤洪嶺，高歡大破爾朱兆於赤洪嶺，蓋此處也。在今山西省離石縣西南百餘里，接嵐縣界。㊁歡親臨：哭喪曰臨。㊂義故：義故猶言故舊也，以義相從，故曰義故。㊃魏罷諸行臺：胡三省曰：「天監十五年，魏以李平為行臺，節度統攻硤石諸軍，踵魏初之制而置之也。正光之末，盜起，始復置諸道行臺。」正光，魏孝明帝年號。㊄勞州刺史曹鳳、東荊州刺史雷能勝等舉城降魏：胡三省曰：「曹鳳、雷能勝皆蠻左也，因其地授以州刺史。」㊅魏侍中斛斯椿聞喬寧、張子期之死，內不自安，與南陽王寶炬、武衛將軍元毗、王思政密勸魏主圖丞相歡：寧、子期之死見上卷上年。椿嘗勸賀拔勝圖歡，亦見上卷上年，蓋椿本有圖歡之心，因寧、子期之死，懼禍將及，故決計為之也。㊆毗，遵之玄孫也：常山王遵，昭成帝什翼犍子壽鳩之子也，道武帝建國之初，有佐命之功。㊇椿勸帝置閤內都督、部曲，又增武直人數，自直閤已下，員別數百：胡三省曰：「武直，謂武士之入直殿閤者。據五代志紀北齊之制，領軍府將軍掌宿衞禁掖朱華閤外，凡禁衞官皆主之，又左右衞府將軍各一人，掌左右廂所主朱華閤以外，又武衞將軍二人貳之，其御仗屬官有御仗正副都督、御仗五職、御仗等員，直盪屬官有直盪正副都督、直入正副都督、勳武前鋒正副都督、勳武前鋒五職等員，直衞屬官有直衞正副都督、翊衞正副都督等員，直突屬官有直突都督、前鋒散都督等員，直閤屬官有朱衣直閤、直閤將軍、直寢、直齋、直後之屬，又有雲騎、武騎、驍騎、遊擊、前、左、右、後等將軍，左、右、虎賁等中郎將，步兵、越騎、射聲、屯騎、長水等將軍，左右騎三都尉，羽林監、冗從僕射，積弩、積射、彊弩、殿中等將軍及員外將軍，武騎常侍，殿中司馬督、員外司馬督等。蓋其制仿於晉代，有損益。觀北齊之制，則當時增置可概見矣！」㈨又出侍中賀拔勝為都督三荊等七州諸軍事：《魏書・賀拔勝傳》七州謂三荊、二郢、南襄、南雍也。三荊注見卷一百五十四註㊳，二郢謂郢及南郢。㈩欲倚勝兄弟以敵歡：勝兄弟，謂賀拔勝及賀拔岳。㈡不暇終服：未終制而起復也。㈢司空弈世忠良：胡三省曰：「謂自高允以來。」弈世謂累代也。《後漢書・袁術傳》：「弈世克昌。」章懷注：「弈猶重也。」㈢魏正光以前，阿至羅常附於魏：正光，魏孝明帝年號。《魏書・孝靜帝紀》興和三年，阿至羅國主副伏羅越居子去賓來降，封為高車王，蓋高車之種也。㈣詔復以歡為大行臺，使隨宜裁處：魏罷行臺見上正月，今以殊俗歸降，復授歡此職以招納其眾。㈤及經略河西，大收其用：據《北齊書・神武帝紀》，經略河西，謂救曹泥、取万俟受洛干時也。㈥帝又密敕東徐州刺史潘紹業殺其弟敖曹：胡三省曰：「按李延壽齊紀，魏主遣東徐州刺史潘紹業密敕長樂太定龐蒼鷹殺敖曹，則是高敖曹此時在信都也。」長樂郡治信都。⑰敖曹兄仲密為光州刺史：《北齊書・神武帝紀》，仲密，乾邕之次弟也。《魏書・地形志》魏獻文帝皇興四年，分青州置光州，孝文帝延興五年，改為鎮，宣武帝景明元年，復為光州，治掖城，今山東省掖縣，領東萊、長廣、東牟等郡。⑱帝敕青州斷其歸路：胡三省曰：「由東萊歸渤海，道出青州。」掖縣，東萊郡治，青州治東陽、高氏，渤海蓨人也。⑲間行：猶微行也。⑳魏爾朱兆之入洛也：兆入洛見卷一百五十四中大通二年。㉑三齊：胡三省曰：「三齊，因秦漢舊名言之。」㉒州城：膠州城也。《魏書・地形志》魏孝莊帝永安二年置膠州，領東武、高密、平昌等郡，治東武城，今山東省諸城縣。㉓公若引軍近隴：隴謂隴阪也。㉔沙塞：塞外北臨沙漠，故曰沙塞。㉕帝以岳為都督雍、華等二十州諸軍事：《魏書・地形志》魏孝文帝太和十一年分秦州置華州，領華山、澄城、白水三郡。又《賀拔岳傳》，二十州謂雍、華、北華、東雍、二岐、豳、四梁、二益、巴、二夏、蔚、寧、南益、涇。㉖岳遂引兵西屯平涼：胡三省曰：「此所謂引兵近隴也。」㉗九月癸酉，魏丞相歡表讓王爵：《魏書・出帝平陽王紀》當作八月癸酉，八月丁巳朔，癸酉十七日，九月丙戌朔，無癸酉日。㉘勳義：胡三省曰：「謂自信都從起義討爾朱有功勳者也。」按勳義，謂義故之立有勳績者。㉙邸珍：邸，姓也。應劭《風俗通》漢上郡有邸杜。㉚溫湯：胡三省曰：「歷嵩高而南，惟汝州梁縣有溫湯耳！」㉛魏荊州刺史賀拔勝寇雍州：此雍州，梁之雍州也，治襄陽。㉜勝又遣軍攻馮翊、安定、沔陽、酇城，皆拔之：《五代志》竟陵郡藍水縣宋僑立馮翊郡，沔陽郡沔陽縣梁置沔陽、營陽、州城三郡，襄陽郡陰城縣西魏置酇城郡，藍水縣，今湖北省鍾祥縣西北，沔陽縣即今湖北省沔陽縣，陰城縣在今湖北省光化縣西。胡三省曰：「蕭子顯齊志寧蠻府所領郡有安定郡，領新安等縣。五代志新安縣并入襄陽郡南漳縣，當是置安定僑郡於南漳界也。」今湖北省南漳縣，隋南漳縣故治也。㊂穀城：《五代志》襄陽郡穀城縣舊曰義城，置義城郡，縣境有穀城山，又梁有筑陽，隋文帝開皇初廢，今湖北省穀城縣，古穀城故地也。㊃仲禮，慶遠之孫也：柳慶遠見卷一百四十三齊東昏侯永元二年。

六年㈠（西元五三四年）

㈠春，正月壬辰（初九日），魏丞相歡擊伊利於河西，擒之，遷其部落於河東㈡。魏主讓之曰：「伊利不侵不叛，為國純臣㈢，王忽伐之，詎有一介行人，先請之乎㈣？」

㈡魏東梁州㈤民夷作亂，二月，詔以行東雍州事豐陽泉企討平之㈥。【考異】北史作泉㕎，今從周書。企世為商洛豪族㈦，魏世祖以其曾祖景言為本縣令，封丹水侯，使其子孫襲之。

㈢壬戌（初九日），魏大赦。

㈣癸亥（初十日），上耕藉田，大赦。

㈤魏永寧浮圖(八)災，觀者皆哭，聲振城闕。

㈥魏賀拔岳將討曹泥，使都督武川趙貴至夏州與宇文泰謀之。泰曰：「曹泥孤城阻遠，未足為憂，侯莫陳悅貪而無信，宜先圖之。」岳不聽(九)，召悅會於高平，與共討泥。悅既得翟嵩之言，乃謀取岳。岳數與悅宴語，長史武川雷紹諫，不聽。岳使悅前行，至河曲(一〇)，悅誘岳入營，坐論軍事。悅陽稱腹痛而起，其壻元洪景拔刀斬岳。岳左右皆散走，悅遣人諭之云：「我別受旨，止取一人，諸君勿怖。」眾以為然，皆不敢動，而悅心猶豫，不即撫納(一一)，乃還入隴，屯水洛城(一二)，岳眾散還平涼。趙貴詣悅請岳尸葬之，悅許之。

岳既死，悅軍中皆相賀，行臺郎中薛憕私謂所親曰：「悅才略素寡，輒害良將，吾屬今為人虜矣！何賀之有？」憕，真度之從孫也(一三)。

岳眾未有所屬，諸將以都督武川寇洛年最長，推使總諸軍。洛素無威略，不能齊眾(一四)，乃自請避位。趙貴曰：「宇文夏州英略冠世，遠近歸心，賞罰嚴明，士卒用命，若迎而奉之，大事濟矣！」諸將或欲南召賀拔勝，或欲東告魏朝，猶豫不決。都督盛樂㊄杜朔周曰：「遠水不救近火。今日之事，非宇文夏州無能濟者，趙將軍議是也。」朔周請輕騎告哀，且迎之。眾乃使朔周馳至夏州召泰，泰與將佐賓客共議去留。前太中大夫潁川韓褒曰：「此天授也，又何疑乎？侯莫陳悅幷中蛙耳，使君往必擒之。」眾以為悅在水洛，去平涼不遠，若已有賀拔公之眾，則圖之實難，願且留以觀變。泰曰：「悅既害元帥，自應乘勢直據平涼。而退據水洛，吾知其無能為也！夫難得易失者，時也㊅，若不早赴，眾心將離。」夏州首望都督彌姐元進㊆陰謀應悅，泰知之，與帳下都督高平蔡祐謀執之。祐曰：「元進會當反噬，不如殺之。」泰曰：「汝有大決㊇。」乃召元進等入計事。泰曰：「隴賊逆亂，當與諸人勠力討之，諸人似有不同者，何也？」祐即被甲持刀直入，瞋目謂諸將曰：「朝謀夕異，何以為人？今日必斷姦人首。」舉坐皆叩頭曰：「願有所擇。」祐乃叱元進斬之，幷誅其黨，因與諸將同盟討悅。

泰謂祐曰：「吾今以爾為子，爾其以我為父乎？」

泰與帳下輕騎馳赴平涼，令杜朔周師眾先據彈箏峽(一九)。時民間惶懼，逃散者多，軍士爭欲掠之。朔周曰：「宇文公方伐罪討民，奈何助賊為虐乎？」撫而遣之，遠近悅附，泰聞而嘉之。朔周本姓赫連，曾祖庫多汗避難改焉，泰命復其舊姓，名之曰達。

丞相歡使侯景招撫岳眾，泰至安定，遇之，謂曰：「賀拔公雖死，宇文泰尚存，卿何為者？」景失色曰：「我猶箭耳，唯人所射！」遂還(二〇)。

泰至平涼，哭岳甚慟，將士皆悲喜。歡復使侯景與散騎常侍代郡張華原、義寧太守太安王基(二一)勞泰，泰不受，欲劫留之，曰：「留則共用富貴，不然，命在今日。」華原曰：「明公欲脅使者以死亡，此非華原所懼也。」泰乃遣之。基還，言泰雄傑，請及其未定擊滅之。歡曰：「卿不見賀拔、侯莫陳乎？吾當以計拱手取之。」

魏主聞岳死，遣武衛將軍元毗慰勞岳軍，召還洛陽，并召侯莫陳悅。毗至平涼，軍中已奉宇文泰為主。悅既附丞相歡，不肯應召，泰因元毗上表稱：「臣岳忽罹非命，都督寇洛等令臣權掌軍事，奉詔召岳軍入京。今高歡之眾，已至河東㉒，侯莫陳悅猶在水洛，士卒多是西人，顧戀鄉邑，若逼令赴闕，悅躡其後，歡邀其前，恐敗國殄民，所損更甚。乞少賜停緩，徐事誘導，漸就東引㉓。」魏主乃以泰為大都督，即統岳軍。

初，岳以東雍州刺史李虎為左廂大都督，岳死，虎奔荊州，說賀拔勝使收岳眾，勝不從。虎聞宇文泰代岳統眾，乃自荊州還赴之，至閿鄉㉔，為丞相歡別將所獲，送洛陽。魏主方謀取關中，得虎甚喜，拜衞將軍，厚賜之，使就泰。虎，歆之玄孫也㉕。

泰與悅書，責以：「賀拔公有大功於朝廷，君名微行薄，賀拔公薦君為隴右行臺，又高氏專權，君與賀拔公同受密旨，屢結盟約，而君黨附國賊，共危宗廟，口血未乾㉖，匕首已發。今吾與君皆受詔還闕，今日進退，唯君是視。君若下隴東邁，吾亦自北道同歸㉗。若首鼠兩端，吾則指日相見㉘。」

魏主問泰以安秦、隴之策，泰表言宜召悅授以內官，或處以瓜、涼[29]一藩，不然，終為後患。原州刺史史歸素為賀拔岳所親任，河曲之變，反為悅守，悅遣其黨王伯和、成次安將兵二千助歸鎮原州[30]，泰遣都督侯莫陳崇帥輕騎一千襲之。崇乘夜將十騎直抵城下，餘眾皆伏於近路。歸見騎少，不設備，崇即入據城門，高平令隴西李賢及弟遠穆在城中為崇內應，於是中外鼓譟，伏兵悉起，遂擒歸及次安、伯和等歸于平涼，泰表崇行原州事。

三月，泰引兵擊悅，至原州，眾軍畢集。

(七)夏，四月，癸丑朔，日有食之。

(八)魏南秦州刺史隴西李弼說侯莫陳悅曰：「賀拔公無罪而公害之，又不撫納其眾。今奉宇文夏州以來，聲言為主報讎，此其勢不可敵也，宜解兵以謝之，不然，必及禍。」悅不從。

宇文泰引兵上隴，留兄子導為都督，鎮原州。泰軍令嚴肅，秋毫無犯，百姓大悅。軍出木狹關[31]，雪深二尺，泰倍道兼行，出其不意。悅聞之，退保略陽[32]，留萬人守水洛。泰至水洛，即降。泰遣輕騎數百趣略陽，悅退保上邽，召李弼，與之拒泰。弼知悅必敗，陰遣使詣泰請為內應，悅棄州城㊂，南保山險。弼謂所部曰：「侯莫陳公欲還秦州，汝輩何不裝束？」弼妻，悅之姨也，眾咸信之，爭趣上邽。弼先據城門以安集之，遂舉城降泰，泰即以弼為秦州刺史。其夜，悅出軍將戰，軍自驚潰。悅性猜忌，既敗，不聽左右近已，與其二弟幷子及謀殺岳者七八人棄軍進走，數日之中，槃桓㊃往來，不知所趣。左右勸向靈州依曹泥，悅從之。自乘騾，令左右皆步從，欲自山中趣靈州。宇文泰使原州都督賀拔穎追之，悅望見追騎，縊死於野。

泰入上邽，引薛憕為記室參軍，收悅府庫，財物山積，泰秋毫不取，皆以賞士卒。左右竊一銀甕以歸，泰知而罪之，即剖賜將士。悅黨豳州刺史孫定兒據州不下，有眾數萬，泰遣都督中山劉亮襲之。定兒以大軍遠，不為備。亮先豎一纛㊄於近城高嶺，自將二十騎馳入城，定兒方置酒，猝見亮至，駭愕不知所為。亮麾兵斬定兒，遙指城外纛，命二騎曰：「出召大軍。」城中皆懾服莫敢動。

先是故氐王楊紹先乘魏亂，逃歸武興，復稱王〔三六〕。涼州刺史李叔仁為其民所執，氐、羌、吐谷渾所在蜂起，自南岐至瓜、鄯，跨州據郡者，不可勝數。宇文泰令李弼鎮原州，夏州刺史拔也惡蚝鎮南秦州〔三七〕，渭州刺史可朱渾道元〔三八〕鎮渭州，衛將軍趙貴行秦州事，徵豳、涇、東秦、岐四州之粟以給軍。楊紹先懼，稱藩送妻子為質。

夏州長史于謹言於泰曰：「明公據關中險固之地，將士驍勇，土地膏腴。今天子在洛，迫於羣兇，若陳明公之懇誠，筭時事之利害，請都關右，挾天子以令諸侯，奉王命以討叛亂，此桓文之業，千載一時也。」泰善之。

丞相歡聞泰定秦隴，遣使甘言厚禮以結之。泰不受，封其書，使都督濟北張軌獻於魏主。

斛斯椿問軌曰：「高歡逆謀，行路皆知之，人情所恃，唯在西方，未知宇文何如賀拔？〔三九〕」軌曰：「宇文公文足經國，武能定亂。」椿曰：「誠如君言，真可恃也。」魏主命泰發二千騎鎮東雍州助為勢援，仍命泰稍引軍而東。泰以大都督武川梁禦為雍州刺史，使將步騎五千前行。

先是丞相歡遣其都督太安韓軌將兵一萬據蒲坂以救侯莫陳悅，雍州刺史賈顯度以舟迎之，梁禦見顯度，說使從泰，顯度即出迎禦，禦入據長安。

魏主以泰為侍中、驃騎大將軍、開府儀同三司、關西大都督、略陽縣公，承制封拜。泰乃以寇洛為涇州刺史，李弼為秦州刺史，前略陽太守張獻為南岐州刺史。南岐州刺史盧待伯不受代，泰遣輕騎襲而擒之。

侍中封隆之言於丞相歡曰：「斛斯椿等今在京師，必構禍亂。」隆之與僕射孫騰爭尚魏主妹平原公主，公主歸隆之，騰泄其言於椿，椿以白帝，隆之懼，逃還鄉里。歡召隆之詣晉陽，會騰帶仗入省，擅殺御史，懼罪，亦逃就歡。領軍婁昭辭疾歸晉陽，帝以斛斯椿兼領軍，改置都督及河南、關西諸刺史。

華山王鷙在徐州，歡使大都督邸珍奪其管鑰㊃。建州刺史韓賢、濟州刺史蔡儁，皆歡黨也，帝省建州以去賢㊷，使御史舉儁罪，以汝陽王叔昭代之。歡上言儁勳重，不可解奪，汝陽懿德，當受大藩，臣弟永寶㊸猥任定州，宜避賢路。帝不聽。

五月丙戌（初五日），魏主增置勳府庶子廂別六百人，又增騎官廂別二百人㊸。

　魏主欲伐晉陽㊹，辛卯（初十日），下詔戒嚴，云欲自將伐梁，發河南諸州兵，大閱於洛陽，南臨洛水，北際邙山，帝戎服與斛斯椿臨觀之。

六月，丁巳（初六日），魏主密詔丞相歡稱宇文黑獺㊺、賀拔勝頗有異志，故假稱南伐，潛為之備，王亦宜共為形援，讀訖，燔之。

　歡表以為荊、雍將有逆謀㊻，臣今潛勒兵馬三萬，自河東渡，又遣恒州刺史庫狄干等將兵四萬，自來違津渡㊼，【考異】丘悅三國典略作朱違津，今從北齊書及北史。領軍將軍婁昭等將兵五萬以討荊州，冀州刺史尉景等將山東兵七萬、突騎五萬以討江左，皆勒所部，伏聽處分。帝知歡覺其變，乃出歡表，令羣臣議之，欲止歡軍。

歡亦集幷州僚佐共議㊽，還以表聞，仍云：「臣為孌佞所間，陛下一旦賜疑，臣若敢負陛下，使身受天殃，子孫殄絕，陛下若垂信赤心，使干戈不動，佞臣一二人，願斟量廢出㊾。」丁卯（十六日），帝使大都督源子恭守陽胡㊿，汝陽王暹守石濟，又以儀同三司賈顯智為濟州刺史，帥豫州刺史斛斯元壽東趣濟州。元壽，椿之弟也。

蔡儁不受代，帝愈怒，辛未（二十日），帝復錄洛中文武議意以答歡，且使舍人溫子昇為敕賜歡，曰：「朕不勞尺刃，坐為天子，所謂生我者父母，貴我者高王。今若無事背王，規相攻討，則使身及子孫，還如王誓〈五一〉。近慮宇文為亂，賀拔應之，故戒嚴，欲與王俱為聲援。今觀其所為，更無異迹，東南不賓，為日已久，今天下戶口減半，未宜窮兵極武。朕既闇昧，不知佞人為誰？頃高乾之死，豈獨朕意〈五二〉？王忽對昂言兄枉死，人之耳目，何易可輕？如聞庫狄干語王云：『本欲取懦弱者為主，無事立此長君，使其不可駕御。今但作十五日行，自可廢之，更立餘者。』如此議論，自是王間勳人，豈出佞臣之口？去歲封隆之叛，今年孫騰逃去，不罪不送[53]，誰不怪王？王若事君盡誠，何不斬送二首？王雖啟云西去[54]，而四道俱進[55]，或欲南度洛陽，或欲東臨江左[56]，言之者猶應自怪，聞之者寧能不疑？王若晏然居北，在此雖有百萬之眾，終無圖彼之心，王若舉旗南指，縱無匹馬隻輪，猶欲奮空拳而爭死。朕本寡德，王已立之，百姓無知，或謂實可，若為他人所圖，則彰朕之惡，假令還為王殺，幽辱虀粉，了無遺恨。本望君臣一體，若合符契[57]，不圖今日分疏[58]至此。」

中軍將軍王思政言於魏主曰：「高歡之心，昭然可知。洛陽非用武之地，宇文泰乃心王室，今往就之，還復舊京[59]，何慮不克？」帝深然之。遣散騎侍郎河東柳慶見泰於高平，共論時事。泰請奉迎輿駕，慶復命，帝復私謂慶曰：「朕欲向荊州[60]何如？」慶曰：「關中形勝，宇文泰才略可依，荊州地非要害，南迫梁寇，臣愚未見其可。」帝又問閤內都督[61]宇文顯和，顯和亦勸帝西幸。

時帝廣徵州郡兵，東郡太守河東裴俠帥所部詣洛陽。王思政問曰：「今權臣擅命，王室日卑，奈何？」俠曰：「宇文泰為三軍所推，居百二之地(六二)，所謂已操戈矛，寧肯授人以柄？雖欲投之，恐無異避湯入火也。」思政曰：「然則如何而可？」俠曰：「圖歡有立至之憂，西巡有將來之慮。且至關右徐思其宜耳！」思政然之，乃進俠於帝，授左中郎將。

初，丞相歡以洛陽久經喪亂，欲遷都於鄴。帝曰：「高祖定鼎河洛，為萬世之基，王既功存社稷，宜遵太和舊事。」歡乃止，至是復謀遷都，遣三千騎鎮建興(六三)，益河東及濟州兵，擁諸州和糴(六四)粟，悉運入鄴城。

帝又敕歡曰：「王若厭伏人情，杜絕物議，唯有歸河東之兵，罷建興之戍，送相州之粟(六五)，追濟州之軍，使蔡儁受代，邸珍出徐，止戈散馬，各事家業，脫須糧廩，別遣轉輸，則讒人結舌，疑悔不生，王高枕太原，朕垂拱京洛矣！王若馬首南向，問鼎輕重，朕雖不武，為社稷宗廟之計，欲止不能。決在於王，非朕能定(六六)。為山止簣(六七)，相為惜之。」歡上表極言宇文泰、斛斯椿罪惡。

帝以廣寧太守廣寧任祥(六八)兼尚書左僕射，加開府儀同三司。祥棄官，走渡河，還據郡待歡(六九)。帝乃敕文武官北來者任其去留，遂下制書數歡咎惡，召賀拔勝赴行在所。勝以問太保掾范陽盧柔，柔曰：「高歡逆悖，公席卷赴都，與決勝負，生死以之，上策也；北阻魯陽，南幷舊楚(七〇)，東連兗豫，西引關中，帶甲百萬，觀釁而動，中策也；舉三荊之地，庇身於梁，功名皆去，下策也。」勝笑而不應。

帝以宇文泰兼尚書僕射，為關西大行臺，許妻以馮翊長公主，謂泰帳內都督秦郡楊荐(七一)曰：「卿歸語行臺，遣騎迎我。」以荐為直閤將軍。泰以前秦州刺史駱超為大都督，將輕騎一千赴洛，又遣荐與長史宇文側出關候接(七二)。

丞相歡召其弟定州刺史琛使守晉陽，命長史崔暹佐之。暹，挺之子也(七三)。

歡勒兵南出，告其眾曰：「孤以爾朱擅命，建大義於海內，奉戴主上(七四)，誠貫幽明(七五)，橫為斛斯椿讒搆，以忠為逆，今者南邁誅椿而已。」以高敖曹為前鋒。宇文泰亦移檄州郡，數歡罪惡，自將大軍發高平，前軍屯弘農，賀拔勝軍於汝水㊅。

秋，七月己丑（初九日），魏主親勒兵十餘萬屯河橋，以斛斯椿為前驅，陳於邙山之北。椿請帥精騎二千夜度河，掩其勞弊㊆。帝始然之，黃門侍郎楊寬說帝曰：「高歡以臣伐君，何所不至？今假兵於人，恐生他變。椿若度河，萬一有功，是滅一高歡，生一高歡矣！」帝遂敕椿停行，椿歎曰：「頃熒惑入南斗㊇，今上信左右間搆，不用吾計，豈天道乎！」宇文泰聞之，謂左右曰：「高歡數日行八九百里，此兵家所忌，當乘便擊之，而主上以萬乘之重，不能度河決戰，方緣津據守。且長河萬里，扞禦為難，若一處得度，大事去矣！」即以大都督趙貴為別道行臺，自蒲反濟，趣幷州㊈，遣大都督李賢將精騎一千赴洛陽㊉。帝使斛斯椿與行臺長孫稚、大都督潁川王斌之鎮虎牢，行臺長孫子彥鎮陝，賈顯智、斛斯元壽鎮滑臺。斌之，鑒之弟㊁；子彥，稚之子也。

歡使相州刺史竇泰趣滑臺，建州刺史韓賢趣石濟。竇泰與顯智遇於長壽津(八二)，顯智陰約降於歡，引軍退。軍司元玄覺之，馳還，請益師(八三)，帝遣大都督侯幾紹(八四)赴之，戰於滑臺東，顯智以軍降，紹戰死。北中郎將田怙為歡內應，歡潛軍至野王(八五)，帝知之，斬怙。歡至河北十餘里(八六)，再遣使口申誠款，帝不報。

丙午（二十六日），歡引軍渡河。魏主問計於羣臣，或欲奔梁，或云南依賀拔勝，或云西就關中，或云守洛口(八七)死戰。計未決，元斌之與斛斯椿爭權，棄椿還，紿帝云：「高歡兵已至。」【考異】魏書斛斯椿傳云：「椿懼已不免，復啟出帝假說遊聲以劫脅帝，帝信之，遂入關。」按齊高祖舉兵向洛，而云椿劫脅帝，不亦誣乎？此乃魏收欲媚齊人，重椿之罪耳，今從齊書高祖紀及北史椿傳。丁未（二十七日），帝遣使召椿還，遂帥南陽王寶炬、清河王亶、廣陽王湛以五千騎宿於瀍西南陽王別舍，沙門惠臻負璽持千牛刀以從。眾知帝將西出，其夜，亡者過半，亶、湛亦逃歸。湛，深之子也(八八)。

武衛將軍雲中獨孤信(八九)單騎追帝，帝歎曰：「將軍辭父母，捐妻子而來，世亂識忠臣，豈虛言也！」

戊申（二十八日），帝西奔長安，李賢遇帝於崤中(九〇)。己酉（二十九日），歡入洛陽，舍於永寧導，遣領軍婁昭等追帝，請帝東還。長孫子彥不能守陝，棄城走。高敖曹帥勁騎追帝，至陝西[九一]，不及。

帝鞭馬長騖[九二]，糗漿[九三]乏絕，三二日間，從官唯飲澗水。至湖城[九四]，有王思村民以麥飯壺漿獻帝，帝悅，復一村十年。至稠桑[九五]，潼關大都督毛鴻賓迎獻酒食，從官始解飢渴。

八月甲寅（初四日），丞相歡集百官，謂曰：「為臣奉主，匡救危亂，若處不諫爭，出不陪從，緩則耽寵爭榮，急則委之逃竄，臣節安在？」眾莫能對。兼尚書左僕射辛雄曰：「主上與近習圖事，雄等不得預聞。及乘輿西幸，若即追隨，恐跡同佞黨，留待大王，又以不從蒙責，雄等進退無所逃罪。」歡曰：「卿等備位大臣，當以身報國。羣佞用事，卿等嘗有一言諫爭乎？使國家之事，一朝至此，罪欲何歸？」乃收雄及開府儀同三司叱列延慶、兼吏部尚書崔孝芬、都官尚書劉廞、兼度支尚書天水楊機、散騎常侍元士弼，皆殺之。孝芬子司徒從事中郎猷間行入關，魏主使以本官奏門下事(九六)。

歡推司徒清河王亶為大司馬，承制決事，居尚書省。

宇文泰使趙貴、梁禦帥甲騎二千奉迎，帝循河西行，謂禦曰：「此水東流，而朕西上。若得復見洛陽，親詣陵廟，卿等功也。」帝及左右皆流涕。

泰備儀衞迎帝，謁見於東陽驛(九七)，免冠流涕，曰：「臣不能式遏寇虐(九六)，使乘輿播遷，臣之罪也。」帝曰：「公之忠節，著於遐邇，朕以不德，負乘致寇(九九)。今日相見，深用厚顏(一〇〇)。方以社稷委公，公其勉之。」將士皆呼萬歲，遂入長安，以雍州廨舍為宮，大赦，以泰為大將軍、雍州刺史，兼尚書令，軍國之政，咸取決焉，別置二尚書，分掌機事，以行臺尚書毛遐、周惠達為之。時軍國草創，二人積糧儲，治器械，簡士馬，魏朝賴之。泰尚馮翊長公主，拜駙馬都尉(一〇一)。

先是熒惑入南斗，去而復還，留止六旬。上以諺云：「熒惑入南斗，天子下殿走。」乃跣而下殿以禳之(一〇二)，及聞魏主西奔，慙曰：「虜亦應天象邪！」

(九)己未（初九日），武興王楊紹光為秦、南秦二州刺史(一〇三)。

(十)辛酉（十一日），魏丞相歡自追迎魏主，戊辰（十八日），清河王亶下制，大赦。歡至弘農。九月，癸巳（十三日），使行臺僕射元子思帥侍官迎帝，己酉（二十九日），攻潼關，克之，擒毛鴻賓，進屯華陰長城(一〇四)，龍門(一〇五)都督薛崇禮以城降歡。

賀拔勝使長史元穎行荊州事守南陽，自帥所部西赴關中，至淅陽(一〇六)，聞歡已屯華陰，欲還，行臺左丞崔謙曰：「今帝室顛覆，主上蒙塵，公宜倍道兼行，朝於行在，然後與宇文行臺同心勠力，唱舉大義，天下孰不望風響應？今捨此而退，恐人人解體，一失事機，後悔何及。」勝不能用，遂還。

歡退屯河東，使行臺長史薛瑜守潼關，【考異】北史作薛瑾，典略作薛長瑜，北齊帝紀作薛瑜，今從北齊書。大都督庫狄溫守封陵(一〇七)，築城於蒲津(一〇八)西岸，以薛紹宗為華州刺史，使守之，以高敖曹行豫州事。

歡自發晉陽，至是凡四十啟，魏主皆不報，歡乃東還，遣行臺侯景等引兵向荊州，荊州民鄧誕等執元穎以應景。賀拔勝至，景逆擊之，勝兵敗，帥數百騎來奔⑲。

(十)魏主之在洛陽也，密遣閤內都督河南趙剛召東荊州刺史馮景昭帥兵入援，兵未及發，魏主西入關，景昭集府中文武議所從，司馬馮道和請據州待北方處分⑳，剛曰：「公宜勤兵赴行在所㉑。」久之，更無言者，剛抽刀投地，曰：「公若欲為忠臣，請斬道和，如欲從賊，可速見殺。」景昭感悟，即帥眾赴關中。侯景引兵逼穰城㉒，東荊州民楊祖歡等起兵，以其眾邀景昭於路，景昭戰敗，剛沒蠻中㉓。

冬，十月，丞相歡至洛陽，【考異】齊書、北史皆云九月庚寅，還至洛陽。按歡九月己酉克潼關，己酉九月二十九日也，不容庚寅已還至洛陽，庚寅乃九月十日也。又遣僧道榮奉表於孝武帝曰：「陛下若遠賜一制，許還京洛，臣當帥勒文武，式清宮禁。若返正無日，則七廟不可無主，萬國須有所歸，臣寧負陛下，不負社稷。」帝亦不答，歡乃集百官耆老議所立。時清河王亶出入已稱警蹕，歡醜之，乃託以孝昌以來昭穆失序，永安以孝文為伯考，永熙遷孝明於夾室㉔，業喪祚短，職此之由，遂立清河王世子善見為帝，謂亶曰：「欲立王，不如立王之子。」亶不自安，輕騎南走，歡追還之。丙寅（十七日），孝靜帝即位於城東北㉕，時年十一。大赦，改元天平。

魏宇文泰進軍攻潼關，斬薛瑜，虜其卒七千人，還長安，進位大丞相。東魏行臺薛脩義等度河，據楊氏壁㉖，魏司空參軍河東薛端糾帥村民擊卻東魏，復取楊氏，丞相泰遣南汾州刺史蘇景恕鎮之㉗。

⑪丁卯（十八日），以信武將軍元慶和為鎮北將軍，帥眾伐東魏。

⑫初，魏孝武既與丞相歡有隙，齊州刺史侯淵、兗州刺史樊子鵠、青州刺史東萊王貴平㉘陰相連結，以觀時變，淵亦遣使通於歡所。及孝武帝入關，清河王亶承制，以汝陽王暹為齊州刺史，暹至城西，淵不時納。城民劉桃符等潛引暹入城，淵帥騎出走，妻子部曲悉為暹所虜。行及廣里㉙，會承制㉚以淵行青州事。歡遺淵書曰：「卿勿以部曲單少，憚於東行，齊人澆薄，唯利是從，齊州尚能迎汝陽王，青州豈不能開門待卿也！」淵乃復東。暹歸其

妻子部曲，貴平亦不受代。淵襲高陽郡[31]，克之，置累重[32]於城中，自帥輕騎遊掠於外。貴平使其世子帥眾攻高陽，淵夜趣東陽[33]，見州民餽糧者，紿之曰：「臺軍已至，殺戮殆盡。我世子之人也，脫走還城，汝何為復往？」聞者皆棄糧走。比曉，復謂行人曰：「臺軍昨夜已至高陽，我是前鋒，今至此，不知侯公竟在何所。」城民恟懼，遂執貴平出降。戊辰（十九日），淵斬貴平，傳首洛陽。

(14)庚午（二十一日），東魏以趙郡王諶為大司馬，咸陽王坦為太尉，開府儀同三司高盛為司徒，高敖曹為司空。坦，樹之弟也[34]。

丞相歡以洛陽西逼西魏，南近梁境，乃議遷鄴。書下[35]三日即行。丙子（二十七日），東魏主發洛陽四十萬戶，狼狽就道，收百官馬，尚書丞、郎已上非陪從者，盡令乘驢。歡留後部分，事畢，還晉陽。

改司州為洛州，以尚書令元弼為洛州刺史，鎮洛陽[36]。以行臺尚書司馬子如為尚書左僕射，與右僕射高隆之、侍中高岳、孫騰留鄴，共知朝政。詔以遷民貲產未立，出粟一百三十萬石以賑之。

十一月，兗州刺史樊子鵠據瑕丘以拒東魏，南青州刺史大野拔㉗帥眾就之。

庚寅（十一日），東魏主至鄴，居北城相州之廨，改相州刺史為司州牧㉘，魏郡太守為魏尹㉙。是時，六坊㉚之眾從孝武帝西行者不及萬人，餘皆北徙，並給常廩，春秋賜帛，以供衣服，乃於常調之外，隨豐稔之處，折絹糴粟，以供國用。

㈤十二月，魏丞相泰遣儀同李虎、李弼、趙貴擊曹泥於靈州。

㈥閏月，元慶和克瀨鄉㉛而據之。

㈦魏孝武帝閨門無禮，從妹不嫁者三人，皆封公主。平原公主明月，南陽王寶炬之同產也㉜，從帝入關，丞相泰使元氏諸王取明月殺之，帝不悅，或時彎弓，或時椎按，由是復與泰有隙。癸巳（十五日），帝飲酒，遇酖而殂㉝。

泰與羣臣議所立，多舉廣平王贊。贊，孝武之兄子也。侍中濮陽王順於別室垂涕謂泰曰：「高歡逼逐先帝，立幼主以專權，明公宜反其所為。廣平沖幼，不如立長君而奉之。」泰乃奉太宰南陽王寶炬而立之。順，素之曾孫也㉞。

殯孝武帝於草堂佛寺。諫議大夫宋球慟哭嘔血，漿粒不入口者數日。泰以其名儒，不之罪也。

(十八)魏賀拔勝之在荊州也，表武衛將軍獨孤信為大都督。東魏既取荊州，魏以信為都督三荊州諸軍事、尚書右僕射、東南道行臺、大都督、荊州刺史以招懷之。蠻酋樊五能攻破淅陽郡以應魏，【考異】北史作樊大能，今從魏書。東魏西荊州刺史辛纂㉟欲討之，行臺郎中李廣諫曰：「淅陽四面無民，唯一城之地，山路深險，表裏羣蠻。今少遣兵則不能制賊，多遣則根本虛弱，脫不如意，大挫威名，人情一去，州城難保。」纂曰：「豈可縱賊不討？」廣曰：「今所憂在心腹，何暇治疥癬？聞臺軍㊱不久應至，公但約勒屬城，使完壘，撫民以待之，雖失淅陽，不足惜也。」纂不從，遣兵攻之，兵敗，諸將因亡不返。城民密召獨孤信，信至武陶㊲，東魏遣恒農太守田八能帥羣蠻拒信於淅陽，又遣都督張齊民以步騎三千出信之後。信謂其眾曰：「今士卒不滿千人，首尾受敵㊳，若還擊齊民，則士民㊴

必謂我退走，必爭來邀我，不如進擊八能，破之，齊民自潰矣。」遂擊破八能，乘勝襲穰城。辛纂勒兵出戰，大敗，還趣城，門未及闔㊵，信令都督武川楊忠㊶為前驅，忠叱門者曰：「大軍已至，城中有應，爾等求生，何不避走？」門者皆散。忠帥眾入城，斬纂以徇，城中慴服。信分兵定三荊，居半歲，東魏高敖曹、侯景將兵奄至城下，信兵少不敵，與楊忠皆來奔。

【今註】㊀中大通六年：東魏孝靜帝天平元年。㊁河東：胡三省曰：「河西，五原河之西也，河東，亦五原河之東。」謂黃河自皋蘭北行東岸以東之地。㊂伊利不侵不叛，為國純臣：《左傳》戎子駒支曰：「為先君不侵不叛之臣。」純，不貳也。㊃詎有一介行人，先請之乎：言歡專征，未先請之於魏主。《左傳》楚人伐鄭，鄭與楚平而遣使告於晉，知武子曰：「君有楚命，亦不使一介行李告於寡君。」杜預注：「一介，獨使也。」㊄魏東梁州：《魏書．地形志》東梁州領金城、安康、魏明等郡。《五代志》西城郡舊置東梁州，今陝西省安康縣。㊅詔以行東雍州事豐陽泉企討平之：泉，姓也。《魏書．地形志》洛州上庸郡治豐陽縣，魏文成帝太安二年置，今陝西省山陽縣，其故治也。胡三省曰：「魏世祖置東雍州於平陽，太和中罷，孝昌中於平陽置唐州，以唐堯都平陽，因以名州，建義初，改為晉州，未嘗復置東雍州也。五代志曰：『雍州鄭縣，後魏置東雍州。』參考魏書志，鄭縣時已屬華州界，未知此東雍州置於何地也。」余按《魏書・地形志》晉州平陽郡，太武帝太平真君四年置東雍州，孝文帝太和十八年罷州，改置平陽郡，又東雍州領邵郡、高涼、正平三郡，太武帝置，太和中罷，孝靜帝天平初復。天平元年，即出帝平陽王永熙三年也，是年十月，孝靜帝即位，始改元天平。蓋魏初置東雍州於平陽，太和中罷，至是復置東雍州於邵郡耳。邵郡治白水，今山西省垣曲縣。⑦企世為商洛豪族：胡三省曰：「商洛指漢古縣商縣、上洛縣而言也。」⑧魏永寧浮圖：魏起永寧浮圖於洛陽見卷一百四十八天監十五年。⑨泰曰：曹泥孤城阻遠，未足為憂，侯莫陳悅貪而無信，宜先圖之。岳不聽：胡三省曰：「曹泥附高歡，岳不從宇文泰之言，急於致討，蓋欲報高歡禽伊利之役耳！」按泥時鎮靈州。《魏書・地形志》靈州郡縣闕。魏太武帝太延二年置薄骨律鎮，孝明帝孝昌中改曰靈州，後陷，孝靜帝天平中復置，寄治汾州隰城縣界，時未知治何地也。⑩河曲：胡三省曰：「河曲在靈州西。河千里一曲，河水自澆河至漢昫卷古縣，率東北流，至富平始曲而北流，所謂河曲也。」余按《左傳》文公十二年晉人、秦人戰於河曲，杜預注：「在河東蒲坂縣南。」蒲坂故城在今山西省永濟縣，河自北來，至永濟折而東流，謂之河曲，此河曲當指河千里一曲也。⑪而悅心猶豫，不即撫納：謂不即撫納賀拔岳之眾。懼其為亂，故猶豫而不即撫納也。⑫水洛城：《水經注》水洛川源出隴山，西逕水洛亭，又西南流注略陽川。水洛亭蓋即水洛城也，在今甘肅省莊浪縣東南陽三、水洛二川之間。⑬憕，真度之從孫也：薛真度見卷一百三十九齊明帝建武元年。⑭齊眾：齊，一也，齊一眾心令無攜貳也。⑮盛樂：《水經注》引《魏土地記》曰：「雲中城東八十里有成樂城，今雲中郡治，一名石盧城也。」盛樂，即前漢之成樂，屬定襄郡，後漢屬雲中郡，漢末廢。《魏書・地形志》魏出帝永熙中置盛樂郡，屬雲州。宋白曰：「後魏所都盛樂，唐為振武軍。」今綏遠省和林格爾縣之地也。《魏書・帝紀》神元帝托跋力微始遷定襄之盛樂，昭成帝什翼犍始都雲中之盛樂宮。胡三省曰：「疑定襄之盛樂，乃前漢之成樂城，雲中之盛樂，乃後漢之故城也。」⑯夫難得易失者，時也：用《漢書》蒯徹語意。⑰夏州首望都督彌姐元進：彌姐，複姓，姐音紫。元進之族為夏州首望，而元進仕宦又為都督。⑱汝有大決：大決者，言能決大計。⑲彈箏峽：在今甘肅省平涼縣西一百里，《元和郡縣志》涇水南流逕都盧山，山路之中，常如彈箏之聲，行旅因謂之彈箏峽。⑳遂還：自安定折返，不敢至平涼。㉑義寧太守太安王基：《魏書・地形志》孝莊帝建義元年，置義寧郡，屬晉州，治孤遠城。《五代志》上黨郡沁源縣後魏置義寧郡，今山西省沁源縣。又《魏書・地形志》西夏州有太安郡，今山西省舊寧武府地。㉒今高歡之眾，已至河東：胡三省曰：「亦謂五原河之東。」㉓東引：引軍東之洛陽也。㉔閿鄉：閿鄉在漢湖縣界，本古湖縣鄉名也。孟康曰：「閿古閿字，後漢志宏農郡湖縣有閿鄉。」故城在今河南省閿鄉縣西四十里，隋始改湖城縣為閿鄉縣，屬河南郡。㉕虎，歆之玄孫也：涼王李歆，為沮渠氏所滅。㉖口血未乾：古者歃血為盟。杜預曰：「歃，謂口含血也。」故云口血。㉗君若下隴東邁，吾亦自北道同歸：邁，行也，東邁，謂東行赴洛也。平涼在隴坻之北，取道赴洛，故曰北道。㉘若首鼠兩端，吾則指日相見：謂若復遲疑，則將進兵討之也。《史記・灌夫傳》：「何為首鼠兩端，」集解曰：「首鼠，一前一卻也。」指日，猶言即日。㉙瓜、涼：魏以燉煌為瓜州，武威為涼州，皆僻州也，註並詳前。㉚原州：《魏書・地形志》魏太武帝太延二年置高平鎮，孝明帝正光五年改置原州，領高平、長城二郡，治高平城，今甘肅省固原縣。㉛木狹關：《唐書・地理志》原州平高縣西南有木峽關，平高縣即今甘肅省固原縣，蓋隴山之峽口也。狹當作峽。㉜略陽：《晉書・地理志》略陽郡本魏之廣魏郡，晉武帝泰始中更名略陽，故治在今甘肅省泰安縣東南八十里。《魏書・地形志》略陽郡屬秦州。㉝州城：秦州州城也，魏秦州治上邽，在今甘肅省天水縣南。㉞槃桓：徘徊不進貌。《文選・曹植・洛神賦》：「悵盤桓而不能去。」槃，盤本字。㉟纛：《漢書・高帝紀》：「黃屋左纛。」李斐曰：「纛，毛羽幢也。」胡三省曰：「今軍中大皂旗名曰皂纛。」㊱先是故氐王楊紹先乘魏亂，逃歸武興，復稱王：楊紹先為魏所執見卷一百四十六天監五年。㊲夏州刺史拔也惡蚝鎮南秦州：胡三省曰：「拔也，虜複姓。」惡蚝蓋自夏州徙鎮南秦州。《魏書・地形志》魏太武帝始光四年平赫連氏，置統萬鎮，孝文帝太和十一年改置夏州，領化政、闡熙、金明、代名等郡，《五代志》朔方郡後魏置夏州，治巖綠縣，在今陝西省橫山縣西。又《魏書・地形志》南秦州治洛谷城，在今甘肅省成縣西。魏太武帝太平真君七年置仇池鎮，孝文帝太和十二年改為渠州，宣武帝正始初改曰南秦州。㊳可朱渾道元：胡三省曰：「可朱渾，虜三字姓。」㊴未知宇文何如賀拔：問宇文泰之才視賀拔岳為如何。㊵華山王鷙在徐州，歡使大都督邸珍奪其管鑰：歡使邸珍督徐州討下邳見上年，因使奪徐州而據之。㊶帝省建州以去賢：胡三省曰：「建州當太行路，自晉陽入洛之要道也。省州去賢，不特銷歡黨，亦去歡南道主人也。」

《魏書・地形志》慕容永分上黨置建興郡，太武帝太平真君九年省，文成帝和平五年復，孝莊帝永安中，罷郡置建州，治高都城，領高都、長平、安平、泰寧等郡。高都，戰國魏邑也，漢、晉屬上黨郡，後魏永安中置高都郡於此，並為建州治，故城在今山西省晉城縣東北。㊷臣弟永寶：胡三省曰：「北史歡弟琛，字元寶。永恐當作元。」㊸魏主增置勳府庶子廂別六百人，又增騎官廂別二百人：胡三省曰：「勳府庶子及騎官皆宿衞者也。」㊹魏主欲伐晉陽：欲伐高歡也。歡時居晉陽。㊺宇文黑獺：宇文泰字黑獺。㊻歡表以為荊、雍將有逆謀：荊謂賀拔勝，雍謂宇文泰也。㊼又遣恒州刺史庫狄干等將兵四萬，自來違津渡：《魏書・地形志》恒州治代都平城。胡三省曰：「自恒州渡來違津，其地當在平城之西，河津之要也，自此渡河至夏州。」㊽歡亦集并州僚佐共議：胡三省曰：「高歡建大丞相府於并州，僚佐皆從居之。」㊾斟量廢出：猶言酌量也，斟酌其輕重，權量其利害而裁斷之也。㊿陽胡：胡三省曰：「陽胡，即陽壺城，在邵郡白水縣。白水，漢河東之垣縣也。水經注曰：『白水逕垣縣故城北，又東南逕陽壺城東，城即垣縣之壺丘亭。白水又東南流，注於河。』按陽壺即崤谷之北岸，魏主欲入關，故先使子恭守之，以防歡邀截。」壺丘，即《左傳》之瓠丘也。《左傳》襄公元年晉人以宋五大夫在彭城者歸，置諸瓠丘。杜預曰：「河東垣縣有壺丘亭。」在今山西省垣曲縣南胡里。(51)則使身及子孫，還如王誓：謂使身受天殃，子孫殄絕，如高歡所誓也。(52)頃高乾之死，豈獨朕意：乾死見上年。魏主將殺乾，歡亦惡其與帝盟而封上乾前後所論時事，故云爾。(53)不罪不送：言既不加之罪，亦不械送洛陽也。(54)西去：言將伐宇文泰也。(55)四道俱進：謂河東、來違津及婁昭、尉景之兵也。(56)或欲南度洛陽，或欲東臨江左：胡三省曰：「婁昭討荊州，尉景臨江左，皆南指洛陽。」(57)若合符契：融洽無間，若符信之契合。(58)分疏：胡三省曰：「今人猶謂辯析為分疏。」言心懷嫌怨也。(59)舊京：謂代都平城。(60)朕欲向荊州：往依賀拔勝也。(61)閤內都督：閤內都督掌直閤衞士，魏出帝始置，用斛斯椿之言也。椿勸帝置閤內都督見上年。(62)百二之地：謂關中也。《史記》田肯說漢高帝曰：「秦形勢之國，帶河山之險，縣隔千里，持戟百萬，秦得百二焉！」虞喜曰：「百二者，得百之二，言諸侯持戟百萬，秦地險固，百倍於天下，故云得百二焉！言倍之也，蓋言秦兵當二百萬也。齊得十二亦如之，故為東西秦，言勢相敵，但立文相避，故云十二，言餘諸侯十萬，齊地形勝亦倍於他國，當二十萬人。」(63)建興：謂建州也。《魏書・地形志》慕容永分上黨置建興郡，魏置為建州，此蓋沿其舊稱。(64)和糴：出官錢以糴民粟也。《魏書・食貨志》曰：「收內郡兵資，與民和糴，積為邊備。」《唐書・食貨志》曰：「憲宗即位之初，有司以歲豐熟，請畿內和糴。當時府縣配戶督限，甚於賦稅，號為和糴，其實害民。」胡三省曰：「和糴以充軍食蓋始於此焉，歷唐至宋而民始不勝其病矣！」(65)送相州之粟：相州治鄴城，歡擁諸州和糴粟入鄴城，故有此敕。(66)決在於王，非朕能定：言事勢安危，在王一舉措之間，非朕所能決也。(67)為山止簣：喻功敗垂成也。《書・旅獒》曰：「為山九仞，功虧一簣。」孔安國曰：「喻向成也，未成一簣，猶不為山。」《論語》孔子曰：「譬如為山，未成一簣。」(68)廣寧太守廣寧任祥：《魏書・地形志》廣寧郡屬朔州。《五代志》馬邑郡善陽縣後齊置朔州及廣寧郡。善陽，唐曰鄯陽，今山西省朔縣地。

(六九)祥棄官，走渡河，還據郡待歡：胡三省曰：「魏收志朔州自孝昌以來寄治幷州界，時歡在幷州，祥當直走就歡，不必據郡以待歡之南也，又按五代志建州沁水縣舊置廣寧郡，祥所據者蓋沁水之廣寧也，若其鄉里則當在朔州之廣寧。」(七〇)舊楚：江陵，舊楚之郢都也。(七一)泰帳內都督秦郡楊荐：《周書・楊荐傳》荐秦郡寧夷人也。《魏書・地形志》魏無秦郡，咸陽郡有寧夷縣。《五代志》京兆郡醴泉縣後魏曰寧夷，西魏置寧夷郡，後周改為秦郡。故治在今陝西省醴泉縣東北。此秦郡蓋因周之郡稱。(七二)出關候接：出函谷關候接魏主也。(七三)暹，挺之子也：挺以文章治績顯於太和之世。胡三省曰：「通鑑以此別為破六韓拔陵所敗之崔暹。」(七四)孤以爾朱擅命，建大義於海內，奉戴主上：事見上卷中大通四年。(七五)幽明：幽謂冥閒，明謂陽世。(七六)賀拔勝軍於汝水：胡三省曰：「賀拔勝蓋出魯陽，屯襄城界，僅越境而止耳！」(七七)掩其勞弊：掩，覆取之也。《淮南子・主術》云：「畋不掩羣。」注曰：「掩，盡也。」兼程而行，則士卒勞弊。(七八)熒惑入南斗：《晉書・天文志》北方南斗六星，天廟也，將有天子之事，占於斗，斗星盛明，王道平和。熒惑，罰星也，入之則不利於天子。(七九)自蒲反濟，趣幷州：反與坂同，漢曰蒲反，後漢以來曰蒲阪。趣幷州，擬高歡之後也。(八〇)遣大都督李賢將精騎一千赴洛陽：以迎魏主。(八一)斌之，鑒之弟：安樂王鑒見卷一百五十普通五年。(八二)長壽津：《水經注》河水自棘津東逕滑臺城北，又東北逕白馬縣之涼城北，又東北為長壽津。《述征記》曰：「涼城到長壽津六十里，河之故瀆出焉。」津在今河南省滑縣東北。(八三)請益：請益兵為援也。(八四)侯幾紹：《魏書・官氏志》內入諸姓有侯幾氏。(八五)野王：野王縣，漢、晉以來屬河內郡，後魏置懷州於此，故城即今河南省沁陽縣。（八六）歡至河北十餘里：自野王距河北岸纔十餘里。（八七）洛口：洛水過鞏縣東而東北流入於河，謂之洛口。（八八）湛，深之子也：廣陽王深，太武帝子廣陽簡王建閭之孫也，為葛榮所殺。（八九）獨孤信：《周書‧獨孤信傳》魏氏之初有三十六部，獨孤部其一也。（九〇）崤中：崤山之中。崤山在今河南省洛寧縣西北六十里，西接陝縣界，東接澠池縣界，有東、西二崤，故稱二崤，亦稱三崤。《元和志》三崤山又名嶔崟山，自東崤至西崤二十五里，東崤長坂數里，峻阜絕澗，車不得方軌，西崤石坂十二里，險絕不異東崤。《魏書‧地形志》魏孝文帝太和十一年置崤縣，屬陝州恒農郡，其境有三崤山。崤縣故治在今河南省洛寧縣北五十里，陝縣東南九十里。（九一）陝西：陝城之西也。（九二）帝鞭馬長騖：騖，亂馳也。（九三）糗漿：乾糧曰糗，汁液曰漿。（九四）湖城：胡三省曰：「湖城即漢之湖縣城。」（九五）稠桑：胡三省曰：「湖城西有稠桑驛。」《元和郡縣志》稠桑驛在靈寶縣西十里，即虢之桑田也。春秋虢公敗戎於桑田即此，在今河南省靈寶縣西三十里。（九六）以本官奏門下事：胡三省曰：「凡事經門下者，使之聞奏也。」（九七）東陽驛：胡三省曰：「水經注渭水過長安城北，又東過新豐東，合西陽水，又東合東陽水，二水並南出廣鄉原。」蓋指東陽水之驛也。（九八）式遏寇虐：《詩》曰：「式遏寇虐，無俾作慝。」式，發語辭，慝，惡也。（九九）負乘致寇：《易》曰：「負且乘，致寇至。負也者，小人之事也，乘也者，君子之器也，小人而乘君子之器，盜思奪之矣！」（一〇〇）厚顏：《書‧五子之歌》云：「鬱陶乎予心，顏厚有忸怩。」孔傳曰：「顏厚，色愧。」（一〇一）泰尚馮翊長公主，拜駙馬都尉：《晉書‧職官志》晉元帝為晉王，以參軍為奉車都尉，掾屬為駙馬都尉，行參軍舍人為騎都尉，皆奉朝請，後罷奉車、騎二都尉，唯留駙馬都尉奉朝請，諸尚公主者劉惔、桓溫皆為之。《初學記》引《齊職儀》曰：「晉杜預尚晉宣帝女高陸公主，拜駙馬都尉，王濟尚晉文帝女常山公主，拜駙馬都尉，後代因魏晉以為恒。」蓋自魏、晉以來，尚主者例拜是職以為榮寵。㉒乃跣而下殿以禳之：跣，脫履以足著地也。鄭玄曰：「卻變曰禳。」㉓己未，武興王楊紹先為秦、南秦二州刺史：武興王上應有以字，《梁書‧武帝紀》以南梁州刺史武興王楊紹先為秦、南秦二州刺史可證。㉔進屯華陰長城：胡三省曰：「此城，戰國時魏築長城自鄭濱洛者也。」㉕龍門：《魏書‧地形志》華州華山郡夏陽縣有龍門山，又南汾州有龍門郡。《五代志》河東郡龍門縣後魏置龍門郡，隋開皇初，廢郡為縣。《水經注》河水南出龍門口，昔大禹導河積石，疏決梁山所鑿也。此龍門即河東之龍門，故城在今山西省河津縣西二里，西對夏陽之龍門山，故以名郡。㉖淅陽：《魏書‧地形志》析陽郡屬析州，蓋漢弘農郡析縣故地也。《五代志》淅陽郡西魏置淅州，淅與析同，在淅水之陽，故以名郡，故治在今河南省內鄉縣。㉗封陵：《水經注》潼關直北隔河有層阜，巍然獨秀，孤峙河陽，世謂之風陵，戴延之所謂風塠者也，風陵《史記‧魏世家》作封陵，在今山西省永濟縣南，為河濟要津。㉘蒲津：《唐書‧地理志》蒲州河西縣有蒲津關。《續通典》蒲津關，戰國魏所置，自河東而言亦曰蒲坂津，自關中而言亦曰夏陽津。地臨黃河西岸，蓋古之臨晉關也，一名河關，在今山西省永濟縣西，陝西省朝邑縣東。㉙勝兵敗，帥數百騎來奔：來奔，謂奔梁也。㉚司馬馮道和請據州待北方處分：北方謂高歡也，歡據晉陽，在沘陽之北。㉛行在所：蔡邕曰：「天子以四海為家，故謂所居為行在所。」㉒侯景引兵逼穰城：穰城今河南省鄧縣，時為魏荊州治，此謂景收荊州長史元穎時事也。㉓剛沒蠻中：胡三省曰：「魏東荊州本蠻左所據之地。」㉔永安以孝文為伯考，永熙遷孝明於夾室：胡三省曰：「敬宗尊其父彭城王勰為皇帝，列於七廟，以孝文為伯考。高歡之立魏孝武，改元永熙。孝武自以於孝明帝為兄弟，禮兄弟不相入廟，遂遷孝明帝主於夾室。凡宗廟之制，有東西夾室。」夾室者，在堂兩頭，為宗廟中藏祧主之室。高祖以上，親盡則祧，由昭祧者藏之東夾室，由穆祧者藏之西夾室，故有東、西二夾室。㉕孝靜帝即位於城東北：胡三省曰：「歡以善見為清河王懌之孫，於孝明帝猶子也，入繼大宗則昭穆順，遂立之。」帝諱善見，清河文宣王亶之世子也，立十六年而禪於齊。城東北，謂洛陽城東北，魏自是分為東西。㉖楊氏壁：胡三省曰：「據薛端傳，楊氏壁在龍門西岸，當在華陰、夏陽之間，蓋華陰諸楊遇亂，築壁以自守，因以為名。」㉗復取楊氏，丞相泰遣南汾州刺史蘇景恕鎮之：胡三省曰：「魏汾州本治蒲子城，孝昌中陷，移治西河，時西河已屬東魏，故西魏僑置南汾州於楊氏壁。」《魏書・地形志》南汾州領北吐京、西五城、南吐京、西定陽、定陽、北鄉、五城、中陽、龍門等郡。㉘東萊王貴平：貴平封東萊王。㉙廣里：在今山東省長清縣西南。胡三省曰：「司馬彪續漢志濟北郡盧縣有光里，光、廣聲相近也。」顧祖禹《讀史方輿紀要》平陰城北有防門，又北有光里，齊人言廣與光同，《左傳》所謂塹防門而守之廣里者也。《續漢志》濟北郡盧縣有平陰城，蓋春秋齊之盧邑，故城在今山東省長清縣西南。㉚承制：承清河王亶之命也。㉛高陽郡：《魏書・地形志》青州高陽郡，故樂安郡地，宋文帝置，魏因之。按

《宋書・州郡志》高陽郡屬冀州，蓋僑置青州境，後入魏，度屬青州也，《五代志》青州北海縣舊曰下密，置高陽郡，故城在今山東省昌邑縣東。㉒累重：《漢書・匈奴傳》：「悉遠其累重於余吾水北。」顏師古注：「累重，謂妻子資產也。」㉓淵夜趣東陽：東陽城，魏青州治。㉔坦，樹之弟也：元樹，魏獻文帝子咸陽王禧之子也，奔梁，鎮譙城，中大通四年，為魏所擒。㉕書下：謂高歡所下書也。㉖改司州為洛州，以尚書令元弼為洛州刺史，鎮洛陽：魏明元帝取洛陽，置洛州，孝文帝遷洛，太和十七年，改為司州，至是孝靜帝都鄴，改相州為司州，復以洛陽為洛州。㉗大野拔：胡三省曰：「大野，虜複姓。」㉘改相州刺史為司州牧：魏陳留王以司隸校尉所掌之地置司州，自晉以來因之，諸州置刺史，惟司州置牧。《魏書・地形志》東魏司州領魏尹、陽平、廣平、汲郡、廣宗、東郡、北廣平、林慮、頓丘、濮陽、黎陽、清河等郡。㉙魏尹：故魏郡之地也，漢屬冀州，晉屬司州，魏天興中屬相州，天平遷鄴，改為尹。自漢以來，諸郡置守，京師所在曰尹。㉚六坊：胡三省曰：「魏蓋以宿衞之士分為六坊。」㉛瀨鄉：胡三省曰：「司馬彪續漢志陳國苦縣有賴鄉，老子所居也。晉苦縣屬梁國，後魏幷苦縣入陳留谷陽縣。」苦縣故城在今河南省鹿邑縣東。㉜平原公主明月，南陽王寶炬之同產也：同產，謂同母兄弟也。寶炬，京兆王愉之子，愉與帝父彭城王勰皆孝文帝子，故帝與明月為從兄妹。㉝帝飲酒，遇酖而殂：時年二十五。㉞順，素之曾孫也：常山王素，昭成帝什翼犍孫常山王遵之子也。胡三省曰：「按魏宗室名順者前後凡三人。道武伐中山，順欲於平城自立，此時猶以拓跋為姓，又任城王澄之子順叱高肇門者，指元乂妻，諫靈后妝飾，斥徐紇，以抗直著，後聞河陰之難，奔走而死，此元順則常山王素之孫，二人皆已改姓元氏。」㊱東魏西荊州刺史辛纂：胡三省曰：「據隋紀，辛纂時鎮穰城，則西荊州即荊州也，以穰城在東荊州之西，故云。」㊱臺軍：謂東魏所遣之軍。㊲武陶：胡三省曰：「武陶疑當作武關。」武關，秦之南關也，在今陝西省商縣東一百八十五里。㊳首尾受敵：謂田八能拒之於前，張齊出其後也。㊴士民：謂淅陽之民。㊵還趣城，門未及闔：戰敗奔還，欲據城拒守，而守門者遑遽，未及下關也。㊶武川楊忠：忠，隋文帝之父也。《隋書・帝紀》隋氏自以出自華陰諸楊，漢太尉楊震之裔也，自震十四世至文帝，震八世孫北平太守鉉，鉉子元壽，魏初為武川鎮司馬，因家焉。元壽生惠嘏，惠嘏生烈，烈生禎，禎生忠，故史以忠為武川人。

卷一百五十七　梁紀十三

起旃蒙單閼，盡彊圉大荒落，凡三年。（乙卯至丁巳，西元五三五年至五三七年）

司馬光編集
林瑞翰註

高祖武皇帝十三

大同元年㈠（西元五三五年）

㈠春，正月，戊申朔，大赦，改元。

㈡是日，魏文帝即位於城西㈡，大赦，改元大統。追尊父京兆王為文景皇帝，妣楊氏為皇后。

㈢魏渭州刺史可朱渾道元先附侯莫陳悅，悅死㈢，丞相泰攻之，不能克，與盟而罷。道元世居懷朔，與東魏丞相歡善，又母兄皆在鄴，由是常與歡通。泰欲擊之，道元帥所部三千戶西北度烏蘭津㈣，抵靈州，靈州刺史曹泥資送至雲州，歡聞之，遣資糧迎候，拜車騎大將軍。

道元至晉陽，歡始聞孝武帝之喪㈤，啟請舉哀制服，東魏主使羣臣議之。太學博士潘崇和以為君遇臣不以禮，則無反服㈥，是以湯之民不哭桀，周武之民不服紂。國子博士衞既隆、李同軌議以為高后於永熙離絕未彰㈦，宜為之服，東魏從之。

㈣魏驍騎大將軍、儀同三司李虎等招諭費也頭之眾，與之共攻靈州，凡四旬，曹泥請降。

㈤己酉（初二日），魏進丞相略陽公泰為都督中外諸軍，錄尚書事，大行臺，封安定王。泰固辭王爵及錄尚書，乃封安定公。以尚書令斛斯椿為太保，廣平王贊為司徒。

㈥乙卯（初八日），魏主立妃乙弗氏為皇后㈧，子欽為皇太子。后仁恕節儉，不妬忌，帝甚重之。

㈦稽胡㈨劉蠡升，自孝昌以來，自稱天子，改元神嘉，居雲陽谷，魏之邊境，常被其患，謂之胡荒㈩。壬戌（十五日），東魏丞相歡襲擊，大破之。

勃海世子澄⑪通於歡妾鄭氏，歡歸⑫，一婢告之，二婢為證。歡杖澄一百而幽之，婁妃亦隔絕不得見⑬。歡納魏敬宗之后爾朱氏，有寵，生子瀓，歡欲立之。澄求救於司馬子如，子如入見歡，偽為不知者，請見婁妃，歡告其故。子如曰：「消難㊃亦通子如妾，此事正可掩覆。妃是王結髮婦，常以父母家財奉王㊄，王在懷朔被杖，背無完皮，妃晝夜供侍，後避葛賊㊅，同走并州，貧困，妃然馬矢㊆，自作靴㊇，恩義何可忘也？夫婦相宜，女配至尊㊈，男承大業㊉，且婁領軍㊀之勳，何宜搖動？一女子如草芥，況婢言不必信邪？」歡因使子如更鞫之。子如見澄，尤之曰：「男兒何意畏威自誣？」因教二婢反其辭，脅告者自縊。乃啟歡曰：「果虛言也。」歡大悅，召婁妃及澄。妃遙見歡，一步一叩頭，澄且拜且進，父子夫婦，相泣復如初。歡置酒，曰：「全我父子者，司馬子如也。」賜之黃金百三十斤。

㈧甲子（十七日），魏以廣陵王欣為太傅，儀同三司万俟壽洛干為司空。

㈨己巳（二十二日），東魏以丞相歡為相國，假黃鉞，殊禮，固辭。

㈩東魏大行臺尚書司馬子如帥大都督竇泰、太州刺史韓軌㉒等攻潼關，魏丞相泰軍於霸上。子如與軌回軍，從蒲津宵濟，攻華州㉓。時脩城未畢，梯倚城外，比曉，東魏人乘梯而入，刺史王羆臥尚未起，聞閤外匈匈㉔有聲，袒身露髻徒跣，持白梃㉕，大呼而出，東魏人見之，驚卻。羆逐至東門，左右稍集，合戰，破之，子如等遂引去。

⑾二月辛巳（初四日），上祀明堂。

⑿壬午（初五日），東魏以咸陽王坦為太傅，西河王悰為太尉。

⒀東魏使尚書右僕射高隆之發十萬夫，撤洛陽宮殿，運其材入鄴。

⒁丁亥（初十日），上耕籍田。

⒂東魏儀同三司婁昭等攻兗州，樊子鵠使前膠州刺史嚴思達守東平㉖，昭攻拔之，遂引兵圍瑕丘，久不下，昭以水灌城。己丑（十二日），大野拔見子鵠計事，因斬其首以降。始，子鵠以眾少，悉驅老弱為兵，子鵠死，各散走，諸將勸婁昭盡捕誅之，昭曰：「此州不幸，橫被殘賊，跂望㉗官軍以救塗

炭，今復誅之，民將誰訴？」皆捨之。

(十六)戊戌（二十一日），司州刺史陳慶之伐東魏，與豫州刺史堯雄戰不利而還。

(十七)三月辛酉（十五日），東魏以高盛為太尉，高敖曹為司徒，濟陰王暉業為司空。

(十八)東魏丞相歡偽與劉蠡升約和，許以女妻其太子，蠡升不設備，歡舉兵襲之。辛酉（十五日），蠡升北部王斬蠡升首以降。餘眾復立其子南海王，歡進擊，擒之，俘其皇后、諸王、公、卿以下四百餘人，華夷五萬餘戶。

壬申（二十六日），歡入朝於鄴，以孝武帝后妻彭城王韶(二八)。

(十九)魏丞相泰以軍旅未息，吏民勞弊，命所司斟酌古今可以便時適治者，為二十四條新制，奏行之。

泰用武功(二九)蘇綽為行臺郎中，居歲餘，泰未之知也，而臺中皆稱其能，有疑事，皆就決之(三〇)。泰與僕射周惠達論事，惠達不能對，請出議之，出以告綽，綽為之區處，惠達入白之，泰稱善，曰：

「誰與卿為此議者？」惠達以綽對，且稱綽有王佐之才，泰乃擢綽為著作郎。

泰與公卿如昆明池[三]觀漁，行至漢故倉池[三]，顧問左右，莫有知者。泰召綽問之，具以狀對，泰悅，因問天地造化之始，歷代興亡之迹，綽應對如流，泰與綽並馬徐行，至池，竟不設網罟而還。遂留綽至夜，問以政事，臥而聽之，綽指陳為治之要，泰起整衣危坐，不覺膝之前席[三]，語遂達曙不厭。詰朝，謂周惠達曰：「蘇綽真奇士，吾方任之以政。」即拜大行臺左丞，參典機密，自是寵遇日隆。綽始制文按程式，朱出墨入及計帳戶籍[三]之灋，後人多遵用之。

(廿)東魏以封延之為青州刺史，代侯淵。淵既失州任而懼，行及廣川[三]，遂反，夜襲青州南郭，劫掠郡縣。夏，四月，丞相歡使濟州刺史蔡儁討之。淵部下多叛，淵欲南奔，於道為賣漿者所斬，送首於鄴。

(廿)元慶和攻東魏城父[三]，丞相歡遣高敖曹帥三萬人趣項，竇泰帥三萬人趣城父，侯景帥三萬人趣彭城，以任祥為東南道行臺僕射，節度諸軍。

(廿二)五月，魏加丞相泰柱國㊲。

(廿三)元慶和引兵逼東魏南兗州，東魏洛州刺史㊳韓賢拒之。六月，慶和攻南頓，豫州刺史堯雄破之。

(廿四)秋，七月甲戌（三十日），魏以開府儀同三司念賢為太尉，万俟壽洛干為司徒，開府儀同三司越勒肱㊴為司空。

(廿五)益州刺史鄱陽王範、南梁州刺史㊵樊文熾合兵圍晉壽，魏東益州刺史傅敬和來降。範，恢之子㊶；敬和，豎眼之子也㊷。

(廿六)魏下詔數高歡二十罪，且曰：「朕將親總六軍，與丞相掃除凶醜。」歡亦移檄於魏，謂宇文黑獺、斛斯椿為逆徒，且言今分命諸將，領兵百萬，刻期西討。

(廿七)東魏遣行臺元晏擊元慶和。

(廿八)或告東魏司空濟陰王暉業與七兵尚書㊸薛琡貳於魏，八月辛卯（十七日），執送晉陽，皆免官㊹。

㉙甲午（二十日），東魏發民七萬六千人作新宮於鄴，使僕射高隆之與司空冑曹參軍㊺辛術共營之，築鄴南城，周二十五里。術，琛之子也㊻。

㉚趙剛自蠻中往見東魏東荊州刺史趙郡李愍，勸令附魏，愍從之㊼，剛由是得至長安，丞相泰以剛為左光祿大夫。剛說泰召賀拔勝、獨孤信等於梁㊽，泰使剛來請之。

㉛九月丁巳（十四日），東魏以開府儀同三司襄城王旭為司空。

㉜冬，十月，魏太師上黨文宣王長孫稚卒。

㉞魏秦州刺史王超世，丞相泰之內兄㊾也，驕而黷貨㊿，泰奏請加灋，詔賜死。

㉟十一月丁未（初五日），侍中、中衞將軍徐勉卒。勉雖骨鯁不及范雲，亦不阿意苟合，故梁世言賢相者稱范、徐云。

㉟癸丑（十一日），東魏主祀圜丘。

㊱甲寅（十二日），東魏閶闔門災。門之初成也，高隆之乘馬遠望，謂其匠曰：「西南獨高一寸。」

量之果然。太府卿任忻集自矜其巧，不肯改，隆之恨之，至是譖於丞相歡曰：「忻集潛通西魏，令人故燒之。」歡斬之。

(卌六)北梁州刺史蘭欽引兵攻南鄭(五一)，魏梁州刺史元羅舉州降。【考異】典略在七月，今從梁帝紀。

(卌七)東魏以丞相歡之子洋為驃騎大將軍、開府儀同三司，封太原公。洋內明決而外如不慧，兄弟及眾人皆嗤鄙之，獨歡異之，謂長史薛琡曰：「此兒識慮過吾幼時。」歡嘗欲觀諸子意識，使各治亂絲，洋獨抽刀斬之，曰：「亂者必斬。」又各配兵四出，使都督彭樂帥甲騎偽攻之，兄澄等皆怖橈(五二)，洋獨勒眾與樂格，樂免冑言情，猶擒之以獻。

初，大行臺右丞楊愔從兄岐州刺史幼卿以直言為孝武帝所殺，愔同列郭秀害其能，恐之曰：「高王欲送卿於帝所。」愔懼，變姓名逃於田橫島(五三)。久之，歡聞其尚在，召為太原公開府司馬，頃之，復為大行臺右丞。

(四八)十二月，甲午（二十二日），東魏文武官量事給祿(五四)。

(四九)魏以念賢為太傅，河州刺史梁景叡為太尉。

(五〇)是歲，鄱陽妖賊鮮于琛改元上願，有眾萬餘人，鄱陽內史吳郡陸襄討擒之，按治黨與，無濫死者。民歌之曰：「鮮于平後善惡分，民無枉死賴陸君。」

(五一)柔然頭兵可汗求婚於東魏，丞相歡以常山王妹為蘭陵公主妻之。柔然數侵魏，魏使中書舍人庫狄峙奉使至柔然，與約和親，由是柔然不復為寇。

【今註】㊀大同元年：西魏文成帝大統元年。㊁魏文帝即位於城西：城西，長安城西也。帝諱寶炬，孝文帝之孫，京兆王愉之子也。胡三省曰：「古者天子即位，御前殿，魏自高歡立孝武帝，復用夷禮，於郊拜天而後即位。」㊂悅死：侯莫陳悅死見上卷中大通六年。㊃烏蘭津：《唐書・地理志》唐高祖武德二年以平涼郡之會寧鎮置會州，武德九年，置烏蘭縣屬焉，其西南有烏蘭關，其故城在今甘肅省靖遠縣西南，濱臨大河，烏蘭津當在其近，蓋河濟之津要也。㊄道元至晉陽，歡始聞孝武帝之喪：魏孝武帝之殂見上卷上年十二月。㊅君遇臣不以禮，則無反服：《禮記・檀弓》魯繆公問於子思曰：「為舊君反服，古歟？」子思曰：「古之君子，進人以禮，退人以禮，故有舊君反服之禮也。今之君子，進人若將加諸膝，退人若將墜諸淵，毋為戎首，不亦善乎？又何反服之禮之有？」《孟子》齊宣王曰：「禮為舊君有服，何如斯可為之服矣？」孟子曰：「諫行言聽，膏澤下於民，有故而去，則君使人導之出疆，又先之於其所往，去三年不返，然後收其田里，此之謂三有禮焉！如此則為之服矣！今也為臣諫則不行，言則不聽，膏澤不下於民，有故而去則君搏執之，又極之於其所往，去之日，遂收其田里，此謂之寇讎，寇讎何服之有？」⑦高后於永熙離絕未彰：永熙，孝武帝年號。孝武納歡長女，是為高后，帝西奔，后留不從，故云。⑧魏主立乙弗氏為皇后：《北史・魏文帝文皇后乙弗氏傳》云：「乙弗氏，河南洛陽人也，其先世為吐谷渾渠帥，居青海，號青海王。魏平涼州，后之高祖莫瓌擁部落入附，拜定州刺史。自莫瓌後三世尚公主，女乃多為王妃，甚見貴重。」⑨稽胡：《北史・稽胡傳》稽胡一曰步落稽，蓋匈奴別種，劉元海五部之苗裔也，或云山戎赤狄之後，自離石以西，安定以東，方七八百里，居山谷間，種類繁熾，其俗土著亦知種田地，少桑蠶，多衣麻布，其丈夫衣服及死亡殯葬與中夏略同。⑩胡荒：胡三省曰：「言其本胡種，侵擾漢民，若在荒服之外者也。」⑪渤海世子澄：歡封渤海王，以澄為世子。⑫歡歸：自擊稽胡歸。⑬婁妃亦隔絕不得見：澄，婁妃所出也，以澄有罪，故隔絕不得見。⑭消難：司馬子如之子。⑮妃是王結髮婦，常以父母家財奉王：《北齊書・神武婁后傳》后少明悟，見歡於城上執役，慕之，乃使婢通意，又數致私財使以聘己，父母不得已而許焉，其後歡傾產以結英豪，卒成大業，后之力也。《文選》蘇武詩：「結髮為夫妻，恩愛兩不疑。」注曰：「結髮始成人也，謂男年二十，女年十五時，取笄、冠為義也。」後人亦謂少年時所結之正式夫婦曰結髮夫妻，或稱元配為結髮婦。(一六)後避葛賊：謂避葛榮之亂。(一七)妃然馬矢：矢同屎，馬矢，馬糞也，然與燃同，燃馬糞以為炊也。(一八)靴：《隋書・禮儀志》曰：「靴，胡履也，取便於事，施於戎服。」(一九)女配至尊：歡二女，長配孝武帝，次配孝靜帝。(二〇)男承大業：男謂歡世子澄。(二一)婁領軍：謂婁妃弟昭，時為領軍將軍。(二二)太州刺史韓軌：胡三省曰：「按北史韓軌傳為秦州刺史，又考魏收志東魏置秦州於河東，領河東、北鄉二郡，史蓋誤以秦為泰，緣泰之誤又以泰為太。」(二三)華州：《五代志》後魏置東雍州於鄭縣，西魏改曰華州。(二四)匈匈：喧擾聲。(二五)白梃：梃，杖也。胡三省曰：「白梃即今人所謂白棓也。」棓，大杖。(二六)東平：《魏書・地形志》魏明元帝泰常中置東平郡，孝文帝太和末罷，孝莊帝建義中復置，治秦城，屬濟州。秦城即秦亭也，《春秋》莊公三十一年築臺於秦，杜預曰：「東平范縣西北有秦亭。」《地形志》范縣，東平之屬縣，與郡俱治秦城，在今山東省范縣南三里。(二七)跂望：舉踵而望，喻望之切。(二八)以孝武后妻彭城王韶：孝武后，高歡之長女也，韶，彭城武宣王勰之子。(二九)武功：《魏書・地形志》魏孝文帝太和十一年分扶風置武功郡，屬岐州。《五代志》京兆郡武功縣，舊置武功郡，今陝西省武功縣，其故治也。(三〇)有疑事，皆就決之：就綽以決疑也。胡三省曰：「此就即孟子『欲有謀焉則就之』之就。」就，即也，凡近之而有所接皆謂之就。(三一)昆明池：漢武帝所穿，今涸，在今陝西省長安縣西南。《水經注》泬水自下杜城又北與昆明故池會，又北逕長安城西，與昆明池水合。臣瓚曰：「漢書西南夷傳有越巂、昆明國，有滇池方三百里，漢使求身毒國而為昆明所閉，武帝欲伐之，故作昆明池象之以習水戰，周圍四十里。」㉜漢故倉池：《水經注》泬水枝渠上承泬水於章門西，飛渠引水入城，東為倉池，池在未央宮西，池中有漸臺，漢兵起，王莽死於此臺。章門，長安城西出南頭第一門也，按此倉池蓋在長安故城內，未央宮之西，而《周書・蘇綽傳》云行至城西漢故倉池，按《水經注》城西當謂城之西隅，非謂長安城之西也。㉝泰起整衣危坐，不覺膝之前席：胡三省曰：「初臥而聽，繼起而整衣危坐，又不覺膝之前席，蓋綽之言深有以當泰心，久而愈敬也。」古者席地盤膝而坐，移身就客，則膝脫席而前，故曰前席。㉞計帳戶籍：胡三省曰：「計帳者，具來歲課役之大數以報度支。」按即今人所謂預算。戶籍者，登錄戶口之簿籍。㉟廣川：《宋書・州郡志》廣川縣本屬信都，後漢屬清河，魏屬勃海，晉還屬清河，宋孝武帝大明元年僑立廣川郡及廣川縣，非舊所也。《魏書・地形志》廣川縣屬青州齊郡，故城在今山東省長山縣東南。㊱城父：胡三省曰：「魏收志陳留浚儀縣有城父城，至隋改浚儀為城父縣，屬譙郡，五代志譙郡城父縣宋置浚儀縣，又考沈約志陳留浚儀縣並寄治譙郡長垣縣界，則知諸志所謂浚儀非我朝開封府之浚儀也，魏收志梁州陳留郡浚儀縣則我朝開封之浚儀也，真宗改浚儀曰禪符，所謂城父則今亳州之城父縣是也。」故城在今安徽省亳縣東南。㊲柱國：即柱國大將軍。㊳洛州刺史：《魏書・地形志》魏既遷鄴，復以洛陽為洛州、領洛陽、河陰、新安、中川、河南、陽城等郡。㊴越勒肱：越勒，複姓。㊵南梁州刺史：《五代志》普安郡梁置南梁州，後改為安州，西魏改為始州。故治今四川省劍閣縣。㊶範，恢之子：鄱陽王恢，費妃之子，梁武之弟也。㊷敬和，豎眼之子也：傅豎眼，魏之名將，著功梁益之間。㊸七兵尚書：

胡三省曰：「曹魏置五兵尚書，謂中兵、外兵、騎兵、別兵、都兵也。及晉，分中兵、外兵為左右，與舊五兵為七曹，然尚書唯置五兵而已，無七兵尚書之名，至後魏始有七兵尚書，北齊復為五兵。」㊹執送晉陽，皆免宮：時東魏政自歡出，歡居晉陽也。㊺青曹參軍：胡三省曰：「元魏公府有法、墨、田、水、鎧、青、集、士等曹，皆行參軍也。」余按《五代志》，後齊循元魏之制，公府置法、墨、田、水、鎧、集、士等曹行參軍，無青曹，青曹見《北齊書・辛術傳》。㊻術，琛之子也：辛琛見卷一百四十七天監六年。㊼趙剛自蠻中往見東魏荊州刺史趙郡李愍，勸令附魏，愍從之：剛沒蠻中事見上卷上年。㊽剛說泰召賀拔勝、獨孤信等於梁：勝、信奔梁亦見上卷上年。㊾內兄：謂妻之兄也。《左傳》襄公二十八年：「以其內實遷於盧蒲嫳氏。」杜預注：「內實，寶物妻妾也。」《稱謂錄》曰：「妻妾通謂之內。錢惟善詩：『夢裏無題惟寄內。』當是以內稱妻。」㊿黷貨：貪貨也。(51)北梁州刺史蘭欽引兵攻南鄭：胡三省曰：「梁以南鄭為梁州，蓋以欽為刺史，使之圖南鄭也。」(52)怖橈：恐懼屈服。(53)田橫島：《五代志》東萊郡即墨縣有田橫島。《史記正義》曰：「海州東海縣有島，去岸八十里，田橫所居也。」唐東海縣在今江蘇省東海縣東北。《元和郡縣志》小高山在東海北六十里，田橫避漢所居也，三面絕壁皆百餘仞，惟東南一道略通行人。王先謙曰：「小高山今南直海州東，高七百二十丈，周圍十餘里，去岸二十餘里，可居千餘家，其上累石為城，謂之田橫固。」(54)量事給祿：量其職事之輕重以為給祿之差。

二年（西元五三六年）

㈠春，正月辛亥（初九日），魏祀南郊，改用神元皇帝配㈠。

㈡甲子（二十二日），東魏丞相歡自將萬騎襲魏夏州，身不火食，四日而至，縛稍為梯，夜入其城，擒刺史斛拔俄彌突，因而用之。

留都督張瓊將兵鎮守，遷其部落五千戶以歸。

㈢魏靈州刺史曹泥與其壻涼州刺史普樂劉豐復叛降東魏㈡，魏人圍之，【考異】北齊書、典略皆云周文圍泥，周書不言，故但云魏人。水灌其城，不沒者四尺。東魏丞相歡發阿至羅三萬騎徑度靈州，繞出魏師之後，魏師退。歡帥騎迎泥及豐，拔其遺戶五千以歸，以豐為南汾州刺史。

㈣東魏加丞相歡九錫，固讓而止。

㈤上為文帝㈢作皇基寺以追福，命有司求良材。曲阿弘氏自湘州買巨材東下，南津校尉㈣孟少卿欲求媚於上，誣弘氏為劫而殺之，沒其材以為寺。

㈥二月，乙亥（初四日），上耕藉田。

㈦東魏勃海世子澄，年十五，為大行臺、并州刺史㊄，求入鄴輔朝政，丞相歡不許。承相主簿樂安孫搴為之請，乃許之。丁酉（二十六日），以澄為尚書令，加領軍、京畿大都督。【考異】魏帝紀為尚書令大行臺大都督，北齊文襄紀大平元年為尚書令、大行臺、并州刺史，入輔朝政，加領軍左右京畿大都督。按尚書令不在外，大行臺不在內，今兩捨之。魏朝雖聞其器識，猶以年少期之，既至，用灋嚴峻，事無凝滯，中外震肅，引并州別駕崔暹為左丞吏部郎，親任之。

司馬子如、高季式召孫搴劇飲，醉甚而卒，丞相歡親臨其喪，子如叩頭請罪，歡曰：「卿折我右臂，為我求可代者。」子如舉中書郎魏收，歡以收為主簿。收，子建之子也㊅。他日，歡謂季式曰：「卿飲殺我孫主簿，魏收治文書不如我意，司徒㊆嘗稱一人謹密者為誰？」季式以司徒記室廣宗陳元康對，曰：「是能夜中闇書，快吏也。」召之，一見即授大丞相功曹，掌機密。【考異】典略孫搴卒在大同十年四月，按搴卒然後陳元康為功曹，高慎叛，高澄已令元康救崔暹，邙山之戰，元康又勸高歡追宇文泰，事並在九年。北史元康傳又云草劉蠡升軍書，按蠡升滅在元年，孫搴二年猶存，今不取。然則搴卒宜置於澄入輔之下。遷大行臺都官郎。時軍國多務，元康問無不知，歡或出臨行，留元康在後，馬上有所號令，九十餘條，元康屈指數之，盡能記憶。與功曹平原趙彥深同知機密，時人謂之陳、趙，而元康勢居趙前，性又柔謹，歡甚親之，曰：「如此人誠難得，天賜我也！」彥深名隱，以字行。

㈧東魏丞相歡令阿至羅逼魏秦州刺史万俟普，歡以眾應之。

㈨三月，戊申（初七日），丹陽陶弘景卒。弘景博學多藝能，好養生之術，仕齊為奉朝請，棄官隱居茅山㊇，上早與之遊。及即位，恩禮甚篤，每得其書，焚香虔受，屢以手敕招之，弘景不出，國家每有吉凶征討大事，無不先諮之。月中嘗有數信㊈，時人謂之山中宰相。將沒，為詩曰：「夷甫任散誕，平叔坐論空。豈悟昭陽殿，遂作單于宮⑩。」時士大夫競談玄理，不習武事，故弘景詩及之。

㈩甲寅（十三日），東魏以華山王鷙為大司馬。

(十一)魏以涼州刺史李叔仁為司徒，万俟洛為太宰⑪。

(十二)夏，四月，乙未（二十五日），以驃騎大將軍、開府同三司之儀〔一二〕元法僧為太尉。

(十三)尚書右丞考城江子四上封事，極言政治得失。五月，癸卯（初三日），詔曰：「古人有言，屋漏在上，知之在下。朕有過失，不能自覺，江子四等封事所言，尚書可時加檢括，於民有蠹患者，宜速詳啟。」

(十四)戊辰（二十八日），東魏高盛卒〔一三〕。

(十五)魏越勒肱卒〔一四〕。

(十六)魏秦州刺史万俟普與其子太宰洛、豳州刺史叱干寶樂、右衛將軍破六韓常及督將三百人奔東魏，【考異】普降東魏事北齊書帝紀在三月甲午，典略在六月，北史齊紀在六月甲午，周書帝紀、北史魏紀、齊紀在五月，今從之。〔一五〕丞相泰輕騎追之，至河北〔一六〕千餘里，不及而還。

(十七)秋，七月庚子（朔），東魏大赦。上待魏降將賀拔勝等甚厚，勝請討高歡，上不許。勝等思歸，前荊州大都督撫寧〔一七〕史寧謂勝曰：「朱异言於梁主無不從，請厚結之。」勝從之，上許勝、寧及盧柔皆北還〔一八〕，親餞之於南苑。勝懷上恩，自是見禽獸南向者皆不射之。行至襄城，東魏丞相歡遣侯景以輕騎邀之，勝等棄舟自路逃歸⑲。從者凍餒，道死者太半。既至長安，詣闕謝罪。魏主執勝手歔欷曰：「乘輿播越，天也，非卿之咎。」丞相泰引盧柔為從事中郎，與蘇綽對掌機密⑳。

(十八)九月，壬寅（十四日），東魏以定州刺史侯景兼尚書右僕射、南道行臺，督諸將入寇。

(十九)魏以扶風王孚為司徒，斛斯椿為太傅。

(廿)冬，十月，乙亥（初八日），詔大舉伐東魏。東魏侯景將兵七萬寇楚州㉑，虜刺史桓和，進軍淮上，南、北司二州刺史陳慶之擊破之，景棄輜重走。十一月己亥（初二日），罷北伐之師。

(廿一)魏復改始祖神元皇帝為太祖，道武皇帝為烈祖㉒。

(廿二)十二月，東魏以并州刺史尉景為太保。

(廿三)壬申（初六日），東魏遣使請和，上許之。

(廿四)東魏清河文宣王亶卒。【考異】國典云：「亶為高歡所酖。」典略周太祖數歡罪，亦云殺亶。魏書、北史皆無亶傳，而帝紀皆云亶薨，今從之。

（六五）丁丑（十一日），東魏丞相歡督諸軍伐魏，遣司徒高敖曹趣上洛，大都督竇泰趣潼關。

（六六）癸未（十七日），東魏以咸陽王坦為太師。

（六七）是歲，魏關中大饑，人相食，死者什七八。

【今註】㈠魏祀南郊，改用神元皇帝配：古者帝王祀天於南郊，神元皇帝，魏之始祖拓跋力微也。魏孝文帝太和十六年，以太祖道武皇帝配南郊，至是改。㈡魏靈州刺史曹泥與其壻涼州刺史普樂劉豐復叛降東魏：去年曹泥降魏，今復叛。《五代志》靈武郡後魏置靈州，又靈武郡迴樂縣後周置帶普樂郡，疑普樂即帶普樂，靈州之屬郡也。迴樂縣故城在今甘肅省靈武縣西南。㈢文帝：梁武帝追尊先考順之曰文皇帝。㈣南津校尉：胡三省曰：「據梁紀普通六年南州津改置校尉，增加奉秩。南津即今採石。」按《梁書・武帝紀》南州津改置校尉在普通七年。㈤東魏勃海世子澄，年十五，為大行臺、幷州刺史：胡三省曰：「中大通五年，魏以歡為大行臺，歡以授其子澄。歡居晉陽，幷州刺史地任要重，故亦以澄為之。」㈥收，子建之子也：魏子建見卷一百五十五普通五年。㈦司徒：謂高敖曹也。東魏時以敖曹為司徒。㈧茅山：茅山在今江蘇省句容縣東南四十五里，周迴一百五十里，一名句曲山。《元和郡縣志》茅山本名句曲，以形似己字，句曲有所容，故邑號句容。相傳漢茅盈、衷、固自咸陽來，得道於此，世號三茅君，因名山曰茅山，亦稱三茅山。㈨月中嘗有數信：月中謂一月之中，信，使也。⑩夷甫任散誕，平叔坐論空。豈悟昭陽殿，遂作單于宮：胡三省曰：「此以魏晉論梁也。」夷甫，王衍字，平叔，何晏字，皆好清談，貴放誕，時人尚之。《北史・陶弘景傳》弘景妙解術數，逆知梁祚覆沒，故預制是詩云，後侯景篡梁，果在昭陽殿。⑪万俟洛為太宰：《北齊書・万俟洛傳》洛字受洛干。胡三省曰：「受洛干亦曰壽樂干，受、壽同音，洛、樂亦同音。按北齊有太宰之官，仍晉制也，西魏用周制，置大冢宰，無太宰。」⑫開府同三司之儀：胡三省曰：「梁開府儀同三司之下又有開府同三司之儀。」⑬東魏高盛卒：盛時為東魏太尉。⑭魏越勒肱卒：肱時為魏司空。⑮【考異】普降東魏事北齊書帝紀在三月甲午，典略在六月，北史齊紀在六月甲午，周書帝紀、北史魏紀、齊紀在五月，今從之：胡三省曰：「按考異前既引北齊書帝紀，又引北史齊紀，不應北史魏紀之下復出齊紀，必有誤。」余按魏紀下齊紀蓋周紀之誤。⑯河北：胡三省曰：「河北，龍門西河之北也。」⑰撫寧：五代志雕陰郡開疆縣有後魏撫寧郡，隋開皇三年，郡廢。隋開疆縣故城在今陝西省米脂縣西。《周書・史寧傳》寧祖灌遷居撫寧鎮，因為撫寧人。按魏邊鎮有撫冥，無撫寧，此撫寧鎮恐為撫寧郡之誤。⑱上許勝、寧及盧柔皆北還：柔為賀拔勝籌三策見上卷中大通六年。《周書・盧柔傳》勝既為侯景所敗，奔梁，柔亦從之，至是與勝俱北還。勝奔柔亦見上卷中大通六年。⑲勝等棄舟自山路逃歸：胡三省曰：「勝等舟行，蓋自淮入潁，自潁入汝，泝流而西入關，山路自三鵶取武關也。」三鵶即魯陽關也，其水曰三鵶水，在今河南省南召縣東北，接魯山縣界。杜佑曰：「汝州魯山縣後周置三鵶鎮，在縣西南十九里，亦名平高城。百重山在鄧州向城縣北，即三鵶之第一鴟，又北分水嶺，嶺北即三鴟之第二鴟，其第三鴟入魯山縣，即魯陽關也。」㈢丞相泰引盧柔為從事中郎，與蘇綽對掌機密：對掌，謂一休一直也。《周書・盧柔傳》時大軍屢捷，汝、潁之間，多舉義來附，書翰往反，日百餘牒，柔隨機報答，皆合事宜。㈡楚州：《五代志》汝南郡城陽縣梁置楚州。在今河南省信陽縣東北。《魏書・地形志》梁楚州領汝陽、仵城、城陽三郡。㈢魏復改始祖神元皇帝為太祖，道武皇帝為烈祖：魏改二祖廟號見卷一百三十七齊武帝永明九年。

三年（西元五三七年）

㈠春，正月，上祀南郊，大赦。

㈡東魏丞相歡軍蒲坂，造三浮橋，欲度河。魏丞相泰軍廣陽㈠，謂諸將曰：「賊掎吾三面，作浮橋以示必度，此欲綴吾軍，使竇泰得西入耳。歡自起兵以來，竇泰常為前鋒，其下多銳卒，屢勝而驕，今襲之必克，克泰則歡不戰自走矣！」諸將皆曰：「賊在近，捨而襲遠，脫有蹉跌，悔何及也？不如分兵禦之。」丞相泰曰：「歡再攻潼關㈡，吾軍不出灞上，今大舉而來，謂吾亦當自守，有輕我之心，乘此襲之，何患不克？賊雖作浮橋，未能徑度，不過五日，吾取竇泰矣！」行臺左丞蘇綽、中兵參軍代人達奚武亦以為然。庚戌（十四日），丞相泰還長安，諸將意猶異同。丞相泰隱其計，以問族子直事郎中㊂深，深曰：「竇泰，歡之驍將，今大軍攻蒲坂，則歡拒守而泰救之，吾表裏受敵，此危道也。不如選輕銳潛出小關㊃，竇泰躁急，必來決戰，歡持重，未即救，我急擊泰，必可擒也。擒泰則歡勢自沮，回師擊之，可以決勝。」丞相泰喜曰：「此吾心也。」乃聲言欲保隴右。辛亥（十五日），謁魏主而潛軍東出。癸丑（十七日），旦，至小關。竇泰猝聞軍至，自風陵度，丞相泰出馬牧澤㊄擊竇泰，大破之，士眾皆盡，竇泰自殺，傳首長安。丞相歡以河冰薄，不得赴救，撤浮橋而退。儀同代人薛孤延㊅為殿，一日斫十五刀折，乃得免，丞相泰亦引軍還。

高敖曹自商山㊆轉鬪而進，所向無前，遂攻上洛。郡人泉岳及弟猛、略與順陽人杜窋等謀翻城應之，洛州刺史㊇泉企知之，殺岳及猛、略，杜窋走歸敖曹，敖曹以為鄉導而攻之。敖曹被流矢通中者三，殞絕良久，復上馬，免冑巡城。企固守旬餘，二子元禮、仲遵力戰拒之，仲遵傷目，不堪復戰，城遂陷。企見敖曹曰：「吾力屈，非心服也。」敖曹以杜窟為洛州刺史。

敖曹創甚，曰：「恨不見季式⑨作刺史。」丞相歡聞，即以季式為濟州刺史⑩。

敖曹欲入藍田關⑪，歡使人告曰：「竇泰軍沒，人心恐動，宜速還。路險賊盛，拔身可也。」敖曹不忍棄眾，力戰全軍而還，以泉企、泉元禮自隨，泉仲遵以傷重不行。企私戒二子曰：「吾餘生無幾，汝曹才器足以立功，勿以吾在東，遂虧臣節。」元禮於路逃還。泉、杜雖皆為土豪，鄉人輕杜而重泉。元禮、仲遵陰結豪右，襲窟殺之，魏以元禮世襲洛州刺史。

㈢二月，丁亥（二十二日），上耕籍田。

㈣己丑（二十四日），以尚書左僕射何敬容為中權將軍⑫，護軍將軍蕭淵藻為左僕射，右僕射謝舉為右光祿大夫。

㈤魏槐里⑬獲神璽，大赦。

（六）四月辛未（初六日），東魏遷七帝神主入新廟[一四]，大赦。

（七）魏斛斯椿卒[一五]。

（八）夏，五月，魏以廣陵王欣為太宰，賀拔勝為太師。

（九）六月，魏以扶風王孚為太保，梁景叡為太傅，廣平王贊為太尉，開府儀同三司武川王盟為司空。

（十）東魏丞相歡遊汾陽之天池[一六]，得奇石，隱起成文，曰「六王三川」，以問行臺郎中陽休之，對曰：「六者，大王之字[一七]，王者，當王天下，河、洛、伊為三川，涇、渭、洛亦為三川[一八]，大王若受天命，終應奄有關洛。」歡曰：「世人無事，常言我反，況聞此乎？慎勿妄言。」休之，固之子也[一九]。行臺郎中中山杜弼承間勸歡受禪，歡舉杖擊走之。

（十一）東魏遣兼散騎常侍李諧來聘，以吏部郎盧元明、通直侍郎[二〇]李業興副之。諧，平之孫[二一]；元明，昶之子也[二二]。

秋，七月，諧等至建康，上引見與語，應對如流。諧等出，上目送之，謂左右曰：「朕今日遇勍敵，卿輩嘗言北間全無人物，此等何自而來？」是時鄴下言風流者，以諧及隴西李神儁、范陽盧元明、北海王元景、弘農楊遵彥、清河崔贍為首。神儁名挺，寶之孫(二三)，元景名昕，憲之曾孫也(二四)，皆以字行；贍，㥄之子也。時南北通好，務以俊乂相誇，銜命接客(二五)，必盡一時之選，無才地(二六)者不得與焉。每梁使至鄴，鄴下為之傾動，貴勝子弟，盛飾聚觀，禮贈優渥，館門成市。宴日，高澄常使左右覘之，一言制勝，澄為之拊掌，魏使至建康亦然。

(十二)獨孤信求還北，上許之。信父母皆在山東(二七)，上問信所適，信曰：「事君者不敢顧私親而懷貳心。」上以為義，禮送甚厚。信與楊忠皆至長安，上書謝罪，魏以信有定三荊之功(二八)，遷驃騎大將軍，加侍中、開府儀同三司，餘官爵如故。丞相泰愛楊忠之勇，留置帳下。

(十三)魏宇文深勸丞相泰取恒農，八月丁丑（十四日），泰帥李弼等十二將伐東魏，以北雍州刺史(二九)于謹為前鋒，攻盤豆(三〇)，拔之。戊子（二十五日），至恒農，庚寅（二十七日），拔之，擒東魏陝州刺史㉑李徽伯，俘其戰士八千。

時河北諸城多附東魏，左丞㉒楊檦自言父猛嘗為邵郡白水令㉓，知其豪傑，請往說之，以取邵郡，泰許之。檦乃與土豪王覆憐等舉兵收邵郡守程保及縣令四人斬之，表覆憐為郡守，遣諜說諭東魏城堡，旬月之間，歸附甚眾。東魏以東雍州刺史司馬恭鎮正平㉔，司空從事中郎聞喜裴邃欲攻之，恭棄城走。泰以楊檦行正平郡事。

(十四)上修長干寺阿育王塔，出佛爪、髮、舍利㉕。辛卯（二十八日），上幸寺，設無礙食，大赦。

(十五)九月，柔然為魏侵東魏三堆㉖，丞相歡擊之，柔然退走。

行臺郎中杜弼以文武在位多貪汙，言於丞相歡，請治之。歡曰：「弼來，我語爾，天下貪汙，習俗已久。今督將家屬多在關西㉗，宇文黑獺常相招誘，人情去留未定，江東復有吳翁蕭衍專事衣冠禮樂，中原士大夫望之以為正朔所在，我若急正綱紀，不相假借，恐督將盡歸黑獺，士子悉奔蕭衍，人物流散，何以為國？爾宜少待，吾不忘之。」歡將出兵拒魏，杜弼請先除內賊，歡問內賊為誰？弼曰：「諸勳貴掠奪百姓者是也。」歡不應，使軍士皆張弓注矢，舉刀按矟，夾道羅列，命弼冒出其間，弼戰慄流汗，歡乃徐諭之曰：「矢雖注不射，刀雖舉不擊，矟雖按不刺，爾猶亡魂失膽，諸勳人身犯鋒鏑，百死一生，雖或貪鄙，所取者大，豈可同之常人也？」弼乃頓首謝不及。

歡每號令軍士，常令丞相屬[38]代郡張華原宣旨，其語鮮卑則曰：「漢民是汝奴，夫為汝耕，婦為汝織，輸汝粟帛，令汝溫飽，汝何為陵之？」其語華人則曰：「鮮卑是汝作客[39]，得汝一斛粟一匹絹，為汝擊賊，令汝安寧，汝何為疾之？」

時鮮卑共輕華人，唯憚高敖曹，歡號令將士常鮮卑語，敖曹在列，則為之華言。敖曹返自上洛，歡復以為軍司、大都督，統七十六都督，以司空侯景為西道大行臺[40]，與敖曹及行臺任祥、御史中尉劉貴、豫州刺史堯雄、冀州刺史万俟洛同治兵於虎牢。敖曹與北豫州刺史鄭嚴祖握槊[41]，貴召嚴祖，敖曹不時遣，枷其使者，使者曰：「枷則易，脫則難。」敖曹以刀就枷刎之，曰：「又何難？」貴不敢校。明日，貴與敖曹坐，外白治河役夫多溺死，貴曰：「一錢漢㊷，隨之死。」敖曹怒，拔刀斫貴，貴走出還營，敖曹鳴鼓會兵欲攻之，侯景、万俟洛共解諭，久之，乃止。敖曹嘗詣相府，門者不納，敖曹引弓射之，歡知而不責。

⑯閏月，甲子（初二日），以武陵王紀為都督益、梁等十三州諸軍事，益州刺史。

⑰東魏丞相歡將兵二十萬自壺口趣蒲津㊸，使高敖曹將兵三萬出河南。

時關中饑，魏丞相泰所將將士不滿萬人，館穀㊹於恒農五十餘日，聞歡將濟河，乃引兵入關，高敖曹遂圍恒農。歡右長史薛琡言於歡曰：「西賊連年飢饉，故冒死來入陝州，欲取倉粟。今敖曹已圍陝城，粟不得出，但置兵諸道，勿與野戰，比及麥秋㊺，其民自應餓死，寶炬、黑獺何憂不降？願勿度河。」侯景曰：「今茲舉兵，形勢極大，萬一不捷，猝難收斂。不如分為二軍，相繼而進，前軍若勝，後軍全力；前軍若敗，後軍承之。」歡不從，自蒲津濟河。【考異】北齊帝紀十一月壬辰神武自蒲津濟，魏帝紀十月壬辰敗于沙苑。按長曆十月壬辰朔，北齊紀誤也。丞相泰遣使戒華州刺史王羆，羆語使者曰：「老羆當道臥，貉子㊻那得過？」歡至馮翊城下㊼，謂羆曰：「何不早降？」羆大呼曰：「此城是王羆冢，死生在此，欲死者來。」歡知不可攻，乃涉洛，軍於許原西㊽。

泰至渭南，徵諸州兵皆未會，欲進擊歡，諸將以眾寡不敵，請待歡更西以觀其勢。泰曰：「歡若至長安，則人情大擾，今及其遠來新至，可擊也。」即造浮橋於渭，令軍士齎三日糧，輕騎度渭，輜重自渭南夾渭而西。

冬，十月壬辰，泰至沙苑㊾，距東魏軍六十里，諸將皆懼，宇文深獨賀，泰問其故，對曰：「歡鎮撫河北，甚得眾心，以此自守，未易可圖。今懸師渡河，非眾所欲，獨歡恥失竇泰，愎諫而來，所謂忿兵㊿，可一戰擒也。事理昭然，何為不賀？願假深一節，發王羆之兵，邀其走路，使無遺類。」泰遣須昌縣公達奚武覘歡軍，武從三騎，皆效歡將士衣服，日暮，去營數百步，下馬潛聽，得其軍號，因上馬歷營㊿二，若警夜者，有不如灋，往往撻之，具知敵之情狀而還。

歡聞泰至，癸巳（初二日），引兵會之。候騎告歡軍且至，泰召諸將謀之。開府儀同三司李弼曰：「彼眾我寡，不可平地置陳，此東十里有渭曲，可先據以待之。」泰從之，背水東西為陳，李弼為右拒㊿三，趙貴為左拒，命將士皆偃戈於葦中，約聞鼓聲而起。晡時，東魏兵至渭曲，都督太安斛律羌舉曰：「黑獺舉國而來，欲一死決㊿三，譬如猘狗，或能噬人㊿四。且渭曲葦深土濘㊿五，無所用力，不如緩與相持，密分精銳，徑掩長安，巢穴既傾，則黑獺不戰成擒矣！」歡曰：「縱火焚之何如？」侯景曰：「當生擒黑獺以示百姓，若眾中燒死，誰復信之？」彭樂盛氣請鬬曰：「我眾賊寡，百人擒一，何憂不克？」歡從之。

東魏兵望見魏兵少，爭進擊之，無復行列。兵將交，丞相泰鳴鼓，士皆奮起，于謹等六軍與之合戰，李弼帥鐵騎橫擊之，東魏兵中絕為二，遂大破之。李弼弟檦，身小而勇，每躍馬陷陳，隱身鞍甲之中，敵見皆曰：「避此小兒。」泰歎曰：「瞻決如此，何必八尺之軀！」征虜將軍武川耿令貴殺傷多，甲裳[76]盡赤，泰曰：「觀其甲裳足知令貴之勇，何必數級[77]。」

彭樂乘醉深入魏陳，魏人刺之，腸出，內之復戰。丞相歡欲收兵更戰，使張華原以簿歷營點兵[78]，莫有應者，還白歡，曰：「眾盡去，營皆空矣！」歡猶未肯去，阜城侯斛律金曰：「眾心離散，不可復用，宜急向河東。」歡據鞍未動，金以鞭拂馬，乃馳去。夜度河，船去岸遠，歡跨橐駝就船，乃得度。喪甲士八萬人，棄鎧仗十有八萬。丞相泰追歡至河上，選留甲士二萬餘人，餘悉縱歸。都督李穆曰：「高歡破膽矣，速追之，可獲。」泰不聽[79]，還軍渭南，所徵之兵甫至，乃於戰所人植柳一株以旌武功。

侯景言於歡曰：「黑獺新勝而驕，必不為備，願得精騎三萬，徑往取之。」歡以告婁妃，妃曰：「設如其言，景豈有還理，得黑獺而失景，何利之有？」歡乃止。

魏加丞相泰柱國大將軍，李弼十二將皆進爵增邑有差[80]。高敖曹聞歡敗，釋恒農，退保洛陽。

己酉（十八日），魏行臺宮景壽（六一）等向洛陽，東魏洛州大都督韓賢擊走之。州民韓木蘭作亂，賢擊破之。一賊匿尸間，賢自按檢，收鎧仗，賊欻起斫之，斷脛而卒。魏復遣行臺馮翊王季海與獨孤信將步騎二萬趣洛陽，洛州刺史（六二）李顯趣三荊，賀拔勝、李弼圍蒲坂。

東魏丞相歡之西伐也，蒲坂民敬珍謂其從祖兄祥曰：「高歡迫逐乘輿，天下忠義之士，皆欲剸刃（六三）於其腹，今又稱兵西上，吾欲與兄起兵斷其歸路，此千載一時也。」祥從之，糾合鄉里，數日，有眾萬餘。會歡自沙苑敗歸，祥、珍帥眾邀之，斬獲甚眾。賀拔勝、李弼至河東，祥、珍帥猗氏（六四）等六縣十餘萬戶歸之，丞相泰以珍為平陽太守，祥為行臺郎中。

東魏秦州刺史薛崇禮守蒲坂，別駕薛善，崇禮之族弟也，言於崇禮曰：「高歡有逐君之罪，善與兄忝衣冠緒餘，世荷國恩。今大軍已臨，而猶為高氏固守，一旦城陷，函首送長安，署為逆賊，死有餘愧，及今歸款，猶為愈也。」崇禮猶豫不決，善與族人斬關納魏師，崇禮出走，追獲之。丞相泰進軍蒲坂，略定汾絳[六五]，凡薛氏預開城之謀者，皆賜五等爵。善曰：「背逆歸順，臣子常節，豈容闔門大小俱叨封邑？」與其弟慎固辭不受。

東魏行晉州事封祖業棄城走，儀同三司薛脩義追至洪洞[六六]，說祖業還守，祖業不從。脩義還據晉州，安集固守。魏儀同三司長孫子彥引兵至城下，脩義開門伏甲以待之，子彥不測虛實，遂退走。丞相歡以脩義為晉州刺史。

獨孤信至新安[六七]，高敖曹引兵北渡河，信逼洛陽，洛州刺史廣陽王湛棄城歸鄴，信遂據金墉城。

孝武之西遷也[六八]，散騎常侍河東裴寬謂諸弟曰：「天子既西，吾不可以東附高氏。」帥家屬逃於大石嶺[六九]，獨孤信入洛，乃出見之。時洛陽荒廢，人士流散，惟河東柳虬在陽城[七〇]，裴諏之在潁川，信俱徵之，以虬為行臺郎中，諏之為開府屬。

東魏潁州長史賀若統[七一]執刺史田迄，舉城降魏，魏都督梁迴入據其城。前通直散騎侍郎鄭偉起兵陳留，攻東魏梁州[七二]，執其刺史鹿永吉(七三)。前大司馬從事中郎崔彥穆攻滎陽，執其太守蘇淑，與廣州長史劉志皆降於魏。偉，先護之子也(七四)。丞相泰以偉為北徐州刺史，彥穆為滎陽太守。

十一月，東魏行臺任祥帥督將堯雄、趙育、是云寶攻潁州，丞相泰使大都督宇文貴、樂陵公遼西怡峯(七五)，將步騎二千救之。軍至陽翟(七六)，雄等軍已去潁川三十里(七七)，祥帥眾四萬繼其後，諸將咸以為彼眾我寡，不可爭鋒。貴曰：「雄等謂吾兵少，必不敢進，彼與任祥合兵攻潁川，城必危矣。若賀若統陷沒，吾輩坐此何為？今進據潁川，有城可守，又出其不意，破之必矣！」遂疾趨據潁川，背城為陳以待。雄等至，合戰，大破之，雄走，趙育請降，俘其士卒萬餘人，悉縱遣之。任祥聞雄敗，不敢進，貴與怡峯乘勝逼之，祥退保宛陵(七八)。貴追及，擊之，祥軍大敗。是云寶殺其陽州刺史(七九)那椿，以州降魏，魏以貴為開府儀同三司，是云寶、趙育為車騎大將軍。

都督杜陵韋孝寬攻東魏豫州，拔之，執其行臺馮邕。孝寬名叔裕，以字行。
㈥丙子（十五日），東魏以驃騎大將軍儀同三司万俟普為太尉。
㈦司農張樂皋㈧等聘於東魏。
㈧十二月，魏行臺楊白駒與東魏陽州刺史段粲戰於蓼塢㈠，魏師敗績。
㈨魏荊州刺史郭鸞攻東魏東荊州刺史清都㈡慕容儼，儼晝夜拒戰二百餘日，乘間出擊鸞，大破之。時河南諸州多失守，唯東荊獲全。
河間邢磨納、范陽盧仲禮、仲禮從弟仲裕等，皆起兵海隅以應魏。東魏濟州刺史高季式有部曲千餘人，馬八百匹，鎧仗皆備。濮陽民杜靈椿等為盜，聚眾近萬人，攻城剽野，季式遣騎三百，一戰擒之，又擊陽平賊路文徒等，悉平之，於是遠近肅清。或謂季式曰：「濮陽、陽平，乃畿內之郡㈢，不奉詔命，又不侵境㈣，何急而使私軍遠戰㈤，萬一失利，豈不獲罪乎？」季式曰：「君何言之不忠也！我與國家同安共危，豈有見賊而不討乎？且賊知臺軍猝不能來，又不疑外州有兵擊之，乘其無備，破之必矣！以此獲罪，吾亦無恨。」

【今註】㊀廣陽：《魏書．地形志》魏宣武帝景明元年置廣陽縣，屬雍州馮翊郡，故城在今陝西省臨潼縣北。㊁歡再攻潼關：中大通六年，歡攻潼關，大同元年，歡又攻潼關。㊂直事郎中：《晉書．職官志》晉武帝置尚書直事郎，在尚書諸曹郎上。㊃小關：胡三省曰：「小關在潼關之左，唐時謂之禁谷。」㊄馬牧澤：胡三省曰：「水經注曰：『桃林之塞，湖水出焉，其中多野馬。』三秦記曰：『桃林塞在長安東四百里，若有軍馬經過則牧華山，休息林下。』馬牧澤蓋即此地。」㊅薛孤延：薛孤，複姓。㊆商山：商山在今陝西省商縣東，即南山之餘脈，有七盤十二繂，亦名商阪，《史記》蘇秦所謂宜陽商阪之塞者也，漢初四皓避秦於商山，即此。㊇洛州刺史：此洛州治上洛，本曰荊州，孝文帝太和中改。時洛陽之洛州屬東魏，此洛州則屬西魏，故高敖曹攻之。㊈季式：敖曹弟。㊉濟州刺史：《魏書．地形志》明元帝泰常八年置濟州於碻磝城，領濟北、平原、東平、南清河、東濟北等郡。《水經注》碻磝城在河水之西，有碻磝津，故漢茌平縣也，故城在今山東省茌平縣東南。⑪藍田關：《唐書．地理志》京兆郡藍田縣有藍田關，故嶢關也。故關在今陝西省藍田縣東南。⑫中權將軍：《五代志》梁置二百四十號將軍，中權將軍其一也。⑬槐里：秦之廢丘也，漢高帝改曰槐里縣，漢屬右扶風，晉屬始平郡，後魏復屬扶風郡，故城在今陝西省興平縣東南。⑭東魏遷七帝神主入新廟：胡三省曰：「七帝謂道武，明元、太武、文成、獻文、孝文、宣武。」〔一五〕魏斛斯椿卒：斛斯椿時為魏太傅。胡三省曰：「按椿居爾朱、高歡之間，以智數間構其君臣之際，爾朱氏既為所夷，而高歡亦不能制也。及入關之後，與宇文泰同列，若無能為者，權不在己，無以舞弄其智數也。」〔一六〕汾陽之天池：《水經注》太原汾陽縣北燕京山有大池，池在山原之上，世謂之天池，方里餘，其水澄渟鏡淨，潭而不流，陽熯不耗，陰霖不濫，無能測其淵深也。〔一七〕六者，大王之字：高歡字賀六渾，故云然。〔一八〕涇、渭、洛亦為三川：此洛謂關中之洛水，蓋渭水之支流，若河洛之洛則在河南，黃河之支津也。〔一九〕休之，固之子也：陽固事魏孝文帝為洛陽令，嘗從劉昶南伐。〔二〇〕通直侍郎：即通直散騎侍郎。〔二一〕諧，平之孫：李平，崇之從弟也，事孝文、宣武二朝。〔二二〕元明，昶之子也：盧昶，玄之孫也，顯於宣武之朝。〔二三〕神儁名挺，寶之孫：李寶自敦煌歸魏，其後累世貴盛。〔二四〕元景名昕，憲之曾孫也：王憲，猛之孫，魏道武帝皇始中歸魏。〔二五〕銜命接客：胡三省曰：「銜命，奉使者也；接客，主客也。」〔二六〕才地：才謂人才，地謂門地。〔二七〕信父母皆在山東：獨孤信事魏孝武為武衛將軍，孝武西奔，信棄父母追從之，故父母皆在山東。〔二八〕魏以信有定三荊之功：事見上卷中大通六年。〔二九〕北雍州刺史：《五代志》雍州華原縣後魏置北雍州。隋華原縣故城在今陝西省耀縣東南。〔三〇〕盤豆：今河南省閿鄉縣西南三十里有盤豆鎮，古盤豆城也，濱東香峪水，為河南通陝西大道。〔三一〕陝州刺史：《魏書・地形志》孝文帝太和十一年置陝州，治陝城，領恆農、西恆農、澠池、石城、河北等郡。陝城即今河南省陝縣。〔三二〕左丞：尚書行臺左丞也。〔三三〕邵郡白水令：《魏書・地形志》魏文成帝皇興四年置邵上郡，孝文帝太和中并河內郡，孝明帝孝昌中改為邵郡，治白水縣，屬東雍州。《五代志》絳郡垣縣後魏置邵郡及白水縣。垣縣，戰國魏王垣邑也，今山西省垣曲縣。宋白曰：「絳州垣縣，其地即周、召分陝之所，今縣東有邵原祠廟及古棠樹。」㉞正平：《五代志》絳郡正平縣舊曰臨汾，置正平郡。《魏書・地形志》魏初置南太平郡，太武帝神䴥元年改為征平，孝文帝太和十八年改為正平，屬東雍州，故城在今山西省新絳縣西南。㉟上修長干寺阿育王塔，出佛爪、髮、舍利：《南史・扶南國傳》云：「梁大同三年八月，武帝改造阿育王佛塔，出舊塔下舍利及佛爪、髮。阿育王即鐵輪王。吳時有尼居其地，為小精舍，孫綝尋毀除之，塔亦同滅，吳平後，諸道人復於舊處建立焉。晉元帝初度江，更修飾之，至簡文咸安中，使沙門安法程造小塔，未及成而亡，弟子僧顯繼而修立，至孝武太元九年，上金輪相及承露。其後有西河離石縣胡人劉薩何遇疾暴亡而心猶暖，其家未敢便殯，經七日更蘇，說云有兩吏見錄向西北行，不測遠近，至十八地獄，隨報重輕受諸楚毒，觀世音語云：『汝緣未盡，若得活，可作沙門，洛下、齊城、丹陽、會稽並有阿育王塔，可往禮拜，乃若壽終，則不墮地獄。』語竟如墜高巖，忽然醒寤，因此出家，名慧達，遊行禮塔，次至丹陽，未知塔處，及登越城四望，見長干里有異氣，因就禮拜，果是先阿育王塔所，屢放光明，由是定知必有舍利，乃集眾就掘入一丈，得三石碑，並長六尺，中一碑有鐵函，函中有銀函，函中又有金函，盛三舍利及髮、爪各一枚，髮長數尺。即遷舍利近北對簡文所造塔西，造一層塔，其後又使沙門僧尚加為三層，即是梁武所開者也。初穿土四尺，得龍窟及昔人所捨金、銀、環、釧、釵、鑷等諸雜寶物，可深九尺許，至石礫，礫下有石函，函內有鐵壺，以盛銀坩，坩內有金鏤罌，盛三舍利，如粟粒大，圓正光潔，函內有琉璃椀，椀內得四舍利及髮、爪，爪有四枚，並為沈香色。帝乃設無礙大會，豎二剎，各以金罌次玉罌，重盛舍利及髮、爪，內七寶塔內，又以石函盛寶塔，分入兩剎剎下。」胡三省曰：「今建康府上元縣有長干里，去縣五里；李白長干行所謂同居長干里，乃秣陵縣東里巷，江東人謂山隴之間曰干。」㊱三堆：《魏書・地形志》肆州永安郡平寇縣，太武帝太平真君七年并三堆、朔方、定陽三縣屬焉。宋白曰：「嵐州靜樂縣本漢汾陽縣地，城內有堆阜三，俗名三堆城。」今山西省靜樂縣，其故治也。㊲今督將家屬多在關西：胡三省曰：「此指言朱可渾道元、万俟普、劉豐生等部曲也。」㊳丞相屬：自漢以來，丞相府有掾有屬。㊴鮮卑是汝作客：客者，謂寄食主人而為之傭作也。㊵以司空侯景為西道大行臺：蓋付景以經略關西之任。㊶敖曹與北豫州刺史鄭嚴祖握槊：李延壽曰：「握槊本胡戲，近入中國。」方以智《通雅・戲具》云：「握槊、長行局、波羅塞、雙陸，要一類也。後魏李邵曰：『曹植作長行局，胡王作握槊，亦雙陸也。』」按雙陸、握槊俱古博戲名。洪遵曰：「以異木為盤，盤中彼此內外各有六梁，故名雙陸。」魏明元帝泰常中置豫州於虎牢，文成帝皇興中移豫州於懸瓠，而以虎牢為北豫州，其後孝文帝太和中復置南豫州於廣陵，是為三豫。《魏書・地形志》北豫州領廣武、滎陽、成皋三郡。虎牢故城在今河南省汜水縣西北。㊷一錢漢：喻漢人之賤也。㊸自壺口趣蒲津：《漢書・地理志》河東郡北屈縣東南有壺口山。《魏書・地形志》晉州平陽郡禽昌縣，漢、晉之北屈也，太武帝神䴥元年平赫連昌，置為禽昌郡，太平真君二年，改為縣，以屬平陽郡。吉州志河勢北來，至此全傾於西崖，奔放而下，約五六百尺，懸注翾旋，有若壺然，故曰壺口。在今山西省吉縣西南七十里。蒲津即蒲關也，一名臨晉關，在今山西省永濟縣西，陝西省朝邑縣東，黃河之西岸，漢初魏王豹絕河關以背漢即此，自古以來為山河要隘。㊹館穀：《左傳》僖公二十八年楚師敗績，晉師三日館穀。杜預曰：「館，舍也，食楚軍穀三日。」其後凡軍隊就糧則謂之館穀。㊺麥秋：謂孟夏之月也。《禮記・月令》云：「孟夏麥秋至。」陳澔曰：「秋者，百穀成熟之期，此於時雖夏，於麥則秋，故云麥秋。」㊻貉子：胡三省曰：「貉似狐，善睡，北方有之。說文曰：『貉，北方豸種也。』鄭玄曰：『貉子曰貆。』郭璞曰：『今江東通呼貉為𧳜𧳜。』余按『北方豸種』乃指夷貉之貉，孟子所謂大貉小貉者也。此乃狐貉之貉，當從諸家之說。」㊼歡至馮翊城下：《魏書・地形志》華山郡華陰縣，華州治也。《五代志》馮翊郡後魏曰華州，馮翊縣後魏曰華陰。王羆時為華州刺史，故高歡圍之，然則此馮翊城即後魏之華陰城也，即今陝西省大荔縣。㊽乃涉洛，軍於許原西：胡三省曰：「漢志馮翊懷德縣南有荊山，山下有彊梁原。洛水東南入渭，許原蓋在洛水之南。」㊾沙苑：《五代志》馮翊郡馮翊縣有沙苑。《水經注》沙苑在渭北，其南即漢懷德縣故城也。蓋在今陝西省大荔縣南，接朝邑縣界，一名沙海，又名沙澤，以其地多沙，故稱。唐置沙苑監於此以養馬。㊿愎諫而來，所謂忿兵：《左傳》晉慶鄭曰：「愎諫違卜，固敗是求，又何逃焉！」謂剛愎不納諫言也。《漢書》魏相曰：「爭恨細故，不忍憤怒者謂之忿兵，兵忿者敗。」(51)歷營：歷歡軍營。(52)右拒：《左傳》桓公五年鄭子元請為左拒。杜預注曰：「拒，方陳也。」按拒與矩同，故釋為方陳。

(五三)死決：奮死力以決勝負也。(五四)譬如猘狗，或能噬人：《左傳》吳子木曰：「國狗之瘈，無不噬也。」猘與瘈同，狂犬也。(五五)土濘：泥淖曰濘。(五六)甲裳：《左傳》邲之戰，屈蕩搏趙旃，得其甲裳，杜預曰：「下曰裳。」(五七)何必數級：言不必計其斬獲首級之數而後知其功也。(五八)使張華原以簿歷營點兵：簿者，軍中名籍也。(五九)都督李穆曰，高歡破膽矣，速追之可獲，泰不聽：胡三省曰：「沙苑之戰，宇文泰不敢乘勝追高歡，邙山之戰，歡不敢乘勝追泰，蓋二人者智力相敵，足以相持而不足以相斃也。」(六〇)李弼十二將皆進爵增邑有差：按《周書・文帝紀》此十二將李弼、獨孤信、梁禦、趙貴、于瑾、若干惠、怡峯、劉亮、王悳、侯莫陳崇、李遠、達奚武。(六一)宮景壽：宮，姓也，《左傳》虞大夫有宮之奇。(六二)洛州刺史：西魏洛州治上洛，註已見前。(六三)剸刃：賈公彥曰：「剸猶立也，東齊人謂立物地中為剸。」立刃其上，謂之剸刃。(六四)猗氏：《五代志》河東郡猗氏縣，西魏改曰桑泉，後周復曰猗氏。猗氏縣漢以來屬河東郡，故城在今山西省猗氏縣南二十里，晉、魏間移治今縣。(六五)汾絳：《五代志》文城郡東魏置南汾州，後周改為汾州；絳郡後魏置東雍州，後周改曰絳州。然則此汾、絳蓋指《魏書・地形志》南汾州、東雍州之地也。(六六)洪洞：洪洞故城在今山西省洪洞縣北六里，蓋春秋晉之楊氏邑，漢置楊縣，屬河東郡，晉移屬平陽郡，《五代志》臨汾郡有楊縣，漢故縣也。杜佑曰：「洪洞故城在平陽北，四固重複，控據要險。」劉昫曰：「晉州洪洞縣，古楊縣也，隋恭帝義寧元年，改曰洪洞，取縣北洪洞嶺以名縣。」(六七)新安：新安縣漢屬弘農郡，晉屬河南尹。《魏書・地形志》東魏孝靜帝天平初置新安郡，屬洛州，故治在今河南省澠池縣東。(六八)孝武之西遷也：事見上卷中大通六年。(六九)大石嶺：《水經注》大石嶺在洛陽縣東南，新城縣東北，來儒之水逕其南。(七〇)陽城：陽城縣漢屬潁川郡，晉屬河南尹。《魏書・地形志》孝明帝孝昌二年置陽城郡，屬洛州，在今河南省登封縣東南三十五里。(七一)東魏潁州長史賀若統：賀若，複姓也。《魏書・官氏志》內入諸姓有賀若氏。又《地形志》東魏孝靜帝天平初置潁州，治長社，武定七年改治潁陰，更名鄭州，領許昌、潁川、陽翟等郡。長社故城在今河南省長葛縣西一里，潁陰即今河南省許昌縣。(七二)東魏梁州：《魏書・地形志》東魏孝靜帝天平初置梁州，治大梁城，領陽夏、開封、陳留等郡。大梁，今河南省開封縣，戰國魏所都也。(七三)鹿永吉：《魏書・官氏志》內入諸姓有阿鹿桓氏，後改為鹿氏。(七四)偉，先護之子也：鄭先護見卷一百五十二大通二年。(七五)怡峯：怡姓，峯名。(七六)陽翟：陽翟縣漢屬潁川郡，晉屬河南尹，後魏置陽翟郡，屬洛州，今河南省禹縣。(七七)雄等軍已去潁川三十里：謂雄等軍已逼潁川，相去才三十里。(七八)苑陵：苑陵縣漢屬河南尹，晉屬滎陽郡，《魏書・地形志》東魏孝靜帝天平初分屬北豫州廣武郡，《五代志》隋煬帝大業初并苑陵縣入滎陽郡新鄭縣。故城在今河南省尉氏縣南。(七九)陽州刺史：《魏書・地形志》東魏孝靜帝天平初置陽州，治宜陽，領宜陽、金門二郡。宜陽，戰國韓邑也，故城在今河南省宜陽縣西五十里。(八〇)司農張樂皋：胡三省曰：「司農下恐有脫字。」按梁制，司農有卿、少卿。(八一)蓼塢：胡三省曰：「水經注蓼水出河北縣襄山蓼谷，當時之人於此谷築塢，因謂之蓼塢。漢書音義曰：『襄山在潼關北十餘里。』」(八二)清都：胡三省曰：「東魏都鄴，以魏郡為清都。」(八三)濮陽、陽平，乃畿內之郡：二郡東魏皆以屬司州，故云然。(八四)不奉詔命，又不侵境：

言既無詔命討賊，賊又不侵其轄境也。㊅何急而使私軍遠戰：胡三省曰：「季式所自養部曲，不衣食於官，故謂之私軍。」遠戰者，謂越州境而出征也。

卷一百五十八 梁紀十四

司馬光編集
林瑞翰 註

起著雍敦牂，盡閼逢困敦，凡七年。（戊午至甲子，西元五三八年至五四四年）

高祖武皇帝十四

大同四年㈠（西元五三八年）

㈠春，正月，辛酉朔，日有食之。

㈡東魏碭郡㈡獲巨象送鄴。丁卯（初七日），大赦，改元元象。

㈢二月己亥（初十日），上耕籍田。

㈣東魏大都督善無賀拔仁攻魏南汾州刺史韋子粲，降之。丞相泰滅子粲之族。

東魏大行臺侯景等治兵於虎牢，將復河南諸州㈢，魏梁迥、韋孝寬、趙繼宗皆棄城西歸㈣。侯景攻廣州㈤未拔，聞魏救兵將至，集諸將議之，行洛州事盧勇㈥請進觀形勢。乃帥百騎至大隗山㈦，遇魏師，日已暮，勇多置幡旗於樹顛，夜分騎為十隊，鳴角直前，擒魏儀同三司程華，斬儀同三司王征蠻而還，廣州守將駱超遂以城降，東魏丞相歡以勇行廣州事。勇，辯之從弟也㊇。於是南汾、潁、豫、廣四州復入東魏。【考異】典略侯景克廣州在十一月，按北史魏帝紀，二月，東魏陷南汾、潁、豫、廣四州，今從之。

㈤初，柔然頭兵可汗始得返國㊈，事魏盡禮。及永安以後，雄據北方，禮漸驕倨，雖信使不絕，不復稱臣。頭兵嘗至洛陽，心慕中國，乃置侍中、黃門等官，後得魏汝陽王典籤淳于覃，親寵任事，以為祕書監，使典文翰。及兩魏分裂，頭兵轉不遜，數為邊患。魏丞相泰以新都關中，方有事山東，欲結婚以撫之，以舍人元翌女為化政公主，妻頭兵弟塔寒，又言於魏主，請廢乙弗后㊉，納頭兵之女。甲辰（十五日），以乙弗后為尼，使扶風王孚迎頭兵女為后，頭兵遂留東魏使者元整，不報其使。

㈥三月辛酉（初二日），東魏丞相歡以沙苑之敗㊁，請解大丞相，詔許之。頃之，復故。【考異】北齊帝紀止有高祖解丞相年月，而無復故之文。按興和元年議曆有丞相田曹參軍信都芳，蓋因邙山之捷而復也。

㈦柔然送悼后㊂於魏，車七百乘，馬萬匹，駝二千頭。至黑鹽池㊂，遇魏所遣鹵簿儀衞，柔然營幕戶席皆東向，扶風王孚請正南面。后曰：「我未見魏主，固柔然女也。魏仗南面，我自東向。」丙子（十七日），立皇后郁久閭氏。丁丑（十八日），大赦，以王盟為司徒。丞相泰朝于長安，還屯華州。

㈧夏，四月，庚寅（初二日），東魏高歡朝於鄴㊃，壬辰（初四日），還晉陽。

㈨五月，甲戌（十六日），東魏遣兼散騎常侍鄭伯猷來聘。【考異】魏帝紀在二月丙辰，蓋始受命時也，今從梁帝紀。

㈩秋，七月，東魏荊州刺史王則寇淮南㊄。

⑪癸亥（初六日），詔以東冶徒李胤之得如來舍利㊅，大赦。

⑫東魏侯景、高敖曹等圍魏獨孤信于金墉，太師歡帥大軍繼之。景悉燒洛陽內外官寺，民居存者什二三。魏主將如洛陽拜園陵㊆，會信等告急，遂與丞相泰俱東，命尚書左僕射周惠達輔太子欽守長安，開府儀同三司李弼、車騎大將軍達奚武帥千騎為前驅。

八月，庚寅（初三日），丞相泰至穀城⑱，侯景等欲整陣以待其至，儀同三司太安莫多婁貸文⑲請帥所部擊其前鋒，景等固止之，貸文勇而專，不受命，與可朱渾道元以千騎前進，夜遇李弼、達奚武於孝水⑳，弼命軍士鼓譟，曳柴揚塵，貸文走，弼追斬之，道元單騎獲免，悉俘其眾送恒農㉑。泰進軍瀍東㉒，侯景等夜解圍去。

辛卯（初四日），泰帥輕騎追景至河上，景為陳，北據河橋，南屬邙山，與泰合戰㉓，泰馬中流矢，驚逸，遂失所之，泰墜地，東魏追及之，左右皆散，都督李穆下馬，以策抶泰背，罵曰：「籠東㉔軍士，爾曹主何在而獨留此？」追者不疑其貴人，捨之而過。穆以馬授泰，與之俱逸，魏兵復振㉕，擊東魏兵，大破之。東魏兵北走。京兆忠武公高敖曹意輕泰，建旗蓋以陵陳㉖，魏人盡銳攻之，一軍皆沒。敖曹單騎走，投河陽南城㉗，守將北豫州刺史高永樂，歡之從祖兄子也，與敖曹有怨，閉門不受，敖曹仰呼，求繩不得，拔刀穿闔，未徹而追兵至㉘。敖曹伏橋下，追者見其從奴持金帶，問敖曹所在，奴指示之，敖曹知不免，奮頭曰：「來，與汝開國公㊄。」追者斬其首去，高歡聞之，如喪肝膽，杖高永樂二百，贈敖曹太師、大司馬、太尉。泰賞殺敖曹者布絹萬段，歲歲稍與之，比及周亡，猶未能足。魏又殺東魏西兗州刺史宋顯等，虜甲士萬五千人，赴河死者以萬數。

初，歡以万俟普尊老㊅，特禮之，嘗親扶上馬，其子洛免冠稽首，曰：「願出死力以報深恩。」及邙山之戰，諸軍北度橋㊆，洛獨勒兵不動，謂魏人曰：「万俟受洛干在此，能來可來也。」魏人畏之而去。歡名其所營地為回洛㊇。

是日，東西魏置陳既大，首尾懸遠，從旦至未，戰數十合，氛霧四塞，莫能相知。魏獨孤信、李遠居右，趙貴、怡峯居左，戰並不利，又未知魏主及丞相泰所在，皆棄其卒先歸。開府儀同三司李虎、念賢等為後軍，見信等退，即與俱去，泰由是燒營而歸，留儀同三司長孫子彥守金墉。

王思政下馬，舉長矟左右橫擊，一舉輒踣數人，陷陳既深，從者盡死。思政被重創，悶絕，會日暮，敵亦收兵。思政每戰，常著破衣弊甲，敵不知其將帥，故得免。帳下督雷五安於戰處哭求思政，會其已蘇，割衣裹創，扶思政上馬，夜久，始得還營。

平東將軍蔡祐下馬步鬬，左右勸乘馬以備倉猝[33]，祐怒曰：「丞相愛我如子，今日豈惜生乎？」帥左右十餘人合聲大呼，擊東魏兵，殺傷甚眾。東魏圍之十餘重，祐彎弓持滿，四面拒之。東魏人募厚甲長刀[34]者直進取之，去祐可三十步，左右勸射之，祐曰：「吾曹之命，在此一矢，豈可虛發？」將至十步，祐乃射之，應弦而倒。東魏兵稍卻，祐徐引還。

魏主至恒農，守將已棄城走，所虜降卒在恒農者相與閉門拒守，丞相泰攻拔之，誅其魁首數百人。

蔡祐追及泰於恒農，夜見泰，泰曰：「承先[35]，爾來吾無憂矣！」泰驚不得寢，枕祐股然後安。祐每從泰戰，常為士卒先，戰還，諸將皆爭功，祐終無所言。泰每歎曰：「承先口不言勳，我當代其論敘。」

泰留王思政鎮恒農，除侍中、東道行臺。

魏之東伐，關中留守兵少，前後所虜東魏士卒散在民間，聞魏兵敗，謀作亂。李虎等至長安，計無所出，與太尉王盟、僕射周惠達等奉太子欽出屯渭北，百姓互相剽掠，關中大擾。於是沙苑所虜東魏都督趙青雀、雍州民于伏德等遂反，據長安子城，伏德保咸陽，與咸陽太守慕容思慶各收降卒以拒還兵㊱。長安大城民相帥以拒青雀，日與之戰。大都督侯莫陳順擊賊，屢破之，賊不敢出。順，崇之兄也。

扶風公王羆鎮河東，大開城門，悉召軍士，謂曰：「今聞大軍失利，青雀作亂，諸人莫有固志，王羆受委於此，以死報恩，有能同心者，可共固守，必恐城陷，任自出城。」眾感其言，皆無異志。

魏主留閿鄉，丞相泰以士馬疲弊，不可速進，且謂青雀等烏合，不能為患，曰：「我至長安以輕騎臨之，必當面縛。」通直散騎常侍吳郡陸通㊲諫曰：「賊逆謀久定，必無遷善之心。蜂蠆有毒㊳，安可輕也？且賊詐言東寇㊴將至，今若以輕騎臨之，百姓謂為信然㊵，益當驚擾。今軍雖疲弊，精銳尚多，以明公之威，總大軍以臨之，何憂不克？」泰從之，引兵西入。父老見泰至，莫不悲喜，士女相賀。華州刺史宇文導引兵入咸陽，斬思慶，禽伏德，南度渭，與泰會攻青雀，破之。太保梁景睿以疾留長安，與青雀通謀，泰殺之。

東魏太師歡自晉陽將七千騎至孟津，未濟，聞魏師已遁，遂濟河，遣別將追魏師至崤㊶，不及而還。

歡攻金墉，長孫子彥棄城走，焚城中室屋俱盡。歡毀金墉而還。

東魏之遷鄴也㊷，主客郎中裴讓之留洛陽；獨孤信之敗也㊸，讓之弟諏之隨丞相泰入關，為大行臺倉曹郎中。歡囚讓之兄弟五人，讓之曰：「昔諸葛亮兄弟事吳、蜀，各盡其心㊹，況讓之老母在此，不忠不孝，必不為也。明公推誠待物，物亦歸心，若用猜忌，去霸業遠矣！」歡皆釋之。

九月，魏主入長安，丞相泰還屯華州。

(十三)東魏大都督賀拔仁擊邢磨納、盧仲禮等，平之㊺。盧景裕本儒生，太師歡釋之，召館於家，使教諸子。景裕講論精微，難者或相詆訶，大聲厲色，言至不遜，而景裕神采儼然，風調如一，從容往復，無際可辱。性清靜，歷官屢有進退，無得失之色，弊衣麤食，恬然自安，終日端嚴，如對賓客。

㈣冬，十月，魏歸高敖曹、竇泰、莫多婁貸文之首於東魏。

㈤散騎常侍劉孝儀等聘於東魏。

㈥十二月，魏是云寶襲洛陽，東魏洛州刺史王元軌棄城走。都督趙剛襲廣州，拔之，於是自襄、廣㊻以西城鎮復為魏。

㈦魏自正光以後㊼，四方多事，民避賦役，多為僧尼，至二百萬人，寺有三萬餘區。至是東魏始詔牧、守、令、長擅立寺者，計其功庸㊽，以枉灋論。

㈧初，魏伊川土豪李長壽為防蠻都督㊾，積功至北華州刺史。孝武帝西遷，長壽帥其徒拒東魏，魏以長壽為廣州刺史，侯景攻拔其壁，殺之，其子延孫復收集父兵以拒東魏，魏之貴臣廣陵王欣、錄尚書長孫稚等皆攜家往依之，延孫資遣衞送，使達關中。東魏高歡患之，數遣兵攻延孫，不能克。魏以延孫為京南行臺(五〇)。節度河南諸軍事、廣州刺史。延孫以澄清伊洛為己任，魏以延孫兵少，更以長壽之壻京兆韋法保為東洛州刺史(五一)，配兵數百以助之。法保名祐，以字行。既至，與延孫連兵，置柵於伏流(五二)。獨孤信之入洛陽也，欲繕脩宮室，使外兵郎中(五三)天水權景宣帥徒兵三千出採運(五四)，會東魏兵至，河南皆叛，景宣間道西走，與李延孫相會，攻孔城(五五)，拔之，洛陽以南，尋亦西附。丞相泰留景宣守張白塢(五六)，節度東南諸軍應關西者。是歲，延孫為其長史楊伯蘭所殺，韋法保即引兵據延孫之柵。

東魏將段琛等據宜陽，遣陽州刺史(五七)牛道恒誘魏邊民。魏南兗州刺史韋孝寬患之(五八)，乃詐為道恒與孝寬書，論歸款之意，使諜人遺之於琛營，琛果疑道恒，孝寬乘其猜阻，出兵襲之，擒道恒及琛，崤澠(五九)遂清。

東道行臺王思政以玉壁(六〇)險要，請築城自恒農徙鎮之。詔加都督汾、晉、并州諸軍事，并州刺史，行臺如故。

㈨東魏以高澄攝吏部尚書，始改崔亮年勞之制(六一)，銓擢賢能，又沙汰尚書郎，妙選人地以充之，凡才名之士，雖未薦擢，皆引致門下，與之遊宴，講論賦詩，士大夫以是稱之。

【今註】㊀大同四年：東魏孝靜帝元象元年。㊁碭郡：《魏書・地形志》孝明帝孝昌二年置碭郡，治下邑城，屬徐州。下邑城在今江蘇省碭山縣東。㊂東魏大行臺侯景等治兵於虎牢，將復河南諸州：東魏以景為西道大行臺，委以經略關西之任，西魏徇下河南諸州見上卷上年。㊃魏梁迥、韋孝寬、趙繼宗皆棄城西歸：胡三省曰：「梁迥在潁川，韋孝寬在汝南，未知趙繼宗所棄何城也。」迥拔東魏潁州，孝寬克豫州俱見上卷上年。㊄廣州：《魏書・地形志》魏孝莊帝永安中置廣州，治魯陽，今河南省魯山縣，東魏孝靜帝武定中徙治襄城，今河南省襄城縣，按志時廣州尚治魯陽也，領南陽、順陽、定陵、魯陽、汝南、漢廣、襄城等郡。㊅行洛州事盧勇：東魏洛州治洛陽，遷鄴前之司州也。㊆大隗山：《漢書・地理志》河南郡密縣有大騩山，《魏書・地形志》密縣屬北豫州滎陽郡，《五代志》滎陽郡新鄭縣有大騩山。大騩即大隗也，在今河南省禹縣北，《國語》之芣騩，韋昭曰：「芣騩，山名，即大騩也。」㊇勇，辯之從弟也：盧辯仕西魏以儒術顯。㊈初，柔然頭兵可汗始得返國：頭兵可汗返國事見卷一百四十九普通二年。㊉（丞相泰）又言於魏主，請廢乙弗后：魏立乙弗后見上卷大同二年。(一一)東魏丞相歡以沙苑之敗：沙苑之敗見上卷上年。(一二)悼后：即柔然頭兵可汗女魏文帝后郁久閭氏也，諡曰悼。㊂黑鹽池：胡三省曰：「唐志鹽州五原縣有烏池、白池、烏池蓋即黑鹽池也。」㊃東魏高歡朝於鄴：胡三省曰：「歡既解丞相，故不書官而書姓。」㊄東魏荊州刺史王則寇淮南：胡三省曰：「此淮南謂光城、弋陽之地，在淮水上流之南，非指古淮南郡治壽春之淮南。」㊅如來舍利：如來，佛也；舍利，佛身火化後結成珠狀之物，光瑩堅固，椎擊不破。㊆魏主將如洛陽拜園陵：魏自孝文帝遷洛至孝武帝西遷以前，園陵皆在洛陽。㊇穀城：《漢書・地理志》河南郡有穀成縣，《續漢志》作穀城，晉省，故城在今河南省洛陽縣西。《水經注》穀城西臨穀水，故以名縣。㊈莫多婁貸文：莫多婁，虜三字姓。㊉孝水：水經注俞隨之水在河南城西十餘里，出於廆山之陰，北流注於穀，世謂之孝水也。《五代志》新安縣有孝水，顏師古曰：「漢河南穀成縣，即今新安也。」㊁悉俘其眾送恆農：宇文泰時駐節恆農。㊂瀍東：瀍水之東也。《水經》瀍水出河南穀城縣北山，東與千金渠合，又東過洛陽縣南，又東過偃師縣，又東入於洛。酈道元曰：「周書曰：『我卜瀍水西』，謂斯水也。」㊂泰帥輕騎追景至河上，景為陳，北據河橋，南屬邙山，與泰合戰：胡三省曰：「景置陳北據河橋者，盧兵有利鈍，先保固其北歸之路也，南屬邙山，可以屬，連屬也。見其兵多矣！景軍參用馬、步，其置陳堅固，宇文泰以輕騎來，見其陳勢如此，斂兵不進可也，遽前合戰，亦屢勝而驕耳！」㊃籠東：摧敗披靡之貌也，亦作東籠，《荀子・議兵》云：「仁人之兵，當之者潰，觸之者角摧，案角鹿埵隴種東籠而退耳！」楊倞注曰：「其義未詳，蓋皆摧敗披靡之貌。或曰，鹿埵，垂下之貌，如禾實垂下然；隴種，遺失貌，如隴之種物然，或曰，即龍鍾也；東籠與凍瀧同，沾溼貌，如衣服之沾溼然。」㉕魏兵復振：主帥未死而大兵繼至，故兵勢復振。㉖建旗蓋以陵陳：陵，踐也，衝突敵陳使之散亂，謂之陵陳。建旗蓋者，意輕敵，欲令敵知其所在。㉗河陽南城：河橋北岸為北中城，河陽南城蓋在河橋南岸。㉘拔刀穿闔，未徹而追兵至：徹，透也。闔，門扉也。㉙敖曹知不免，奮頭曰，來，與汝開國公：奮，揚也。知不免，知不免於難也。言敵得其頭，將獲開國公之賞。㉚尊老：爵秩尊而年齒老也。㉛北度橋：北度河橋。㉜回洛：《唐書・地理志》河陽關南有回洛故城，在今河南省孟津縣東，隋於其地置回洛倉。㉝左右勸乘馬以備倉猝：胡三省曰：「謂兵有邂逅，乘馬則倉猝可以奔馳。」㉞厚甲長刀：貫厚甲，持長刀。㉟承先：蔡祐字。㊱與咸陽太守慕容思慶各收降卒以拒還兵：降卒，謂沙苑之役東魏軍之降於西魏者；還兵，謂西魏之兵自洛西敗還者。《魏書・地形志》後魏置咸陽郡於石安縣，屬雍州。石安，秦之咸陽，漢之渭城縣也，石勒改曰石安，故城在今陝西省咸陽縣東。㊲吳郡陸通：《周書・陸通傳》通字仲明，吳郡人也，曾祖載從宋武帝平關中，軍還，留載隨其子義真鎮長安，敗沒於赫連，遂居關中。㊳蜂蠆有毒：此《左傳》臧文仲之言。言蜂蠆雖小，其毒猶能害人，毋以其小而易之。㊴東寇：謂東魏之兵。㊵百姓謂為信然：言百姓將以賊言為信也。㊶崤：《魏書・地形志》陝州恆農郡有崤縣，孝文帝太和十一年置，有三崤山。蓋因崤山之名以名縣也。《五代志》河南郡熊耳縣有後魏崤縣，隋煬帝大業初，廢崤縣入熊耳縣。崤縣故城在今河南省洛寧縣北五十里，陝縣東南九十里。㊷東魏之遷鄴也：事見卷一百五十六中大通六年。㊸獨孤信之敗也：邙山之役，信先棄軍西還。㊹昔諸葛亮兄弟事吳、蜀，各盡其心：謂亮事蜀，瑾事吳也。㊺東魏大都督賀拔仁擊邢磨納、盧仲禮等，平之：磨納等起兵見上卷上年。㊻襄、廣：《魏書・地形志》魏孝明帝孝昌中置襄州，領襄城、舞陰、南安、期城、北南陽、建城等郡。《五代志》潁川郡葉縣後齊置襄州。葉縣故城在今河南省葉縣南。廣州註見上。㊼魏自正光以後：梁武帝普通元年，魏孝明帝改元正光。㊽計其功庸：庸亦功也。言計其功費之所值。㊾初，魏伊川土豪李長壽為防蠻都督：胡三省曰：「伊闕以南，大山長谷，蠻多居之，魏置都督以防焉！」《五代志》河南郡陸渾縣東魏置伊川郡，領南陸渾縣，故城在今河南省嵩縣東北。㊿京南行臺：胡三省曰：「京南，謂洛京以南也。」(51)東洛州刺史：胡三省曰：「西魏洛州治上洛，以洛陽之地為東洛州。」(52)伏流：《五代志》河南郡陸渾縣東魏置伊川郡，領南陸渾縣，隋文帝開皇初，廢郡，改縣曰伏流，煬帝大業初，改曰陸渾。然則伏流即南陸渾也，為伊川郡治所。《水經注》三塗山在陸渾故城東南八十許里，伊水逕其下，又東北逕伏流嶺東，劉澄之《永初記》稱陸渾縣西有伏流坂者也，今山在縣南崖口北三十里許，西則非也。《元和郡縣志》伏流城，東魏孝靜帝所築，以城北焦澗水伏流地下，西有伏流坂，因以為名。(53)外兵郎中：《晉書・職官志》曹魏置尚書二十三郎，外兵其一也。(54)帥徒兵三千出採運：出採木石使運入洛陽城也。徒兵，士兵之徒作者。(55)孔城：《魏書・地形志》東魏孝靜帝天平中置新城郡，治孔城，屬北荊州。《五代志》河南郡伊闕縣舊曰新城，東魏置新城郡。然則孔城當在隋伊闕縣界。伊闕縣故城在今河南省洛陽縣南。(56)張白塢：在今河南省宜陽縣西北，後漢末賊將張白騎據此，故以為名，《水經注》作白騎塢。《水經注》白騎塢在河內軹縣湨水北原上，據二溪之會，北帶深湟，三面阻險，惟西版築而已。(七七)陽州刺史：《魏書・地形志》東魏孝靜帝天平初置陽州，領宜陽、金門二郡，治宜陽，在今河南省宜陽縣西五十里。(七八)魏南兗州刺史韋孝寬患之：胡三省曰：「按韋孝寬傳，時西魏令孝寬領宜陽郡事，遷南兗州刺史，然南兗州治譙城，在東魏境內，孝寬未能取其地也。」(七九)崤澠：崤山及澠池。崤山西接陝縣，東接澠池，世稱澠阨，古九塞之一也，故崤澠並稱。(八〇)玉壁：《五代志》絳郡稷山縣，後周置勳州。勳州即玉壁也，周武帝保定初，置勳州於此。杜佑曰：「稷山縣南十二里，即玉壁城。」故城在今山西省稷山縣西南。(八一)東魏以高澄攝吏部尚書，始改崔亮年勞之制：崔亮制停年格見卷一百四十九天監十八年。

五年㊀（西元五三九年）

㊀正月乙卯（朔），以尚書左僕射蕭淵藻為中衛將軍，丹陽尹何敬容為尚書令，吏部尚書張纘為僕射。纘，弘策之子也㊁。自晉、宋以來，宰相皆以文義自逸，敬容獨勤簿領，日旰不休，為時俗所嗤鄙。自徐勉、周捨既卒㊂，當權要者外朝則何敬容，內省則朱异㊃。敬容質慤無文，以綱維為己任，异文華敏洽，曲營世譽，

二人行異而俱得幸於上。昇善伺候人主意為阿諛，用事三十年，廣納貨賂，欺罔視聽，遠近莫不忿疾，園宅玩好，飲膳聲色，窮一時之盛，每休下㈤，車馬填門，唯王承、王稚及褚翔不往。承、稚，暕之子㈥；翔，淵之曾孫也㈦。

㈡丁巳（初三日），御史中丞參禮儀事賀琛奏南北二郊及藉田往還並宜御輦，不復乘輅㈧，詔從之，祀宗廟仍乘玉輦。琛，瑒之弟子也㈨。

㈢辛酉（初七日），東魏以尚書令孫騰為司徒。

㈣辛未（十七日），上祀南郊。

㈤魏丞相泰於行臺置學，取丞、郎、府佐德行明敏者充學生，悉令日治公務，晚就講習。

㈥東魏丞相歡以徐州刺史房謨、廣平太守⑩羊敦、廣宗太守⑪竇瑗、平原太守許惇有政績清能，與諸刺史書，褒稱謨等以勸之。

㈦夏，五月甲戌（二十二日），東魏立丞相歡女為皇后。乙亥（二十三日），大赦。

㈧魏以開府儀同三司李弼為司空。

㈨秋，七月，扶風王孚為太尉。

㈩九月甲子（十四日），東魏發畿內十萬人城鄴，四十日罷。

冬，十月癸亥（十一月四日），以新宮成，大赦，改元興和㈢。

⑪魏置紙筆於武門外以求得失。

⑫十一月乙亥（二十六日），東魏使散騎常侍王元景、魏收來聘。

⑬東魏人以正光曆浸差㈢，命校書郎㈣李業興更加修正，以甲子為元，號曰興光曆。既成，行之。

⑭散騎常侍朱异奏頃來置州稍廣而小大不倫，請分為五品，其位秩高卑，參僚㈤多少，皆以是為差。詔從之。於是上品二十州，次品十州，次品八州，次品二十三州，下品二十一州。時上方事征伐，恢拓境宇，北踰淮、汝，東距彭城，西開牂柯，南平俚洞㈥，紛綸甚眾，故异請分之，其下品皆異國之人，徒有州名而無土地，或因荒徼㈦之民，所居村落，置州及郡縣，刺史、守、令皆用彼人㈧為之，尚書不能悉領，山川險遠，職貢罕通。五品之外，又

有二十餘州，不知處所，凡一百七州。又以邊境鎮戍，雖領民不多，欲重其將帥，皆建為郡，一人領二三郡太守，州郡雖多，而戶口日耗矣！

㈤魏自西遷以來，禮樂散逸，丞相泰命左僕射周惠達、吏部郎中北海唐瑾損益舊章，至是稍備。

【今註】㈠大同五年：東魏孝靜帝興和元年。㈡纘，弘策之子也：張弘策，梁武佐命。㈢自徐勉、周捨既卒：普通五年，周捨卒，大同元年，徐勉卒。㈣當權要者外朝則何敬容，內省則朱异：胡三省曰：「三公、卿、監、尚書為外朝官，門下省為內省。」㈤休下：休沐之日自省中出還私第也。㈥承、稚，暕之子：王暕，儉之子也，仕梁武官至侍中、尚書僕射。㈦翔，淵之曾孫也：褚淵，蕭齊佐命。㈧御史中丞參禮儀事賀琛奏南北二郊及藉田往還並宜御輦，不復乘輅：輅與路同，輦、輅俱王者之車，人輓為輦，駕馬為輅。㈨琛，瑒之弟子也：賀瑒以儒學為梁武所親任。㈩廣平太守：《魏書・地形志》廣平郡屬司州，治曲梁城，即今河北省永年縣。⑪廣宗太守：漢為廣宗國，後漢為縣，屬鉅鹿郡，晉屬安平國，魏孝文帝太和十一年立廣宗郡，尋罷，孝明帝孝昌中復立，屬司州，治廣宗縣，故城在今河北省威縣東二十里。⑫冬，十月癸亥，以新宮成，大赦，改元興和：按《魏書・孝靜帝紀》當作十一月癸亥，十一月庚戌朔，癸亥十四日。⑬東魏人以正光曆浸差：魏行《正光曆》見卷一百四十九普通三年。㈣校書郎：杜佑曰：「漢之蘭臺及後漢東觀皆藏書之室，當時文學之士使校讎於其中，故有校書之職，蓋有校書之任而未為官也，故以郎居其任則謂之校書郎，以郎中居其任則謂之校書郎中，至後魏始置祕書、校書郎。」㈤參僚：即參佐也，為州郡僚屬，故曰參僚。㈥俚洞：胡三省曰：「交、廣界表，俚人依阻深險，各自為洞。」㈦荒徼：謂荒服徼外之區也。徼，塞也，於邊疆立木柵為蠻夷界謂之徼。㈧彼人：猶曰彼方之人，謂土人也。

六年（西元五四〇年）

㈠春，正月壬申（二十三日），東魏以廣平公庫狄干為太保。

㈡丁丑（二十八日），東魏主入新宮㈠，大赦。

㈢魏扶風王孚卒。

㈣二月己亥（二十一日），上耕籍田。

㈤魏鑄五銖錢。

㈥東魏大行臺侯景出三鴉，將復荊州㈡，魏丞相泰遣李弼、獨孤信各將五千騎出武關㈢，景乃還。

㈦魏文后既為尼，居別宮㈣，悼后猶忌之，乃以其子武都王戊為秦州刺史，使文后隨之官。魏主雖限以大計(五)，而恩好不忘，密令養髮，有追還之意。會柔然舉國渡河南侵(六)，時頗有言柔然以悼后故興師者。帝曰：「豈有興百萬之眾為一女子邪？雖然，致人此言，朕亦何顏以見將帥？」乃遣中常侍曹寵齎手敕賜后自盡。文后泣謂寵曰：「願至尊千萬歲，天下康寧，死無恨也。」遂自殺，鑿麥積崖而葬之，號曰寂陵。夏，丞相泰召諸軍屯沙苑以備柔然，右僕射周惠達發士馬守京城，塹諸街巷。召雍州刺史王羆議之，羆不應召，謂使者曰：「若蠕蠕至渭北者，王羆自帥鄉里破之，不煩國家兵馬，何為天子城中作如此驚擾？由周家小兒恇怯致此。」柔然至夏州而退，未幾，悼后遇疾殂。

(八)五月己酉（初二日），魏行臺宮延和、陝州刺史宮延慶降於東魏，東魏以河北馬場為義州以處之(七)。

(九)東魏陽州武公高永樂(八)卒。

(十)閏月丁丑朔，日有食之。

(十一)己丑（十三日），東魏封皇兄景植為宜陽王，皇弟威為清河王，謙為潁川王。

(十二)六月壬子（初六日），東魏華山王鷙卒(九)。

(十三)秋，七月丁亥（十二日），東魏使兼散騎常侍李象等來聘。

(十四)八月戊午（十三日），大赦。

(十五)戊戌（九月二十四日），司空袁昂卒，遺疏不受贈謚，敕諸子勿上行狀及立銘誌(十)，上不許，贈本官，謚穆正公。

(十六)冬，十一月，魏太師念賢卒。

(十七)吐谷渾自莫折念生之亂，不通於魏。伏連籌卒，子夸呂立，始稱可汗，居伏俟城(十一)，其地東西三千里，南北千餘里，官有王、公、僕射、尚書、郎中、將軍之號。是歲，始遣使假道柔然聘於東魏。

【今註】(一)東魏主入新宮：東魏作新宮於鄴見上卷大同元年。(二)東魏大行臺侯景出三鵶，將復荊州：大同三年，西魏乘沙苑之捷取東魏荊州。三鵶在魯陽，註已見前。(三)魏丞相泰遣李弼、獨孤信各將五千騎出武關：欲以禦侯景也。武關，秦之南關，在今陝西省商縣東一百八十五里。(四)魏文后既為尼，居別宮：魏文帝廢后乙弗氏謚曰文。魏廢文后為尼見上四年。(五)魏主雖限以大計：謂迫於國事廢文后而立悼后也。㊅會柔然舉國渡河南侵：胡三省曰：「度河南侵靈、夏。」㊆東魏以河北馬場為義州以處之：《魏書・地形志》東魏孝靜帝興和二年置義州，寄治汲郡陳城，領五城、泰寧、新安、澠池、恆農、宜陽、金門等郡。陳城在今河南省汲縣境。胡三省曰：「按杜佑通典，衞州汲郡，古牧野之地，魏孝文帝太和十七年徙代畜於石濟之西，故有河北馬場。五代志汲郡汲縣東魏置義州，僑置七郡十八縣，則七郡皆僑置於汲縣界也。又據朱元旭傳時分河內、汲郡二郡界、扶風之地立義州，以置關西歸正之民，後周武帝滅齊，改義州為衞州。」㊇東魏陽州武公高永樂：《北齊書・陽州公永樂傳》，永樂，高歡從祖兄子也，封陽州縣公，卒謚武昭。㊈東魏華山王鷙卒：鷙，魏平文帝鬱律子高涼王孤之六世孫也，大同二年，東魏以鷙為大司馬。㊉戊戌，司空袁昂卒，遺疏不受贈謚，敕諸子勿上行狀及立銘誌：按《梁書・武帝紀》昂卒在九月戊戌，九月乙亥朔，戊戌二十四日，此脫九月二字。《梁書・袁昂傳》昂敕諸子曰：「吾釋褐從仕，不期富貴，往忝吳興，屬在昏明之際，既闇於前覺，無識於聖朝，不知天命，甘貽顯戮，不謂叨竊寵靈，一至於此，今日瞑目，畢恨泉壤，若魂而有知，方期結草，聖朝遵古，知吾名品，或有追遠之恩，雖是經國恆典，在吾應無致此，脫有贈官，慎勿祇奉。」昂初仕齊為吳興太守，梁武起兵，以書招之，昂拒境不受，建康平，始束身詣闕，故云然。胡三省曰：「行狀，狀其平生之行實，上之於朝以請謚；銘誌，立碑於墓以傳後也。洪麴曰：『東漢自路都尉始建墓闕，蓋表阡碑銘之濫觴也，有文而傳於今則自謁者景君墓表始，君以安帝元初元年卒。齊葬穆妃，議立石誌，王儉以為非禮經所出，元嘉中，顏延之輩為之，遂相祖述爾。』任昉作文章緣起又云：『墓碑自晉始。』予考酈氏水經所載漢刻已不少，後魏與齊梁時相先後也，豈碑碣多在北方，南人未之見乎？然郭林宗傳云：『林宗既葬，同志者立碑，蔡邕為其文，謂盧植曰：吾為碑銘多矣，唯郭有道無愧色。』史稱王儉晉、宋以來故事該憶無遺，范書所載豈不知之？今漢人舊刻猶存數十百碑，云始於晉、宋，非也。」㈡伏俟城：《五代志》隋置西海郡於古伏俟城，即吐谷渾國都，有西王母石窟，青海鹽池。《北史・吐谷渾傳》伏俟城在青海西十五里。胡三省曰：「其地蓋在漢金城郡臨羌縣西北塞外，王莽受卑和羌所獻地置西海郡者也。」

七年（西元五四一年）

㈠春，正月辛巳（初九日），上祀南郊，大赦。辛丑（二十九日），祀明堂。

㈡宕昌王梁仚定為其下所殺，弟彌定立。【考異】梁帝紀作彌泰，今從典略。二月乙巳（初三日），以彌定為河、梁二州刺史、宕昌王。

㈢辛亥（初九日），上耕籍田㊀。

㈣魏幽州刺史順陽王仲景坐事賜死㊁。

㈤三月，魏夏州刺史劉平伏據上郡㊂反，大都督于謹討禽之。

㈥夏，五月，遣兼散騎常侍明少遐等聘於東魏。

㈦秋，七月己卯（初九日），東魏宜陽王景植卒。

㈧魏以侍中宇文測為大都督，行汾州㊃事。測，深之兄也。為政簡惠，得士民心，地接東魏㊄，東魏人數來寇抄，測擒獲之，命解縛，引與相見，為設酒殽，待以客禮，幷給糧餼，衞送出境。東魏人大慙，不復為寇，汾、晉之間，遂通慶弔，時論稱之。或告測交通境外者，丞相泰怒曰：「測為我安邊，我知其志，何得間我骨肉㊅？」命斬之。

㈨魏丞相泰欲革易時政，為彊國富民之瀍，大行臺度支尚書兼司農卿蘇綽盡其智能，贊成其事，減官員，置二長，幷置屯田以資軍國，又為六條詔書，九月，始奏行之。一曰清心，二曰敦教化，三曰盡地利，四曰擢賢良，五曰恤獄訟，六曰均賦役㊆。泰甚重之，嘗置諸坐右，又令百司習誦之，其牧、守、令、長非通六條及計帳㊇，不得居官。

㈩東魏詔羣官於麟趾閣議定瀍制，謂之麟趾格。冬，十月甲寅

（十六日），頒行之。

㈩己巳，東魏發夫五萬築漳濱堰㊈，三十五日罷。

㈪十一月丙戌（十八日），東魏以彭城王韶為太尉，度支尚書胡僧敬為司空。僧敬名虔，以字行，國珍之兄孫，東魏主之舅也㊉。

㈫十二月，東魏遣兼散騎常侍李騫來聘。

㈬交趾李賁世為豪右，仕不得志，有幷韶者，富於詞藻，詣選求官，吏部尚書蔡撙以幷姓無前賢，除廣陽門郎㊁，韶恥之，賁與韶還鄉里。會交州刺史武林㊂侯諮以刻暴失眾心，時賁監德州㊂，因連結數州豪傑俱反，諮輸賄於賁，奔還廣州，上遣諮與高州刺史㊃孫冏、新州刺史㊄盧子雄將兵擊之。諮，恢之子也㊅。

㈭是歲，魏又益新制十二條㊆。

㈮東魏丞相歡以諸州調絹不依舊式㊇，民甚苦之，奏令悉以四十尺為匹。

魏自喪亂以來㊈，農商失業，六鎮之民，相帥內徙，就食齊、晉，歡因之以成霸業㊉，東西分裂，連年戰爭，河南州郡，鞠為茂草㊁，公私困竭，民多餓死，歡命諸州濱河及津梁㊂，皆置倉積穀，以相轉漕，供軍旅，備飢饉，又於幽、瀛、滄、青四州，傍海煮鹽，軍國之費，粗得周贍。至是東方連歲大稔，穀斛至九錢，山東之民，稍復蘇息矣！

㈦東魏尚書令高澄尚靜帝妹馮翊長公主，生子孝琬，朝貴賀之。澄曰：「此至尊之甥，先賀至尊。」三日㊂，帝幸其第，賜錦綵布絹萬匹，於是諸貴競致禮遺，貨滿十室。

㈧東魏臨淮王孝友表曰：「令制百家為族，二十五家為閭，五家為比。百家之內，有帥二十五㊃，徵發皆免，苦樂不均，羊少狼多，復有蠶食㊄，此之為弊久矣！京邑諸坊，或七八百家唯一里正、二史，庶事無闕，而況外州乎？請依舊置三正之名不改㊅，而每閭止為二比，計族省十一丁賫絹㊆，番兵㊇所益甚多。」事下尚書，寢不行。

㈨安成望族劉敬躬以妖術惑眾，人多信之。【考異】南史作敬宮，今從梁書。

【今註】㊀籍田：籍與藉同，《詩・載芟》序云：「載芟，春籍田而祈社稷也。」箋云：「籍田，王載耒耜所耕之田。籍之言借也，借民力治之，故謂之籍田。」㈡魏幽州刺史順陽王仲景坐事賜死：胡三省曰：「西魏無幽州，意豳州也。」㈢上郡：《魏書・地形志》上郡屬東夏州，領石門、因城二縣。《五代志》延安郡因城縣，後魏置，故城在今陝西省安塞縣西南一百二十里。㈣汾州：《五代志》龍泉郡後周置汾州，隋文帝開皇五年改為隰州，治隰川縣，今山西省隰縣。㈤地接東魏：胡三省曰：「隰川東接東魏晉州界。」㈥何得問我骨肉：《周書・宇文測傳》測宇文泰之族子也，故云爾。㈦一曰清心，二曰敦教化，三曰盡地利，四曰擢賢良，五曰恤獄訟，六曰均賦役：《周書・蘇綽傳》綽為六條詔書，其治心曰：「心者一身之主，百行之本，心不清淨則思慮妄生，思慮妄生則見理不明，見理不明則是非謬亂，是非謬亂則一身不能自治，安能治民也？是以治民之要在清心而已。」其敦教化曰：「性無常守，隨化而遷，化於敦樸者則質直，化於澆偽者則淳薄，浮薄者則衰弊之風，質直者則淳和之俗，衰弊則禍亂交興，淳和則天下自治。凡諸牧守令長宜洗心革意，上承朝旨，下宣教化。夫化者貴能扇之以淳風，浸之以太和，被之以道德，示之以朴素，使百姓亹亹遷於善，邪偽之心、嗜慾之性潛以消化而不知其所以然，此之謂化也。先王之所以易風易俗，還淳反素，垂拱而治天下以至太平者，莫不由此。」其盡地利曰：「人生天地之間，必先足其衣食然後教化隨之。夫衣食所以足者在於地利盡。墾發以時，勿失其所，使農夫不廢其業，蠶婦得就其功，若有遊手怠惰，早歸晚出，好逸惡勞，不勤事業者，則正長牒名郡縣守令，隨事加罰，罪一勸百，此則明宰之教也。」其擢賢良曰：「自昔以來，州郡大吏但取門資，多不擇賢良，末曹小吏唯試刀筆，並不問志行。今之選舉者，當不限資蔭，唯在得人，苟得其人，自可起廝養而為卿相。若識此理，則賢可求，士可擇，得賢而任之，得士而使之，則天下之治何向而不可成也？夫正長者，治民之基，基不傾者上必安，所以得之審者，必由任而試之，考而察之，起於居家，至於鄉黨，訪其所以，觀其所由，則人道明而賢與不肖別矣！」其恤獄訟曰：「治獄之官，當率至公之心，去阿枉之志，不苛不暴，有疑則從輕，未審不妄罰。與殺無辜，寧赦有罪，與其害善，寧其利淫，明必不得中，寧濫捨有罪，不謬害善人也。」其均賦役曰：「今逆寇未平，軍用資廣，雖未遑減省賦稅以恤民瘼，然必令平均，使下無匱。夫平均者，不捨豪強而徵貧弱，不縱姦巧而困愚拙，此之謂均也。夫財貨之生，其功不易，織紝紡績，起於有漸，必須勸課，使預營理，先時而備，至時而輸，故王賦獲供，下民無困，如其不預勸戒，臨時迫切，復恐稽緩以為己過，捶扑交至，取解目前，則輸稅之民於是乎弊矣！」㈧計帳：註見上卷大同元年。㈨己巳，東魏發夫五萬築漳濱堰：《魏書・帝紀》、《北史・魏紀》俱作十月己巳，接長曆十月己亥朔，無己巳，己巳十一月朔日也。㈩僧敬名虔，以字行，國珍之兄孫，東魏主之舅也：胡國珍，靈后之父也。虔父僧洗，國珍之兄子，女為清河王亶妃，生孝靜帝，故虔於孝靜帝為元舅。㈡廣陽門郎：蓋職司門戶之出入者。廣陽門，建康城西面南頭第一門。㈢武林：《宋書・州郡志》晉穆帝升平五年分蒼梧立永平郡，宋文帝立武林縣，屬永平郡。武林故城在今廣西省平南縣東南。㈢德州：《五代志》日南郡梁置德州。日南，秦象郡地也，在今安南南部。㈣高州刺史：《五代志》高涼郡梁置高州，治高涼，故城在今廣東省陽江縣西三十里。㈤新州刺史：《五代志》

信安郡新興縣梁置新州，隋煬帝大業初廢為新興縣，即今廣東省新興縣。(一六)諮，恢之子也：鄱陽王恢，梁武之弟也。(一七)是歲，魏又益新制十二條：魏頒行新制二十四條見上卷大同元年，今又益十二條。(一八)東魏丞相歡以諸州調絹不依舊式：謂調絹尺度不依舊式也。(一九)魏自喪亂以來：謂自孝明帝孝昌以來六鎮之叛也。(二〇)六鎮之民，相帥內徙，就食齊、晉，歡因之以成霸業：事見卷一百五十五中大通三年、四年。胡三省曰：「齊、晉，謂春秋列國大界。」(二一)鞠為茂草：《小雅・小弁》之詩曰：「踧踧周道，鞠為茂草。」注云：「鞠，窮也。」(二二)津梁：津，渡水處也；梁，跨水為橋也。(二三)三日：生子後三日。(二四)百家之內，有帥二十五：百家為族，有族帥一，閭帥四，比帥二十，凡二十五帥。(二五)羊少狼多，復有蠶食：胡三省曰：「使狼將羊，羊雖眾，將為狼所噬，況羊少而狼多乎！論族帥並緣侵漁閭帥，閭帥又侵漁比帥，比帥又侵漁其所領四家也。」(二六)請依舊置三正之名不改：魏用李沖議置三長，五家立鄰長，五鄰立里長，五里立黨長，法古三正之制也，見卷一百三十六齊武帝永明四年。(二七)而每閭止為二比，計族省十二丁賫絹：按《魏書・臨淮王孝友傳》當作十二丁。胡三省曰：「賫絹，謂計賫輸絹也。」原每閭為五比，則每族有比帥二十，皆免其徵發，今每閭止為二比，計每族減比帥十二，則是省十二丁賫絹也。(二八)番兵：兵有番代，故曰番兵。

八年（西元五四二年）

㈠春，正月，敬躬據郡反，改元永漢，署官屬，進攻廬陵，逼豫章。南方久不習兵，人情擾駭。豫章內史張綰募兵以拒之。綰，纘之弟也。

二月，戊戌（初二日），江州刺史湘東王繹遣司馬王僧辯、中兵曹子郢討敬躬，受綰節度。三月戊辰（初二日），擒敬躬，送建康斬之。僧辯，神念之子也㊀。該博辯捷，器宇肅然，雖射不穿札㊁，而志氣高遠。

㈡魏初置六軍。

㈢夏，四月，丙寅（五月朔），東魏使兼散騎常侍李繪來聘㊂。繪，元忠之從子也㊃。

㈣東魏丞相歡朝於鄴，司徒孫騰坐事免。乙酉（二十日），以彭城王韶錄尚書事，侍中廣陽王湛為太尉，尚書右僕射高隆之為司徒。

初，太尉尉景與丞相歡同歸爾朱榮㊄，其妻，歡之姊也，自恃勳戚，貪縱不灋，為有司所劾，繫獄。歡三詣闕泣請，乃得免死，丁亥（二十二日），降為驃騎大將軍、開府儀同三司。歡往造之，景臥不起，大叫曰：「殺我時趣邪？」歡撫而拜謝之。辛卯（二十六日），以庫狄干為太傅，以領軍將軍婁昭為大司馬，封祖裔為尚書右僕射。

六月，甲辰（初十日），歡還晉陽。

㈤八月，庚戌（十六日），東魏以開府儀同三司、吏部尚書侯景為兼尚書僕射，河南道大行臺，隨機防討㈥。

㈥魏以王盟為太保。

㈦東魏丞相歡擊魏，入自汾、絳，連營四十里。丞相泰使王思政守玉壁以斷其道，歡以書招思政，曰：「若降，當授以并州㈦。」思政復書曰：「可朱渾道元降㈧，何以不得？」冬，十月，己亥（初六日），歡圍玉壁，凡九日，遇大雪，士卒飢凍，多死者，遂解圍去。魏遣太子欽鎮蒲坂，丞相泰出軍蒲坂，至皂莢，聞歡退，度汾追之，不及。

十一月，東魏以可朱渾道元為并州刺史㈨。

㈧十二月，魏主狩於華陰，大享將士，丞相泰帥諸將朝之，起萬壽殿於沙苑北。

㈨辛亥（十九日），東魏遣兼散騎常侍楊斐來聘。【考異】典略作陽斐，今從魏書紀。孫冏、盧子雄討李賁⑩，以春瘴⑪方起，請待至秋，廣州刺史新渝侯⑫映不許，武林侯諮又趣之。冏等至合浦，死者什六七，眾潰而歸。映，憺之子也⑬。武林侯諮奏冏及子雄與賊交通，逗留不進，敕於廣州賜死。子雄弟子略、子烈、主帥廣陵杜天合及弟僧明、新安周文育等帥子雄之眾攻廣州，欲殺映、諮，為子雄復冤，西江督護⑭、高要太守⑮吳興陳霸先帥精甲三千救之，大破子略等，殺天合，擒僧明、文育。霸先以僧明、文育驍勇過人，釋之，以為主帥。詔以霸先為直閤將軍。

㈩魏丞相泰妻馮翊公主生子覺。

⑪東魏以光州刺史李元忠為侍中。元忠雖處要任，不以物務干懷，唯飲酒自娛。丞相歡欲用為僕射，世子澄言其放達常醉，不可委以臺閣，其子搔聞之，請節酒，元忠曰：「我言作僕射，不勝飲酒樂。爾愛僕射，宜勿飲酒。」

【今註】 ㊀僧辯，神念之子也：天監七年，王神念自魏奔梁。㊁射不穿札：《左傳》潘尫之黨與養由基蹲甲而射之，徹七札焉。札，甲葉也。㊂夏，四月，丙寅，東魏使兼散騎常侍李繪來聘：按長曆四月丙申朔，無丙寅，丙寅五月朔，此下乙酉、丁亥、辛卯諸日皆在五月。㊃繪，元忠之從子也：李元忠勸成高歡討爾朱氏之謀。㊄初，太尉尉景與丞相歡同歸爾朱榮：事見卷一百五十二大通二年。㊅隨機防討：隨機，謂得便宜從事也。蓋委景以防禦梁、魏，征討叛貳之任。㊆若降，當授以幷州：幷州治晉陽，高歡之根本也，其位任要重於諸州，故以誘之。㊇可朱渾道元降：道元降歡見上卷大同元年。㊈東魏以可朱渾道元為幷州刺史：胡三省曰：「激於王思政之書也。」㊉孫冏、盧子雄討李賁：冏、子雄討賁始上年十二月。⑪春瘴：瘴，山林間濕熱蒸鬱之氣也，南方林間多有之，春氣深則瘴起，謂之春瘴，染者多致死，軍行畏之。⑫新渝侯：《元和郡縣志》曰：「新渝，本漢宜春縣地，吳孫皓分置新渝縣，因渝水為名。」《晉書・地理志》作新諭，屬安成郡，諭蓋渝之譌。故城在今江西省新喻縣南。⑬映，憺之子也：始興王憺，梁武之弟也。⑭西江督護：西江，粵江之主流也，其上流有三源，曰黔江、鬱江、桂江，自今廣西省蒼梧縣合而東流，始曰西江，流入廣東省境，經封川、德慶、雲浮諸縣至三水縣城西南，與北江支流之思賢滘水會，西江又東南流過三瀝沙岐分為二，東支經中山縣西為古鎮海，由磨刀門入於海，西支為天河海，經新會縣東北，西南注熊海，出厓門入於海。西江即古鬱水也，《漢書・地理志》鬱水東至四會入海，漢四會縣即今新會縣也。祝穆曰：「西江源出邕州，經潯、融、象、柳等州入封州界，合桂江，漢武帝自巴蜀發夜郎兵下牂柯江會番禺，即此水也。」《南齊書・州郡志》曰：「廣州濱際海隅，委輸交部，雖民戶不多而俚獠猥雜，皆樓居山險，不肯賓服，西、南二江，川源深遠，別置督護專征討之任。」㊄高要太守：高要縣，漢屬蒼梧郡。《五代志》信安郡高要縣梁置高要郡，平陳，廢郡，置為端州，煬帝大業初，廢端州為信安郡，仍治高要，屬揚州，今為廣東省高要縣，城瀕西江，為兩廣要膂，東西兵爭之地。

九年㊀（西元五四三年）

㈠春，正月，壬戌（朔），東魏大赦，改元武定。

㈡東魏御史中尉高仲密取吏部郎崔暹之妹，既而棄之，由是與暹有隙。仲密選用御史，多其親戚鄉黨，高澄奏令改選。暹方為澄所寵任，仲密疑其構己，愈恨之。仲密後妻李氏㊁艷而慧，澄見而悅之。李氏不從，衣服皆裂，以告仲密，仲密益怨。尋出為北豫州刺史㊂，陰謀外叛，丞相歡疑之，遣鎮城㊃奚壽興典軍事，仲密但知民務。仲密置酒延壽興，伏壯士執之。二月，壬申（十二日），以虎牢叛降魏，魏以仲密為侍中、司徒。歡以仲密之叛由崔暹，將殺之，高澄匿暹，為之固請。歡曰：「我匄其命，須與苦手㊄。」澄乃出暹而謂大行臺都官郎陳元康曰：「卿使崔暹得杖，勿復相見。」元康為之言於歡曰：「大王方以天下付大將軍㊅，大將軍有一崔暹，不能免其杖，父子尚爾，況於他人？」歡乃釋之。

高季式在永安戍㊆，仲密遣信報之，季式走告歡，歡待之如舊。

魏丞相泰帥諸軍以應仲密，以太子少傅李遠為前驅，至洛陽，遣開府儀同三司于謹攻柏谷，拔之。

三月，壬辰（初三日），圍河橋南城。東魏丞相歡將兵十萬至河北，泰退軍瀍上，縱火船於上流以燒河橋。斛律金使行臺郎中張亮以小艇百餘載長鏁，伺火船將至，以釘釘之，引鏁向岸，橋遂獲全。歡度河，據邙山為陳，不進者數日。泰留輜重於瀍曲㊇，夜登邙山以襲歡。候騎白歡曰：「賊距此四十餘里，蓐食㊈乾飯而來。」歡曰：「自當渴死。」乃正陳以待之㊉。戊申（十八日），黎明，泰軍與歡軍遇。東魏彭樂以數千騎為右甄㊁，衝魏軍之北垂，所向奔潰，遂馳入魏營。人告彭樂叛，歡甚怒，俄而西北塵起，樂使來告捷，虜魏侍中、開府儀同三司、大都督臨洮王柬，蜀郡王榮宗，江夏王昇，鉅鹿王闡，譙郡王亮，詹事趙善及督將僚佐四十八人。諸將乘勝擊魏，大破之，斬首三萬餘級。【考異】北齊書云俘斬六萬級，今從北史彭樂傳。

歡使彭樂追泰，泰窘，謂樂曰：「汝非彭樂邪？癡男子，今日無我，明日豈有汝邪？何不急還營，收汝金寶。」樂從其言，獲泰金帶一囊以歸，言於歡曰：「黑獺漏刃破膽矣！」歡雖喜其勝而怒其失泰，令伏諸地，親捽其頭，連頓之㈢，并數以沙苑之敗㈢，舉刃將下者三，噤齘㈣良久。樂曰：「乞五千騎，復為王取之。」歡曰：「汝縱之何意而言復取邪？」命取絹三千匹壓樂背，因以賜之。

明日，復戰，泰為中軍，中山公趙貴為左軍，領軍若干惠㈤等為右軍。中軍、右軍合擊東魏，大破之，悉俘其步卒。歡失馬，赫連陽順下馬以授歡，歡上馬走，從者步騎七人，追兵至，親信都督尉興慶曰：「王速去，興慶腰有百箭，足殺百人。」歡曰：「事濟，以爾為懷州刺史㈥，若死，用爾子。」興慶曰：「兒少，願用兄。」歡許之，興慶拒戰，矢盡而死。【考異】典略作尉興敬，今從北齊書、北史。

東魏軍士有逃奔魏者，告以歡所在，【考異】周賀拔勝傳云：「太祖見齊神武旗鼓，識之。」今從典略。泰募勇敢三千人，皆執短兵，配大都督賀拔勝以攻之。勝識歡於行間，執槊與十三騎逐之，馳數里，槊刃垂及，因字之曰：「賀六渾，賀拔破胡必殺汝。」歡氣殆絕。河州刺史劉洪徽(一七)從傍射勝，中其二騎，武衛將軍段韶射勝馬，斃之，比副馬至，歡已逸去。勝歎曰：「今日不執弓矢，天也。」

魏南郢州刺史耿令貴(一八)大呼，獨入敵中，鋒刃亂下，人皆謂已死，俄奮刀而還，如是數四，當令貴前者，死傷相繼。乃謂左右曰：「吾豈樂殺人？壯士除賊，不得不爾，若不能殺賊，又不為賊所傷，何異逐坐人(一九)也。」

左軍趙貴等五將，戰不利，東魏兵復振。泰與戰，又不利，會日暮，魏兵遂遁。東魏兵追之，獨孤信、于謹收散卒自後擊之，追兵驚擾，魏諸軍由是得全。

若干惠夜引去，東魏兵追之，惠徐下馬，顧命廚人營食，食畢，謂左右曰：「長安死，此中死，有以異乎？」乃建旗鳴角，收散卒徐還，追騎疑有伏兵，不敢逼。

泰遂入關，屯渭上。歡進至陝，泰遣開府儀同三司達奚武等拒之。行臺郎中封子繪言於歡曰：「混壹東西，正在今日。昔魏太祖平漢中，不乘勝取巴蜀㊿，失在遲疑，後悔無及，願大王不以為疑。」歡深然之，集諸將議進止。咸以為野無青草，人馬疲瘦，不可遠追。陳元康曰：「兩雄交爭，歲月已久，今幸而大捷，天授我也。時不可失，當乘勝追之。」歡曰：「若遇伏兵，孤何以濟？」元康曰：「王前沙苑失利，彼尚無伏，今奔敗若此，何能遠謀？若捨而不追，必成後患。」歡不從。使劉豐生將數千騎追泰，遂東歸。

泰召王思政於玉壁，將使鎮虎牢，未至而泰敗，乃使守恒農。思政入城，令開門解衣而臥，慰勉將士，示不足畏。後數日，劉豐生至城下，憚之，不敢進，引軍還。思政乃脩城郭，起樓櫓，營農田，積芻粟，由是恒農始有守禦之備。

丞相泰求自貶，魏主不許。

是役也，魏諸將皆無功，唯耿令貴與太子武衞率㈡王胡仁、都督王文達力戰功多，泰欲以雍、岐、北雍三州授之，以州有優劣，使探籌取之，仍賜胡仁名勇，令貴名豪，文達名傑，用彰其功。於是廣募關隴豪右以增軍旅。

高仲密之將叛也，陰遣人扇動冀州豪傑，使為內應㈢，東魏遣高隆之馳驛慰撫，由是得安。高澄密書與隆之曰：「仲密枝黨與之俱西者，宜悉收其家屬以懲將來。」隆之以為恩旨既行，理無追改，若復收治，示民不信，脫致驚擾，所虧不細，乃啟丞相歡而罷之。

㈢以太子詹事謝舉為尚書僕射。

㈣夏，四月，林邑王攻李賁，賁將范脩破林邑於九德㈢。

㈤清水㈣氐酋李鼠仁乘魏之敗，據險作亂。隴右大都督獨孤信屢遣軍擊之，不克。丞相泰遣典籤天水趙昶往諭之，諸酋長聚議，或從或否，其不從者欲加刃於昶，昶神色自若，辭氣逾厲，鼠仁感悟，遂相帥降。氐酋梁道顯叛，泰復遣昶諭降之，徙其豪帥四千餘人并部落於華州，泰即以昶為都督使領之。

㈥泰使諜潛入虎牢，令守將魏光固守。候景獲之，改其書云：「宜速去。」縱諜入城，光宵遁。

景獲高仲密妻子送鄴，北豫、洛二州復入東魏。五月，壬辰（初三日），東魏以克復虎牢，降死罪已下囚㉕，唯不赦高仲密家。丞相歡以高乾有義勳㉖，高昂死王事㉗，季式先自告㉘，皆為之請，免其從坐。

仲密妻李氏當死，高澄盛服見之，曰：「今日何如㉙？」李氏默然，遂納之。

乙未（初六日），以侯景為司空㉚。

㈦秋，七月，魏大赦。以王盟為太傅，廣平王贊為司空。

㈧八月乙丑（初八日），東魏以汾州刺史斛律金為大司馬。

東魏遣兼散騎常侍李渾等來聘。

㈨冬，十一月甲午（初八日），東魏主狩於西山㉛。乙巳（十九日），還宮。

高澄啟解侍中，東魏主以其弟并州刺史太原公洋代之。

丞相歡築長城於肆州北山，西自馬陵〔三〕，東至土墱〔三〕，四十日罷。

（十）魏諸牧守共謁丞相泰，泰命河北太守〔四〕裴俠別立，謂諸牧守

曰：「裴俠清慎奉公，為天下最，有如俠者，可與俱立。」眾默

然無敢應者，泰乃厚賜俠，朝野歎服，號為獨立君。

【今註】　〇大同九年：東魏孝靜帝武定元年。　〇仲密後妻李氏：仲密既棄崔暹之妹，繼娶李氏，故

曰後妻。　〇北豫州刺史：魏北豫州治虎牢，註已見前。　四鎮城：胡三省曰：「鎮城之職，猶防城都

督。」　〇須與苦手：胡三省曰：「言必痛杖之也。」　〇大王方以天下付大將軍：大將軍謂高澄也。

《北齊書‧文襄帝紀》東魏孝靜帝興和二年，加澄大將軍。　〇高季式在永安戍：《北齊書‧高季式

傳》季式時解晉州，鎮永安戍。永安縣，古巂邑也，漢屬河東郡，後漢順帝改曰永安縣，晉屬平陽

郡。《魏書‧地形志》魏孝莊帝建義元年置永安郡，治永安城，屬晉州。永安故城即今山西省霍縣，

東魏時蓋置戍於此。　〇瀍曲：瀍水曲流處也。　〇蓐食：《左傳》文公七年：「訓卒利兵，秣馬蓐

食，潛師夜起。」杜預注：「蓐食，早食於寢蓐也。」　〇歡曰，自當渴死，乃正陳以待之：胡三省

曰：「歡欲堅陣以持之，待其渴而後戰，故云然。」　〇右甄：右翼也，註已見前。　〇親捽其頭，連

頓之：高誘曰：「捽，持頭髮也。」揪其髮頓其首於地也。　〇并數以沙苑之敗：沙苑之敗見上卷大

同三年。

㉔噤齘：胡三省曰：「噤齘，切齒怒也。」

㉕若干惠：若干複姓。《魏書・官氏志》內入諸姓有若干氏。《周書・若干惠傳》若干之先與魏俱起，以國為姓。

㉖懷州刺史：《魏書・地形志》魏獻文帝天安二年置懷州於河內郡野王縣，孝文帝太和十八年罷，孝靜帝天平初復，領河內、武德二郡。野王縣即今河南省沁陽縣。

㉗河州刺史劉洪徽：《魏書・地形志》魏太武帝太平真君六年置枹罕鎮，後改曰河州，治枹罕，今甘肅省導河縣，領金城、武始、洪和、臨洮等郡。胡三省曰：「河州時屬西魏境，東魏使劉洪徽遙領刺史耳！」

㉘南郢州刺史耿令貴：《魏書・地形志》梁置南郢州，治赤石關，魏因之，領定城、邊城、光城等郡。《五代志》弋陽郡定城縣後齊置南郢州。隋定城縣今河南省潢川縣。胡三省曰：「南郢州在隋定城縣界，非西魏境也，耿令貴亦遙領刺史耳！」

㉙逐坐人：胡三省曰：「逐坐人，指當時持文墨議論者，但能相隨逐坐談而坐食也。」

㉚昔魏太祖平漢中，不乘勝取巴蜀：事見卷六十七漢獻帝建安二十年。

㉛太子武衞率：胡三省曰：「魏蓋改東宮武衞將軍為武衞率。」

㉜高仲密之將叛也，陰遣人扇動冀州豪傑，使為內應：胡三省曰：「高乾兄弟本起兵於信都，仲密故扇動其豪傑，使為應於河北。」

㉝九德：《御覽》引《方輿志》曰：「九德，古越裳氏國，九譯所通者也。秦屬象郡，二漢屬九真郡，吳分置九德郡。」《水經注》九德，九夷所極，故以名郡。又引《交州外紀》云：「九德縣，屬九真郡，在郡之南，與日南接，吳立為九德郡。」吳士鑑曰：「元和郡縣圖志曰：『吳歸命侯天紀二年，分九真之咸驩置九德縣，屬交州。』案晉書地理志交州序云：『孫皓又立新昌、武平、九德三郡。』蓋未立九德郡之前，九德縣尚屬九真郡，迨置

九德郡後，九德縣始改隸，是必在天紀二年之後矣！」《五代志》日南郡九德縣，梁置德州。其地當在今安南北境。㉔清水：清水縣漢屬天水郡，晉屬略陽郡。《五代志》天水郡清水縣後魏置清水郡，故城在今甘肅省清水縣西。㉕降死罪以下囚：降一等論罪也。㉖丞相歡以高乾有義勳：乾起兵信都以奉歡，故有勳，兵以義起，故曰義。㉗高昂死王事：謂戰死河陽也。㉘季式先自告：謂先自永安戍奔告仲密之叛也。㉙今日何如：問其欲從己否。㉚以侯景為司空：胡三省曰：「賞平虎牢之功也。」㉛東魏主狩於西山：胡三省曰：「鄴西無山，蓋邯鄲之西山也。」㉜馬陵：《魏書・孝靜帝紀》作馬陵戍，魏蓋置戍於此。㉝土墱：《元豐九域志》代州崞縣有土澄寨，在今山西省崞縣西北。㉞河北太守：《魏書・地形志》河北郡屬陝州，所屬河北縣，二漢、晉屬河東郡，蓋漢河東郡河北縣地也。《水經注》縣在河之北，故曰河北。故城在今山西省芮城縣東北。

十年（西元五四四年）

㈠春，正月，李賁自稱越帝，置百官，改元大德。

㈡三月癸巳（初九日），東魏丞相歡巡行冀、定二州，校河北戶口損益，因朝於鄴。

㈢甲午（初十日），上幸蘭陵㈠，謁建寧陵㈡，使太子入守京城。

辛丑（十七日），謁脩陵㊂。

㈣丙午（二十二日），東魏以開府儀同三司孫騰為太保。

㈤己酉（二十五日），上幸京口城北固樓㊃，更名北顧。庚戌（二十六日），幸回賓亭，宴鄉里故老及所經近縣，迎候者少長數千人，各賚錢二千。

㈥壬子（二十八日），東魏以高澄為大將軍，領中書監，元弼為錄尚書事，左僕射司馬子如為尚書令，侍中高洋為左僕射。

丞相歡多在晉陽，孫騰、司馬子如、高岳、高隆之，皆歡之親黨也，委以朝政，鄴中謂之四貴，其權勢熏灼中外，率多專恣驕貪，歡欲損奪其權，故以澄為大將軍，領中書監，移門下機事總歸中書㊄，文武賞罰，皆稟於澄。孫騰見澄，不肯盡敬，澄叱左右牽下於牀，築以刀環，立之門外。太原公洋於澄前拜高隆之，呼為叔父㊅，澄怒罵之。歡謂羣公曰：「兒子浸長，公宜避之。」於是公卿以下見澄，無不聳懼。

庫狄干，澄姑之壻也，自定州來謁，立於門外，三日乃得見。

澄欲置腹心於東魏主左右，擢中兵參軍崔季舒為中書侍郎。澄每進書於帝，有所諫請，或文辭繁雜，季舒輒脩飾通之。帝報澄父子之語，常與季舒論之，曰：「崔中書，我乳母也。」季舒，挺之從子也。

㈦夏，四月乙卯（朔），上還自蘭陵。

㈧五月，甲申朔，魏丞相泰朝於長安。

㈨甲午（十一日），東魏遣散騎常侍魏季景來聘。季景，收之族叔也。

㈩尚書令何敬容妾弟盜官米，以書屬領軍河東王譽。丁酉（十四日），敬容坐免官。

⑪東魏廣陽王湛卒。

⑫魏琅琊貞獻公賀拔勝諸子在東者，丞相歡盡殺之㈦，勝憤恨發疾而卒。丞相泰常謂人曰：「諸將對敵，神色皆動，唯賀拔公臨陳如平時，真大勇也。」

⑬秋，七月，魏更權衡度量，命尚書蘇綽損益三十六條之制㈧，

總為五卷，頒行之。搜簡賢才為牧、守、令、長，皆依新制而遣焉，數年之間，百姓便之。

㈣魏自正光以後，政刑弛縱，在位多貪汙。丞相歡啟以司州中從事㈨宋遊道為御史中尉，澄固請以吏部郎崔暹為之，以遊道為尚書左丞。澄謂暹、遊道曰：「卿一人處南臺，一人處北省㈩，當使天下肅然。」暹選畢義雲等為御史，時稱得人。義雲，眾敬之曾孫也㈡。

澄欲假暹威勢，諸公在坐，令暹後至通名，高視徐步，兩人挈裾而入。澄分庭對揖，暹不讓而坐，觴再行，即辭去。澄留之食，暹曰：「適受敕在臺檢校。」遂不待食而去，澄降階送之。他日，澄與諸公出之東山㈢，遇暹於道，前驅為赤棒所擊，澄回馬避之。

尚書令司馬子如以丞相歡故人當重任，意氣自高，與太師咸陽王坦黷貨無厭，暹前後彈子如、坦及并州刺史可朱渾道元等罪狀，無不極筆，宋遊道亦劾子如、坦及太保孫騰、司徒高隆之、司空侯景、尚書元羨等，澄收子如繫獄，一宿，髮盡白，辭曰：「司馬子如從夏州策杖投相王㊂，王給露車一乘，犞牸㊃牛犢，犢在道死，唯犞角存，此外皆取之於人。」丞相歡以書敕澄曰：「司馬令，吾之故舊，汝宜寬之。」澄駐馬行街，出子如，脫其鏁。子如懼曰：「非作事邪㊄？」

八月癸酉（二十一日），削子如官爵。

九月甲申（初三日），以濟陰王暉業為太尉。太師咸陽王坦以久之，歡見子如，哀其憔悴，以膝承其首，親為擇蝨，賜酒百餅、羊五百口、米五百石。

高澄對諸貴極言褒美崔暹，且戒屬之。丞相歡書與鄴下諸貴曰：「崔暹居憲臺，咸陽王、司馬令皆吾布衣舊，尊貴親暱，無過二人，同時獲罪，吾不能救，諸君其慎之。」

宋遊道奏駁尚書違失數百條，省中豪吏王儒之徒，並鞭斥之，令、僕已下皆側目。高隆之誣遊道有不臣之言，罪當死。給事黃門侍郎楊愔曰：「畜狗求吠，今以數吠殺之，恐將來無復吠狗。」

王還第㊅，元羕等皆免官，其餘死黜者甚眾。

遊道竟坐除名。澄謂遊道曰：「卿早從我向幷州，不爾，彼經略殺卿。」遊道從澄至晉陽，以為大行臺吏部㈦。

㈤己丑（初八日），大赦。

㈥東魏以喪亂之後，戶口失實，徭賦不均。冬，十月丁巳（初六日），以太保孫騰、大司徒高隆之㈧為括戶大使，分行諸州，得無籍之戶六十餘萬，僑居者皆勒還本屬。十一月甲申（初四日），以高隆之錄尚書事，以前大司馬婁昭為司徒。

㈦庚子（二十日），東魏主祀圜丘。

㈧東魏丞相歡襲擊山胡㈨，破之。俘萬餘戶，分配諸州。

㈨是歲，東魏以散騎常侍魏收兼中書侍郎，修國史。自梁魏通好，魏書每云：「想彼境內寧靜，此率土安和。」上復書去彼字而已。收始定書云：「想境內清晏，今萬里安和。」上亦効之。

【今註】㈠蘭陵：《晉書・地理志》晉惠帝元康元年分東海置蘭陵郡，治蘭陵縣，今山東省嶧縣東五十里，《宋書・州郡志》蘭陵郡治昌慮縣，在今山東省滕縣東南六十里。㈡建寧陵：梁武帝皇妣張皇后陵也。㈢脩陵：梁武帝郤皇后陵也。㈣京口城北固樓：鎮江府圖經曰：「京口城因山為壘，緣江為境，以府治東五里有京峴山，京口得名蓋由此也。」京口蓋即今江蘇省鎮江縣，北固山在縣北一里。蕭正義曰：「京城之西有別嶺入江，高數十丈，三面臨水，號曰北固，蔡謨起樓其上，以置軍實。帝登望久之，曰：『此嶺不足以固守，然於京口實乃壯觀。』於是改曰北顧。」㊄移門下機事總歸中書省：自南北朝以還，門下省總機事，今移歸中書，蓋欲以重高澄之權也。㊅太原公洋於澄前拜高隆之，呼為叔父：《北齊書・高隆之傳》高歡以隆之有參議之功，命為從弟，故洋以叔父呼之。㊆魏琅邪貞獻公賀拔勝諸子在東者，丞相歡盡殺之：蓋以報邙山之怨也，事見上年。㊇三十六條之制：魏頒新制二十四條見上卷大同元年，又益十二條見上七年，總為三十六條。㊈司州中從事：《五代志》後齊司州置牧，屬官有別駕從事史、治中從事史。㊉卿一人處南臺，一人處北省：杜佑曰：「御史臺在宮闕西南，故名南臺，尚書省在宮闕之北，故曰北省。」⑪義雲，眾敬之曾孫也：宋明帝初，畢眾敬以兗州降魏。⑫東山：鄴都之東山也。⑬司馬子如自夏州策杖投相王：胡三省曰：「中大通四年，歡破爾朱氏，召子如於南岐州。蓋華雍路阻，取道夏州東歸也。」歡為丞相，封渤海王稱，故之曰相王。⑭犈牸：犈，曲角也；牸，牝牛也。⑮子如懼曰，非作事邪：胡三省曰：「懼澄殺之也。」⑯太師咸陽王坦以王還第：罷太師，以王還第也。⑰以為大行臺吏部：胡三省曰：「部下當有郎字。」⑱大司徒高隆之：胡三省曰：「魏、齊之制，司徒未嘗加大，大字衍。」按《北齊書・高隆之傳》作司徒公，亦未加大字。⑲山胡：胡三省曰：「山胡，即汾州山中稽胡也。」稽胡見上卷大同元年。